国家"十二五"重点图书

国际共产主义运动历史文献

第53卷

主　编　王学东
副主编　戴隆斌（常务）　童建挺

共产国际执行委员会第十二次全会文献（1）

本卷主编　姚　颖　戴隆斌

中央编译出版社
Central Compilation & Translation Press

《国际共产主义运动历史文献》顾问委员会

贾高建 俞可平 顾锦屏 高　放 张中云 殷叙彝 胡文建
宋洪训 顾家庆 洪肇龙 沈志华 杨光远 林勋建

《国际共产主义运动历史文献》编辑委员会

主　　编：王学东
副 主 编：戴隆斌（常务）　童建挺
编　　委：（以姓氏笔画为序）
　　　　　　 王　瑾 邢艳琦 许宝友 张文成 张文红 陈新明
　　　　　　 林德山 胡振良 姚　颖 彭萍萍 薛晓源

参加本卷译校工作的有
葛纪娥 刘赫文 李迎春 王杏芳 方　钢 戴隆斌 彭晓宇 靳　艳

参加本卷编辑出版工作的有
郑　锦 冯　章 刘明清

丛书编务统筹
苗永姝 郑　锦 李媛媛 董　妍

总　序

国际共产主义运动，是由以马克思主义为指导的无产阶级政党领导的国际性的无产阶级革命运动，其宗旨是推翻资产阶级统治和一切剥削制度，建立和发展社会主义制度，进而最终实现人的彻底解放，建立共产主义社会。

国际共产主义运动迄今已有一百六十多年的历史。19世纪40年代，马克思、恩格斯在创立科学社会主义理论的同时，努力把它与当时西欧无产阶级的革命实践相结合，于1847年6月创建了第一个国际性的无产阶级政党——共产主义者同盟，亲自拟定并于1848年2月公开发表了同盟纲领《共产党宣言》。这标志着国际共产主义运动的兴起。

自从共产主义者同盟建立以来，历经第一国际（国际工人协会）、第二国际、第三国际（共产国际），国际共产主义运动由小到大、由弱到强，从西方推进到东方、从欧洲扩展到全球，终于突破资本主义链条上一个又一个薄弱环节，取得了社会主义由一国到多国的胜利。二战后社会主义阵营的建立、民族解放运动的胜利进军、社会主义国家革命与建设的重大成就，为国际共产主义运动史书写了辉煌的篇章。20世纪末，由于东欧剧变、苏联解体，国际共产主义运动遭遇了严重挫折。但是，历史并没有因此而终结。由《共产党宣言》奠基的国际共产主义运动仍在曲折中前进。各资本主义国家中的共产党、工人党仍在不断探索无产阶级取得解放的道路；中国等社会主义国家仍继续高举社会主义伟大旗帜，为完善社会主义、最终实现共产主义而不懈奋斗。

国际共产主义运动一百六十多年跌宕起伏的发展历程，积累了卷帙浩繁的文献档案，留下了丰富的历史遗产。深入发掘和充分利用这些文献档案，对于我们准确地了解和把握国际共产主义运动的发展进程及各个时期的特点，科学地研究和总结国际共产主义运动丰富且宝贵的经验教训，具有极其重要的意义。特别是无产阶级国际组织，作为国际共产主义运动的重要载体，其文献档案对于国际共产主义运动史研究更是具有特殊的重要意义。

早在1984年春，中国国际共产主义运动史学会就发起编辑出版《国际共产主义运动史文献》。当时由中共中央编译局、中国社会科学院马列主义毛泽东思想研究所和近代史研究所、中共中央党校和中国人民大学等单位共同组建了编辑委员会。编委会商定：这套文献主要收编共产主义者同盟、第一国际、第二国际、第三国际、共产党和工人党情报局这五个国际组织已发表的全部文献档案，包括历次代表大会、代表会议和其他重要会议的记录、决议和有关文件；收编材料力求齐全；凡外国有选编完整的版本者，根据外国版本翻译；凡文件散见于外国不同出版物者，尽力搜集完整，组织力量统一编译；文件完全按照原件翻译，译文力求准确，不作修改删节，以便读者根据完整、准确的第一手材料了解这些国际组织的历史。在当时代管全国哲学社会科学基金的中国社会科学院科研局的资助下，经过编辑委员会、编译工作者和中国人民大学出版社的共同努力，这套文献于1986年开始陆续出版，截至1997年共出版了21卷。

到上世纪末，文献的编辑出版工作遇到了巨大困难。首先是编委会发生了重大变故，主编林基洲、副主编王颖和校纪英相继谢世；其次是出版经费难以为继。为继续出版这套文集，中国国际共产主义运动史学会多方努力，组成以会长顾锦屏为主编的新编委会，从全国哲学社会科学规划办公室争取到一笔资助，于1999—2001年又出版了两卷。此后，因缺乏经费，编辑出版工作完全陷于停顿。

2010年，在中共中央编译局和中国国际共产主义运动史学会的鼎力支持下，中央编译出版社以这套文献申报国家出版基金项目，获得立项资助。中共中央编译局对此项目高度重视，在国家出版基金资助的基础上，给予了相应的资金支持，组建了新编委会，成立了专门机构负责文献整理和编辑工作，并将这套文献纳入"中央编译局文库"出版规划。

经新编委会研究决定，这套文献定名为《国际共产主义运动历史文献》，在其前身《国际共产主义运动史文献》的基础上重新编辑出版。通过进一步广泛搜集资料和适当改变编辑方式，新《文献》的资料更详尽、收文更齐全。例如，在原《文献》的某些卷次中，对已出版的马克思主义经典著作中译本只列目录，不收正文，而新《文献》则全部依据最新的中译本收录，以方便读者查阅。此外，《国际共产主义运动历史文献》扩大了文献资料的搜集和选材范围，采用开放式结构，规模暂定60卷，约2500万字。

中共中央编译局和中国国际共产主义运动史学会对这套文献的编辑出版工作给予了强有力的支持，中央编译出版社为这套文献的立项和出版做了大量艰苦细致的工作，文献的前两任编委会和编译工作者在十分困难的条件下为这套文献奠定了良好的基础，中国人民大学出版社为这套文献的重新编辑出版提供了帮助，在此一并表示衷心感谢。

《国际共产主义运动历史文献》
编辑委员会
2011年12月20日

编辑说明

共产国际执行委员会第十二次全会于1932年8月27日至9月15日在莫斯科举行，共召开了32次会议。出席全会的有35个国家174名代表。全会的主要议程有：关于国际形势和共产国际各支部的任务；经济罢工和失业者斗争的经验教训；关于远东战争和共产党人在反对帝国主义战争和武装干涉苏联的斗争中的任务；关于苏联的社会主义建设等。全会着重研究了在资本主义的相对稳定已经结束，世界局势朝向大规模冲突的阶段过渡的条件下共产国际各支部所面临的任务，即反对资本的进攻，反对法西斯主义和反动统治，反对日益临近的帝国主义战争和对苏联的武装干涉。全会要求各国共产党要努力改进在群众中的工作，以便把群众争取到自己方面来，为此必须要为广大群众日常的经济和政治利益而斗争。全会指出，必须把社会民主党的领袖和社会民主党的工人严格区别开来，争取建立广泛的下层统一战线。全会认为，必须同"左"倾机会主义作斗争，但也不能低估右倾机会主义，即投降情绪所带来的危险。

《共产国际执行委员会第十二次全会文献》分两卷出版，收录的内容包括两个部分：（1）共产国际执行委员会第十二次全会会议记录；（2）附录，共产国际执行委员会第十二次全会提纲、决议和决定。所有材料译自莫斯科党的出版社1933年出版的《共产国际执行委员会第十二次全会速记报告》第1—3卷（XII пленум ИККИ стенографический отчет. Том 1- 3. Партиздат. Москва, 1933）。

本卷主编依据中共中央编译局编译马克思主义经典著作的标准重新统一了人名、地名、组织机构名和报刊名等专用名，并对书中个别译文进行了重新校订。书中除译者加的译者注外，主编加的注释标明为编者注。

　　本卷的内容主要包括：共产国际执行委员会第十二次全会第一次次会议至第十九次会议记录。

目 录

共产国际执行委员会第十二次全会会议记录

（1932年8月27日至9月15日）……………………………… 1
第一次会议（1932年8月27日晚）……………………………… 3
 台尔曼致开幕词……………………………………………… 3
 库西宁作关于《国际形势和共产国际各支部的任务》
 的报告……………………………………………………… 14
第二次会议（8月28日晨）…………………………………… 43
 库西宁作关于《国际形势和共产国际各支部的任务》
 的报告（续）……………………………………………… 43
第三次会议（8月28日晚）…………………………………… 59
 库西宁作关于《国际形势和共产国际各支部的任务》
 的报告（续）……………………………………………… 59
第四次会议（8月29日晨）…………………………………… 94
 台尔曼作关于《经济罢工和失业者斗争的教训》的报告 ………… 94
第五次会议（8月29日晚）…………………………………… 137
 台尔曼作关于《经济罢工和失业者斗争的教训》的报告（续）…… 137

第六次会议（1932年8月30日）·················· 174
　　连斯基作《关于波兰的罢工运动和失业者的斗争》的副报告······
　　　　·················· 174
第七次会议（8月30日晚）·················· 216
　　哥特瓦尔德作《关于捷克斯洛伐克的罢工运动和
　　　失业者的斗争》的副报告·················· 216
第八次会议（9月1日晨）·················· 251
　　讨论库西宁和台尔曼的报告·················· 251
第九次会议（9月1日晚）·················· 282
　　讨论库西宁和台尔曼的报告·················· 282
第十次会议（1932年9月2日晨）·················· 314
　　讨论库西宁和台尔曼的报告·················· 314
第十一次会议（9月1日晚）·················· 344
　　讨论库西宁和台尔曼的报告·················· 344
　　选举委员会·················· 388
第十二次会议（9月3日晨）·················· 389
　　讨论库西宁和台尔曼的报告·················· 389
第十三次会议（9月3日晚）·················· 415
　　讨论库西宁和台尔曼的报告·················· 415
第十四次会议（9月4日晨）·················· 448
　　讨论库西宁和台尔曼的报告·················· 448
第十五次会议（9月4日晚）·················· 498
　　讨论库西宁和台尔曼的报告·················· 498
第十六次会议（9月5日晨）·················· 540
　　讨论库西宁和台尔曼的报告·················· 540

第十七次会议（9月5日晚） …………………………………… 584
 讨论库西宁和台尔曼的报告 …………………………………… 584
第十八次会议（9月6日晨） …………………………………… 630
 讨论库西宁和台尔曼的报告 …………………………………… 630
 选举"法国问题委员会" …………………………………… 653
第十九次会议（9月6日晚） …………………………………… 675
 讨论库西宁和台尔曼的报告 …………………………………… 675

共产国际执行委员会第十二次全会会议记录

(1932 年 8 月 27 日至 9 月 15 日)

第一次会议

（1932年8月27日晚）

主席：台尔曼

台尔曼致开幕词

同志们，现在我宣布共产国际执行委员会第十二次全会会议开幕。在共产国际执行委员会第十次全会上，根据对形势的分析，我们指出世界各地都开始呈现革命高潮。在谋划前景时，我们说资本主义稳定已经动摇。在第十一次全会上，我们曾大致指出，同第二国际的理论家和所有其他阶级敌人的预言恰恰相反，这一前景已经被证实。在第十一次全会上，我们谈到了革命形势的高涨，指出在资本主义的内部，那些导致破坏资本主义稳定的力量，正在日益成熟起来。

现在，在第十二次全会上，我们确定，在所有资本主义国家和殖民地中，都可以看到巨大的革命热潮的存在。在提纲草案中我们谈到了资本主义的稳定已经终结。当前除了极少的例外，世界各国的经济危机已经发展到使资本主义体系的普遍危机进一步加深的程度。在许多资本主义国家、殖民地和半殖民地国家中，经济危机已经发展到了在国际范围内前所未有的深度。在我们的提纲草案中，我们认为在评定革命高潮时，阐明无产阶级斗争的各种有代表性的新形式，以及各国的农民运动，是非常重要的。越来越多的无产阶级同盟者被卷入了革命斗争的前线之中。我们还强调指出，新一轮的革命和战争无疑在日益临近。

在共产国际执行委员会第十二次全会上我们可以说，我们的队伍，世界无产阶级大军，正在各处对阶级敌人的进攻给予英勇的反击。我们的前进运动和群众的革命热潮，不均衡发展。这种不均衡性表现为上千次各种各样，不是同一发展的罢工，例如经济罢工和政治罢工，还表现为世界群众革命的爆发，可以说，我们党在部分国家中的前进并不总是直线发展的，尽管存在普遍的革命热潮，在各资本主义国家和殖民地国家中，仍然出现一定的曲折，这也以某种方式影响到我们党的发展。例如：在第十次全会召开期间，在法国曾掀起了大规模罢工和群众运动浪潮，目前在这个国家中，运动的发展较为缓慢，而在邻国——西班牙，罢工和群众运动则获得了较大的规模。我们全会的任务——在对我们革命群众工作中的弱点和缺点提出批评的同时，还要阐明正面的经验，阐明共产国际各支部所取得的成绩，以便在国际经验的基础上，帮助那些在我们革命斗争的各条战线上，工作还处于某种落后状态的党。

目前在满洲，正在进行着一场反对中国人民的战争。日本军队在这条战线上作战已有11个月了。现在有半数以上的日军驻扎在与苏联接壤的边境线上。日本帝国主义企图开始对苏联发动战略的进攻。

我们向那些在本国艰苦环境中，为反对帝国主义强盗而进行英勇革命斗争的日本工人，致以革命的战斗的敬礼。（鼓掌）

在我们的国际代表会议上，中国问题——中国无产阶级和农民的坚强斗争——发挥着越来越重要的作用。我们中国兄弟的斗争，是反对反革命国民党的斗争，同时也是反对世界帝国主义强盗的斗争。我们向英勇的中国红军，向那些在反对罪恶的日本帝国主义战争中，表现出令人永志不忘的英雄主义和革命战斗决心的中国工人和农民致以热情的革命的敬礼。

我们以特别的革命热忱向远东军队表示祝贺，这支部队不仅是苏联

红军的先进部队，而且也是全世界无产阶级的革命先锋队。（鼓掌）

我们作为世界革命无产阶级群众的代表和领导人，在这里，在第十二次全会上宣布，我们准备并将要按照列宁的遗训进行工作；在帝国主义强盗向苏联发动进攻时，当他们进行反对苏联的武装干涉时，我们就要根据列宁的学说，把帝国主义战争变成为国内战争。

我们知道，当前我们最重要的革命任务，就是要在各条战线上为工人阶级的利益而进行坚持不懈的革命战斗，并在每一次行动中让我们的党站在积极战士的首列。

在世界阶级斗争的革命战线上，许多忠诚的同志献出了生命。这一份长长的名单证明了我们共产党人准备把自己的生命和一切都献给为争取无产阶级事业的斗争，我们正为实现世界革命任务而战斗，在反对资本主义的斗争中，从我们的队伍里涌现出了最优秀、最英勇和最富有牺牲精神的战士。（代表们全体起立）首先，我要列举最近以来共产国际及其各支部所失去的那些同志。

彼得·斯图契卡在1932年1月26日离开了我们。斯图契卡在工人革命运动的行列中战斗了40多年。他是共产国际的创建人之一。他多年来是共产国际执行委员会委员，从国际的监察委员会成立起，他就担任了委员会主席。他是农民的儿子，早年就同其他大学生一起，在农民知识分子中间进行工作，并同工人一起在当时的拉脱维亚英勇地举起了马克思主义旗帜。1895年，他被流放5年，流放期间他在伯尔尼出版的拉脱维亚马克思主义小组的机关报《社会民主党人》当编辑。他被公认为是拉脱维亚社会民主党的创建人。二月革命以后，他成为彼得格勒工人代表苏维埃布尔什维克党团的成员。十月革命以后，他被任命为司法部人民委员。他是拉脱维亚共产党的创建人。在1919年他是拉脱维亚苏维埃政府的主席，同时也是俄共（布）中央委员。从1923年直到不久以前，他是俄罗斯联邦最高法院院长。共产国际失去了斯图契卡这样一位马克思列宁主义理论和实践方面的最积极的战士。他在建立革命法制和革命诉讼程序方面，为无产阶级的苏维埃国家做出了巨大功绩。

另一位同志，领导革命运动达几十年之久的米·尼·波克罗夫斯基在1932年4月10日去世了。波克罗夫斯基是一位最老的布尔什维克。他同其他布尔什维克一起，经历了1905年以来的整个英雄时期。在十月革命、国内战争和社会主义建设时期，他一直站在布尔什维克斗争的最前列。波克罗夫斯基是一位国际知名的学者。他在研究俄国史方面有着特殊的功绩。1905年，他最终接受了马克思主义理论并参加了革命运动。他是1907年的伦敦党代会的代表，在这次会议上当选为中央委员。他长期居住国外，包括世界大战时期，为反对孟什维克在各处进行长期不懈的斗争。1917年8月他回到俄国，参加了十月革命的准备工作。他曾是一名编辑并且是革命军事委员会的成员。在第十六次党代表大会召开后，他成为联共（布）中央监察委员会委员。他在人民教育和科学研究工作方面担任过一系列最重要的职务。波克罗夫斯基是一位革命的布尔什维克理论家和实践家，是我们所有人的光辉榜样。

我们还追念其他坚贞不渝的、勇敢的英雄——今年7月30日在匈牙利被杀害的绍洛伊和菲尔斯特同志。

绍洛伊在世界大战期间进行了大量反对军国主义的工作。他因十月革命从监狱中解放出来后，又被社会民主党的联合政府投进了监狱，1919年才被无产阶级专政解放。他从1918年11月起是匈牙利共产党的党员。他是党内的积极分子，党的中央委员。他在狱中和在临刑期间的英勇表现，表现出不被任何威胁，哪怕是绞刑架，所动摇的革命英雄意志。他和菲尔斯特一样，在临终前高呼："无产阶级专政万岁"。他们就是带着这样的革命召唤走向刑场的。

菲尔斯特是拥有8年党龄的匈牙利共产党党员，是工会运动的积极分子。在狱中，尽管受尽匈牙利霍尔蒂刽子手们的酷刑，但他没有泄露党的一丝机密。

我还记起了其他一些同志：保加利亚共产党中央委员会书记卡法尔吉耶夫于1931年秋天在街上被警察杀害；南斯拉夫共产党中央委员和共青团书记德贝利亚克曾被捕过十次，有几次从狱中逃出来，但最后被枪杀在自己的房间里；西白俄罗斯共产党书记孔切夫斯基于1932年夏天在苦役营中去世；法国共产党中央委员多郎在1932年夏天去世；法国共产党员卡梅利纳是巴黎公社最后一名社员，也是法国议会中最早的工人代表之一；印度支那共产党创建人阮爱国死于香港狱中①；意大利共产党中央委员切里亚纳在1932年去世；德国共产党政治局委员让·温特里希死于1931年。

让这些革命英雄热血沸腾的战斗生活，不仅是今天出席会议的同志们，而且也是我们党和党员为争取世界无产阶级事业和革命胜利而进行的坚定不移、奋不顾身的革命斗争的光辉榜样和崭新动力。

许多不知名战士在资产阶级恐怖、武装和警察暴力下离开了无产阶级队伍。

在中国、印度、巴尔干各国、波兰和意大利，全世界有成千上万的革命战士为反对法西斯主义、反对资产阶级的武装和警察暴力而牺牲了生命。我们对所有这些革命战士，对所有为共产主义胜利而英勇献身的人，表示革命的敬意。

我们向这些牺牲了的同志宣誓继续进行斗争，直到取得无产阶级专政的胜利，这是对他们最好的纪念。

我们也记起那些在苦役营中备受折磨的革命政治犯。我们通过国际支援革命战士协会向被监禁在刑讯室中的他们致以革命的敬礼，我们深

---

① 阮爱国，即胡志明。此处认为胡志明死于香港狱中有误。——编者注

信,我们进行的所有战斗和实行的全部革命政策,一定会让使他们出狱的时刻早日到来。

尽管法西斯主义通过白色恐怖和各种血腥手段企图阻止我们运动的前进,国际局势的发展表明,世界革命力量,我们的力量在各处发展,而资产阶级的阵地则在各处削减。

由于世界经济危机的加剧和共产国际的正确政策,国际无产阶级革命斗争正提高到新的发展阶段。我们各个支部的任务,就是要通过真正布尔什维克的群众性政策,把最广大群众吸引到日益临近的阶级斗争中来,吸引到同资产阶级的决战中来。

几乎在所有资产主义国家中都掀起了罢工的浪潮。这些罢工日益同无产阶级为反对资本的进攻和法西斯主义的血腥统治而进行的政治斗争的发展紧密联系在一起。当前比利时工人正在为反对比利时资产阶级和改良主义官僚进行着坚持不懈的大规模的政治斗争,而改良主义分子们不止一次地企图借助反叛和出卖活动来破坏斗争。当前,兰开夏郡的纺织工人正在举行罢工,他们用已有的战斗战线来对抗英国纺织厂厂主们降低工人工资的企图。我们代表共产国际和红色工会国际向这些战斗的阶级兄弟致以热情的革命的敬礼。(鼓掌)在波兰和西班牙也能看到声势浩大的罢工斗争,大多数的工业无产阶级在系列罢工中结成了统一战线。

在我们的捷克斯洛伐克兄弟党的领导下,在布吕克斯举行的群众性罢工,为国际无产阶级提供了丰富的经验,它说明只要正确地实行下层统一战线的政策,就能够发挥群众的主动性。除了这次罢工以外,还有很多其他规模较小的经济斗争和群众性的政治罢工。但是在一篇发言中不能把第十一次全会和第十二次全会之间发生的所有这些革命性的国际事件都一一列举出来。

我们应当使第十二次全会注意到,当前的形势是国际范围的矛盾和各资本主义国家内部的矛盾都在尖锐化。

在聚集了帝国主义欧洲各种异常尖锐的矛盾冲突的波兰和德国，我们看到，国内的阶级矛盾也在日益尖锐化。随着经济危机在波兰的不断加剧，大规模无产阶级群众运动浪潮也日益强大。与此同时，强大的农民革命运动也在发展，特别是在西乌克兰和西白俄罗斯，农民们在共产党的领导和共产主义旗帜下，为反对波兰的法西斯主义而斗争。我们说，这个国家也像德国一样，革命运动正在高涨，革命危机的前提正在进一步加速形成。

我们知道，在德国资产阶级正竭尽全力来镇压工人阶级，它已经不仅借助于社会民主党这个资产阶级的主要社会支柱，而且越来越采取法西斯手段，越来越利用社会法西斯运动，作为法西斯专政的直接支柱。因此，在目前的情势下，社会民主党继续起着资产阶级主要社会支柱的作用。最近几次的国会选举表明，第十一次全会所着重指出的一个论点，即社会民主党是资产阶级的主要新社会支柱，至今仍然是有效的。国家社会党还没有深入到工人阶级当中去。从社会民主党在工人阶级中——群众组织和工会运动——起的作用来看，它仍然是资产阶级的主要社会支柱。

尽管还存在着某些弱点，共产党的威信还是极大地提高了。由于最近党在选举中的胜利，无产阶级群众对它的信赖得到了特别的加强。

在这次全会上，我们应当详细地分析一个有意义的现象，即凡尔赛体系和赔款问题已经不仅对于战败国，而且对于战胜国都是一场灾祸，出现了新的矛盾。在洛桑会议上，矛盾重新暴露了出来。英国和法国之间的矛盾日益尖锐化，虽然近来两国的资产阶级在某些问题上正在寻求妥协，但是在这方面还看不出有什么重要的结果。社会主义制度和资本主义世界之间矛盾的增长和革命的极大高涨，使我们党越来越面临着发动革命群众的问题。我们应当以加倍的革命干劲，发挥更加广大群众的主动性，尽快地把工人阶级的大多数争取过来。在革命蓬勃发展之际，我们应当准备迅速地对群众的自发发动进行领导。

新的帝国主义世界大战的危险正在日益迫近。在我们第十二次全会召开的同时，阿姆斯特丹正举行着全世界反对帝国主义战争大会。出席大会的不仅有知识分子——作家和学者的代表，不仅有农民各阶层的代表，而且也有最重要的生产部门——化学工业和军事工业工人的代表。他们高举着反对帝国主义战争和保卫苏联的革命旗帜。

日益迫近的世界战争的危险、日中战争的事实、南美洲玻利维亚和巴拉圭之间的军事冲突——所有这一切都证明了我们这支以共产国际为首的反战大军的极大重要性和它所肩负的重任。

第十二次全会面临的巨大任务是：依靠国际革命的战斗经验，探索加速革命高涨，提高我们党的革命战斗力的途径和方法，以便在目前形势下更迫切、更直接地提出我们的战略任务——争取无产阶级的大多数。特别是像德国和波兰这样的党，首先应当把无产阶级的革命战斗力提到更高的阶段，以反击资产阶级和血腥法西斯主义的凶恶进攻。在讨论各项议事日程的过程中，革命工会运动的问题具重大作用。革命工会反对派的问题、改良主义工会中反派运动的问题，革命工会活动的发展问题——所有这些都是我们群众工作的首要问题。

过去，我们在做出正确决议的同时也犯过一些错误，没有始终正确地引导我们群众的主动精神和大众工作。有一段时间，我们既有迫切的需要，又有明显的有利环境，可是我们错过了建立革命工会的时机。我们在工会运动的路线上也犯了一些错误，因此我们往往不能使反对派跟着我们走。我们应当认真地检查一下，我们关于国际问题的决议，红色工会国际第四次、第五次大会的决议，红色工会国际中央委员会第八次会议的决议，以及我们共产国际的决议，究竟有多少已在革命实践中得到实现。然后，我们还应当检查一下，我们关于争取群众为政权而奋斗的问题提得怎样。我们不能仅仅借助于党的组织来争取千百万广大群众，领导他们，引导他们前进，组织和吸引他们参加斗争。革命工会反对派、革命工会、反对派的工会运动——这就是在党和群众之间的那些传送带，我们借助于他们的帮助聚集新的有阶级觉悟的力量，结成革命的阶级战线。同时，这也是一所斗争学校，我们在这里同叛徒—改良主义分子进行面对面的交锋，我们在这里向他们针锋相对地提出自己的革命理论和政策。

此外，我们应当清楚，拥有4000万—4500万人的失业者运动的巨大革命意义，我们要不断地在这些群众中进行工作。我们已经注意到，在经济斗争和发动失业者之间有着某些一致，但我们应当指出这方面也存在着一些缺点和困难。事情很清楚，我们没有能够借助于我们的党，借助于我们现有的无产阶级队伍聚积财物，来提供给这支千百万人的失业大军。我们的职责是用革命的勇敢精神、革命的刚毅精神、革命行动的决心和战斗意志，来武装这支大军。这就是革命工会反对派和我们党在对待这支千百万人失业大军的巨大任务。革命高涨的最重要因素是，在许多国家的罢工斗争期间，这些失业者没有为企业主效力和对罢工进行破坏。但是，在这次全会上我们应当注意到，在这支大军中间，可能会产生绝望的情绪，因为国家对这千百万人并不给予帮助，补助金的定额在降低，改良主义的工会领导机关也没有更多的钱来为这些失业者交付补助金。

世界的所有事实都证明，在这方面我们应当寻找新的方法和途径，以便帮助我们从政治上把失业者的运动争取过来，对他们提出一系列政治任务。

关于无产阶级同盟军问题有着极大的重要性。在各农业国、半农业国以及工业国，劳动农民都在迅速地左倾。这明显地表现在波兰、巴尔干各国和德国的最近选举中；我们对此应当特别加以注意。农业危机加剧，并发展得更加猛烈，它同经济普遍危机一起，把越来越多的农民阶层抛入了贫困的深渊，使农民迅速地激进化。

在这次全会上，我们还应当特别认真地对待一个问题，就是如何给予各资本主义国家和殖民地国家的无产阶级青年以布尔什维克的帮助，支持共青团在各方面的革命主动精神。

各地无产阶级的妇女运动都发展到了具有革命力量和主动精神的高级阶段。我们应当广泛吸引这些群众，更多地动员她们来完成我们的任务。

为了实现这次全会提出的各项重大任务，我们需要在共产国际总路线的基础上达到最可靠的团结，以最大的胆量和布尔什维克最刚毅的精神，发展底层的革命统一战线。目前形势赋予我们的更大责任，责成我们为反对所有小资产阶级右倾机会主义，反对左倾宗派主义的虚假的激进空话而进行毫不妥协的斗争。

现在我们正在转向新的革命和战争，世界所形成的斗争形式，特别促使我们考虑这样一个问题，即为什么许多地方形成了有利的客观条件，但党的工作却落后于革命热潮。

第十二次全会应当证明，作为领导工人群众的世界革命的总参谋部——共产国际，有决心和能力在马克思列宁主义的旗帜下，使最终胜利的时刻早日到来。我们应当在这次全会上指出，同资本主义衰落截然相反的，是苏联社会主义建设的胜利发展。这一事实毋庸置疑地证明了无产阶级专政具有远大的前程，群众具有极大的创造力。

在反对资产阶级专政和争取无产阶级专政的问题上，五年计划在四年内完成的事实和第二个五年计划的前景，使动员群众通过各种斗争的形式取得最终目的，有了新的和更大的可能性。

我们应当承认，在这一阶段，在这一历史时期，政治斗争和局部行动，群众的政治罢工和群众行动，群众（其中也包括失业者）的动员，是解决争取工人阶级大多数以推翻资本主义制度和建立无产阶级专政这一任务的关键。在第十二次全会上，我们就是从这个角度提出我们的任务的。

在第十一次全会和第十二次全会之间，事态发展的进程向我们表明，我们党已经达到了更高的成熟阶段。我们党在党内，以及在整个工人阶级中，都力求以更加批判的态度来对待自身的工作。我们党的机关尽量设法跟上新形势的要求，去帮助那些革命的群众组织和工会，但暂时还只限于不充分的监督。我认为，只要粗略地看一下议事日程，就能看出第十二次全会的巨大意义。现在我们应当更快地、更大胆地和更英勇地来实现我们的战略和策略任务。第十二次全会不仅要对第十一次全会和第十二次全会之间的形势发展进行总结，而且也力求对第二国际和阿姆斯特丹国际中的作为改良主义和社会法西斯主义的花招和为再次欺骗工人阶级而提出的那些问题，给予应有的回答。在这次全会上，我们将要揭露那些带有欺骗性的"左"的花招的新方法，改良主义和社会法西斯主义企图通过这种新方法来维护自己在工人群众中日益削弱、逐渐转移到小资产阶级方面去的社会基础。在这次全会上，我们还要提出这样一个问题：我们的革命理论，我们的革命理论和实践的统一，怎样影响那些还没有参加运动的千百万人？经过对这一问题进行布尔什维克式的分析，我们看到，和我们队伍中的小资产阶级悲观情绪不同，尽管在某些国家里我们的运动出现了曲折反复，总的发展倾向证明了共产国际及其各支部还是在不断地向上发展，证明了革命群众斗争更加成熟。

共产国际正生机勃勃地向前运动，无产阶级及其同盟者的革命成熟性也日益提高，这一事实促使我们在第十二次全会上，在我们策略的更高发展阶段上，为我们自己提出更高的革命斗争任务。我把这些任务概况为以下口号：

无产阶级为反对资本和血腥的法西斯主义进攻而结成的战斗统一战

线万岁!

反对帝国主义战争和保卫苏联的革命群众斗争万岁!

前进,为组织工人阶级的大多数,建立无产阶级专政而斗争!

苏维埃中国万岁!

全世界劳动人民唯一的祖国——苏联万岁!

世界革命的总参谋部——共产国际万岁!

社会主义万岁!

(经久不息的掌声)

库西宁作关于《国际形势和共产国际各支部的任务》的报告

一、对形势的估计

1. 资本主义稳定的结束

尊敬的同志们,共产国际第六次代表大会曾预言资本主义普遍危机的尖锐化,共产国际执行委员会第十次全会指出了这种尖锐化,不久共产国际执行委员会的扩大主席团会议和第十一次全会根据世界经济危机的各种事实,具体地阐明了资本主义主要矛盾的尖锐化。现在,我们在提纲中能够指出,资本主义普遍危机的尖锐化发展得如此之快,它正在进入一个新的阶段。当前资本主义普遍危机的急剧尖锐化表现在什么地方呢?首先表现在五个最重要的事实上:

第一,苏联蒸蒸日上的发展;

第二,资本主义世界经济危机的加剧;

第三,帝国主义国家和殖民地国家中革命运动的高涨;

第四,帝国主义国家间矛盾的尖锐化和对华战争的开始;

第五，反对苏联的反革命战争在加紧准备，这一战争不可避免地要引起世界大战和一系列革命。

这些都不是假想，而是事实。在我们的提纲草案中引用了一系列的事实，说明"在资本主义普遍危机的发展过程中正在出现某种转折"。这种转折意味着什么呢？它是否意味着普遍危机已经进入了新的阶段呢？还是不是这样。但它正朝着这个方向发展。这种转折意味着资本主义世界基本矛盾的尖锐化，正如在提纲草案中所说的那样，"目前已经达到了这种阶段，即在一些非常重要的焦点上，对抗的力量正在发展成为冲突"。由此，在提纲草案中做出了这样的结论：

"在第一次战争和革命后出现的资本主义相对稳定的时期结束了。但是在各个最主要的资本主义国家中……还没有形成革命的形势。当前正处在过渡之中，即向各个阶段和各个国家之间新的大规模暴力冲突，向新的战争和革命的过渡。"①

在提交这次全会的提纲中对国际形势所作的总体评估就是这样。如果你们当中有人初看起来对这一论点持怀疑态度，那也没有什么可奇怪的。第一次听到关于资本主义稳定的结束的论点的人，可能是如获至宝：这一点好是好，但它是不是真的呢？这有两方面的原因。我们生活在数以千计的事件的漩涡中，而最近一个时期特别地被重大事件充满了。这真是只见树木，不见森林。后来就不知不觉地形成了对稳定这一概念的某种盲目崇拜，以致很难想象没有稳定的资本主义。

整个资本主义没有稳定可能吗？是的，可能。为了进行比较，我举

---

① 参见《国际共产主义运动历史文献》中央编译出版社 2012 年版第 54 卷收录的《国际形势和共产国际各支部的任务（提纲）》，两处文字表述略有不同。——编者注

一个例子，这个例子离现实并不远，是关于通货的稳定，资本主义的概念首先是从这里开始，被写进经济和政治文献中的。英镑——难道它没有失去自己的稳定性吗？英国——这个老牌的资本主义国家，而且不仅是英国，还有其他40个国家也都被迫放弃了金本位。世界货币的统一解体了。没有一个国家不面临着货币贬值的问题。在美国——这是最令人关注的问题。正好今天我们在报纸上读到，法国正在进行着一场争取货币贬值、争取通货膨胀的运动。这发生在法国，那里的货币单位在战后曾一度贬值到这样的程度，以致现在它仅仅为战前旧法郎价值的很小的一部分。现在谁敢打赌说，一年后在美国或在法国，还将有稳定的通货，这些国家不再放弃金本位呢？（如果某个人想打这样的赌，那立刻就会提出这样的问题：是怎样的通货？因为任何一种通货都已经不是绝对巩固的了。）

再看一个例子。就是这个老牌的资本主义国家英国放弃了自由贸易制度，采取了关税保护制度。难道这不是"小事"吗？英国现在所做的，只是其他国家在半个世纪以前就已经做过的事情，因而英国不也是有点落后了吗？不，事情不是那样简单。这种制度的更替现在意味着各个最主要的资本主义国家之间的贸易政治关系达到了新的急剧的尖锐化。法国就采取了对抗措施。美国也是一样，从关税保护主义已经部分地转向了禁止主义，已经采取了浮动的汇率。实际上已经开始了关税战、贸易战，而这些只是武装战争的一个预备阶段。由此可见，在各资本主义国家的贸易关系方面，稳定已经终结，正像在货币价值方面和世界货币方面的稳定已经结束了一样。

第三个例子是另一方面的，但也同大不列颠有关：舰队是不列颠帝国主义的骄傲。但是当它在因弗戈登发生了暴动时，对于帝国主义的舰队来说，这就不是个安全的征兆了。当然，舰队对于英国资产阶级来说，还远不是一钱不值了，这是确定无疑的（关于英镑也可以这样说)。舰队发生罢工只是英帝国主义力量瓦解的一个征兆，但却是非常重要的征兆。要知道俄国的沙皇制度在当时也曾非常痛苦地感受到在喀琅施塔得和塞瓦斯托波尔等地发生的完全相似的征兆。在因弗戈登发生的事，只是一个偶然事件吗？能不能断言："事情已经最终结束了？"不能，那种一度发生过暴动的舰队，会再次发生暴动的。这样的舰队可以称为"不稳定"的舰队了。

由此可见，英国帝国主义世界观的主要支柱——英镑、自由贸易、舰队——都已失去了自己过去的稳定性。大家都知道，不仅大不列颠是这样的情况。如果我们仅仅从上述的最后一个例子——军队和舰队的情况——来说，我们就可以看到，在很多国家中都出现过类似的风暴的预兆。我刚刚读过雅各布同志的一篇文章，谈的是意大利最重要海军基地斯培西亚发生风潮的事。在的里雅斯特号海军战船上，司令官不得不在全体船员面前，以辩论的口吻反对一张共产主义的传单。船员们更相信谁——司令官，还是传单的作者——这是另一个问题。在意大利的陆军中心发生过风潮：在佩尔加莫就曾经解散了两个团。在日本的军队中，也发生过很多起士兵反抗军事长官的事。不久前在东京军官学校中，甚至还逮捕过革命分子。第二天在那里就出现了由共产党支部署名的传单，这以后又逮捕了几名军官学校的学生。美国帝国主义曾下令枪杀战争中的老战士。这对于那些现在应当去杀死别人的士兵，起到了怎样的教育作用呢？他们所看到的是：战争正日益逼近，他们要为了金融寡头的利益去送死，而那些在战争中得以活下来的人，等着他们的命运就是在14—15年以后，作为华盛顿的饥饿的示威者被军队枪杀。来自胡佛政府的这种宣传，并不利于资本主义的稳定，按其效果来说，更像是革命宣传。

无论从个别的事件看，还是从总的方面看，资本主义的稳定时期都结束了。但是这并不等于资本主义的崩溃。还在1921年，列宁就曾谈到在苏联和资本主义世界的关系方面，存在着相对不稳定的"均势"。现在在这些关系方面，过去那种相对的均势，已经由新的过程、新的不稳定所代替了。但是，在这里也不能说，所有的均势的痕迹都已经完全消失。例如，苏联的外交就成功签订了一系列互不侵犯的条约。虽然如此，战争的危险实际上正在临近，以反苏为目标的帝国主义的战争准备，已经进入了新的阶段。过去的均势已经过去了。

2. 发生了什么变化？

我们稍加仔细地看一下，资本主义稳定是什么，它的结束表现在哪里。最主要的因素有这样一些：

（1）资本主义经济方面。第六次代表大会分析了战后资本主义的第二个时期，即资本主义体系形成了局部稳定的时期，着重指出了资本主义的经济正在恢复，以及资本进攻的发展。通货是稳定的，国际货币的统一和国际信用体系，资本主义各国的生产和销售市场都或多或少地得到了恢复。随着第三个时期的到来，各资本主义国家的生产已经重新达到了战前的水平和超过了这个水平（这种情况几乎同时也在苏联发生了），生产的技术又开始迅速地发展，它在某些资本主义国家（在德国和美国）带有"技术革命"① 的性质。在战后的第二时期和第三时期的开始阶段，由于毫不留情地推行资本主义合理化，使生产力得到了很大的发展。当时已经可以看到资本主义稳定矛盾的发展，但无论如何，资本主义稳定的主要特点就是生产的发展，特别是生产力的发展。

现在的情况怎样呢？资本主义生产已经下降到了前所未有的程度。在所有主要的资本主义国家中，生产下降到了大大低于战前的水平。我

---

① 参见《共产国际文件汇编》三联书店1965年版第3册第3页。——编者注

只举出几个相对的数字（根据德国行情研究所的综合报告）。如果注意到，世界人口从1913年起增加了12%，那么，按人口计算工业生产缩减了20%。从1929年起，生产平均下降40%，而从1932年1月至年中，即整个半年内，就下降了20%。世界生产资料的生产在经济危机时期缩减了50%，造舰业甚至缩减了90%，纺织工业和食品工业下降得比较少，有15%。

对外贸易：各资本主义国家间对外贸易的周转额在世界经济危机期间减少了二分之一。在帝国主义发展中起着巨大作用的资本输出现在几乎完全停止了。在稳定时期略有缓和的农业危机现在也发展到了极其尖锐的程度。

作为资本主义合理化的结果，在战后的第二时期，经常性的大批失业就已经开始出现。但现在失业所达到的这种巨大规模，在当时是很难想象的。在整个资本主义国家中，有一半以上的工人处于全失业或半失业，这一点是毫无疑问的。失业者的总数还很难判定。

（2）国内阶级矛盾尖锐化方面。台尔曼同志在今天的发言中，谈到了无产阶级和劳动人民其他阶层前所未有的贫困化和分化的状况。从理论上已经不能预料，这些现象不会引起革命的高涨。事实上也是这样。在帝国主义大战后的风暴和进攻的第一时期，很多欧洲国家的无产阶级遭到了沉重的失败；在战后的第二时期，工人阶级采取了防御战斗。到这一时期结束时，已经爆发了一些大规模的阶级搏斗，像英国的总罢工和罗兹大罢工，但这些罢工还是个别的，它们只预示着革命高涨的到来。后来，在共产国际执行委员会第十次全会（1929年）上，我们已经能够指明革命高涨的这一事实了。现在，无数的罢工和在一系列国家中发生的带有真正革命性质的声势浩大的罢工运动，都已经说明这一革命高涨的意义与第十次全会时期所指出的不同了。此外，目前，革命高涨不仅表现为无产阶级的运动，在许多国家中还表现为大规模的革命和半革命的农民运动。这就是标志着资本主义稳定的结束的那些事实链条中的第二个环节。在下面我还要谈到这一问题的另一个方面。

（3）帝国主义矛盾方面。1925年，当资本主义稳定开始不久，斯大林同志指出了作为形成资本主义稳定的最重要的决定性环节的一些事实。第一，"美、英、法三国在对德国进行掠夺的方法和范围方面暂时达成了协议。"现在这一情况怎样了呢？不仅当时为了掠夺德国而制定的道威斯计划遭到了破产，而且后来的杨格计划也遭到了破产。德国的情况表明，一个没有支付能力的国家甚至可能被用作反对更强大的帝国主义国家的武器。这还并不意味着，似乎德国已经最终摆脱了凡尔赛的桎梏；德国依然应当按照规定的赔款形式向战胜国纳贡。但是，无论如何肯定的一点是，即近期德国在赔款问题上所担负的负担减轻了，但这丝毫没有缓和德国与战胜国之间的矛盾，也没有缓和这些战胜国之间的矛盾。相反，应当指出，这些矛盾更加尖锐化了。

斯大林同志所提到的第二个事实是："英、美、日三国资产阶级在确定中国的势力范围方面暂时达成了协议。"这首先是通过1922年签订华盛顿公约达到的，现在这纸公约的情况怎样了呢？它只不过是一纸空文罢了。美国资本家现在听到的是一片嘲笑声，日本外相今天还在担保说："我们完全不想违反华盛顿公约。"他们"只不过是"想把满洲和中国的其他重要省份拿到自己的手里。而关于满洲和中国的问题，正是华盛顿九国公约的主要条文之一。现在，帝国主义者在中国所采取的每一个步骤都表明，他们在那里并没有取得一致的意见。它们当中的每一方都在玩弄狡猾的手段，但都为自己招来了苦头。帝国主义者相互间勾心斗角，但在反对中国人民方面又是一致的。斯大林同志谈得对，还在1925年时他就预言过，绝不能认为帝国主义在中国问题上所达成的协议是牢靠的。现在这一协议已经到了终结的时候，中国人民的忍耐也已到了尽头。

第三，在1925年，斯大林同志指出了一个事实，即"各先进国家的帝国主义集团暂时在互不干涉对方对'自己的'殖民地的掠夺和压迫问题上达成了协议"。现在，说句实话，列上了议事日程的是重新分割殖民地的斗争，在各处，这一斗争还不是以完全公开的形式表现出来，像美、英帝国主义在南美洲为争夺势力范围所采取的那种赤裸裸的形式一样（玻利维亚和巴拉圭为了美、英帝国主义的利益而互相厮杀）。又例如帝国主义者在印度的竞争也还没有发展为公开的形式，但是美国在印度民族—改良主义者中间的影响则与日俱增。最近，日本也通过它前所未有的倾销政策，牢牢地挤进了印度市场。与此同时，各殖民地的革命反帝解放运动也正在蓬勃兴起。

（4）苏联。我已经提到了苏联和各资本主义国家之间关系的尖锐化。在苏联呈现出巨大高涨而全世界资本主义普遍衰退的情况下，资本主义世界和苏联之间的对抗不加剧是不能想象的。苏联已经让资本主义世界极大地失望了多少次啊！五年计划的完成更加加深了失望，这是资本主义世界的老爷们连做梦也想不到的。以前，人们有充分的理由说——这一点列宁也说过——俄国是一个落后的国家。现在的情况则不同了：甚至在工业生产方面，苏联都已经跃居世界第二位。从各个方面看苏联都是先进的国家，它的成就是建立在社会主义牢固的基础之上的。社会主义基础已经建成。苏联终于在社会主义阵地上巩固了。在第二个五年计划期间，她将把本国的全体劳动人民转变为无产阶级社会主义社会的自觉和积极的建设者。

今天，世界上创造出来的所有进步的东西——不仅是经济的，而且还有一般社会的和文化的建设——都是在苏联创造出来的。资本主义所不能解决的生产过剩问题，在这里是不会发生的。社会主义建设的速度，保证了社会主义的胜利。同志们，你们都记得中央委员会和右倾分子之间分歧的基本点，恰恰就在速度的问题上，正如斯大林同志在党的最近一次代表大会上所强调:"你们不喜欢我们的速度"。最近我们在全世界看到,从各国的社会民主党到俄国的孟什维克所批评的正是和特别是关于苏联建设的速度。这一点是非常重要的。例如唐恩①曾就苏联写道:"正因为我们不希望在经济中出现灾祸(请看这个罪犯是多么伪善!——库西宁),我们就应当反对那种会导致经济崩溃的疯狂的速度。"

问题的症结原来在这里。第二国际书记弗里茨·阿德勒最近实在拿不出什么像样的东西,只能采用"原始积累的方法"诽谤苏联。这些人利用苏联社会主义建设中的每一点困难,来"论证"苏联处在毫无希望的状态中,当后来苏联的无产阶级以自己的热情和英雄主义不断克服这些困难的时候,社会民主党的领袖们却闪烁其辞,开始诽谤"俄国的方法"。但是,这些诬蔑性的谣言每天都被在苏联社会主义建设中工人们所表现出来的无数个英雄式的范例所驳倒。我只举一件独一无二的事例。在斯大林格勒拖拉机制造厂的建设中,要在零下40°的严寒里安装屋顶玻璃。共青团员玻璃工小组自愿地承担了这项工作。他们当中的许多人的手和脸都被冻伤,不得不被送入医院,可是屋顶玻璃的安装工作仍然按照规定的日期完成了。(鼓掌)在苏联社会主义建设中,我们有成千上万个这样富有自我牺牲精神和充满热情的英雄主义的事例。

在这里,我想指出我们在宣传苏联方面的一个缺点:在各资本主义国家中,我们的新闻几乎从来都把苏联说成是"一切都好"。这反映了对苏联的真正热爱和钦佩,但在政治上效果不好,我们不谈论,而我们的敌人描述和谈论苏联所遇到的真实困难,由于这种情况,那些读过我们新闻的工人们就不能对敌人的诽谤性的谣言予以反驳。在这次全会

---

① 指唐恩(古尔维奇),费多尔·伊里奇,俄国孟什维克领袖之一。——编者注

上，我们将听到曼努伊尔斯基同志的报告。我知道，出席会议的全体同志都以极大的兴趣期待着这个报告。我们可以告诉曼努伊尔斯基同志的是，我们也想听听苏联在建设中所遇到的困难。这对我们的革命教育工作是有好处的。

在阐述苏联的成就，例如经济成就的时候，我们应当特别避免出现那样的错误，这些错误实际上意味着对社会民主党所主张的在资本主义制度范围内实施"建设性"政策等类似内容的让步。在各处，我们几乎都可以看到，社会民主党改良地利用工人对苏联的同情。特别是奥地利马克思主义者们提出一种策略，即苏联正在进行的计划经济实际上是一种"正确的思想"，似乎可以在资本主义奥地利更好地加以利用。于是他们还开出了为在资本主义国家范围内不经过革命而采用计划经济的药方。对于这种欺骗行为应当在工人的面前加以揭露，这一点是不难做到的。在土耳其，凯末尔主义者也想按照苏联的样式来实行计划经济，为此还邀请了苏联专家到他们那里去。诚然，我对苏联专家的能力是充分信任的，但是我很怀疑，计划经济是否适用于资本主义土耳其。因为土耳其人如果要认真地解决这一任务，他们就应当从消灭资本主义开始，首先要废除资产阶级政府。但是对于这一点他们大概还没有准备。

3. 对世界经济形势的分析

尽管上面列举的事实足以说明资本主义的稳定正在接近结束，但仍然会产生这样的疑问：它最终会突然地"复苏"，现在也许只是一种昏睡罢了……这种怀疑特别容易产生，因为我们过去在分析世界经济危机时，没有足够地注意到它的发展倾向。我们较多地强调了当前危机同资本主义过去的危机的共同点，而较少地看到当前经济危机的特点。例如，很多人谈到了经济危机的周期性，而如果我们指出的只是这一点而别无其他，那么当前世界经济危机发展的特点和倾向，以及它同资本主义普遍危机尖锐化的关系就变得不可理解了。如果不能对问题的这个方面给予具体地评估，那我们就不能得到一个明确的前景，而在形势稍有变化或价格稍有提高（即使只是股票的价格）的情况下，在我们的队伍中也会出现这样的疑问：资本主义的稳定是否不会再现。美国政府最近玩弄的一次交易所活动的花招，在社会民主党的队伍中立即引起了这样的情绪。《前进报》对美国政府所采取的措施表示欢迎，说这是具有决定意义的"转折"的序幕，并声称"全世界由于这一转折都要向它表示感谢"。但是这个"转折"很快就结束了，因为要使形势真正有所改善，还不具备任何现实的前提。

在分析经济危机的时候，也应当注意不要陷入社会民主党的虚伪的客观主义之中，把危机描写为普遍的"不幸"或"恶运"，对此谁也没有过错，也没有谁应当负责。我们对经济危机的分析应当是对资本主义进行批判，在群众面前揭穿资本主义的真实面貌，指明资本家阶级就是危机尖锐化的实际的代表者。

对像资本主义企业破产这样一些危机现象的评价，在我们的报刊上并不总是一贯地采取批判的态度。如果认为每一次破产都会引起危机的尖锐化和加深那就错了。这一点并非永远如此。过去几次被抑制得相对较快的资本主义经济危机，其特点是恰恰在很短的时间内有大量破产发生和价格的急剧下跌。

相反，在当前的经济危机中，不管有多少企业破产，但这种破产并不是最有代表性的现象，最有代表性的现象是：工人被大批解雇、企业的停产、工人的半失业状态和工资的降低，等等。我们甚至可以在某种意义上说，要克服危机只从破产方面来看非常不够。以前，经济危机是怎样抑制的呢？这就是有许多资本主义企业突然破产，而其他未破产企业随后出现的市场销路——即使在出售价格降低的时候——相对扩大，在新的生产扩大化中为实现剩余价值打开了广阔的前景。现在的情况则是，最大的资本主义金融康采恩大多数都与整个的国家机器联系在一起，它们既没有破产的可能，也没有破产的必要，因为它们都是国家的主人，它们可以动员国家资金来给自己支持。

正如我们在提纲草案中所强调的，当前金融寡头的垄断统治已经发展到了空前的程度，它能够（如果不是任意的，那也是在一定的范围内）从自己方面对危机后果进行有效抵抗。但这绝不是为克服经济危机而进行的平衡有效的斗争。不用说，金融寡头的代表人无一不想资本主义能在一国内，甚至在世界范围内从危机中解脱出来。但是，他们的实际经济状况在什么程度上能促进这个普遍愿望的实现则是另一个问题。是否有那么一个摩根，他每日的活动都真的是为了使美国资本主义摆脱危机？对此问题的回答不总是肯定的。这些人首先更关心的是他们自己怎样取得利润。每天为自己的企业寻找摆脱危机的出路，这才是他们最关心的事情。使本国的整个资本主义摆脱危机，同挽救个别资本主义企业的利润绝不是一回事。特别是在危机期间，这些利益之间的矛盾就暴露出来，在这种矛盾表现的每一个场合，资本的巨头们都准备出卖整个资本主义的利益。

这些金融资本的巨头——至少是其中的大多数——实际上是很有成效地把危机转嫁给别人了。当然，在各个国家都有一部分这样的巨头倒台了，特别是那些具有广泛国际联系的巨头，例如克雷于格、德意志银行、法国国民互助信贷银行、美国的李·希金森，等等。但只是一部分，不是全部。甚至可以说，实力最雄厚的银行和康采恩一般是没有遭到重大损失的。我举几个例子：一些大型的化学托拉斯，如德国的法本工业利益集团、英国的化学托拉斯都在危机中站稳了脚跟。法国的施奈特-克勒索公司还保持了自己在战前的利润。一些英国大银行（所谓"五大巨人"中的三个）的最后资产负债表表明，在1931年，它们的红利有了某些减少，但它们至少还能够支付14%—18%，按照英国的条件来说，这已经应当认为是很高的百分比了。但这里我们所指的不只是那些资本主义金融巨头在什么程度上保持了自己过去的绝对利润数，而是指他们在总体上较其他资本家，特别是那些未加入卡特尔的资本家所遭受的利润损失轻得多，也就是说，他们善于把一大部分危机的重担转嫁给广大的劳动人民阶层。这一点是不应忽视的。

4. 当前经济危机和金融寡头危机政策的特点

我把这些特点中最重要的归纳为九点：

（1）垄断的联合组织为了保持垄断价格和利润，以前所未有的规模来缩减生产。企业、矿场和交通工具都白白地停滞了不只一个月，而是整整一年。在美国，采矿工业的工作量不足78%，汽车工业为85%；在英国，有94%的造船厂停止了生产（开工生产的只占6%）；在德国，机器制造工业和采矿工业的工作量不足66%。垄断资本主义不仅限制了生产力发展，而且还企图加以大规模消灭。我在这里且不说关于对食品的销毁，像巴西销毁咖啡，美国销毁小麦，我也不说在所有资本主义国家中屡见不鲜的技术退化的现象。我只想指出以下事实：美国的工程师曾建议用犁和铁锹来代替拖拉机和联合收割机。在英国，造船主们自己成立了股份公司，以便消灭比较陈旧的船坞。在德国巴本政府所提出的"提供工作的计划"中，包括取销40万吨船舶吨位的计划，为此政府还发放了1200万马克的国家补贴。法国的激进派分子凯奥在一篇报告中，把技术进步叫做"人类的祸害"。这就是说技术进步成了垄断资本主义利润的祸害。由此就出现了金融资本的代表人物对技术进步的敌视和破坏。

（2）垄断资本主义使用一切手段来降低生产费用。企业的技术领导人普遍面临着一项迫切的任务，这就是对生产进行改组，以便在生产缩减的情况下，生产费用仍然保持在尽可能低的水平上。这方面所采取的主要手段，就是把实际工资降到最低限度，毫不留情地加强对活劳动力的使用。

（3）在危机期间，垄断卡特尔可以在一定的限度内靠牺牲其他卖主和买主的利益，来对价格的变动进行抵制。但是，它们一般地并不能阻止价格的下跌，它们也并非总想要阻止价格的下跌。垄断公司只是在出售商品时才关心高价，而在购买商品时自然关心的是低价。问题首先是在垄断价格和非卡特尔化生产部门的价格之间，在国内掠夺性价格和国外倾销价格之间"剪刀差"的急剧扩大。例如，在德国，从1929年起垄断价格大约从105%跌到了84%，同时，非卡特尔化的价格则下跌了50%，即下跌了一半。在波兰，垄断价格只下跌了1.2%，而非垄断价格则下跌了41%。从工人阶级生活水平的角度来看，批发价格和零售价格之间的剪刀差具有极大意义。在美国，批发价格下降了32.8%，而零售价格只下降了21.9%；在英国，批发价格下降了43.6%，而零售价格下降了32.9%；在德国，前者下降了30%，后者只下降了22.3%；在法国，批发价格下降了32.6%，零售价格下降了6.1%；所有这些都意味着对劳动群众的骇人听闻的掠夺和对其他资本家和商品生产者（他们是垄断化商品的购买者或不得不把自己的商品出售给垄断卡特尔）收入的占有。但是，这些也阻碍着危机机制的正常职能发挥，拖延了对危机的克服。

（4）工业品和农产品（农业承受着高额地租、高利贷债务和不断加重的赋税等重担）价格之间的明显脱节，首先促使农民迅速破产和赤贫化。但是，农产品价格的急剧下跌，并没有给无产阶级带来好处，因为商业卡特尔使零售价格保持在一个相当高的水平上。

（5）很多中小企业由于得不到贷款而陷入了破产的境地，同时最大的银行和托拉斯得到的贷款却不断增加。由此可见，一般地说信贷危机是不对的，因为这就忘记了：信贷远不是对所有资本家都一视同仁的。资本输出停止了（政治借款和军事借款除外），然而在一些实力最雄厚的金融寡头集团那里，则没有任何益处地积累起了巨大的货币资本。法国和美国从各国搜刮了大量的黄金储备。

（6）为了给自己冻结了的投资找到出路，垄断卡特尔和大银行维持了一批依附于自己而实际上已经破产了的企业。这种死货随后则促使把个别大型康采恩吸引到破产的巨流中来，就像德意志银行、法国国民互助信贷银行等的情况那样。

（7）通过一系列旨在恢复已破产企业的业务活动（如注销和合并资本、取得股票控制额等），使得中小存款人和股东被掠夺净尽，加快了垄断联合组织的发展。此外，股票和有价证券的普遍大幅度跌价（各国波动处于45%和80%之间），也为金融寡头垄断地位的进一步加强创造了特殊的有利条件。在经济危机爆发前的很多年里，垄断企业资本"掺水"几乎到处可见。例如，美国参议院委员会调查表明，美国钢铁公司所有企业的实际价值为4.5亿美元，最高额为6亿美元，而这个托拉斯股票资本的票面价值则为15亿美元。由此可见，通过股本"掺水"，托拉斯的股东们就赚得了现金大约10亿美元。因为现在的虚拟资本急剧下跌，所以尽管过去的利润降低了，但还可以给更加贬值的股票资本带来极高的利润。大批小的股票持有者不得不出售跌价股票，而现在谁能收买这些股票，谁就会发一笔大财。但是，谁有钱来买这些股票呢？只有那些能得到贷款的人，即金融寡头的上层人物。

（8）大多数国家通过货币贬值使大资本家和大地主从他们很大部分的债务中解脱出来，同时对工人的工资和城市小资产阶级、食利者等的储蓄和收入大肆掠夺。

（9）为了最有影响的金融寡头集团的利益，资产阶级政府通过给予各种形式的国家帮助，使一些托拉斯、康采恩、银行和军事工业企业从破产中解脱出来。帮助的形式如借款、信用、信用保证、特别订货、关税、赋税和外汇优待、补贴、股本入股等。这些都要依靠国家预算和发行银行，以及破坏通货的稳定，并将整个重担转嫁给国民经济，而这首先是转嫁给劳动人民。

5. 经济危机向何处"发展"

由于经济危机这些特点、占统治地位的垄断资本的全部政策，以及伟大的无产阶级专政国家从世界资本主义体系中分离出来，使得危机在自由竞争条件下发展的一般进程遭到了破坏。采用过去克服危机的一般手段（对商品储备的破坏和逐渐吸收，固定资本的贬值，资本主义经济中对陈旧过时、赢利低、实力单薄并衰落企业的清除，改进技术，提高生产力和开拓新的销售市场等）已经十分困难了。但是，绝不能由此得出结论说——像某些半托洛茨基式的理论家们所断言的那样——资本主义正在自动地崩溃。由此应当得出的结论只能是工人阶级的极端贫困化，城市小资产阶级、各农业国和殖民地国家广大农民群众的破产。但是，在这种政策下，垄断资本越是顺利发展，国内外市场就越是更加紧缩，资本主义就更深地陷入危机的罗网之中。占统治地位的资产阶级也就更加固执地选择资本主义摆脱经济危机的唯一出路：反对劳动者阶级和反对其他国家的斗争、法西斯专政、商业战争和武装帝国主义战争。

对当前世界经济危机发展的这些趋势应当加以认真地分析，并且始终注意不要留有产生疑问的余地，似乎危机可能由于某种不可解释的和意想不到的季节性经济变动（也许是"最近的春天"或"最近的秋天"等）而克服。这种新情况是从哪里来得呢？有人说：危机总有一天必将过去，因为它是"周期性危机"。我们只要等待它发展到自己的顶点，那时，固定资本就会开始更新，就会出现新的高涨。但是我们等待这个周期"顶点"的到来已经有四年了，我们越等待它，它就离开我们越远，资本主义要摆脱经济危机的锁链就更加困难。固定资本在危机之前，即在合理化时期就已经更新了。奥托·鲍威尔说"这里是有错误的"。列宁有一次曾说奥托·鲍威尔是"最优秀的社会党叛徒"（列宁在此解释说，他指的是："一位完全不可救药的、学识渊博的傻瓜"）。这位学识渊博的傻瓜现在居然大谈"错误的合理化时期"（"Fehlrationalisierung"），其实，事情非常清楚，垄断资本不可能有其他作为，因为按其资本主义本性来说，它要追求高额利润。

以前，经济危机还能够借助自身的机制建立自己克服的前提。为什么现在不可能了呢？因为垄断资本占有了极强大的经济命脉，因为它在很大程度上要依靠牺牲国内整个国民经济的利益，依靠整个国家机构才能巩固自己的阵地。这并不等于布哈林同志当时所想象的向国家资本主义的发展，也不等于向对私人垄断的国家监督的发展。恰恰相反，它意味着向私人垄断国家监督的发展。整个国家都被动员起来，挽救它的利润。这样才能使这些垄断组织（虽然不是全部，但是最强大的）免于破产。

难道不存在摆脱资本主义危机的出路了吗？要知道列宁曾说过，——我们也多次重复过这一点——绝对没有出路的状况是不存在的。当然资本主义摆脱目前的经济危机是可能的。如果美国战胜日本，这就可以使美国暂时摆脱危机。如果日本战胜美国，日本的资本主义也可以摆脱危机。不能否认这种可能性，但是并不存在摆脱这种危机的纯粹经济上的出路。某一国家的资本主义摆脱危机的可能性，只能是资本家阶级有成效地采用了经济斗争的手段，加上资产阶级统治的暴力手段，战争和镇压其他竞争者和对手，镇压金融资本内外敌人的手段。

6. 寄生性和没落性

现在，在整个资本主义世界我们看到了"开始结束"的无数征兆。首先是寄生现象的巨大增加。列宁还在战前就写过关于"高利贷的帝国主义"，但是，正如我们所看到的，现在高利贷活动和寄生性发展在以前是难以想象的。我在这里只指出一种现象：在各大资本主义国家中，借贷资本部分依靠生产资本而取得发展达到了怎样巨大的程度。德国现在这个部分甚至达到了13%；这是一个非常高的数字，如果回忆一下，不过10年前，德国就有很大一部分小存户和食利者由于通货膨胀而基本上"失掉了"自己的私有财产。德国的工业债务为580亿马克，农业为120亿马克。在英国，现在每年从借贷资本中得到的收入占26%，即占国民收入的1/4以上！这里有只靠剪息票①为生的广大食利者、寄生虫阶层。最近他们则成了大银行更加肆无忌惮地掠夺的对象。在英国，仅国家债务就有740亿金卢布，工业银行信贷为100亿。我们还可以在法国和美国看到类似的现象。尽管国家预算数字不断增加，有时甚至达到完全失调的程度，但在各资本主义国家中，用于维持军队、警察、官僚机构以及支付公债利息的开支仍然增加到这种程度：在英国、法国、比利时、波兰等国，竟占了预算的60%—70%。

在当前条件下，资产阶级阶层内部的磨擦和纷争也不可避免地加剧了。我们不应把金融寡头看做是完全一致的集团。在一些国家金融寡头的上层集团中间，经常有争吵和竞争出现，但更多地是发生在从金融寡头那里得益少的资产阶级的其他阶层中。这时，在所有的资本主义国家中，各种各样的"舞弊诈骗"就接连不断地出现了。如果认为像克雷

---

① 指债券持有者领取利息的一种方式。——编者注

于格和德特丁这样一些资本主义强盗首领的惹人注目的事例是某种特例,那就错了。相反,根据他们所采取的手段和他们的本质来看,他们都是当代典型的金融巨头,只不过是他们的运气不好,且由于重大的失策,不能不被揭发出来了。

如果这里再加上其他方面的腐朽和营私舞弊的现象、犯罪和法西斯强盗行为的增加等,那我们就可以看到面临着死亡的资本主义的真相了。

7. 工人阶级状况的变化

如果在这幅图画中缺少了资本主义的掘墓人,如果在其中没有表现出经济危机所带来的社会后果,首先是工人阶级状况的变化(这些变化正愈益为劳动人民的革命斗争奠定基础),那么,这幅图画就会是非常不完整的。

应当说,关于工人阶级的状况以及它在各个国家和各个方面是怎样形成的材料,我们掌握得非常不够。对于这一点应当给予更多的注意,因为没有对工人群众和其他劳动人民状况的具体了解,就谈不上实行真正代表群众利益的政策,尤其是因为当前这种状况正在发生着迅速的变化。如果不考虑到危机期间波兰矿工工资实际价值的下降(他们在波兰还属于待遇较好的一部分工人),那就不可能理解为什么波兰的罢工浪潮还高于德国的这个事实。当然,这还不能完全地,只能是部分地把事情说清楚。经济危机的后果,特别是大批群众失业,为罢工运动的开展造成了一些额外的困难。这个事实我们在前面已经指出过,在这里只需要补充一点,即这些困难只是在一定的限度内对经济斗争起到阻碍的作用。一旦这个限度被达到了,由于群众性失业和经济危机所形成的阻碍便不再发生作用。

如果仅仅从失业这一方面看工人阶级中所出现的很多变化，那我们从德国的例子中就可以看到有各种不同类别的划分：完全工作的：（1）领"全"工资的；（2）领部分工资的；部分工作的；被强制工作的；全失业的：（1）领"全"补助金的；（2）领减少了的补助金的；（3）只领救济金的；（4）不领任何补助金的。这些类别中的每一个工人都经常处在落入下一类或更下一类的危险之中，实际上他的状况也是每况愈下的。当然，这种非常沉重的状况对于在业工人开展罢工斗争造成了额外的困难。但是这只是在一定限度之内，因为当在业工人开始感到自己的地位不堪忍受的时候，他们就准备甘冒罢工斗争的风险了。

在各处经济危机都使得资产阶级收买工人阶级上层的可能性变得越来越小。工人特权阶级的范围日益缩小，改良主义和社会民主党的社会基础也逐渐削弱。当然，也还可以看到一些新现象，即某些工人阶层虽然不能拿到高薪，但终究占据着被优待的地位，也就是说他们的工作是有保障的。这首先是职业法西斯工贼集团等。当然这还不能成为一种广泛的社会现象。

各资本主义国家中的金融资本开始降低广大农民群众的生活水平，这也是一个重要的后果。大家知道，最近这个情况几乎在各处都引起了战斗的农民运动，这种农民运动在很多国家中（如在波兰、南斯拉夫等）已经发展成为大规模的农民暴动。

8. 革命高潮的增长

这一发展过程产生了怎样的政治后果呢？这就是革命高潮的急剧增长。我们应当怎样从这一角度来估计我们所处的时期是否是资本主义稳定结束的时期呢？我们在提纲草案中说过，现在正在向新一次的战争和革命过渡。我们还没有进入新一次战争和革命时期，但正处在向这一时期迅速过渡的过程中。这一迅速过渡的性质对目前出现的革命高潮也留下了痕迹。连斯基同志问道，是否应当把这一过程叫做革命高潮的新阶段。非常清楚，目前革命高潮的发展已经达到了比在共产国际执行委员会最后一次全会期间所达到的更高阶段。但是我并不想把当前时期叫做革命高潮的"新阶段"，以便不去限定它的过渡性质。"新阶段"的提法给人留下一种印象，似乎高潮停留在一定水平上，带有静止的性质。但是，当前整个革命高潮的性质是迅速的过渡，它前进得越来越远，上升得越来越高。

  自从帝国主义战争后，风暴和进攻的第一时期以来，还没有发生过如此大规模和群众性的革命斗争，像现在在大多数国家中所发生的一样。当然，在许多政治上还相对落后的国家中，大规模的群众斗争还是一些个别现象。我们拿瑞典这个国家来看，去年，奥达伦军队向造纸工业的罢工工人开了枪。在这个国家发生这样的事件，在当代人的记忆中还是第一次。由此在共产党的积极参与下（这一点是应当承认的），爆发了大规模的罢工运动和声势浩大的示威游行等。在瑞典这样的环境中，运动很快平息了，并进入了间歇时期，这时只剩下一些小规模的罢工或者完全停止罢工，甚至比利时的情况也不例外。目前这次矿工大罢工结束后，很可能会有几个月的沉寂。在很多国家中，我们所看到的革命高潮和低潮的交替情况就是这样。但也有一些国家，像西班牙和波兰，那里蓬勃的革命罢工运动已经持续了相当长的时间，经济罢工和政治罢工的浪潮不断高涨。

  还应当注意，各地的大罢工都带有与过去不同的性质。如果我们说，这些罢工带有政治的性质，那就不够明确了。一些最大的罢工在过去也带有政治的性质。但是现在的大罢工斗争则带有革命的或至少是半革命的性质。甚至在法国，很多罢工都直接发展成了街垒战。波兰和捷克斯洛伐克的大罢工在某种意义上更加具有内战性质（当然这只是在这个词的有限的涵义上说的）。我这里只举出布吕克斯和"霍尔滕谢"工厂罢工为例。东京地下铁路工人罢工也是很有代表性的：人数不多的工人（约有200人）利用隧道中地下铁路的车厢构筑街垒，架上带刺的钢线网，通上了电流，很多天里，他们在人数超过他们好几倍的警察的进攻面前，有成效地实行了自卫，直到他们的要求被接受。日本同志们可以举出不只一件这样的事例。

目前，在大多数国家中，罢工运动的特点是罢工斗争出现了新的形式，斗争的手段更为激烈，斗争的形式更加革命化，经济罢工正在转变成为真正的革命斗争。这已经不是偶然的个别的现象，而是革命运动的典型发展。特别是在西班牙，几乎在很长时间内，我们不断地看到过去西班牙无产阶级未曾有过的革命罢工战斗。现在西班牙革命的进一步发展，首先就是通过这些战斗来实现的。

与此同时，我们也不应当忽略革命高潮发展的不平衡性。如果只能选择和列举不同国家工人运动中一些最革命的事例来断言革命形势已经成熟，那就错了。不，不平衡的规律对于革命高潮的发展也是极有意义的。我们在评价国际性运动时，如果不考虑到这一点，那我们就一定会对形势的发展估计过高。工人阶级到处都在激进化，但是程度是不同的。各地的这种激进化并非都像最近在德国举行的几次国会选举中那样的表现非常。例如，在英国最近的几次议会选举中，工人阶级的激进化就几乎没有什么表现。当然，工党失去了200万张票，有些同志就把这一点看做是工人阶级的激进化。但是，几乎所有这些票都投给了保守党，选民的这种转变绝不是工人阶级激进化的道路。尽管如此，英国工人阶级的激进化仍然是事实。这从去年秋天发生的波澜壮阔的工人示威中得到了表现。那里的工人群众坚韧不拔地持续了很长时间的街道战，他们手执棍棒和石块，迎击警察的暴力行动，这种情况不只发生在一个城市，而是发生在很多城市中。这件事成了古老的英国的一桩新闻。同时在英国的军舰上，也发生了运动。此外，也不能说在英国没有罢工运动。那里爆发了几起大规模罢工运动。当然英国工人激进化过程没有达到德国、波兰或西班牙那样高的水平。甚至在德国也有一些现象表明，激进化过程是不平衡的。全德工会联合会失去了很多会员，在阿姆斯特丹国际也发生了深刻的危机，我们革命工会反对派所取得的胜利是很有限的。我不知道，我们是否有关于革命工会组织发展的一般的准确统计数字，但是无论如何，这方面的成果很少反映出工人阶级激进化的过程。

有种错误的观点认为，社会民主党玩耍的"左"的花招加速工人阶级的激进化。在政治书记处，连斯基同志说过，在波兰，这种观点使得一些同志认为，社会民主党的"左"的花招产生了"两种相反结果"的影响。连斯基同志完全正确地批评了这种右倾机会主义的观点。在捷克斯洛伐克，这种观点使得某些同志在某一个场合下完全充当了社会法西斯分子的尾巴。对于这种情况我了解得并不具体，但是在这里的捷克共产党的代表一定会谈到这一点。在德国某些时候可以听到这样的说法，即一些在过去没有参加过任何政治运动的工人，后来加入了国家社会党，似乎这就是他们的激进化表现。这样的看法无论如何也不能认为是正确的。这里至多可以说是某些工人在一定程度上的积极化，但是绝不能把他们说成是激进化，说成是对革命的接近。要知道他们接近法西斯主义，就意味着他们离开了革命。

9. 基本的政治结论

因此，不仅在经济方面、在国际性矛盾的尖锐化方面，而且在革命高潮的发展方面，都实现着过渡。我们正迎接新的时期。我们还没有来到这个新时期，我们仅仅是处在向这个新时期的过渡之中。从对客观形势的这种估计中，我们究竟可以得出什么样的政治结论呢？我想现在就指出这一点：如果我们现在正处于向革命和战争新时期的过渡之中，那我们就应当竭尽全力，使无产阶级和其他劳动人民做好在新时期夺取政权斗争的准备。

在提纲草案中我们已经做出了这样的结论。对于这个结论，大概会引起某些同志的担心，即由于形势的急剧尖锐化，这样的战略任务也许是太小了。但是，我们全力提出的无产阶级准备任务，当真是那样小吗？不，如果能够加以正确的理解就会看出，这意味着无产阶级进行全面的和革命的准备，这样的任务并不小。如果我们在提纲草案中谈到，以提高工人阶级的革命觉悟和革命准备为目的的，加强和加速布尔什维克群众工作，那绝不应当把这仅仅看做是一种宣传解释工作。实际上这样看就太小了。然而，我们在提纲草案中谈到的是"不断执行下层统一战线路线"，是"善于对任何能够唤醒工人的事件，对阶级敌人的每一次进攻做出反应"，是每次都要提出的"能够真正发动群众进行斗争的具体口号"。我们还谈到了关于"建立、扩大和加强每一个共产党同大多数工人之间的经常性生动活泼的联系"的必要性。列宁不仅在革命运动失败后，而且在各种情况下，甚至在 1917 年革命情势发展的高潮时刻，都是这样要求的。在 1920 年，当他写自己的《共产主义运动中的"左派"幼稚病》小册子时，也提出了这样的要求；在德国三月革命不久前，当时在德国和其他许多国家中，革命的浪潮空前高涨，那时列宁就特别强调，如果我们想取得胜利，我们就应当在共产主义的先锋队和广大工人阶级群众之间，建立起经常性生动活泼的联系。

因此，从我们的提纲草案中可以看出，培养无产阶级去迎接即将到来的夺取政权的革命斗争，本身就包含着各种重要的因素。至于谈到为什么使用这样的措词，因为我们不打算简单地重复以前在共产国际提纲中多次谈过的内容。我认为让所有的同志都了解，为什么我们不打算这么做是很重要的。现在出现了新的形势，就是向革命形势的迅速转变，正因为如此，今天在表述我们当前的基本任务时，就应当与过去有所不同。我们在今天还是说，争取大多数工人阶级的任务"仍然是应当全力解决的"。我们认为这一任务至少是从共产国际第三次代表大会以来，如果我没有记错的话，甚至是从第一次代表大会以来的主要战略任务。在我们的纲领中，对革命前整个时期的任务也是这样提出的。我们为专门适应当前形势所采用的另一种措词，同这个任务绝不会发生矛盾；相反，两种措词的内容基本上是一致的。

如果我们说现在共产党应当培养自己，也培养工人阶级群众迎接即将到来的巨大的革命战斗，特别是首先迎接即将到来的夺取政权的决定性战斗，也就是建立无产阶级专政的斗争，那么，这样的措词就会使我们既注意了目前，同时也注意了将来。如果说重要的在于不忘今日的任务，那么也必须始终注意到明日将产生的后果。如果在这两个方面中间出现了脱节，那就立即会产生偏向。列宁路线就是一方面从事今日的革命工作，同时要参加今日的群众性战斗，以便培养无产阶级群众去迎接明日的、更加巨大的、更加革命的战斗。我们所采用的措词正是指出了要培养革命阶级、无产阶级广大群众，而不仅是先锋队。应当培养工人阶级去做什么呢？不是去参加任何的战斗，而是参加"即将到来的巨大的革命战斗"。很明显，准备这样的战斗，就应当比准备任何一次较小的战斗都不同。

因此，主席团采用这一提法来表述当前的基本任务是完全正确的。列宁和斯大林也曾有过这样的提法。我们认为，现在这一提法比过去任何时候都更为适合。或许有人认为，各资本主义国家中的无产阶级（我们在这里介绍了这些国家的革命工人运动）不是已经为即将到来的夺取政权的巨大战斗做好了充分的准备吗？甚至在德国（我们在资本主义世界中的最好的支部就在那里）如果只从一触即发的革命形势或战斗形势的任务来看，那就不能说我们的党和无产阶级广大群众已经为迎接这样的形势做好了充分的准备。难道我们在企业中已经有了一批敌人所消灭不了的坚强的小组和支部了吗?，它们以自己的活动保证共产党在类似的形势下不仅要履行自己的职责，甚至能够做到这一点。举一个小例子：我们每一个人都知道，在具备了革命和战斗形势的情况下，让女工们参加群众性战斗和使有觉悟的女共产党员参加党组织的工作，是非常重要和必需的。可是我们所能够发动起来的妇女阶层的人数真是太少了！难道对企业和工会中共产党的工作没有任何轻视的现象吗？难道对全德工会联合会和社会民主党的广泛影响没有任何估计不足吗？难道对于为实现工人的切身要求而组织局部战斗的任务，就没有任何忽视和不理解吗？我相信，德国的同志们，首先是台尔曼同志一定会坦率地说：是的，我们有这些缺点。德国共产党有足够的力量来揭露自己的缺点和坚决地克服这些缺点。

如果事情当真如此，甚至德国共产党本身在迎接即将到来的夺取政权的战斗方面，还没有做到充分的准备，也没有充分地培养好德国无产阶级的话，那怎么能说这种准备是一项小任务呢？怎么谈得上这个任务已经得到解决，我们已经能够去完成另一项更大的任务了呢？这一点在任何一个资本主义国家中都没有做到。谁也不能郑重地认为，我们在这里所写的提纲，是为了使各个支部片面地以无产阶级迎接即将到来的夺取政权战斗的宣传准备为目标。是的，在某些共产党内确是存在着这样的错误，这一点是不能否认的。甚至在德国党的队伍中也有某些倾向，就是用一些激进的宣传口号（如人民革命的口号），在一定程度上代替实际开展局部战斗的更为困难的革命工作。不，相反地，我们强调，在我们的工作中应当始终考虑的一个基本条件，就是使无产阶级不仅要通过宣传和鼓动工作，而且首先要通过当前在局部战斗中他们本身所取得的经验来达到革命化。

培养无产阶级去迎接即将到来的巨大的革命战斗——在一些国家中是夺取政权的决定性战斗——是同我们在提纲中对客观形势的新估计完全一致的。这一准备是向即将到来的新的革命和战争的战略转变（它是我们应当实现的）。谁要不是把我们所指出的"资本主义稳定的结束"看成一句空话，而是看成让我们得出政治结论的重要事实，那他（如果他是一名共产党员和革命者）就一定会从中得出这样的结论：要最大限度地加速对千百万革命大军的培养，首先是在各大资本主义国家中，迎接即将到来的夺取政权的战斗。

如果我们知道，目前正在向着为夺取政权而战斗的新时期过渡，向着新一次战争和革命过渡，那现在的形势在一定的意义上，是可以同过去的战争前夜相比拟的。那时甚至在宣布了战争以后，还要有几个星期的时间，然后才开始军事行动。这时人们都已经知道战争在进行了。在这样的情况下，一个负有责任的统帅应当做什么呢？他应当迅速地集合全部有战斗能力的人员，使军队处于战备状态，鼓舞士气，确定战略任务，给指挥员下达指示，武装全体士兵。这里就是利用时机的任务，说得形象一点，就是为夺取政权进行斗争的战略任务。或者不用形象的说法，就是要利用每一次罢工、每一次群众发动，来激发群众的革命情绪，鼓舞群众，更好地把他们组织起来，使他们结合在统一战线中，从而建立起一支千百万人的革命大军。

这里指的不是成立什么新组织，而是要掀起以阶级斗争精神为指导的不间断的战斗运动，要坚决地诉诸于最广大的群众。在有几百名战士的地方，就要吸收几千名；在有几万名战士的地方，就要吸收几十万名；在已有几十万名战士的地方，则要吸收几百万名。这就是在目前形势下所应该提出的任务。如果我们不这样做，我们就会失去速度，不管我们说多少遍要"开展政治和经济斗争"。昨天我们谈到的这一点，在今天来看也是对的。它并没有被取消，而是今天我们作为基本任务又提出来了,首先是使劳动人民做好布尔什维克式的准备,去迎接即将到来的夺取政权的战斗。

同志们,在提纲草案中,我们与说明当前主要任务相关联,还谈到了建立无产阶级专政的斗争。在我们的第二次代表大会上,列宁在自己的提纲中以"应该如何立刻在各处为建立无产阶级专政作准备?"为问题专门写了一章。这一章是这样开始的:

"当前国际共产主义运动发展的特点是:在大多数资本主义国家内,无产阶级还没有为建立本阶级的专政作好准备,甚至往往还没有有步骤地着手这种工作。由此不应得出结论说,在最近的将来,无产阶级革命是不可能发生的;这种革命是完全可能发生的,因为整个经济政治情况包含着非常多的可能突然起火的易燃物和导火线;除了无产阶级的准备程度以外,革命的另一条件就是一切占统治地位的和一切资产阶级的政党都处于普遍危机状态,现在这个条件也已经具备了。但是从上面所说的情况中应当得出这样的结论:各国共产党的当前任务并不在于加速革命的到来,而在于加强无产阶级的准备。"[1]

同志们,我认为现在的形势与其说同第三次代表大会时期的形势相似,不如说同第二次代表大会时期的形势更相似。列宁在共产国际第一次和第二次代表大会上所说过和写过的话,其中有很多对于当时的形势都是非常适用的。

我想再引用一段列宁极为精辟的话,这是针对更早一些时期说的,因为没有人在表述这些思想上比列宁的表述更好了。在1906年和1907年交替的时刻和1907年初,列宁在评价俄国的局势时曾说过新一轮革命战斗即将到来的话。我特别要强调的是,当前的国际客观形势是不能同那时的形势相比的。但是,如果考虑到当时列宁对形势所做的评价的

---

[1] 《列宁选集》中文第3版第4卷第238页。——编者注

话，这里的引文并没有失去其意义。他写道：

"最尖锐的斗争是绝对不可避免的。

正因为斗争不可避免，我们才用不着推进它、加快它、催促它。这件事让克鲁舍万之流和斯托雷平之流去关心吧。我们所关心的是如何明确地、直接地、无情地、公开地向无产阶级和农民**揭露**真相，使他们看清即将来临的风暴的意义，帮助他们组织起来，像视死如归的勇士那样沉着应敌，像伏在战壕里面的士兵那样等枪声一响就马上去冲锋陷阵。"

"**应当准备武器**。这句话既有直接的意思也有间接的意思。应当准备的首先是和主要是一支由于自己的觉悟和决心而团结一致和坚强无比的无产阶级军队。应当十倍地加强我们在农民中间的鼓动工作和组织工作——就是这些农民正在乡村中忍饥挨饿，就是他们在去年秋天把自己的经历过伟大革命的一年的儿子送去当兵。应当消除各种掩盖和抹杀革命的思想障碍，应当克服各种怀疑和动摇。应当简单地、平心静气地、用人民最易了解的朴实方式最清晰响亮地说：斗争是不可避免的。无产阶级一定应战。无产阶级一定会贡献出一切，会把自己的全部力量投入这次争取自由的战斗。"①

一切时代最伟大的革命家就是这样给我们指出了道路。

（休会）

---

① 《列宁全集》中文第2版第14卷第387、388页。——编者注

第二次会议

(8月28日晨)

主席：王明

库西宁作关于《国际形势和共产国际各支部的任务》的报告（续）

二、关于战争的危险和反战斗争

1. 在帝国主义者阵营

我不打算全面地阐述各帝国主义强国在相互关系方面勾心斗角的情况。但是，在这些相互关系中有一些确定的基本点是我们应当掌握的。

第一，日本和法国之间的合作。这是个事实。在他们之间是否存在着一种形式上的联盟，我们不知道，但这一点无关紧要。至少他们之间的战略合作是明显的事实，是任何人不能忽视的。他们的这种合作带有明显的侵略性，这是我们近来都看到的。

第二，美国和日本之间关系的尖锐化。他们的相互关系急剧地尖锐化了，这点是毋庸置疑的。

第三，德国和法国之间的关系——谁能说这些关系有所缓和呢？大家都很清楚，他们之间的关系也像德国和波兰一样，出现了新的紧张情况。意大利和德国之间出现了某些接近，但是意大利和法国之间的对立是否有某种缓和，至少是令人怀疑的。

最后，英国和美国之间的关系。应当确定无疑地指出，这两个最大的帝国主义国家间的矛盾是进一步尖锐化了。

这样，从总的方面可以说，各帝国主义强国间的最重要的矛盾日益尖锐化，同时也开始出现了组成巨大对立集团的趋向，这就是世界帝国主义战争临近的可靠征兆。英国和法国在洛桑签订的协议并没有真正消除他们之间存在了多年的重大矛盾。一般地说，在这些错综复杂的国际关系中，通常也存在着这样的情况，即有的地方偶而也出现某些明显的接近，同时可以破坏这种接近的各种以前的矛盾也继续存在，但这并不意味着这种暂时的接近就失去了政治上的意义。这一点看英国和日本的例子是最清楚不过了。一般说来，他们是携手共进的，但这并不能克服其利益上的巨大矛盾。相反，他们在向中国、印度、马来半岛等地区出口方面所进行的争夺越演越烈，而日本帝国主义者贪婪的扩张计划甚至肆无忌惮地伸延到了英国在亚洲的各殖民地。

在当前各帝国主义强国间国际矛盾尖锐化方面，日本和美国之间的冲突起着推动的作用。这两个国家迫切需要夺取新的殖民地，他们都想把世界上最伟大的人民——中国人民置于自己的殖民统治之下。列宁当时曾认为，日本如果不同另外的帝国主义强国联合起来，是不能进行大规模战争的。今天的情况也是如此。在满洲的问题上，日本至今在寻求法国，很大程度上寻求英国的支持。因此，帝国主义者在满洲的冲突又以最危险的方式，同他们与苏联的总对抗交炽在一起。这是帝国主义的外交家们谈论很少，甚至避而不谈的一个主题。然而，事实上所有这些强国目前正同他们的仆从们一起，全力以赴地准备着反苏的战争。这一点也绝不排除目前法国政府做出的姿态，似乎他拒绝执行反对苏联的侵略性的战争政策。不过，当政府采取这样的和平主义姿态的时候，参谋本部实际上却继续进行着完全另外一套活动。我们在日本、英国、波兰甚至芬兰所看到的情况也是一样。正是由于资产阶级的这种两面手法，在我们的队伍中会引起对他们进行的反苏战争准备估计不足的倾向，所以现在比过去更需要更坚决地反对任何对战争危险的估计不足。

2. 事实在说话

必须根据事实来进行反对低估反苏战争和帝国主义世界战争的斗争。仅仅从一些关于军备发展的简单数字中，就可以清楚地看到，目前各帝国主义国家正以什么样的速度走向了战争。过去我们已经几次指出过，各资本主义国家尽管遭受着严重的经济危机，它们的军事工业部门仍以对国民财富的前所未有的浪费为代价保持着"繁荣"。当然，战争准备不仅反映在军事工业本身。从各资本主义国家上次世界大战中吸取的一个重要教训就是，国家的全部工业，甚至几乎是整个国民经济都要适应于进行战争的任务，战争的一切必要准备，都应当在和平时期完成。至于谈到狭义上的军事工业，它的生产能力同1918年所达到的最高数字相比，各大帝国主义国家一般都增加了60%—80%。而在某些方面（如坦克和毒气的生产）则增加到5倍甚至10倍。同1913年相比，对进行战争具有重要意义的全球化学工业的生产，几乎增加到3倍。

战时用于作战的飞机的数目

	1914年	1918年	1932年（大约）
美国	6	750	10000
法国	90	5000	7000
英国	90	1500	5000

战时用于作战的坦克的数目
美国	280	8000
法国	2700	5000
英国	2000	5000

  用于军事目的的开支已经极大地膨胀起来。总体来说，美国、英国、法国、日本和意大利在世界大战前夜的官方军费预算大约为115300万美元，在1923—1925年已经达到174500万美元，而在1930—1931年则已达到287300万美元，几乎比世界大战前增加了3倍。一系列资本主义国家，其中包括日本、波兰、罗马尼亚、芬兰等，都打算彻底改组自己的军事力量。这种改组是同用最新的战争技术手段及摩托化和机械化重新装备军队联系在一起的。同时，各地都力图采取一系列措施，以保证使军事行动的更加迅速和不为人注意，以便使人民群众处于措手不及，以及让他们认为已经既成事实。

  帝国主义阵营内各处都期待着日本反对苏联战争的爆发。人们怀疑的仅仅是日本究竟能够在多大程度上，顺利地进行这场战争。因此，有必要再给日本一些时间，以进行战争的准备。日本统治阶级自己现在则顽固地执行着进行这一场战争的方针，他们打算在1933年春或秋，在经过一些最重要的准备之后就直接进行这场战争。为此，军费几乎增加了1倍，在日本国内军火的生产加强了，在国外则不断地大批收购武器和技术手段。日本的"民用"工业的负荷只达到50%，而军事工业却迅速地扩大了。在1932年又有两个坦克工厂、两个飞机工厂和几个化学企业等投入了生产。还有更多的军用物资正在从各国进口：法国提供坦克和机轮；英国——飞机引擎、坦克和步枪；捷克斯洛伐克——重炮、军人装备、步枪；美国——飞机引擎、步枪和制造炸药的原料；德国——炸药和毒气。

今年秋天，用于反苏战争的日本军队（六个师和两个骑兵旅）将结束在满洲的集中。这些师暂时还保持着和平时期的编制，但同时为把这些部队补充到战时规模的后备队，也在满洲和朝鲜集中起来。目前，日军在满洲及其附近的朝鲜地区的数目，已大约达到11.5万人，这差不多占和平时期日军人数的一半。目前日本帝国主义在内蒙古也正在采取新的行动，组织了2.5万人的蒙古军队，并对白匪军队给予金钱资助和武装。他们千方百计地使满洲变成反对苏联的桥头堡：在那里大力修建具有战略意义的新铁路、公路和飞行港（在满洲被占领的初期有2个飞行港，今年1月有12个，今年7月已有25个），天津、旅顺和大连也正在进行着装备港湾的巨大工作，所有这些工作大约都要在1933年春季结束。

3. 法国及其仆从国的军事积极性

今年，在同波兰和小协约国参谋本部的军事计划协调方面，法国总参谋部进行了大量的工作。1932年春，在法国总参谋部的领导下，召开了波兰、罗马尼亚、捷克斯洛伐克、南斯拉夫总参谋部的代表会议，会上讨论了反对苏联的作战计划问题（这些计划中有一个被参谋部的工作人员称为"黑色计划"的方案）。

要特别注意波兰和罗马尼亚总参谋部之间紧密合作的问题。最近罗马尼亚的军事工业已经极大增强，尽管这个国家的国家财政十分可怜。捷克斯洛伐克的军事工业也被用来为反苏总同盟服务了。捷克的商行目前正在罗马尼亚、波兰和拉脱维亚建立军事工业企业。波罗的海沿岸各国、芬兰、拉脱维亚和爱沙尼亚的军事准备越来越被置于法国—波兰同盟的直接领导下，同时英帝国主义在芬兰也继续进行着工作。

但是法国军队的总参谋部并没有只以法帝国主义的仆从国准备反苏

战争为满足。为了达到这一目的，他也在加强着本国的军事力量。一方面，他想保证自己有可能较为容易地、不引人注目地把主要由雇佣者组成的法国军队扩大一倍。另一方面要组织一支专门的远征军，使其人数很快达到 25 万人，其中 70% 为职业军人。在武装部队所批准的骑兵作战守则中，包含着有关在东欧条件下，即在反苏战争中作战的直接指示。上述远征军的作战部队表面上要派驻摩洛哥和印度支那，可是经常在阿尔卑斯山的高地上进行冬季训练，以便使士兵们适应东欧冬天的条件。法国的一部分飞行舰队——包括 600 架飞机的飞行师，也在准备着在东欧的作战行动。法国的舰队也同样进行着对抗苏联舰艇和去喀琅施塔得作战的准备工作。

这些在塔迪厄政府庇护下进行的准备工作，现在在本届"和平内阁"下仍旧继续进行着，只有一个赫里欧先生对法国这些反苏的军事准备事实似乎毫无所知。

不列颠帝国主义在反苏战争发生的时候，是绝不会袖手旁观的。现在英国在近东的反苏军事准备不断加强。特别是在伊拉克，由英国所控制的这个国家的对外政策、军队和财政，都是为了建立空军和陆军基地，以便能够通过波斯向巴库和外高加索推进。在巴格达、摩苏尔和巴士拉的飞行港，集中了大量的英国轰炸机；此外，在巴格达还修建着新的特大飞行港，以及从伊拉克经过波斯的阿塞拜疆直达苏联边境的公路。

所有这些事实的政治意义都不应被低估。

4. 帝国主义者在中国和中国人民的民族革命斗争

法国和英国的一系列战备措施，绝不仅仅为了反对苏联，同时也是为了有步骤地反对中国。如果有人根据报纸上的材料，认为在中国的英法帝国主义分子似乎只是在上海搞一些一般的外交经纪人活动，那就大错特错了。实际上，他们正在那里从事着非常具体的军事活动，以便入侵中国领土：法国在华南，在与印度支那接壤的云南省；英国帝国主义则在邻近西藏的四川和青海省，巩固着自己的势力。英国人在那里已经采取了一系列军事措施，准备瓜分中国的中部和西部地区。

日本帝国主义者由于他们去年在进攻满洲方面所轻易取得的成功而冲昏了头脑，他们还打算侵入长江流域，首先占领上海。但是他们的这一美妙计划已经落空了。中国人民是不答应的。日本帝国主义者满以为他们在上海也会像在满洲开始时那样，只是在军事上做做样子，同时收买几个中国将领，这样就可以自由地进入沈阳了。上海却是另一回事了。首先中国人民对帝国主义军队进行了坚决的抵抗，尽管"国民"政府在保卫国家方面采取了一系列最恶劣的叛卖活动。

也许保卫上海的十九路军是一支精锐的、装备优良的、充满英雄主义精神的队伍？不，他们的装备很坏。一年以前，他们被派去同中国红军作战，由于士气不高而连吃败仗。但在同装备优良的日本军队的斗争中，同一支军队却创造出了奇迹。

上海的英勇保卫战不仅出乎日本帝国主义的意料，这首先对日本在华威望进行了最有力的打击。英国和法国的"和平调解人"通过外交途径进行了迅速的干预，很明显这与其说是由于害怕长江流域地区会落入日本帝国主义之手，还不如说是他们预感到了一种非常现实的危险，即如果日本军事指挥部企图向中国内地推进，那么日本帝国主义就将面临着一场真正的灾祸。在民族自卫方面，中国人民已经接受了第一次国内革命战争（1925—1927年）的教训。与过去几年不同，广大人民群众已经把命运掌握在自己的手中，他们对各个"帝国主义列强"都敢于进行英勇的抵抗。上海的情况就说明了这一点。

大家知道，首先，上海的工人同革命的士兵—农民一样，在这场保卫战中起了卓越的作用。诚然，国民党政府的叛卖政策还是把上海交给了日本帝国主义者。但是，中国人民群众的反帝战斗情绪越高涨，反对南京政府的愤懑越增长，中国千百万人民群众就越把自己的目光聚焦唯一可靠的保卫国家独立的军队——中国苏维埃政权红军的身上。大家知道，中国红军已经打退了反革命军团的四次围剿。最近，他们在福建和安徽省扩大了苏区，包围了武汉，并向沿海地区推进，威逼南京。红军历经了无数次战斗，已成为一支强大的力量。她拥有20多万名红军战士，还有大约40万名赤卫队员和青年近卫队员。她是我们的骄傲，是将来在全中国胜利完成反帝革命和土地革命的坚强支柱。毫无疑问，在帝国主义反华和反苏战争期间，中国红军定将起着反对帝国主义的非常卓越的作用。

中国共产党在无数次最重要的战斗中取得了很大的成绩，特别是在苏区。她还非常积极地参加了上海和北京的群众反帝运动。但同时她还没有充分深入群众，首先是没有利用群众反帝运动的伟大浪潮，把工人群众组织到工会中去，扩大现有的红色工会，建立新的工会组织，争取黄色工会。还有一个情况是，在苏区以外反帝运动的巨大浪潮中我们所争取的工会群众成员要较客观条件所容许的少一些。据我们所知，最近中国共产党正在大力加强工作，以弥补这一方面的不足。

5. 日本革命的前景

列宁关于日本如果没有其他帝国主义强国的支持是不能进行大规模战争的论断，对于每一个不是很了解日本条件的人来说，也许是不好理解的，说日本不是一个强大的帝国主义国家，这话对吗？实际上，如果我们"从里面"来看看帝国主义日本，就会看到这个观点已经被完全证实了。

日本帝国主义很富有侵略性，但是从内部看，它并不是很强大。它的大量养料（如军用物资）都靠从欧洲和美洲输入。

现在，每个帝国主义国家内部力量的强弱，都表现在它货币的价值上。至于日元，我们都知道，自从日本侵入满洲时起，就丧失了其一半以上的价值，而且它的牌价还在逐日地迅速下跌。这个通货膨胀运动对于日本来说，一方面是迫不得已，另一方面也是强大的资本主义金融集团和封建集团有意推动的。日本金融资本发展的一般情况是怎样呢？在某些方面，它甚至已经有了高度的发展，也就是说资本的集中和垄断的发展已达到了任何一个资本主义国家的水平。然而，日本资本主义的基础还是脆弱的。它主要建立在纺织工业上，其次是军事工业的基础上，生产出口必需的纺织品和自己使用的战争物资。但这并不是其他国家（如德国或美国）强大的金融资本所赖以发展的基础，只有重工业才是其坚实的脊梁。

此外，日本不仅是一个资本的国家，在分析日本革命的性质时，我们还要把日本目前阶段统治的结构分为三个主要方面：垄断资本、君主制和封建的土地所有制。不言而喻，君主制的国家机构虽然占有相对独立的地位，但它同其本身的阶级基础，同地主阶级十分紧密地结合在一起。同样地，日本大资产阶级也和君主制结合在一起。如果我们把日本统治制度的特点同战前的沙皇俄国加以比较，我们就会看到：一方面，日本有着比俄国更强有力的封建残余，另一方面，资本的集中也达到了更高的水平，垄断资本更加紧密地同君主制的、军事警察的国家官僚机构结合在一起。这就是日本统治制度的特点。它的三个组成部分这样结合在一起，使得日本革命的第一阶段的主要任务——按其总的特点来说，是资产阶级民族革命——绝不应当只局限于资产阶级民主的措施，同时也应当包括走向社会主义革命的准备步骤，例如，由苏维埃对银行和大企业的生产实行监督。

我之所以要指出日本阶级的这些特点，只是为了更好地理解我们在提纲草稿中对日本革命前景所作的评价。如果我们认为日本有可能在最近的将来"出现革命危机"的话,那是因为我们不是机械地按照其他资本主义国家的标准来评价日本内部矛盾和外部矛盾的尖锐化,而是考虑到在日本的特殊条件下,聚积了多少革命的导火索。封建制度的残余在日本根深蒂固。这就意味着革命的客观前提特别强大。甚至社会上层的内部矛盾在这里也比那些老牌资本主义国家具有更为尖锐的形式。在一年之内,接连发生了三四次巨大的谋杀政府要人的案件,最后一次则是针对着某些金融巨头的。更为重要的是,从日本过去一连串的农民运动中,可以作出这样的推论,即日本的农民群众由于遭受封建压迫,将比大多数欧洲国家的农民发挥出更大的革命作用。到目前为止,农民运动的规模一般地说虽不够广大,但次数很多。每年都有几千次的农民运动。去年,据官方的正式统计,农民同地主和警察的冲突就有4000次。如果你们知道,大多数的日本农民遭受着怎样的封建压迫,他们处在怎样的水深火热之中,地主以地租为名攫取了农民怎样巨大的收获,日本农民还承受着其他怎样的重担,很多地方的农民在同被饿死的威胁进行着怎样绝望的斗争,那就对这一点不会有任何奇怪了。今年爆发的农民运动的规模更大了。

我们最终应当承认,日本农民群众的战斗运动,要较那些无产阶级人数很少的农业国,具有更大的革命意义。在日本,无产阶级占了居民的半数。当然,这是年青的,还没有充分组织起来的无产阶级,而且其中很大一部分是女工,可是这些女工在最近的一系列游行示威中已经表明,在革命的形势下,是可以依靠她们参加无产阶级夺取政权的战斗的。

自入侵满洲时起,日本军队中发生了很多次公开的骚动和哗变。这一点在很大程度上成为可能,是由于日本共产党的积极活动。还在去年的6月6日,即日军入侵满洲的半个月以前,日本共产党就发出号召,要劳动群众注意日本帝国主义决定占领满洲和中国。共产党这样及时地发表自己的意见,是一件不小的功绩。如果我们所有的党对于未来的重大事件都能够保持这样的警惕和远见,那就太好了。结果群众已经有了有一定的准备,党虽然比较弱小,并处于非法状态,但她散发了大量的传单和报纸等。这样,从入侵满洲一开始,反战运动就活跃起来,发生了工人和学生的示威游行。在很多企业中通过了反对战争的决议(例如在东京的三个机车库),在一些为战争服务的企业里则发生了罢工,甚至在大阪的兵工厂里,还发生了反对劳动强化的群众骚动。

  不久以前,宗派主义的倾向阻碍了日本共产党工作的开展。在这种新形势下,党有意识地并顺利地克服了这些障碍。还在开始进行反战活动时,日本共产党就提出要求:给被动员的人发工资。这是一项工人的具体要求,它得到了群众的响应。最近,在东京举行的失业工人的示威游行被警察驱散了。据报纸报道,在这些示威游行中共产党人提出的口号是:"给失业者发放大米"。后来这一口号在失业者中间得到了广泛的传播。这两个例子表明,日本共产党现在已经学会了正确地对待群众,这也表现在日本共产党其他的反战工作中。在这里,我应当提一下,日本共产党所领导的某些非法的工会组织,不久前通过了一些诋毁反对沙文主义斗争、大有问题的决议。但是,党的领导谴责了这些决议。党在极端艰难的条件下,在最狂热的沙文主义气氛中,进行着自己的反战斗争。因此,我们应当对于党加强自己在群众中的影响,同时提高本身的布尔什维克化水平,给予更高的评价。共产主义青年联盟在这场斗争中的表现也是一样的。我推荐在座的所有同志读一下《共产国际》(今年第11期)上转载的日本共产主义青年联盟秘密刊物的一篇号召书,在那里规定了反对帝国主义战争的任务。除了在个别问题上有一处错误外,应当承认,这篇号召书写得是极好的,它写得那样具体和明确,连我们共产国际执行委员会的机关报,也未必能写得更好些(座位上的喊声:"很好!")我们每一个党都可以把日本共产党关于反战斗争的这些指示,当做自己的榜样。

6. 我们在反战斗争中的缺点和错误

反对战争危险的问题作为特殊的问题,列入了全会的议事日程,对于这个问题我们应当进行严肃的自我批评。因为,正如大家所知道的,我们的反战运动开展得相当困难。现在我只想提一下某些具有一般政治意义的缺点和错误。

一些口号提得过于抽象,如"反对战争"和"保卫苏联"。这些口号是正确的和必要的,但如果总是抽象地重复这些口号,我们就不能发动广大群众运动去反对战争危险。

还有像法国同志的某些和平主义的错误则尤其不好。大家知道,在法国,和平主义欺骗性起到的作用,要比世界上其他任何国家都大。在上次帝国主义战争可怕记忆的影响下,劳动群众怀有强烈的和平主义情绪,这种情绪正在被占统治地位的资产阶级在政治上加以利用。如果法国每一个"社会主义者"都在口头上重复"为了和平"的口号,每一个议员和每一个部长(尤其是在本届内阁中)几乎都玩弄这一口号,共青团也简单地提出进一步"为了和平"的口号,那情况会怎么样呢?那就意味着放弃了法国共产党人在这一问题上的特殊任务,放弃了对资产阶级及其走狗们的和平主义欺骗的揭露。去年年底法国共产党的领导曾取消了共产主义青年联盟的这一错误口号,可是几个月以后,这一口号又出现在共产党的文件和5月1日的《人道报》上。

这种错误不仅出现在法国。例如,在四月号的德国《国际》杂志上,就有一篇关于李维诺夫在日内瓦讲演的文章。我不知道这篇文章的作者是谁,他的署名是 Г. К.。他完全不能从革命的角度来提出问题。

他只是简单地写道:"共产主义的主要实质就是和平。"甚至说"争取和平的斗争是现阶段全部革命战略和策略的核心"。如果当前我们的战略和策略的核心真是这样的话,那就是一个十足软绵绵的核心,一个和平主义的核心了。(笑声)

美国共产党的领导在自己的反战运动中着手"利用帝国主义的矛盾"。只要正确地执行它,这个任务本身无疑是正确的。但是美国同志们是怎样做的呢?他们执行的是这样一条"路线",当资产阶级记者在自己的报纸上报道说,似乎拉狄克在《消息报》上把美国称为"苏联的天然盟友",我们在纽约的同志就立即对此信以为真,并在《工人日报》上写道:"苏联政策中的这个新步伐,将为在美国动员群众直接支持这一政策开辟新的可能!"《工人日报》经常报道欧洲各国向日本运送军火的情况,可是却很少或只作为例外,来报道美国向日本运送军用物资的情况,这绝不是偶然的。这说明了什么呢?这难道不是机会主义吗?如果美国共产党这样来反对战争的危险,即只反对日本帝国主义,而不反对美帝国主义,那么,我要问问同志们,究竟谁来同美国的军事准备进行斗争呢?也许应当由一个欧洲的党来承担这项任务?人们想利用帝国主义的矛盾。但是为了什么目的利用它们呢?最重要的是利用它们来动员群众反对"本国的"帝国主义,反对"本国的"资产阶级。这是资本主义国家共产党利用帝国主义矛盾和民族矛盾的主要目的。美国共产党在自己的反战工作中怎样最好地利用美国和日本帝国主义间的现有矛盾呢?这就是向群众揭露美国资产阶级的两面手法,他们一方面通过沙文主义的宣传,促使美国人民反对日本人,同时又向日本帝国主义提供军用物资,促使它反对苏联。此外,美国共产党可以通过揭露美帝国主义的殖民政策和扩张计划的方式,利用美帝国主义的外部矛盾,来动员劳动人民,就像为反对压迫黑人而采取的方式那样。这就是列宁所说的对民族矛盾和帝国主义矛盾的革命利用,而绝不是我们在《工人日报》上和在美国共产党的最近一次全会上的错误反战运动中所看到的那样。

7. 揭穿社会民主党的诡辩

在反对战争危险和宣传苏联成就方面，应当比以前更加注意揭露社会民主党所散布的反苏谎言和对事实的伪造。自从日本侵入满洲时起，社会法西斯主义者就开始用诡辩来为反苏战争进行辩护。从王德威尔得的发言开始，各国社会民主党的报刊试图挑拨性地散布对苏联的怀疑："在日本和苏联之间最终将存在着联合。"不过我们也要看到，今天这些人在大多数场合下还不敢公开地鼓吹反苏战争。这是很容易理解的。甚至日本某些法西斯分子也不得不公开申明，他们反对反苏的战争计划。我们在世界各地都可以看到，有一部分与苏联为敌的人，也不得不说服工人："不，我们不是苏联的敌人。我们并不赞成反苏的战争。"现在甚至连孟什维克分子唐恩也在信誓旦旦地说，他从来就"主张同布尔什维克的联合"！因此，用过于一般的论据是不能揭穿他们的。

一部分社会民主党人可能在失业者中间造成一种一般的有利于战争的情绪，如说"战争可以带来面包和工作"，对于这种危险性也不能低估。这是为战争制造有利气氛的一种最腐朽的和罪恶的手段。我们绝不应当指望，劳动群众的和平愿望会不经过我们坚持不懈的工作而得到实现。当群众不够了解真相，当政府和总参谋部在暗地里准备反苏战争的时候，群众是不相信存在现实战争危险的。我们在欧洲和美洲的各党至今在他们的反战运动中所取得的成效甚微，这一点最好地说明了，广大的人民群众很有可能会在帝国主义战争突然爆发的情况下，陷入措手不及的状态。在这方面，托洛茨基所使用的一套孟什维克的方法也是很有代表性的。他一方面宣称，苏联没有受到直接的威胁，特别是从远东方面;另一方面,他又带有挑拨性地要求红军出兵德国,以便在那里阻止希特勒夺取政权。他要求苏联政府不要去谈和平和裁军政策,也不要去注意反苏战争的危险。他认为法国和英国的前景是一个长期和平主义的民主纪元。我们的各支部应当同所有这些社会民主党的诡辩和转移群众注意力的花招进行有力的斗争,以便揭露它们。

8. 保卫世界革命的根据地

我在这里不打算一一列举反战斗争的各项任务,因为它们已经包括在发给你们的专门决议中了。我只是强调指出一点,即在我们学会比以往任何时候都更具体地进行这一斗争以前,我们在这个斗争中就不能前进,也就是说不能真正地把广大群众吸引到斗争中来。我们在一切地方都应当说明,为什么各国工人在战争时期应当同苏联站在一起:这里指的还不是一般地支持保卫苏联。苏联并不是软弱无力,而是无比坚强的,她有能力动员自己的人民以全部力量来抵抗敌人的武装侵犯。这里指的是保卫各国工人自身的事业。反苏战争就是反对各资本主义国家劳动人民的战争。由此可见,保卫苏联就是保卫世界无产阶级的先锋队,保卫世界社会主义革命的根据地。正如斯大林同志在1924年所说:

"不仅那些忘掉了十月革命的国际性质……的人是不对的,而且那些虽然记得十月革命的国际性质,但是竟把这个革命看做一种只应接受外援的被动现象的人也是不对的。实际上不仅十月革命需要其他国家的革命援助,而且其他国家革命也需要十月革命的援助,以便加速和推进推翻世界帝国主义的事业。"[1]

只有每天进行布尔什维克斗争,反对每一个国家中帝国主义资产阶级及其代理人的战争政策及所有具体措施,我们才能深信,在帝国主义

---

[1] 《斯大林全集》第6卷第347—348页。——编者注

战争和反苏武装干涉爆发的情况下,我们不仅要提出变战争为国内战争的口号,而且能够把帝国主义战争真正变成为国内战争;我们不仅要把战争变成为国内战争,我们还一定要把国内战争引向胜利。(鼓掌)

(休会)

第三次会议

(8月28日晚)

主席：连斯基

库西宁作关于《国际形势和共产国际各支部的任务》的报告（续）

三、布尔什维克群众政策的任务

1. 对无产阶级专政和苏维埃政权的群众宣传工作

当资本主义稳定的结束来临之际，在实现向新的战争和革命过渡时期，在我们的宣传鼓动工作中，特别需要向劳动人民的广大阶层解释共产主义、无产阶级专政和苏维埃政权的各项原则。这并不意味着要恢复到共产国际第一次或第二次代表大会时期所采用的方法。那时的任务首先是团结共产主义的先锋队，因此，革命的宣传被提到了首位。十多年来，共产国际一直强调，只有宣传是不够的。我们是行动的政党，应当善于把争取实现自己原则的宣传，同争取实现工人群众局部要求的斗争结合在一起。为此列宁在1920年写了《共产主义运动中的"左派"幼稚病》一书。共产国际实际上一直为反对这些年在某些共产党（例如美国共产党）内出现的宗派主义观点而斗争，那时对于想加入革命群众组织（例如加入工会）的工人，要求他们承认无产阶级专政，作为接纳的条件。即使在今天，这样的要求也是不应提出来的。在当前的形势下，必须注意这一点：如果我们在过去坚持把革命宣传同争取局部要求的斗争相结合，那么，现在就更需要在我们的宣传工作中特别提出关于政权的问题。多么需要这一点，可以从西班牙的例子中清楚地看到。在革命形势到来以前的宣传工作中，西班牙共产党没有向工农群众解释，什么是苏维埃及其意义为何。因此，在革命事件发生的情况下，就不能把苏维埃的口号作为行动的口号，并且一般也没有什么实际行动可采取的。

这是第一个原因。当前局势的特点要求我们向群众说明无产阶级专政的实质。第二个原因在于，很多国家的社会民主党对这个基本问题所进行的歪曲，以及利用这个问题在共产党和具有改良主义情绪的广大群众之间构筑的政治壁障，至今仍未得到应有的清算。他们说："工人阶级只有在民主的基础上，才有可能走向社会主义。因此，我们主张民主，而法西斯主义者则主张专政，共产党人也主张专政。"关于什么是共产党人的真正观点，在我们的同志没有充分加以说明的地方，社会民主党人会为广大群众制造出完全歪曲了的概念。群众对无产阶级专政的概念缺乏了解。这些群众和我们一样，并不拥护"一般的专政"。我们想把那些具有改良主义情绪的工人争取到无产阶级专政的方面来。现在，这一点是完全可以做到的，只是还没有向群众解释清楚这个问题。他们很难理解，以苏维埃政权为形式的无产阶级专政，正是无产阶级民主制的国家形式。因此，必须对群众把这一问题说清楚。

第三个原因：近来"左派"社会民主党人又开始玩弄无产阶级专政的口号，正像在共产国际初期具有第二半国际思想的人——克里斯平、考茨基、麦克唐纳等在口头上承认这个口号一样。今天，首先是德国"左派"社会民主党人的思想家马克斯·阿德勒想从这个口号中为自己捞取政治资本。当然，我们不难立即看出，马克斯·阿德勒在"无产阶级专政"的招牌下，企图推荐给群众的，实际上不过是现代考茨基所吹嘘的"资产阶级民主"而已；不同之处只在于对字句的玩弄罢了。对于我们来说这是很清楚的，可是对于广大的工人群众来说并不是这样。

可见，我们有一切理由在我们的群众宣传工作中把这个问题解释清楚，但同时应当注意，让这种解释做到正确并为工人群众所容易理解。为此，我向你们介绍第一次代表大会所通过的列宁关于资产阶级民主和无产阶级专政的提纲作为指南。这些提纲不仅一般地保留了自己的价值，而且还可以直接应用到我们当前的实际工作中去。十三年来我们几乎把它忘记了。我觉得列宁在当时所写的东西，要比我们党的文献中经常出现的简单地提出一般问题更适合于今天我们的群众宣传工作。第一次代表大会所通过的简要决议要求："向工人阶级广大群众说明新式民主即无产阶级民主的历史意义，它在政治上和历史上的必然性：它必然代替资产阶级民主和议会制。"[①] 在列宁的提纲中强调（第14点），苏维埃政权这种无产阶级专政形式"做到了占人口大大多数的劳动阶级真正有可能享受民主权利和自由，这样的情况，甚至近似的情况，在最好的最民主的资产阶级共和国中也是从来没有过的"[②]。我们应当把这一点向那些不难争取到无产阶级民主制方面来的工人们进行解释，这样他们就会更好地懂得什么是无产阶级专政了。在列宁的提纲中还有另一个特别重要的地方（第20点）：

"消灭国家政权是包括马克思在内并以他为首的一切社会主义者所抱的目的。不实现这个目的，真正的民主即平等和自由就无法实现。只有通过苏维埃民主即无产阶级民主才能真正达到这个目的，因为它通过经常吸引而且一定要

---

① 《列宁全集》中文第2版第35卷第502页。——编者注
② 《列宁全集》中文第2版第35卷第492页。——编者注

吸引劳动者的群众组织参加国家管理，已经立即开始了使一切国家完全消亡的准备工作。"①

我们还应当从列宁关于布尔什维克党在实现苏维埃口号的实践论述中吸取教训：

"在我国革命中，我们不是通过理论而是通过实践前进的。例如，关于立宪会议的问题，我们以前在理论上并没有提出来，没有说过不承认立宪会议。只是后来，苏维埃组织已经遍及全国并且掌握了政权，只是在那时我们才决定解散立宪会议。现在我们看到，在匈牙利和瑞士，这个问题要尖锐得多。从一方面来说，这是大好事，因为它使我们坚信西欧各国革命会进展得更加迅速，会取得更大的胜利。从另一方面来说，这里包含着一定的危险，就是斗争会来得很猛，工人群众的认识会跟不上这种发展。有政治教养的德国广大工人群众至今还不明白苏维埃制度的意义，因为他们是用议会制思想和资产阶级偏见熏陶出来。"②

这是把革命宣传口号变成革命行动口号的例子，在1917年布尔什维克的群众政策中，是很有代表性的。不用说，对此绝不应当机械地加以模仿。这里指的并不是在意大利或西班牙召开立宪会议。当然不是。这里谈的是关于方法问题。我们从列宁关于布尔什维克的群众政策方法的论述中应当学到许多东西。

2. 实现向群众工作的转变

正如我们知道的，近几年共产国际执行委员会通过自己的机关刊物，并在共产国际执行委员会领导的各党代表的协助下，经常敦促共产

---

① 《列宁全集》中文第2版第35卷第494页。——编者注
② 《列宁全集》中文第2版第35卷第499页。——编者注

国际各支部，让他们实现向群众工作的转变。近几年，就有许多共产党——挪威党、法国党、英国党、美国党等，以及青年共产国际在这方面进行了工作。在共产国际执行委员会第十一次全会上，曼努伊尔斯基同志在自己的报告和提纲中，着重地提出了这个问题。同志们，现在是问一问结果的时候了：这一转变实现得怎样了呢？我打算承认，出席今天会议的一些党在这方面可能有肯定的答复，虽然结果不能令人满意。而大多数共产党为实现这一转变采取了什么步骤呢？或许这些一致通过的决议并不是为了在现实中真正的执行？在这次全会上，这个问题必须以同志式的态度提出来，不这样怎么能行呢，同志们？没有对这些决议将要真正执行的充分信心，我们怎么能在这里通过决议呢？要知道，我们也不能在通过决议时对于我们的决议和其执行之间存在的"剪刀差"采取避而不谈的态度。这是第二国际的做法，这种做法应当从共产国际的实际活动中剔除。

为了在我们的实际工作中真正实现这一转变，要具备哪些最重要的前提呢？首先应当遵守两个条件：第一，要正确地对待非党的和具有改良主义情绪的工人，以便同他们建立生动的联系；第二，要具体地、实际地，同时也是革命地提出问题。

同企业中的大多数工人建立联系意味着什么呢？这意味着要在这些广大的群众中间进行工作。当然，并不是任何工作都能有助于在我们和群众之间建立联系。如果我们的言行不正确，我们就不仅不能建立起新的联系，甚至还可能破坏已经建立起来的联系。我们都知道，有些同志往往使自己孤立于群众之外，很多工人不愿意倾听我们同志的意见。一般地说，我们都应当更好地学会让自己倾听工人的意见。我认为，如果我们想把同群众建立生动活泼联系的任务讲清楚（关于建立这种联系的必要性，列宁曾不止一次地在自己的演说和论文中强调过），着重指出这一点特别重要。

群众听不听我们讲话取决于什么呢？这取决于我们怎样对待他们，我们提出什么口号，我们是否善于提出当前为大多数工人所关心的问题，我们怎样来说明这些问题，我们的建议是否适合于具体情况，等等。由此可见，善于让群众听我们讲话，这不仅是一个组织方法问题，而且首先是一个正确的策略问题。列宁在《共产主义运动中的"左派"幼稚病》一书中指出，英国的同志们往往很难"要群众听他们讲话"，并对在当前情况下应当采取怎样的策略才能让群众听他们讲话提出了非常具体的意见。（指在当时的议会选举中，反对劳合-乔治，支持工党的候选人，"像用绞索吊住绞犯一样"。）一般地说，当你仔细研究列宁在同群众建立联系的问题上着重考虑的是什么，你往往就会发现，最关键的问题是，首先要让群众听自己讲话。但是在这里有两点是不可忽视的：

第一，如果大多数工人能够听我们讲话，如果他们关心我们所提出的问题并对这些问题加以思考，甚至想和我们进行讨论等，这并不意味着我们已经把这些群众吸引到我们这边来了。这只不过表示我们已经同他们有了联系。这是在争取群众道路上的第一个重要阶段，这个阶段在实践上对我们是比较困难的；争取大多数群众的努力往往是在这个阶段上受到了挫折。

第二，在谈到群众政策时，——在这次全会上我们也应当不少谈——，我们一分钟也不应忘记，存在两种不同的群众政策：机会主义"尾巴"的政策和布尔什维克的群众政策。布尔什维克的政策不是做群众情绪的尾巴，而是要"不断地提高最广大群众的阶级觉悟，使他们摆脱小资产阶级的偏见和改良主义的幻想，使他们积极化和革命化"（提纲草案）。当群众沾染了沙文主义情绪的时候，就必须坚决地同这种情绪进行斗争，正像列宁在战争时期与它进行斗争一样。

布尔什维克群众政策的最重要之点，就是帮助群众首先根据他们自身的经验，确信共产党政策的正确性。我们应当把这种经验和这种信念在罢工过程，以及在所有其他群众斗争形式（包括议会斗争）中，灌输到群众的意识中去。列宁曾用以下反对德国"激进的"卡皮斯特分子（1920年）的话，阐述了布尔什维克群众政策的主要性质：

"对于德国共产党人来说，议会制当然'在政治上已经过时了'，可是问题恰恰在于不能认为对于我们已经过时的东西，对于阶级、对于群众也已经过时。正是在这一点上我们又一次看到，'左派'不善于作为阶级的党、作为群众的党来判断事理，处理事情。你们决不应该把自己降低到群众的水平，降低到本阶级中落后阶层的水平。这是毫无疑义的。你们应该对他们说不中听的真话。你们应该把他们的资产阶级民主偏见和议会制偏见叫作偏见。但是同时你们也应该清醒地注意到正是整个阶级的（而不仅是它的共产主义先锋队的）、正是全体劳动群众的（而不仅是他们的先进分子的）觉悟和准备的实际状况。"①

我希望在我们全会的讨论过程中，这些一般性意见将由各国共产党用实际工作的例子来加以说明。

3. 论口号

也许，我们各党都有一个最大的弱点，即往往提出一些没有经过充分检验的口号和本身并不清楚列宁式的运用口号的方法。这确实是个很难的问题，我在下面的意见中不打算对这个问题做详尽的论述。

列宁说："用抽象的东西来偷换具体的东西，这是革命中一个最主要最危险的错误。"② 抽象的东西和具体的东西及其相互关系，是认识、科学甚至政治上的基本问题之一。列宁始终教导人们要具体地思维。但

---

① 《列宁选集》中文第3版第4卷第168页。——编者注
② 《列宁选集》中文第3版第3卷第92页。——编者注

是列宁所说的具体,并不是无原则性的具体,而是辩证的具体。列宁所说的具体,就是通过提出活生生的行动口号和局部要求,来反映和表现我们的纲领原则(无产阶级专政和苏维埃政权)。列宁曾逐字逐句地说,为即将直接到来的斗争提出的口号,不能简单地和直接地搬用众所周知的纲领中的一般性口号。他进一步说道:应当考虑到具体的历史情况,细心地观察革命的整个发展及其整个的进程,不仅从纲领的原则中,而且也从今后运动的步骤和阶段中来提出我们的任务。我们的局部要求如果离开了原则,就不可避免地要出现偏向,或者是机会主义的无原则性,把改良当成目的本身;或者是出现以革命词句为掩饰的宗派主义政策。列宁的口号从来都是具体的,具体的东西同共产主义的原则结合在一起。这种具体的口号吸引群众走向革命的目标。

现在,我们在提纲草案中实践地提出这些问题,力求在宣传和口号的具体化方面,给我们各支部一些实际的指示。我们要特别强调,在进行宣传和提出我们的口号时,必须从那些在企业、工会,以及有群众的地方当时特别激发工人的问题和事件出发。有时不过是一些小事情,只在个别企业范围有意义(如企业主的不公正行为等),但这些事件也许在某个地方、某个地区,或在全国却成为激起工人群众义愤的大事件。应当把这些具体的事件,工人们的"迫切问题"作为出发点,要抓住这个起始的环节,但绝对不能从"群众的幻想出发"(对于这一点,布兰德勒在1923年曾认为是必要,但后来的结果很糟糕)。在抓住这种具体事件的时候,我们一定要从群众已经达到的阶级觉悟和积极性的水平出发,不是要把自己降低到这一水平,而是把广大群众的水平提得更高。

这样我们就可以制定正确的群众政策的口号了,这些口号显然不是什么护身符,可以说,它们在一定程度上带有"火花"的性质。列宁曾几次这样说明过,即这样或那样的具体理由可以像"火花"那样,

"燃成使群众觉醒的熊熊烈火"。列宁的口号就带有火花的性质,我们应当学习这种制定正确口号的艺术。毫无疑问,我们的群众宣传和群众政策的内容对于我们的实践活动是有益的思想。最近,来自各国的同志也都注意到了这一点。

如果我们很好地弄清许多共产党工作中存在的那种抽象性的错误(这种错误首先妨碍他们同广大群众建立生动活泼的联系),那实际上我们就会注意,在大多数情况下,共产党的宣传员和编辑等在对群众讲话或写文章的时候,都是直接从我们的纲领原则出发,即直接从革命的必要性出发的。他们事先认定广大读者或听众已经理解和承认我们的原则和革命的必要性了,现在只需要告诉他们为了迎接革命的到来应当做什么。这正是一种对待广大群众的错误态度,因为正是那些带有改良主义情绪的工人对革命的必要性并不理解。我们的任务就是要帮助他们理解这种必要性。为此就需要我们进行布尔什维克式的工作。但是有些人主观地认为广大群众已经理解了革命的必要性,因而不去开展这样的工作。

由于这种"左倾"教条主义的错误,共产主义宣传往往变得如此抽象和公式化,只有有觉悟的革命的少数人才能理解它,它不能把我们同大多数工人,即觉悟不高的或半觉悟的、非党的和带有改良主义情绪的工人联系在一起,尽管他们是同情社会主义思想的。这样的共产主义宣传是一种不现实的、不实际的、与现实格格不入的宗派主义的革命性。这样一来,一方面,我们党一部分党员实际上认为,获取社会民主党工人的任务是力所不及的、不可能的(《要知道他们都是些小策吉贝尔》,《谁也不能使他们改变自己的看法》);另一方面,社会民主党、改良主义的工会领袖和一切机会主义者都有条件把自己的叛卖政策描绘成必要的"现实政策",是唯一实际的、有利于维护工人日常利益的政策,从而延缓了工人群众的激进化过程和他们向革命阵营的转变。由此可见,"左倾"教条主义的错误实际上不是加速,而是间接延缓了工人群众的革命化过程。

斯大林同志在自己关于《论列宁主义基础》的讲演中说道:

"问题并不是要使先锋队觉悟到保存旧制度的不可能和推翻旧制度的必不可免。问题是要使群众,使千百万群众了解这是必不可免的,使他们表示援助先锋队的决心。可是,群众只有从亲身的经验中才能了解这一点。任务就是要使千百万群众有可能根据亲身的经验认识到推翻旧政权的必不可免,要提出适当的斗争方法和组织形式使群众易于根据经验来认清革命口号的正确性。"①

为此,首先就必须采取统一战线的策略。

4. 下层统一战线

我们力求领导广大工人群众,可是往往并不在他们中间进行经常性的工作,以争取他们的信任。通常只是在议会选举运动期间,大多数共产党才开展大规模的群众工作,来吸引非党的、社会民主党的和工团主义的工人站到自己的方面来。共产党员并不是同非党的、社会民主党的、工团主义的工人经常保持着生动活泼的联系。

必须在"工人阶级先锋队和工人群众之间建立相互的信任"(列宁)。这意味着什么?1926年,斯大林同志对这个问题做了如下的回答,我认为这个回答对于当前我们在各资本主义国家中的实际工作是非常重要的:

"第一,这就是说,党应当倾听群众的意见,应当重视群众的革命本能,应当研究群众的斗争实践,并根据这些来检查自己政策的正确性,所以它不仅应

---

① 《斯大林选集》上卷第254页。——编者注

当教导群众,而且应当向群众学习。

　　第二,这就是说,党应当每时取得无产阶级群众的信任,应当以自己的政策和工作博得群众的拥护,党不应当命令群众,而首先应当说服群众,使群众易于根据本身经验来认识党的政策的正确,所以它应当是本阶级的领导者、领袖和导师。"①

　　不去在广大工人群众中进行日常的工作,不去为维护工人群众的切身利益进行日常的斗争,共产党员对于领导群众的企求,只会使自己陷于孤立。这种每天的工作对于我们来说,实际上是作为一个真正的工人政党而行动和争取大多数工人阶级信任的必要前提。同时,任何放弃在群众中的革命宣传,对小资产阶级偏见、幻想或大多数人暂时情绪低落的让步,对于共产主义和改良主义之间的原则分歧表示沉默或加以掩饰,都是机会主义的投降行为。我们只有不怕在反对改良主义领袖,争取工人大多数的原则斗争中遭受失败,而根据无产阶级的民主制继续进行坚持不懈的斗争时,才是布尔什维克所应采取的正确的行动。

　　直到现在,或者是下层统一战线的口号在大多数场合下成为同共产主义实际相违背的空谈,或者是在执行了统一战线政策的地方,往往出现向机会主义"调和政策"的摇摆(例如在法国的市政选举和在德国的某些现象)。正确的布尔什维克统一战线的策略应当贯穿在共产党的全部工作中,因为这一策略作为同资本进行有成效的斗争、动员群众、揭露和孤立改良主义领袖的手段,"是革命前整个时期共产党策略的最重要的组成部分"(见共产国际纲领)。

　　无产阶级统一战线的布尔什维克含义是指,在有觉悟的革命的共产主义先锋队和尚未革命化的劳动群众之间的战斗合作。构成这种战斗合作的政治纲领可以作为目前无产阶级阶级战斗的直接实践目的,作为共

---

① 《斯大林选集》上卷第420页。——编者注

产党政策的现实行动口号，不能作为那些为非党工人和具有改良主义情绪的工人尚不理解而应当在现实的局部战斗过程中向他们宣传普及的共产主义的纲领原则。建立下层统一战线的组织形式，即共产主义先锋队同广大群众联系的形式，只能是无产阶级民主制的形式，而不应当是共产党组织内部的强力集中的形式。正确地运用无产阶级民主制形式是统一战线的政策，正确的统一战线政策，是在大多数无产阶级革命化利益关系中，对无产阶级民主制形式的最好运用。

在一般意义上，下层统一战线策略，就是共产党在宣传和动员群众的全部工作（在报刊上，在每次运动和每次群众行动中，在企业、工会的日常工作中，在失业者、无产阶级妇女和青年中间等）中应当执行的路线。在具体意义上，统一战线的方法，就是由共产党的组织决定——或者代表自己，或者不代表自己——向相应的企业、地区、州、工会组织，或者在最重要的情况下在全国，向全体工人建议就一定的具体问题开展普遍的群众行动。

统一战线的倡议应当包括对以下问题提出简明扼要而又实际的建议：举行怎样的行动，应当立即采取什么措施，提出什么要求，如何使工人决定参加斗争，如何领导这一斗争，罢工斗争应持续多久并在何时结束，等等。统一战线的任何一项倡议，都应当伴随着群众中紧张的准备工作。这样的倡议可以向一定的工会组织（或几个工会）的成员提出，有时也可以向无产阶级的其他政治组织或文化组织的成员提出。这是下层统一战线的专用方法。这种方法不要求，但也不排除在特殊情况下，可以向基层的工会组织本身，甚至向地方的社会民主党组织提出共产党的统一战线的建议，但是对于每一种情况都要进行认真的讨论（我认为如果没有党领导的明确决定，就不应当提出任何建议）。为了使这一步骤能符合实际的需要，首先取决于我们手中所掌握的主动权究竟有多大，和在这一行动过程中，我们在群众中间能够建立怎样的有组织的根据地；如果我们在统一战线开展群众行动的情况下，不去进行扎扎实实的经常性的共产主义党团工作，那我们就无论如何也不应指望取得什么成功。

布尔什维克的统一战线政策并不是一种同社会民主党的和改良主义的领导实行联合或保持"内部和平"政策（一些共产主义的叛徒——布兰德勒、托洛茨基等就是主张这样做）。在这方面，对一切机会主义倾向（例如掩盖同似乎是"革命化的"改良主义领袖们的分歧）都应当予以坚决的反击。

共产主义的和非共产主义的工人反对资产阶级的统一战线，应当毫不含糊地同社会民主党和资产阶级的统一战线政策相对立。布尔什维克统一战线的全部含义在于，第一，反对资产阶级的阶级斗争；第二，在无产阶级群众中孤立资产阶级的代理人。

在大多数国家中，共产党员很少在实践中利用统一战线来发动群众，以便通过这种办法真正达到使具有改良主义情绪的工人摆脱社会民主党领袖们的影响。在很多情况下，计划用统一战线所进行的发动（真正意义上的群众行动），从一开始就出现破裂，因为共产党员要求具有改良主义情绪的工人把脱离他们过去所信赖的领导人和服从共产党的领导，作为必要的先决条件。但是，那些具有改良主义情绪的工人无论怎样想同共产党员一起来反对资产阶级，他们在统一战线进行发动以前对此是从来没有准备的。只有同共产党人一起参加过这种普遍行动，才能使他们取得必要的经验，这种经验是他们所缺少，而又能使他们确信改良主义的领袖是不值得他们信任的；不仅在共产党人领导群众行动的情况下，而且在大多数参与工人在最开始时对社会民主党官僚领导的群众行动表示信任的情况下，都可能产生有决定性意义的重要结果。但是，为此就要使共产党员在发动过程中，成为维护工人群众要求的卓越战士，同时又善于正确地、布尔什维克式地利用自己的反对派地位，揭露改良主义领袖们所采取的资产阶级—妥协主义的步骤。一般地，在这种情况下（以及自己在改良主义工会的工作中），共产党员都应当号召工人群众，使他们要求改良主义领袖们在实际维护工人的利益和加强工人的现实战斗行动方面，采取一定的实际步骤。通常，共产党员都拒绝这样做，因为他们害怕这样一来会陷入机会主义的泥潭。布兰德勒分子实际上是机会主义地利用了"逼迫工会官僚进行斗争"的口号，从而"迫使"群众对改良主义工会机构寄以希望（或是当前的工会官僚们执行一种更好的政策；或是通过工会民主的途径，使机构转入更好的人的手中）。相反地，共产党员应当使具有改良主义情绪的工人抛掉这样的幻想。但是这一点绝不是轻而易举就可以做到的，只有不断地向那些还信任改良主义官僚的工人说：这些工会官僚分子不可能，也不想维护工人的利益。这就必须实践地证明，让具有改良主义情绪的工人有可能亲眼看见他们所信任的那些旧人物是怎样实行怠工，怎样背叛了群众的决定和为实现有效行动的利益所必要的东西，怎样使这些旧人物通过他们领导的全部实践，在群众面前表现出自己无原则的动摇和招摇撞骗的手段，表现出他们在资产阶级面前卑躬屈膝的姿态。这样的"直观教学法"会比我们干巴巴地宣传和鼓动更有效地帮助具有改良主义情绪的工人摆脱过去领袖们的影响。

　　上述一切首先是从最近一个时期德国共产党、波兰共产党和捷克共产党的具体经验中得出来的。德国共产党现在在开展统一战线运动方面有了很大的转变。但在一些场合下也犯了很多错误，首先是右倾性质的错误，经常也存在同反法西斯统一战线的发展相对立的宗派主义错误。但是中央委员会用自己的领导改正这些错误，并极大地发展了统一战线生气勃勃的运动。这就是我们对德国革命运动寄予了很多希望的事实。

　　锻炼和发展下层统一战线，现在不但对于德国、波兰和捷克共产党，而且对于共产国际的所有支部，都是一项迫切任务。不在实际工作中执行这一任务，我们就不能前进。在某种意义上甚至可以说，革命时期的下层统一战线和取得政权后扩大无产阶级民主的各种形式对于工人阶级都同样重要。在资产阶级专政的条件下，工人阶级所能够掌握的只是无产阶级民主的一点残余。把这一点残余应用于革命的利益之中就是下层统一战线策略的应用。在无产阶级专政条件下，工人阶级所掌握的首先是苏维埃政权，在这些条件下，必须尽一切可能来维护和进一步巩固无产阶级民主的高级形式，而在各资本主义国家，我们的任务则是要全力发展和巩固无产阶级的下层统一战线。这种统一战线只有或多或少地通过自由的组织形式才能够得到发展。但必须作为有继承性的经常运动来发展它，代替事后不能留下任何痕迹的、个别的和零散的统一战线发动。正因为如此，我们应当学会发展和巩固下层统一战线，使它革命化，并作为群众运动不间断的部分，越来越服从于共产党的领导。

5. 关于罢工的策略和在改良主义工会中的工作

因为共产国际执行委员会的本次全会将要专门讨论关于罢工运动教训的报告，我希望大家对这个重要的问题予以注意。我们应当按照什么标准来评价罢工运动的政治结果呢。照我看来，我们应当从罢工运动对工人群众，首先是对罢工者产生的影响的角度来评价罢工运动。在这里具有决定性意义的是对下面问题的回答：这次罢工是加强了还是削弱了我们在工人群众队伍中的阵地，这些群众对未来巨大战斗的准备是否加强了。

近来往往出现这样的情况，改良主义者宣布罢工并领导了罢工，而我们，暂时只有少数的工人跟我们走，在这种本来对我们有利的反对派地位中，竟不能执行正确的策略。在这里，我们犯了拒绝参加罢工的巨大错误。这样的事例甚至在一些国家（德国、瑞典等）中都可以看到。

从争取群众的角度来看，这简直是一幅对革命政策的讽刺画。在这种场合下，我们本有最大的可能在群众运动期间来扩大我们的少数，把它变成为多数。

在波兰，我们有许多举行罢工的很好的例子。这些罢工中有一部分是我们的同志领导的，因此就加强了我们对群众的影响；另一部分虽然不是我们领导的，但也给我们带来了极大的好处；最后，也有这样一些罢工，它们是由我们的同志领导的，但罢工后没有产生任何有利的结果。一般地说，在罢工开始时，我们把领导权拿到了自己的手里，但这绝不意味着我们由此就取得了政治上的成就，也就是说，并没有加强革命工会运动的阵地。这种成就首先取决于在非常困难的条件下，我们是怎样进行这些战斗的。

在很多情况下，罢工是自发发生的，我们的同志事前不知道也没有参加，或者他们参加了，但是在罢工后又不知道下一步该怎么做。正确地利用罢工形势来加强革命工会组织的任务，在实践中对于我们的同志往往是很难做到的，因此，应当在讨论中具体地进行研究。我举出一件为英国同志们都知道的、在纽卡索发生的事情。这是一家很大的企业，我们有些同志在那里工作了多年但没有什么结果。可那里突然发生了在他们领导下的大规模运动：大概这些同志自己也会感到惊奇，竟有广大群众跟着他们走。成绩是如此之大，以致从邻近地区都派来了工人代表团，请我们的同志到他们那里去发动群众并进行领导。

可是我们的同志并没有从组织上对群众的这种高昂情绪加以利用。那里的改良主义者中间只有一些微不足道的小团体，而共产党员却没有向工人提出什么起码的实际建议，例如："组织起来，成立工会，因为我们还没有群众性的工会组织！"然后就可以决定这个工会是否应当加入少数人的运动，或者参加某一改良主义的联合，还是暂时保持独立的地方工会的地位更为合适。我们的同志用了几个星期的时间力求弄清这些并非迫切的问题,从而放过了群众情绪高涨的有利时机;现在我们在那里大概已经有了比这次运动前更多的革命组织的成员。

当谈到在罢工运动中我们的任务时,如果提出让经济罢工"政治化"的任务,那是不完全正确的。这里指的是另一种大规模的罢工。这种提法由于红色工会国际第五次代表大会的召开已经被取消了,代替它提出的是经济斗争和工人群众革命化的任务。这才是正确的提法。任务完全不是要使每一次经济罢工都变成为政治罢工,而在于一旦爆发了经济罢工(我现在不说政治罢工),就应当全力来加强罢工斗争,把它提到一个更高的水平上,使改良主义分子在罢工的群众中孤立起来,宣传我们的罢工纲领,特别是用一些政治口号来补充我们的罢工要求,这些口号不是空洞的,而是同罢工进程直接地、明确地联系在一起的。

在争取提出"独立领导"的正确口号方面,我们的同志在一些地方犯了明显违反罢工运动中无产阶级民主的错误。共产党员不去通过宣传来促使工人群众选举独立于改良主义领导的罢工委员会,而是简单地由自己任命一个大多数工人根本不承认的罢工委员会。例如,1931年初在南威尔士发生的矿工大罢工中,从40名英国共产党员的小组(小组并没有群众基础)中指派了30人,宣布自己是大罢工的"中央罢工委员会"!共产党员的这种做法只能使自己陷于孤立。

在很多场合下,当我们的同志领导罢工运动时,他们不是要从组织上来完成罢工斗争,而是企图像真正的革命家那样(是很少考虑政治后果的革命家),把罢工坚持到"最后一个人","最后一滴血"。这样的做法很可能会在工人群众中引起分裂(例如去年在宾夕法尼亚举行的矿工大罢工时那样),只能有损于我们的影响。我们的任务就是要全力加强和扩大每一次罢工运动,当罢工群众中开始出现动摇时,要向他们说明继续进行斗争的重要性;当大多数工人不再继续进行罢工而决定复工时,我们通常(每一个常规都可以有例外)应当采取措施,稳妥地结束罢工斗争，并向工人说明这次罢工的结果。

我们不打算争辩，在德国和其他某些国家罢工运动的发展中存在着一定的客观困难。但是，我们在许多改良主义工会中的工作开展得不够，这是不能用任何客观困难来辩解的。改良主义的领袖们将要给我们制造困难，这是列宁还在1920年就预言过的（"毫无疑义，机会主义的'领袖'先生们一定会使用各种资产阶级的外交手腕，借助资产阶级政府、神父、警察和法庭的力量，来阻止共产党人进入工会……"①）。

不过列宁同时也针对共产党员应当怎样行动的问题给予了最好的指示：

"应当善于对付这一切，不怕任何牺牲，必要时甚至可以采用各种巧妙的计谋和不合法的手段，可以保持缄默，掩饰真情，只求打入工会，留在工会里，想尽方法在那里进行共产主义工作。"②

在各资本主义国家中，在改良主义工会中开展革命工作，有比我们已经利用的更为广泛的可能性。很多地方对这一工作实际上采取轻视态度，这是无须加以证明的，至少在英国、斯堪的纳维亚各国等，在那里还有着相对来说比较多的工会民主残余，不过这些都完全没有为我们的同志所利用。在某些情况下，可能是因为我们的同志害怕陷入工会的合法主义。但是对工会民主加以革命的利用绝不意味着是对工会合法主义的让步。相反，在我们能够利用工会民主的地方，我们就应当引导大多数工会群众将愤懑去对准改良主义官僚们所设置的章程条例等障碍。

我认为，在这方面的工作，我们不但受到一般消极态度的阻碍，而且还受到一定政治错误的阻碍。1921年，第一次同托洛茨基就工会问

---

① 《列宁选集》中文第3版第4卷第164页。——编者注
② 《列宁选集》中文第3版第4卷第164页。——编者注

题进行辩论时,斯大林同志就指出了有两种对待工人群众的方法:一种是托洛茨基想在工会中采用的强迫的方法;另一种是正确的工会工作的方法,即说服的方法。我们在资本主义国家中的工会工作往往不能很好地开展,这里也存在落后的方法问题,即对说服的方法认识不足,企图用命令的方法去代替它的倾向。这样做只能使我们在广大群众中陷于孤立,而不会有其他结果。

无论如何,我认为,共产党员不参加改良主义的工会,在改良主义组织内部忽视发展广泛的反对派和一般地忽视革命工作,在这次全会上都要受到尖锐的批评。应当要求我们党在这方面的实际工作中有根本转变。列宁曾有过这样的意见,他在1920年时写道:

"我个人认为,第三国际执行委员会应当公开谴责并建议共产国际下次代表大会也来谴责不参加反动工会的政策(详细说明这种不参加反动工会的政策是不明智的,是对无产阶级事业有极大害处的),还要谴责荷兰共产党的某些党员支持(不管是直接或间接地、公开或隐蔽地、完全或部分地支持,都是一样)这种错误政策的行动路线。第三国际应当同第二国际的策略决裂,对于难以解决的迫切问题不应回避、掩盖,而要直截了当地提出来。"①

6. 德国共产党的斗争

在共产国际执行委员会最后一次全会上讨论了德国的形势,认为那里"革命危机的前提正在发展"。目前德国所发生的一切是否有什么原则上的不同呢?据我看是没有的。当然,在那里可以清楚地看到,革命危机的前提正在进一步发展,但是还看不出有什么大的不同,使我们在这一次全会上应当对德国的形势作出完全新的估计。德国革命的高潮正

---

① 《列宁选集》中文第3版第4卷第165页。——编者注

以不可抗拒的力量向前发展着，尽管还有经济危机，以及法西斯主义和沙文主义浪潮造成的暂时的客观困难。

几年前，考茨基在自己的《历史唯物主义》一书中曾预言"蝴蝶阶段"的到来，就是资产阶级民主极度繁荣阶段的到来。我们今天可以看到，德国实际上是怎样度过魏玛宪法的"蝴蝶日子"的。法西斯主义已东山再起，它不仅表现为国家社会主义运动的形式，而且也表现为在国家体制方面法西斯专政的建立。德国共产党在一段时间内对国家社会主义运动估计不足，在一定程度上忽视了同它的斗争；说由于德国共产党的疏忽，为法西斯主义的发展造成了可能性当然是不对的，因为这一发展有它的客观原因。当然，一般地说，绝不能断言，似乎法西斯专政是走向革命道路上的一个必要的过渡阶段。我们现在断定，在德国没有任何民主和专政的自由主义对立，这就说明了是法西斯专政的开始。但是说德国现在的制度已经是完完全全的法西斯专政也是不对的。德国共产党作为无产阶级的革命先锋队有一切理由动员德国工人阶级的全部革命力量，去反对政府为了建立完完全全的法西斯专政所采取的具体措施。这个在德国最终建立法西斯专政的问题还没有解决。决战尚未到来。在共产国际的纲领中指出："法西斯主义的主要任务是消灭工人的革命先锋队，即无产阶级中的共产主义分子及其骨干力量。"在德国这种情况尚未发生。一旦发生就必然会引起德国的革命无产阶级在共产党领导下的全力抵抗，对于这一点我们是深信不疑的。

不管怎样说，德国资产阶级在走向法西斯专政的道路上遇到了困难。例如，每天来自德国的消息都表明，在资产阶级内部存在着不少的分歧，首先是关于压迫革命无产阶级和镇在一些地方农民群众反抗的方法上的分歧。为了进行这种压迫，巴本政府企图除了吸引国家社会党人外，还要吸引全德工会联合会的上层分子来拯救资产阶级专政，帮助实现法西斯专政，进行强制性的工作，制订通货膨胀的措施，使工会进一步法西斯化，等等。所有这一切都是法西斯主义的任务，但是要实现这些任务，就必然要遇到革命无产阶级的抵抗。

在这里不谈德国资产阶级领袖们是否执行一整套明智政策的问题，但无论如何，在最近的国会选举（今年7月）中，他们指望共产党失败，就是在根本上犯了错误。选举的进行也正是为了达到这样的目的。大概德国共产党在两轮总统选举和普鲁士国会选举结果中的摇摆，也促成了资产阶级的失算。但是，在国会选举期间，德国共产党比以往任何时候都更加扩大了自己的群众基础。全球资产阶级报刊一致认为，这是对德国整个资产阶级制度的威胁性征兆。一般地说，虽然对于德国共产党当前所面临的巨大任务来说还是不够。但近期德国共产党在群众中的影响增长了。

在德国不应当片面地提出客观因素和主观因素的问题。例如，不能要求德国共产党发动大规模的罢工浪潮。群众罢工浪潮不能简单地根据命令举行，它有自己的客观前提，不考虑到这一点，就不是马克思主义。那么要怎样提出问题呢？我认为德国共产党中央委员会自己在关于总统选举教训的决议中所说的话是正确的。

"我们没有能够发动和进行无产阶级及其他劳动群众争取实现他们日常要求的斗争，并把这些战斗转变为用革命手段摆脱危机的前提。"

在这里不仅谈到了罢工，而且还谈到了一般的群众战斗和群众发动，这是正确的。如果考虑到群众斗争形式的不同，那就不应怀疑，德国共产党存在一些错误。德国共产党领导人（人们也应该这样期望他）对此公开地做了自我批评。

之所以德国共产党领导人在7月20日提出的政治大罢工口号在工人群众中得到微弱的反响，首先就是由于这些错误造成的。这个口号绝对正确，提出的也及时。但由于在整整一年中，党很少动员工人根据当时的形势去进行各种形式的群众运动，所以，突然提出政治大罢工的口号没有取得什么成绩,就是很自然的事情了。这个口号的提出没有经过前一时期局部斗争的充分准备。此外,对于这个口号也缺少任何有组织的支持。要知道,在口号提出后就应当采取一切措施,发动和组织街头示威。这在柏林完全有可能做到。7月20日曾在柏林的一些同志告诉我,当时的发动对于街头的群众有直接吸引力。但这个时机被错过了。台尔曼同志完全正确,他要党最严肃地对待这一错误,以使今后不再出现类似的情况。

党内也有些人对开展这次行动,对一般地建立反法西斯统一战线采取抵制的态度。部分知道泽韦林及其同伙们的全部卑鄙罪行的革命工人不能立即理解这个反法西斯运动的革命含义(举行这运动的公开借口是中央政府对泽韦林和格热辛斯基的进攻)。德国共产党应当一贯反映这种非常率直的革命倾向,并向全体党员说明,这是一项通过建立无产阶级下层统一战线,对社会民主党工人进行革命教育的任务。

我希望德国共产党能够在最近的将来彻底消除决议和执行决议之间的差距。这个缺点不仅存在于德国共产党内,而且也存在于我们在资本主义国家的各个支部内。但是,德国共产党是共产国际在资本主义各国中最重要的党,形势要求它在这方面为其他党做出榜样,首先是在开展反法西斯群众斗争,进一步开展千百万劳动人民的广泛统一战线,以及在企业、工会、失业者登记处粉碎德国社会党方面,为其他党做出榜样。

7. 反对法西斯主义的斗争

国家社会主义运动在德国是否会进一步扩大,现在还不清楚。这一点不能完全排除,正如其迅速甚至突然崩溃的可能性不能完全排除一样。无论如何,目前法西斯组织的解体已经开始,这是十分清楚的。据报道，在突击队中发生了一系列小规模的骚动，它的一些领导人被打死，法西斯旗帜被撕毁，一直跟随国家社会主义分子走的小农，通过激烈游行的方式，和他们分道扬镳了。我们由此应当得出什么结论呢？

丝毫不能削弱我们反对国家社会主义运动的斗争，相反，要加强这一斗争，使被国家社会主义分子引入歧途的工人和劳动农民脱离法西斯主义。共产党人应当去各处接近国家社会主义党人的无产阶级选民和支持者，他们应当深入到那些被送入兵营和劳改营中的工人群众中间去。最近，我们在德国一些地方看到了一系列罢工事件。应当动员工厂委员会进行反法西斯的斗争。直到目前为止，在德国还很少能感受到工厂委员会（不管是红色工厂委员会，还是社会民主党的工厂委员会）在这方面的积极作用。虽然，以"深入企业"为口号的国家社会主义运动现在明显沉寂了下来。那也必须在一切地方坚决地击溃这一运动。德国共产党应当采取一切措施，阻止法西斯专政在德国的进一步发展。

是否应当把法西斯主义看做是资本主义瓦解的一个因素呢？在前帝国主义战争时代，资本主义正当年富力强，它并不需要法西斯主义运动作为对自己的支持。现在它需要法西斯主义运动了。从这个意义上说，这个运动正是资本主义阵地削弱的一个征兆。但是，说法西斯主义运动本身就是资本主义瓦解的一个因素，这一点我不能承认。我认为，应当把法西斯主义运动看做是大资产阶级用来反对革命无产阶级的武器、斗争工具和阶级暴力的拳头，而不是什么资本主义瓦解的工具。然而，法西斯主义制度、法西斯专政有两个方面。一方面，它意味着大资产阶级为巩固自身地位的反动、反革命尝试；另一方面，它又引起资本主义阶级统治瓦解的系列现象，首先是资产阶级专政社会基础的萎缩。

法西斯主义有自己的各种手段。在意大利，我们就可以看到这一点。意大利的同志们没有任何理由忽视法西斯分子所进行的群众工作，首先是他们在工会中的工作。埃尔科利同志可以告诉我们一些例子：法西斯分子怎样让自己在工会中的工作人员扮演"反对派"角色，后者又怎样召开各种工人的代表会议，以便在"左"的蛊惑行为的掩饰下，在工人面前把自己装扮成"优秀的法西斯主义者"，骗取工人的信任。这就要求意大利共产党首先在法西斯分子所把持的工会（意大利共产党在那里的工作还很薄弱）中，执行积极的和正确的群众政策。

8. 为反对民族主义和沙文主义而斗争

在反对法西斯主义的斗争中，一分钟也不应忽视坚持不懈地反对法西斯主义的主要思想体系的必要性，即民族主义和沙文主义。特别是在德国近来掀起了沙文主义的恶浪。这一现象有其经济根源。正是早已过去了的经济危机条件，为反动民族主义抬头创造了有利的土壤，因为它把经济孤立政策（很自然，这在经济上是一种反动的现象）的倾向强加给各国的资本主义。近来抬头的沙文主义思想也是反动的。要知道资本主义已经发展了自身的资产阶级国际主义，即"世界主义"（马克思这样称呼它），虽然它并不同资产阶级民族主义对立，而在其基础上发展起来的，但这种盲目的沙文主义和民族狭隘性的复活，仍然意味着资产阶级思想发展极为反动的倒退。

同沙文主义思想进行胜利斗争，绝不是一件轻而易举的事。在任何地方斗争都要求我们党特别注意研究沙文主义在各个国家的特点。不能"一般地"谴责它，只有同它进行具体的斗争，我们才能争取那些受沙文主义影响的群众的支持。德国共产党应当在这方面开展大量的工作。但是，这一任务对于法国共产党、意大利共产党和波兰共产党也同样重要，其中每一个党在本国都有同极其危险的民族主义进行斗争的必要。

在波兰，不久前出现了一个"民族共产主义"派。这不是第一次了。看一下这些派别在波兰的什么时期出现是很重要的。第一次出现在

1920年红军进攻华沙时期，第二次出现在1923年克拉科夫起义时期，然后又出现在1926年法西斯政变的前夕。总之，每一次都是出现在危机时刻，那时，群众中有着强烈的不满情绪，而资产阶级则迫切需要把群众的情绪引向沙文主义。现在的情况也是这样。这个派别的人数并不多，可是，如果小看了它的意义那就不对了。谁不知道，在波兰工人阶级的队伍中，还存在着民族主义的偏见和倾向。我想坦率地告诉波兰的同志们，尽管他们在群众工作中取得了很大的成绩（特别是最近时期），可是在本阶级队伍反对民族主义的斗争中，还存在弱点。特别从未来战争的观点出发，这个斗争任务的提出就要求他们给予较大的注意力和洞察力。自然，最重要的是为反对波兰帝国主义对各民族的压迫，对乌克兰人、白俄罗斯人的压迫进行毫不调和的斗争，等等。这一次我只是从另一个方面（正如我在共产国际执行委员会最近一次全会上那样）强调同波兰民族主义进行斗争的任务，这就是要向波兰的工人和农民说明斗争的意义，并通过坚持不懈的布尔什维克式的工作，使他们各个阶层摆脱民族偏见残余的影响。因为这些工人和农民将要在战争时期（应当希望也在革命时期）手执武器。这时候考验就要来临，看他们是否会受到某种"民族共产主义"派的有害影响；还是他们有足够的思想准备，在波兰共产党的领导下，为夺取政权，反对波兰资产阶级进行胜利斗争。

9. 为反对社会民主党而斗争

假如有人以为社会民主党的领袖们不会再玩弄"左"的花招，现在他就应当认错了。社会民主党的领袖们不想简单地把在工人阶级中的活动阵地让给我们。最近有不少玩弄手腕的事例说明了他们是一些政治上的魔术师。他们在波兰和匈牙利号召举行总罢工。这个口号提出后，他们的表现时左时右。有时他们可以装成反对改良主义的样子，甚至满嘴的革命词句。例如波兰社会党就是这样，它不仅提出了建立"波兰人民共和国"的口号，甚至还提出了建立"工农政府"的口号。

（连斯基说道："他们拥护无产阶级专政。"）

请看，他们还想干什么。

另一方面，我们也不应当夸大社会民主党人"左"的花招的影响。如果我们想用指出社会民主党人的这些花招来说明我们的失败，那这并不能说明问题。如果事情真是这样——从我们报刊的报道中有时可以作出这样的结论——社会民主党人甚至能够"操纵"共产党人在其中具有很大影响的一些最重要的罢工运动的话，那我们就更有理由来检查我们本身的错误，既然我们为社会民主党人提供了这种"操纵"的可能性。

有些人出乎意外地只从表面上看问题。他们问道，是否还应当把社会民主党看做是资产阶级的主要社会支柱。他们只要问一下自己，如果资产阶级没有社会民主作为自己的支柱，例如德国资产阶级没有德国社会民主党，法国资产阶级没有法国社会党，英国资产阶级没有工党作为自己的社会支柱等，那么资产阶级会处于什么状态呢？如果真是那样的话，同志们，我们的事情就好办多了。那时资产阶级就失去了自己的主要支柱。工人阶级的大多数就会毫无例外地团结在我们的周围，因为我们有了领导权，在很多国家中我们甚至"垄断了"对工人阶级的领导。由此可以清楚地看到，社会民主党现在仍是资产阶级的主要社会支柱，我完全不明白这一点还有什么可争论的。但是，如果我们想要从对社会民主党的这个评价中得出正确的政治结论，我认为，我们应当区分两个不同的问题：第一，专门集中我们反对社会民主党斗争的战略任务；第二，比较狭义的策略问题——我们如何能够和应当最适当地进行反对社会民主党的斗争。这两个问题是不同的。由于资产阶级还没有被推翻，它的主要社会支柱还没有被打倒，所以正确地说，我们应该对社会民主党予以重击。同时我们应当强调，我们对社会民主党予以重击，是为了争取社会民主党的工人群众。这一点对于我们是至关重要的。

因此，第二个问题具有此意义，即我们应该用不同于法西斯分子或资产阶级其他政党的方式同社会民主党进行斗争，因为在制订我们的策略和口号时，我们应当考虑到那些目前还跟着社会民主党领袖们走的工人群众。如果我们不这样做，如果我们的行动让社会民主党的工人们产生这种印象，即认为共产党人同社会民主党领袖的斗争更高于同法西斯分子的斗争，或者更高于同大资产阶级进攻的斗争，或者更高于同政府的斗争，那么我们就不能把这些工人争取过来，就会把他们从我们这里推出去。必须这样进行我们的斗争，即在战略上把对准社会民主党进行重击，而在形式上则更加毫不留情地去反对法西斯主义和大资产阶级。在这里我们所犯的每一个策略上的错误，都会使广大群众疏远我们。

10. 关于共产国际的巩固

我们已经壮大了。在第十一次全会后，我们共产国际的组织部登记了35万名新党员，这里还不包括联共（布）的党员和中国共产党的党员（中国苏区的党员数字很难统计）。在受到很大限制的情况下，我们各支部党员的数字从55万人增加到90万人。但我们还应当立即补充，如果我们没有党员的流动、变迁，那情况可能会好很多。党员的人数在增加，而流动和变迁的也在增多。德国共产党整体上来损失了半数的新党员，其他各国的情况差不多也是一样。甚至在有些党内，这种变动的数字要更高。

我从党在鲁尔地区的统计资料中举几个例子来说明变动的原因问题。例如，那里今年1月份有241人脱党，2月份还有99名新党员脱党，据他们自己说，原因是"他们没有钱"。这对于其中一部分人可能只是个借口，但如果真的有相当部分新党员只是因为没有钱而不能留在党内，这就说明党的机关是有毛病的。另一些脱党者离开党的借口是"入党难"。在鲁尔地区去年以此为借口脱党的有65万人。可见，入党真是难了！同志们，请彻底消除这些困难吧，至少也要使这样变动的原因不再存在。此外，在党的统计资料中我们还经常遇到这样的材料：有多少党员"无故"脱党，不知下落了。这里是否也反映了我们组织工作中的缺点呢？

我们党有很大一部分党员目前正处于失业之中，而在业党员的数目一直在相对地减少，在德国甚至是绝对地减少。在征募工作中几乎到处都是执行一条阻力最小的路线。因此，我们从企业中，尤其是从大企业中发展的新党员很少。

我们应当怎么做呢？瓦西里耶夫建议：第一，成立坚强的城市委员会和地区委员会，这些委员会同企业有着紧密的联系，并能够指导各支部没有经验的党员的工作；第二，从罢工和其他群众运动期间涌现出来的积极战士中吸收新党员；第三，进行坚决的斗争，反对官僚主义。我认为，所有这些建议都是可行的和有益的。不过我还想强调另一项任务：不断开展对新党员的教育。

如果我们不想再失掉这样多的新党员，我看问题的关键就在这里了。在资本主义俄国，对新党员的教育还在他们入党以前，在党小组中进行。一般地说，这些人在成为正式党员以前，都要有几年时间参加党的工作。这样他们在入党时就已经经受了一定的锻炼。现在在各资本主义国家中，入党往往成了一件轻而易举的事，在很多场合下主要是根据本人的意愿，而且在入党前没有任何或几乎没有任何政治上的训练。如果党组织不采取一些专门的措施，使新党员布尔什维克化，很自然，其中大部分人就会重新被我们所丢掉。这些人作为基层党组织的成员很少有机会在实际工作中、在革命群众工作中经受锻炼,因为很遗憾,我们的支部和工会的党组织很少开展这方面的工作。我们在美国党的实践中就可以直接看到这种"典型的"例子。有时,一些工人来到党委会声称要退出共产党。问他们为什么要退党,他们回答说:"我们想做群众工作,可是作为共产党员我们被剥夺了这种可能。"为什么被剥夺了这种可能呢?他们回答说:"我们每天晚上召开党的会议,此外我们还要读许多通告,没有时间进行群众工作。"这是事实,有一些工人就是由于这样的原因而退出了美国共产党。很明显,这不是共产主义的态度。但为什么在这种党的制度下,为非共产主义的行为提供了借口呢?这是官僚主义,或者是"超级集中制",或者只是"以形式主义态度对待党的任务呢"?不管怎么回事——请美国共产党的代表向我们说明这件事——我们都应当把它结束。

关于我们报刊的性质问题,依我看,应当在这次尖锐地提出来。很遗憾,我们的宣传部门没有为我提供有关这个问题的具体材料。但众所周知,各资本主义国家中的共产主义报刊还不是群众性的。但是,由于我们坚决主张现在在我们的实际工作中要真正实行(不仅是宣布)向群众政治的转变,那么,我们大多数报刊的性质也应当从根本上来个改变,使它们成为真正的布尔什维克的群众性报纸。

11. 关于在企业中的工作

关于这个问题我们已经讲过上百次并通过了无数次的决议。同志们,你们是否还想要我们再谈一次,再通过决议,最后还是一事无成呢?如果我们不想这样做,那就请你们说一说,在这个"难以解决的"问题上应当怎么做才能达到真正的改进。

过去我们主要注意了工厂工作中的组织方法。当前这些方法的改进对于我们来说也是重要的问题。不过这一次我要强调的是工厂工作的内容，也就是说应当从怎样的局部要求出发，应当抓住什么问题和"理由"，以便在企业的共产主义小组和大多数工人集体之间建立起真正的联系来。在企业中是否能找到可以使工人激动和愤怒的理由和"紧迫的"问题呢？这种问题真的有很多。熟悉现今企业情况的人都知道，这样的理由会经常遇到。在企业外面也经常出现一些使当地工人激动不安的紧迫问题和事件，甚至往往出现像德国的7月20日这样具有全国意义的大事件。必须只有不放过任何机会，及时、迅速地掌握正确的主动精神。我认为，我们在群众工作中首先遇到的阻碍，就是我们经常放过本来能够抓住的用以发动大多数工人的时机和理由。我们的"群众工作"在很多场合下只不过是一连串的被错过了的动员群众的时机。我们很少能够在整根链条中抓住一个使群众立即行动起来的环节。

多里奥同志从法国的工作经验中为我们举出过去被忽略了的有关这些现实问题的具体事例。他因此为我们全会的讨论做了很好的贡献。他也注意到这些现实问题和要求（例如失业者的要求）可能会很快地发生变化：一些问题在这一周是现实的，可能在下一周就被完全另一些问题挤到后面。因此，必须同群众经常保持最紧密的联系，以便准确地知道他们的需要，他们的需求和情绪，否则我们就将不能及时地掌握正确的布尔什维克的主动性。

因为我们的党没有足够认真地和完全地按照布尔什维克的要求去安排企业中的工作，所以各工厂支部的许多同志似乎就根据本身的"经验"认为，那里的工作不可能得到改进。如果断言我们的同志根本不想在企业中进行群众工作那就错了。不，他们是想这样做的，不过他们往往认为不应当去争取那些改良主义的、社会民主党的工人。正是因为他们的想法不对头，所以他们就不能抓住那些紧迫的问题和事件。

在这方面有一个情况不能不说一说。在我们工厂支部的一些同志当中，对自己的消极状态有一种特别的论据，关于这一点他们自己不愿意说，因为怕被别人说成是怯懦。他们承认在企业中必须进行共产主义的工作，可是同时他们害怕被从企业中开除。要知道，他们在企业中的敌人不仅有工会官僚分子和法西斯分子，而且还有企业主本人。这样一来，一方面，他们对能否成功引导工人集体的运动不抱很大希望；另一方面，一旦他们开始行动，他们就会被开除。因此，这些同志认为，在企业中进行群众工作是件没有意义的事，因为他们在这件事情上不善于保密，有时他们甚至还认为，在资本主义条件下，一般也要采取公开的、明显的共产主义形式来进行我们的群众工作。但这是不对的。我们的群众工作在企业中采取隐蔽的形式，丝毫不比隐蔽那些小的秘密团体更为困难。相反，如果我们的同志只是同一定的左派工人来往，那么，他们就会比处于广大群众当中更容易被工厂中的特务所发现。他们没有必要说出自己的共产党员身份，也不必经常在会议上发言，而应当让其他工人在会上有更多的发言机会。如果他们真的学会像布尔什维克那样，把秘密工作同企业中的合法工作结合起来，那他们就有可能在企业中更长久地站稳脚跟，并赢得大多数工人的信任。

我想从我们优秀支部的实际工作出发，举一些工厂工作做得好的例子。

不过，我没有从国际秘书处收到这样的材料，虽然我曾提出过。但是，在最近一期的《共产国际》上，在组织部的提议下，登载了这样一则好例子。

这个例子正是关于英国、关于格拉斯哥的。（鼓掌）那里一个工厂的支部由9名党员组成，他们首先在企业中开展了很好的运动，后来，共产党员们在自己的车间里提出建议，派代表团去企业主办事处，要求提高工价。代表团在办事处未被接待。这时共产党员们就发动车间的全体工人举行会议，会议决定全体工人到办事处去。他们在途中还联合了其他车间的很多工人。这样，数百名工人（其中也有共产党员）来到了办事处，在那里实现了自己的要求。工人们对这次行动所取得的成就感到非常受鼓舞，当共产党办的厂报最近一期出刊后（过去它没有什么读者），就有很多人询问，是否有可能更大量地发行。

（哥特瓦尔德说道："我可以举出捷克斯洛伐克几百个这样的例子。"）

哥特瓦尔德同志答应为我们提供几百个例子。这很好，虽然还是不够的。

关于在无产妇女中间进行工作的问题，我收到了一份很好的材料，但可惜收到得太晚，来不及加以利用。我希望关心这一工作的同志们——不仅是女同志都来利用这份材料，把这个问题彻底弄清楚，因为在不久的将来，这方面的工作会具有非常重要的意义。

12. 青年共产主义运动

青年共产国际在自己的发展中反映了共产国际的积极方面，也反映了它的消极方面。青年共产国际在各资本主义国家中的成员人数有所增加。不过青年共产国际的领导同志的态度是完全正确的，他们并不对人数的这一点小小的增加感到满意。他们表现了布尔什维克的自我批评精神。他们公开承认，在大多数国家中，共产主义青年团都不具有群众组织的性质。只有在同青年运动有关的方面——红色体育运动方面，在某些资本主义国家（不是所有的国家）中，可以说具有了我们运动的群众性。也仅此而已。正如青年共产国际领导在自己的总结中指出的那样，在德国共产主义青年团的队伍中，甚至还表现出了同把共产主义青年团发展为真正的群众性组织的决议精神相违背的倾向。但是，当前的形势向共产主义青年团提出了很高的要求。青年运动应当成为共产国际在今后争取政权的战斗中的最坚强的支柱。如果事情真是这样,共产主义青年组织应当比共产党在人数上有更大的发展(像在苏联那样),但事实上,它比共产党的人数还要少,在许多国家中几乎是不值一提。因此,共产主义青年组织应当决心彻底消除把决议变成一纸空文的状态,对于通过的所有决议,都要以真正布尔什维克的决心和毅力贯彻执行。

* * *

同志们,我希望在这里我没有谈到的其他有重要意义的实际问题,以及我们个别支部的任务,将由出席会议的各党代表在讨论中加以说明,同时也希望皮亚特尼茨基、曼努伊尔斯基等领导同志对我的报告加以补充。

同志们,当前时期的特点需要我们发挥出最大的战斗力。可以说,我们正在迎接一个新的英雄的时期。台尔曼同志在全会开幕式的发言中提到了我们的英雄。我想引用一下国际支援革命战士协会所统计的数字:在1932年1月1日,无产阶级政治犯有192673人。从1925年到1931年被逮捕的有1223052人;被杀害的有630159人;被打死和折磨致死的有1040608人。在世界历史上,何时何地可曾有过这样骇人听闻的阶级恐怖呢!在世界历史上,何时又可曾见过像我们的运动所表现出的这样大规模的英雄主义呢!我毫不怀疑,我们各党在未来的争取政权的战斗中,必将英勇地进行斗争,问题是要使我们党学会动员最广大的群众去进行革命战斗,并领导这些战斗直到取得胜利。从这一观点出发,现在比任何时候都更应当强调共产党的领导作用和党的铁的纪律的必要性。在准备无产阶级去迎接行将到来的争取政权的战斗方面,最重要的任务就是要建立和扩大下层革命统一战线。可是,如果出现了这样的情况，即我们的同志在某个地方把党和无产阶级的准备只当做抽象的宣传任务，在执行统一战线策略时，可能同社会民主党达成国内的和平，这时我们就要告诉他们：在这种情况下你们还是放弃搞"统一战线"更好。也不能像1923年德国的机会主义者那样准备革命，仅仅采取某些技术性的措施，然后则静待"伟大日子"的到来。不能。共产党应当通过在自己的领导下开展和进行一系列争取实现局部要求的群众发动，来进行革命的准备。

有人提出这样的意见，说我们在提纲草案中所提出的总任务带有过分防御的性质，同总的形势是不适应的。不过在这里应当注意，我们提出的总的中心任务没有采取战略任务的形式，而是采取了群众口号的形式。这些口号是：(1)为反对资本的进攻而斗争；(2)反对法西斯主义和反动派；(3)反对日益临近的帝国主义战争和反苏干涉。但是，这一斗争是否只具有防御性质呢？不。这都是最适宜开展无产阶级反攻的口号。斯大林同志注意到，十月革命在组织突击的时期，就是力求使自己进攻的每一个步骤，或者几乎每一个步骤，都是在防御的形式下来完成。斯大林同志补充说，革命好像是用防御的外衣掩蔽了自己的进攻行动，以便把那些不够坚定的、动摇的分子吸引到自己的方面来。正因为如此，这一时期所发表的讲话、文章和口号在表面上的防御性质，按其内容来说都具有深刻的进攻性质。从十月革命的这一特点出发，可以更深刻地理解我们当前所提出的口号，虽然这些口号并不是在革命形势下提出来的，这些口号对于革命进攻来说也是好的，只要我们善于动员群众去开展进攻。

不进行坚决的斗争来反对像在当前形势下经常表现出来的各种投降主义和怯懦行为，对于革命力量的动员就是不可能的。安贝尔-德罗同志在最近的发言中就谈到了这样的事例。很明显，共产国际应当对所有这些倾向给予毫不留情的反击。但是，我们也不应当允许用革命的词句来代替准备和动员群众的实际工作。要坚决地根除任何尾巴主义政策的倾向，但是绝对不应失去理智，而要永远冷静地估计广大群众已经达到的革命水平，不要任何不切实际的幻想，而要把提高大多数工人阶级革命水平的工作不断推向前进。

共产国际的政治路线不容有丝毫的更改，因为它是正确的。它是一条布尔什维克的路线。这条路线在现在我们通过的提纲中也绝不能有任何修改。除了布尔什维克的路线以外，是没有任何其他正确路线的。而如果党的路线，如果党的政策是正确的，如果先锋队和阶级之间的正确关系没有受到破坏，那么，领导又指的是什么呢？我们的领袖对这个问题是这样回答的：

"这种条件下的领导就是要善于说服群众，使他们相信党的政策的正确，提出并实行能把群众引到党的立场上并使他们易于根据本身经验认识党的政策的正确的一些口号，把群众提高到党的觉悟水平，这样来保证得到群众的拥护并使他们具有坚决斗争的决心。"①

苏联、联共（布）和斯大林同志万岁！
共产国际和世界社会主义革命万岁！（热烈鼓掌）
（休会）

---

① 斯大林《列宁主义问题》人民出版社 1964 年版第 149 页。

第四次会议

(8月29日晨)

主席：哥特瓦尔德

台尔曼作关于《经济罢工和失业者斗争的教训》的报告

一、经济罢工、政治罢工和失业者斗争的新特点

根据第一项议程我们讨论了一系列的问题、任务和工作。为了避免重复，下面我所读到的将只是那些与对各个支部、对革命的工会运动具有特别意义和教益的问题相关的一些情况。

世界经济危机的加剧使无产阶级的斗争更加尖锐化。不仅如此，工人阶级的全部生活及其激进化也正提到更高的革命阶段。我们的提纲指出，——库西宁同志在自己的报告中也强调了——资本主义稳定的结束到来了。我们谈到了关于向新的一次革命和战争的过渡。对于形势的这种估计，要求我们的整个革命战斗战略，具有更加严峻的、坚定的布尔什维克性质。

在1929年7月第十次全会期间，我们还没有谈到世界经济危机。但那时我们就已经指出，世界各处都呈现出革命高潮的开始。在红色工会国际第五次代表大会的决议中，我们着重指出了我们在工会政策方面一系列新的庞大任务。当时讨论过并被写入了决议的许多意见，至今对

于当前形势仍有其意义。

在第十二次全会上,我们指出了危机的急剧尖锐化,愈益复杂化,以及资本在整个战线上对工人阶级和劳动群众进攻的加强。根据这些事实,我们首先指出了革命高潮的进一步增长,它表现在工人阶级和劳动人民斗争的新形式和新方法上。

全世界罢工斗争开展不平衡,这是由主观因素和客观因素成熟的不平衡所决定的。这里我只举一个例子,在德国开展战斗方面,全德工会联合会和德国社会民主党的力量和影响是重要障碍,尽管德国共产党本身是强大的,无疑它在争取大多数工人阶级,正在做出越来越大的成绩。

我们还看到在一些工业部门中战斗的开展也是不平衡的。例如,在最近两年到两年半的时间里,在采矿工业中呈现出声势浩大的罢工浪潮,而同时在冶金工业中的罢工斗争则有些落后(虽然目前这里的罢工浪潮也有所扩大,但还不是重要的罢工)。此外,我们还看到,在那些垄断资本力量强大的工业部门中——化学工业和军事工业——罢工还是很少的。除了我们在这些企业中的工作薄弱以外,由于资本的进攻采取了特别凶狠的方式,工厂中的间谍活动使得罢工的扩展极其困难。

当然,对于各种不平衡的发展来说,还有一些特殊的原因是由垄断资本主义本身的性质所决定的。

在采矿工业中,我们看不到像在冶金工业中的那些强力的资本集中,在冶金工业中——比如说西欧的——我们有一个强大的国际钢铁托拉斯。危机猛烈地威胁着采矿工业。采矿工业的大资本家们在自己内部进行着争夺世界市场的最尖锐的斗争;由于这些原因,他们力图以最残酷的方式,通过压低工人工资和恶化劳动条件,来降低自己企业的成本。

由此在波兰、捷克斯洛伐克、德国、英国、比利时、美国、法国和其他国家中，在一定程度上出现了罢工浪潮的特殊发展。这一事实对于帝国主义争夺销售市场的斗争，也有着相当重要的意义。

这里还要补充一个情况，即改良主义在冶金工业中要比在采矿工业中有着更为深厚的根基。这就为我们造成了额外的困难，这些困难由于我们革命工会的工作开展不够而更为尖锐。这些困难起着相当大的作用。

最后，工资的数额也起着一定的作用：采矿工业的工资额要较冶金工业低，后者的工资只是在最近才有大的降低。

我想，如果我们认真地分析一下这种不平衡发展，丝毫不掩饰我们本身的弱点和缺点，正确估计所有客观条件，那么，我们就能对我们自身力量有一个正确的和现实的看法，并且可以通过我们的党和各国革命的工会运动，来拟定和执行所有措施。

必须指出，所有这些群众运动和战斗已经不再只带有经济的性质，它们也是工人阶级同资本主义国家政权的阶级冲突的全部自发力量的反映，以及——它意味着一个更高的发展阶段——同改良主义的决定性的冲突。

近来，在西班牙、比利时都发生了大规模经济的和政治的群众性战斗，在上海首先发生部分带有反战性质的大罢工。在布吕克斯（西北的波希米亚）发生了大罢工，在维埃纳（法国）发生了罢工，在宾夕法尼亚（美国）发生了英勇的斗争，在波兰发生了具有革命特点的大规模战斗。最后，就在我们全会开会期间，在兰开夏郡发生了大罢工。

从来没有像最近这样，在短时期内发生了如此形式众多的大规模战斗。在这个特征下，在所有这些战斗中，工人阶级在大多数情况下都表现得非常坚定、沉着和具有进行斗争的革命意志。工人们在这些斗争中所表现出来的革命热情和顽强斗志说明了这样的事实，即数万名工人在基本上没有特别重要的支援的情况下，奋不顾身地坚持进行几个月的战斗，——这一切都证明了群众激进化的高程度。所有这些事实都是世界革命进一步高涨的表现。这些事实应当促使我们在提出任务后，要比以前共产国际各支部更加严肃认真地对待日益临近的战斗。

在关于国际形势和共产国际各支部任务的提纲中，以及在关于经济罢工和失业者斗争的教训的决议中都指出，这些群众性的战斗对于检验和改善我们的策略和我们的总政策具有很大的意义。

我们提出的问题不仅涉及工厂的工人及其在斗争中所表现出来的成熟程度，而且也涉及在业工人和庞大的百万失业者大军之间的复杂关系。这个问题确实具有重大意义。

我们绝不应当允许数百万失业者的运动，即这支伟大革命军队的领导权落入旁人之手。在我们的力量还不足以强大到领导这支大军的地方，我们应当采取一切措施，为在将来取得显著的和无条件的成就，争取这些群众，不仅为了实现他们本身的要求，而且也为了和在业工人一起实现总的革命任务。

现在，全世界约有4000万—4500万失业者。我们争取在业工人的工作不应当脱离争取失业者的工作而孤立地进行，应当把这两方面工作作为一根链条上的环节紧密地连结在一起。在提出这些任务时应当考虑到它们的相互联系和两个方面的紧密结合。

所有我们党和革命工会运动在工人群众中的独立领导作用，从来还没有像在当前国际形势发展阶段这样拥有巨大的历史意义。库西宁同志已经指出了，革命发展的增长对共产党和革命工会运动的领导作用提出了更高的要求和更为重要的条件。

我的报告的任务，首先就是根据事实，根据最重要的国际经验揭示各种不同的战斗特点，揭示我们工作中的积极面和消极面，并由此作出实际结论，以改进我们革命群众的政策，特别是在我们工会政策和失业者运动方面。

从共产国际执行委员会第十一次全会时起,我们在这方面无疑已经取得了可观的成绩。各处共产党和革命工会运动的比重都在增长,尽管我们有许多疏忽的地方。可以说在第十一次全会以后,在像波兰和捷克斯洛伐克这样一些国家中,已经能够看到经济罢工向政治罢工的明显转变。这说明了工人阶级更高的成熟程度和更强烈的激进化过程。

此外,在德国我们看到一系列局部性罢工和政治罢工的发展,这一事实在一年或两年以前是未曾见到过的。那时候我们还不能发动一起群众性的政治罢工。现在我们已有多起为反对国家社会党人的血腥恐怖而举行的政治罢工了。这些罢工表明,在法西斯化加强的同时,与它相对抗的,我们的革命运动也达到了更高的成熟阶段。随着法西斯化的加强,资本主义在实行其剥削计划以克服自己面临的困难,寻找资本主义摆脱危机"出路"方面所采用的暴力措施也加剧了。

群众性政治罢工越来越明显地指向了反对资产阶级的国家政权;它们对反对血腥的法西斯主义的斗争,特别是对我们反对帝国主义和反苏武装干涉准备的斗争都具有特殊的意义。库西宁同志提到的东京的群众性政治罢工说明,东京地铁的罢工工人是反对本国帝国主义的一支反战大军,尽管那里的条件十分困难,他们还是取得了物质上的成果。这是一件具有最伟大意义的事实,它是对资产阶级发出的警告,也是工人阶级进攻力量愈益增强的一个证明。

我们现在谈一下总罢工的问题。1—2年前,我们对这个问题是否有明确的认识呢?关于总罢工的问题,我们往往只同武装起义的问题联系在一起。现在,在大多数情况下,我们对这一点是清楚了,至少在党内是清楚了。现在我们提出总罢工的问题,不仅直接同夺取政权的武装斗争联系在一起。我们甚至可以说,任何一次群众性罢工,只要它能够包括四个或五个大工业部门,就可以叫做总罢工了。

在执行下层统一战线策略的基础上,由于群众的主动精神愈益加强,罢工浪潮也不断高涨。我们在这方面积累了新的经验,它使我们在执行我们的革命工会政策时有了新的支点。在革命高涨的过程中,在罢工战斗的烈火中,锻炼成长了一批工人积极分子干部,其规模是我们在过去的年代(革命形势发展的年代除外)未曾有过的。

这些有利的主观因素和有利的客观可能性一起,使我们能够把我们党的战斗任务提到一个更高的阶段,使我们的革命工会组织更加深刻地认识到自己所肩负的责任。

各个国家进行战斗和独立领导罢工的事实,从根本上揭穿和粉碎了布兰德勒和托洛茨基关于"工人运动退潮"的理论。

我们可以继续说,过去的全部发展进程完全证实了共产国际所指出的远景。右派和调和派关于在第三时期不可能有大规模的罢工斗争,以及所有一般的战斗都将只带有防御性质的论断都已经被粉碎了。

经验表明,革命的不断高涨愈加经常地引发进攻性的战斗。

如果布兰德勒派和托洛茨基派,或赛德维茨党这个德国社会法西斯主义的"左"的分支机构现在还说:目前时期革命工会反对派不可能举行成功的罢工的话,那么,实际的发展进程也完全把这个观点驳倒了。

全世界发生的罢工的特点是,失业者进行革命的阶级联合和他们对自己的阶级兄弟——在业工人的支持。即使他们没有积极地参加运动,他们对罢工工人的支持也表现为:他们决不从背后打击罢工者,绝不充当工贼的角色。在失业者大量存在的条件下,这一事实就意味着,尽管我们在工作中有不少的疏忽和弱点,但是我们对失业者的影响还是异乎寻常地增强了。这一点对我们各党在失业者中间加强工作提供了最重要的保证。

罢工斗争的另一个特点是我们在企业中看到了来自下面的,要求对斗争实行统一领导的强有力的压力。这一点是我们在第十一次全会期间还没有如此感受到的。由于我们执行了统一战线的策略，这种群众性压力就变得更加有力。

社会民主党关于"危机时期不能进行斗争"的"理论"，实际上使得群众的贫困化过程拖延得更久。社会民主党的这种"理论"阻碍着群众斗争意志的发展。这样的"理论"甚至在各处解除工人阶级的武装，结果甚至连经济斗争也发动不起来。这些事实说明改良主义和社会法西斯主义领袖们的腐朽的阶级背叛已经完全到了无耻的地步。这特别表现在德国，因为在那里无产阶级由于承担着奴役性的凡尔赛义务而遭受着双重的盘剥：不仅本国的资本家对其进行着掠夺性的剥削，而且它还要供给外国的资本家。这样的理论实际上意味着工人阶级应当顺从地忍受工资的降低和资本家对他们生活水平的全面进攻。

改良主义的工会首领同第二国际领袖们一起散布这个理论，其目的是要麻痹各企业和失业者介绍所中的无产阶级的战斗力。

正是由于全世界的国际社会民主党力图使工人阶级放弃自己实现阶级要求的斗争，这就造成了群众同领导之间关系的紧张化，这种紧张化使得阿姆斯特丹国际和第二国际阵营内部开始出现了崩溃。

社会民主党和改良主义工会不得不比过去采取更加"左"的手腕，以便笼络群众，制止他们进行革命的阶级斗争。

过去我们见识过社会民主党使用的一整套经过深思熟虑的欺骗性手段，今后我们还将看到一些新的"左"的花招，它是我们在所有过去的时期中未曾见到过的，虽然在这方面我们有着极为丰富的经验。

在我谈到我们面临的任务时，我还要再回到这个问题上来。

在这里，对于我们最重要的事实是，社会民主党领袖和工会官僚们通过这种蛊惑性的"左"的政策，还在使数百万工人跟着他们走。在实现我们的基本任务——争取工人阶级的大多数在我们的领导下进行斗争——时，我们绝不应忽视或轻视这一特殊的政治思想上的斗争。我们应当通过革命的方法使群众确信，全体工人和失业者必须共同进行坚决的斗争。正由于资本的进攻和法西斯的统治方法采取了愈益尖锐的形式，这就特别要求我们改进我们自身的斗争形式和工作方法。

在各资本主义国家中，资本主义稳定的结束和不断发展的革命高涨，更加严肃和坚决地把争取无产阶级大多数的问题提上了党的工作日程。我们在提纲中谈到革命危机的前提首先在德国和波兰正在迅速地成熟，同时，我们也指出了其他各资本主义国家相应发展的事实（虽然在每一个场合各有不同）。这种情况要求我们对自己的全部工作进行检查。我们应当检查一下我们在争取工人阶级大多数方面的工作是否已尽了一切可能，以便今后在更高的阶段上达到充分发挥无产阶级的全部战斗能力。

二、资本对劳动群众生活水平的进攻

当前形势的特点是，在企业主扩大和加强进攻的同时，资本主义国家政权所采用的暴力手段，法西斯的恐怖镇压也更为加剧。垄断资本主义在自己的进攻中利用不同的手段反对无产阶级。资本主义根据其敌人——工人阶级的力量发展和活动情况，力图使自己的战略，尤其是自己的策略不断地多样化。社会法西斯主义官僚们是资本主义国家的一支辅助队伍，他们采取这一特殊立场，便于资本主义利用各种不同的手段，来实现自己的进攻。

资本的普遍进攻还有另一个特点，即今天不是对某一部分工人，而是对全体无产阶级，对整个劳动人民阶层实行的进攻。

工人贵族经济基础的缩小在这里也起着很大的作用。工人贵族和至今仍然领取高工资的整个工人阶层，现在都在很大程度上受到了资本主义进攻的影响，结果我们看到，在工人阶级的整个社会结构中发生了相当大的变动。

在谈到革命工会反对派和红色工会国际任务的时候,我们还要对这个题目专门谈一谈。

我们在一些主要的国家中看到,尽管我们在无产阶级群众中间的工作不断发展,资产阶级和改良主义官僚们玩弄花招的能力还是很大的。例如,目前正在兰开夏郡发生的罢工,是在改良主义者领导下进行的,而改良主义的官僚们已经在企图破坏这一罢工的锋芒。他们准备接受英国纺织工业家的条件,同意使每个织工看管六台机床以代替过去的四台。

垄断资本主义企图使用怎样的手段来进攻无产阶级呢?总体上就是通过降低工资。降低工资有直接的措施,也有间接的措施。在某些国家降低工资是通过合理化,通过提高劳动强度进行的,这就是在保持原来工资定额的情况下降低工资,同时也有直接降低工资定额的做法。

在德国资本进攻的第一阶段降低的是工资表以外的部分,后来又转到降低工资表本身。在英国开始也是降低工资表以外的部分,但降低的范围与其他国家不同。现在在英国则是对工资额的总进攻了。企业主在进攻时采用了某些通货膨胀的措施,这就使无产阶级的工资实际上降低了。

在美国,1931年工资额的降低具有广阔的范围和十分挑衅的性质。它涉及加班、星期日和夜班的工资单价,以及妻儿的补助费和休假的补偿费。

其次,通过让工人失业、实行不完全的工作周和对工人大批解雇等来降低工资,也是资本主义进攻的一种手段。我们看到,熟练工人的名义工资和计件单价也在不断降低。给妇女和少年规定的工资大大偏低,然后又企图把成年男工的工资与妇女和少年的工资拉平。记件工资制是在掠夺手段日益精巧的基础上实行的。企业主们大多企图采取像罚款和通过在计算工资、以正品充次品方面实行直接克扣等手段。

再次，对社会保险和工人阶级已经取得的社会福利的进攻，也是资本进攻的一个组成部分。对各种社会措施所进行的限制，实际上就是工人阶级总的实际收入的进一步减少。

同时应当指出，在用带有税收和关税性质的措施对工资实行进攻的地方，工资降低的速度和数量都要超过价格的降低趋势。

由劳动群众生活水平下降所引起的消费者购买力的降低，导致了危机的进一步加深。资本主义国家政权为降低工人阶级收入而采取的措施日益增多，如颁布非常法令，向工人阶级转嫁纳税的重担，直接降低工资，等等。在资本主义国家受垄断资本主义委托所实行的这种总进攻的同时，各个企业主还有自己的单独进攻。资本家们企图破坏无产阶级的团结，他们采用各种手段企图使工人中的各个部分彼此孤立，唆使其中的一部分去反对另一部分，以此来达到破坏无产阶级战斗力的目的。

资本主义进攻的特点之一（尤其是在美国和法国，以及在德国和其他国家），即利用外籍工人、侨民，特别是工人的各个依附阶层作为工资的减压器，以损害本国工人的利益。在美国——黑人工人，在法国——波兰工人和各殖民地的工人，在德国——波兰男女雇农的工资，都要比这一国家当地工人的工资低得多。

资本进攻的下一个特点，就是目前各种形式的强制劳动。失业者的劳动义务制、社会工作、普遍的义务劳动、"自愿的"劳动服务——这就是很多资本主义国家所经常采取的那些措施。在保加利亚不久前实行了义务劳动制。在德国，资产阶级也准备采取类似的措施。

青年和妇女的工资在不断地降低。结果，无产阶级中这些特别遭受压迫的群体的工资，降到了前所未有的低水平。

铁路工人、一般运输工业工人、化学工业和军事工业工人的劳动军事化，是资本主义向工人阶级进攻的一个重要组成部分。

在波兰、意大利，最近在德国，特别是在巴尔干各国，资产阶级在自己的主要社会支柱——社会民主党和它的改良主义工会机构的帮助下（其中包括依靠法西斯的恐怖队伍），企图通过资本主义进攻的所有这些手段，来加强自己的阶级统治。

资本的进攻是通过最残酷的恐怖手段和愈益加剧的暴力措施进行的，它把危机的重担转嫁给无产阶级和劳动群众，从而堵塞他们利用革命来摆脱危机的出路。

资本主义危机和群众急剧贫困化之间的相互联系表现在以下几个方面：

首先，在各资本主义国家中，生产的下降造成了失业者和半失业者的大军。

其次，提高纳税额，建立新的关税壁垒，以及实行"经济孤立政策"等各种措施。这就使得一个国家内部的各种日用消费品价格的猛烈上涨。

再次，资本主义国家依靠加强对劳动群众的掠夺，采取愈益经常向大工业提供津贴的措施。

最后，由于危机所决定的倾销政策引起工资的新的降低和劳动的进一步强化，而使得大规模的破产愈益急剧化。

这仅仅是在研究资本主义危机和群众贫困化过程的后果时，所揭示出来的一些最重要的相互依赖关系。

不仅无产阶级，而且所有的劳动者阶层都能感受到资本主义危机的极其有害的后果。小资产阶级和各"中间阶层"的广大群众越来越贫困化和无产阶级化。

不仅工人群众以最快速度被贫困化，而且在各个最重要的资本主义国家中，农民、职员、公务人员和劳动居民的其他阶层，也愈益被卷入群众贫困化的这一过程中。

这种深刻的贫困化，使得出生率开始大幅度地下降，并已经使得人口的数目在某种程度上绝对地减少。例如在德国，在工人的最低生活费用不断降低的情况下，无产者居住区出生率的数字，要比资产者或小资产者居住区下降得更多。在柏林无产者居住的东区，出生的数字要比头几年低得多。1931年，在普伦茨劳贝格的工人居住区的出生率为5‰，而在该市的较富有的地区，例如在采伦多夫，出生率则为7.5‰。

在不来梅情况也相类似。在那里，1901年富人居住区的出生率为12.7‰，1910年为12.6‰，1925年为14.7‰；在小资产阶级居住区1901年为28.9‰，1910年为21.7‰，1925年为14.2‰。

在无产者的居住区：1901年为43.7‰，1910年为33.3‰，1925年为19.5‰。由此可见，无产者居民的出生率有很大的降低。

要理解无产阶级绝对贫困化的原因和性质，应当考虑到以下因素：

第一，资本对无产阶级的进攻从来还没有达到像目前这样的广泛和深入。

第二，资产阶级的所有这些新进攻是连续不断地进行的。

第三，群众的贫困化是世界各资本主义国家所共有的现象。

第四，无产阶级在经济上没有保障已经达到了低于任何"标准"的程度。

德国的无产阶级、公务员和职员由于资本的进攻，从1929年初起，已经损失了近300亿马克的工资。

根据英国工联代表大会的备忘材料，英国无产阶级的工资在1920—1930年期间，减少了46亿英镑。

在各主要资本主义工业国家中，农产品的消费量愈益降低。无产阶级贫困化的过程在波兰具有特别极端的形式。

下面的统计材料就是对德国赤贫化过程的一个说明。

在年收入从1800马克降到1700马克的情况下，每年肉类的消费降低了1.4公斤，蔬菜和水果降低了3马克，牛奶降低了3.78马克。在工资从800马克下降到700马克的低收入情况下，每年肉的消费量下降3.6公斤，蔬菜和水果减少3.68马克，牛奶减少11.38马克。

这些数字反映了营养的下降，说明了无产阶级，尤其是其下层，即最贫困阶层的体质的不断下降。工人阶级中的很大一部分人已经不能向自己的家庭提供充足的营养品了。

除了群众性的贫困以外，自杀者的人数也大大增加了——这也是群众的健康急剧恶化和贫困化的结果。

还有一系列的数字说明了德国广大群众破产的情况。在德国1930年工人和职员的收入同1929年比较减少了6.8%，与此有关的肉的消费量下降了7.1%。1931年工资额下降为16.3%，而肉的消费量则下降为20.9%。同时我们应当指出，这种官方的统计材料只注意到了工资额的降低和失业，而没有注意到由于新的捐税加重和扣款的增多实际工资的降低。在最近两年，肉的消费量下降了25亿马克，而在1932年，牛奶和奶制品、鸡蛋、蔬菜和水果消费量的下降大约在40亿马克以上。

在美国，工资额变化的结果出现了一幅很有特点的图景。如果把1929年作为100，那么1932年1月支付工资的总数仅为48%。按工业部门来看，采矿工业的工资数为50%，冶金工业为35.1%，汽车工业为39.1%，纺织工业为55.6%。只有美国的化学工业，众所周知，因为它为日本帝国主义提供部分军用装备，它的工资支付总数为68.5%。而在美国化学工业这个具有决定性意义的军事工业部门中，工资额同去年12月份相比甚至提高了6%。

现在，我们再以捷克斯洛伐克的生活为例。总的说来，在捷克斯洛伐克我们看到的是所有工业部门的衰落和工人阶级工资的急剧降低。然而在军事工业中，例如在什科达等工厂里，资产阶级企图通过给部分工人某些让步，造成一个工人贵族的特殊阶层，以阻止这些企业工人的革命化，因为工人的革命化对于资产阶级是非常危险的，特别是在战争时期，资产阶级要为自己建立一支御用军队，以推行它的帝国主义战争政策。什科达各工厂的工人每小时的报酬为5—7克朗，如果一天按8小时计算，就是40—50克朗，而同时尤利乌斯煤矿的北波希米亚矿工的中等工资一周仅为98.5克朗。在这里，我们特别清楚地看到，这两部分工人在报酬上的差距是很大的。

在捷克斯洛伐克，包工计件单价降低为基本工资的10%—45%，纺织工人和轻工业其他工人的物价补贴降低到15%。法定休假减少了，个人患病交纳的保险费提高了，而社会保险费则降低了13%。财政预算中，国家公务人员的薪资数总起来说减少了70700万克朗。同时，失业津贴也大大降低。

在英国的工业中，除去直接降低工资以外，又通过进一步实行资本主义合理化，来加强对工人阶级的剥削。英国无产阶级的赤贫化过程一直在继续着：1911年的工资总额为英国国民收入的42%，在1924只占40%。同时，英国煤炭工业的劳动生产率同1924年比较增加了45.4%，而整个采矿工业则增加了23.7%。劳动强度的这种提高很自然地使得工人阶级的健康状况大大恶化。

在西班牙，由于比塞塔的贬值，无产阶级的实际工资降低了35%。新捐税的实行，使得最低生活费的指数平均提高了30个百分点：从1931年4月的152，提高到1932年初的182。还应当补充一点，在西班牙没有普遍的社会保险，也没有疾病保险和失业保险。

中国工人本来已十分低下的生活水平由于资本的进攻更大大降低了。1929年中国的纺织工人每月可以挣得30个中国银元，1931年每月的工资则下降到18个银元。中国港口工人的工资在同一时期从38个银元下降到18个银元，船员的工资则从每月33个银元下降到20个银元。还要加上在1932年中国有500万以上的失业者，这占了整个无产阶级的50%。

在德国，布吕宁的一月非常法令使数百万失业者的津贴降低到了前所未有的水平。大城市中这种津贴的平均数每月为16.48马克，中等城市为14.36马克，小的村社为13.14马克。根据最低的计算来看，德国失业者及其家属的总数为1700万人，占德国全部人口1/4人的每月平均收入只有15马克。如果我们以1927年的工资为基础，在1930年支付的只有91%，1931年只有81%，1932年只有67%。近几年来，一个德国工人每周工资的变动情况如下：1929年为42.20马克，1930年为36.95马克，1931年为30.10马克，1932年7月为22.10马克。

在美国，每周工资的变动情况是：1926年为27.40美元，1930年为22.95美元，1931年为19.05美元，1932年6月为12.35美元。

所有这些事实都表明，资产阶级加强了向无产阶级和劳动人民生活水平的进攻。最近我们看到，在所谓旺季的时期，几乎在所有的资本主义国家中，失业者的数字也都不见减少。

例如在美国，当前按职业组织起来的全部工人的32%是失业者。在德国，失业者所占的比重还要更高。

此外，我们看到，由于不少失业者被剥夺了领取津贴的可能，所以领取津贴的人的数字大为减少。社会保险或者被取消，或者被加以限制。同时，资产阶级还企图在它的社会政策系统中成立职工疾病保险、失业者保险和其他帮助工人的机构，其政治目的非常明显，就是要建立"阶级间的和平"，以便不引起痛苦地推行企业主用来反对工人阶级的所有措施。

最后，对失业者的进攻还有一个目的，就是要把失业者变成资本家手中的顺从工具，迫使他们充当工贼，破坏企业中他们的阶级兄弟所进行的斗争，从而击破工人阶级对资本进攻的抵抗。

资本主义的危机对无产阶级青年和劳动妇女的打击特别沉重。例如，德国 21 岁的青年，奥地利几乎全部青年都完全被剥夺了领取津贴的权利。

我们在各资本主义国家和殖民地国家中所看到的这些事实，对各个共产党和革命工会运动提出了一项巨大的任务——把失业者这一支大军变成对工人阶级进行战斗具有重大意义的革命因素。在这个全会上必须指出，我们在失业者中间所进行的工作不仅有缺点和疏忽，而且在这方面还必须克服巨大的客观困难。只有当革命工会运动能够正确地代表失业者提出日常的要求，甚至为了实现失业者的最微小的要求，为了满足他们的需要和向他们提供具体的物质帮助，积极地每天地组织和进行斗争，我们才能加强和扩大我们对无产阶级失业者的影响。

我列举出各资本主义国家的革命工会运动在维护失业者利益方面的一些最重要的战斗要求。每个国家都应当根据特殊的条件，对这些要求加以补充。我们应当要求：

（1）在没有失业保险的地方，都应当由企业主和资本主义国家设立义务的失业者保险；

（2）在整个失业期间给所有的失业者发津贴；

（3）给半失业者发津贴，其数目应使减少了的工资加上津贴相当于原来的工资；

（4）为所有工人规定 7 小时工作日，青年和从事地下作业的矿工，以及有害健康的企业中的工人实行 6 小时工作日，而且都要保持全薪；

（5）废除强制劳动和劳动义务。

此外，要向市政当局，提出非常具体的要求。在下层组织工人为发给衣服、鞋子和食物而斗争。妻儿应当同自己的丈夫一起，要求村社和城市当局发给牛奶和面包。反对由于数百万失业者无力缴纳房租而被强迫迁移（这种迁移的规模正越来越大），这一斗争应当同在业工人一起进行，就像在许多地区已经发生的那样。我们还应当发动工人，在比以前更大的规模上,为反对强迫迁移而斗争。

还在共产国际第三次代表大会上就已经强调指出了失业者这一支革命大军的重大意义。列宁曾特别坚决地指出,共产党人应当担负起对失业者大军的领导,引导他们去为无产阶级专政而斗争。因此,我想特别强调共产国际第三次代表大会提纲中的一段话:

"当代的革命实质,就在于工人群众最起码的切身需要与资本主义社会的存在相抵触,因此争取满足这种需要的斗争就会发展成为争取共产主义的斗争。"①

我们要毫不怀疑地去迎接这些有广大群众参加的伟大战斗。在当前新的革命高涨和革命危机的前提日益成熟的阶段,发动一些国家的失业者具有决定性意义。因此,我们必须在这方面讨论一下关于如何正确提出工人日常要求的问题,关于动员群众和解决所有我们战斗任务的最好方法(这些方法是我们各共产党,特别是革命工会运动所需要的)的问题。

三、各最主要资本主义国家中群众斗争的基本事实

必须对国际斗争和罢工的经验进行比较仔细地分析,并把我们斗争的这方面的最主要事实提交第十二次全会讨论。

在我们曾经指出革命形势蓬勃发展的那些国家中,可以十分清楚地看到,罢工斗争进行得特别鼓舞人心。

首先,我们以**上海**工人反对帝国主义干涉的大罢工为例,这是一次具有国际意义的群众斗争。此外,1931年在中国还发生过多次罢工,

---

① 见《国际共产主义运动历史文献》中央编译出版社2011年版第32卷第389页。——编者注

参加的总人数大约有100万工人。1932年1—3月大约有30万工人参加了革命的罢工斗争。

在**西班牙**革命开始后的一年中，爆发了3648次局部性罢工，50次地方性罢工，30次政治总罢工和20次伴有革命起义的政治总罢工。正是西班牙的罢工斗争表明了经济斗争对群众政治罢工发展的意义，关于这一点列宁早在1905年就指出了。这种经济罢工同政治斗争交织在一起的情况到处可见。

在**印度**的加尔各答、绍拉布尔和孟买，有男女工人等广大群众参加的纺织工人罢工斗争。这些斗争首次把矛头指向了国家—改良主义官僚。

目前，在欧洲首先是比利时矿工罢工，这次罢工已发展成为声势浩大的群众性的罢工运动。资产阶级的《柏林人民报》在几天前刊载了如下一篇对比利时事件的有趣的评论，评论承认了这个国家革命阶级运动高涨的事实。

"比利时的矿工罢工愈益具有改良主义者和革命的社会主义者之间广泛冲突的性质。自从工人党多少带有示威式地背离了罢工以后，天平就倒向共产党人方面了。现在已经不用怀疑，目前，比利时正处在对于国家发展更有意义的工人群众激进化阶段。当比利时的共产主义在罢工面前几乎微不足道的时候，这一事实尤其引人注目。"

比利时的罢工造就了一整批工人运动的新革命干部和新工人积极分子，他们在党的大部分积极分子被逮捕的情况下，坚决将罢工运动的领导权掌握在自己的手中；在党员和工作人员等遭到大规模逮捕，党的领导现在已不能再根据过去的需要在群众中进行工作的情况下，这一点就显得特别重要。

我们看到新的积极分子骨干正在罢工运动的烈火中成长起来，他们把运动和罢工斗争的领导权掌握在自己的手中。

最近在**波兰**爆发了群众性的罢工运动,如果没有在此以前所进行的局部性战斗,没有在企业中经常不断的工作和维护工人日常利益的斗争,那是不可能的。在最近的所有战斗中都可以看出,经济斗争转变为群众性的政治发动,而政治斗争的水平在波兰比在其他资本主义国家中都要高。我首先指的是华沙运输工人的罢工和一系列纺织工人罢工,他们是整个欧洲无产阶级战斗的信号。

波兰罢工运动发展的情况怎样呢?1931年波兰罢工运动的参加者有20.2万名,损失的劳动日为174.1万个。在1932年第一季度已有62万名参加者,损失的劳动日为303.1万个。这一年每一次罢工的人数几乎都比过去的时期增加到6倍,损失的劳动日数也比过去的时期增加到3.5倍以上。经济斗争的激烈程度和群众斗争的力量都有很大的发展。下面的事实也很值得注意,即在波兰有成效的罢工的数字是比较高的。例如,从1930年11月起的前8个月占34%,后6个月占69%。在1932年有60%的罢工以工人的胜利而结束。有4万人参加的栋布罗瓦矿工的大罢工由于那里的改良主义者使用了各种蛊惑性手段和把领导权抓在自己手中,而没有取得物质上的好处。

捷克斯洛伐克的罢工运动也证明了这种转变。在这里也像在比利时一样,罢工发生在资本主义危机开始得比其他国家较晚的国家里,这一点是很重要的。比利时的群众罢工和捷克斯洛伐克的新罢工浪潮对于各国工人是一个新信号,它们证明了在危机尚未达到像波兰和德国那样深入的国家中,工人阶级正在发生着深刻的激进化。我们捷克同志领导下的战斗行动,特别值得予以肯定的评价,因为红色工会在几年以前由于叛徒海斯的背叛行动和当时开始出现的分裂而暂时被削弱了。由于这种情况,我们在这方面所取得了相当大的成绩。

捷克斯洛伐克罢工运动和战斗的开展,以及在独立领导这一斗争方面所取得的成绩,充分证实了共产国际和红色工会国际的预见,它们在自己的许多决议中预见到了这一发展的进程。

在布吕克斯(西北波希米亚)发生的群众性罢工为我们党和革命工会运动以及整个工人阶级提供了在我们的领导下实行下层统一战线政策的具体范例。可以说,布吕克斯罢工是近几年来在欧洲所发生的一次最重要的罢工,它在实行下层统一战线的政策方面和吸引劳动人民群众参加斗争方面,都使我们受到了很多的教益。

捷克斯洛伐克罢工运动的发展情况是:在1930年发生了大约159次罢工,参加的有57000工人,损失的劳动日数为423000个。在1931年罢工的企业有227个,有76700人参加,损失的劳动日数为525000个。据官方公布的统计材料称,在1931年发生了56次政治罢工。也是官方的统计材料证明,在1932年的2—4月期间,大约发生了98次罢工,参加人数为86375人。根据红色工会的统计材料可以看出,罢工运动的开展还要更加广泛。例如,捷克斯洛伐克建筑工人红色工会指出,在1931年的9个月中发生了195次罢工,参加者有35000人。根据同一个官方统计材料,在1931年全国和所有工业部门发生的罢工只有227次。农业工人红色工会统计的数字是33次罢工和10000名参加者。因为在弗列瓦尔道发生的枪杀工人事件引起的政治罢工约有100次,参加人数约有30000工人。此外,革命工会还登记了纺织工业和制造玻璃工业,以及采矿工业中发生的数目众多的抗议罢工,只在采矿工业中就发生了40次示威罢工。

捷克斯洛伐克罢工运动的特点是,建筑工人和雇农要求增加工资,这类罢工占了很大的比重。有80%的建筑工人罢工和20%—40%的矿工罢工取得了胜利。

在罢工浪潮不高的**德国**,8月11—21日,即在10天内,根据革命工会反对派的统计材料就发生了21次罢工,其中有8次取得了胜利。

同时还举行了10次抗议罢工，其中一次有4个企业的工人参加。

如果我们看看最近两个月的情况，在6月份，根据革命工会反对派的统计材料，在德国有150个企业发生了罢工，在意大利发生了70次罢工，以及工人酝酿罢工并通过了一定决议的事件。在上述战斗中，有很大一部分罢工发生在建筑工地和强制性的劳动中。上面列举的罢工中有50次以上取得了胜利。

在7月份发生了如下的罢工运动：83次经济罢工，42次政治罢工（反对纳粹分子的恐怖行动，争取把纳粹分子赶出企业等）。在同一时期，革命工会反对派还登记了8次进行被动抵抗和酝酿罢工的事件。有42次罢工（即占罢工总数的一半）是以工人的胜利而结束的。

如果我们总地看一下近几年来德国罢工运动发展的情况，就可以看出以下的结果。根据官方的统计材料，在1929年发生了441次罢工，参加的人数有234000人，损失的劳动日数为了3935000个。根据同一的统计材料，在1930年发生了336次罢工，有224900人参加，损失的劳动日数为3935000个。在1931年罢工次数比1930年更多，在1932年罢工的次数也高于1931年同一时期。

根据革命工会反对派的统计，在1931年的5—12月，在德国有312个企业发生了罢工，在革命工会反对派的领导下有250000工人参加。这些罢工的大多数都没有列入官方的统计材料。取得了成绩的罢工所占的比重较高。德国罢工运动的特点是，政治罢工的比重急剧增加。在德国，冶金工厂发生罢工的次数比其他国家的冶金工厂都多。我们的工作深入到了熟练工人和有组织的工人阶层当中。在这些罢工中间，我们很快地深入到了在其他国家还没有如此大规模地开展罢工的一些企业中去。在取得了成果的罢工运动中，有50%的罢工是发生在冶金工厂中的。在这些罢工斗争中，熟练工人轻松地取得了胜利。在大多数场合下，这些胜利是由发生罢工的企业或车间采取专门"领头的"立场所决定的。在德国，这样的事实也很有意义，即在开姆尼茨发生了群众性的政治罢工，有30个企业是在我们提出的口号下行动的，而在哈根、施潘道、武珀塔尔、许克斯瓦根和许多其他城市中举行了反对法西斯恐怖的群众性政治罢工。

我们看到，英国罢工的次数和工人阶级的抵抗力量也在急剧地增长。那里损失的劳动日逐年增多。1932年第一季度英国的罢工次数较上一年同时期增加了1倍。

关于英国和美国，我们应当指出，有大部分罢工被迫停止了，没有得到物质上的成果。

因此，我想对兰开夏郡的罢工提出几点意见。英国的纺织工业正处在剧烈的危机之中。出口额急剧下降。英国的纺织工业有48%的工人没有工作。到目前为止，参加这次罢工的有20万男女纺织工人，包括在贝尔尼和纳尔逊早已开始罢工的45000人。兰开夏郡的斗争是反对降低工资和反对企业主要求每名工人从看管四台织机提升到看管六台织机。纺织工业业主的进攻同时也是对英国工人阶级所有阶层的进攻。在群众的巨大压力下（这是工人阶级激进化的表现），改良主义的工会官僚不得不宣布罢工。在这方面我们党的工作过于薄弱。在整个斗争地区，我们总共只有100名党员。我们在斗争地区还没有选出能够领导某一企业或某一地区斗争的独立罢工委员会。这次战斗明显地暴露出我们党在工会内部工作中和在改良主义工会中组织反对派运动方面的很大弱点。因此，英国的党首先应当得出一定的结论，以利于将来的工作。目前，改良主义官僚已经准备停止罢工，当然在形式上工资还没有直接降低，但是在每名工人从看管四台织机提升到看管六台织机要求方面，向纺织工业的业主作了让步。

我们来看一下宾夕法尼亚（美国）40000名煤矿工人的英勇斗争。在这里我们看到，经过了长达数月的斗争，虽然卓有成效地实行了下层统一战线的政策（这一政策首先表现为选举斗争委员会），但由于党采取了错误的策略，即在当时没有发出退却的信号，而是决定要把斗争进行到"最后一人"，要流尽最后一滴血，结果使得工人的斗争仍然遭到了失败。

在美国，无产阶级的组织性不高。因此，我们在这里反对垄断资本的斗争中，就不能（也有很少数的例外）取得成功。与美国不同，德国和英国的无产阶级就有着高度的组织性。

在**英国**的金属工人和矿工中还没有出现罢工，特别是在最近，不过在纺织工业中爆发了预示着革命高潮到来的大规模罢工。此外，在英国的运输企业，特别是伦敦的公共汽车企业中，正在酝酿着即将爆发的新的战斗。

在**美国**，1932年发生的罢工比1931年多，不过在美国的金属工业中还几乎没有发生过罢工。在普遍降低工资的浪潮下，值得指出的是，美国工资的降低特别有力地打击了黑人工人，这些人是企业主企图加以利用，作为廉价的劳动力来同白人工人进行竞争的。资本主义企图加深和利用这个国家白人工人和其他工人之间的现有的对立。因此，特别需要在争取这些深受压迫的各个阶层方面，大大加强革命工会运动的工作。

在**法国**，虽然它比其他国家较晚地卷进危机的漩涡，但是现在也可以看到罢工斗争不断发展的新趋向。根据在红色工会国际中央委员会第八次会议上法国提出的报告来看，法国1931年发生罢工267次，参加者有255000人。1932年罢工的次数在继续增加：1月份有58次，有6067人参加；2月份——76次，有24423人参加；3月份——102次，有36000人参加。法国在危机以前就发生了多次争取提高工资的罢工，现在在全部罢工中有70%是反对降低工资的。

在**保加利亚**和**希腊**最近也发生了新的经济的战斗。

在评述各种经济战斗的时候，我还想着重指出三个事实。

首先，我要指出在**瑞典**的乌达伦发生的事件，这些事件之所以具有特殊的意义，因为这是一个受危机影响最小的国家，在这里我们发动了10万名工人参加我们领导的抗议罢工。这一罢工是在同警察发生冲突以后爆发的。

在**挪威**发生了持续5个月之久的86000名工人反对同盟歇业的斗争。

其次，我要指出在特文特发生的**荷兰**纺织工人的英勇罢工。为了反对这次罢工，这个"平安无事的"荷兰竟猝然采用了内战的手段，以致连我们的党和工会组织在一定程度上都陷入了措手不及的状态。

在总结上述许多国家发生的罢工事件时，我们应当指出，由于加强了对斗争的革命领导，成功的罢工次数也增多了。

我们的伟大导师列宁非常认真地研究了工人的生活，他对工人阶级生活中所发生的每一次社会动荡，都进行了认真的分析，并为党和革命的阶级战线提出了应当加以解决的任务。他不只一次地指出了罢工斗争的巨大意义，把它看做是革命阶级斗争的学校。他为我们提供了在当前变化多端的形势下，我们所应采取的卓越的范例。

关于发动失业者的几句话。

鉴于企业中发生的各种经济斗争和政治斗争，我们的运动在失业者中间起着很大的作用。但是应当说，我们在失业者中间的工作，在组织统一战线的发动和运动方面的工作，到处都不能令人满意，尽管我们在这方面有过一系列发动失业者的好事例和我们所始料不及的事实。

我们以美国为例。1931年12月7日无疑是美国工人运动史上的重要阶段。数十万名失业者走向美国的首都举行了饥饿行军。资产阶级企图用内战中所使用的各种暴力手段来反对游行的失业者。有1500多名饥饿行军参加者的代表来到华盛顿，向胡佛政府递交数百万名失业者的请愿书，其中特别要求为失业者实行义务保险。25%的饥饿行军参加者是黑人工人。

今年3月在底特律的福特工厂附近失业者举行了大规模的游行。那些"不断繁荣"和"高工资"的宣扬者们在工会官僚和社会民主党人的支持下，竟然使用机枪和催泪瓦斯来对待这些饥饿的人群。众所周知，有4名工人被打死，23名工人受重伤。

下面我还要提一提关于苏格兰的饥饿进军，这一进军持续了三天并在整个英国和英国以外的地区激起了强有力的反响。尽管英国无产阶级的激进化才刚刚开始，参加这一次行动的仍有85000名失业者。

1932年初，比利时改良主义者企图将对失业者运动的领导权抓在自己手里。在当年比利时失业者的数目增加了4倍。工人们怀着极大的愤慨等待着国王颁布命令，因为这个命令会使失业者的救济金大为降低。为了支持蒙斯（博里纳日）比利时矿工的罢工，不久前有35000名失业者行动起来，其中有很多基督教徒工人，他们也积极地参加了罢工者的战斗。

失业者的运动向共产国际和国际革命工会运动提出了巨大而广泛的任务，因为这方面的工作甚至要比企业中的工作复杂得多。目前，当各主要资本主义国家工业部门的工人几乎有一半处于失业状态，资产阶级既不给他们工作，也不给他们面包，当为反对失业者所采取的紧急措施远远不能平息这些工人群众的愤慨情绪，同时在业工人和失业者共同进行斗争的时候，——布拉格代表会议的决议就具有了极大的意义。在第十一次全会的决议中，作为革命工会运动的中心任务，我们提出："要组织失业者的战斗，建立同在业工人（他们时刻受到降低工资的威胁）的紧密的战斗联系。"

我们应当根据每个国家的特殊情况，在我们的工作中具体找到新的工作方法和形式。我们在德国失业者中间进行工作时提出的那些日常的要求和任务，绝不能机械地为美国失业者提出来。凡是机械地提出任务和口号，都会给我们在这方面的工作带来极大的困难。

在当前形势下，所有在企业中进行的战斗、群众性的政治罢工和失业者的发动，都表明了阶级斗争正在采取新的更高级的形式。因此，我们提出的"阶级反对阶级"的伟大口号，也就具有更加深远的革命意义。

四、争取实现局部要求的斗争和动员群众的方法

由于改良主义官僚支持资本的进攻，我们就有了更大的可能性使最广大的群众认识到，他们只有在我们的领导下，才能顺利地反对社会法西斯主义领袖们的阶级叛卖行为。背叛的改良主义官僚们目前又在玩弄"社会主义"的词句，来愚弄工人阶级。

我们应当在维护群众日常利益的斗争中，在实际上向群众表明，我们不仅要争取社会主义的胜利，而且在目前的形势下，我们还要通过反对富人，反对资本主义统治制度的经常不断的斗争，来锻炼群众的斗争意志，使他们在为无产阶级专政进行决定性战斗的时候，能够更加机动灵活，更加成熟。在战争时期列宁有一次曾说过，作为目的，作为资本主义（或帝国主义）对立物的一般的"社会主义"，现在不仅得到考茨基的拥护者和社会沙文主义者的承认，而且还得到了某些资产阶级社会政治家的承认。列宁说，但是现在所指的不是两种社会制度的一般的对立，而是具体的目的，是为反对具体的祸害，即反对目前的物价昂贵、目前的战争危险或目前战争所进行的具体的"革命群众斗争"。

列宁的这些话对于我们所提出的群众工作的革命任务也具有意义。我们应当学会更好地组织和准备罢工。我们应当懂得，发动罢工的最重要的环节，就是在企业中自下面进行有准备的群众动员。在进行局部性

发动和局部性战斗的同时，我们还应当在宣传中更为明确地提出关于以革命手段来摆脱危机的问题，关于社会主义胜利的问题。

我们是否能够更快地让群众为争取社会主义的胜利而进行决定性的阶级战斗，首先取决于我们的力量，取决于我们的工作方法。

群众的压力日益增加，使得改良主义的领袖们不得不急忙求助于争取社会主义的"激进"词句。德国社会民主党的中央机关报《前进报》极其伪善地大谈社会民主党的"社会主义建设"纲领（当然是不要无产阶级专政的）。社会民主党德国国会党团向议会提出了建设"社会主义的"提案。我们党应当了解，无产阶级群众斗争的发展在多大程度上取决于我们自己领导群众的能力。我们应当在宣传中比过去更加明确地提出我们的最终口号，来同资产阶级专政相对立，同时我们还应当在革命群众运动进一步开展的过程中，唤起无产阶级的阶级意识，使无产阶级积极地行动起来，使他们认识到必须为实现最终目的和为此建立必要的前提而进行斗争。联共（布）国际主义范例不仅帮助我们把广大群众团结在我们党的周围和党内，而且引导群众为提高他们的生活水平去进行战斗，吸引愈益众多的群众参加未来的大规模的政治冲突。

只要各国共产党、革命工会组织和革命工会反对派在各国为改善劳动群众的物质状况而准备和进行战斗的方面采取真正的布尔什维克策略，就一定能够取得对最广大工人群众的领导权。我们从过去的实际工作中学到了很多东西。我们更加成熟、更加勇敢、更加布尔什维克化了。但如果我们理解了当前形势和无产阶级激进化过程对我们提出的要求和条件，那我们就应当明确地和毫不含糊地说，我们的成长、我们的成熟程度、我们所取得的成绩，对于我们所肩负的任务来说，还是远远不够的。

我们应当指出，有许多倾向是我们必须加以坚决反对的，因为它给我们的革命工作带来了损失。

有些假革命的论调借口什么"孤注一掷"而拒绝进行局部性的战斗。这种论调应当受到我们的反击,正像我们反击那种否认和阻碍经济斗争转变为反对资本主义制度巨大战斗的右倾机会主义的"经济主义"一样。但是,也不要认为反正群众是听我们指挥的。我们也不应当由于我们对局势作出了正确的估价,由于我们切实地维护了工人阶级的利益而自傲。这种完全非布尔什维克所应有的骄傲自满态度,说明我们忘掉了千百万男女工人还不了解我们,尽管我们是唯一真正的工人政党,是无产阶级唯一真正革命的国际主义的政党。我们还应当更好地学会一套技能,使群众确信我们的斗争方法是正确的,并向他们揭露改良主义者的叛卖性政策。为此,光靠说是不够的,需要的是做,是日常的具体行动。为此,我们还需要在反对资本主义专政的各种形式的压迫和掠夺的具体斗争中,有一套周详的无产阶级政策。

我们要在企业、职业介绍所、工会、工人住宅区和房客等中间采取尽可能多的动员群众的方式,以便组织群众进行反对资本主义专政各种压迫和掠夺的斗争——这就是我们在本次会议议程上应当加以讨论和阐明的一个群众工作中的最重要问题。

有时我们看到,人们歇斯底里地高喊必须开展和进行罢工,而不去从事真正的布尔什维克工作,也就是根据具体实际条件采取各种动员群众的方法。

有时人们以为,工人阶级激进化的过程"本身"就是一种开展经济战斗和政治战斗的充分动力。但是我们应当看到和认识到,不仅各处都存在对我们非常有利的客观条件,不仅已达到了较高阶段的激进化过程是加强无产阶级战斗的动力,党和革命工会运动也应当抓住日常生活的所有具体事实,来发动运动和罢工。

同时必须正确地分析和研究工人阶级的状况,遗憾的是,这一点我们做得还远远不够。关于这一点只要举出我们工厂的报纸,首先是我们日报的例子，就可以确信无疑了。我们应当以更大的兴趣，依靠我们已有的全部经验，依靠马克思列宁主义的教导，来研究工人阶级和劳动人民各个阶层的生活，学会熟悉群众的脉搏，以便开展和推进群众运动并把它顺利地进行到底。

难道我们在过去不是多次看到，我们有时甚至对各重要企业中企业主采取什么措施的问题，目标还不够明确？难道我们没有看到，工资合同期满，就纯粹公式化地、按照日期地来规定动员工人罢工的方针和趋势向吗？难道全世界所发生的大量自发的罢工，不是在一定程度上成为我们工作中的弱点和成就方针的征兆吗？

对于工人生活的这种不够熟悉，部分地说明了我们党和工会的报纸在碰到工厂和工会工作，以及一些经济战斗的具体问题时的经常"消息不灵"的状态。

在我来出席全会不久前，我曾翻阅了我们革命工会反对派的各种工业部门的报纸。在看到这些报纸的内容时，你会惊讶于这些报纸的内容竟是那样的枯燥无味，它们很少能具有我们政策的那种生动的群众性。它们不能具体地揭露改良主义分子，也不能在关于加强反对改良主义分子的思想斗争问题上，来领导我们的工会工作人员。所有这一切都是同我们不熟悉工人的生活分不开的。关于我们日报的政治内容也应当这样说，它们虽然搞的是"高级的政治"，但却对无产阶级的生活缺少研究，不能把无产阶级的日常利益同政治问题紧密地联系起来。

如果我们考虑到国际阶级斗争的最重要的教训，考虑到工人阶级对资本进攻的抵抗力，那我们就应当了解，我们在当前客观条件下顺利开展工作的最重要环节和主要的工作方法，就是正确地、布尔什维克式地贯彻执行下层统一战线政策。在革命工会反对派和党执行了严肃认真的、一贯的、正确的下层统一战线政策的地方，在我们的工作不是采取偶然的和突击的方式进行的地方，阶级战斗就会有迅速的开展。统一战线的建立使我们有可能说服群众相信我们路线的正确性,同时统一战线的政策又要求我们的工作方法具有极大的灵活性。这种独创性的统一战线政策也要求我们对于机会主义的倾向经常不断地保持警惕。关于这一点下面还要谈到。

最近一个时期的大规模罢工并不是由我们发动起来的,虽然这些罢工反映了我们对工人群众的巨大影响。往往领导这些罢工斗争的正是那些改良主义的领袖,他们的目的就是要把工人引向失败。在一些国家,如波兰、捷克斯洛伐克、美国等都有一些很好的事例,说明在罢工斗争的过程中,我们有不断增强的能力来实现我们的领导作用和独立地发动斗争。另一方面,过去一个时期的所有经济战斗都反映了我们在生产部门,在改良主义的工会内部,在红色工会中的工作以及在独立领导战斗的方法方面的软弱无力。

关于当前时期战斗的性质问题,有一些理论在我们的全会上应当给予最坚决的回击,因为它们可能成为并已经部分地成为机会主义倾向和错误策略的根源。

首先,在这里我指的是选择一种理论,它认为似乎一切真正的战斗在发展到一定的阶段上,就会"自然而然地"成为进攻的战斗。例如大卫同志在自己的《改良主义的破产》一书中就维护了这样的理论。我们还在1932年2月德国共产党中央委员会的全会上已经指出,这一理论无疑地会削弱我们发动经济罢工的工作。

第二,我指的是像国际矿工委员会书记苏博特卡所维护的那种理论,即似乎在当前形势下,所有的战斗都同样是"防御性"的战斗。

这些荒谬的理论都是建立在错误估计当前经济战斗的基础上,因为事实上,经济战斗正在转变为政治战斗,另一方面,政治因素又赋予经济罢工以更高的革命性质。

在当前工资政策和整个形势十分复杂,某些阶层、工会团体等具有不同情况的条件下,能否一般地对所有的战斗只给予总的评价,把它们仅仅叫作防御性的或仅仅叫作进攻性的呢?这样的概括必然是错误的,因为它不是建立在辩证法的基础上,而是以形而上学的态度来对待阶级力量的关系和阶级斗争的发展问题。

五、关于我们罢工策略的一些实际问题

最近在某些支部中和国际范围内,出现了一些对于进一步开展我们的罢工战斗和我们的革命工会工作具有重要意义的问题。

首先是关于罢工战斗的物质成果问题,第二是关于我们在基层组织中对待全体公决的态度问题,第三是关于及时开始和及时停止罢工的问题,第四是关于斗争委员会和无产阶级民主制的问题,第五是改良主义分子是否在领导罢工的问题,最后,第六是关于争取工会机关全体工作人员的问题。

我们怎样提出这些问题呢?关于第一个问题——即罢工的物质成果问题。我们说并不是随时随地都具有取得物质成果的可能性。在企业里争取物质成果的斗争完全不要求具备绝对必要的前提来保证胜利。如果我们从一开始就提出关于物质成果的保证,那我们就会滑到社会民主党的悲观主义理论上去。我们所据以出发的前提是:为了取得物质上的成果应当全力地投入战斗。问题在于我们应当通过争取物质成果的斗争,同时——甚至没有取得物质上的成果,——取得政治上的胜利。我们绝不应忘记:没有争取真正物质上胜利的最严重的斗争,政治上的胜利也就没有任何可能。如果罢工的工人不相信共产党人和革命工会工作人员在尽一切努力来争取物质成果——即使这只是罢工者生活状况的改善或对企业主蛮横无理的进攻的回击——,我们也就不能够使我们达到真正的革命化和把群众争取到我们方面来。如果我们不去为物质成果进行最

严肃的斗争，我们就会面临一种危险：在为我们的革命组织顺利征集工人方面，我们甚至会失去必要的群众基础。

由于对宾夕法尼亚斗争结局的辩论，在美国党的中央政治局内提出了一个问题：是物质上的胜利重要，还是群众的革命化更重要？把群众的革命化和物质上的胜利这样对立起来，是一种纯粹的公式化主义，是我们不能同意的。正是宾夕法尼亚的事例向我们表明，这样不正确地提出问题，会限制和削弱我们在群众政策方面所采取的一切必要措施的能力。

从我在上面所引用的统计材料中可以看出，我们在许多地方的罢工都取得了很大的物质成果。在波兰有60次罢工取得了胜利，这些罢工为其他在业工人做出了榜样。如果我们不强调争取物质成果的可能性，那就会削弱群众的斗争意志而有利于改良者玩弄伪善的手腕。由于无产阶级的激进化和我们准备、组织和进行局部的战斗，工人对取得物质成果的要求比过去有了很大的提高。要使罢工得到良好的物质结果，除了客观条件以外，首先取决于我们是否能够扩大罢工的阵线，使罢工斗争剧烈化，并毫不含糊地和具有说服力地揭露社会法西斯主义者所玩弄的花招。

下面的一些例子表明，扩大罢工的战线是多么重要。如果我们能够在上西里西亚的波兰部分地区将罢工同时发动起来，那栋布罗瓦矿区的罢工就有可能取得胜利。第二个例子：如果我们能够使南威尔士和鲁尔的矿工采取一致的行动（他们是与捷克斯洛伐克的矿工罢工同时发生的，而稍后又有波兰的矿工罢工发生），那么矿工罢工就会具有更有利的前景。

应当指出的是，在经济战斗中国际的相互支援和团结在减弱。即使从最近的一些战斗经验中也可以看出这一点，而且在各党中都存在。我们看到，最后一次同一个国家罢工工人的巨大国际团结运动，是在

1926年英国罢工期间，尽管当时的国际阶级斗争形势还不像现在这样紧张。因此我们的结论是：我们应当在战斗和罢工期间大力加强国际的团结。我们还应当对表现出国际战斗团结的某些现有的事例加以广泛地利用。

与此相联系的是不久前在汉堡举行的国际海员代表大会。出席大会的有130名代表，其中来自德国的29人，丹麦20人，英国7人，法国5人，美国5人，日本1人，匈牙利1人，瑞士1人和捷克斯洛伐克1人。在这里用不着证明这次会议对于反对战争和武装干涉的危险具有多么重要的意义。每个人都知道，海员和海港工人在帝国主义战争和反苏的反革命武装干涉中起着多么大的作用！

我还想请你们注意一个事实：阿姆斯特丹国际在9月4日召开了国际矿工会议。阿姆斯特丹分子给这次国际会议提出了以下的口号：7.75小时工作日、矿井国有化、一周工作40小时。我们应当提出与这些口号不同的我们自己的口号：反对降低工资、7小时工作日、地下工人工作6小时，工资保持完全不变。代替改良主义的"国有化"口号，我们应当提出维护无产阶级的阶级要求，建立无产阶级国家政权，即为实现无产阶级专政而斗争的口号。

现在我们再回来谈一谈经济战斗的物质成果问题。正好近来发生了一连串顺利的小型罢工，我们可以相信，罢工的物质胜利对于工人群众的积极性起到了有力的推动作用。最近的经验再次向我们表明，我们应当最坚决地反对不时出现的、那种认为在目前条件下，罢工斗争一般地不可能取得物质上胜利的"理论"。

关于第二个问题——基层工会组织的全体公决的情况是怎样呢？

对于这个问题绝不能一概而论。我们应当让我们的策略和各项具体任务协调一致。如果始终赞成全体公决——那就是说对形势不了解，因为有时全体公决会给工人阶级及其斗争的开展带来损害，但是也不能永远拒绝参加全体公决。

我们举个在法国对待全体公决的错误策略的明显例子。1931年冬，当我们的法国同志正准备进行矿工罢工的时候，改良主义分子举行了全体公决。我们的同志不是在策略上通过正当的形式来揭露和戳穿改良主义分子所玩弄的手法，而是号召矿工抵制全体公决，把它叫做背叛行为。但是工人群众并不理解我们的立场，全体公决还是举行了，而后果对于我们自然是不利的。

在上西里西亚举行的最后一次罢工期间，我们的波兰同志采取了正确的策略：他们参加了改良主义者所组织的全体公决，同时全力地准备罢工，最后罢工也举行了。

在宾夕法尼亚（美国）的矿工罢工期间曾经出现过这样的错误，即罢工的领导不善于把全体公决当做无产阶级民主的一种形式并利用它来加强自己的阵地。当战斗的阵线开始逐渐分裂，工贼潜入到一些企业内部，企业主用武力来对付罢工者的关键时刻，——罢工的领导没有利用全体公决来提出这样的问题：是继续罢工，还是停止罢工？继续战斗直到"最后一人"，流尽"最后一滴血"的口号在策略上是错误的，它是使我们的威信暂到受到削弱的一个原因。必须懂得，在这样的情况下应当利用全体公决来稳定动摇的群众和阻止罢工的分裂，保证继续进行斗争或者实行有组织的退却。

在全体公决问题以及在所有一般策略问题上，我们都应当非常慎重地研究和评估当前形势的具体条件和斗争的前景，以便每次都能对问题作出正确的解决。正是在这个问题上，公式化主义是行不通的。我们永远应当这样地提出问题：参加全体公决是否会更好地发挥群众的积极性和动员群众，是否有利于揭露工会官僚的背叛行为，是否有助于加强我们本身的阵线。

下面谈第三个问题——关于正确选择罢工的开始和停止时间的问

题。改良主义的领袖们为了破坏斗争的统一战线，往往企图采取以下的手段，来同我们独立进行的准备工作相对抗：他们认识到不能制止罢工斗争的发生，便把罢工的开始时间决定得比我们所提出的时间早一些或晚一些，这样一来就能使我们的力量不能得到发挥，并有可能把分裂斗争战线的责任推在我们身上。很明显，如果我们的力量还不足以战胜改良主义分子的话，我们在每一个场合下都必须估计到全部客观条件，善于改变我们的策略。我们的策略应当是非常灵活的。

在这里，关于斗争委员会的成员，关于正确实行无产阶级民主制的问题有着非常重要的意义，这就是我所要谈的第四个问题。关于斗争问题的决定都应当由下面做出，即出自工人群众，选择既能保证我们的主动性和对斗争的独立领导，同时也使改良主义分子难于实现他们的分裂计划。

还在第十次全会上，我们就讨论过关于无产阶级民主制这个重要问题。我们特别强调的一个缺点，就是我们往往都是以命令的方式来委任罢工委员会的成员。这个缺点一直到现在也没有被克服。必须坚决地实行无产阶级民主制的各项原则，克服在发生罢工战斗或在准备罢工战斗中脱离战斗群众的现象。

只要我们不害怕社会民主党工人和没有组织起来的工人，而是把他们吸引到斗争的共同阵线中来，我们就能吸引更多的工人来参加革命的工作，当然绝不是简单地去指挥他们。

第五个问题——改良主义分子是否能领导罢工。在这里我们经常遇到对改良主义活动能力的"左"倾机会主义的评价。几乎在我们各党内都会遇到这样的观点，即危机越尖锐，改良主义分子的活动能力也就越受到限制。可是在当前所看到的正好是相反的情况。随着工人阶级的激进化，阿姆斯特丹分子和其他的工会领袖们玩弄花招也更加"激进"。我们在波兰就看到了这种情况，那里的改良主分子使用了各种各样的手段,而我们执行坚定的布尔什维克路线的党在一些地区却不能对此予以回击。这样的例子在其他支部中也是存在的。

尽管改良主义官僚同资本主义的国家机构愈益结合在一起,尽管它在不断地法西斯化,在某些情况下,它仍然不能"回避"对仿佛是为了反对企业主进攻的罢工的组织。

它伪善花招的实质就在于此。我们应当在工会内加强我们的工作,以促进群众压力的加强,开展独立的战斗和组织我们自己的罢工委员会的选择,从而同背叛了的改良主义官僚相对立。

第六个问题——关于争取工会机构的问题。

在这方面我们也常常看到对共产国际执行委员会第十次全会决议的"左"倾宗派主义的歪曲。在德国有一些同志自认为是很革命的,他们在革命工会反对派扩大了力量和红色工会建立以后,提出了"粉碎全德工会联合"的口号。在1931年8月25日的《红旗》上甚至可以读到这样的话:"那些主张掠夺工资的工会都应当被粉碎。"这种假革命的论调同共产国际和红色工会国际的决议是毫无共同之处的。

工人阶级中发生的社会变动,它的社会结构的变化,使得我们有很大的可能争取加入了工会的工人。因此,我们着重提出的任务,就是要争取改良主义工会中的工人群众,来实现无产阶级的战斗任务。

我们应当在这些改良主义工会的范围内,为争取每一个阵地而进行斗争。捷克共产党给我们做出了很好的榜样。她借助于开展反对派运动夺取了拥有1万名会员的司机工会的中央管理机构,连同出纳处和干部处。这样,这个工会现在就完全由她来掌管了。我想,这个例子应当成为加强我们在工会中的工作,加强为每一个选任职位而进行斗争的国际主义的动力。

我们在改良主义工会中的工作很薄弱,有些人不愿从事为加强我们的影响所需要的辅助性工作,援引一些明显宗派主义的和假激进的论调，说什么，工会不想进行斗争，——所有这一切只有利于社会民主党的领袖对我们进行诽谤：似乎共产党人是"工会的敌人"和"组织的破坏者"。当我们在德国同社会民主党的工人谈话时，我们指出了这样的情况，即改良主义的官僚不能容忍在自己的队伍中有阶级觉悟高的和革命的工人存在，他们甚至把这样的工人开除出去，而把社会法西斯的警察局长留在工会中。我们对社会民主党的工人说，我们希望改良主义工会的成员成为革命工会反对派的成员，更不用说我们并不禁止社会民主党的工人或改良主义工会的会员留在自己的工会内，如果他们已经加入了革命工会反对派。这就是我们的团结的路线，反对改良主义者分裂政策的路线，而改良主义者则力图瓦解工人群众反对企业主进攻的不断增强的和团结一致的意志。

在这里还应当提一下另一个错误的观点——把改良主义的工会说成是"资本主义的学校"。即使改良主义的领袖们执行着资本主义的政策，即使他们在大多数情况下都企图阻碍无产阶级状况的改善，即使他们背叛了自己的阶级，——把改良主义的工会（它们是由工人所组成，工人也寄希望于它来改善自己的状况）简单地称为"资本主义的学校"仍然是错误的。这样做我们给自己带来的不是利而是害，因为这样做我们就为社会民主党的领袖们执行其政策分裂和诽谤共产党人是"有组织的无产阶级的敌人"提供了方便。在这里，我们的群众工作方法应当起很大的作用，我们应当采取各种不同的工作方法，根据革命的需要来利用工会中领导和群众之间的气氛紧张性和纠纷——危机开始的先兆。

六、我们的落后及其克服的主要途径

几乎所有资本主义国家的共产党在自己的工作和取得的成就方面，都远远落在客观形势的后面。因此，我们的任务就是要极其认真地对每一个国家和在整个国际范围内，分析这种落后的原因并从中得出必要的结论。

我认为，对于共产国际在各资本主义国家的支部来说，可以指出以下主要的落后原因。

首先是没有明确规定独立进行经济战斗的方针。我们还不善于十分具体和广泛地运用下层统一战线的策略，来动员工厂工人、失业者和工会会员。只要学会了这样做，我们就能用反对工会改良主义官僚的原则斗争，来说服那些暂时还不信任我们的工人阶层。

第二个原因是我们没有足够地深入到企业中去。我们没有充分地认识到：由于工人阶级社会结构的变化，我们接近其他工人阶层的可能性同前几年相比是增大了。因此往往出现轻视红色工会的发展，轻视在改良主义工会内部、在企业中进行工作，轻视对罢工斗争进行认真准备的现象。

第三，除去没有深入企业以外，还应当指出同失业者的联系也不够。

第四，我们在改良主义和反动工会内部的阵地不够巩固。

第五，我们往往不能及时地反击和有成效地揭露改良主义工会官僚所玩弄的各种花招。

第六，我们这里不只一次地出现过在"左"倾词汇掩盖下的对改良主义工会官僚的投降。

为了克服这些缺点，首先必须正确地对待关于领导经济战斗的问题。

我们在第十一次全会的决议中已经谈到：

"各国共产党只有进行坚持不懈的、一贯的、经常的工作，只有切实为工人的日常利益而奋斗，并利用工人群众在反对剥削和法西斯反动方面所采取的哪怕是规模极小的反抗行动,才能实现最广泛的下层统一战线,击溃社会民主党,建立群众性的革命工会或革命的工会反对派,争得工人阶级的多数,并引导工人阶级为实现无产阶级专政而进行决战。"①

在决议的这一段落中,我要特别强调的是,谈到"切实为工人的日常利益而奋斗"的地方。对这一斗争进行正确的有组织的领导,即由下面选出革命的领导机构,再加上正确的革命的策略,这就是对一切群众斗争的结局具有决定意义的因素。

还在战斗的准备期间就必须建立起有效的领导,我们的全部任务都集中在这个方面。群众应当自己选出领导班子。群众应当亲自参加对局部性要求的讨论。

我们有时指责革命工会运动,说它没有很好地领导斗争,没有进行充分的准备。这就是说,我们没有利用现有的斗争条件,对形势做了不正确的估计,提出问题往往也不够具体。问题不在于只下达指示,主要在于应当成为组织者和帮助者,在于通过领导的巧妙政策来发挥群众的主动性。要使群众最广泛地参加罢工斗争,组织群众纠察队,抵制改良主义分子的分裂计划,保证罢工者的饮食,保证对妇女和儿童的供应,搞好团结和扩大罢工的规模——只要领导真正得到工人的信任,所有这一切是都能够实现的。

保证我们在企业中和革命工会内部实行的统一战线政策以充分的无产阶级民主,是发展无产阶级群众力量和进行群众斗争的必要前提。如果参谋总部失去了自己队伍的信任,在关键时刻它就会被自己的军队所抛弃。

在整个罢工过程中自始至终需要怎样正确地实行统一战线的政策,

---

① 《共产国际文件汇编》三联书店 1965 年版第 3 册第 266 页。——编者注

需要怎样保证群众革命积极性的发挥，捷克斯洛伐克布吕克斯举行的矿工罢工为我们做出了榜样。罢工委员会在最广泛的群众基础上由选举产生，不是发号施令，而是同志式的革命合作。

宾夕法尼亚（美国）矿工的英勇罢工如果没有建立广泛的下层统一战线，如果没有由群众自己选出地方罢工委员会和由百名代表组成的矿工中央罢工委员会，是不能举行的。遗憾的是，我们美国同志的战略没有保证这种退却的可能，在未取得物质胜利的情况下，退却在美国的工人阶级看来也是我们一次政治上的胜利。

我们强调，在企业中和失业者中间所建立的统一战线机构，经由选举产生出来的统一战线委员会、工厂委员会、罢工委员会和进行谈判的革命委员会等，都应当真正地依靠广大工人和失业者群众。必须广泛地实行无产阶级民主制。强制性地、官僚主义地由上面来任命革命工会组织中统一战线的这些机构，完全是改良主义工会领导的官僚主义作风。这种倾向应当受到我们最尖锐的批判。我们的革命斗争委员会应当成为无产阶级群众行动的机构，成为无产阶级阶级统一战线的领袖。

有些人错误地、毫无道理地断定，这只有在共产党员占多数的情况下才是可能的。布吕克斯的罢工委员会由 50 人组成，其中只有 9 人是共产党员。如果我们不是这样公式化地，而是从群众的力量和主动性的角度来看问题，那就可以看出，我们是能够顺利领导新的大规模战斗的。

在企业中开展革命群众工作方面，我们工厂委员会委员的工作有着很大的意义。

这里最重要的问题在于，我们的工厂委员会的委员是否善于把反对企业主的斗争，同为反对改良主义工厂委员会的政策而进行的原则斗争结合在一起，并向工人清楚地表明这种结合的必要性。这一点往往被我们的同志所忽略，尽管有时改良主义的工厂委员会慑于工厂委员会中红色委员的政策，而被迫放弃它们反对工人的诡计。

再一点重要的就是使党和革命工会运动经常注意工厂委员会中红色委员的工作，对他们进行帮助和监督。我们在各处都应当利用我们在工厂委员会中的阵地，来使我们的群众工作进一步革命化。

革命工会运动和我们党应当考虑的另一件重要的事，就是使我们在工厂委员会中的红色委员通过不断从事辅助性的劳动，懂得必须维护工人的日常需要。他们应当关心女工和青年的特殊需要。他们应当通过经常维护和阐明企业中的所有特殊的要求，来揭露工厂委员会中改良主义委员们所起的真正作用。不过，对工人日常利益的维护，不应当只限于我们在工厂委员会中的同志——在这里必须做好经常的监督和领导。

红色工厂委员会应当无条件地接受群众的监督。我们应当指出，只有在企业中形成一个革命代表的坚强核心，才能保证真正执行革命的政策。红色工厂委员会的成员应该定期地报告自己的活动。工厂的全体工人以及工厂委员会的红色委员，都应当要求改良主义分子也向全体人员报告自己的工作。这是揭露改良主义工厂委员会并使它们声名狼藉的最好方法。

除了我们在企业中进行群众工作的问题外，还必须阐明我们对企业中法西斯主义问题的观点。

企业中的法西斯分子在大多数情况下，都是由过去黄色工会的成员或往往是生活绝望的工人组成的，不过往往也有真正反对资本主义的工人误入法西斯分子蛊惑宣传的罗网的。这一点特别表现在德国，因为在那里法西斯分子在各企业和工业部门都有强烈的影响。在职员中间，国家社会党人的影响特别强烈。在这里我们也有一定的错误，因为我们有时也认为革命者没有必要去考虑正确执行对职员的政策问题，尽管我们有很大可能这样做。但是近来，我们在这方面已经有了一系列出色的创举和成绩，因为革命工会反对派在对待职员方面执行了正确的革命政策。

虽然我们在企业中的工作取得了很好的成绩,我们仍然没有在足够的程度上建立起社会民主党工人、基督教工人和我们工人之间的统一战线,来同法西斯杀人犯的突击队员和强盗进行斗争。因此,我们在最近提出了这样一个问题,即我们是否应当在德国给工人群众造成一种情绪,就是绝对不能容忍国家社会主义分子、屠杀工人阶级的刽子手在企业中存在。不过我们的口号"清除企业中的法西斯分子",不应当机械地采用我们在报刊上所采用的形式,因为一般地说,报刊上对这一问题的提法是:"国家社会党分子从企业中滚出去。"如果我们采用后一种口号来反对所有的国家社会党工人,那就是大错了。在这里,我们的思想进攻和开展这样的运动应当加以很好地配合。

我还想提一下某些同志的一个错误认识,即同国家社会党工人进行辩论要比同社会民主党工人进行辩论似乎更好。诚然,近来这样的情绪几乎完全消失了,不过也要注意,一般说来它们还是有可能存在的。也有这样一些情况,就是我们的同志由于害怕告密而向纳粹分子投降。我们对此应当坚决地加以反对。在我们工厂的报纸上,应当具体地提出关于法西斯主义的问题,不过直到目前为止,我们工厂的报纸对这个问题还是很少注意的。

在德国国家社会党分子的指示中有这样的内容,就是要使工人、党员都加入工会和在基督教的、改良主义的和其他的工会组织中建立法西斯党团。我们对于国家社会党分子应当采取灵活的然而又是原则的策略。在德国我们开展了工会中恢复被开除的反对派工人会籍的运动,在许多地方我们得到了社会民主党工人和改良主义工人的积极响应。我们指斥工会领导容忍国家社会党分子和开除有阶级觉悟的工人。在德国,工厂工人工会和运输工人工会在这个问题上已经作出了让步,它们宣称要"审查"关于恢复被开除工人的会籍问题。我们当然不应当抱有幻想，似乎一些优秀的阶级觉悟高的工人现在就被允许返回工会，不过我们应当加强我们的压力，以此来活跃反对派的运动。

国家社会党分子从改良主义分子那里学习了不少东西。他们有时也主张罢工。他们这样做只是为了争取同情者和欺骗自己组织的成员，以便在今后出卖罢工。他们公开地充当工贼。我们应当比过去任何时候都更加有力地来揭露国家社会党（他直接委派自己的走狗来进攻工人阶级）在这方面的叛卖行为。德国国家社会党分子在一年多以前开始的争取企业的运动在大多数场合下并未取得什么成绩，我们应当和它相对抗地尽一切努力来加强和锻炼由社会民主党工人、非党工人和共产党工人所组成的团结一致的战线，作为对法西斯分子措施的答复。

（休会）

第五次会议

(8月29日晚)

主席：埃尔科利

台尔曼作关于《经济罢工和失业者斗争的教训》的报告（续）

七、关于革命工会反对派的工作和反动工会内部的反对派运动

和我们在企业中的群众工作问题同时存在，并与它们联系在一起的，是我们的工会政策问题，即关于革命工会反对派和工会中反对派运动的工作问题，以及关于红色工会的工作问题。现在我就来谈谈这些问题。

我们在各个国家罢工斗争落后的主要原因，除了在企业中的工作软弱无力以外，就是我们忽略了在革命工会中的工作，忽略了在改良主义工会中的反对派的工作、革命工会反对派的工作和没有进一步大力发展红色工会。

这尤其是指那些具有老的、传统的工人运动的国家，如英国以及德国。不过在捷克、波兰、法国和美国，工会内的工作也是发展我们革命群众政策和群众主动精神的一个非常重要的方面。在过去的几次国际代表大会上，在关于我们工作的这个特别重要的方面，关于对阶级敌人的力量和他们的组织评价方面，以及关于对我们自身力量的估计方面，我

们都存在着分歧。过去，我们同那些犯偏差的人在这方面有过很尖锐的冲突。我们在共产国际第六次代表大会、红色工会国际第五次代表大会期间，在工会内部工作的问题上，同那些右派和调和派进行过坚决的斗争，特别是反对他们对非组织工人的作用估计不足。我们的这一斗争进行了相当长的时间，为的是通过开展革命工会反对派的工作，来推动群众斗争向前发展。不过遗憾的是，近来我们对有组织工人的作用过分地估计不足，这是同大多数支部的正确决议相抵触的。现在情况虽然不同了，我们还是应当记住列宁在《共产主义运动中的"左派"幼稚病》中的一些意见：

"西欧的孟什维克在工会里'地盘'巩固得多，那里形成了'工人贵族'阶层比我国的强大得多，他们抱有行业的、狭溢的观念，只顾自己，冷酷无情，贪图私利，形同市侩，倾向于帝国主义，被帝国主义收买，被帝国主义腐蚀。"①

这个工人贵族至今仍然存在，不过目前它的基础缩小了。这一方面是由于垄断资本主义利润率的降低，另一方面是由于生产的合理化，由于熟练工人为非熟练工人所代替，而在某些工业部门中为妇女和青年所代替的结果，这样就使得在工人阶级的内部发生了一系列的变动。

其次，我们应当说，绝不能离开在反动工会中的工作，而孤立地提出布尔什维克的群众工作问题，我们不能把这一问题同我们开展反对资产阶级的群众斗争的总的工作分割开来。列宁在《共产主义运动中的"左派"幼稚病》中关于这一点曾经说道：

"……哪里有群众，就一定到哪里去工作。应该善于作出一切牺牲，克服极大的障碍，在一切有无产阶级群众或半无产阶级群众的机关、社团和协会（哪

---

① 《列宁选集》中文第3版第4卷第161页。——编者注

怕这些组织是最反动不过的）里有步骤地、顽强地、坚定地、耐心地进行宣传和鼓动。而工会和工人合作社，恰恰就是（后者至少有时是）这种有群众的组织。"①

我们不仅要在反动工会中工作，——在我们的群众工作中也必须注意到合作化了的群众——，这是我们最不注意的一部分工作。我们应当在所有处于反动影响下的群众组织中，提高我们的革命群众工作的速度。当然，正如布尔什维克所教导我们的那样，我们只有通过正确地、勇敢地执行下层统一战线的政策，在最坚决地反对官僚主义原则的斗争中，在反对机会主义的无情斗争中，才能做到这一点。只有那时我们才能更加成熟起来。

我们为反对改良主义官僚和机会主义进行的坚决而不可调和的斗争，不仅对于争取日常利益的直接斗争，而且也对于实际开展争取社会主义的斗争，都具有重要的意义。

列宁在《共产主义运动中的"左派"幼稚病》一书中谈到这一问题时说：

"这种斗争没有进行到一定的程度，就不能夺取政权（而且也不应该去作夺取政权的尝试）。不过在不同的国家和不同的情况下，这个'一定的程度'是不一样的；只有每个国家的深谋远虑、经验丰富、熟悉情况的无产阶级政治领导者才能正确地估计这种程度。……不在反动工会里工作，就等于抛开那些还不够十分成熟或落后的工人群众，听凭他们接受反动领袖、资产阶级的代理人……的影响。"②

对工会内工作的任何估计不足，实际上就是对失业者的罢工斗争和

---

① 《列宁选集》中文第3版第4卷第163页。——编者注
② 《列宁选集》中文第3版第4卷第161、162页。——编者注

发动的估计不足。由此我们应当得出一个结论,即由于这种疏忽,革命工会反对派和红色工会国际就不能成为它们应当成为的革命工会运动的中心。

当在鲁尔地区建立了革命矿工同盟以后,原来矿工工会中的革命工会反对派就立即被取消了。革命工会反对派在工业采矿部门中的全体成员都被机械地转入了红色联盟。旧工会内部的反对派工作问题,几乎被从议事日程上取消了。

尽管我们的群众工作在这方面已经有了转变,但现在仍然有类似的情况出现。例如,在魏森费尔斯出版的德国革命工会反对派报纸《建筑业无产阶级》在1932年6月写道:

"建筑工人们!请加入红色工会。继续留在改良主义工会中就意味着参与官僚主义者对工人阶级利益的背叛活动。"

这样一来,我们在这里看到的是对脱离改良主义工会的直接号召。他们不是尽一切可能来保持住在工会中的阵地,而是无意中为改良主义官僚服务,帮助他们进行"清洗运动"。《建筑业无产阶级》上的这一段话反映出他们对在工会内部进行布尔什维克式的统一战线工作的意义不很了解。要知道革命工会反对派不仅应当成为共产党人和非组织工人的集合点,还应当成为所有工厂工人和失业者的集合点。

革命工会反对派和革命工会运动,反动工会内部的反对派运动和红色工会——所有这些都应当成为我们对群众进行革命领导的纽带。

实现争取工人阶级大多数的战略任务,在某些国家中已经直接地提上了日程,并同在有工人的地方加强我们整个群众工作有着紧密的联系。这就要求我们在企业和失业者当中,在各种工会中,甚至在争取一个无关重要的阵地时,都要进行不疲倦的和经常性的艰苦工作。我们应当在所有的工会中——甚至在最反动的工会中——依靠红色工会和革命工会反对派，着手建立反对派组织。我们应当坚定不移地来开展紧张的、经常性的工作。同时了解这样一点也是很重要的，即在企业中实行革命政策会促进工会内部工作的开展。如果我们不能巩固我们的主要基础，即不能在企业和失业者当中争取到群众，以便有组织地把他们团结到反对派运动的内部，那我们就不能开展工会内部的工作和反对派运动。

现在我们这里还常有这样的事情发生，就像埃森的克虏伯工厂的情况那样。今年夏天对工厂中的代表进行调查的结果表明：改良主义五金工人工会的代表为300人，基督教工会的代表为200人（他们在那里还有着巩固的阵地），革命工会反对派的成员为37人（他们甚至还没有联合在德国五金工人工会的反对派组织中）。克虏伯工厂的情况是这样，而我们争取这个工厂的问题是我们在德国五金工人工会中工作的主要问题。毫无疑问，这样的情况在很多企业中（主要是在冶金工厂中）也都存在，而且不仅在德国，在其他资本主义国家中也存在。

在深入基督教工会方面，我们的行动也不够坚决有力，我们的尝试在所有地方都没有取得成绩（但西德的情况除外，在那里我们取得了一些成绩）。然而根据基督教工会联盟的统计材料来看，它在德国拥有50万以上的成员，它的比利时分部有25.8万名成员，荷兰分部有18.4万名成员。上述各国工会的群众性是不容怀疑的，这就要求我们在基督教工会中加强反对派的工作。即使说公布的数字不准确，会员的数字有些夸大，但仍然可以清楚地看出，这是一支我们不应继续忽视的、人数相当众多的群众性队伍。

由于在某些地方（例如德国）的基督教工人运动中有反对派（例如维·黑勒党）发展起来，正像社会工人党在社会民主党内形成一样，这个工作就尤为必要了。这些派别可能发展为有危险性的，以"左"倾面目为掩饰的组织。所有这些组织都在进行工作，为的是遏止左倾化的反对派基督教工人群众转向共产主义阵营的过程，为他们转向共产党和革命工会反对派设置障碍。

就阿姆斯特丹国际简单地说几句话。在阿姆斯特丹各工会中正在开始出现危机的征兆。这些工会的广大会员群众和领导之间矛盾的尖锐化程度，在各个国家都不相同。它们大多数取决于我们对这些工会内部反对派派别所施加的影响。各国（例如在比利时）工会会员人数的日益减少，使我们有可能说阿姆斯特丹国际中的危机已经开始。

这一危机开始的主要原因是，阿姆斯特丹各工会不进行反对降低工资的真正斗争和罢工发动，它们不再给失业者发放津贴，工会领导常常在工资标准以外签订有关降低工资的协议。阿姆斯特丹国际个别支部支持资产阶级政府的反动的、法西斯的和帝国主义的政策，也促进了各工会内反对派力量的加强。

这些事实都使得群众和改良主义领袖之间的裂痕越来越大，从而为我们在阿姆斯特丹国际各支部中争取反对派成员创立了新的先决条件，特别是当我们在这方面开展了切实工作的时候。

我来引用几个有关阿姆斯特丹各工会人数减少的数字。阿姆斯特丹建筑工人国际在1931年同1930年相比损失了71846人。其他工会（如德国和奥地利）的人数也有大幅度的减少。

阿姆斯特丹国际德国支部全德工会联合会会员人数1932年要比1931年减少得更多。加入全德工会联合会的工会在1931年底，根据他们自身的材料，为4134902人，而在1930年全德工会联合会则拥有4716569人，可见在一年中会员的减少达到了581667人，也就是减少了12.3%。

德国金属工人工会从1930年底到1931年底失去了113713人，即占会员总数的12.1%。建筑工人工会失去的会员人数为17.4%，铁路工人工会——15.3%，矿工工会——14%，改良主义的雇农工会20.7%。

司机和司炉工会会员人数减少得最多,为自己会员的24.7%。砌石工人工会失去的人数也很大,为21.6%。

这里就产生了一个问题:这原先属于阿姆斯特丹国际各工会的50多万工人到哪里去了呢?他们当中的大部分是否转向了我们的革命运动呢?没有,遗憾地是我们不能这样说。例如在德国,我们的红色工会的发展陷入了停顿状态。只是在最近一个月,柏林金属工人红色工会的会员人数才有了某些增加。很遗憾,我们没有通过在阿姆斯特丹各工会内部开展广泛的反对派运动来吸引这些不满者和左倾化的阶层,没有从组织上团结他们,使他们参加到我们的阶级组织中来。很明显,如果我们不吸收这些群众,如果这些迄今为止有组织的群众现在仍留在组织之外,那他们或者会陷入政治上的淡漠主义,或者会投入法西斯主义的阵营。我们应当防止这些情况的发生。同时我们还应当指出,我们也没有能够吸收一部分没有参加组织的群众,作为红色工会所需要的斗争骨干。

由此可见,共产党和革命工会组织现在正面临着一项非常严重和具有重大意义的任务。毫无疑问,我们的红色工会几乎在一切地方都处于人员减少和发展停滞的状态中,在有些地方他们的威信大大降低了,只有在捷克斯洛伐克才可以看到红色工会的某些发展。红色工会的这种停滞、衰落是同对在工会内部开展工作的意义估计不足,同各改良主义工会内部真正反对派运动的开展不够分不开的。如果在这里我们不能把我们的工会政策加以彻底的改变,如果我们还不理解在这里同时也需要改变我们的工作方法,不能采取相应的措施,那么,红色工会未来的发展就不仅会困难重重,而且我还要说,也是不可想象的。

近来,某些国家的工会工作有了一定的发展,不过暂时还完全不能弥补过去这方面群众工作的损失。我们应当竭尽全力,经常进行严肃认真的工作，以便在最短时间内消除这些损失。

如果我们想更快地引导群众参加战斗，如果我们想为争取无产阶级专政的大规模决定性战斗创造前提，那么在当前的条件下，问题就更加尖锐了。我们应当坚决地加快吸引那些仍旧与革命阵线相对立，并处于改良主义者影响下的群众的过程，为此，我们要维护群众的每一个最微小的利益。如果从执行我们的正确决议的角度来经常检查我们的工作，我们就会更早地看到我们在实际工作中存在着怎样巨大的疏忽和错误。在使我们的群众工作更加布尔什维克化的基础上，我们应当真正发挥主动精神，改进我们在工会工作方面的群众政策。库西宁同志在关于议事日程第一项的报告中，阐明了新形势下的客观有利条件。我们将要通过各种不同形式的斗争造就出一批新的朝气蓬勃的工人积极分子。工人阶级内部社会结构的变动，有助于我们根据共产国际执行委员会第十二次全会决议的精神改进自己的工作。

我们可以举出一些很有意义的现象，特别是各种不同工人工资水平的变动情况。在熟练工人和非熟练工人工资之间的"剪刀差"正在缩小。熟练工人越来越被转到非熟练工人的工资级别中去，资本家企图把工资降低到妇女和青年工资的水平。这样一来非熟练工人和青年的解雇事件就大为增加。其次，还应当指出一个事实，即"剪刀差"的缩小也是由于生产合理化——传送带的采用、劳动的强化等——的结果。我们在各工业部门中也看到一种逆转的现象，就是那些经过了四年学习的熟练工人，已经不再像以前那样被使用。在某些地方对熟练劳动力的需求正在减少，而由妇女和青年的劳动所代替。由于这样的社会变动的结果，非熟练工人则更受到重视。不过在普遍降低工资浪潮的冲击下，非熟练工人也正在激进化和为提高工资而斗争。经过了上述的各种变动，工人贵族的基础正在缩小，熟练工人也较以前更快地左倾化。这是一个非常重要的现象，因为一般说来，熟练工人（特别是在金属工业中）

起着先导的作用，他们的立场对于那些没有组织的工人群众的激进化有着强烈的影响。因此，我们应当更加积极地把熟练工人吸引到我们的阶级阵线中来，他们是有组织的无产阶级中间的最有力的因素。在这一点上我们的工作做得越好，我们就会越有力地吸引没有组织起来的工人。这些因素不是互相孤立的，在这里必须考虑到我们工作中的各个方面之间的相互联系。

如果我们指出改良主义和社会法西斯主义社会基础的削弱，如果我们看到工人阶级的更加激进化，如果战斗的性质更加有力地反映着革命高潮的增长，那我们就应当赋予我们的工作以新的内容，同时也不要抛弃我们旧的决定，不要把它们束之高阁。

我们在革命工会反对派和工会中的工作成绩同已经具备的有利条件并不相适应：例如在德国，我们最近就没有能够破坏全德工会联合会的基础和它的政策，因为我们没有充分地发挥群众的斗志。我们没有大力贯彻使开展起来的小的经济罢工发展成大规模的示威罢工和群众性政治罢工的方针。我们也没有做到，在我们的领导下，在革命工会反对派和红色工会的领导下，开展较大规模的战斗。因此，我们不得不（特别是在德国）非常尖锐地提出关于加强红色工会和在改良主义工会和其他工会内部的反对派运动的问题。在我们的红色工会（例如在捷克斯洛伐克）已经足够强大，能够同革命工会反对派一起独立地领导战斗并吸引广大群众参加这些战斗的地方，很自然，问题就有些不同了。在这里公式化主义当然是危险的。很明显，就是在捷克斯洛伐克，尤其是在法国，同样也需要全力加强我们在改良主义工会中的工作，全力扩大红色工会和反对派运动在其他工会中的影响范围。毫无疑问，拥有（如果我没有记错的话）8.5万或9.5万会员的捷克斯洛伐克的红色工会，要比我们德国的革命工会机构（有时是很弱小的）在各个工业企业中有着更为深厚的基础。

我们在工会内进行工作所遇到的主要危险是右倾投降主义。为反对工联主义情绪（它表现在工资问题上，认为经济斗争只有在工资合同满期后才能进行）而开展经常的和毫不妥协的斗争，是我们在工会战线上反对右倾机会主义斗争的一个主要形式。迁就阿姆斯特丹国际的思想对于我们来说是一个最危险的现象，因为它阻碍使有组织的工人摆脱改良主义分子的影响，阻碍吸引他们加入我们的战线和建立各阶层工人的战斗统一。我们绝不应当放弃红色工会和革命工会反对派的领导作用。对于这种投降主义的情绪和倾向（这种情绪和倾向在德国是常见的，这就是由于害怕会员人数和工会津贴的减少而放弃反对工会官僚的斗争和拒绝开展罢工）应当宣布无情的战争，直到把它们完全清除。

但是，共产党绝不应当在对待改良主义工会的各种基层机构（例如失业委员会）方面，采取"左倾的"抵制策略。在德国，我们的同志一般都不到这些委员会去，他们解释说因为这些委员会是改良主义官僚们建立的。我们的同志不是通过我们的反对派运动去影响这些委员会，不是用革命的政治生活来充实这些委员会，使它们为准备、组织和进行失业者的发动而斗争，同时揭露改良主义官僚的真面目，加强同他们的斗争，而是简单地拒绝加入这些委员会。

共产党的任务就是要选择最有利的时机，使党和革命工会运动的积极分子加入改良主义工会组织，从而加强我们在这些工会中的阵地，把这些工会中的反对派运动提到一个更高的阶段，而不是要回到红色工会国际第五次代表大会早已经取消了的"加入工会"的口号去。

工会内部的斗争是一所重要的有组织的学校，它在反对改良主义分子的过程中，促进我们的同志在理论上的发展和巩固。如果我们在必须使工会中带有改良主义情绪的工人确信我们政策的正确性面前表现得无能为力，如果我们对这一项比较容易完成的任务持抵触的态度，那我们就不能不担心，在解决我们革命斗争中更复杂和更高级的问题时，在这个非常重要的方面会比现在遇到更大的困难。

我们应当争取有组织的工会工人群众为我们的最终目的而斗争,我们应当向他们表明,工联主义的方针阻碍着无产阶级阶级力量的发展,只有以马克思和列宁的思想为指导的革命工会策略,才能够为无产阶级的阶级利益服务。列宁在一封关于马·波里索夫的文章《论工会运动和社会民主党的任务》(这篇文章写于科隆工会代表大会以后,大家知道,这次大会对德国工人的工会运动,以及在国际范围内都起了特别重要的作用)的信中指出,只有经常由马克思主义理论所阐明的全党经验,才有助于最适合俄国条件的社会民主主义工会形式的发展。其次就是要利用敌人给予我们的教训。列宁写道,全世界的资产阶级都因科隆代表大会的"行会的"倾向而雀跃欢呼,他们希望能把工人从社会主义拉向"纯粹的",即资产阶级工联主义方面去。列宁强调指出,如果资产阶级开始称赞我们当中的某个人在"有理性的"工会运动方面表现得"有教养",或者"很热心",那就是我们工作中出了漏洞的一个可靠的证明。

由此可见,"阶级调和"的倾向、改良主义领袖的妥协倾向还在1893年科隆工会代表大会期间,就受到了列宁的评价。

八、关于红色工会及其进一步发展的条件

自从红色工会国际第五次代表大会和共产国际执行委员会第十一次全会召开起,在许多国家中红色工会有了很大的发展。红色工会的建立是绝对必要的和正确的一步,可以说它们单独领导经济战斗的能力和它们在这方面的成熟性都大为提高了。在捷克斯洛伐克和美国(宾夕法尼亚),在法国和波兰,在德国部分地区所举行的罢工,都证明了我们的红色工会组织的打击力量是怎样的巨大,只要在它们内部和在它们的群

众政策中充分具备了开展群众战斗的前提。同志们，当然这还是不够的。在两年或三年以前，我们曾不得不把我们在企业中的工作和我们的工会政策加以转变，我们在许多共产党（其中也包括德国共产党）内遇到了不小的阻力。我们今天以批判的态度——从资本主义各国共产党成熟的更高阶段和布尔什维克化的更高水平的角度出发，来提出对红色工会的发展和工作的评价问题。当然，我们绝不能安于现状，因为红色工会在某种程度上正处于停滞状态或者在走下坡路。我们也不能迁就某些人的情绪，他们硬说很难通过红色工会来发动重大的经济战斗和领导这些战斗，这样做会妨碍红色工会会员人数的增加。在经济战斗过程中所暴露出来的我们工作中的弱点，并不能成为把这些工会的建立说成是错误的一步的理由。托洛茨基分子和布兰德勒分子的这种卑鄙无耻的论断，是对于阿姆斯特丹分子和社会法西斯分子的直接支持。

如果说在这次全会上我们还要指出，红色工会在支持、促进和发展群众的革命战斗力方面，整体上看来还没有实现我们的期望，那就意味着在红色工会的工作方法和结构中，仍然存在着应当立即加以克服的巨大缺点。

尤其必要的是，在坚决回击机会主义向我们红色工会进攻的同时，为揭露红色工会的主要缺点而进行最严肃的革命的自我批评。

我们应当通过完善和改进我们工作的途径，来消除存在于某些工人群众中的情绪和在某种程度上由党外那些支离破碎的集团所有意培植的倾向，即把红色工会看成是某种独特的共产主义店铺。工人们应当看到，他们在这些红色工会中有着最大发展的可能性，他们可以在实际上积极参与对各种战斗的独立领导，他们在这些工会内部可以根据无产阶级民主制原则，对工会的各方面工作施加决定性的影响。

红色工会在集结所有革命力量的同时，应当不断地揭露改良主义工会领袖们的策略和政策。为了做到这一点，就要使红色工会站在为工人的每一个最微小的日常要求而斗争的前列。

在红色工会中不应当有官僚主义、公式化主义和命令主义。我们在红色工会中的组织工作应当摆脱掉上面所有这些弊病,只有那时它才能够加强反对改良主义官僚的斗争,而改良主义官僚在组织上的方法就是官僚主义和命令主义等。

红色工会只有当它们成为一种团结工人阶级的组织时,才能够得到发展,从而加快本身的成长过程和巩固自己在企业中和在失业者中间的基地。我们看到,只要红色工会在这方面建立了必要的前提,它们就能做出像在捷克斯洛伐克所做出的那样的成绩。自从我们在柏林金属工人统一工会中,开始同那里的公式化主义和官僚主义进行斗争时起,情况就已经有了改善,会员人数也逐渐地增加了。

工会委员会应当成为真正集体的机构,它们应当由选举产生,而不是由上级任命。委员会应当同基层的工人群众,尤其是同工厂工人保持经常的紧密的联系。必须在职员中培养众多的积极分子。在革命工会反对派和红色工会中,应当尽可能使同志们不同时兼任支部委员会中的工作。还应当同工厂工人委员会的红色会员进行更紧密的合作。

在定期召开的全体大会上,应当保证实行无产阶级民主制。大会应当开得生动活泼。工人们应当通过大会了解企业中的情况。应当吸引全体会员积极地参加工作。

红色工会会员的征集不应当公式化地进行。在进行征集时,首先必须强调红色工会的战斗性。必须使这些工会的年轻干部经常参加学习并给予他们指示。红色工会的每一个会员都应当学会作为领导者在企业中进行活动。工厂委员会的成员和职员都应当接受有关工厂委员会的法律地位和工人立法问题的广泛而具体的培训,但是绝不容许使这一工作挤掉其他的工会工作。

在企业中每天都要维护工人的利益,要准备和进行战斗,这是每一个红色工会工作者最好的学校。与此同时，必须坚持不懈地对所有我们的无产阶级工会干部进行理论上的培养，对红色工会和革命工会反对派的成员都应当加以训练，使他们在任何情况下，甚至在形势发生意外变化的情况下，都能够识别出自己阵营中敌人的真面目。7月20日在德国所发生的事件对于我们来说，就是一个很有教益的例子。

几乎在各个国家中（捷克斯洛伐克除外）红色工会会员的人数都有一定的减少，但是，这绝不能成为为工会中右倾机会主义情绪辩解的理由。应当反对那些断言群众不愿"进行斗争"的情绪，必须同某些红色工厂工人委员会在降低工资和解雇工人时只维护本工会会员利益的倾向作斗争，反对上述认为工资斗争只能在工资合同期满后才能进行的倾向。

红色工会应当学会在企业中和在改良主义工会内部按照布尔什维克的方式把合法工作同秘密工作结合起来。绝不允许由于警惕性不高而使企业的革命干部被列入企业主的黑名单和在进行斗争时成为解雇和镇压的最初受害者。这种警惕性不高有利于法西斯分子和黄色工会阵营中的告密者的运动。应当严格地遵守我们在企业中的秘密工作守则。

在红色工会所进行的罢工运动中也存在着很大的缺点。提出的口号往往是抽象的，在建立斗争委员会和罢工委员会时往往不能实行统一战线革命政策的原则。在各次战斗中都使人感到缺少革命骨干的核心。对于各种合法主义的观点往往不能进行有力的斗争，其中有一种观点认为，在作出仲裁决定并宣布它必须遵守以后，就不能再继续进行斗争，斗争是完全没有希望的。也绝不允许罢工工人在没有红色工会或革命工会机构提出适当的口号和指示的情况下（可以说一律地）返回企业工作。因为这样的情况会给工会的威信带来极大的损害。

在所有的工会（其中包括各红色工会）中，都应当有共产党党团经常进行有纪律的工作。只有团结一致的共产党党团才能够保证执行党在工会中的革命路线。

我们在红色工会中开展工作应当促进改良主义工会组织中已经开始的危机进一步加深。同时我们应当利用我们的革命影响，从组织上巩固我们的红色工会。应当坚持不懈地进行斗争，以克服工人群众中存在的幻想，即认为似乎改良主义工会是专门维护无产阶级的日常利益的。红色工会应当通过加强自己的统一战线政策，通过真正实行无产阶级的民主制和建立同群众，首先是同大企业的群众之间的联系，来解决摆在我们面前的切实领导罢工和失业者发动的任务。

同时，几乎在所有国家中，我们的红色工会都存在着很多的缺点。

尽管资本主义处于危机之中，可是法国统一总工会成员的人数却减少了，然而，我们的捷克红色工会则明显地取得了成绩，举行了很好的罢工，特别是在采矿业的地区。但是，就是在捷克，他们也应当克服某些缺点，首先要深入到冶金工厂、军事工业企业和铁路企业中去。

在我们德国的柏林发生了金属工人的罢工，在鲁尔地区也发生了一些矿工的罢工，可是我们的红色工会对此却无动于衷、毫无作为，会员数目仍然保持在原来的水平上。鲁尔地区矿工的红色工会取消了革命工会反对派，并在某些地方按地区建立了自己的组织，不在同企业进行联系。

在美国，红色矿工工会进行了英勇的斗争，可是他也未能使自己的罢工带来物质上的成就。中国的革命工会也暴露出了组织上的落后状态和会员人数的减少，虽然近来这方面的情况已有所改进。在一些国家红色工会中存在的所有这些缺点，都应当通过革命的群众政策和工会在组织上的巩固来克服。要使共产党员承担责任，使他们认识到，他们应当加入工会，并在其中进行革命的群众工作。

每一个工作人员都应当在充分了解本企业的情况，了解阶级兄弟的工资待遇和劳动条件，以及本企业工人需求的基础上，向自己的组织提出正确的意见和建议。

我们应当以此来区别于改良主义分子，应当在实际中领导工厂工人和失业者的战斗，并为了在这些战斗中取得物质上的胜利而进行坚持不懈的努力。

我们应当更多地考虑到数百万失业者的需要；这里包括接受失业者加入红色工会的问题，吸引这些无产者参加工会工作的问题。我们应当采取新的手段，来防止改良主义分子分裂失业者的运动，我们应当争取在我们的工作中出现真正的转变。

九、为反对右倾和"左"倾，反对对统一战线政策的歪曲而斗争

同志们，现在谈一谈某些机会主义的和"左"倾宗派主义的倾向和错误。在我们的工作中经常会遇到许多错误和不正确的观点，尽管这些错误和观点的出现大多不是有意的，也就是说，它们并不带有宗派主义的性质。我们应当同各种错误和倾向的表现进行坚决的斗争。在我们的工会工作中，在两条战线上进行布尔什维克式的斗争——反对右倾机会主义倾向和反对"左"倾宗派主义——都是非常重要的。我们只有坚决地消除由于错误理解革命工会反对派的性质而出现的脱离革命工人的宗派主义情绪，才能正确地进行这一斗争。

如果我们在谈到改良主义工会会员时，把他们叫做"地地道道的反动群众"，那么数百万社会民主党的工人也就会被斥为反革命分子和工贼了。在红色工会和革命工会反对派力量薄弱的情况下，带着这样的观点未必能够顺利地组织罢工运动，相反，很容易滚到取消派投降主义的泥坑中去。非常清楚，如果我们使用了"地地道道的反动群众"的称呼，那我们就把工人和改良主义官僚的工贼们相提并论了。正是现在，当我们谈到阿姆斯特丹国际已经开始出现危机，当会员群众同改良主义

领导之间的紧张关系愈益加剧的时候，就特别需要我们对领袖和群众加以严格的区分。在反对默克错误观点的斗争中，我们一再强调指出在社会民主党和改良主义工会阵营中的分化，我们特别反对默克把企业和工会中的工作人员称为"小策吉贝尔"的理论。在我们的队伍中有一些同志把改良主义工会叫做"工贼工会"、"布吕宁工会"，等等。这种态度也阻碍着我们在这些工会中开展争取群众的工作。

我们正是应当从反对社会民主党和改良主义官僚原则的斗争角度，来提出领袖和群众的问题，特别是从使社会民主党工人和改良主义工人摆脱他们的反革命领导影响的角度，巧妙地和灵活地提出这一问题。

我们在同默克的错误观点进行辩论时所提出的各项原则，已经成为德国共产党以及整个共产国际和红色工会国际在自己的斗争中加以利用的准则。

一种相反的错误是对有组织工人特殊看待的倾向，是对社会民主党领袖影响的过高估计。这种过高估计导致了过去曾对"逼迫工会官僚进行斗争"（"Zwingt die Bonzen"）这一口号的维护。但是这一口号从来不是共产国际或其支部的口号，也不是红色工会国际的口号——这不过是托洛茨基反革命分子和布兰德勒叛徒的一个发明，他们企图在此基础上来歪曲我们的正确决定。但是，过去我们几乎在所有支部中都看到对"逼迫工会官僚进行斗争"这个理论的各种反映。这常常表现为机会主义的消极态度或这样的一些论据，如"毫无办法，工人们不想进行斗争"或"如果工会头头们不号召罢工，我们是发动不起罢工的"，以及类似的各种论据。

实现共产党在革命工会运动中的领导作用，具有特别重要的意义。有时人们纯粹机械地、公式化地和官僚主义地去理解共产党的领导作用（这一点在大多数支部生活中有很多事例可以证明）。在这个问题上，必须采取各种方法对革命工会运动和革命工会反对派进行认真的监督和支持。可是红色工会和革命工会反对派的机构按照党发布命令的方式实行宗派主义指挥，往往会扼杀群众的主动精神，产生官僚主义和加强在党的全部工作中经常出现的超集中制的倾向。所有这些都是改良主义工会实际工作的遗迹。

我们要继续进行坚持不懈的斗争，反对那些把无产阶级建立下层统一战线的政策说成是同社会民主党领袖结成联盟的政策的人。在目前形势下，我们同时也应当把矛头指向革命工会反对派在对待左倾化的社会民主党工人和改良主义工会会员群众方面的宗派主义关门倾向。

改良主义分子在全世界所使用的"左"倾花招已经形成一整套的伪善态度和欺骗伎俩。绝不应当否认这样的事实，即在对待这些花招方面有时也表现出各种投降主义的倾向——小资产阶级倾向，这些倾向有时也浸透到我们工作人员的队伍中间，在个别情况下，它们甚至对我们的群众组织的上层，也发生一定的影响。我们对自己所负的责任有着高度的认识，应当对我们全部工作进行布尔什维克式的自我批评，因为在德国、波兰和其他国家中，革命危机前提的迅速成熟正日益向我们的革命领导力量提出更高的要求。

我们不是向所有的工人提出明白易懂的口号，有时提出和宣传的是不容易理解的经济口号，或满足于提出一般性的政治口号。另一方面，有时也回到经济主义的倾向中去，只提出一些纯粹经济的要求。对于这两种倾向，我们都应当坚决地加以反对。

没有在改良主义工会内部进行的群众工作，没有在一切甚至最反动的工会中进行的严肃认真的派别工作，那就谈不上真正吸引广大群众，谈不上革命工会反对派和红色工会领导他们的政策。只有共产党党团的准备充分和目的明确的工作，才是执行我们政治总路线和避免在革命工会运动中产生错误和偏向的保证。

我们在准备和进行战斗期间，往往放弃对改良主义的、基督教的和其他的工会组织施以经常有组织的压力,这种情况在所有的经济战斗中都起着很大的麻痹作用。我们应当在我们的党团的帮助下,借助于在所有工会内部我们同群众的联系和群众的影响,在一切可能的地方动员有组织的工人去反对他们的背叛的官僚制。共产国际执行委员会第十次全会对于在改良主义工会内部夺取选任职位的问题已经做了指示和决定。在其中的一个决议里写道:

"要争取把一切官僚分子和资本家代理人驱逐出工会,为工会的每一个选任职位而斗争,特别是要为争取基层工会代表而斗争,这才是我们用以揭露社会法西斯工会官僚的作用并同他们进行斗争的有力武器。"①

这样我们就看到,在第十次全会上这个问题同现在一样被尖锐地和明确地提出来了。但是我们应当认识到,这样一项很好的决定至今仍是一纸空文,正如当时所通过的关于在企业中建立革命特派员核心的决定一样。

再说一说关于我们统一战线政策的问题。在这方面我们的捷克党在工作中有两件示范的例子:一个好的;一个不好的。关于布吕克斯的罢工我们在这里已经说了很多。它是正确和顺利地执行我们的下层统一战线策略的范例。正是由于执行了这一策略,我们才能在无产阶级民主制的基础上吸引所有斗争中的工人阶层来领导罢工和坚决抵制改良主义工会官僚的"左"倾花招。在摩拉维亚的俄斯特拉发所发生的事情则完全不同。那里的统一战线政策表现出了机会主义的倾向。在那里,机会主义集团的理论和政策阻碍了我们领导的无产阶级下层统一战线的胜利发展。

---

① 《共产国际文件汇编》三联书店 1965 年版第 3 册第 179 页。——编者注

因此，还必须说一说关于党和革命工会组织的相互关系问题。在这里我要指出，我们有的一份由安贝尔-德罗同志所拟定的文件，这份文件在企图用另一条政治路线来同共产国际的路线相对立方面，达到了前所未有的程度。由于议事日程的关系，我不想对这些问题作详细的说明，我只想简要地读一下，很遗憾地，瑞士共产党中央委员会在几个星期以前已经通过的一个纲领。瑞士共产党中央的一些同志已经向共产国际承认了他们所犯的错误，他们受了安贝尔-德罗机会主义的影响。安贝尔-德罗本人也向政治委员会递交声明，承认自己犯了政治错误并做了检讨。政治委员会以最坚决的方法谴责了这个纲领。我们看一看安贝尔-德罗的这个纲领，就能回忆起在第六次代表大会期间我们同右派和调和派之间的分歧了。当时我们就说过，稳定是不可靠的和腐朽的，而这些分子则利用他们的小资产阶级观点和理论来同共产国际的这一方针相对抗。

现在的情况也是一样，当我们谈到资本主义稳定的结束的时候，机会主义的理论和倾向又抬头了。我现在只就革命工会运动和我们在工会政策方面应当加以说明的那些问题来谈一谈。同志们，你们也许以为，既然我们在国际工人运动中积累了很多有关党和工会关系问题的经验，那么，在我们的队伍中就不会有错误的观点了。尤其坏的是，在瑞士共产党中央委员会的上述决议中（安贝尔-德罗同志是作为负责人在上面签字的），竟然没有任何布尔什维克的组织原则，也没有任何在工会运动内部进行党团工作的原则。

请看瑞士共产党中央委员会在这个决议中是怎样说的：

"如果工会领导机构中的多数人在代表会议或全体大会上不同意党的领导提出的某些建议时，不管这些建议怎样有益，怎样必要，一般地都应当撤回，并在重新进行讨论以前不应在该工会组织中执行。在这样的条件下，在某些革命工会组织的所有基层机构中都应当召开特别会议,在大多数人站到这一建议方面来以后,这些问题可以再提出来。"

总之,安贝尔-德罗同志的意思是,如果某一个革命工会组织的上层领导不同意党的政策,那就应当等到大多数人站到党的政策方面来的时候再召开会议。但是,这就意味着贬低共产党总路线的作用,为贯彻执行这一总路线设置障碍。这样提出问题还意味着什么呢?这样一个极端的机会主义方针,是以在革命工会中实行工会的民主制为掩护的。这就是向我们布尔什维克的原则中掺杂私货。这就等于给我们的真正原则抹黑,而这些原则是在关于通过工会中的党团工作对总路线的贯彻执行进行监督问题的许多决议中所规定的。我们曾再三地强调,必须同工会组织中的命令主义作风进行毫不妥协的斗争。我们应当以同样的态度来反对在实行工会民主制的借口下,来贩运最坏的机会主义的各种表现,这种机会主义为所有的取消主义倾向大开方便之门。我想,在反对其他错误政治思想的同时,全会也要最坚决地反对安贝尔-德罗文件中的这些提法,首先要打击在工会问题上的这种机会主义。如果对这个文件和对瑞士共产党中央委员会通过这个文件负有责任的安贝尔-德罗同志能够在这里说清楚,促使他提出这个纲领的政治原因来,那就很好。当然,他在自己的声明中毫无保留地承认了自己的错误,但在此同时却没有足够地揭示出这个纲领的政治错误的实质。

我认为,我们为反对所有这些倾向和错误进行的坚决斗争,极大地帮助我们揭露阿姆斯特丹分子的"左"的花招。我们看到,阿姆斯特丹国际的全部工作都是为了帮助资本家寻求资本主义"摆脱"危机的出路和阻止革命的发展。为此,他们就提出了一整套似乎是"社会主义"的理论,这些理论浸透了最鄙卑的"庸俗的经济主义"和充满了支持资本进攻的情绪。

十、关于改良主义工会官僚的"左"的花招

近来,我们看到改良主义工会的领袖们怎样无耻地改变了自己的理论、要求和口号,使用了各种新的欺骗性手段。可以说,改良主义分子改换自己的理论,就像改换一副手套一样。他们根据形势的发展,根据革命战线同改良主义官僚相对立的程度,提出新的"论据"。

在危机开始时,改良主义领袖们否认危机存在的事实。后来当否认已成为不可能,他们就宣布说这只是一场"普通的"同期性危机。可是当这一手也行不通的时候,他们就大谈关于"当前的危机是没有出路的"(在过去只有聚集在赛德维茨周围的那些官方的"左"派工会的会员们使用过这个说法)。塔尔诺在莱比锡也不顾希法亭在基尔所提出的"有组织的资本主义"、"长入社会主义"的理论,不顾从前使用过的"面向国家"的口号,而谈论"资本主义生产方式的无政府状态"了。

另一种方法(社会民主党曾借助它来欺骗工人阶级)是在阿姆斯特丹国际的五月号召书中所使用过的,其中称:"资本主义已经崩溃",就是说任何资本主义都已不存在了。当布吕宁的第一个非常法令在德国出现的时候,社会民主党就把它说成是"社会主义的一部分"。类似的倾向也表现在阿姆斯特丹工会国际的理论和它的"左"的花招中。在社会民主党和全德工会联合会的领袖们向国会提出的最近的建议中,谈到了进行"社会主义建设"。他们在一篇号召书中还谈到了"计划经济"。他们玩弄"左"的花招。他们需要"左"的通风口来削弱无产阶级的反抗。

在全德工会联合会机关报《工会报》8月13日的一期中甚至谈到,当前的时期是"资本主义机构和社会主义原则之间的空隙",也就是说资本主义时期已经过去了。阿姆斯特丹分子想用所谓的"社会主义建

设"来填补这个"空隙"。改良主义分子不得不玩弄这样的"左"的词句,这只能说明千百万群众的革命化过程更加深入了。

8月20日的《前进报》竟然谈到"计划经济",谈到"在德国进行社会主义建设"——当然是没有无产阶级专政的——同样也是使用"左"的花招来愚弄群众。当前社会民主党所提出的建议,关于"把矿山和其他有决定意义的工业部门实行国有化"的建议,所有这些只不过是用以对抗群众向往战斗的革命统一战线的欺骗性花招。

可以说,社会民主党所提出的那种形式的"计划经济",其目的不过是想使无产阶级的注意力离开垄断资本同国家机构进一步结合的事实,从而阻碍工人阶级寻找摆脱危机的革命出路。

社会民主党的"社会化和国家化方案"不仅是阿姆斯特丹分子和第二国际由于他们成员的激进化,为了吸引群众而不得不采用的"左"的花招,它们本身还包含着振兴资本主义企业,帮助资本家克服他们面临的困难的"积极建议"。

阿姆斯特丹分子的其他要求是怎样的?他们在某些国家中从鼓动的意义上提出来的"提供工作"的计划,也是改良主义分子迎合资本主义政府和法西斯主义的一种肮脏的企图。例如在德国,全德工会联合会所提出的"提供工作"的计划,本身就包含着对劳动义务制的公开的或暗中的赞同。希特勒法西斯分子施特拉塞尔不久前在德国国会中就说过,纳粹分子总地说来是同意全德工会联合会关于提供工作问题的计划的。希法亭后来的答复不外是同纳粹分子在社会政治方面进行合作的建议。

此外,法西斯分子和社会法西斯分子在提供工作问题上的这种令人感动的一致,本身就包含着在实行通货膨胀措施方面所达成的相互协议。而对于实行每周工作40小时的要求(很自然是不能保证全工资的),也只不过是同意在加强劳动强度的同时,直接降低工资而已。

由于德国一月非常法令（它规定降低工资10%—30%）的实施，所谓"降低物价"的花招暂时也起了很大的作用。这也是社会民主党所采取的一个骗人的花招。现在我们所看到的是完全新的、越来越"左"的理论，社会民主党（资产阶级的主要社会支柱）就是借助这样一些理论，来直接支持德国法西斯专政的方法。

在著名的德国反动周刊《事业》（它的文章经常反映出资产阶级的内部分歧）八月号的一期上是这样说的：

"现在，任何一层内阁都应当有后备力量，通过他们来保持同社会民主党或工会之间的联系，这些后备力量应当备而不用，以后何时需要就何时进行活动。"

在这一周刊上还谈到：

"当前形势下的统一只能看做是国家社会主义和工会之间的接近。这种接近看来正在实现。工会在赔款问题上所采取的民族立场就是它的序幕。"

由此可见，资产阶级非常懂得，在他们实行资本主义的法西斯经济纲领方面，社会民主党能够为资本主义提供怎样可贵的帮助。

在德国，工会上层同公开的法西斯主义的接近无论在理论上，还是在实践上都在迅速地实现着。在意大利，这一接近的过程在墨索里尼向罗马进军以前，特别是在法西斯主义取得了胜利以后，就很快地完成了。大家知道，在意大利，改良主义上层中有一大部分人——都是达拉贡纳等一类的人——很快地公开投靠了法西斯的阵营。

在德国，目前正在企图建立的有改良主义工会和基督教工会参加的"第三阵线"，又一次表明了改良主义官僚们实际上进一步地发展成社会法西斯主义了。

阿姆斯特丹分子在经济战斗期间所采用的欺骗性方法和"左"的

破坏性花招，则更加狡滑和危险。

社会民主党在危机初期曾断言说，在危机期间罢工不会取得胜利。后来当罢工的巨浪席卷全世界的时候，波兰的改良主义分子们就不能再维护这一理论了，他们又玩弄了新的"左"的花招，蛊惑性地声称他们主张"总罢工"，其目的就是要在这些经济斗争和政治斗争的初期来破坏斗争的锋芒，或者是事先阻止争取实现局部性要求的斗争的开展。我们从改良主义官僚的这一政策中，可以看出他们欺骗群众的最危险的嘴脸。

例如《前进报》在今年1月中写道：

"甚至革命工会反对派的铁杆支持者们都应当承认，在目前的经济形势下，局部性罢工不会有取得胜利的希望。"

玩弄这种花招的用意是要在工人阶级的广大阶层中散布一种情绪，即进行局部性斗争是没有意义的，无产阶级社会地位的改善只能通过"夺取政权的最后斗争"。经济战斗和阶级战斗的性质愈尖锐，阿姆斯特丹工会国际改良主义官僚的虚伪花招就愈加狡滑。

我们举出某些国家的改良主义分子在最近的经济战斗中提出的口号为例。在比利时矿工罢工期间，工会官僚蛊惑性地提出了"对银行进行监督"、"矿场国有化"、"反对宪兵暴行"、"撤回佛拉芒宪兵"等口号。只是当矿工罢工在群众革命积极性的推动下，已经变成总罢工以后，比利时的改良主义分子才在号召书中提出了"矿工总罢工"的口号。

在德国的鲁尔地区我们也看到了同样的花招，改良主义官僚在去年10月提出了"只有总罢工"才能反击企业主进攻的口号。

在英国（那里的危机还没有深入地发展）他们蛊惑性地提出了"七小时工作日和四十小时工作周"的口号，以便在以后（像在兰开夏郡那样）放弃对全工资的要求。

在捷克斯洛伐克最近的矿工罢工期间，改良主义分子提出了"矿场国有化"的要求，作为主要的口号。实际上，这是反对罢工者统一战线的背叛性的花招。在俄斯特拉法区改良主义分子接过了我们的革命口号——"不许解雇一个工人，不许降低一文工资"。社会民主党实际上使我们的罢工委员会上了他们的圈套：我们的同志竟然同意了他们提出的上层统一战线。后果很快就暴露出来了。斗争的领导权转到了社会民主党的手中，罢工被破坏了。

在波兰，波兰社会党在玩弄"极端的"蛊惑宣传方面，可以说是打破了纪录。他们支持法国社会法西斯分子莱昂·勃鲁姆"争取无产阶级专政"的口号，其目的是要把群众引上歧途、在栋布罗瓦矿工罢工期间，波兰社会党竟然宣称："把降低工资的企业主送交战地军事法庭审判。"

在奥地利、美国和斯堪的纳维亚各国我们同样看到了"极端的"蛊惑性宣传的花招。如果我们想在革命高潮和工人群众激进化，以及由此而来的特别需要对经济战斗进行独立领导的条件下，维护我们自己战线的团结和战斗力，那我们就应当对于这些"左"的骗人花招保持明确的原则性的态度，我们就应当像布尔什维克那样面对着这些以及未来的花招把自己武装起来，从而打退任何欺骗群众的企图，任何破坏战斗的统一战线的企图。对于社会法西斯分子这种玩弄花招的能力估计不足，就会像在栋布罗瓦、华沙和上西里西亚事件所表明的那样，使我们的某些同志落入这种花招的圈套。我们应当在准备经济斗争，特别是进行经济斗争的时期，通过我们的实际工作来揭露阿姆斯特丹分子和社会民主党的这些"左"的手腕。任何动摇，任何投降主义的倾向和机会主义情绪，任何同社会民主党和阿姆斯特丹工会官僚实行联合的政策，保持内部和平的政策，都必然会使我们陷入改良主义的泥潭，从而使得工人阶级的事业遭受失败。

十一、我们的主要任务

现在来谈一谈关于我们在经济斗争中的任务问题。我们在工人阶级经济斗争中的任务，就是要全力开展罢工斗争和失业者的运动。我们应当在群众斗争的过程中使下层团结一致。我们应当通过争取实现工人局部性要求的斗争来创造条件，以便发挥群众的革命主动精神，吸引群众跟随我们前进。我们应当更加有力地和更加充满信心地把经济斗争引上群众性政治发动、罢工和示威游行的道路。我们应当以此为基础在实际上为顺利争取工人阶级的大多数，为实现无产阶级专政建立重要的前提。

共产国际执行委员会的本次全会应当着重指明，各资本主义国家共产党必须使自己在组织和领导罢工斗争、失业者运动，以及发动方面的全部革命工作来一个完全的和迅速的转变。

同时，我们应当强调，在现阶段开展经济斗争和对这些斗争进行独立领导的一个重要条件，就是要布尔什维克式地实行下层统一战线的政策。实际上，这就意味着各资本主义国家共产党全部群众工作中的一个真正的转变。

现在把我们这些主要的任务简要说明如下：

第一，我们应当保证共产党和革命工会运动的一切组织同工人群众建立真正的联系。这种紧密的联系应当表现在从下到上的所有组织环节中。建立这种联系的前提，就是要具体地了解无产阶级各个类别和各个阶层的工厂工人和失业者的实际状况和需要。我们的一般报刊和工厂报纸都应当具体地反映各个企业中的真实情况。

第二，我们应当善于抓住群众中自发产生的各种要求。我们应当对群众不满情绪的各种因素进行分析（不管它们发生在企业中、职业介绍所里，还是发生在他们的居住区和房客身上），并用通俗易懂的语言把群众的要求表达出来。

我们应当在这些要求的基础上组织群众，把他们团结在我们的领导下，这样来扩大斗争的规模，并尽一切可能把这些局部要求同无产阶级反对资产阶级专政，夺取工人阶级政权的总斗争结合起来。

同时，我们在应当尽一切努力来使工人阶级的罢工和失业者的发动得到越来越多的物质上的成果。

第三，我们应当关心使无产阶级的民主制在经济斗争的所有发展阶段上都能得到遵守。应当吸收最广大的斗争中的工厂工人和失业者，参加所有斗争问题的讨论和解决。只有这样，我们才能对进行斗争的群众实现顺利的领导。

在参加全体公决时，我们应当实行我们自己的策略。如果我们积极地参加全体公决以反击改良主义工会官僚对罢工的破坏，那我们就不应当拒绝提出我们自己的口号，同时还应当准备和保证在最广泛的基础上对罢工实行独立领导。在这里绝不能有什么共同的模式。

第四，必须在布拉格代表会议和红色工会国际会议各项决议的基础上，实现失业者和工厂工人的统一战线。只有在这个统一战线的基础上，才能够为反对劳动义务制、反对限制社会保障、反对大规模解雇、反对加班工作等进行顺利的斗争。作为共产党员，我们应当立即着手建立失业者的新的群众性组织。我们一方面要同工会官僚用自己的官僚主义保护来扼杀失业者运动的企图进行毫不妥协的斗争，同时还要在法西斯分子和社会民主党人所建立的失业者组织中积极地进行工作，以争取这些组织中的会员群众。

在这里首先要提到的是共产主义青年团的任务。共产主义青年团应当善于同共产党进行密切的合作，并在党的有力支持下，克服法西斯分子对青年工人群众的影响。

第五,我们应当把我们的红色工会变成为工人阶级的真正群众性的战斗组织。我们的红色工会只有在它们善于通过维护工人利益的日常斗争,通过坚持不懈地准备和进行罢工战斗而赢得群众信任的情况下,才能够得到发展。

第六,首先我们应当全力恢复和扩大我们在改良主义工会和其他反动工会内部的革命阵地。也只有当我们在改良主义工会内部准备工人和失业者的每一次罢工和每一次发动,我们才能够在实际上做到这一点。

我们在改良主义工会中的活动,都是为了争取那些处于改良主义工会官僚影响下的群众。因此,我们的任务就是要在工会内部为争取工会中的职位和阵地,为组织罢工战斗和开展失业者的运动,而坚持不懈地进行斗争。

第七,我们应当在下层统一战线政策的基础上,正确地对待各个行业的有组织的工人,并且我们应当认识到,要克服这些工人的改良主义幻想和偏向,我们需要十分耐心和进行细微的工作。我们应当注意在斗争过程中不断地提高这些工人的阶级觉悟。

第八,我们应当力求使红色工会和革命工会反对派对工厂工人委员会的成员进行实际的领导,但是我们应当避免各种残留的命令主义的工作方法。

我们应当在红色工厂委员会的工作中,力求使这些委员会在党和革命工会反对派的帮助下,通过自己的革命实践,认清改良主义工厂委员会和革命工厂委员会的政策区别。

第九,为了反对法西斯恐怖,反对资本主义国家政权的镇压手段,我们应当在企业中和职业介绍所中大力开展群众性的工人自卫活动。

第十,我们在开展罢工斗争和失业者运动方面,必须争取把党组织(从工厂支部到中央委员会)的全部力量真正集中起来。我们的工作目标首先应当是那些最主要的工业部门,即金属工业、运输业和军事工业……也就是说当前我们的工作还处于最落后的部门。只有共产党党团在所有工会组织、失业者委员会和工厂委员会中积极地进行工作,我们的这些任务才能够完成。

第十一,革命工会组织在军事工业企业和运输业中的工作,应当在最短期间内得到发展和加强,以保证反对帝国主义的战争准备和帝国主义对苏联武装干涉的群众斗争的顺利进行。

同志们,我们应当清楚地认识到,我们共产国际及其各国支部是全世界工人阶级利益的代表者,我们肩负着组织、发展和独立进行无产阶级反对资本的大规模进攻,反对法西斯主义和帝国主义战争政策的斗争的重任。

我们在这次全会上谈到的世界革命的高潮,在最近期间应当有更加蓬勃的发展。经济危机的尖锐化,对无产阶级生活水平的不断的进攻,工业无产阶级的半数处于失业的状态,他们当中的很大一部分人得不到任何帮助——这些事实就要求我们为争取直接的物质胜利,同时为向群众展示出以革命手段来摆脱危机的更为广阔的前景,进行更加顽强的斗争。

在反击资本的进攻中,最重要的是发展最广泛的无产阶级统一战线,加强对革命经济斗争的独立领导,充分地实行无产阶级民主制。我们要引导工厂的工人群众去反击资本的进攻,同时我们应当争取失业者和工厂工人团结一致,并且和那些左倾化的小农和城市中所谓的"中间等级"建立最紧密的联系。我们应当引导失业的群众去直接进行反对国家政权的斗争。

我们的大规模进攻的重点应当是组织群众性的政治罢工,反对资本主义、反动派、法西斯主义和帝国主义的战争政策。

德国共产主义青年团的任务是,消除金属工业工会对群众的影响,在工会内部战线(它是开展工厂青年无产者运动的杠杆)上大力发挥主动精神。青年团应当在党的大力支持下,在失业的青年中间消除法西斯的影响。在那些工人苦役营中，应当更加有力地从内部使那里的青年革命化。在这方面，青年团已经做出了某些实际的成绩。

在所有群众组织中，我们应当把力量集中用在最大的企业内。党的一切机关，从基层到中央，都应当把工作重心转移到车间支部去，在那里领导工厂的运动和罢工，组织群众性罢工和总罢工。

第十一次全会和第十二全会之间的时期为我们提供了进行局部性罢工，在许多国家中进行群众性罢工的丰富经验。这些经验应当由共产国际各支部加以很好地利用。

我们密切地注视着企业主和改良主义分子的策略，领导群众的斗争，同时应当在斗争过程中揭露我们的阶级敌人，越来越多地把群众吸收到我们阵营中来。

对我们的罢工策略进行认真的检查，就会使我们制订出正确的布尔什维克的工作方法。

在一些国家中至今没有发动起群众性的罢工，共产国际在这些国家的支部应当从罢工斗争发展的不平衡的这一事实中得出结论，必须根据本次全会所提出的任务的精神，认真地检查党的全部工作。

在这里，最重要的任务就是要克服我们工会政策中的工联主义情绪，克服我们同志身上的失败主义情绪（他们断言，似乎工人阶级的精神状态正在每况愈下）。我们要同右倾机会主义，同向改良主义观点投降、放弃革命工会运动、放弃对罢工斗争进行独立领导的领向进行毫不妥协的斗争！

最快地克服"左"的宗派主义，同脱离群众和固步自封的政策进行毫不妥协的斗争！

在进行经济斗争方面，我们全部策略的基本内容，就是要在下层为制订真正的革命群众政策创立先决条件。

十二、关于苏联的工会

在谈到我们争取群众的斗争时，哪怕是很简单地谈一下苏联的社会主义建设，苏联工人阶级和农民所取得的胜利，对于国际无产阶级争取自身解放的斗争的巨大历史意义也是很必要的。

我们还在议事日程的第一项中就提出过，在提纲中更强调了这样的事实，就是两种制度——社会主义制度和资本主义制度——之间的对立，给世界政治留下了越来越深刻的印记。社会主义世界和资本主义世界都在迅速地朝着对立的方向发展。两种制度的对立越来越明朗化和采取了越来越尖锐的形式，这一点就表现在帝国主义之间的世界战争和帝国主义武装干涉苏联的危险性愈益增长的事实中。在对所有这些事实进行评价时，我们还应当谈一下苏联工会的发展，因为它是和各资本主义国家工会的发展完全不同的。

苏联工会第九次代表大会完全正确地指出，苏联工会的全部国际主义工作，都是在为反对国际改良主义进行坚决斗争的标志下进行的，其目的是要把工人阶级的大多数争取到无产阶级革命胜利的斗争中来。全苏工会中央理事会尽一切努力来巩固苏联工人阶级同各资本主义国家无产阶级之间的联系。几乎每一个应全苏工会中央理事的邀请，前来访问苏联的工人代表团都在进行独立的战斗方面，在反对帝国主义者的诽谤运动和战争准备方面给予了最宝贵的援助。

苏联工会第九次代表大会在自己的决议中阐述了苏联工人阶级所经历的三次革命的经验，他们为世界无产阶级做出了光辉的榜样。在这个决议中写道：

"苏联工人阶级所经历的三次革命的经验表明，不去加强自己在企业中的阵地,不去正确地采取统一战线的策略,不去在社会民主党所领导的工会内部为争取群众而进行坚持不懈的和经常的斗争,不去动员群众为他们日常的直接要求进行斗争,不去关心失业者的需要和利益,不去把经济斗争和政治斗争结合起来,把合法工作、半合法工作和秘密工作的方法结合起来,不去坚决地和毫不妥协地进行反对右倾和'左'倾改良主义分子的斗争和经常地揭露他们的背叛行为,革命的无产阶级组织就不可能得到发展和前进。"①

苏联的工会是最有灵活性、最强有力的无产阶级机构(关于这一点列宁曾经指出过),它把党团阶级和群众紧密地联系在一起,在工会的帮助下,布尔什维克党正在实行着伟大的社会主义建设的政策。工会是党和最广大的非党群众之间的纽带。

在苏联取得社会主义建设成就的同时,苏联的工人阶级有了巨大的发展,工人阶级的物质状况不断地得到了改善。

我们只举出几个数字来看一看。

上一年苏联工人和职员的数目增加了25%,达到1800万人。今年工人和职员的数目增加到2100万人。工业中的大多数工人都已经实行了七小时的工作日。

工会中妇女的人数从1928—1929年的百分之26.5%增加到今年的33%。

用于劳动保护的支出在不断地增加。在1929—1930年为9980万卢布,在1931年为16950万卢布。社会保险的预算从1931年的142500万卢布增加到1932年的353400万卢布。

到休养所和疗养院去的工人的数目从1928—1929年的34万,增加到1931年的100万人,而根据今年的计划将为达到150万人。

同志们,我想如果把这些数字同各资本主义国家无产阶级的绝对贫

---

① 《工会第九次代表大会决议》1932年党的出版社俄文版第27页。

困化加以对照，那就会大大增强世界无产阶级的革命信心和战斗力。

科萨列夫同志在全苏列宁共产主义青年团代表会议上所提供的消息对于我们特别重要。根据这一消息，1930年在国民经济各部门的28.9万名专家中，有3.5万名青年专家。到1932年7月全苏列宁共产主义青年团代表会议召开的时候，在75万名专家中至少有10万名是工农出身的青年专家。

这不多的几个数字本身就说明了问题。它们表现了社会主义制度对于没落中的资本主义的优越性。我们还看到只有在社会主义国家中，工人阶级、首先是青年才充满信心地注视着未来，而同时在各资本主义国家中，在世界经济危机、法西斯主义、饥饿和反动的统治下，有越来越多的青年、儿童和劳动居民处于贫困和绝望之中。

社会主义建设的巨大成就增强了全世界千百万工人对于社会主义的信心（社会主义在苏联正在成为现实），使他们确信，不仅在地球六分之一的土地上，而且在全世界都将飘扬起镰刀和斧头的红旗。

十三、结束语

同志们！在结束语中我要指出，在关于议事日程第二项所作的决议草案中，我们提出了现阶段共产国际各支部的一项最重要的任务：

"全力开展和加强无产阶级反对工资降低和劳动条件恶化的斗争，尽一切努力保证共产党和革命工会组织对罢工斗争和失业工人运动的独立领导，提高群众的战斗力，引导他们根据亲身的经验从争取满足日常局部要求的斗争到为实现无产阶级的整个阶级任务而斗争。"[1]

---

[1] 见《国际共产主义运动历史文献》中央编译出版社2012年版第54卷收录的关于《经济罢工和失业工人斗争的经验教训》决议。——编者注

我认为，这是解决我们的群众任务和以革命手段发挥群众主动精神的关键问题。我们提出的"阶级反对阶级"的口号，在当前具有很大的意义。我们有充分的权利说，在实现这一任务的过程中，群众一定会懂得为推翻统治阶级和建立无产阶级专政的斗争是必要的、不可避免的和刻不容缓的。

同志们，这是什么意思呢？这就是说，我们应当学会以巨大的干劲、巨大的献身精神和巨大的热情来贯彻执行我们领导工人阶级的布尔什维克的路线。正义在我们一边，但这是不够的。我们应当这样说，使群众了解这一点。为了实现我们的任务，我们应当真正地走在群众前面，并同他们保持密切的联系。

对群众进行有效的领导是一门艺术，是一门真正的布尔什维克的艺术。列宁的党就是这样教导我们的。布尔什维克策略的实质是什么，斯大林同志在下面一段话中做了专门的说明：

"问题在于：要取得革命的胜利（如果这个革命是有千百万群众参加的真正的人民革命），单只党的口号正确是不够的。要取得革命的胜利，还必须有一个必不可少的条件，就是使群众根据亲身经验确信这些口号的正确。只有这样，党的口号才会成为群众自己的口号。只有这样，革命才会成为真正的人民革命。布尔什维克在十月革命准备时期的策略的特点之一在于它能够正确地确定道路和转折点，这样就自然而然地把群众引到党的口号下，可以说是引到革命的门口，从而使群众易于根据亲身经验感到、察知并认清这些口号的正确。换句话说，布尔什维克的策略的特点之一在于它不把对党的领导和对群众的领导混为一谈，它清楚地看见第一种领导和第二种领导之间的差别，因而它不仅是领导党的科学，而且是领导千百万劳动群众的科学。"[1]

---

[1] 斯大林《列宁主义问题》人民出版社 1964 年版第 111 页。——编者注

如果我们在企业中，在职业介绍所，在反对工会和其他工会的内部和外部，在各红色工会，在房客中间和在一切群众组织中（本次全会将帮助我们在这一工作方面前进一大步）按照这些布尔什维克的原则来行动，如果我们从我们的工作中得出了有点当前工作和未来工作的结论，那就一定会证明，1921年列宁在致红色工会成立代表大会的贺词中所说的话是无比正确了。

同志们！由于形势的改变和日益尖锐化，我们正面临着新的、巨大的、具有决定性意义的任务。我们党在经济斗争和政治斗争，以及很多自发斗争中领导作用的不断加强，就是群众革命化和激进化新过程不断深入的表现。革命阶级斗争的新的更高的形式对我们提出了新的巨大的要求。斗争推动我们互相交流经验，在国际范围内利用正面的经验和批评我们工作中的缺点，以便进一步地开展革命的阶级斗争。

对于社会法西斯主义，对于阿姆斯特丹分子和第二国际政策中日益采用的"左"的花招，我们一定要保持高度的纯洁性和原则的坚定性！

我们要大胆地和勇敢地实行下层统一战线的正确政策，以便团结起来为实现工人和失业者的日常需要和部分要求，为实现同我们的最终目的密切相关的全体无产阶级的部分要求而进行斗争。

要保持布什维克的高度警惕性，同时在提出每一个具体口号时要表现出机动性和革命的灵活性！

把实现我们的主要战略任务——争取无产阶级的大多数——作为革命实践中的战斗任务！

要在切实研究工人生活的基础上，通过具体的事例来揭示工人阶级的深刻贫困化，揭示经济斗争和政治斗争之间的愈益密切的联系，揭露垄断资本主义同资本主义国家机构愈益加强的结合，揭露改良主义分子为拯救资本主义所采取的措施，以及他们同法西斯主义的接近。要同我们自己队伍中的各种失败主义和悲观主义情绪进行毫不妥协的斗争，因为它们削弱党的革命准备工作和革命工会运动的战斗力！

要克服在执行正确决定方面的公式化主义和抽象性！

要在党的一切机构和革命的工会运动中发挥主动精神！

要消除在革命实际工作中通过决议和执行决议之间的"剪刀差"！

我们应当去掉轻视工会内部工作的态度，为在企业中开展我们的工作而消除一切拖沓和畏缩情绪！

我们工作中的任何疏忽大意和软弱无力，在群众工作、革命工会运动和动员群众方面的任何战略的失误，都应当最快地加以消除。

我们愈快地消除右倾机会主义投降主义（它是我们群众工作中的主要危险）和我们工会政策中的"左"的宗派主义倾向的遗毒，我们就能更快地和更顺利地实现我们的任务。

我们应当以最大的毅力和最快的速度使群众投身到各种斗争和运动中去，从最小的到大的和最大的群众政治运动中去。

工人的一切经济斗争都应当受到我们的支持、帮助和领导，以便使它们发展成为群众的政治斗争和群众罢工。群众的政治罢工和普遍罢工将成为在更高阶段上反对资本进攻，反对法西斯主义，反对资产阶级专政的革命攻击的阶梯。毫无疑问，为胜利实现争取无产阶级专政，争取世界社会主义的历史性最后斗争而进行的决定性战斗，正在一些资本主义国家和殖民地国家中日益成熟起来！

（经久不息持续不断的掌声）

（休会）

第六次会议

(1932 年 8 月 30 日)

主席：波立特

连斯基作《关于波兰的罢工运动和失业者的斗争》的副报告

共产国际执行委员会第十一次全会以后出现的新情况，是在许多国家中无产阶级反击资本疯狂进攻规模的扩大，首先是罢工斗争规模的扩大，及其在政治上发展到了一个更高的水平；这就是从日常的局部性斗争和阶级对抗的急剧尖锐化，发展到了巨大的罢工斗争，这些罢工斗争同群众斗争的其他形式一起，正在引起深刻的阶级变动，并在共产党的积极领导下，引导群众去进行夺取政权的决定性战斗。在那些具有革命的农民运动和民族解放运动的国家（如波兰）中，这种新情况就是无产阶级斗争的愈益扩大的规模，同土地革命和民族解放起义的愈益成熟的因素相结合。

许多资本主义国家（如德国、波兰、巴尔干各国等）虽然处于发展的不平衡和波浪起伏的状态下，但是革命的高潮都达到了更高的阶段。在这些国家中所发生的有利于革命无产阶级的深刻的阶级变动，是资本主义稳定的结束的最好的社会政治征兆。

库西宁同志在这里提出了一个问题，即是否能把这些新现象称为革命普遍高潮的新阶段。我没有想过，现在也不想谈各资本主义国家中革命高潮的新阶段。我完全理解这个高潮发展的不平衡性和曲折性。但是，我认为在某些资本主义国家中，可以，而且也必须说这个高潮有了更高的发展。

这里，库西宁同志在自己的报告中强调了质的变化，并提到在某些国家中革命的高潮似乎是进入了一个更高的阶段。我认为这一分析是和我的定义相一致的。

革命高潮是在经济危机的普遍深刻化和急剧——在有些地方是极危险的——尖锐化的条件下出现的。资产阶级经济学家关于摆脱危机的所有的预言都完全破产了。由于英镑贬值和粮价提高而出现的市场情况的局部好转，完全是一种偶然的现象。

在世界经济危机的发展中出现了一系列的深刻变化和破坏性现象，这些变化和现象决定了帝国主义力量的重新组合。主要的现象是美国经济危机的突发性的尖锐化，法国危机的迅速发展（尽管它有掠夺性的赔款），以及德国、波兰等国的日益临近的财政破产。

在像波兰这样的资本主义体系最薄弱的环节中，由于发展的不平衡，危机带有极具灾难性的规模，在这里，日益膨胀的国家军事预示的重担使得危机达到了特别尖锐的程度。在这里最明显地暴露出工业危机、农业危机和财政危机的密切联系。在这里，最重要的工业部门（军事工业除外）从萧条进入了停滞状态，农业急剧退化，社会投资完全停止。

恩格斯在1892年写道：资本主义生产不断地制造着自身的灭亡。我认为，恩格斯对资本主义原始积累时期所指出的一系列特点，也可以完全适用于资本主义的瓦解时期。

在世界经济危机日益深刻化的背景下，帝国主义力量的重新组合发展成为欧洲强国反对美国，首先是在债务问题上反对美国的联盟，以及英法两国的接近（其锋芒是针对苏联的）。法帝国主义作为寄生虫和凡尔赛体系的维护者的作用暴露得更加明显了。因此，法帝国主义最强烈地反对德国资产阶级在德国武装方面的要求。德国法西斯主义在这方面表现得特别积极，它企图在法西斯专政的条件下把自己变成反对布尔什维主义的堡垒。

对取消债务具有利害关系和被军事政治联盟同法国联系在一起的波兰，也站到了反美联盟和英法协定的方面。波兰资产阶级还支持自己的同盟者在德国问题上的立场。在皮尔苏茨基的营垒中存在着一种同德国在反苏方面接近的趋向，但是他们既害怕德国复仇主义势力的复活，又害怕波兰资产阶级的侵略意图，首先是反对格但斯克的意图。

帝国主义世界中各国关系的总的情况就是没有任何均势，他们之间各种协议极其不稳定，凡尔赛体系更进一步破产。所有这些力量联合的共同点，都企图通过反苏的反革命干涉，找到摆脱危机的出路。

世界经济危机的深入发展必将导致所有内外矛盾产生新的空前尖锐化，关于这一点，库西宁同志已经作了说明。由于这种情况，像在德国和波兰这样一些国家中，革命危机先决条件成熟的速度已经大大加快了。当然，绝不能公式化地确定革命危机发生的顺序。近来，比利时在罢工斗争的规模上突然超越了有更长罢工斗争历史的其他国家，这一事例就和公式化主义根本不同了。

政治提纲草案正确地指出，波兰正日益临近革命的危机。这一提法同我们党中央的估计是完全一致的。但是，绝不能以此为根据就预言革命危机先在波兰开始，还是先在德国开始。这取决于内部因素和外部因素的相互作用，取决于整个国际形势。德国无产阶级在人数上比波兰无产阶级多10倍，而且更加集中，而波兰无产阶级可以在革命的农民运动和民族解放运动（同苏联的直接毗邻正促进着这些运动的加强）中找到自己的同盟者。

德国问题——革命高潮的焦点

还在1924年,斯大林同志在共产国际第五次代表大会波兰委员会上的发言中说道:

"德国问题。德国问题是继'俄国'问题之后的一个具有极重大意义的问题,第一,因为在所有的欧洲国家中,德国孕育着革命的程度最大,第二,因为德国革命的胜利就是整个欧洲的胜利。如果欧洲的革命动荡要从某一端开始,那就是从德国开始。只有德国能够在这方面首先发动,德国革命的胜利就是国际革命胜利的保证。"①

我认为,尽管当时的条件和目前的条件有所不同,但是,斯大林同志的主要观点仍然完全具有现实的意义,即德国——在苏联以后——是发展极不平衡的无产阶级国际革命的具有决定意义的中心点。

正因为如此,现在共产国际各支部的视线都集中在德国当前所发生的巨大变动上,因此,对这些变动给予明确的评价,是目前评价整个国际形势的关键。

近来在德国出现了什么情况呢?

对于这个问题现在有着各种不同的回答。

我们党中央委员会在6月25日的信中,对德国的形势做了以下的分析:

"现在上台的是一个基本上法西斯性质的政府,一个本身拥有财政资本、重工业和容克地主,并依靠着国防军和希特勒突击队的政府。把这个政府看做是像布吕宁政府那样的过渡形式的任何想法,都是对形势的质变的不理解,因而

---

① 《斯大林全集》第6卷第232页。——编者注

也是对现实法西斯危险的估计不足。新政府是通过社会民主党为它铺设的'大道'上台的。但这并不意味着法西斯主义已经有了巩固的基础,无产阶级和法西斯主义之间的决定性战斗已经在紧张的进行,后者在各方面都已经占了上风。不应忘记,巴本政府是在空前的经济危机和革命高潮时期执掌政柄(上台)的。这个政府意味着各种内外矛盾,其中包括波兰和德国矛盾的极端尖锐化。无产阶级没有被击溃。因此在德国共产党的领导下,把各种革命力量迅速地动员起来,就将是在德国以及在整个国际范围内决定革命和反革命之间力量对比的一个因素。

巴本的实际纲领就是对劳动群众在经济上和政治上的法西斯进攻(新的'紧急命令',取消劳动群众所得到的社会成果、宣布德国共产党为非法、禁止群众集合和解散工人组织)。它还意味着社会民主党人被排挤出国家机关而由希特勒分子所代替,社会民主党作为资产阶级在工人群众中间的主要社会支柱的作用在原则上没有改变。"

我认为,在普鲁士所发生的这一转变和以后事件的发展,总起来说都证明了这一评价的正确。德国资产阶级已着手建立军事法西斯专政。法西斯化的过程已从过去的量变发展到了质变。对于德国无产阶级来说,这里包含着最大的危险性。

但是,这绝不意味着德国法西斯制度基础的发展道路将是和意大利或波兰相同的。现在历史情况已经不同了:不是资本主义相对稳定的开始,而是它的终结和革命高潮的普遍增长。德国是一个无产阶级最集中和富有革命传统的国家。德国无产阶级及其革命组织的力量不断增强,并在群众斗争中,甚至往往是在流血的战斗中经受锻炼。他们对法西斯的恐怖活动给予大规模的积极反击。尽管存在着恐怖主义制度和企业倒闭的经常威胁,德国共产党还是扩大了自己在无产阶级群众中的影响。它在议会选举中所取得的巨大胜利就证明了这一点。在这种条件下所得到的票数的政治比重,要比以前在较为正常的选举中大得多。社会民主党终究不能把德国无产阶级推上投降主义的道路。

这就是决定着目前以兴登堡为首的德国法西斯阵营中领导集团策略的那些主要的内部因素。这些因素同灾难性的经济危机（它进一步加速了军事法西斯试验，同时激化了德国资产阶级内部的摩擦）一起，再加上德帝国主义的困难的国际环境，就使得政府在确立法西斯制度方面，要较以前墨索里尼甚至皮尔苏茨基的毫无掩饰的策略更为谨慎和灵活。在这里有时用曲折迂回的手段来代替正面的进攻，因而在继续法西斯化的速度方面，差别可能是相当大的。现在的统治集团首先要牢牢地抓住国家机构。

关于议会的作用也是一样。还在共产国际执行委员会第十一次全会上，我们就强调，关于议会的表面问题不是主要的问题。当时我们曾说过："毫无疑问，皮尔苏茨基体制也是按照意大利的模式在波兰建立法西斯制度的。不过它也懂得决定它的策略的条件并不相同。因此就在法西斯制度独立于议会政党制的条件下，保留了议会民主的装饰物和议会政党。"

在这方面，在德国建立的法西斯制度更像是波兰式的法西斯专政，不排除以两位元帅为首的军阀起着重要作用。德国的军事法西斯专政是从魏玛共和国有机地发展起来的，它在外表上也保留了议会制的形式，即一定的民主装饰物，从而帮助他们在实行公开暴力政策的同时，还可以对广大人民群众进行隐蔽欺骗的政策。

需要完全消灭社会民主党吗？显然不是。波兰法西斯制度发展的全部经验已经驳倒了各种右倾观点和托洛茨基派的观点，这些观点认为法西斯专政就意味着社会民主主义的灭亡，由此应当得出结论是，社会民主党不得不起来反对即将建立的法西斯制度。我认为，在所谓的普鲁士政变后，德国社会民主党的投降就说明了这些观点的荒唐无稽。其实，在其他国家里，事情也不是那样简单。现在我们就拿所谓典型的法西斯主义国家意大利来说。要知道意大利的法西斯主义也不是从"消灭"社会民主党开始的。或者再拿波兰型的法西斯专政来看。它只不过限于对社会民主党的领袖们顺手打击一下，作为对反对派施加压力的一个手段。

德国资产阶级对于作为自己在工人阶级中主要代理人的社会民主党的巨大作用，是一清二楚的。不久前我在《柏林日报》报上读到了一篇很有意思的文章，题目是：对于资产阶级来说谁更有价值：是历史上形成的、拥有（尽管它已经进入了政府）700万—800万张选票的社会民主党，还是国家社会主义借以在其上建立自己的群众阵地的小资阶级散沙。

其次，在德国所谓消灭其他资产阶级政党是不可避免的吗？我认为绝对不是。甚至意大利的经验也表明，这里有着各种可能出现的迂回曲折和折中妥协。在波兰，资产阶级的最大政党国家民主党和当权的法西斯政党之间就有着相当好的共处关系。皮尔苏茨基体制完全没有通过暴力手段来消灭国家民主反对派，而只限于个别地给了一些打击。

在德国，我们看到各个旧的资产阶级政党瓦解的过程，它们自行消灭和被国家社会主义党所吞没的过程。正是在这个基础上，在资产阶级阵营内部进行着党的力量的重新配置。中央最巩固地保持着自己的地位。

在德国建立法西斯专政过程的主要内容是什么呢？

主要是消灭和粉碎革命组织，首先是德国共产党的政策。主要有一个独立于议会政党制的政府体制，在拥有群众性的法西斯政党和辅助武装队伍（如墨索里尼和皮尔苏茨基主要用于在内部进行斗争的法西斯近卫队"射手"）的情况下，把权力和国家机构最大限度地集中起来。这些决定性的因素在德国都已经具备，但是它们的水平、程度和相互关系是不同的。

第一，存在着解散德国共产党和进攻革命工人组织的直接威胁。当然在这里，这个过程并不是直线发展的。

第二，有一个独立于议会制之外的总统制政府。议会实际上已经不起作用。其实，它早已不起作用，现在只不过保留一个虚名了。

政权在实行着法西斯的集中，其明显的例子就是所谓的普鲁士政变。这一法西斯集中过程还远远没有完结，难道在像波兰这样具有独特的法西斯专政的国家中，这一过程已经完结了吗？完全没有完结，而且远远没有完结。迄今为止，法西斯的宪法还没有实施，而且推迟实施了。直到现在在法西斯阵营中还经常听到对在国家建设方面缺少一个计划制度而发出的怨言。但这一过程在波兰则有相当大的进展。

在德国，希特勒的群众基础同国家机构还没有直接结合起来，但是在政府掌握了志愿武装队伍"钢盔团"的条件下，这一基础同国家机构的结合正在加速进行着。还没有直接结合起来的这一事实在很大程度上使希特勒在群众面前更便于玩弄花招，在表面上保留一点对巴本-施莱歇政府的反对力量。

在芬兰，难道法西斯主义的群众基础（如拉普阿分子）同当前的法西斯政府之间就没有什么严重的摩擦吗？

在法西斯阵营内部的各集团之间，正在为争夺领导权而展开一场斗争。

有一些同志把法西斯专政理解为一个抽象的范畴，一种古典的、理想化的法西斯制度。这是不对的。因为这样严整而完备的制度无论在哪里都是没有的。这在当前的具体形势下，是尤其不对的。在法西斯专政瓦解时期经济危机和阶级对抗尖锐化的现阶段，德国资产阶级不能机械地模仿意大利的模式。要永远记住，我们指的是在资本主义稳定的结束的条件下，在德国建立一个特种类型的法西斯专政的企图。

我们通过上述所有的附带条件和发展极不平衡，而且往往是充满矛盾的过程，把德国法西斯专政的基础做了说明。当然在这个法西斯专政的内部，在集团、个人、统治手段以及国家机构进一步法西斯化的速度等方面，还会出现各种重大的变化。

我谈到了社会民主党为在德国建立法西斯专政铺设了一条"相当平坦的大道"，因为在普鲁士政变以前，在阿尔托纳就发生了流血的，有些地方则是大规模的斗争。毫无疑问，一般地是谈不到什么"大道"的。这些战斗的规模将越来越大，而且也越来越顽强。

现今的政府在建立法西斯专政方面继续实行怎样的策略，首先要以革命高潮的进一步发展为转移。我们已经强调过，德国无产阶级没有被击溃，他们的力量在不断发展。但是闭眼不看他们面临的愈益严重的困难，那也是错误的。

说法西斯主义的第一次进攻已被打退，它的进一步发展总地来看已被遏止，还是为时过早的。只有对资产阶级及其国家机构和法西斯突击队的进攻给予群众性的经常的回击，只有那种转变成千百万无产阶级反攻的回击，那种在小资产阶级的广大阶层中引起动摇并使他们脱离法西斯主义的回击，才能够加速以数百万人为基础的法西斯阵营的解体。

最近传来的消息告诉我们，现在似乎已经开始有了群众脱离法西斯主义的先兆。不过一只燕子还不是春天，脱离法西斯主义的主要是失业者。小资产阶级还没有投到革命阵营方面来。德国共产党的主要任务就是使这一部分脱离了法西斯主义的失业者群众不致走上社会民主党的道路，而要走革命的道路。

必须指出，德国共产党已经在下层建立了群众性的战斗的反法西斯战线。把这一运动扩大到工厂、职业介绍所，开展广泛的罢工斗争，使用群众政治罢工的武器——这就是德国共产党在当前时期所应实现的主要任务。我们在这里应当坚决地反对任何动摇德国共产党领导的企图。反对法西斯主义的巨大的斗争任务，要求德国共产党齐心协力地去贯彻执行正确的总路线和在党内建立布尔什维克的铁的纪律。

罢工运动的规模和性质

广泛开展的罢工运动和其他各种尖锐的斗争形式是当前革命高潮的主要环节。这一环节使我们党有可能抓住群众斗争的整个链条，作为加快革命危机成熟的因素。

列宁就是这样对待罢工运动的。他经过对罢工浪潮的分析，确定了"国内全部社会政治生活中的重要转折点"，因为他从罢工的统计资料中看到了决定着事件总发展的运动。列宁说道："其他阶级的运动正围绕着这个中心集聚起来。"列宁在1912年写道：

> "群众性罢工从一个区域蔓延到另一个区域，罢工的大大发展和迅速蔓延，工人们表现出勇敢精神，群众大会和革命演说增多，要求取消庆祝五一的罚款，我们在俄国第一次革命所经熟悉的那种政治罢工和经济罢工的结合——所有这一切都清清楚楚地表明了运动的真正特点是群众运动的高涨。"①

我们在共产国际执行委员会第十一次全会上曾经谈到主要发生在小工业中的罢工斗争，现在，罢工运动或多或少地已经包括了几乎大工业的所有部门和无产阶级的整个劳动队伍。

随着资本进攻的发展，罢工斗争的战线也扩大了，在罢工斗争过程中群众正在开始转入反攻。当前资本进攻的主要对象是无产阶级已经取得的全部成果和劳动的一切方面。资本家首先集中打击的是集体合同制度，强迫无产阶级签订个人合同，从而击溃工人大军，削弱它的抵抗并把灾难性的经济危机的全部重担转嫁到工人身上。这真是一场你死我活

---

① 《列宁全集》中文第2版第21卷第344页。——编者注

的斗争。甚至从经济行情研究所正式公布的材料中可以看出，在危机时期工资实际价值的指数下降了44%，事实的下降不少于60%。工厂主们把工资做了新的降低，从15%到40%。资产阶级企图把工人阶级推到资本主义经济史上前未有过的饥饿状态中去。

在这方面波兰的资产阶级是走在最前头的。在波兰，资本的进攻具有更加残酷的性质，波兰资产阶级也像德国资产阶级一样，害怕仿效英国资产阶级的榜样，通过部分的通货膨胀来降低工资。德国和波兰对国外的巨大依赖性以及它们在外汇牌价降低情况下很少有可能摆脱骇人听闻的通货膨胀，也使得波兰资产阶级和德国资产阶级难以采用英国的方法。当德国资产阶级借助总统的法令全面降低工资的时候，波兰资产阶级由于害怕仿效德国试验产生的政治后果，就在所有的工业部门中采取大规模的正面进攻。

近两年来罢工浪潮的最重要特点，就是它的基地从中小工业转到了大工业。下面这些非完全的官方统计材料就说明了这一点。1930年在1180个企业中发生了312次罢工，参加的有47000名工人。1931年罢工的数字增加到1123个企业的340次，参加人数为102000名工人。由此可以看出，在1931年平均每个工厂的罢工人数和1930年相比增加了100%。

以下的数字可以说明罢工基地的这种变化情况：1930年平均一个工厂参加罢工的人数为47人，1931年为97人。这就是说，发生罢工的工厂的数字下降了5%，而罢工的人数却增加了110%。这是在过去整个十年中，平均一个工厂罢工人数的最高数字了。

在罢工浪潮转到大工业的同时，罢工斗争的战线也扩大了。尽管包括了一系列工厂的联合罢工的数字在1931年从50次降到了38次，然而，罢工的人数却从1930年的13515人增加到1931年的43717人，即增加了3倍。

在1932年上半年，这一过程更加加强了。在这半年中有236次罢工，参加者为779000人，其中经济罢工228次，大约有300000名工人。由此可以看，从今年上半年起，罢工的总人数达到了最近十年来的最高数字。半年中所达到的这个数字接近了最近十年在1923年，即通货膨胀时期所达到的最高数字。当时参加罢工的有7451个企业的879000人。

将最近半年经济罢工参加者的人数同发生了罗兹总罢工的1928年罢工人数相比较，也得出同样的结论。在那一年参加罢工的人数为354000人，而今年上半年参加罢工的人数就有300000人。

对今年上半年个别工业部门罢工所进行的数字分析，说明罢工运动正在发生质的变化。1931年在采矿工业中发生了14次罢工，有64500名工人参加；而在今年上半年就发生了40次罢工，有127500人参加。在1931年发生了市政职工的9次罢工，有30200名工人参加，而在今年上半年就发生了13次罢工，有126160名工人参加。

从1931年发生罢工的企业的范围中可以看到以下的情况：拿一个企业来说，市政职工罢工的人数为1127人，化学工业——816人，采矿工业——713人，炼铁工业——477人，金属加工业——139人，纺织工业——102人。由此可见，纺织工业中的罢工运动最分散，发生罢工的大工厂的数目也最少。随着罢工浪潮的高涨和经济危机的加深，罢工表现得更加顽强，愈益带有尖锐的政治性质。官方的统计资料不能反映出真实的情况。但是，我们把每一个工业部门和每一个企业依次发生的每一次罢工加以比较，就足以说明这一点。如果说第一次矿工罢工只有6天时间，那么第二次就持续了一个月。电车工人的第一次罢工为2.5天，第二次——4.5天，罗兹罢工则为两周。罢工持续的时间一般都增加了几倍。像具有国际意义的别利斯克罢工长至一个半月，比亚韦斯托克罢工——2个月，彼得库夫罢工——40天。

在一些企业和工业部门中不断地发生罢工（一年中有3—8次），也是工人群众顽强斗争的一个雄辩的证明。

由于这种情况，经济罢工和政治罢工之间的对比关系也发生了变化。根据红色工会国际所公布的不完全材料，在今年上半年发生的有74.9万名工人参加的236次罢工中，有11次政治罢工，参加的人数为47万人。这些罢工造成了47万个工作日（在350万个工作日中）的损失。

尽管罢工的顽强性不断提高，失败的罢工的比例数也增加。在1930年取得胜利的罢工占69%，在1931年——73%，而在今年上半年情况变得有些不好。胜利的罢工有137次，参加罢工的人数只有13万名工人，44次失败的罢工，参加的工人则有13.8万人，还有49次罢工的结果不明。

我们看到今年上半年失败的罢工参加的人数要多于胜利的罢工的人数。这些数字反映了罢工斗争正面临着越来越多的困难。

1931年，市场情况的季节性局部好转有利于罢工的顺利进行，1932年则是危机期间市场情况没有任何好转的第一年。在中小工业中工厂主的抵抗力要比卡特尔化企业中工厂主的抵抗力小一些，而对于后者来说，只有出口奖励金才能使他们作出让步。在罢工运动中最落后的地方是铁路工人和金属工人。他们在罢工运动中落后的原因，首先在于我们的党组织工作的落后，尤其是在从组织上巩固我们的影响方面较薄弱。由于加强了在铁路工人中间的影响，左翼反对派在他们最近的代表大会上赢得了实际的多数票，不过他们的这一胜利并没有巩固下来。当然，进行罢工斗争的一个障碍，是铁路部门和军事企业中的半军事纪律和军事化。但是在资本家和国家机构加强进攻的情况下，铁路工人和金属工人部分地参加政治罢工，这就说明了在他们当中是有可能开展罢工斗争的。在反对资本的进攻和帝国主义战争的斗争中，我们全党必须把全部力量用在无产阶级的这些最重要的队伍上。

占领工厂是罢工运动的一种特殊形式。这是反对资本进攻,特别是反对裁减人员的第二种主要斗争形式。运动具有群众的规模,包括了一系列的工厂和几万名工人。由于我们的鼓动工作,工人们通过亲身的体验,确信消极地留在工厂内是不够的,必须同其他工厂的工人和失业们建立联系,把斗争扩展到本工厂以外去。

不久以前,帕比亚尼采的工人在占领工厂、同时进行街头斗争和支持性的罢工方面做出了榜样。当800名工人占领工厂时,有3000名工人举行了示威游行,并在工厂外面同警察进行了顽强的斗争,后来斗争又转移到了厂内。下面我们看一看资产阶级报刊上所描写的几个最有代表性的场面。

罗兹的一家资产阶级报纸写道:"在第四天(6月16日)失业者和其他工厂工人的人群企图进入厂内同那里的工人联合起来。警察用橡皮棍驱散了人群。很快又有数约3000人的人群向四面八方冲向工厂,他们向警察投掷石块。人群再次被警察驱散。这时在工会①办公室内正就取缔罢工的问题举行会议。这一罢工是毫无道理,因为它是未通过工会由共产党员组织起来的。人群中的一部分人涌向工会办公室。聚集在那里的工人举行了示威,走向被占领了的工厂。警察在石块的打击下开枪射击,但这也无济于事。人群走到工厂并在这里开始筑造街垒。被调来的增援警察部队,他们用枪托和催泪弹来驱散人群。厂内的工人企图冲出大门重新举行示威。当警察进入工厂以后开始和工人展开了真正的搏斗,工人们用石块、棍棒、盐酸和高压水龙来保卫自己。斗争延续了九个小时。"

从上面的描述可以看出,工人们采取了多么尖锐的反击形式,这已

---

① 改良主义工会。——Ю. Л. 连斯基注

经带有某种内战的因素了。工人阶级的其他一些发动也具有类似的性质。罢工运动愈益尖锐地使工人群众同法西斯专政的机构冲突起来，把他们卷入政治生活中去，在他们面前提出了政权问题和用革命手段摆脱危机的问题。

波兰无产阶级的罢工斗争——同右倾托洛茨基的危机情势论相反——证明，工人阶级尽管遭受着大批失业和法西斯的疯狂镇压，但他们可以对资本的进攻给以反击，打退资本家的进攻，使资本家难以实现资产阶级摆脱危机的企图。这是最重要的。

我们的罢工运动有哪些弱点呢？

第一，在时间的选择上，特别是大罢工时间的选择。列宁说，应当不是按照工厂主们的愿望来选择时间。不过我们往往很缺少这种本领。

第二，在大型、重要的工厂中，我们的力量不够集中。

第三，工厂通过的决议很多没有现实性。有时我们以为，只要大多数工人们表示支持罢工就足够了，罢工自然就会发生。

我们的力量不够集中，并且不善于实现在工厂中所通过的决议，这是最近我们在罗兹纺织工人大罢工中遭受失败的主要原因。在6月上半月改良主义工会所召开的代表会议上，革命工会反对派取得了压倒多数的工厂代表席位（全体出席代表500人中间的400个席位）的事实，无可怀疑地证实了广大工人群众罢工热情的极大高涨。代表会议4/5的代表不顾会议组织者——改良主义官僚——的反对，坚决支持把运动的领导权交给中央罢工委员会，这一事实就说明革命工会反对派在群众中的影响有多大了。但是，在取得了这样的胜利以后，我们的组织却没有足够的力量在工厂中立即进行动员和吸引罗兹的纺织工人来宣布罢工。罢工仅仅有6000纺织工人参加，而且主要是小企业中的工人。

当然在这方面我们也有好的例子，像电车工人和矿工等的罢工。

第四，有时人们把总罢工的口号当做实际行动的口号加以滥用，从而忽视了局部性罢工,而我们正是要通过局部性罢工把群众吸引到更大的,包括所有工业部门在内的总罢工。在我们的某些组织中正是存在着这种可以说"左"的、事先没有经过准备,也没有对我们的力量进行应有估计的滥用总罢工口号的现象。

第五,同声援罢工缺乏联系,不善于把列宁所说的各种斗争形式结合起来和加以变换,而马克思主义的策略正在于把各种斗争的手段结合在一起,善于从一种形式转变为另一种形式,不断地提高群众的觉悟和扩大他们的集体行动,在这些行动中,每一个行动或者是进攻,或者是防御,但所有这些加在一起,就会引向更加深入和更加具有决定意义的冲突,列宁指出,要将提高各种斗争的形式变成一个经常性的趋向。

最后,不善于及时地结束罢工,有组织地使群众退出斗争,以便聚集力量进行新的斗争,当罢工遇到巨大障碍的时候,也不善于通过妥协来结束罢工。在这样一些情况下,使得社会法西斯分子们掌握了主动权。

我们在组织方面的主要缺点在于,革命工会在发起和领导罢工战斗方面缺少同共产党的联系,在改良主义工会中的工作薄弱(尽管改良主义工会还有着很大的影响和较大的群众基础),没有充分利用工厂委员会,没有为争取改良主义分子所操纵的工厂委员会而进行经常的坚持不懈的斗争。

我们在罢工运动方面所取得的主要成绩是,善于把工人的要求具体化,善于在斗争过程中把经济要求和政治要求结合起来,把罢工同示威游行结合起来,组织罢工行动委员会会议和代表会议(它们是下层统一战线的机关,是准备、发动和领导罢工斗争的机关)。

在局部性罢工的基础上扩大罢工战线和通过群众的示威游行、占领街道的顽强斗争、支持性的罢工和抗议罢工,使罢工的形式更加尖锐化,通过群众性的革命罢工使经济罢工和政治罢工广泛地交错进行,这些就是使罢工斗争顺利进行的必要保证。

对于失业者的运动来说，同样也必须扩大斗争的规模和使斗争尖锐化。在这里主要的弱点是失业者的一些战斗发动不能相互配合，以及他们同在业工人的斗争缺少联系，这样就分散了无产阶级大军的力量，便于法西斯主义实行各个击破。

根据资产阶级报刊和我们工作报告中的极不完全的统计来看，在从1930年10月1日到1932年的3月1日的半年时间内，就发生了617次失业者的运动。

在1932年的4月和5月，失业者的积极性有了新的提高和加强。示威游行具有了更加激烈的性质。同警察发生了流血的冲突。失业者夺取粮食和煤，以及拦截火车的次数不断增多。例如，在离彼得库夫不远的地方，就发生了有500人在光天化日之下拦截火车抢煤的事情。

6—7月失业者的斗争又有了进一步的加强。在这一时期共有37次发动，其中有10次是抢煤事件。失业者们要求发放和增加津贴，开放社会工作，发放食品等。示威者们还经常成功地释放犯人，包围警察段。

我们在失业者中间工作的主要缺点是，没有广泛建立失业者委员会的分布网和不善于安排这些委员会的日常工作。其次，没有足够地扩大斗争战线和借助代表会议在各个地区组织共同的发动。党必须注意要最快地克服这些缺点。

群众性革命罢工的发展

当前的特点是，经济罢工转变为政治罢工，以及经济罢工和政治罢工在当前政治形势下的紧密结合。4万名矿工的罢工最清楚地说明了这一点。在这次罢工期间，群众一直在街头为夺取街道的阵地，同武装到牙齿的警察部队进行了英勇的斗争。

在局部性罢工的基础上，罢工发展为反对资本集中进攻的大规模战斗，是开展政治罢工的一个主要因素。栋布罗瓦和克拉科夫地区的矿工罢工就起了这样的作用。矿工们顽强地坚持了一个月的斗争，使工人阶级其他处于动摇状态中的队伍也行动起来，促使他们对资产阶级的进攻实行反抗和卷入罢工运动，激起了一系列的声援罢工和抗议警察血腥暴行的罢工。在这个基础上发生了3月16日的整个地区的抗议罢工，这次罢工不顾社会法西斯分子的阻挠，在我们党的积极帮助下，在无产阶级的各个最重要中心举行了群众性的革命罢工，参加罢工的有在业无产阶级大多数（30万人以上），其中包括一部分以前曾处于罢工运动以外的工人阶级的重要队伍（金属工人、铁路工人、军火工厂工人）。

去年8月我们党中央第三次全会预见到，在最近的将来有可能出现类似的罢工运动，于是采取了积极引导群众的方针。实际上，我们为这一次罢工奠定了基础。罢工是由波兰社会党宣布的。

我们党中央的指示如下：我们要抓住3月16日的时机，吸引无产阶级的所有队伍，尤其是铁路工人和金属工人参加罢工运动，使群众高呼着我们的口号走上街头，吸引在业工人和失业者参加示威，揭露波兰社会党的虚伪的民主词藻，在一切可能的地方成立主罢工委员会以便在将来进行斗争。这些指示中有很多被实现了。我想只举出三件最突出的事例：在华沙——金属工人的罢工特别反映了我们工作的结果；在克拉科夫这个社会法西斯分子的堡垒中，我们使波兰社会党工人同他们的领袖对立起来，并举行了群众性的示威；在日维茨——不顾波兰社会党的反对举行了工人和农民的大规模的战斗示威。这样的例子我还可以举出更多。

但主要的是，我们党没有发挥出主动精神。在这里暴露了边区领导的软弱无力，暴露出他对形势和社会法西斯主义所玩弄的花招估计不足。我们在当时就写道:"波兰社会党最近所耍的花招(全边区市政工人的抗议罢工和3月26日的总罢工)对我们党是一个突然袭击。这一次主动权被操在波兰社会党的手里,这对我们今后的工作来说是一个严重的警告。如果这样发展下去,再过24小时就会使我们在事件面前处于措手不及的状态。事情不是要在事件发生后才来揭露社会法西斯的花招,而是要在事前就能够识破它们。在这方面,我们的工作是很薄弱的。

当然,社会法西斯分子在自己合法的足卒们帮助下,可以比较容易地接近群众。对于他们说来,举行一次平静的示威罢工,要比我们发动一次大规模的群众斗争容易得多。但是,这绝对不能成为我们对当前群众的具体动向估计不足和我们自身行动迟缓的理由。我们看到了我们在矿工罢工中的主动精神曾经有过多么巨大的意义。在工人所取得的社会成果遭到进攻以后,我们应当立即开始准备全边区工人群众的一日发动,作为革命总罢工的演习。这时政治主动掌握在我们的手里,从而使我们在3月16日所起的作用也更大一些。"

有一些同志要求我们把这次罢工再延长几日。这是我们做不到的。

皮亚特尼茨基(苏联)(起立):

就是一个工厂也不行吗?

连斯基(捷克斯洛伐克):

这我们试一试。

皮亚特尼茨基(苏联)(起立):

我们并不要求在一切地方。

连斯基（捷克斯洛伐克）：

我指的是我们的某些同志。

这样就开始了一个和经济罢工交织在一起的政治罢工的新时期。

当然，这种相互交织还是很不够的，因为其中主要是经济罢工，而政治罢工所包括的范围还是不大的。不过列宁在当时所分析的那种基本倾向，正在为自己开拓道路，把革命罢工问题作为无产阶级领导千百万劳动群众进行斗争的手段提到日程上来。

按照列宁的说法，政治罢工是在经济罢工的广阔基础上形成的，而经济罢工在运动开始临时吸引新的阶层参加运动，起着主要的作用，同时，它唤醒落后的阶层，使落后阶层行动起来，丰富运动的经验和扩大运动的规模，把运动提到一个更高的阶段。

根据这种情况，党应当在广泛的群众经济斗争的基础上开展政治罢工，特别是反对警察血腥的暴力行动，反对法西斯恐怖的各种具体表现，因为法西斯恐怖正在加重对工人和农民广大群众的打击。现在也应当把政治罢工当做反对帝国主义战争的武器。现在在我们的条件下，政治罢工是把无产阶级运动同革命农民运动和民族解放运动结合起来的最好方法。

无产阶级罢工斗争规模的扩大和政治局势的总的尖锐化正在影响着千百万劳动农民群众。在农村中，罢工运动首先包括的是农村无产阶级。在经过共产党人顺利领导的几十次罢工以后，在4月18日所举行的一日的示威罢工就有10万农村工人参加。

广大的农民群众开始使用罢工的武器。整县整县地举行罢工，在降低市场税以前，他们将一直实行罢市。

农民群众依照无产阶级的榜样，从零散的发动发展成为大规模的战斗，这些战斗预示着作为无产阶级革命组成部分的土地革命的各种因素正在加快地成熟起来。革命的农民运动发展到了更高的阶段，带有了反对法西斯政府和反对地主剥削压迫的大规模起义的性质。7月初，在利斯基爆发的武装斗争就带有这种性质，这一斗争包括了19个村庄和10000名农民。这是主要由乌克兰农民同波兰农民参加的局部性的地方起义。起义的锋芒是反对波兰的占领。斗争的借口是在所谓"劳动节"的名义下进行的义务修路劳动。农民群众拒绝参加强制劳动。当村长请来警察的时候，群众就冲向警察，把他们解除武装，并用一切能够拿到的东西把自己武装起来。他们占领了地主的庄园、僧侣的教堂，把教士和地主赶走，以后又同前来的警察部队以及增援他们和进行血腥镇压的4000名士兵展开了英勇的战斗。利斯基的农民没收了地主仓库中的粮食，甚至直接占领地主的土地。在被杀害和受伤的人当中，也包括那些组织农民群众进行反击的共产党员。

革命农民运动的群众基础日益扩大。毁灭性的农业危机加上高利贷和捐税的掠夺，不仅使广大的贫农群众，而且也使为债务和捐税弄得破了产的基本中农群众参加到运动中来。根据国家科学研究所的材料，有90%的农民几乎不能从出售粮食中得到收入，有40%的收入用去纳税和还债。地主、富农和资产主义国家对农民进行着骇人听闻的剥夺。由于实行法西斯的土地管理制度和废除地役权，农民被剥夺了最好的土地。在1930年有38000名农民因废除地役权得到了103000公顷土地，而在1931年34000名农民只得到了57000公顷土地，即减少了一半。农民的财产也都用于抵偿债务和纳税。没有马匹的农户数目在不断地增加。

在农村中存在的一系列封建制度的残余使得倍受剥削的农民的处境更为恶化，使贫农更加接近于半农奴的生活条件。引起农业急剧退化的经济危机和法西斯主义掠夺性的国库政策，使得封建残余形成为对农民群众进行掠夺的一整套制度。各种形式的实物剥削有增无减，如做工抵债、教堂税、义务筑路，每年可达几千万个强制劳动日。征收各种城市的通行税。

贫农和中农对所有各种掠夺形式所进行的反抗越来越带有较高的组织性,并已开始转变成为自发的暴动。

在1930年"自愿"取消地役权的有17000户,强制取消的有20000户。在1931年"自愿"取消的仅有11000户,而强制取消的为23000户。

缺少土地是农民运动的一个导向因素。农民各种形式的斗争都同这一问题有关,而这一问题又同政权的问题有着不可分割的联系。被剥削农民的所有革命发动都归结为争取(不付赎金的)土地的积极斗争。共产党的任务就是要在农村抓住这个主要环节,把自己的日常工作和行动口号同它结合起来。

日益蓬勃发展的无产阶级革命拥有一只巨大的后备力量,作为它在同资产阶级专政进行斗争中的同盟者。当然,农民运动同无产阶级运动比较起来带有更多的自发性。但是,尽管斗争的条件不同,我们可以断言,这两个运动之间的不相称的情况定会得到改变,无产阶级的领导权将得到巩固,工农联盟会成为一个现实的因素。

无产阶级罢工运动的开展也使城市中的小资产阶级群众参加到反对垄断资本和资产阶级国家的斗争中来。一些城市的居民举行了抵制罢工反对提高电费的运动。这一运动包括了数十万名城市小资产阶级居民,是小资产阶级群众脱离大资产阶级和向无产阶级靠拢的一个重要的征兆。

罢工也成为数十万名身受资产阶级国家掠夺和破产的市政府之害的官吏(资产阶级企图把财政危的重负转嫁到他们身上)的斗争形式。由此,皮尔苏茨基分子的群众基础大大缩小了。波兰法西斯主义力图用对它忠实可靠的干部来代替群众。下层国家机关解体了。由此,在被卷入内部战线斗争的军队中也出现了不满的征兆。由此,最后在皮尔苏茨基分子中间出现了思想上的混乱，其表现就是产生了民族——"共产主义者"集团，他们提出了计划经济的纲领。

这个集团的机关编辑部在社论中写道："苏维埃的试验应当判明是否可以实行没有资本家的计划经济。它所取得的成绩都是可怀疑的。在1932年的条件下，在波兰保留资本主义的政策是一种轻率的举动。生活的经验正在给我们指出其他的发展道路。"

由此可见，无产阶级斗争的开展正在引起深刻的阶级变动并改变着力量的对比，而有利于革命的无产阶级。但是这一过程并不是直线发展，没有任何动摇和曲折的。如果事情真是这样的话，那波兰的革命危机就是一个早已实现的事实了。

革命危机成熟过程的不平衡不仅是由于共产主义组织的相对弱小，而在很大程度上也由于革命运动在自己的发展中所遇到的客观困难越来越大所决定的。这两位一体的辩证过程的基础就是日益发展的无产阶级革命正在把资产阶级反革命的力量聚集起来，同时加强整个资产阶级的抵抗，尽管资产阶级正处在分化瓦解、矛盾百出和内部摩擦之中。

为了和日益发展的革命运动进行斗争，资产阶级正在采用极端的恐怖手段、战地法庭、绞首架和讨伐队。这种法西斯主义先发制人的恐怖行动（它不仅在波兰，而且在德国都具有内战的规模）连同失业和大批裁员的灾祸，以及卡特尔化资本在其向劳动各个方面的疯狂进攻中的越来越不肯让步——这就是在革命高涨发展中所出现的主要的客观困难。

社会法西斯主义在加紧玩弄花招

与此同时，资产阶级极力使自己的一套欺骗手段不断完备和充实，以便遏止群众的革命化过程，在社会法西斯欺骗者的帮助下，把这些群众引进社会民主党的罗网，在一些激进民主主义口号的掩护下，把他们推上资本主义摆脱危机的道路。

社会法西斯主义及其左的信徒们的花招变得日益灵活和狡猾。关于这一点，台尔曼同志已经在这里说过了。现在要确定这种花招所使用的客观范围那只是一句空话。随着玩弄花招的客观可能性的减少和新的一次革命和战争的临近，社会法西斯主义耍花招的本领正在提高，它的花招也变得更为"精巧"。社会法西斯分子的罢工（工贼的）策略是特别狡猾的，它不仅用反对资本主义的言词，而且还用反对改良主义的言词装点起来。这就是他们在玩弄花招方面的新因素。波兰社会党的首领们已经在谈论推翻资本主义了。

矿工联合会总理事会在一项决议中宣称："在工人阶级当中散布的观点，即只通过改革而不必消灭资本主义的制度，就可以克服当前的危机，这是极为有害的，因为它使人们不去注意进行反对资本主义制度斗争的必要性，使资本主义得以苟延残喘和加深群众的贫困化。"

波兰社会党的这一套反对改良主义的言词，再好不过地证明它的医治资本主义的那个旧纲领在群众的眼里已经彻底破产了。波兰社会党现在也不能用那个早已破了产的以中左政府为代表的议会民主制口号去接近群众了。它扬言要恢复民主制，建立"工农政府"，并提出了建立波兰人民共和国的口号。

工农群众不想恢复那个产生了法西斯专政的皮尔苏茨基、达申斯基、维托斯之流的共和国。正因为如此，波兰的社会法西斯分子们也像德国社会法西斯分子们一样，大叫什么以"纯粹民主制"为基础和"长入社会主义的"第二共和国万岁了！

波兰的社会法西斯分子就是把计划经济的口号同这样的所谓纲领联系在一起的。由于苏联的社会主义建设在波兰深入人心，他们不得不在口头上表示承认这些成就，并把自己打扮成客观的善意的批评家。波兰社会党的领导人宣称:"我们对于五年计划既无讥讽,也无仇恨。""我们在原则上赞成社会主义的计划性,只是不要苏维埃制度的社会主义计划性",(笑声)也就是说"它不是以群众对专政的农奴般依附为基础,而是以同政治民主不可分离的社会民主为基础的"。此外,他们还力图用(按照他们的话说)"一旦五年计划在波兰被实现",波兰就有丧失"独立"的危险来威吓群众。(笑声)

近来,社会法西斯主义也在开始玩弄"无产阶级专政"的口号。他们从"左"的方面来批评德国社会民主党的策略,认为它是消极抵抗的策略,说"无论是波兰社会党人,还是德国社会党人都没有当议员的命"①。波兰社会党认为这一策略的根源在于德国社会民主党在1918—1919年时期的妥协主义的传统。波兰社会党中央机关报(《劳动者》)编辑部同意勃鲁姆的批评(不久前登载在《人民报》上),他写道:"德国社会民主党的最大错误就是当时放弃了实行真正的无产阶级专政。"勃鲁姆声称:"君主制德国的形式和常备部队现在可以恢复起来,因为它们实际上从来没有被摧毁,只有在必要时②被我们所利用的无产阶级专政才能摧毁它。"勃鲁姆针对过去(过去是不会再回来的)所说的这些大话,只不过是历史自我批评中的一个激进姿态而已。(笑声)《劳动者》编辑部又作了一点补充说:"德国当时是需要无产阶级专政的,不过这个专政却同布尔什维克的专政很少有相似之处。"问题在于所谓的议会多数的专政。我们认为波兰社会党的担心是多余的,因为从这个专政后面总是可以看到为资产阶级完成社会政治订货的诺斯克和策吉贝尔先生们的影子的。对无产阶级专政口号进行巧妙的歪曲,这是社会法西斯主义所玩弄的花招的一个新特点。

---

① 当然是他们自己的议员了。——Ю. Л. 连斯基注
② 然后它就应该被打发走了。——Ю. Л. 连斯基注

在劳动群众同情苏联，憎恨帝国主义战争，准备捍卫社会主义祖国的压力下，在反战大会（数百次的群众大会并通过了决议，反战委员会组织的扩大，由 260 个工厂、农村和工会的代表参加的全边区代表会议，青年工人的群众集会等）取得巨大成绩的影响下，社会法西斯分子们也开始在口头上表示反对反苏武装干涉，同时在背后继续对共产党人的反战运动和苏联的社会主义建设进行诋毁。

社会法西斯主义通过玩弄各种狡猾的花招（这些花招有时给我们的党组织制造一些困难）来遏止群众对共产主义的向往和他们本身队伍的瓦解，从而使这一瓦解的速度同有利的客观条件不相适应。

社会法西斯主义瓦解的过程并不像我们一些人想象的那样简单。这些同志往往把社会民主党的"自我揭露"估计得过高，把它看做是自发的，认为共产党员可以不必再去为揭露它而进行顽强的和周密的工作了。这些同志通常都是用一般化的简单的词句，来代替对于社会法西斯主义非常复杂的花招的具体揭露，用粗俗的、空洞而夸张的词句来代替具体的论据。全部问题在于不仅要动摇社会民主党工人对他们的领袖的信任，而且还要说服这些工人，推动他们走上同他们的领袖，同他们的党决裂的道路。

我们很容易忘记，在社会民主党工人同他们的党和他们的领袖的关系中，有着某种相当重要的差别。不是有一个社会民主党的工人骂过他们的领袖"头目"，然而他们在心里仍然相信：社会民主党本身是一个好的工人政党，只要更换几个不好的领袖就行了。所有"左"的骗子们都具有这样的情绪，特别是在我们波兰。

同时，我们说服社会民主党工人的方法也有很大的缺点，尤其是对党内不满者的组织工作缺点更大。在我们进行瓦解的工作中，缺乏应有的顽强性和坚定的目的性。个别的工人或集团脱离波兰社会党不能形成广泛的运动，不能导致在波兰社会党内出现更大的分裂。

首先，必须有说服力地、经常地、及时地对社会法西斯领袖们带有欺骗性的论据作出回答，要根据社会民主党工人的政治觉悟水平来提出我们的论据。由于忘记了这一点，我们有时竟以缄默来回避问题，对于在社会民主党人和非党群众中间广为流传的社会法西斯主义的某些论点似乎是充耳不闻。

我们的又一个弱点，就是对在同社会法西斯主义进行斗争中所取得的成绩不能够从组织上加以巩固。这里，华沙电车工作人员就是一个典型的例子。尽管波兰社会党的领袖们已经破产，改良主义工会几乎已经被彻底粉碎，在电车工作人员的第一次胜利罢工中，波兰社会党的影响再次抬头了，过去有一部分脱离了波兰社会党的工人由于我们不能吸收和留在我们的组织中，无疑地又回到了波兰社会党去。

在电车工作人员第一次罢工经验的影响下，波兰社会党在罢工运动方面的策略方针也有了改变。由于主动权和领导权主要集中到了共产党员的手中，社会党在工厂中的群众基础大大缩小了，从而对它造成了很大的威胁。因此，现在当斗争成为不可避免的时候，波兰社会党的领袖和首脑们站出来了，这有助于他们减弱局势的紧张性，防止斗争的扩大，并借助于和平抗议罢工，部分地缓和群众的战斗情绪。

在客观困难愈益增长，社会法西斯主义的罢工策略不断变换花样和它们独占合法地位的条件下，我们进行争取罢工运动领导权的斗争就更加困难了。

这些困难影响着我们领导的罢工和改良主义者领导的罢工，革命工会反对派领导的罢工和各方为争夺领导权而进行着顽强斗争的罢工之间的对比关系。在1931年我们领导了80%的罢工和罢工工人；在1932年上半年，革命工会反对派领导了159次经济罢工，参加的有20.6万名工人；改良主义分子领导的有23次罢工，参加的有13万名工人，其中的一次抗议罢工有10万名市政职工参加。我们在有6.7万名工人参加的 12 次罢工中，同改良主义分子进行了争夺领导权的斗争。从这一对比中应当得出结论，革命工会反对派主要是在中小工业中独立地领导了罢工运动。

正因为如此，各社会法西斯政党的瓦解过程同群众普遍激进化的形势还不相适应。社会法西斯主义借助于各种花招不仅延缓了工人脱离社会民主党的过程，而且在某些地方收罗了一批其他政党的退党分子，阻止他们向共产主义的进一步靠近。

从无产阶级各中心地区社会法西斯主义群众基础的缩小中，也可以看到有某些曲折。我们的任务就是要通过对社会法西斯主义进行勇敢的、经常的、顽强的揭露，特别是通过日常斗争的经验来进行揭露，促使它早日瓦解。

各个富农联合党也玩弄着同样狡诈的手段。这些党的领导人在群众的压力下有时也领导农民的罢工，以便把罢工保持在法西斯主义合法的范围内，他们甚至在某些地区还组织了农民委员会，其目的是要麻痹群众斗争机构的锋芒。我们在农村中的组织软弱无力，这也有利于富农领导人利用农民阶级联合的口号和激进反对立场的词句，来迎合农民群众——中农和贫农的极度不满的情绪。一位典型的富农领袖维托斯在自己的一篇文章中分析了农民群众的愈益增长的政治积极性（这也是富农的联合组织所试图加以利用的）：

"现在人们的热情极高，一次不大的群众集会就有 2000 以上的农民参加。我所召集的几次群众大会就有不下万人参加。最近三个月来听过我演讲的有 25 万人。当然我还不是鼓动农民去进行革命，也没有把他们引向革命……"

农民的政治积极性不顾富农领导人的压抑，经常超越合法的范围，而同警察形成冲突。这种情况在利马诺瓦和拉巴诺夫等地都发生过。

无产阶级和被剥削农民的革命运动克服了重重障碍和困难，不断地扩大和加强着自己的阵地。法西斯主义愈益疯狂地采取恐怖手段，这并不表明反革命的胜利，只不过是处于瓦解状态中的资产阶级在同日益发展的无产阶级革命进行斗争的一种先发制人的手段而已。这种恐怖手段并不能阻止革命运动的高涨，只能使工农群众的斗争形式更加尖锐化。列宁说道："既然群众已经起来，既然千百万人开始行动起来，任何迫害和任何镇压都不能阻挡运动前进。"① 现在已经有广大的群众在跟着革命先锋队，跟着共产党走。波兰共产党在日常斗争的过程中，在争取无产阶级的大多数和农民的基本群众方面已经向前迈出了极大的一步。在波兰，革命危机的迅速成熟，要求党竭尽全力，使当前的这一主要战略任务能够更快地加以解决。这一任务只有在同社会法西斯主义和人民法西斯主义进行顽强的、坚持不懈的斗争中才能得到解决。

关于夺取政权的决定性战斗

库西宁同志在这里正确地阐述了准备决定性战斗的问题。我认为库西宁同志在自己讲话的结尾引用斯大林同志的公式，本身包含着三个基本的因素。(听众的声音："对!")

第一，使群众确信本身的经验。

第二，很重要的一点，是使群众理解自己的经验。当然，在这里宣传和鼓动的作用在任何时期和任何阶段都是不可低估的。

第三，这就是即使在每一次同资本的最小的冲突中，在反对资本的进攻，反对法西斯主义和帝国主义战争中都要组织和开展战斗。

把这些因素当中的一个因素同其他因素对立起来，就是烦琐哲学，因为它们是不可分割地联系在一起的。如果这些因素不完全，那也就谈

---

① 《列宁全集》中文第2版第20卷第76页。——编者注

不上布尔什维克引导群众为夺取政权进行决定性战斗的方法了。

对日常斗争进行经常性的领导，就使我们党（是它在法西斯恐怖异常艰苦的条件下进行工作的）有可能从政治上和组织上同无产阶级和农民的广大群众保持联系，在一年之内使自己的队伍扩大一倍并在某些中心地区从数量上超过合法的社会法西斯组织。我们党现在拥有1.6万名党员，1.4万名青年团员（被捕入狱的人数未计入内），而波兰社会党则有党员3万人。

在1931年被捕的共产党员的数目也增加了一倍，这样就特别尖锐地提出了干部的提拔、培养和接班的问题。

关于总罢工的问题谈几点意见。

党在组织局部性罢工的时候绝不应忘掉革命的前景。

党把罢工斗争战线的扩大同总罢工的方针联系在一起。3月16日的抗议总罢工表明了革命总罢工的口号在群众中是深入人心的。当然，把这种罢工看做是局部性罢工的机械的继续，是日常罢工的总和，那是经济主义。

很清楚，这一罢工要求整个政治情势相当的尖锐化和广大群众革命积极性的高度水平。这种罢工的举行要通过罢工斗争战线的进一步扩大，尤其是在无产阶级的重要队伍——金属工人和铁路工人中的进一步扩大，通过经济罢工和政治罢工的广泛交替，通过群众性的街头示威游行，通过失业者的协调一致的发动，通过大规模的联合战斗和农村中的局部性起义。

总罢工口号的普及必须同夺取政权的直接斗争的前景，同武装起义的宣传联系在一起。这种联系并不意味着每一次罢工都要立即转变成为武装起义。革命总罢工没有成熟为武装起义的形势也是可能的，武装起义则不能自动地从总罢工中突然出现，而是一系列大的阶级战斗的结果。1905年革命的经验告诉我们这一点。列宁就是这样提出总罢工问题的。1913年布尔什维克中央委员会会议关于罢工运动的决议中所包含的指示，是最适合我国情况的（在波兰，革命高涨有着更高的阶段）。

决议称："会议欢迎彼得堡委员会和莫斯科若干党组织的创举，欢迎它们提出政治总罢工的问题和今年7月和9月在这个方面所采取的一些步骤。会议认为，运动已经到了要把全俄政治罢工提到日程上来的时候了。必须立即普遍开始准备这一罢工的有系统的鼓动工作。"①

这样提出关于总罢工的问题就排除了这一罢工同武装起义自发结合（不管客观情势的成熟程度怎样）的可能性。

在波兰，某些同志曾想在3月16日提出"总罢工胜利万岁"的口号。如果这一口号被提出来，它也只不过是一句空话，一纸空文。

现在还很难预见革命总罢工转变为夺取政权直接斗争的具体过程。但是，现在这个前景应当为所有的局部性战斗指出政治方向。同时必须记住，在革命危机的条件下，我们所领导的总罢工要向群众直截了当地提出直接夺取政权的任务，向党提出要为武装起义组织力量的任务。

在采取引导群众进行革命总罢工的方针时，我们现在就应当考虑到使每一次大罢工在斗争过程中转变为短时间的抗议总罢工的可能性。我们已有3月16日的经验，我们应当随时做好进行发动的准备，并从一开始就对罢工进行领导。

在这方面，3月16日的例子无疑具有国际意义。在匈牙利和希腊都发生过类似的罢工，这些罢工是这些国家革命总罢工条件成熟（即革命危机临近）的征兆。

十分清楚，革命总罢工是我们革命战略具体应用中的一个组成部

---

① 《苏联共产党代表大会、代表会议和中央全会决议汇编》人民出版社1964年版第1分册第400页。——编者注

分。在每一国家中这一罢工的作用可能是不同的。在像波兰和意大利这样一些国家中，革命总罢工可能是冲破法西斯专政的锁链和千百万群众走上街头的手段，是把无产阶级这一革命阶级的分散部队联合在一起的手段，是加强无产阶级领导地位的手段和总体战斗前阶级力量对比的尺度。

托洛茨基在自己关于德国的一本小册子中反对提出总罢工的口号。他说：

"在德国只有当法西斯主义已经掌握了政权和牢固地控制了国家机构的时候才可以进行反对法西斯主义的总罢工斗争……如果说在德国斗争是在法西斯分子挑衅所引起的局部性冲突中爆发的，因此号召进行总罢工就未必适时了。总罢工首先意味着：割断城市与城市、街区与街区，甚至工厂与工厂之间的联系……"（笑声）

"没有工作的工人是很难找到和集合起来的……在这样的条件下，法西斯分子的大本营中则不缺少人手，他们因处于集中领导的地位，而占有一定的优势。"

除了其他的附加因素以外，这种观点的虚伪性就在于它把总罢工的作用只同革命形势发展的时期，同直接准备武装起义的时期联系在一起。按照托洛茨基的意见，关于总罢工的问题只有当法西斯主义牢固地控制了国家机构的时候才能够提出来。这就是托洛茨基方针的极端的机会主义性质。

马尔丁诺夫（苏联）（起立）：

这不是错误，而是一种考虑。

连斯基（捷克斯洛伐克）：

在政治提纲草稿中正确地向德国共产党提出了目前的一项中心任

务，即"通过开展经济罢工和政治罢工"，"把群众引向政治总罢工。"我认为，对于波兰和其他国家的共产党（例如西班牙，那里的经济罢工和政治罢工有着很大的发展）也应当提出同样的任务。

一些同志认为，提出总罢工的口号和引导群众进行总罢工的任务尚为时过早，他们对形势的看法是一种明显的机会主义的估计不足，对我们的任务抱着轻视的态度。他们对于社会法西斯主义所玩弄的具有极大欺骗性的花招（如在波兰宣布3月16日的罢工）的性质还不了解。他们也不了解这些花招都是由于革命危机的迅速发展而引起的。他们看不到在整个形势发展中的质的变化，看不到最近将来的革命前景。

我们进入了一个巨大的罢工战斗时期，每一次罢工都在扩大着自己的基础，并达到更高的水平。波兰矿工的英勇罢工后，又有捷克矿工的更有组织的罢工作为继续。这两次罢工说明了工人阶级革命化的更高程度和共产党员在无产阶级群众统一战线中的领导作用。这两次罢工虽然不尽相同，但都具有全民的，即普遍革命化的性质，影响着被压迫者和被剥削者斗争的发展。这两次罢工在资本、社会法西斯主义和资产阶级国家的联合力量企图立即消灭罢工斗争的情况下，表现得异常的顽强。这两次罢工，尤其是波兰矿工的罢工，是反对政府仲裁的。两次罢工都在政治上取得了胜利，捷克矿工的罢工部分地也取得了物质上的胜利。这两次罢工，特别是捷克矿工的罢工，使社会法西斯主义得遭到了失败。

比利时矿工的罢工具有最大的规模，它是比利时深刻的阶级变动的一个因素，我们根据列宁所下的定义，可以把它叫做"资本主义社会的危机"，是革命阶级加强的信号。这一罢工发展成为整个地区的政治运动。在罢工斗争的过程中，社会法西斯分子们对工人群众特殊的、几乎是独占的影响被击破，而小小共产党的影响却迅速地增长了。在群众高昂的战斗意志面前，工贼的各种手段都被粉碎了。

总之，我们看到，广泛开展的罢工运动是各资本主义国家中革命高涨的一个主要环节。在德国，罢工运动比较弱小，但它并没有和总的发展路线相抵触。这种弱小是主观因素落后于客观条件的一个标志。当然，德国罢工运动的发展正在遇到许多特殊的困难（改良主义工会和社会民主党的力量很大、资本直接通过资本主义国家实行进攻、失业的巨大压力、凡尔赛条约的镣铐所引起的民族主义思想的压力等）。但是，资本的不断进攻无疑地正在加强工人群众中间的反击情绪。德国无产阶级罢工战斗的开展，正在以党和革命工会反对派的工作方法，以及它们同群众组织联系的形式为转移。

波兰共产党和德国共产党之间在实际做法方面——我且不谈路线——的主要差别是：波兰共产党人在准备全线反击资本家的进攻时，从一开始就在每个企业中组织竞争，而德国共产党人在准备进行大规模战斗时，对于回击资本家每一次现实进攻的局部罢工往往没有足够的注意。当波兰共产党人力图使罢工为利益有关的广大工人阶层接受的时候，德国共产党人则不顾党领导所制订的路线，有时企图对罢工发号施令，有关罢工的决定不是在工厂中，也不是在工厂代表会议上，而是在工厂以外的代表会议上，由范围不大的预备会议和工厂群众集会所通过。在这里我们不谈德国罢工实践中的个别好的事例。由于缺少坚持不懈的准备工作和把力量集中在有决定意义的企业中，由于试图自上而下地采取行动以代替自下而上地对群众进行广泛的动员，这一切就影响了德国罢工斗争的必要的扩大。由于工人群众缺乏经常的反击，这就便利了德国资产阶级实行一系列的《紧急命令》，而在它们的后面则是整个资产阶级国家机构。而波兰的罢工浪潮阻碍皮尔苏茨基政府去仿效德国的例子。皮尔苏茨基政府只是在抗议的总罢工威胁的压力下，才被迫暂时放下了由国家取消社会保险的第一个尝试。但是，政府的这一花招已经不能防止罢工的爆发了。

我们绝不想断言，罢工斗争在各处都应当具有在波兰所起的作用。在德国千百万无产阶级群众当前政治化（他们被德国国内外情势、尖锐的经济危机、愈益加重的政治压迫、上层的局部性政治危机卷进了政治斗争的漩涡）的情况下，罢工运动同其他政治斗争形式相比较起不到像在波兰那样巨大的作用。像在阿尔托纳那样，对法西斯匪徒进行身体上抵抗的英勇范例，成为其他国家效法的榜样。而政治战斗在唤起工人阶级对自身力量感觉的同时，也必将发动工人群众反对资本的经济进攻的罢工斗争。相反地，在这两个因素的影响下，群众性的政治罢工将要发展成为革命的总罢工，而德国无产阶级是具有这些光荣传统的。

德国革命运动发展的总路线基本上是和波兰一样的：它不是机械地跃进到夺取政权的决定性战斗，而是在各种日常战斗（对法西斯匪徒恐怖活动的不断反击、经济罢工和政治罢工、示威游行等）的进程中使决定性的战斗加快到来。要跳跃，就必须先起跑几步，而无产阶级只有在日常的顽强斗争中才能起跑。由于对这一斗争的领导不够，就决定了党在7月20日斗争中的软弱无力。

建立下层统一战线的策略是对群众进行革命动员的最好手段。库西宁同志清楚地和中肯地说明了在我们今后的工作中这一策略的主要方法。德国共产党尽管犯有个别的错误，在最近仍然做出了布尔什维克式地运用这一策略的范例，值得共产国际的其他支部学习。

只有广泛的统一战线（它的出发点就是在反对资本和法西斯主义的斗争中使群众自发地倾向于团结）才能够成为使千百万无产阶级群众到运动中来的推动力。只有对社会法西斯主义不抱任何幻想，摆脱了右倾投降主义的影响，不贬低我们独立领导的作用，摆脱了"左"的命令主义的统一战线的策略，才使我们有可能争取目前处于社会民主党影响下的群众，摧毁社会民主党在无产阶级中间的群众基础。

我们的统一战线策略绝不应当是偶尔实行一次。现在我们需要的是全面的统一战线,也就是说要在反对资本和法西斯政府进攻的整个战线上来实行这一策略。在每一个工厂里、每一个工会中、每一次会议上,共产党员都应当成为反对资本的猖狂进攻,反对血腥的法西斯暴力,反对疯狂的军备活动和资产阶级所挑起的反苏武装干涉、保卫苏联的群众统一战线的提倡者和组织者。共产党员应当在统一战线策略的帮助下,善于把经济罢工和政治罢工协调起来,更多地把群众引上街头,更加广泛地开展群众性的政治罢工。

最大的障碍就是把统一战线看做是同社会法西斯主义上层的一种勾结或联合。布兰德勒右倾集团在德国共产党内和科斯切娃在波兰曾经实行过的这种上层统一战线,正在通过各种形式在那些当然是个别积极分子中间恢复起来,这些积极分子对于社会民主党的各种新花招是信以为真的。当德国同志们最近采取了旨在揭露社会民主党领袖们的各种措施时,这些积极分子却提出同社会民主党的领袖们搞"上层统一战线",要求采取和波兰同样的方法。

他们忘记了共产国际第六次代表大会从反对社会民主党斗争的必然尖锐化出发,已经"坚决地把重心移到下层统一战线上来了"。

在当前阶级矛盾极度尖锐的条件下,这一情况也完全是现实的。统一战线作为动员工人群众进行革命斗争的一种方法,同为讨好社会民主党上层,按照机会主义观点扬言社会民主党已不再是资产阶级在工人阶级中的主要社会支柱,没有任何共同之处。

在很多情况下,我们重复着一种双关的理论,在独立领导罢工斗争中愈益增长的困难面前实行退却。在看待波兰社会党的左的花招(把它们说成是促进我们党活动的一个因素)方面,这一理论也表现了出来。就是在今天也还能找到一些隐蔽的右翼两面派,他们是同波兰社会党上层建立统一战线的支持者,他们认为,党所取得的成就只是波兰社会党发动的一个副产品。在他们眼里,波兰社会党是发动群众革命行动的一个因素。这样的观点使得波兰社会党极大地活跃起来，出现了利用它这个暂时同盟者和合法掩护物的企图，而使我们尾随在波兰社会党的后边。这就是放弃了共产党在不顾社会法西斯主义的阻挠，和在反对社会法西斯主义的情况下，对群众进行革命发动方面的独立的领导作用，这是在组织群众斗争困难面前的退却；这是对党的力量的不相信。而根据比利时共产党的经验，党的力量在客观条件顺利的时候，是会迅速增长的。

我现在举出目前在国内流传的右翼两面派派别纲领中的两段话："对于垄断资本和法西斯主义——他们写道——我们首先把它们看做是波兰阶级斗争当前发展阶段主要的和最危险的敌人。随着波兰革命情势的成熟和我们为实现无产阶级专政的口号而争取了工人阶级的大多数，波兰社会党就成了我们的主要敌人。"换句话说，它现在还不是工人阶级的主要敌人。

"迄今所实行的下层统一战线策略的破产，在党员群众中引起了对列宁统一战线的自发的反应。"接下来："对'左派中央'的领袖们①，首先是对波兰社会党的领袖们，或（使用列宁的术语）对小资产阶级民主派代表采用恐怖手段，是资产阶级阵营中冲突日益尖锐化的表现。根据列宁的指示，我们党为了充当群众的领导者，就应当利用这种冲突，来分离那些还跟着'左派中央'走的群众。应当怎样做呢？根据列宁的指示，就应当同暂时的和不稳固的同盟者实行让步、委曲求全，达成协定和曲线前进……"

这些托洛茨基观点的实质是很清楚的，这就是：共产国际统一战线的策略"破产了"，现在需要的是同"小资产阶级民主派"代表人物搞统一战线，因为这些人可以被"推动"走上革命斗争的道路。

---

① 指布列斯特审讯期间的波兰社会党和富农党的领袖。——Ю. Л. 连斯基注

同社会民主党走一段路的倾向，用同社会民主党的上层统一战线来取代下层统一战线的倾向——是当前的主要右倾凶险。这种倾向正像对待社会民主党和非党工人的宗派主义态度一样，一定会脱离群众。

要求社会民主党的下层工人百分之百的革命化，立即断绝同党的联系和接受所有共产党的口号——不仅在我国，而且在其他的支部——都是统一战线实践中的典型的左倾错误。必须在共同斗争的过程中来提高他们的觉悟。我们应当在运动中提出统一战线的扩大纲领，同时我们应当准备同社会民主党的工人一起，为每一个日常迫切的问题进行斗争，因为这样的问题有时要比最尖锐的口号更能起动员群众的作用。不要使我们的领导命令化，我们应当善于实行在下层的领导，大胆地吸引社会民主党的工人进入统一战线的领导机构。在这些工人面前，我们同志的左倾恐惧症，无论在会议上，还是在罢工中……都会使我们隔离于社会民主党的群众。我们应当吸收那些不顾自己领导人的阻挠，准备同我们一起进行斗争的社会民主党的代表加入统一战线，不过也要防止对那些执行自己上级领导指示的社会民主党的代表抱任何幻想。

绝不应当不问社会民主党所采用的具体的策略手段，它在国家机构中的立场，我们和社会民主党之间力量的对比和他们的基层组织瓦解的情况……而把由于特殊环境所引起的德国统一战线范围的扩大，机械地应用到其他支部去。同一种形式在一些条件下有助于揭露社会民主党的领袖们，在另一些条件下，则有助于加强社会民主党在群众中的地位。此外，为揭露社会民主党领袖而采取的每一项措施，都必然应当依靠包含有社会民主党工人和非党工人的广泛的下层统一战线的组织。右倾两面派分子把对待社会民主党组织的方法，看做是统一战线策略的实质。

在采取统一战线的策略方面，德国和波兰之间的政治条件有什么不同呢？首先，是法西斯主义发展的路线不同。在德国直到最近是上升的路线，而在波兰则是下降的路线。在柏林处于包围状态的前夕，我们曾经写道，德国的法西斯主义没有持续较长的历史时期，它不仅企图摧毁共产党的工人组织，而且也企图顺便摧毁其他的工人组织，甚至包括社会民主党的工会组织。毫无疑问，金融资本继续把社会民主党看做是自己在群众中的反对革命的最得力的前哨。正因为如此，消灭社会民主党是不符合它的利益的，而另一方面它却每时每刻地企图消灭德国共产党。但是，现在希特勒庞大军队（主要用来对付国内的战线）的反革命气焰的增长，阶级斗争尖锐化的逻辑，使整个工人阶级失掉活动能力的希望，这一切锋芒都是反对共产主义的，也部分地打击了那些跟着社会民主党走的群众性的工人组织。在波兰，为法西斯专政建立直接的群众联系的企图遭到失败以后，在经受了布列斯特的打击以后，波兰社会党的组织在法西斯制度下还得到了承认。法西斯的恐怖手段现在打击的主要对象是违反了波兰民主党纪律的波兰社会党的下层工人。在波兰法西斯主义日益瓦解的情况下，是社会法西斯主义扮演着资本主义救星的角色，在德国社会民主中央联盟日益瓦解的情况下，是法西斯主义扮演着资本主义救星的角色。在波兰，共产党所处的非法地位有助于社会法西斯主义的领袖们欺骗群众，为共产党人进行的揭露工作制造困难。

由此可以看出，波兰共产党在对波兰社会党的下层组织——工厂委员会和改良主义工会中具有反对派情绪的组织——采取统一战线的策略时要特别慎重，要维护波兰社会党的工人，使他们免遭法西斯恐怖的打击。在当前的具体条件下，我们对波兰社会党的党组织发出号召是不适当的。它只会提高波兰社会党的威信。

关于我们的口号再说几句话。问题在于两种口号，一种是使群众直接进行夺取政权斗争的局部性口号；另一种是中央的战略口号。这些口号的表达应当为最广大的群众，即千百万工人和农民（而不仅是革命的先锋队）易于理解。布尔什维主义的力量就在于，始终善于及时地根据具体的形势提出口号，这些口号要为千百万劳动者所接受，并把他们吸引到运动中来。曾经起过这种作用的口号有:"打倒十个资本家部长"、"全部政权归苏维埃"等。

在我们党第三次中央全会上,我们根据总的形势和最近的前景专门研究了这个问题。全会在原则上拟订了适合于波兰革命高涨水平的尖锐的局部性口号,这些口号"推动群众同法西斯的国家机构直接发生冲突,向他们提出了政权问题并帮助他们采取更高级的斗争形式"。这些口号把所有经常自发发生的反对捐税,反对法西斯恐怖,争取释放被捕人员,解除警察和法西斯义勇队员的武装,将波兰占领者从西乌克兰和白俄罗斯赶出去的斗争形式都联结在一起。同时这也是为夺取粮食,为占用牧场和林地而斗争的口号。围绕着这些问题的斗争已经在进行并不断地发展着。根据具体条件不断地提出和实现这些口号已成为日益迫切的需要,这些口号应当完全适应于不断尖锐化的经济危机、群众的极度贫困化和在他们当中日益抬头的侵略主义的具体情况。在群众当中,最为普及的口号是:"不给制造饥饿、恐怖和战争的政府一文钱。"这个口号把千百万工人和农民反对法西斯制度的斗争联结在一起。党在这一口号下顺利地开展着反纳税运动,组织和领导了大规模的抗税和抗债运动,积极地反对在征税中采用肉刑并反击行刑队。

主要的问题在于,夺取政权的口号要提得明确,能够表明我们革命的性质,要借助这个口号来划清无产阶级革命阵营和资产阶级反革命阵营的界线,划清共产主义同法西斯主义和社会法西斯主义之间的界线。要使苏维埃制度深入人心就要宣传无产阶级专政。口号本身应当包括苏维埃政权是工人民主制唯一形式的内容,而完全不同于社会法西斯主义者提出的所谓民主制和工农政府的口号。这一思想应当通过如下的口号来表达:"工农政府——工农兵代表苏维埃政府万岁"。我们不久前发表的波兰共产党的纲领就对中央的战略口号给予了一定的注意。这个草案对于农民群众革命动员的口号的表述作了修正:用"土地归农民所有"代表了"土地归农民和雇农所有"。后一种表述是我们党第五次代表大会所采用的，当时的考虑是：为了同过去对农村阶级分化和农业无产阶级的作用的右倾估计不足相对立，需要在这个口号中把雇农也包括在内。口号的这种分割提法使得在争取最广大的被剥削农民群众（作为一支革命的动力）到无产阶级革命方面来的战略锋芒有所削弱。这样的表述在客观上模糊了基本农民群众为无偿地占有土地的斗争的尖锐性，而这一问题的解决是波兰社会主义革命的一项最重要的民主任务。

我们的纲领草案称："在波兰，农民分化的过程正在加剧：在贫农愈益无产阶级化的情况下，我们看到了中农的分化，有越来越多的中农加入了贫农的行列；另一方面，我们又看到了农民资产阶级（富农）在农业资本主义组织中与地主的结合。"由于这一过程的出现，党的任务就是要在基本农民群众中间，争取那被抛入了贫农队伍中的大部分中农，而使其余的部分保持中立。我们的口号是："土地无偿地归农民使用"。纲领规定，把没收来的地主的、国家的和教会的土地，特别是由农民的劳动所耕种并成为对农民进行经济剥削手段的土地，都交给农民使用。这并不意味着农业工人不再使用工农代表苏维埃所掌握的份地。但是这种情况不应当削弱我们对千百万农民群众所提出的战略口号。

我们用革命手段摆脱危机的纲领应当使群众认识到，对于他们来说，唯一的出路就是无产阶级专政，就是波兰苏维埃共和国。必须系统地揭露社会法西斯主义分子关于摆脱危机的民主出路的废话，指出这不过是资本主义出路在词句上的变种，是对资产阶级企图把危机的重担转嫁到劳动群众身上的一种掩盖。

库西宁同志的报告提纲为我们党正确地提出了一项最重要的现实任务，这就是同波兰民族主义的各种表现进行斗争，必须使群众认识到：波兰人民只有当他们承认各被压迫民族都有脱离波兰的自决权时，才能成为自由的人民。在波兰工人、农民和小资产阶级中间，民族主义的偏见还是很强烈的。法西斯分子和社会法西斯分子们正企图利用这些偏见的力量来进行反对共产主义的斗争，并为反苏的干涉做好思想上的准备。

通过明确而受人欢迎的口号来动员群众，这就是布尔什维克实践的出发点。

最后谈一谈前途问题。

政治提纲草案指出"各种对抗力量所特有的活动，在一些地方有着蓬勃的发展，在另一些地方则受到了阻挠"，同时，又正确地指出，"在一些特别重要的焦点上，对抗力量已经发展成为冲突"。这一总的提法必须具体地应用到革命危机加快成熟的德国和波兰等国去。我们应当记住斯大林同志的话，他说，在革命高潮、革命危机和革命情势之间并没有隔着万里长城，从一个阶段可以不知不觉地转变为另一阶段。全部问题在于，我们应当清楚地了解这一转变，而不要陷入措手不及的地位。

在波兰，现在已经有可能深入地打破法西斯制度，出现大规模的无产阶级战斗和农民的群众性革命发动，从而形成革命的危机。

波兰资产阶级对这些还是很了解的：

一家资产阶级报纸写道："到处都听到一句话：明天将会怎样？所有的人都有这样的感觉，即我们正面临绝境。在这样的条件下，一件小事就可能起到决定性的作用。到那时可能会发生一些为现秩序拥护者们所不能控制住的事件。"

当然，用列宁的话来说，资产阶级的政权，你不打，它自己是不会倒的。资产阶级懂得，各种对抗力量正在加速地（在有些地方有时是跳跃式地）发展成为决定性的冲突，对此他们正加紧做好准备。我们相信，共产国际执行委员会第十二次全会将极大地推进我们为夺取政权，为建立无产阶级专政而进行的决定性战斗的准备工作！

（长时间的鼓掌）

（闭会）

第七次会议

（8月30日晚）

主席：弗洛林

哥特瓦尔德作《关于捷克斯洛伐克的罢工运动和失业者的斗争》的副报告

关于经济斗争的重要意义在这里已经谈了很多。再谈这个题目——就锦上添花了。我只想强调，在捷克斯洛伐克当前的形势下，经济斗争正是我们接近群众，主要是接近社会民主党工人的一条最重要的道路，它是我们借以提高所有群众的阶级自觉，使他们靠近革命先锋队的最重要的杠杆。无论如何应当清楚地认识到，经济斗争在整个阶级斗争中占有怎样的地位。在这个问题上应当防止两种可能的倾向：一种是工联主义倾向，认为经济斗争就是一切；另一种倾向则认为，在资本主义的范围内，一般地说，什么也争取不到，工人一般地争取不到任何东西，即使是一点微小的改善。群众只有通过推翻资本主义才能够摆脱贫困和奴役当然是对的，但在资本主义范围内，只要他们进行斗争，他们也可以争取到某些改善和阶级斗争的某些自由。

大家知道，经济斗争的主要形式是罢工。捷克斯洛伐克的罢工运动正在沿着上升线发展。有一些数字可以证明：在1931年上半年，罢工企业总共有424个，而在1932年的同一时期就已经有1511个企业。在

1931年上半年，参加罢工的有44000名工人，而在1932年就已经有185000名工人了。在1931年的前6个月，由于罢工损失了343000个工作日，而在1932年的同一时期，就已经损失了942000个工作日。这些都是官方的数字。还有很多经济罢工没有包括进去，而政治罢工则完全被排除在外了。可见，这些数字所表示的并不是罢工运动的绝对规模，只是它的趋向。但这是高涨的趋向。现在我就来向你们讲一讲，我们在捷克斯洛伐克的数百次罢工、发动和战斗中所积累的经验，经过了我们多次的检验和总结的经验。

为了进行经济斗争需要具备哪些前提呢？我们应当考虑到哪些因素呢？我们应当以什么为根据呢？

对于共产党员来说，首要的职责应当是熟悉工人的全部利益，熟悉他们的一切愿望，了解他们的一切困难，维护他们的整个阶级利益。一个共产党员如果不关心工价、工人的各种工作调动、罚金，不关心发给工人质量不好的材料和工具，以及工长、工程师和病院收费处对工人的刁难——一句话，每天在企业中发生的数十种问题——这样的共产党员就是没有进行革命的工作。在企业以外，在失业者中间，共产党员应当了解补助金的问题，在市政局工作的要了解各种市政问题，生活在无产阶级租房者、残疾人中间、小农中间、小手工业者中间的共产党员也应当知道这些人都有什么具体困难，等等。到处都有共产党员应当关心的数以百计的问题，因为他们是在进行革命的工作。没有什么问题是和共产党员"不相干的"。每一个共产党员都应当成为群众所信赖的人。他应当时时刻刻维护群众的利益，他应当善于回答群众的每一个问题，他应当在任何情况下辨明方向，他应当能够始终给工人提出正确的意见。不这样就不可能有真正的革命工作，就不可能有同群众的真正联系，不这样就很难开展和进行经济斗争。现在到处都是贫困和饥饿，群众非常不满，可是斗争发动得还很不够。为什么？在很大程度上，这是因为我们没有作为群众的代理人进行日常的工作。在这方面应当有一个真正的转变。

第二，在经济斗争中我们应当注意以下几点：应当善于提出正当的要求，即来自群众的要求，然后应当采取正确的斗争形式，即为群众所理解，并能够吸引群众参加运动的形式——换句话说，是群众在一定的时间和地点愿意采用和能够采用的那种斗争形式，是使我们有可能把群众引上更高斗争形式的那种斗争形式。其次，我们在经济斗争中应当考虑达到物质上的胜利。最后，每一次局部性战斗的结果，都应当提高群众的政治水平，使所有的群众都更加接近于先锋队的立场。在这里已经谈过了关于物质胜利的问题。绝不能这样的提出问题：或者是物质的胜利，或者是政治的胜利。这种对立的提法是错误的，是群众所不能理解的。我们对两者都要争取。我们应当尽一切努力争取物质上的胜利，因为这本身也是政治上的胜利。但是我们在政治上也要取得胜利，这就是说，我们要把群众提上更高的阶段，使他们更靠近我们，即使我们没有取得物质上的胜利，在这种情况下群众仍然看到，我们为取得物质的胜利尽了一切努力。因为这时群众很了解，在物质上没有取得胜利的过错不在于我们。关于物质胜利和政治胜利的问题应当这样来提。

第三，是有关局部性要求的问题。是否能够对局部性要求的正确性提出一个共同的标准呢？可以。不是所有的局部性要求都是正确的。不是所有的局部性要求都是布尔什维克式的。不是所有的局部性要求都是正确的和为我们所接受的，即使它们来自于群众。群众提出保守性的局部性要求是完全可能的，而且在实践中是出现过的。在这里怎样进行辨别呢？从怎样的观点出发？有什么标准呢？我想，为了判明局部性要求是否正确，可以有以下的标准：它们首先应当是来自群众，也就是说，应当为群众感到迫切的需要，群众愿意为实现这些要求而进行斗争。其次，局部性要求不应当同整个工人阶级的利益相抵触。它们绝不应当分裂工人阶级的统一。相反，它们应当反映工人阶级的统一。最后，局部性的要求所应当遵循的是阶级斗争的路线，而不是阶级和平的路线。只有这样的局部性要求才是正确的，是符合所有上述条件的。

如果我们在群众政策中能够遵守上述的原则，我们就会比较容易地顺利实行经济斗争的第四个条件——建立下层的统一战线。当前，统一战线的策略是所有这些问题的核心。因为没有下层统一战线的策略，也就没有大规模的经济斗争。建立统一战线的条件已经具备了。现在的形势是，在广大的工人阶层中，甚至在社会民主党的各个阶层中，都可以看到人们对统一怀有强烈的愿望。这一点并非是始终如此的。在三年以前，社会民主党的工人对于我们的统一的口号远不是那样容易接受的。现在的情况就不同了，这也是由于我们进行工作的结果。这对于我们今后的工作是有利的，但同时它也加重了我们的责任。它责成我们在一切地方，在任何情况下，在任何地区都要勇敢地提出关于统一、关于工人阶级的战斗统一的问题。关于这一点是我在所有的问题上，在一切地方都反复强调过的。不仅在经济斗争中，而且在政治斗争中，在反对资产阶级恐怖手段的斗争中，在争取工人阶级的政治权利和自由的斗争中，在各种文化问题等的斗争中。我们应当从各个方面来接近社会民主党的工人，要一次又一次地宣传：团结，战斗的团结，再一个团结！无论社会民主党的工人在什么地方，在哪一个部门工作，无论他在什么地方遇到共产党员，共产党员都应当向他说：要团结起来，要进行斗争，这样就能取得胜利。对于这一切我们都有过实际的体验，我们看到在适当的时刻提出适当的口号是多么富有成效。我们在矿工罢工期间提出的指导性的口号就是三个词："团结，罢工，胜利"。在这三个词当中包含了斗争的整个实际的路线，群众很了解这几个字指的是什么。我们说"团结"，工人就已经根据在这次罢工中的亲身体验懂得了：只有对那些破坏团结的社会民主党分子进行斗争，团结才能够实现。这个口号是如此地鼓舞人心，只要在会议上听到这三个词，人们就报以热烈的掌声。群众知道应当做什么。我们来看另一个例子。几天以前由于德国"7·20事件"的发生和捷克斯洛伐克工人面临的形势，党大声地告诉工人阶级说：今天对于工人来说最重要的就是团结、战斗，这样他们就能取得胜利。我们向群众提出了三个词："团结，战斗，胜利"——在全国引起了过去很少有过的反响。我们收到了来自社会民主党工人的很多信，这些工人过去并不和我们来往，这一次他们却说："这是工人阶级现在所需要的口号。"这一切都表明，工人们是怎样对待这每一个字的，如果谈到团结，那么大多数工人，其中也包括社会民主党的工人，已经自己把"团结"的口号同"斗争"的口号联系在一起了。

鉴于同统一战线有关的所有问题的重要性，我要对这些问题更详细地谈一谈。首先谈几点一般的意见，几句有关我们的经验的总看法。

我们要同什么人建立统一战线呢？这是应当提出来并给予回答的第一个问题。我们要同那些还不是共产党员的工人建立统一战线。要同那些像共产党员那样身受资产阶级的压迫，然而还没有先锋队那样高度阶级觉悟的工人和无产者建立统一战线。因此应当指出，我们不能把共产国际的二十一个条件当做同这些工人建立统一战线的条件。这在理论上是人们所承认的，但是在实际上却往往是另一回事。过去我们想让社会民主党的工人承认他们的领导人是叛徒，使他们抛掉他们的幻想，使他们承认我们是最好的领导者———一句话，使他们成为红色的革命者和共产党员。换句话说，我们经常把应当成为统一战线结果的东西，当做统一战线的前提。这样就使我们不能达到目的。必须考虑到社会民主党工人的一切偏见，他们成熟的水平，必须知道：他们是怎样想的和他们要做什么。这当然不是说我们要姑息他们的幻想，或者说我们想隐瞒自己的观点。相反，我们应当一次又一次地使他们相信我们所有的观点都是正确的。但是，如果为了达到一定的目的建立统一战线，那我们就不应当把事先承认我们所有观点作为一个条件。我们来到他们当中并向他们说道:"社会民主党的工人们,我们同你们在一些重要问题上是有分歧的。但是有一点我们是一致的:这就是我们都遭受着不堪忍受的贫困,我们都必须向它进行斗争。让我们在这一共同事业上团结起来进行斗争。如果你们认为我们在其他问题上是不正确的,那你们在斗争期间会根据自身的体验知道你们的想法是对,还是不对。"我们还要对他们说:"你们不要相信你们的领袖,因为他们早已表明,他们并不是为你们的事业,而是为资本家的事业服务的。"我们也不妨同时告诉社会民主党的工人说:"我们绝不是要你们在口头上相信我们,这是没有必要的。你们不要从言论上,而要从行动上来评判我们,这样你们自己就会知道,是否可以信赖我们。"我想,我们应当通过这样的方法来接近落后的工人,特别是社会民主党的工人。这样他们就会比较容易地了解我们,这样他们就会很快地同我们一起为了共同的事业进行斗争,既使他们暂时在其他问题上并不同意我们的观点。

为什么我们要建立统一战线呢?

第一,为了在一定的问题上真正达到实现一定的要求。第二,同时为了使群众根据自身的斗争经验,确信我们的所有观点都是正确的,使他们靠近我们,使他们更接近我们的革命立场。

我为什么要说,我们为了实现局部要求而建立统一战线呢?因为在实践中工人们往往有这样的印象,似乎共产党员是不认真对待这些要求的。社会民主党人不断地这样重复说,并把我们实现局部性要求的斗争说成是一种花招,我们的同志有时也倾向于把明确而坚定的声明看做是机会主义,而我们实际上是把实现局部性要求,当做严肃的和重要的事情;然而,如果我们忘记了这第二个条件,那就犯了真正的机会主义错误。因为建立统一战线的最终结果,应当是使群众站到争取政权的革命斗争方面来。我认为对同什么人建立统一战线和为什么建立统一战线的问题作出明确的回答，是我们统一战线策略的基本路线。如果我们的每一个代表，每一个工作人员对这个问题认识得不明确，对这一观点不理解，那我们在实际工作中就会一再出现错误，就会左右摇摆和不断地遇到困难。如果我们的代表理解了这一观点，他们就能在任何环境中辨明方向，无论环境是多么复杂。

社会民主党的工人在统一战线和工人阶级团结的问题上有很多幻想。最常见的是社会民主党的工人们这样说："统一战线？那真是好极了！只要你们在'上边'联合起来，我们在'下边'的就好办了。"能不能消除这种幻想，或者使广大的社会民主党工人群众们相信我们经常说的：你们的领袖是叛徒，是坏蛋呢？我认为，我们绝不能采取这种"简单的"方法。这种公式化地重复"叛徒"这一字眼儿并不能使我们达到目的，或者说收效很慢。看一下我们在矿工罢工中是怎样提出问题的？在那里，跟随我们一起走的群众也有很多的幻想。他们要求我们不要把社会民主党的领袖们撇在一边。我们告诉社会民主党的工人说："我们就是同魔鬼也可以搞联合的，只要他反对矿场主，只要这有利于矿工们。"这后一点是一个必须的条件。在这种情况下，我们实际组织了斗争，并且一步一步地使工人们清楚地看出社会民主党领袖们的叛徒面目。很快所有的矿工都看见了，社会民主党的领袖们并不反对矿场主，不是为了矿工的利益而行动，这样，绝大多数的社会民主党工人都明白了，同这些领袖们是不能搞统一战线的。我们在矿工罢工中的策略，使得社会民主党的工人群众自己把"叛徒"这个称号加到了社会民主党领袖们的头上。这也正是我们应当做到的。

关于社会民主党领袖们的"左"的花招问题也与此有关。因为他们想通过自己的"左"的花招，来阻止他们的工人看出他们的叛徒和工贼的真面目。怎样才能防止这些花招呢？我认为，在反对社会民主党"左"的花招的斗争中，最主要的是：我们要表现出主动性，要在阶级斗争中提出口号，要站在斗争的前列，提出建议，告诉工人们应当怎样做，并且组织工人的斗争。这是克服敌人的"左"的花招的最好的方法。如果我们能做到使社会民主党人永远落在我们的后面，他们的花招的作用就会减弱了。在我们的实际工作中既有正面的例子，也有反面的例子。在西北波希米亚的矿区我们是领导者。社会民主党人及其他人都落在我们的后面。这就便利了我们同他们的各种花招进行斗争。在俄斯特拉发，我们的同志可以说把第一个发言权让给了社会民主党人。同时他们还犯了一个机会主义的错误（关于这一点我以后再谈），但只是前一个事实就为我们反对社会民主党人的花招造成了困难。由此可以得出结论说，反对社会法西斯分子"左"的花招的最好的武器，就是我们自己在经济斗争和政治斗争方面表现的主动精神。我们的主动精神还应当表现为，在言论上抓住那些冒充左倾的社会民主党领袖，特别是在经济斗争中。对这一点应当怎样理解呢？应当这样来理解：我们应当针对看他们的一般的左的词句提出具体的建议，当然不是向领袖们，而是向社会民主党的工人们。要说明必须具体要求什么，必须具体做什么，怎样具体地进行斗争，以便使提出的要求得到实现。简单地说，我们在每一个具体的场合都应当使社会民主党的工人们看到：一方面，他们的领袖们只是一般的"激进的"空谈；另一方面，共产党人则为他们指出了一条明确的道路。如果我们不仅提出很好的建议，而且还让社会民主党的工人们看到我们还认真地贯彻实行这些建议，这样他们就会不满足于领袖们的激进词句，而要求这些领袖像共产党人所要求的那样采取行动。如果领袖们不采取行动，那他们就会暴露出自己的"左"的花招的真正实质。我们要说的关于同社会法西斯分子"左"的花招进行斗争的方法就是这样。

关于我们对统一战线的领导说几句话。

在我们的报刊、我们的号召书中，非常遗憾，我们有时会读到：

"在共产党领导下的统一战线"、"统一战线只能够在我们的领导之下"、"在共产党人领导下的行动委员会和罢工委员会"等。我很注意地读过列宁在1917年说过的关于苏维埃的话。我在任何地方都没有发现列宁提出过这样的口号:"建立布尔什维克领导的苏维埃。"当时只是提:"建立工、农、兵代表苏维埃。"当时列宁所提出的"全部政权归苏维埃"的口号也没有加上"在布尔什维克的领导之下"。要知道当时谈的是国家政权,是无产阶级专政的机构。布尔什维克事先并没有想到提出由自己实行领导的要求,也没有提出把布尔什维克的领导作为建立苏维埃的一个条件。而现在的统一战线机构、行动委员会、罢工委员会等同苏维埃比较起来就太小了,可是我们还往往要坚持只有在我们的领导下才能建立。

(皮亚特尼茨基站起来说道:"而且共产党人并不是永远领导得好!")

很遗憾。真正的领导是不能由上面加给的,真正的领导不能只靠动动嘴就能够做到,真正的领导应当建立在无产阶级民主制的基础上,应当一贯地、耐心地用自我牺牲的精神来维护无产阶级的阶级利益。布尔什维克绝不把自己的领导挂在口头上,他们在实际上为争取领导而进行了斗争,他们在实际上实现了领导,他们争得了苏维埃。我已经说过,绝不能把我们的领导作为统一战线的一个条件。我们应当广泛地提出关于无产阶级民主制的问题。这就是说,我们在口头上和行动上都要实行以下的路线:你们,工人们,应当讨论、确定、解决所有的问题;你们,工人们,应当把自己的事情掌握在自己的手里;你们,工人们,应当自己选出自己的领导。其次,就是要善于唤起和发挥群众的主动精神并向群众学习。在同群众接触方面,没有比某些共产党员表现的妄自尊大和教训人的口气更有害了。"我读过列宁的著作,我在莫斯科学习过,我熟记了所有的论题,而你们,社会民主党的工人,对这些都是不懂得的。"人们往往就是用这样的声调,或者是类似这样的声调来讲话的。

这当然是不对的。现在我要回到我讲的题目上来。我们是否应当担心在统一战线中实行广泛的无产阶级民主制就会遭到"失败"？不必要。特别是在当前的形势下。在当前的形势下不会出现共产党员不能接近群众的事情。因为我们——而且只有我们在维护全体工人的阶级利益。只要我们能够制定出多少是正确的策略，那工人们就会同意我们的意见，就会选举我们，我们也就将在实际上来领导统一战线。这就是我们对这一问题所应采取的态度。某些同志也许会问："那这是你的形象，党的形象到哪儿去了呢？"我们回答说："请不要为我们的形象担心。因为我们的口号越快地变成为群众的口号，群众就越快地响应我们的号召，我们越快地在实际上代表群众讲话，我们的形象就会越好。"我想告诉你们，我们在西北波希米亚的矿工罢工中是怎样做到这一点的。我们在这次罢工中所采取的策略措施都是由政治局决定的。在这些措施实施以前，它们是由共产党员所提出，也是由共产党员在按民主制原则选出的机构——代表会议和罢工委员会上维护过的。这些措施为这些机构所通过，从而成了全体群众的措施。共产党员正是像共产党员所应表现的那样，向这些机构提出建议并维护这些建议。在各处我们都作为共产党员同群众谈话，对他们毫无隐瞒，而是向他们解释我们的所有观点。在我们的具体战斗建议中，我们始终都要考虑到群众当前的水平。这样，我们实际上就实现了我们的领导。有的人会向我们说："啊，这一下你们可被捉住了。你们迁就了落后的阶层。"是这样的吗？不是。我们不过是同实实在在的人，而不是同他们应当成为的那种人打交道，我们力求通过他们自身的经验，使他们接近共产党员认为"应有的"观点。谁不了解这一点，他就会侈谈对群众的领导，但是，他永远也不会在实际上领导群众。关于我们对统一战线的领导所要说的意见就是这样。

最后，我们绝不应忘记统一战线还有一个非常重要的方面，这就是建立共产党工人和社会民主党工人之间的个人的友好关系。而现在距离这一点还是很远的。在那些并肩站在车床旁边，或同住在一栋宿舍里的工人之间，由于政治观点的不同而存在着很深的敌对情绪。很明显，这就是建立统一战线方面的一个障碍。请你们想一下实际情况吧。两个工人一起站在车床旁边，一个是共产党员，另一个是社会民主党员。他们相互敌视，从不对话，而像狼一样地互相注视着，互相谩骂。忽然共产党员脑子一转，走到社会民主党员跟前对他说："现在让我们建立统一战线吧。"另一个回答说："同你们这样的人我是不能搞统一战线的。"这看起来可能是无关紧要的，可是在实际上却有很大的意义。因此，我们党的既定方针，就是要结束我们的同志同社会民主党工人之间的这种个人敌对的状况。我想在其他支部中也应当这样做。

关于统一战线问题的总的意见就是这样。现在谈一下经济斗争的个别问题，即企业中的斗争问题。

我们从要求的问题谈起。怎样提出要求和提出怎样的要求，对于经济斗争的开展是很重要的。一般地说，不应当提出一大串要求，要求应当是现实的和非常具体的。最后，我们不应当夸大局部性经济要求的作用。局部性要求的革命性质绝不在于我们比社会民主党人的要求"要价高"。工人们在提出局部性经济要求的同时，是很少加以夸大的。而在实际上经常出现这样的情况，就是这种局部性要求提得越低，工人们为争取实现这些要求所进行的斗争就越激烈，因为对这些要求的拒绝会深深地激怒工人。从范围来说，可以把局部性的经济要求分为三类：第一，涉及一个企业的要求，在不同的企业中是可以不同的；第二，整个工业部门或整个地区的要求；第三，直接涉及本国整个工人阶级的要求。必须始终具体地把这三类要求联系在一起，换句话说，就是要根据运动的发展，善于把一种要求转变为另一种要求。我们在矿工罢工中就有一个很好的例子。这次罢工的直接理由是一个矿井提出的要求。大约在两天以后，运动就扩展到了一个公司的所有矿井。在总共两天的时间里，要求经过一定的修改，变成了整个公司的要求。又过了三天，罢工继续发展，我们采取了在整个地区举行矿工总罢工的方针，并提出了针对整个地区的要求。由此可见，在五天之内，我们从一个企业的要求转变成为整个地区的广泛要求。当然，我们继续保留了个别矿井的要求，不过斗争的重心已转移到了普遍的要求上。而且当总罢工一结束，我们就立即在各矿井中把各个企业的要求（实际上已经为之进行了斗争的）提到日程上来：在区的罢工以后，紧接着大约在20个矿场中又爆发了反对解雇，以及同企业中其他问题有关的局部性罢工。最后，所有这些局部性罢工顺利地结束了。由此可见，我们不仅扩大了要求，而且在以后，紧跟着运动的发展，又把这些要求更加具体地提了出来。

一般来说，每个企业的要求都有很大的意义。为什么？因为它们每天都是实际存在和一再出现的，可以以这些要求为基础，来组织企业中的日常斗争，这是对于群众罢工的最好准备。库西宁同志抱怨说，人们没有向他提供企业中群众工作的例子。我已经对他说过，我们可以给他举出几百个这样的例子来。在这里我没有可能把它们全部列数一遍。我只举出几个例子来。矿工罢工是怎样发生的呢？这只是由于我们还在几个月以前就在一些矿井中根据它们的特殊要求进行了动员，在一些企业中进行了发动——矿井会议、在矿场中和矿场附近举行示威游行、罢工游行、群众请愿，等等。矿工罢工以后的情况怎样了呢？正如我已经说过的，在矿场中发生了，而且现在还在继续发生着数十起小的发动，这些小规模的发动同时为新的大的矿工罢工进行准备。其次，我们吸引了数百个建筑工地到罢工中来，由于事先对每个企业进行了研究并通过在这些企业中举行的各种小规模发动，我们还吸引从事各种社会工作的工人参加了罢工。还有，我们通过同样的途径把斯洛伐克的农业工人罢工同纺织工业和冶金工业的局部罢工联系在一起。最后，我们通过类似的方法开展了几次反对关闭企业的战斗，并且在一些地区发动了最广大的居民阶层。我们已经有了数百个事例，但这还是不够的。我们需要有几万个这样的事例，而且这些事例不是偶然和临时发生，而是随时随地可以见到的。正如我已经在前面所说，因为这是群众战斗的最好的准备，它把我们同群众紧密地联结在一起。

在谈到要求时，往往会提出关于罢工的进攻性和防御性的问题。有些同志认为，罢工的性质主要取决于要求的性质。如果我们在"不许解雇一个人，不许降低一文工资"的口号下举行罢工，这就是防御性的罢工。如果我们提出增加工资的口号，这就是进攻性的罢工了。我甚至还听到过这样的理论，似乎在罢工期间应当永远（而不管形势是怎样的）提出增加工资的要求，否则我们就会陷入机会主义。国际矿工委员会的索博特卡同志从这一角度出发批评了我们的矿工运动。我们没有按照这样的理论行事。如果我们接受了这一理论，那我们就不会有矿工的罢工，因为在当前的形势下没有一个矿工会为这一口号举行罢工。当然，现在在危机期间，我们也开展着争取提高工资的罢工，有时也取得胜利。可是，在工人想为反对降低工资，而不是为提高工资而举行罢工的地方，就应当举行反对降低工资的罢工。我们一般地认为，并不是提出的要求赋予罢工某一种性质，尤其不能决定罢工开展的程度、它的规模和斗争的激烈程度。如果提出关于罢工进攻性质的问题，那么很重要的一点是，要善于在企业主具体进攻以前，组织好工人的发动。在这个意义上，西北波希米亚的矿工罢工就是进攻性的罢工，尽管提高工资的要求并没有被提出来。

一个非常重要的问题是关于经济斗争的形式和方法问题。我已经说过罢工是经济斗争的主要形式。但是，对于一个工人，尤其是对于一个觉悟不高的工人来说，罢工——这，可以说，就是 ultimaratio（最后的口实）了。对于这一点所有的提纲制定人、所有我们的新闻记者和宣传员都应当牢牢地记在心里。为什么我要说到这一点？因为我们应当特别防止给工人留下一种印象,似乎我们是为罢工而罢工。工人有时可能从我们的宣传鼓动中得出这样的印象。当然,我们应当永远宣传罢工,把它作为工人反对企业主的一件武器。但是,我们在这样做的同时还应当加以论证,工人们不这样做就不可能实现自己的要求。我们不仅要通过宣传和鼓动,而且首先要通过挑选和采取这样一些行动的方式来达到这一点。这些方式包括,第一,在当前可以为所有的群众接受;第二,可以通过这样的途径来动员所有的群众;第三,有可能同所有的群众一起,过渡到更高的行动方式。因而,我们不应当公式化地提出:"罢工!罢工!"——我们应当通过一系列的小规模发动来准备这一罢工。从这一角度来看,提出要求的形式本身就已经起着很大的作用。每一个实际工作者都同意我的看法:我们和我们的工会有时在这个初看起来如此简单的问题上是非常无能为力的。有时在企业中我们宣传罢工,可是忘记了对于提出来的要求应当予以表达出来并交给企业主;有时我们过早地提出了断然要求,而当这些断然要求的期限已过,我们仍然不能采取什么行动;有时要求被送交的地方不对,等等。为什么我们认为把要求提交什么地方也是个重要问题呢?因为在递交要求和在以后为实现这些要求而进行斗争时,我们可以采取多种多样的行动方式,这些方式动员、激发群众,可以说,把群众提高到进行罢工的程度。在我们的实际工作中有着无数的事例和关于如何做以及如何做才有成效的证明。

  例如在递交要求时,要在企业里组织一个群众代表团,并在办公室前和在工厂的院子里召开群众大会。如果是几个企业提出的要求,那就应当把递交要求同在工业组织所在地的游行结合起来。在进行谈判时也可以这样做。要派出工人代表团到其他企业的工人当中去进行动员。在大批解雇工人的情况下,不应当立即以罢工作为回答,而应当使被解雇的工人有可能进入工厂,并尽可能地与自己的妻子和孩子一起去。在一定的时间要组织示威性的罢工,并同企业里和街头的游行结合起来,等等。可以有几百种不同的形式，这些形式当然都是同地点和时间有关的，但它们都可以，也应当被用来吸引工人参加运动和为罢工进行准备。在有关要求的问题上，我已经列举了我们实际工作中的一系列的例子，这些就不再重复了。

从以上所说可以看出，绝不能把罢工的口号当做行动的口号来玩弄。但是，如果形势成熟了，罢工的口号作为行动口号被提了出来，这时就需要有最大的决心，需要不断地实行打击。首先需要关心的是罢工的扩大。但就是在这里也不应当马马虎虎地采取行动。如果企业举行了罢工，绝不应当不分场合地立即声称：在这里应当宣布总罢工。这样说只不过是一些空话。首先应当集中有关公司的或有关工业部门的企业的力量，并且应当在各企业工人利益的一致性表现得最明确的地方开始行动。在这里，罢工扩大的形式也是重要的。在我们进行了很好的准备工作的地方，在具备了有利形势的地方，就可以很快地通过企业外部和内部的联合力量，来使企业停止工作。我们在西北波希米亚就是这样做的。在那里，我们从一个矿井走到另一个矿井，都没有看到任何代表会议或会议做出什么决定。我们几乎是把工人从矿井中叫出来举行了短暂的会议，通过了参加罢工的决定，然后到另一个矿井去，从头又做一遍。但是，形势并不总是这样有利的。有时，我们会遇到这样的情况，企业在外来压力下的停工与其说有利，不如说是有害。在这样的情况下，当有关企业停工的条件还没有成熟时，通常最好是再等一两日，在企业外部和内部压力下真正停工以前，先在内部进行工作。但是，无论如何，如果爆发了局部性罢工，那就需要慎重考虑，如何使罢工扩展到其他的企业。无论如何，必须立即主动地去召集所有企业的工人，举行会议和代表会议，要关心在各企业中使工人就罢工问题发表意见，等等。在罢工扩展的情况下，当然要把要求加以修改，以便使我们动员参加罢工的所有工人都能够关心。我已经用西北波希米亚罢工的例子对此作了说明。

从我们的经验中还应当看出一个重要的问题：关于纠察队。在西北波希米亚罢工期间，我们使所有的群众都参加了纠察队。尤其是在一些关键的时刻，几乎是整批的村庄和村镇——不仅有罢工的工人，而且还有失业者、妇女，甚至还有儿童——在早晨3—4点钟就都走上纠察队的岗位了。他们占领了一批地区，从而使得任何想当工贼的企图在萌芽中就被摧毁了，使得国家政权利用恐怖手段驱散纠察队的企图也遭到了失败。有一部分纠察队员被打伤和逮捕，因为他们的人数太少了。只有大规模的纠察活动才能顶得住这一点。

最后，为了顺利地领导经济斗争，还需要善于在适当的时刻结束罢工。在这方面很难有什么共同的做法。应当怎样结束罢工和在什么时候结束罢工的问题，取决于一系列的因素。其中最重要的一点，是群众对于举行罢工的决心，以及所取得的物质的成果。在取得了一定物质成果的地方，结束罢工并不困难。在罢工虽然持续进行，但并没有迫使企业主实行让步的地方和工贼大量活动的地方情况就不同了。无论如何，始终要力求通过有组织的方式来结束罢工，尽可能使罢工的群众保持原状地回到企业中去，并立即对所提出的要求和以后进行发动的形式加以修改。通过这样的方式就可以使罢工（即使它没有得到什么物质上的结果）不是以工人的失败而结束。我认为，我们在波希米亚西北的矿工罢工的结束，就是一个很好的例子。

现在谈一谈企业中的统一战线在经济斗争中的策略问题。在经济斗争中必须从一开始就提出关于工人团结的问题，作为取得胜利的一个最重要的先决条件。如果我们能做好上述两个条件的准备工作，那就能为斗争的统一战线打下基础：这就是我们提出正当的要求和采取正确的斗争形式。不这样，我们就不能实现真正广泛的统一战线。这里指的是要使我们提出的要求和采取的斗争形式都能由所有的群众来掌握，使它们成为群众的要求和口号，使我们通过群众的嘴来说话。统一战线的机构——行动委员会、罢工委员会、代表会议等，都应当在民主的基础上，由所有参加斗争的工人选举出来。至于我们在这些机构中是否是多数，倒不是特别重要的。在我们的实际工作中有不少这样的情况，即为数不多的共产党员由于自己的主动精神，灵活正确的策略，自始至终地与所有工人群众保持密切的联系，自始至终依靠群众，自始至终在行动中与群众保持一致，在被选出的统一战线机构中起了领导的作用。一般地说，特别重要的是要使共产党员不脱离群众。共产党员在任何情况下都应当预先知道当前群众需要的是什么，以便根据群众的需要提出自己的建议。不过也可能出现我们遭到失败的情况，因为在当时的条件下，群众还不完全理解我们，或者是由于我们提出了一些不恰当的建议。这时就需要——尤其如果指的是工人群众——认真地对待这种情况，要服从工人群众的意见，或者说得好听些，要表现出灵活性，提出另外的建议，采取为群众所能接受的其他的形式。应当提出建议，使我们同所有的群众一起，过渡到更高级的斗争形式。我们通过这样的途径，使群众根据自身的经验确信我们策略的正确性并跟随我们前进。总之，在选举统一战线的机构中和在这些机构的工作中，都要实行最广泛的无产阶级民主制。在建立下层统一战线——我们在这里所谈的只是下层的统一战线——一方面，我们绝不应害怕诉诸群众。如果我们企图违反无产阶级民主制的原则，把统一战线的机构强加给群众，或者如果我们在这些机构中像兵营里的长官那样来发号施令，那我们就一定会失败。

我想给你们举一个例子，来说明在我们的领导下怎样建立统一战线的有威信的机构。这就是波希米亚西北罢工委员会的一个例子。在这个委员会中我们占少数，甚至是极少数。问题不在于我们不能取得多数。我们是可以做到这一点的。不过我们是有意选举非共产党工人为多数的，以便把参加罢工的问题放到最广泛的基础上。我们自始至终地领导了这个罢工委员会，并在我所论述的工作方法的帮助下，使罢工委员会在该地区的矿工中，在其他工业部门的工人中，在失业者、小手工业者、农民———一句话，在大多数居民和政权机关中，享有极大的威信。我们并不是始终都能建立这样享有威信的统一战线机构，我们甚至还有很多反面的例子，那时统一战线的机构在群众中的威信是很小的。我们反复考虑：为什么我们有时一次就能成功，可是有时五次都是失败。我们得出了结论，这里的秘密就在于无产阶级民主制的实行。我们得出的结论是：一个有威信的、为群众所承认的罢工委员会或其他的统一战线机构，只有去我们非常明确地、公开地、郑重地对群众提出以下的问题，才能建立起来，这就是：他们应当把自己的事情掌握在自己手里，他们自己决定问题，对问题负责，他们为自己选出领导机构。

这里又提出一个关于我们的领导的问题。我们所说的这些是否抹杀了党的领导作用呢？没有。我所提出的方法是争取在无产阶级民主制基础上实现领导的方法。党在统一战线中的领导作用并不在于人们说的领导，而在于事实上的领导，在于群众跟随我们前进。为此我们就需要有高水平的策略。我们应当通过选出的罢工机构吸引群众参加罢工，当然也不排除我们直接同群众对话的可能性。在统一战线机构还没有由我们来领导的地方，这后一点是特别必要的。在矿工罢工期间我们采取了两种方法：一方面我们通过罢工委员会来领导群众，另一方面我们又作为共产党直接同群众对话。那时，罢工是由共产党员领导的这一点是无人不知，无人不晓了。没有人怀疑这一点，这是一个众所周知的事实。

由此提出的一个重要问题是，在罢工期间我们对待改良主义的和其他非革命的工会组织应当采取怎样的立场。在任何情况下我们都应当直接依靠这些组织的成员，这是十分明确和不容置疑的。但是，同时我们也不应当忽视工会本身，尤其是地方工会组织和工厂工会组织。我想，我们通常都应当照例地正式吸收改良主义的或其他的工会组织参加运动。共产党员和红色工会的工作人员应当尽力争取改良主义工会中的部分工人参加运动，使这些工人在该组织内部要求整个组织参加运动，并为此而进行斗争。不过，我们往往从改良主义工人那里听到这样的说法："好，我们跟你们走，可是我们的书记也应当和我们在一起。"我们对此应当采取什么态度呢？当然，我们应当同志式地、耐心地以清楚的事例向这些改良主义的工人说明他们的书记是些怎样的人，我们应当证明，对这些人的依赖只不过是幻想罢了。但是仅仅这样做还是不够的，至少有一部分改良主义的工人会坚持自己的意见：没有书记同他们一起是不行的。我想，我们可以采取以下的办法：让这些改良主义的头目们来吧，让他们在工人面前讲讲话。我想，这并没有什么可怕的。相反。我们所直接关心的是，在那些工人还相信首领的地方，应当把首领们叫来，让他们当着工人的面讲讲话。我们的经验说明，首领们对此是极为害怕的，因为这最有利于揭露他们的真相。当然应当使首领们处于这样的地位，我们应当做出这样的建议，提出这样的论据，使他们不能再靠那些一般的激进词句而脱身，使那些相信他们的工人不再满足于他们的那些空话，并逐渐地确信必须在没有首领的情况下和为了反对首领而进行斗争。我们就是要抓住首领们，把他们置于工人的面前——这样来给他们好好地洗一个澡。这不是上层统一战线，不是"强迫首领"的策略。这只是一种对付敌人影响的考虑，同时也是一种可以粉碎他们对工人影响的方法。

我从我们的实际工作中举出几个例子。看一下罢工以前西北波希米亚的情况。在罢工以前，我们的红色工会向改良主义分子们所把持的区委员会建议召开区工厂委员会的代表会议。这样做对吗？对。因为在当时的形势下，大多数改良主义的工人，正期待着自己的领袖们采取行动，还没有认识到要撇开自己的领袖同我们一起来行动。我们想给这些领袖一次机会向自己的工人们表明：工人们的期望是徒然的。当时罢工是在一个矿井中发生的,而在两天以内就扩展到了这个公司的所有矿井。这时我们的方针是使罢工迅速扩展到整个地区。工人的不满情绪是很大的,可以相信会有较多的改良主义工人群众来参加我们的代表会议,只要我们能召集这一会议的话。这时我们就把区委员会撇在一边,立即召开了代表会议,代表会议宣布了整个地区的罢工。另一个例子也是来自西北波希米亚地区的,是罢工开始的例子。我们邀请了地区的所有工会组织和他们的书记出席我们上面提到的第一次代表会议(它宣布了整个地区的罢工)。为什么?因为我们知道,大多数的改良主义工人还相信他们的改良主义书记们会同他们一起来,因为罢工已经爆发,而且在势不可挡地向前发展。在被邀请的人中间只来了两个人,一个是捷克社会主义工会的书记,另一个是法西斯工会的书记。德国和捷克社会民主党工会的书记都没有来。这一下子使得参加代表会议的社会民主党的工人大为吃惊,使他们开始反对领袖了。而出席代表会议的两位书记的表现又怎样呢?他们把矿主大骂一通,并发誓要忠于矿工。他们的发言是如此"激进",甚至博得了人们的掌声。我们对此是怎样看呢?我们说:"我们很了解你们,对你们向矿工所说的漂亮言辞我们提不出多少意见,可是现在罢工已经开始了。你们看:整个代表会议,所有的工人都想在整个地区开展斗争。我们要问:你们在星期二将要做什么?"(星期二是关键的一天)整个代表会议像一个人一样地问道:"对,你们在星期二将要做什么?"我们又进一步问道:"你们在俄斯特拉发和克拉德诺(其他的矿区)将要干什么?"整个代表会议又重复了这个问题。我们还提出了一系列这样的具体问题,需要领袖们不能再谈关于支持的一般的空话,而要对问题做出具体的回答。每当我们提出一个发自矿工内心的问题后,整个千人代表会议的会场就出现一阵激动:"对,对,你们回答!"这样,我们每提出一个问题,整个代表会议就呼喊一次。而改良主义的领袖们又怎样呢?他们在嘴里嘟嘟哝哝,坐立不安,就像小鬼怕见晨光一样——然后就溜之大吉了。我们通过这样的方法达到了怎样的效果呢？我们使得改良主义的工人不再要求同他们的领袖进行谈判了。任何人也不会再想邀请这些首领来参加第二次、第三次和第四次代表会议了。我们应当说，有一个首领——那个法西斯分子，只是在罢工结束时才被我们揭穿的。在第一次代表会议上，这一点还没有做到。我想，由于他在代表会议上所处的地位，他同意了我们所有的话。如果我们提议把整个布吕克斯放火烧掉，他也会表示同意的，当然他也不会这样做。我们不得不在一个很长的时期内对付这个家伙，但是在第三次代表会议上我们把他促住了。这个狡猾的法西斯分子从我们这里得到了什么结果，是有事实可以说明的，这就是在罢工以后，他被自己的工会解除了职务。过去在罢工以后，我们也不惯于把我们的书记改换一下（笑声）；这一次也轮到我们的敌人这样做了。不仅是法西斯分子要这样做，而且就连当局也要这样做。在罢工结束以后，在布吕克斯和杜克斯担任政治职位的领导人员也实行了人员更替。我所以举出这些例子只是为了说明：我们不应当害怕同这些首领们一起在群众面前出现，相反，为了我们的利益，在工人们还相信这些首领的地方，应当迫使这些首领在群众面前露面，我们要就地来揭穿他们，因为正如我已经指出的，他们对此是非常害怕的。在我们善于把握的地方，社会民主党首领导们就暴露了，社会民主党工人的不满和愤怒都指向了他们。

当然，我们也有些例子是不好的，尤其是在俄斯特拉发就有一个不好的例子。俄斯特拉发的事情是怎样呢？当人们知道了企业主进攻的消息后，由社会法西斯分子把持的区委员会召开了区的代表会议。参加会议的有矿工委员会和各流派工会团体的代表。我们出席代表会议的代表只占少数，多数是由顽固的社会民主党的工作人员所组成的。当然，我们还是去出席代表会议了。错误并不在这里。相反，如果不参加这次代表会议，对它进行抵制倒是错误的。俄斯特拉发同志们的错误在于，在这次代表会议上他们谈到自己的纲领、自己的要求、自己的建议时不够坚决，不够明确。我们的同志在这次代表会议上听到改良主义矿工工会代表费舍的特别激进的演说时，竟然表现得不知所措。他们保证在费舍的发言以后，要同改良主义者的建议针锋相对地提出自己的建议进行表决。可是后来通过的是改良主义的决议（我们的人也投了票），当然，这个决议谈到了统一战线，不过是按照改良主义的方式谈的，其中谈到了斗争，也是按照改良主义的方法谈的。在这个决议通过以后，在该区的一部分工人中间出现了万事大吉的情绪："他们终于在上面达成协议了，现在，一切都会好起来。"有一些时候，我们的同志竟为了这个"团结"和矿场中社会民主党的工作人员们开怀畅饮。我们俄斯特拉发同志们的错误正是在这里。我要强调指出，这一点是同中央的坚定不移的指示相违背的。很清楚，中央并没有做出这样的事。在这一违背中央指示的错误发生以后，我们立即抓了俄斯特拉发同志的工作。这时我们发现，他们编造了一个特别的理论，来给自己的行为辩护（我不知道是最近编造的，还是早已编造的）。他们的这一理论就是：如果改良主义的领袖们采取激进的行动，如果他们谈论斗争和罢工，那他们就会促进群众的激进化而对我们有利。如果以后他们不履行自己的诺言，我们就会更容易地激起由改良主义的激进语言所点燃了的群众的激进情绪，引导群众进行罢工。俄斯特拉发的同志们因此认为，社会民主党人的"左"的花招促进群众的激进化。他们竟然忘记了这些激进的花招是群众激进化的结果，而不是群众激进化的原因，其目的就是要磨灭这种激进化的锋芒。当然我们立刻在俄斯特拉发进行了干预，把这一问题弄清楚了，但是这一错误所产生的后果已经表现出来了。西北波希米亚斗争已经开始，而在俄斯特拉发由于我们犯了这一错误，而不能把事情推进得像所需要的那样快。虽然如此，在俄斯特拉发还是接连三次宣布了罢工，而第三次由于是在正确的统一战线基础上进行的，参加罢工的人数占了整个地区的一半以上。由此可见，我们已经行动起来，并在斗争的过程中改正错误。然而，斗争终于失败了。但是绝不能说，在俄斯特拉发就是党和红色工会的失败。对此有一个事实可以说明，即我们在俄斯特拉发为红色工会征集的会员甚至比在布吕克斯征集的还要多。

再谈一下统一战线。在统一战线中绝不能发号施令，统一战线不是兵营，社会民主党的工人也不是新兵。对统一战线只能实行领导，同时，我们只能始终不渝地维护工人的阶级利益，我们还要根据每一个具体的场合为群众提出具体的建议，亲自实现这些建议，并使越来越多的群众关心这些建议的实行。当然这是一条困难的道路。在这里绝不可能收到很大的成效，也不会经常有显示姿态的机会。我们应当知道，争取工人阶级大多数的斗争，并不是一次在新铺柏油马路上的散步。

我们今后的任务是把每一次罢工都变为广泛的人民运动。这就是说我们应当善于关心罢工，关心劳动人民的其他阶层，即农民、小手工业者、知识分子等，并吸引他们参加斗争。这是否只是一句空话，或者说这是否有可能做到呢？我们的经验表明，这是能够做到的。要做到这一点需要采取怎样的手段，怎样的方式、方法呢？第一，就是给予罢工者以物质上的帮助。在这方面，我们的矿工罢工就是一个很好的例子。我们在农民、手工业者和知识分子的广大阶层中建立了数百个声援委员会，并顺利地进行了募捐。例如，农民就为矿工募集了食品，他们从一个乡村走到另一个乡村，挨门挨户地进行募集，并将募集的全部物品送到罢工委员会去。我们也在军队中进行了募集；还有几次，我们在警察和宪兵当中为矿工进行了募集。这是对罢工的一种声援形式。第二，能够而且必须使小资产阶级各阶层通过举行专门的示威游行、会议，派遣代表向地方当局和企业主请愿的方式，来支持罢工者的要求。第三，非常重要的是动员这些阶层来反对对罢工者的迫害，使他们参加罢工者的示威游行，如反对关闭店铺的游行示威，等等。在西北波希米亚所有这些都达到了广泛的规模。不用说，所有这一切都应当在罢工以前就给予关心，必须把声援运动同反对那些由有关小资产阶级阶层所组成的政党的斗争联系在一起，在这里我们应当从这些政党对罢工的态度出发。最后，还应当力求同时开展这些非无产阶级阶层实现他们本身要求的斗争，并通过这种方法来扩大罢工工人的战线。由此可见，我们团结的每一次罢工都要造成一种广泛的同情和声援的气氛，并把罢工变成为人民的运动。无产阶级对于小资产阶级的领导在这里将得到最好的表现。

现在，对经济斗争同政治斗争结合的经验，换句话说，即经济斗争革命化的问题再谈几句。罢工的革命化绝不在于要机械地搬用某一个政治口号，而主要在于采取适当的斗争方法和方式，在于为反对企图破坏罢工的敌人的全部力量，首先是为反对资本主义的国家机构而斗争。我可以说，在这个问题上一部分共产党员有着很深的宿命论思想。罢工委员会被取缔，纠察哨被包围，罢工会议被驱散，工人遭到枪杀——对此共产党员说：不这样也是不可能的，这一切都是自然而然，因为形势在不断地尖锐化，资产阶级不能有其他的办法。可以说，我们在这里看到的是"客观主义"的宿命论。经验表明，社会民主党工人对于国家政权的所有攻击的反应则更为痛切。他们根本不把国家政权的行动看做是什么不言而喻，而是感到不满和愤怒。当然，我们应当向工人说明国家政权采取这些行动的客观原因，我们应当一次又一次地说明资本主义国家的实质，但是我们绝不应当把资本主义的恐怖看做是什么可以理解的。相反，我们应当把它看做是对工人的一个巨大打击，是一种极端的不公正行为，我们应当根据这种情况而行动起来：为工人要求政治权利，要求街头游行的自由、罢工的自由和斗争的自由。同时应当利用每一个合法的机会，并应当努力争取每一个新的合法的机会，而当工人被剥夺了从事合法运动的权利时，我们要为他们大声疾呼和进行抗议。有时我们在共产党员中遇见到这样的倾向，他们在经受了第一次打击以后，没有作出相应的回答和反击，就立刻"转入了地下"。这是个错误，群众对此是不理解的。我们应当为每一点一滴的合法权利而进行斗争。我们在西北波希米亚是怎样行动的呢？当局解散了罢工委员会。某些同志就立即说："现在应当建立一个地下的罢工委员会，这样，当局对它就无能为力了。"我们回答说："不，亲爱的同志们！现在我们正应当为争取建立合法的罢工委员会的权利而进行斗争。"这样，在罢工委员会被解散的两天以后，我们就在新的代表会议上示威式地选出了同一个罢工委员会。第三天，当局派来了一位代表，带着一包在解散罢工委员会时被没收的拨给煤炭的申请（因为只有罢工委员会才能解决煤炭的运出），要求对这些申请加以考虑。这样一来，在罢工委员会被解散的第三天，我们又正式地存在了。如果我们在毫无表示的情况下转入非法的状态，这就是一个大错误，因为当局的胃口会越来越大的。一般地说，应当加强群众这样的认识，即国家政权的恐怖手段是可以制服的，它的进攻在每一个场合下都是可以打退的，当局的命令并不是绝对不可抗拒的宗教的制决书，等等。同时还必须采取各种方法，来瓦解国家政权，消灭它的打击力量。这里我不谈在士兵当中散发传单和其他类似的方法。我只是要提一提在某些地方我们的群众完全自发采取的一种方法。在失业者运动期间往往是禁止失业者举行示威游行的。在遭到这样的禁止以后，还有一批一批的失业者带着妻子和儿女到警察署去。失业者们在这里对宪兵说："这就是我们的老婆孩子。请你们说说，我们该怎么办。我们没有吃的，没有工作，又禁止我们游行，我们一上街你们就会把我们打死。"宪兵们感到很为难，这使他们措手不及。宪兵们企图辩解说："叫我们有什么办法呢？这是我们的差事。命令不可违抗"，等等。这样一来，在下一次不顾禁令而举行的示威游行中，宪兵们就手软一些。这样的方法以及类似这样的方法，是可以举出很多的。但最主要的是：面对每一次进攻和每一次具体的恐怖手段，我们都不能沉默不语,而要大喊大叫,提出抗议。只要我们遭到一点进攻,我们都应当大声抗议。

同时,我们在采取每一次具体行动以前,都应当仔细地估量我们的力量,不要提出没有经过慎重考虑,连我们自己都不相信的行动口号。其次,我们应当保留我们的王牌,绝不要一下子都打出来。例如,在矿工罢工期间情况就是如此:罢工开始了,工人们离开了矿井的工作。某些人则认为在罢工的第二天,我们就能够使护矿的警卫队离开工作并放水淹矿。当然,绝不应当这样鲁莽行事。我想再举出几个同恐怖作斗争的例子——怎样制止和打退它。为此,我还要回到西北波希米亚的罢工上去。

当罢工一爆发,在整个地区内都停工了。总的情况是:大批罢工工人走出矿井,他们分头从一个矿井走到另一个矿井,把那些还在井下干活的工人叫到井上来举行群众大会。这样一来,这个矿井的工人也就参加了罢工,并一起继续到其他矿场去。当局陷入了措手不及的状态,他们在有些地方派出了他们手下的宪兵,但被群众打垮了。而两天以后形势发生了变化。当局首先占领了为布拉格服务的发电站,并往那里派遣了携带着机关枪的士兵,占领了属于发电站的一个矿井。很多罢工者想攻占发电站使其停止发电,被我们阻止了。我们这样做是否对呢?对。因为在那种情况下攻占电站不仅会导致大量流血,而且强迫电站停电也会阻碍罢工在整个地区的进一步扩大。几天以后,我们从内部使属于发电站的矿井停了工。在整个地区停工以后(这一点是我们通过上述办法达到的,大约持续了五天时间),我们举行了地区范围的和工厂范围的示威游行,在一些情况下还有小手工业者参加。几天以后,我们又在其他阶层劳动人民的参加下,举行了整个地区范围的示威游行。在罢工的第三周。我们不顾禁令在地区组织了总罢工和示威游行。总罢工的问题是经过了地区六次统一战线代表会议决定的。在宣布总罢工的当天,示威游行遭到了当局的禁止。我们说：我们不应当让步，否则群众不会理解；这是对我们的力量的一次检验。统一战线代表会议的决定被执行了，总罢工和大规模的示威游行举行了，人们不顾禁令同宪兵和龙骑兵进行了斗争。宪兵开了枪，有两名工人被打死，工人们筑起了街垒，烧毁了警察的汽车。广大的群众从最初起就清楚地看到，当局对此应负有直接的责任。如果我们在罢工一开始就立即举行这样的发动，那是不会很顺利的。在同总罢工有关的事件发生以后，我们着手组织进一步的反击：我们在全国组织了抗议的运动，在该地区通过为牺牲的工人送葬，组织了比第一次规模更大的整个地区的大示威游行。由此可见，我们是一步一步地争得了合法地位和利用革命方法来进行经济斗争的。

在这里最重要的是要同所有的群众在一起。一般说来，这是对付恐怖的最好的方法。有时同志们会问我们，怎样才能在恐怖行为面前保护自己。我们回答说："现在最好的方法，就是使那些过去有10个工人参加发动的地方，现在有100人参加；过去有100个工人参加的地方，现在应当有1000人参加；过去有1000人参加的地方，现在应当有1万人参加；而过去有1万人参加的地方，现在应当有10万人参加。"

最后，我再就利用议会讲坛来支持罢工的问题再说几句话。在矿工罢工期间，我们在这一点上做得相当好。我们迫使议会讨论了关于罢工的问题，从而迫使敌人摊了牌。我们每天宣传我们的观点，每天谈论罢工和它的过程，从而加快了对工人群众的动员。此外，我们还在议会上揭穿了改良主义者所玩弄的花招。他们以为只要颁布一个矿场国有化的法令，就能使矿工离开反对降低工资和解雇工人的斗争。当然，我们对他们说，这不过是一种欺骗；矿场将不是由资产阶级议会实行国有化，而只能是由胜利了的无产阶级革命实行国有化。但是，我们并没停留在这一点上，我们做到了使罢工委员会委托我们的议会党团提出了几项矿工的要求作为法案的内容，如将工作日缩短到6小时，照发全工资，还有对矿主的利润征收特别税，以有利于工人（包括部分失业工人），有利于矿工的保险，等等。我们迫使社会法西斯主义者对这些提案表示意见。他们投了反对票。这时，那些好心肠的和最易轻信人的工人们开始想了：如果他们连使矿主们多缴纳一点税都不干，那他们怎能对矿场实行国有化呢？这样一来，他们的矿场国有化的花招就被揭穿了，他们再也不能用这些花招来迷惑什么人了。他们在自己的报刊上"抗议"向工人们开枪，关于这一点，我们在议会中也予以揭穿了。我们提议从罢工地区撤走宪警和士兵，而社会民主党人对此则表示反对。我们对市政府讲坛的利用还要好些。我们在许多市政府中通过了支持罢工者、反对恐怖行为的决议。在一些村社中，特别是在罢工波及到的地区，我们在物质上给了罢工者以支持。在这一地区的一些村社中，我们使得市政管理机构拒绝考虑宪兵的宿营问题。一句话，在这方面我们确实做了很多事，揭露了敌人，扩大了斗争的战线。

在企业中进行经济斗争的最主要的经验就是这样。

关于失业者的斗争我已经不能详细地谈了。我只想强调指出，同样的方法在原则上也适用于失业者的运动。这特别是指统一战线、提出要求、发动的形式、反对恐怖活动的斗争等问题。也有一些特别的问题，是专门涉及失业者运动的。在捷克斯洛伐克有我们所领导的，团结一致的很好的失业者运动。在1931年，我们有1000多个行动委员会，在1932年春，已经有1500多个，今年夏天，运动有某些回潮现象，不过我们相信，到秋冬时期它一定会比以前有更大的发展。在失业者的运动中我们也取得也某些物质上的成果；我们表明了，只要进行斗争，就能够取得某些成果，也只有在共产党人的领导下，才能真正的进行斗争。这也是为什么我们的失业者运动能够团结一致，为什么社会民主党在这里被推到了次要的地位，为什么它不能破坏和击溃运动的一个原因。根据过去的经验，在今后我们也能够阻止他们这样做。

现在我谈一下关于在改良主义工会中工作的问题。目前改良主义工会中的情况是怎样呢？在工会会员中间普遍地存在着不满情绪、反对派主场的情绪以及要求团结的情绪。同时，在那里的工人中间，在今后走什么道路的问题上，还保留着很多幻想。除了这些幻想以外，改良主义的工会在很大程度上还遭受到恐怖活动的打击和对于解雇的恐惧，在我们捷克斯洛伐克则是对失去失业津贴的恐惧（事情在于在我国实行着所谓的根特制度，根据这一制度的规定，能够得到定期失业津贴的人，只有工会中的有组织的工人和那些根据工会章程的规定，有权得到组织帮助的人。改良主义的领袖们还利用开除出工会的威胁，来达到控制工人的目的，这也就等于是丧失失业津贴的威胁）。无论如何，改良主义工会中的反对派力量尽管已具有比较广泛的规模，但还远未达到所预期的水平。我们应当从这一事实出发，来确定我们在改良主义工会中的策略。

我们在改良主义工会中的工作应当具有怎样的内容呢？我们应当牢记：不把改良主义的工人争取到斗争中来，就没有可能进行经济斗争。反之，不进行经济的斗争，也没有可能争取改良主义的工人。由此应当得出结论说，我们在改良主义工会中的工作内容，是由维护这些工会组织中的群众的日常利益决定的。我们在改良主义工会中的工作方法，实际上同我们在统一战线策略方面所采取的方法是一样的。这在实际上是指的什么呢？这就是说我们在对待改良主义工会的工人时，应当估计到他们成熟的水平和提出与这一水平相适应的要求。他们往往不能立即理解我们红色工会的整个纲领。这件事绝不是那样简单的——把纲领抄写一份，带着它到那些还抱有各种幻想的工人当中去硬要工人接受：或者你接受我们的整个纲领，或者咱们就没有什么可谈的。不行，我们不能走得这样远，事情也绝没有那样的简单。应当仔细地研究每一个工会的情况，因为每一个工会都有一系列为工人非常关心的内部的特殊问题，这些问题可以作为我们的出发点。通常我们对这些问题很少了解，因此，改良主义的工人们也并不总是倾听我们的谈话。如果我们能够从某一工会工人最关心的问题出发，那么这些工人就会倾听我们的谈话和跟我们走。我们在改良主义工会中工作的目的，就是争取它们的会员群众。但是我们只能通过上述办法来达到这一点，正如我们实际工作中的一系列正面的和反面的事例所告诉我们的那样。

关于反对派运动的组织结构我再说几点意见。我们认为，在工会反对派运动中会员证和会费问题并不是最主要的问题。绝对必要的是在每一个改良主义的组织中，建立一个巩固的、团结的，由共产党员或接近我们的工人所组成的核心，也就是说必须建立我们的派别。应当在这个巩固结成的派别的周围，开展广泛的反对派运动，即使这个运动开始时在组织上还不能定形。如果我们善于正确地领导这个反对派，它就会更加远离它们的首领而向我们靠拢。但是，绝不能组织两个反对派：一个是明确反映我们观点的红色反对派，另一个是观点模糊不清的反对派。必须建立一个由我们实际领导的反对派，不过也没有必要来宣布我们的领导。反对派运动的任务，就是要为在工会中夺取选任的职位和取得这一职位而斗争。在同我们的红色工会的关系上，反对派应当实行密切合作的政策（特别是在战斗期间），它应当同我们的红色团体一起建立各种机构，等等。至少谈到首领时，反对派很自然地应当为反对他们进行顽强的斗争，争取把他们从各种机构中驱逐出去，而且，我要再重复一遍，我们应当采取的是使最广大的群众跟我们走的方式和方法。

最后，我们的同志同改良主义工会会员之间的密切的个人联系，以及我们的工会组织同反对派之间的密切联系，是我们在改良主义工会中顺利进行工作的一个先决条件。应当做到经常的合作，举行各种会议和代表会议，讨论问题，等等。我在什么地方曾经读到，我们的同志禁止基层组织同改良主义的团体共同召开会议。我认为这是不好的。相反地，我想应当利用一切可能来做到这一点。我们同改良主人工人的接触越多，对于我们就越有利，对于首领们就越不利。这一点对于我们在改良主义工会中的工作是特别重要的。

关于红色工会问题说几句话。

如果红色工会每天都为群众的利益进行斗争，如果它们善于正确地执行统一战线的政策，如果它们使改良主义的工人站到自己政策的方面来，它们就一定会成为群众性的工会组织。

我们阶级政策的内容就是这样。在这方面我们已经取得了某些成绩。我们已经在红色工会的旧的小组习气的传统中打开了一个缺口，使它成了面对全体工人的公开的组织。在工会内部工作中，共产党员应当力求做到对红色工会不是发号施令，而是对它们实行领导，在它们当中发展广泛的工会内部民主，不断地争取它的会员群众站到共产主义一边来。这就是红色工会内部政策的内容。

尽管我们的红色工会在数量上已接近海斯执行分裂政策以前的水平，尽管我们在红色工会中执行着上述的方针——正确的群众政策和正确的工会内部政策的方针，尽管在最近两年中各方面工作都有了很多改进——虽然有了这一切，这两条基本的路线——正确的群众政策和正确的工会内部政策——执行得还是不够有力。这就是革命工会为什么至今还没有打下足够广泛的基础的主要原因。

关于我们的红色工会在执行群众政策方面应当做什么，我在自己的报告中已经大致说过了。

在组织方面，主要任务是建立广泛的非党工会积极分子小组，特别是在企业中要建立企业代表、工会委员会代表和地区委员会代表的制度，等等。

这个组织的核心应当通过补充新的非党力量而得到发展。我们有一个红色工会——建筑工人工会，它就有一个由非党工作人员所组成的广泛的指挥部。这个工会比其他工会更善于执行群众政策，当然非党积极分子组织的存在，对于这个工会的工作是很有利的。我们应当为所有的工会创造这样的条件。

我的讲话就要结束了。现在必须——我要把这一点再重复一遍——使我们在一切地方和地区大胆地和无所畏惧地提出关于工人的战斗团结问题。在这里，我们应当表现出最大的布尔什维克的灵活性，避免任何的教条主义和僵化态度；应当从群众的实际出发，而不是从他们应当成为怎样出发。要知道，我们的任务就是改造群众，把他们争取到共产主义的方面来。不是对群众发号施令，而是要领导他们。不要使企业和组织成为兵营。要做布尔什维克，而不做普鲁士的上士。群众承认我们的领导，跟我们走，并不是由于什么冠冕堂皇的言词，而是由于我们执行了正确的政策，这个政策帮助他们通过自身的经验，确信我们是正确的。

其他道路是没有的。这是我们借以引导落后的群众和后卫，到先锋队立场上来的唯一的道路。这是我们借以使群众摆脱社会法西斯分子和国家法西斯分子控制的唯一的道路。这是我们借以争取工人阶段大多数的唯一的道路。

主席：

下面由皮克同志简要地谈一下德国国会的事件。

皮克（德国）：

据来自柏林的电话说：国会已被警察包围。在去市中心的通道上布满了身着新装的数百名警察。几乎所有的建筑物都已被占领。克拉拉同志由两位同志领进了会议厅。除了德国的民族主义分子、胡根贝格派以外，所有各派都到会了。克拉拉同志在会议开幕时做了长篇发言：

"这一次国会正是这样的时刻召开的,这就是腐朽的资本主义危机把极其剧烈的苦难的重担压在德国广大的劳动群众身上,压在千百万从慈善机关只能领到微薄津贴,或者完全领不到任何津贴的失业者和饥饿者的身上。

在秋天和冬天又增加了千百万新的失业者。集体合同的进一步被废除,使那些只够糊口的工资降得更低。德国的政权现在由总统制政府通过国会首脑来执掌,这个政府是托拉斯化的垄断资本和大地主的帮凶,国防军的将领们是这个政府的动力。

尽管这个政府是万能的,但它解决自己对内政策和对外政策任务的企图还是遭到了失败。这个政府的对内政策同它的前任一样,其特点就是颁布非常法令。政府认为只有那些负了债的大地主,破了产的工业家、银行家和投机家,才有权得到帮助。政府的对外政策使劳动人民的利益受到打击。这一政策由帝国主义的贪婪所决定。政府在加强着德国对凡尔赛体系各国的依附。这个政府的政策在对苏联(它是因自己正当的和平政策和自己的经济高涨,而成为德国劳动人民的支柱的国家)的关系上起着有害的影响。

国会和总统制政府的软弱无力,是资产阶级自由主义死亡的征兆,它不可避免地伴随着资本主义生产方式的灭亡。自由主义的死亡在社会民主党人那里也清楚地反映出来,因为他们的理论和实践都是建立在资产阶级社会的腐朽基础上的。现政府的政策不外是由社会民主党所支持的布吕宁政府政策的直接继续。

'小害的'政策已经使反动营垒加强了对自己力量的认识,它必然要产生最大的祸害,这就是磨灭群众的进取精神。

国会要想对个别的现实任务表示自己的意见,就应当认清和履行自己的主要职责:它应当推翻那个力图破坏宪法和取消国会的政府。它应当追究总统和部长们对破坏宪法的责任。

不过向最高法院提出对政府的公诉,那就像是在小鬼面前控告阎王一样。由国会来推翻政府,只能是一个进攻的信号,一个在议会外充分发展阶级力量的信号。但是,发展议会外劳动群众的积极性,不应当局限于推翻反宪法的政府。它还应当进一步去推翻资产阶级国家及其基础——资本主义经济。劳动群众反对极度贫困的斗争，同时也是争取完全解放的斗争。这是反对奴役的和剥削的资本主义，争取解放的社会主义的斗争。

应当使劳动群众的视线始终集中在这一目的上。他们不应当用关于'解放的民主'的幻想来蒙蔽自己，也不应当为资本主义的残暴行为所吓倒，而资本主义则力图通过世界性的流血屠杀、法西斯的恐怖手段和国内战争来解救自己。当前最迫切的任务是建立全体劳动人民的统一战线，以打退法西斯主义的进攻，保护被奴役和被剥削的劳动人民的力量，他们的组织的力量，甚至他们的物质生活。

在这一最紧迫的历史必然性面前，所有各种起着分裂作用的政治观点和工会的观点，都应当退居次要的地位。所有遭到威胁和备受痛苦的人们，都应当团结在反对法西斯主义及其在政府中的代理人的统一战线中。在各个国家所发生的罢工和起义，都向正在进行斗争的德国劳动人民表明：他们并不是孤立的。在一切地方，处于水深火热中的人们正在为夺取夺权而展开进攻。作为一个最老的国会议员，我根据自己的职责宣布国会开会。我希望我还能活到那个愉快的日子，那时我还将作为一个最老的代表，来宣布苏维埃德国第一次苏维埃代表大会的开幕。"

克拉拉·蔡特金的演说激起了共产党党员的热烈的欢呼声。（热烈的、长时间的鼓掌）

代表们在非常安静的气氛中听取了克拉拉·蔡特金的长篇发言。连社会民主党人和国家社会主义党人都没有打断她。在演说结束以后，共产党员们向克拉拉·蔡特金发出热烈的欢呼。当克拉拉出现在大厅时，他们又向她连呼三次："红色阵线！"

国家社会主义党人之所以没有阻碍她的发言，是由于他们从其领导那里得到了严格的指示——无论如何要防止国会遭到破坏和解散。后来据报道，克拉拉在发言以后，任命了四名共产党人为秘书，然后国会开始选举主席团。提出了三名候选人：国家社会党人——戈林大尉；社会民主党人——勒贝；共产党人——托尔格勒同志。我们没有关于选举结果的数字材料，不过根据会议的进程来看，可以有把握地说，是符合惯例的，按照惯例，主席由最强有力的党团提出，中央党答应国家社会主义党人同意选举国家社会主义党人为主席，很可能事情没有发展到重新表决的地步——因为中央事先已经保证要选举国家社会主义党人了。

（休会）

第八次会议

(9月1日晨)

主席：库恩·贝拉

讨论库西宁和台尔曼的报告

乌布利希（德国）：

德国的事件引起了共产国际各支部的极大兴趣。当前在德国所发生的事情直接影响到各资本主义国家的阶级斗争。德国事件的国际意义在于德国是这样一个国家，在那里资本主义危机表现得最为深刻，在那里由于凡尔赛体系的束缚，使得危机变得如此尖锐，可以说现在德国已经没有还债的能力，已经不能履行所强加给它的奴役性的义务了。

其次，资产阶级在德国所采取的统治的形式和方法，其他资本主义国家的资产阶级由于危机的尖锐化和这些国家阶级力量的配置，也企图在自己的国家中加以采用。在一定意义上，德国是资产阶级民主制发展成为法西斯主义的典型例子。因此，正是德国的事件对于共产国际各支部反对第二国际的斗争具有特殊意义，第二国际企图用自己在国家政权形式问题上的花招，用使民主制与法西斯主义的对立，来使工人离开反对资本主义阶级统治的阶级斗争。

此外，我们在德国还有一个资本主义国家中最强有力的共产党和一个相当发展的统一战线运动，它的战斗经验无疑可以使其他资本主义国家的阶级斗争从中吸取重要的教训。

再次，在德国我们还有一个第二国际中的最强大和发展最顺利的社会民主党。特别是在当前建立法西斯专政的条件下，它力图在"左"的花招的帮助下（例如提出"社会主义行动"的口号），来使工人阶级支持法西斯专政的建立。

在德国我们还看到一个非常强化的群众性的国家社会主义运动，这个运动的政策对于其他资本主义国家的法西斯组织具有重大影响。

德国事件对于世界革命发展的这种国际意义，赋予我们党重大的责任。德国共产党认识到自己对共产国际，对整个国际无产阶级所肩负的巨大责任。我们应当通过始终不渝地执行共产国际的各项决议，在促进德国革命高潮的到来，更快地使工人群众参加革命的大规模斗争，准备工人群众进行夺取政权的决定性战斗中，充分发挥主动精神。我们要善于打退法西斯主义的进攻，争取工人阶级的大多数来为建立无产阶级专政而斗争。

如果我们想正确地评价德国的总体情况，我们就应当考虑到在凡尔赛专政形势下德国阶级力量发展的特殊条件。德国的劳动人民身受双重的盘剥，一方面是本国资产阶级的剥削，另一方面是对国际金融资本缴纳贡赋。德国资产阶级企图对群众进行大规模的沙文主义动员，利用凡尔赛体系来维护和保证自己的统治。它企图利用对群众的沙文主义影响，使劳动人民离开反对国内资本的阶级统治的斗争，并在反对凡尔赛体系的口号下，把广大群众栓在大资产阶级的车轮上，以便为它的利益服务。

对凡尔赛体系的支持，社会民主党人在凡尔赛条约上签字以及社会民主党对杨格计划的颂扬，特别有利于国家社会主义党争取一部分劳动人民。德国无产阶级身受双重压迫的事实，是国家社会主义党发生广泛影响的一个重要原因。特别是在"反对凡尔赛条约"和"反对盘剥"

的口号下，国家社会主义党不断地在广大劳动群众中间制造思想上的混乱，使他们放弃反对本国剥削的斗争。在这种情况下，我们在自己的社会解放和民族解放的纲领中，就把必须进行争取社会解放的斗争，作为民族解放的必要前提摆到了首位。

在本国内开展反对金融资本统治和反对帝国主义政策的斗争，是消灭帝国主义的奴役性条约和结束国际金融资本掠夺政策的前提。

在经济危机尖锐化和德国阶级搏斗加剧的情况下，垄断资本和大地主采取了更带有侵略性的方针——建立法西斯专政。由于生产的缩减和赋税收入的减少，使得垄断资本的最重要利益受到了损失（布吕宁政府的政策部分地为它们造成了威胁），所以布吕宁政府因此而应当下台。借助布吕宁政府所采取的方法，已经不可能给垄断资本的主要部门提供千百万和亿万的资助。布吕宁政府企图在维护大资本和地主利益的同时，也部分地维护中等工业和小资产阶级的利益，想对小资产阶级和中等工业做一定的让步。这一点就成了推翻布吕宁政府和任命巴本内阁的借口。

垄断资本首先关心的是，主要借助法西斯的暴力措施，来加强资本主义对工人阶级的新进攻，从而保证和提高自己的利润。这种主要借助法西斯的压迫方法来加强资本主义的进攻，是垄断资本和农业资本主要阶层间阶级同盟的基础，这一点就反映在巴本政府的政策，尤其是巴本政府的纲领中。不言而喻，我们应当看到，在力求集中法西斯力量这一点上，在资产阶级的队伍中也存在着很大的分歧。在危机时期遭到了最小损失的化学托拉斯，是首先支持巴本政府，并在实际上同大地主一起决定政府政策的力量。此外，大地主还通过自己同国防军的联系，来扩大自己的影响。如果说，布吕宁政府在社会民主党（它在国家机构中担任着各种职位）的帮助下，通过欺骗与暴力手段来施行自己建立资本主义专政的措施，那么，巴本政府则首先采取双料的法西斯暴力手段，但也不放弃欺骗群众的方法,同时吸引越来越多的国家社会主义分子到国家机构中去。在当前的条件下,资产阶级利用社会民主党作为自己专政的议会外的支柱。由此可见,现在在德国,资产阶级正同法西斯的群众运动一起,建立着法西斯专政,同时它依靠社会民主党的政策,特别是依靠它去影响在业的工人,使他们不去参加罢工斗争。巴本政府根据阶级力量配置的特点采取自己的统治方法,但是它实行法西斯专政的企图是从来没有改变的。我们应当特别强调指出这一点,以表明巴本政府采取法西斯措施,是以阶级力量的发展,以群众革命主动精神(它是在共产党的领导下,在无产阶级统一战线的斗争中表现出来的)的发展为转移的。

巴本政府作为一个建立法西斯专政政府所起的作用,特别清楚地表现在以下方面:通过法西斯高压手段来反对工人阶级,建立战地军事法庭,巴本政府同突击队的合作,吸引国家社会主义分子参加国防军,使铁路军事化,加强铁路警察的作用,镇压革命的报刊,以及使国家政权的权力不断地集中,从而更迅速更直接地实行托拉斯资本的专政,等等。它还表现为准备修改选举法,把国务院变为上院,剥夺市政府的权利,逐步排除边区议会。政府的法西斯措施也表现为破坏社会保险、实行劳动义务制和青年的军事化,以便在武装平等的口号下,最大限度地强化帝国主义的活动。在当前形势下,巴本政府将主要打击指向镇压无产阶级、普遍降低工资、取消税率工资、实行劳动义务制和削减失业保险,不断地以饥饿来折磨失业者。

巴本在明斯特的讲话表明,巴本政府在当前形势下是怎样想用折磨手段来对待劳动人民的。在"组织工作"的口号下,它打算在全德国实行有计划地降低工资,同时则为垄断资本和地主提供亿万的补助金。在实行这些措施方面,最重要的是不断试图唆使失业者去反对在业工人,挑起失业者争夺工作职位的斗争,通过这种方式来加速降低工资。

这就是"分配工作"口号的含义,这就是"工资越低,就越有更多的失业者得到工作"的口号的含义。同时,政府还打击了工资合同的不可动摇性,改变着工资报酬的实质,即通过工厂内部的协议,允许劳动报酬一般地可低于工资合同所规定的工资标准。巴本政府采取的这一方法,使我们可以更好地来组织失业者和在业工人的共同斗争,以便把失业者反对对补助金的掠夺和削减社会保险的斗争,同在业工人反对降低工资,反对企业中劳动条件恶化的斗争紧密地联系在一起。

巴本在同资产阶级报刊的代表们谈话时,对自己的纲领做了解释。对于他的纲领条文是否同国家社会主义党的相符合的问题,巴本回答道:

"我确实同意这样的意见,即资本是劳动创造的。令我高兴的是:中央政府以自己提交总统的纲领,实现国家社会主义德国工人党(НСГРП)所提出的部分愿望和要求。我希望,我们愿望和目的的一致性,将使我们在事务上进行合作。"

可见,巴本正式地证实了自己的政府同希特勒运动进行合作的事实。从而他也证实了巴本政府同纳粹法西斯运动在直接进行合作,同时在议会外则利用社会民主党作为自己政策的支柱。因此,巴本特别强调,必须以职业的类别为基础来实现"雇主和劳动力出卖者的合作",即是说,他是根据国家社会主义德国工人党的路线要求,并在适应基督教工会和中央党的政策的情况下提出自己的要求的。

我们应当指出巴本政府同国家社会主义群众运动的合作,这个运动完全没有削弱社会民主党作为资产阶级主要社会支柱的作用。在这里我想向你们回顾一下,斯大林同志是如何分析法西斯主义和社会民主党的相互关系的:

"法西斯主义是依靠社会民主党积极支持的资产阶级的战斗组织。社会民主党在客观上是法西斯主义的温和派。没有根据推想，资产阶级的战斗组织没有社会民主党的积极支持，而能在战斗中或者在管理国家中获得决定性的胜利。"①

因此，我们应当特别注意在希特勒法西斯主义和社会法西斯主义之间是如何分工的。社会民主党企图把工人阶级的全部注意力引向希特勒，以便掩盖它对巴本政府（这个政府是同希特勒的运动进行合作的）建立法西斯专政的支持。同时，纳粹为反对社会民主党在普鲁士的政策而开展着一个广泛的运动，以便掩盖自己对于巴本政府非常法令的政策和巴本一伙在希特勒方面的容忍下所执行的洛桑政策的支持。

纳粹通过自己的群众性发动，来推动政府更快地建立法西斯专政。政府以"超党派国家政权的名义"赋予国社党分子的大部分要求以法律的效力，而德国社会党则支持这些法西斯的措施，认为它们似乎是"既反右，也反左"的"国家的措施"。正因为如此，对于我们党的工作来说，重要的是要在政治提纲中强调指出使法西斯主义同社会法西斯主义相接近的那些因素，以及它们的政策的不同。在这种情况下，我们应当特别反对社会民主党所进行的失败主义的宣传，因为这种宣传意味着国社党分子是"被准许"上台的，并且力图向工人证明，法西斯主义乃是一个发展的"必经阶段"。我们也应当反对把各资本主义国家的法西斯化机械地加以等同的企图，因为这只能使工人感到困惑，为群众的革命动员增加困难。法西斯专政没有什么典型的形式，也没有什么不可避免的法西斯措施。因此，我要对把德国的发展同意大利的法西斯专政进行机械对比的企图说几句话。相反地，我们应当强调指出，正是意大利的状况和德国阶级搏斗之间的不同。在意大利，法西斯主义是在另外的条件下进行了夺取政权的斗争。不仅如此，意大利还有着不同的社

---

① 《斯大林全集》第 6 卷第 246 页。——编者注

会构成，它的工业无产阶级的人数较少。我们也应当懂得，墨索里尼是在无产阶级遭到失败以后夺得政权的。由于实行了机会主义的政策，社会民主党把工人引上了必然失败的道路，而这时还没有一个能够领导无产阶级革命斗争的群众性的共产党。其次，我们应当知道，墨索里尼夺取政权是在国际革命运动退潮的条件下发生的，而当前在德国则相反，阶级斗争是在革命高涨的条件下，在拥有一个强大的共产党——无产阶级并没有遭受失败——的条件下，在各资本主义国家经济危机尖锐化和国际范围内革命高潮愈益发展的条件下进行的。

德国事件的进程完全证实了共产国际执行委员会第十一次全会关于法西斯主义和关于社会民主党作用的决议是完全正确的。在这里让我们回忆一下曼努伊尔斯基同志在共产国际执行委员会第十一次全会上所说的话：

"法西斯主义制度并不是什么新类型的国家，而是帝国主义时代资产阶级专政的一种形式。法西斯主义是从资产阶级民主制中有机地产生出来的。资产阶级专政向公开镇压劳动人民的形式的转变过程，就是资产阶级民主制法西斯化的实质……法西斯主义的关键点，就是它用各种强制和暴力的手段向工人阶级的公开进攻，就是反对劳动人民的国内战争。资产阶级民主残余被取消，不过是对无产阶级实行阶级进攻这一主要决定性路线的一个副产品。"

在这里我们有充分的根据强调指出，应当揭露作为资本专政的法西斯政策的阶级内容，因为只有揭露出阶级内容，我们才能够同社会民主党所玩弄的花招，以及把资产阶级民主和法西斯主义加以对立的企图进行顺利的斗争。因此，由于巴本政府在德国的上台而说什么"制度的更替"（如德国共产主义青年团机关报《青年近卫军》上的一篇文章所说），那也是错误的。在巴本政府被委任以前是一种怎样的制度，在这个政府上台以后又是怎样的另一种制度呢？无论是这个政府上台前，还是上台后,都是一个资本主义统治的制度。资本主义专政的阶级内容是一样的,所改变的只是它的统治的形式和方法。"制度更替"的说法会使得共产国际执行委员会第十一次全会的各项决议(这些决议我已经引用过)含糊不清,其结果是把民主制同法西斯主义相提并论,这无疑有助于社会民主党在当前形势下玩弄他们的主要花招——提出国家政权的形式问题并把民主制同法西斯主义相提并论,其目的是使无产阶级离开阶级斗争。

制度更替论还有助于这样观点的出现,即似乎当前在巴本政府执政下,社会民主党已不再是资产阶级的主要社会支柱,从而使人们在某种程度上忽视反对社会民主党和争取社会民主党工人的斗争。这种观点也接近于"法西斯主义对共和国胜利"的理论,由此而产生一种失败主义理论,削弱工人阶级在反对法西斯主义斗争中的主动性。同时,这种观点还有助于国社党分子拥护第三帝国,拥护"新制度"的宣传,可是实际上,这个新制度就是国社党分子所力争的公开的法西斯专政,它无非是资本主义统治的一种最丑恶形式的发展。

巴本政府的法西斯措施导致了工人群众反抗的加强,导致了统一战线活动,特别是反对突击队活动的扩大。随着突击队的合法化,在整个德国,工人阶级统一战线反对法西斯恐怖手段的发动开始高涨起来。诚然,巴本政府准许纳粹分子身着制服,可是它却不能使纳粹分子身着特别法令批准的制服出入最重要的工人区。由于工人群众被最广泛地动员起来参加统一战线运动和反法西斯运动,我们争取到了一部分社会民主党的工人——德国旗帜党成员和工会会员站到无产阶级的战斗统一战线方面来。

这种形势的最重要因素就在于,与过去不同,现在进行反对纳粹恐怖活动的不仅是工人阶级最积极的先锋队,而且还有最广大的无产阶级群众被吸引到群众性的反法西斯运动中来。最广大群众的战斗积极性得到了发挥,很久以来,共产党工人和社会民主党工人第一次一起走上街头,并在一定程度上把国社党分子赶出了工人区。在这方面,在武珀塔尔和杜塞尔多夫等地区工人的反法西斯战斗是特别典型的,在这些地方国社党分子实际上已经不能身穿制服和佩戴标志公开活动了。由于巴本政府批准突击队合法化,在这些地区有很多工人参加了自卫队,开始反击纳粹分子的恐怖活动,反对国社党宣传员的活动。我们在柏林就有这样的例子。我只记得在莫阿比特进行的战斗。那里的警察企图强迫一个无产者妇女迁移,并请来法西斯突击队作帮助。当突击队员们作为警察帮凶出现的时候,工人群众——不仅是共产党员,而且还有数千名工人就走上了街头,他们不仅反对迁移,而且把满腔怒火发泄在那个作为当前制度卫士的突击队身上。

在许多场合下,由于工人被突击队员杀害,在企业中引起了抗议突击队员恐怖活动的罢工。我记得由于瓦尔杰尔斯豪森的失业者斗争,以及法西斯分子对工人的杀害,在杜伊斯堡、林巴赫、开姆尼茨、德绍和哈根都举行了抗议的政治罢工。当然,我们应当指出,参加这次抗议政治罢工的还主要是中等企业,大工厂只有少数几个。虽然我们可以指出大企业在这方面比较落后,但是,绝不应当对一部分企业成立群众性自卫队的意义估计不足。无数的事实表明,我们在怎样的程度上突破了社会民主党的队伍,并争取了一部分社会民主党工人一起进行斗争。我们看到,在实现统一战线方面,那些服劳役的失业者起着特别积极的作用,在许多地方都有这样一个值得注意的现象,就是把拒绝服劳役作为在统一战线口号下进行共同发动的第一个借口。对不服劳役的失业者一律发给补助金的要求,或提高劳役工作报酬的要求,不仅被提出来,而且还得到了满足。我们看到,正是由于反法西斯运动的开展,工人群众的反抗也在以各种不同的形式和各种不同的理由进行着,而且它并不是机械地进行,不是只把注意力集中在一个问题上。很自然地在这里应当强调，位于反法西斯运动中心地区的企业的战斗发动特别落后。在某些企业的工人居住区正在开始为降低房租（还不是为提高工资）而斗争。值得注意的是，由于普鲁士政府和巴本政府施行了非常法，争取降低房租和房租税的广泛运动得到开展。只在柏林一地，我们就有350个租户委员会。

在这里我不准备表明反法西斯运动的开展和建立工人战斗统一战线的所有例子和数字。在这里我只是强调一个最重要的因素，即一个时期以来，我们已经多多少少地吸引了社会民主党工人和德国旗帜党工人参加战斗统一战线的队伍。

在革命高涨速度加快的条件下，巴本政府为反对革命的无产阶级采取了比以前更加严酷的措施。在这种形势下，即在普鲁士实行法西斯政变以前，社会民主党企图证明它是巴本政府在建立法西斯专政方面的一支可靠的辅助队伍。在这方面值得特别注意的是社会民主党在阿尔托纳所实行的策略。在阿尔托纳所进行的战斗不仅具有地方的意义——社会民主党警察长的措施都是根据社会民主党领导决议的精神实施的。在阿尔托纳的社会民主党警察长想向巴本政府证明，他，作为一个社会民主党人，一定要保证国社党分子有进出工人区的自由。工人的代表团来到社会民主党警察长这里对他说，允许并利用最极端的警察措施来保证国社党分子出入工人区，这是前所未有的挑衅行动。在阿尔托纳发生了什么情况呢？国社党分子在警察的最有力的支持下，企图通过工人区，可是面对无产阶级群众的积极防御，面对共产党工人、德国旗帜党成员，以及劳动居民的大规模发动，纳粹分子们不能按计划进行。只有警察手执卡宾枪清道以后，才使得国社党分子有可能通过了一些街道。阿尔托纳的这个例子表明，尽管使用了装甲车，尽管向工人提出了"到城外去游泳，不要让自己参加反法西斯的斗争"的口号，社会民主党仍然没有能完成巴本政府所交给的任务。资产阶级正是从阿尔托纳、从武珀塔尔和其他地区的战斗中吸取了一个教训，这就是在目前形势下，社会民主党处于政府之外比它在国家机关中担任要职，对资产阶级来说更为有利。在这样的形势下，巴本政府在普鲁士发动了法西斯政变，推翻了普鲁士政府，从国家机关中驱逐了几个社会民主党党员和中央党党员。巴本政府以此来加快建立法西斯专政，直接加强了对国家机关的控制和警察力量的改组。泽韦林和格热辛斯基的被免职无疑地在社会民主党员和工会会员中间引起了强烈的不满，而在一部分革命工人中间则明显地看出某些幸灾乐祸的情绪。大部分社会民主党工人的看法是：社会民主党将要进行斗争，因为普鲁士本来就是所谓的"反法西斯主义的堡垒"。资产阶级的和社会民主党的报刊更是加劲儿地鼓吹这种幻想，说什么"泽韦林不过是向暴力做了让步"。因为来了一位中尉和几名士兵，自称是来执行暴力命令的，这时泽韦林拿起帽子就走了出去。布劳恩则是按时去度假，不知到哪里去了。

我们看到，由于在普鲁士发生了法西斯政变，国社党分子立即就从街上撤走了自己的突击队员。他们想以此来阻止工人进一步加强的义愤，以此来阻止直接动员工人参加斗争。因为很明显，在突击队进行恐怖活动的情况下，这种动员要比像在当前从工人区撤走突击队的情况下容易得多。

在法西斯政变的时刻，我们党在总罢工的口号下，把自己的力量投入到动员工人群众的工作中。我们党中央和区委员会立即带着我们的战斗口号到群众中去。实际上，在法西斯政变以后，尽管有许多困难，我们的口号也立即通过散发传单而深入到了工人群众当中。由于工人们提出了解决在企业中举行罢工斗争问题的建议，我们就公开地征求全德工会联合会和社会民主党的意见，询问他们是否准备直接进行总罢工。

虽然在企业的工人中间有着非常强烈的不满情绪，但我们只在个别工厂中进行了直接抗议的发动，许多抗议罢工大约持续了一刻钟。广大的工会会员和社会民主党工人群众的情绪,反映在他们的声明中,即他们赞成罢工,但是想等待全德工会联合会主席团的指示。至于全德工会联合会,它则声称:"所有宣布和宣传总罢工的人都是挑衅分子,因为决定性的战斗不是在今天,而要在选举日——7月31日进行。不过,首先应当诉诸于国家法院。"在这里法西斯主义和社会法西斯主义的行动真是达到了惊人的一致。正是巴本政府利用国会选举来帮助普鲁士的法西斯政变,而社会民主党则利用这一机会,把工人的注意力吸引到选举斗争方面来,从而使工人离开反对普鲁士法西斯政变的直接战斗发动。全德工会联合会和社会民主党关于反对举行总罢工和拥护"重要的国家政策"的决议,具有极大的意义,因为它反映了社会民主党和全德工人联合会的法西斯化达到了一个更高的阶段,它们公开主张在社会民主党的政策中采取法西斯主义的方针。7月20日这一天,就是社会民主党起着资产阶级主要社会支柱作用的最明显的证明。库西宁同志在自己的报告中以充分的根据强调说,如果我们在7月20日没有进行大规模的政治罢工,这最主要的原因就是,在前一个时期,我们没有发动工人为维护经济的和政治的局部性要求而进行大规模的局部性战斗。他有充分根据地批评了我们,因为如果我们在7月20日的条件下没有举行罢工的发动,我们就应当至少以更为大胆的主动精神,在柏林和其他城市的街头举行更大规模的示威游行。这样的群众性的示威游行将会更有力地推进企业中的发动。台尔曼同志在党委书记会议上的讲话中谈到7月20日事件时,特别着重指出说,我们作为一个政党,应当从这里吸取教训,要竭尽全力使自己更加成为一个战斗的组织,特别要通过不断改进对基层组织的指导方针,通过发挥基层组织的更为大胆的主动精神,利用每一个斗争的机会,每一个借口和每一个事件。同时应当这样来规定党的战斗任务,使每一个工厂都成为全党工作的政治中心,使我们党的群众宣传工作具有更深刻的战斗内容,使我们能够更大胆更直接地从工人最小的日常经济利益和政治利益出发，引导工人进行斗争，并通过统一战线使共产党工人、社会民主党工人和工会会员一起进行斗争。

我们应当懂得，德国所发生的政治事件使广大的工人群众更加认识到，由于这些政治事件具有全国性的意义，所以工人方面也要在全国范围内予以回击。正是在这一形势下，对于局部性战斗估计不足的倾向加强了。由于提出了为工人日常的微小利益而组织局部性战斗的重要任务，在争取工人阶级自由、反对军事战地法庭等的斗争中，具有决定性意义的是：在进行这些战斗的同时，我们在怎样的程度上建立真正的统一战线机构，发挥工人群众的主动精神，吸收愈益广泛的工人群众和无产阶级的职员群众到运动的领导中来，因为只有这样才能使社会民主党和全德工人联合会难于在过去的规模上来推行它们的工贼政策，使他们不能阻挠工人参加战斗的发动。

我们同意连斯基同志的下述意见，即我们党需要更加坚决地把自己的力量集中到在企业里为实现工人的局部经济要求而组织局部性的战斗上，从而把工人的最落后阶层通过他们自身经验的力量，引导到群众的战斗中来，并提高他们的阶级觉悟。台尔曼同志就7月20日的这些教训，在党的代表会议上强调说，轻视在改良主义工会中进行革命工作，极力想离开改良主义工会，对反对派的工作估计不足等，无疑是我们不能把更多的工人群众吸引到罢工运动中来的重要原因之一。诚然，近几个月以来，我们在某种程度上已经打破了社会民主党工人的队伍，可是在我们和工会的群众之间，仍然有着某种隔阂。

总起来说，我们应当指出，7月20日的最重要教训，首先就是忽视了通过局部性战斗把工人群众引向政治总罢工，所有的组织部还没有直接利用一切理由来开展战斗，来通过各种方式和方法在实际上领导群众的抵抗。企业还没有成为党的工作的政治中心。当然，我们的一般的政治影响是加强了，但是，当事情牵涉到维护日常利益的时候，工人们主要还是去找社会民主党的职员们。我们还不善于通过在每一个车间和每一个企业中所表现出来的勇敢的主动精神，在代表工人的日常利益方面取得应有的威信。这样就有利于改良主义官僚们散布反对局部性战斗的失败主义宣传和幻想，似乎经济战斗只能在改良主义工会的领导下才能够进行。对全德工会联合会主席团号召进行总罢工的幻想和对改良主义的工会官僚寄以期望，这些都是动员群众参加7月20日罢工的最危险的障碍。总而言之，革命先锋队在7月20日由于忽视了在工会内部的工作而付出了昂贵的代价。7月20日以最严正的形式证明了列宁下述学说，即忽略和轻视在改良主义工会中的工作，就等于是忽视了罢工斗争和失业者运动的顺利开展，最终就等于忽视了争取无产阶级专政斗争的任务。

在7月20日还表现出没有积极主动地为反对法西斯凶手们的恐怖活动，反对法庭判决和查禁书刊而举行抗议的政治罢工，在企业中为反对非常法和法西斯的压迫措施而举行的抗议发动也不能令人满意。

我们党从7月20日的教训中还得出了有关工作方法的重要结论。我们的党委会应当在实际上成为斗争委员会，成为领导群众斗争的业务机构。为此，首先就必须集中力量去完成当前群众斗争的最重要任务，加强党的基层组织和党的中级干部，使他们有可能以最大的胆量，迅速地和直接地去对待所发生的事件。那些超集中制、少给基层组织发指示、官僚主义和命令主义等倾向，都应当加以克服，其办法就是给支部以最有力的指示和扩大党内民主以发挥党员群众的主动精神，以及采取革命的自我批评。为了引导千百万工人群众，我们应当学会发动全体党员，把党的工作重担交给他们和通过加强思想教育的方法，来培养他们。在完成群众斗争任务的同时，我们首先应当以生产中的工人和工会会员为对象经常地进行招募工作。提高我们的招募工作的质量，是加强企业的战斗力和在内部巩固党组织的条件。党组织的工作机构和工作方法都应当加以改进，以适应半合法状态和阶级敌人准备禁止我们党存在的条件。

反法西斯运动所取得的成就，党在较短的时间内吸收了很大一部分社会民主党工人和德国旗帜党工人参加了反法西斯运动的事实，是我们党总路线正确性的绝对证明。不过这样的形势对党又提出了更高的任务，这就责成我们同时要尽一切力量，把对我们党提出的任务和改进党的工作方法提到布尔什维克化的更高的水平上。台尔曼同志在谈到选举的教训时指出，我们党布尔什维克化的主要问题，就是要善于从一个宣传鼓励的党，变为无产阶级的所有发动和所有战斗的领袖。

党在实现这些更高要求的过程中，往往要受到一定的错误和倾向的干扰，这些错误和倾向阻碍党向群众工作的转变。我们并不总是能够及时地去反对我们党个别工作人员的动摇表现。党的领导应当反对一些同志的以下倾向，即低估共产国际执行委员会第十一次全会决议，特别是低估关于法西斯主义、关于社会民主党和国社党分子作用问题的决议。党的领导还必须反对一种只看到最近前景的倾向，即认为似乎在去年冬天，就必定会发生无产阶级的决定性战斗。这种错误估计的前景是同使人民革命的口号成为党在当时情况下的"主要战略口号"的建议联系在一起的。不是去为实现战略的目的——争取工人阶级的大多数进行斗争，而是企图跳过这个阶段；不是提出这个任务，而是提出人民革命的口号作为党的战略任务。同时——这在一定程度上也同上面说的有关——我们应当反对同忽视和过低估计统一战线的策略，以及在企业和工会中进行群众工作的策略有关的某些倾向，或者反对某种突变式地实行统一战线的策略。党中央委员会，特别是在斯大林同志的信发表以后，通过在党内加强广泛的思想教育工作，克服了这些错误和动摇中的很大一部分，把党的组织提到了更高的水平上，从而为发挥党组织的大胆的主动精神，提高整个党组织的能力以适应每一个事件，适应形势的每一个变化建立了前提。当然，在这方面某些党的工作人员不仅有一定的贬低这一思想工作意义的倾向，而且还有这样的情况，即由于斯大林同志的信的发表，在《红旗》上刊登的为该信写的引言，是同信的内容以及同党的决议明显相抵触的。在中央委员会的二月全会上，台尔曼同志就所有这些问题发了言。他特别强调指出，必须最坚决地反对和克服所有在共产国际和党中央委员会面前粉饰和掩盖缺点的小资产阶级企图，必须反对模棱两可和两本账的态度，反对在口头上承认党及其领导，实际上却不执行党的决议，不给予党的领导以支持的表现，反对所有否认理论和实践统一的企图。中央委员会同意斯大林同志以下的话："自我批评是布尔什维主义武库中不可缺少和经常使用的一种武器，是同布尔什维主义的本性及其革命精神不可分割地联系着的一种武器。"①

我已经说过，正是由于进行了思想教育和利用了近几月所取得的斗争经验，党基本上克服了这些缺点和错误。遗憾的是，关于共产主义青年团我们不能也这样说。库西宁同志在自己的报告中说道：

"青年共产国际在各资本主义国家中的成员人数有所增加。不过青年共产国际的领导同志的态度是完全正确的，他们并不对人数的这一点小小的增加感到满意。他们表现了布尔什维克的自我批评精神。他们公开承认，在大多数国家中，共产主义青年团都不具有群众组织的性质。"②

库西宁同志报告中的这一段话极其认真地提醒我们，我们党根据已有的大量经验，应当大力帮助共青团在青年共产国际决议的基础上执行群众政策的路线。

---

① 《斯大林全集》第 11 卷第 112 页。——编者注
② 见本卷第三次会议"库西宁报告的最后部分"。——编者注

当然，这也要求德国共产主义青年团的领导，为执行青年共产国际的路线和我们党中央的路线做出一定的保证。我已经就关于法西斯主义的问题谈到了《青年近卫军》编辑部的观点，作为对这一发言的补充，我还要指出，共青团在开展统一战线运动方面，在争取金属工人工会和工会的青年工人方面，存在着突出的弱点，在对社会民主党的评价问题上也有某些不够明确之处。

在共青团机关刊物《布尔什维克》的一篇文章中我们读到：

"我们在共青团中，在它发展的很长时间内没有能够做到的很多事，即同社会民主党人建立统一战线，如今正在实现着，而且明天在几个小时内就将完成。对于我们这些青年共产党员来说，过去有时需要几年和几个月时间来完成的事，现在正在不多的几个星期和几天之内实现着。这是我们在德国阶级战斗发展中所看到的新现象。"

如果这一点更为具体地表现在德国劳动青年的广泛统一战线运动中，那也是不错的。我们认为，似乎"正在不多的几个星期和几天之内实现着"的这一说法，证明了对伟大战斗任务——为了青年的所有局部性要求，为了使青年摆脱社会民主党和法西斯的影响而进行坚持不懈的斗争的估计不足，以及各基层组织所产生的关于自发取得成就的幻想。

其次，在那里还读到：

"德国无产阶级队伍中的统一战线运动，主要是在反对法西斯主义的基础上，即在政治的基础上实现的。"

毫无疑问，德国的情况是，在反对法西斯恐怖活动的斗争中，我们发动了多次政治大罢工，这些罢工的发展要较经济罢工运动强烈得多。但是绝不能由此得出结论说，似乎应当否定经济战斗。经济战斗具有很大的政治意义，它是引导广大的落后群众（根据他们亲身的经验）参加群众性革命战斗的手段。从共青团一些工作人员的各种言论中，暴露出对青年亟待解决的要求进行斗争的估计不足，对所谓"发给工作鞋的要求"的蔑视态度。我们认为，要动员广大的青年工人群众，就应当争取实现哪怕是最细小的亟待解决的要求，使这一斗争同党和德国共产主义青年团的政治目的联系在一起。

某些共青团的工作人员还谈到了关于社会民主党和社会民主主义影响在青年工人中间的作用。他们在关于社会民主党是资产阶级主要社会支柱的辩论中，往往出现一些不正确的观点。由于在青年中情况不像在党内那样简单，特别是由于青年当中还有很多国家社会主义分子的信徒，这样，某些工作人员所表现的对社会民主党作为资产阶级主要社会支柱的作用的估计不足，一定会在争取青年工人群众，特别是社会民主党的青年工人群众和自由工会青年会员的斗争中，产生错误的战略。我们认为不仅必须在党的有力支持下，在共青团内把这些问题讲清楚，而且还要克服团内现有的对错误的容忍态度和对团内个别工作人员的反党言论熟视无睹的态度，并且在党的帮助下，在尽可能短的时间内，克服某些工作人员疏远党的倾向，以便使德国共产主义青年团真正成为党的最亲近的助手。

在关于估计共青团状况的问题上，我们党中央同青年共产国际是完全一致的。我们同共青团正在一起采取一切措施，使共青团在青年共产国际决议的基础上，能够顺利地进行争取大多数青年工人的斗争。

由于对普鲁士的法西斯政变和巴本政府的全部政策进行评价，我们还应当特别提到，巴本政府企图通过进行国会选举为法西斯专政建立更加广泛的基础。我已经指出过巧妙地利用国会选举来促进普鲁士的法西斯政变。巴本政府指望在国会选举期间打击德国共产党，并使它遭受失败，从而更有利于自己推行法西斯措施。但是巴本政府大大失算了。事实是我们党在国会选举中成了唯一的胜利者。这是反法西斯运动的胜利。这个选举的结果在一定程度上反映了开展广泛的反法西斯统一战线运动所取得的很大的成绩。

我们党在选举中所取得的胜利，不仅是由于我们争得了 75 万张选票，而且也由于我们在同时使社会民主党遭到了很大的损失。在大多数区里，我们完全拿到了社会民主党人所失去的票数。此外，我们还得到了第一次参加选举的青年人的票数。选举结果暴露出不同地区情况的不平衡。例如，我们在南德意志取得了最大的成绩，我们在那里极大地扩大了我们对农业工人和小农群众的影响。在下巴伐利亚我们的票数增加了 82.6%，在南汉诺威——72.3%，在弗兰肯——57%，在上巴伐利亚——52%，在科布伦茨——47%，等等。同时值得注意的是，我们阻止了国社党分子进一步向工人队伍的渗透，在大部分地区阻止了国家社会主义浪潮的推进，甚至在一些有决定意义的地点，特别是在西部工业区使得报给纳粹分子的票数大为减少。我们并没有做出这样的结论，即似乎这样一来就直接达到了普遍缩小国社党分子的影响；对于我们来说，这个事实只是表明，我们现在有多么大的可能，可以通过对加强思想的进攻，把工人和处于国社党影响下的中间阶层的部分劳动人民争取到我们这边来。

当然，在一些地区，例如在符腾堡、开姆尼茨，我们并没有拿到社会民主党所失去的票数，特别是在柏林、汉堡、哈雷—梅泽堡，我们这一次得到的结果不能令人满意，尽管在柏林达到了票数的最大百分比——33.4%，而上次国会选举中，我们只拿到了 33%。但是这并没有改变这样一个事实，即这里的选举结果不能令人满意，很明显，这是由于对反法西斯斗争领导不力，特别是在企业中没有充分实行统一战线策略的结果；也是 7 月 20 日在柏林我们没有在广泛的基础上开展群众性政治罢工运动的结果。

同时选举的结果表明，我们党粉碎了托洛茨基分子、社会工人党分子和其他的叛徒集团，他们不仅没有得到一张当选证书，而且同过去几次选举相比还失去了一部分选票。叛徒集团的这一失败表明，在反对托洛茨基和布兰德勒有利于同社会民主党建立联盟的宣传的斗争中，特别是在反对托洛茨基的如下宣传，即在议会中必须容忍魏玛政府，以使在实行法西斯专政方面充当接生婆的斗争中，我们执行的总路线是多么正确。我们党反对工人运动队伍中的最危险敌人，即社会法西斯主义"左"的变种的这一事实，从选举的结果来看，就是我们粉碎了这些派别和集团。

总结起来，我们可以说，7月31日选举的结果反映了共产党在开展反法西斯运动方面的战斗力的增强。当然，过去和现在都有这样的人，他们认为似乎这个选举的结果是从天上掉下来的。那就让他们去搞这样的唯心主义哲学吧。非常清楚，正是在那些反法西斯运动开展得最好，下层统一战线的策略实行得最好的地区，我们就能够取得最大限度的成绩，特别是能够对社会民主党的影响给以打击。反法西斯运动是一个广泛的统一战线运动，是工人的战斗统一战线运动，它在过去和现在都不能按照某种一般的公式来进行。重要的是，在执行统一战线政策的过程中，党组织要对群众反对巴本的法西斯纲领和法西斯恐怖手段的任何可能性做出直接的反应。统一战线运动的任务应当根据阶级斗争的变化来规定。开始时由于突击队被宣布为合法，反法西斯运动的重心表现为反对法西斯的恐怖行动；现在，反法西斯斗争的重心应当首先转移到反对资本进攻的新措施和反对我在上面已经指出的巴本政府的经济纲领的斗争上来。

巴本法西斯政府所宣布的纲领，其目的就是要把劳动人民推入水深火热之中，而我们党的任务在于在每一个企业中广泛地发挥工人的战斗主动性，特别是直接在工会会员中，要以革命的大无畏精神，在实际上实现工人反对降低工资的战斗统一战线，建立在业工人同失业者的战斗联盟，并通过群众的自卫来同法西斯的恐怖行动作斗争。在谈到鲁普士法西斯政变期间的情况时，我已经通过几个例子说明了反法西斯运动在怎样完成着愈益巨大的战斗任务。我们应当了解，在像开姆尼茨这样的地区经济罢工发生得不多，但恰恰是在这个城市里，在一天之内就发生了30起政治罢工。这个事实具有十分重大的意义，同时证明了德国斗争形式的提高。难道说这样一个事实，即在像杜塞尔多夫和武珀塔尔这些地区，为了反对突击队员的恐怖活动在大企业中举行了多次政治罢工运动，同时，包括工会会员在内的纺织工人也为反对降低工资展开了斗争——难道这个事实还不意味着这些战斗的形式已经提高了吗？在评价愈益发展的政治罢工运动时，我们应当注意到这样一个事实，即我们进行这些罢工运动的地区，正是我们的生产支部和我们的革命工会反对派小组已经为维护工人的日常利益进行着经常斗争的地区，是我们在此基础上使广大的工会会员群众接受了我们的影响的地区。我们可以举出这样的事实，由于国社党分子在企业外面进行宣传，使得工人们不仅成立了群众性的自卫队，甚至还举行了经过予先准备的抗议罢工，在上班时间召开了工厂的会议，并把突击队的暴徒们从企业中赶了出去。例如，上星期自柏林来的消息称，在柏林的五个建筑企业中，根据全体工人大会酝酿罢工的决定，有五名法西斯突击队暴徒被从企业中赶了出去，当一名突击队员身着制服出现在一个工地时，工人们就把他的衣服剥了下来。这就证明了工人群众（不仅是共产党员）反对法西斯主义，同时反对巴本政府措施的主动战斗精神的高涨。在青年中间也有类似的事情发生。由于共青团工作的加强，在很大一部分为逃避劳动义务者设立的集中营里，发生了青年的暴动，结果使得一部分集中营被解散了。我们还有这样的事实，即广大的失业者群众被吸收参加了"房客运动"，拒绝缴纳房租。正是由于房主的恶性高利盘剥导致了工人的特别贫困，所以工人的战斗发动指向了房主就不是偶然的了，"房客运动"获得了比较广泛的基础。

在最近几个月，我们还第一次看到我们在农民中间的影响增长了。在谈到选举结果时，我已经指出，我们在农民地区的影响增长了。农民委员会特别是在移民中间获得了更为广泛的基础，这些移民无力支付巨额地租，他们被广泛地吸引参加了反法西斯的运动。这表现在各次反对巨额赋税的大规模发动和防止拍卖小农的财产上，也表现在由于我们工作得好并为反对国社党分子的宣传而进行斗争的地方，农民积极地和我们站在一起。

在分析反法西斯运动的发展时，我们应当指出，这里在街头的反法西斯行动和在企业中的反法西斯行动之间还存在着"剪刀差"，尽管在工人居住区，在职业介绍所，在房客中间，甚至在农民中间，我们的发动都已经达到了很大的规模，可是，在企业中战斗运动的发展还是很慢的。在那里，首先是全德工会联合会有着很大的影响。在企业中战斗发动落后的原因，首先在于我们忽视了在工会内部的工作。我们党中央考虑到了这一情况，在最近几个星期已经集中自己的力量在企业中开展反法西斯运动。在"把反法西斯运动转移到企业中去"的口号下，我们所有的党的机构、革命工会反对派的全部力量都被集中起来去动员工厂的工人，动员工会会员进行统一战线的工作和完成反法西斯运动的战斗任务。

由于开展了反法西斯的运动，我们毫无疑问地已经提高了党组织的革命积极性，极大地促进了我们党党员群众说服社会民主党工人和工会会员的工作。为了促进这一讨论、这一思想运动在更加广泛的基础上的不断开展，台尔曼同志已经召开过有来自德国最重要大企业的20名社会民主党工作人员参加的会议。这些社会民主党的工作人员在会议上提出了当前在反对法西斯主义的斗争中社会民主党工人最关心的所有问题，这次会议在很大程度上帮助我们说服了社会民主党的工人，使他们不仅确信：我们是从没有先决条件的共同斗争任务的角度，来看待统一战线的反法西斯运动；而且我们认为，最重要的是，不在组织上提出任何先决条件地达到工人的战斗团结。唯一的条件是工人们准备并愿意同我们一起，为实现部分的要求进行斗争。但是，就所谓"二十一点"进行的这一辩论同时也向我们党的工作人员表明，应当怎样同社会民主党的工人进行同志式的辩论，以便真正把他们争取到统一战线方面来，争取到共同斗争的方面来。

由于战斗的统一战线的发展和社会民主党工人不愿使自己站在共同的斗争之外，社会民主党就企图利用"国内和平"的口号，来阻挠工人参加共同斗争。它说："我们也赞成统一战线，不过我们的条件是：你们不再攻击社会民主党。"在反法西斯运动发展的最初阶段，我们曾有同社会民主党工作人员进行谈判，而对统一战线的阶级内容并不加以坚持的某些倾向。但是，在反法西斯运动发展的过程中，特别是由于国社党分子进攻的加强，反法西斯运动也形成了工人们真正的战斗团结，并达到了较高的水平，特别是在7月31日以后，由于7月31日选举的结果，我们党在社会民主党工人眼里的威信提高了。社会民主党的工人在自己车间的集会上所说的话不是偶然的。他们说："尽管我们社会民主党人失去了一部分选票，这仍然很好，因为共产党人取得了胜利。"从那时起，特别是在7月20日以后，我们还看到社会民主党的工人已不再这样提出问题了："我们赞成统一战线，可是要在'钢铁战线'的领导之下。"而"钢铁战线"的政策是对巴本政府投降的政策。社会民主党对工人们说过三次："你们一定会通过选票来击败法西斯主义。"可是，结果却是巴本法西斯政府的上台，这一事实正好向社会民主党的工人们表明，必须要建立下层的共同战线，同时也为我们在更高的基础上实行和发展统一战线的政策开辟了更加有利的可能性。

当然，我们应当说，在执行统一战线政策的过程中，在我们党组织的队伍中也出现了对社会民主党影响的某种让步的倾向。有些情况是大家都知道的，就是我们的同志在工会会议上对社会民主党的发言不作回答。

建立统一战线的问题作为争取实现具体要求斗争的一致性问题，应当同揭露社会民主党玩弄的花招直接联系起来。值得注意的是，正当巴本政府公布自己的经济纲领，西北金属工会联合会公布自己降低工资和恶化劳动条件的纲领时，社会民主党也公布了关于实行"社会主义股票"的号召书。社会民主党在布吕宁政府大规模实施非常法的时期，也是采取了类似方式的，它在"组织工作"和"降低价格"的口号下支持对工资的降低。现在也正是这样，它又提出了"组织工作"和"社会主义股票"的口号。所不同的是，随着斗争条件的改变，它在某些较"左"的词句的掩盖下，支持建立法西斯专政。社会民主党的以下说法也值得注意，即似乎当前谈的不是社会保险和工资这样的"小问题"，而是按照社会主义路线"改造经济"的大问题。它的这种宣传正好表明了社会民主党所执行的政策的内容，表明了它企图使工人离开阶级斗争的具体任务，反映了在资本主义稳定的结束条件下，它已经不能再以社会改良"倡导人"的面目出现了。

值得注意的是，塔尔诺同志在对制革工业工人的讲话中，把社会主义称作是"经济的目的"。从而他特别表明了社会民主党怎样企图把自己的全部任务集中在经济的虚假改造上，怎样用社会主义的口号来掩饰非常法令所规定的、把财政资本同国家机构的利益更进一步结合起来的法西斯措施。因此，它的主要花招就是把资本主义国家同资本主义经济对立起来。在社会民主党关于"社会主义股票"的最新声明中称，似乎只有一个资本主义政党，这就是胡根贝格党。所有其他的党——中央党、纳粹、德国社会党——都是反资本主义的政党，它们的纲领证明它们遵循着"社会主义的原则"。社会民主党的这一声明表明，在巴本政府、国社党、基督教工会和全德工会联合会之间的谈判，是怎样用社会主义的招牌来掩饰，社会民主党又怎样在"社会主义"口号下把建立法西斯专政作为政策执行的。这个"自由主义"只不过是说，给予大工业的资助应当由议会来实现。当然，在目前的议会中这一点还不可能做到，不过应当由下次议会选举来帮助解决。

我们应当揭穿社会民主党的这些"左"的花招，为反对资本的加紧进攻，反对实行巴本政府的纲领而具体地展开斗争，以便使社会民主党工人从切身的经验中，确信社会民主党只是个为政府摆样子的反对派，它的"社会主义股票"的政策无非是掩饰它进一步法西斯化，继续资助大工业和败坏社会主义声誉的政策，它对实行"对外贸易垄断制"和"收归国有"的要求就是个例子。

随着反对资本进攻的斗争的开展，我们应当比以往任何时候都更加坚决地强调为实现革命的出路而进行斗争，并通过对比来表明苏联社会主义建设的成就和各资本主义国家的衰落，要说明为什么无产阶级专政是社会主义建设的先决条件。

为反对资产阶级主要社会支柱社会民主党而开展的斗争，绝不应当削弱我们反对群众性国家社会主义运动的斗争。国社党人比1930年国会选举时期多得了730万张选票，同时各旧的资产阶级政党则失去了530万张选票。由此可见，考虑到青年选民的数字——在这里应当指出，一部分青年的选民并不是工人——我们可以说，1930—1932年国社党所得的工人的票数增加了150万张。

尽管国社党分子及其在大企业中的生产支部的影响相对说来是不大的，但是两年来工人投给他们的票数的增加仍然说明，我们必须加强争取国社党工人和劳动人民的斗争。群众性的国社党运动的存在，要求我们加强思想上的进攻，因为广大工人和劳动群众不脱离德国国家社会主义运动，无产阶级就不可能取得胜利。还在国会选举时期，由于我们利用了国社党分子支持洛桑条约和维护巴本政府非常法令这一事实，使我们有可能争取一部分（即使是不大的一部分）国家社会主义运动队伍中的工人。在选举以后，国家社会主义运动中的一些人憋了一股劲儿，因为国社党分子和突击队员们正等待着在7月31日的"决定性日子"到来后，希特勒将独揽全部国家大权，我们应当利用这种形势对国家社会主义实行有计划的思想上的进攻。

同时，我们还特别应当利用国家社会主义德国工人党支持洛桑条约、非常法令和大资本政策的事实。在选举进行后，我们立即着手完成这项任务。同志们不仅进行了反对希特勒法西斯主义的群众性防卫斗争，而且还到突击队的营房里去，在那里大量地散发声明和传单。他们还以小组为单位，深入到国社党分子的营房和集中点，直接进行瓦解工作。我们也有革命工人由于想同突击队工人进行争议而遭到枪杀的事情。在7月31后，尽管还有各种各样的障碍，我们还是立即加强了在突击队营房里的思想工作。这表明反法西斯组织正开始从选举的结果中吸取有益的教训，同时开展反对突击队员恐怖活动的防卫斗争，并着手进行反对希特勒法西斯主义的思想斗争和在突击队员班组中的工作。我已经说过，非常重要的一点是，使劳动人民根据自身的经验确信，正如莫阿比特的例子所表明的那样，通过在那里发生的强迫迁移事件，可以看出国社党分子在整个地区都起着巴本政府帮凶的作用。这表明了在这方面可以取得怎样的成就。由此可见，我们应当在对待国家社会主义运动方面采取灵活的策略，在企业中为反对这一运动进行经常性的思想斗争。我们应当尽力吸引国社党工人参加维护日常利益的斗争，同时还要注意把突击队的暴徒赶出企业去。我们应当在企业中进行反对纳粹分子的思想斗争，同时阻止他们在企业中从事活动。我们应当组织房客的罢工，以达到关闭突击队营房的目的。如果我们能够进行斗争，我们就可以把那些还处于希特勒法西斯主义影响下的工人和劳动人民争取到革命的阶级斗争方面来。这里特别需要我们，共产党和革命工会，更加紧张地集中自己的力量去争取职员群众。当然，最近几个月我们已在柏林和汉堡加强了我们在职员联合会的革命职员和革命工会反对派的运动，不过由于国社党在这些阶层中间的影响，我们还必须更加加强自己的工作，特别是在工业企业办公室职员中间的工作，因为国社党在那里的影响要比在商业企业、银行和百货商店中薄弱一些。

革命工会反对派也面临着反对国社党分子的问题。毫无疑问，国家社会主义德国工人党企图通过自己在改良主义工会中的成员，来进行有利于自己政策的宣传，并用法西斯主义精神去影响这些组织的工人。在这里我们也应当采取我在谈到企业时所指出的那种灵活的策略。

不言而喻，我们应当尽力去说服突击队的成员，不过当他们一旦干出某些具体的反无产阶级的勾当时，我们就应当要求把他们开除出改良主义工会，并动员这些工会的会员为开除他们而进行斗争。

现在，我来谈最后一部分——关于德国党的前途和最近任务的问题。

在估计德国总形势时，我们应当了解，目前，在法西斯反革命势力和革命高涨发展速度之间的竞赛中，敌人还占有优势。当然，我们的革命发展速度也加快了，特别是由于开展反法西斯运动和我们的统一战线政策所取得的成绩，而有了相当大的进展。不过我们应当懂得，革命发展和革命高涨速度的进一步加快，在决定性的程度上取决于我们是否采取统一战线（它团结工人去反对资本的进攻和反对法西斯主义）的策略，取决于我们以怎样的速度大胆地发挥每一个党组织、每一个党支部、整个革命工会反对派、每一个无产阶级群众组织的战斗的主动精神，在统一战线策略的帮助下，来加快革命高涨的发展。

那些支持巴本政府的工业家和大地主的策略表明，他们首先企图集中和联合一切法西斯势力，通过破坏和分裂的措施，来阻挠工人统一战线的建立，为了做到这一点，他们还极力吸引工会官僚采取组织工作的措施。巴本、施莱歇、施特拉塞尔和莱帕特的谈判表明，政府力图通过吸引全德工会联合会实行法西斯专政的措施，并在工会官僚的帮助下，进一步阻挠或防止工人的群众性战斗的发生。资产阶级的这一策略还表现在国会主席团的选举上，中央党和国社党分子投票支持了这个法西斯的主席团，很明显这是巴本政府、国社党分子和中央党的进一步合作，同时在议会外又得到了社会民主党的支持。我们应当懂得，德国阶级斗争的前景在决定性的意义上取决于革命高涨速度的加快。应当特别强调指出这样的事实，即巴本政府将视工人可以忍受的限度，来施行自己的各种措施。巴本法西斯政府施行各种措施是以群众斗争开展的程度，以最广大的群众对巴本法西斯政府，对资本采取进攻的程度为转移的。所有这一切都取决于我们党是否能够发挥群众的最广泛的主动精神，在统一战线政策的帮助下，组织和领导群众对法西斯主义的一切剥削和压迫的措施实行反击，并借助各地区局部战斗的开展，来加快革命高涨的速度，尽快地引导群众去解决群众政治罢工和政治总罢工的任务。

鉴于 7 月 20 日事件的发生，我已经说过，正如台尔曼同志在演说中所指出的那样，我们的弱点在于我们没有适当地通过组织局部性战斗把工人引向政治总罢工。尽管在 7 月 20 日我们没有举行直接的群众性政治罢工，但是对工人进行总罢工的动员仍然有着十分重大的政治意义，并对德国阶级斗争的进一步开展产生了很大的影响。在我们党中央对法西斯政变作出这种迅速的布尔什维克式反应的基础上，社会民主党工人、工会会员等广大群众都认识到了群众性政治罢工的任务和意义，他们在所有的企业和组织中对这一问题进行了讨论。特别是由于 7 月 20 日和 31 日事件的发生，他们还从中得出了结论，即要举行政治总罢工，就必须建立下层的统一战线，必须建立战斗的统一战线，必须在争取实现工人局部要求的斗争中，为举行政治总罢工建立更加广泛的基础，这一点作为一项中心任务在全会的政治提纲中摆在我们党的面前。争取工人阶级的大多数和吸引工人参加战斗的客观前提增大了。不言而喻，与此同时在实现更高的战斗任务方面所遇到的困难也增加了。不过，我们应当坚决反对任何用客观困难来掩饰工作中的错误和缺点的企图。任何客观困难本身都包含着克服它的极大可能性。毫无疑问，全德工会联合会的影响是一个客观的困难。但是我们正是要通过在工会中加强革命反对派和争取工会会员，来把这些困难克服掉。关于失业的问题也是这样。大规模的失业对于工人的罢工斗争来说无疑也是一个客观的困难，但是我们应当通过建立失业者和在业工人的战斗团结来克服它。为此就需要我们党、我们的党组织，特别在执行这一条总路线时，不要走捷径，而要在实际上集中全部力量，集中大企业中的主要力量，特别要在争取工会会员和社会民主党工人共同参加斗争方面进行坚持不懈的工作。我们应当像过去一样，把主要的打击矛头指向那个坚持或甚至利用无产阶级的主要阶层或其部分阶层，来反对革命斗争的党。这个党就是社会民主党。

现在，社会民主党无疑是我们在争取工人阶级大多数的斗争中，可以而且应当从其中争取广大无产阶级群众的主要来源。

因此，我们应当反对任何在所谓"战略转变"（其目的就是削弱反对社会民主党的斗争）的借口下，对我们党总路线的"修正"。不过，正如我在上面特别强调指出的，我们同时也绝不应当轻视反对国家社会主义运动的斗争。特别是在反对资本进攻，争取实现劳动群众日常利益的斗争中，我们应当吸引工人和处于国家社会主义德国工人党影响之下的贫困的中间阶层参加劳动人民的斗争、共同的斗争，同时揭穿希特勒及其同伙所执行的大资本的政策。德国希特勒运动所具有的群众性表明，不摧毁希特勒的阵线，无产阶级就不可能取得胜利。由于敌人集中力量进行攻击的那些点发生了一定的变化，即表现在巴本政府纲领中和西部金属工业工会宣言中的那些变化——还必须相应地规定反法西斯运动的任务。如果说在巴本政府上台以后，反对法西斯恐怖行为的斗争成了反法西斯运动的首要任务，那么，在资本进攻日益尖锐化和实现大资本和巴本政府经济纲领的时期，反对任何工资的降低，维护工资标准，争取让失业者回到企业工作，并发给他们全部劳动报酬，争取让工厂工人同失业者建立战斗的联合，反对对社会保险的破坏和反对劳动义务制的斗争，就具有了最重要的意义。在政府刚刚宣布自己计划的时候，社会民主党就开始在"社会主义股票"的口号下开展了促进的运动，正如在布吕宁对工资实行进攻的时期，社会民主党在"降低价格"的口号下支持了这个进攻一样。同时，国社党分子还企图通过反对工人阶级的法西斯恐怖手段，来削弱工人对资本进攻的反抗，并给予政府以正式的理由，来加强反对群众反资本主义斗争的措施。我们党的任务就在于在当前的形势下，把工人运动的全部力量，把企业中和职业介绍所中，以及群众组织中的工人群众引向一个目标——反对资本的进攻，推翻巴本法西斯政府。

我们党中央在全会决议中所提出的主要任务，就是准备无产阶级为夺取政权而进行战斗。对于德国共产党来说，这个任务首先就是要开展经济的和政治的战斗和罢工，引导群众举行政治总罢工，这是当前形势下我们党的一项中心任务。首先需要让我们党利用一切斗争的机会、一切理由、一切事件。工资的缩减、解雇、对社会保险的破坏、劳动义务制、战地法庭的判决、房主的高利贷剥削、对报刊的查禁和其他反工人的法西斯压迫手段、青年的军事化和对劳动青年的类似的高压措施——我们应当利用所有这一切作为理由和机会，来把无产阶级的群众运动和统一战线的发动提到一个反对建立法西斯专政的更高的水平。在政府和纳粹分子进行"全国性"宣传和社会民主党企图利用"左"的手腕把工人引上歧路的面前，我们应当更加突出我们的社会解放和民族解放的纲领，在争取建立工农共和国的口号下，为实现革命出路而斗争的纲领。我们应当用工农共和国的口号来同社会民主党关于建立"第二共和国"的口号相对立，我们应当用工农共和国的口号来同社会民主党的"国家化"政策，同它支持的资本的经济政策相对立。我们应当向工人群众说明，工农共和国的口号就是要为实现真正的无产阶级民主制而斗争，这个民主制就是苏维埃占统治地位，就是作为建设社会主义先决条件的无产阶级专政。为了实现我们党的这些任务，我们应当在目前的条件下集中全党力量，集中革命工会运动和群众组织的全部力量，去争取工人阶级的大多数作为胜利争取无产阶级专政的条件。（鼓掌）

（闭会）

第九次会议

（9月1日晚）

主席：伦道夫

讨论库西宁和台尔曼的报告

波立特（英国）：

虽然英国资本家为了摆脱危机进行了绝望的努力，英国当前状况的特点并不是危机的缓和，而是不断加深。虽然英国的关税政策发生着一系列变革，即从传统的自由贸易转向保护关税税率的制度。甚至在去年秋季，由于关税政策的暂时改变和金本位的取消，无疑给某些工业部门带来的那些暂时的好处，现在也消失了。各主要生产部门的状况日益恶化。渥太华会议不仅表现了大英帝国的解体，而且还使英国资本主义各个集团之间对立利益的冲突更为加剧，对于英国的工人来说，其结果就是生活费用的昂贵。

危机在英国产生了怎样的社会后果呢？甚至连官方的统计资料都承认存在着 300 万人的失业大军。如果考虑到没有登记的数十万名工人，那英国的失业大军就达到 350 万人。1920 年，矿工的平均工资为 5 英镑 1 先令 6 便士，而现在则仅为 1 英镑 15 先令 10 便士；建筑工人的平均工资为 5 英镑 2 先令 6 便士，现在则为 3 英镑 12 先令 6 便士；铁路装卸工人的平均工资为 3 英镑 12 先令，现在则为 2.6 英镑；1920 年，兰开夏郡纺织工人的平均工资为1英镑9先令6便士,而现在总共只有11.4先令。工资的这种大幅度的下降(尽管它引起了工人们愈益有力的反抗)比任何理论都更好地向工人表明,工资的缩减并没有使工业恢复到过去的状态。

在很多大工业城市,如过去曾是工业繁荣生活舒适的中心地区——格拉斯哥、设菲尔德、欧彭肖等,现在有很多大工厂,那里一个工人也没有了,很多采矿业中心也没有一个在业工人了。

我们有时在自己的宣传中没有充分利用下述重要因素,即目前为了限制竞争,根据银行的指示所实行的对企业贷款的断然限制,以及银行在极力促进不列颠工业合理化的实现。

例如,在最近一年中有12个最大的造船工厂停了工,有71个船坞被取消。有一个造船厂在1920年为了节省劳动力实行了整个生产过程的全部机械化,从这时起连一艘船也没有生产,它的所有机器设备都被烧毁或作为废铁出售了。战前在曼彻斯特最大的一家联合工厂的各企业中,不久前尚有7500名工人,而现在只剩下了500人。1920年,这家公司的经理处建成了一个全部用最新机器装备起来的新厂。这个工厂在英国生产电力滑轮机方面,被认为是装备最好的一个工厂。但是这些机器设备现在都不再动用,一只滑轮机也不生产了。

国民政府是在给予劳动群众以工作和工资的口号中上台的,它在选举中得到了前所未有的多数票。无疑,这个口号给工人群众造成了思想上的混乱,使他们在以后的选举中投票支持国民政府。

但是,现在人们都清楚了,正如最近两次补充选举所表明的那样,政府的这一政策已经开始令人失望。很明显,政府的方针就是对工人阶级的进攻。它在国际事务中的路线也是这样的。

首先,政府执行了由工党政府所制订的节约、减少国家开支的经济纲领。这是一个值得注意的事实,对此,我们党曾不遗余力地向工人群众加以说明。现在国民政府正准备对开支进行新的缩减。它已经实行了以前拟订的减少开支的全部纲领，这个纲领遭到了一些阶层的极为强烈的反对，例如去年9月间驶向因弗戈登的大西洋舰队水兵的反对，这是出乎人们意料的。这在英国舰队的历史中是一个具有历史意义的事件，这一事件必将加强今年秋天（那时，政府肯定还要采取对国家各类公务人员和工人工资的新的进攻）群众的抵抗。因弗戈登水兵的起义迫使国民政府对军队、警察和航空舰队做了几百万英镑的让步。在此以前，政府对实行这一次削减开支是有充分信心的，认为不会遇到任何反抗。现在，政府正着手实行新的经济计划，打算从今年9月到明年3月，通过减少失业补助金的办法，把国家的开支减少1亿英镑。

在对外政策方面，国民政府的基本路线是使主要的帝国主义对抗，即英美竞争尖锐化。这表现在洛桑会议的各项决议中，表现在对即将召开的世界经济会议的准备中。这一方针还表现在日内瓦裁军会议，尤其是渥太华会议英国代表团所实行的政策中。这个会议刚刚开始，美国总统胡佛就发表了演说，演说是对英国发出的一个警号，即美国很了解渥太华会议所表现出来的对美帝国主义的战争趋势。渥太华会议除了加剧英美之间已有对立的主要方针外，还特别把矛头指向了苏联。这从麦克唐纳和赫里欧在洛桑签订的支持日本在满洲行动的秘密协定中就可以看出来。后来，赫里欧自己道出了这些秘密协定的实质。这也反映在英法两国的"君子协定"中，因为这个协定说明了在欧洲内部问题上的某种政策。谁也不会怀疑，这个政策说明了英国和法国在对待苏联的政策上是一致的。最后，这一方针也反映在英国向日本出口大量武器和弹药，以支持日本在上海的扩张企图中。渥太华会议也是加强军事准备的一个公开的尝试，尽管这样做损害了英国一些力图从苏联得到订货的工厂主集团的利益。但是，归根到底，渥太华会议只是表明了大英帝国内部的瓦解。渥太华会议意味着英国工人将不得不付出更高的代价来购买面包、肉和其他的消费品。

对印度实行着残酷镇压的政策。印度当前的状况是，监狱里关押着这个国家历史上从未有过的那样多的犯人。政府最近通过的决议打算解决印度所谓主要教派相互关系的问题，实际上则在促进为反对英帝国主义而进行斗争的民族力量的进一步分裂。

国民政府对爱尔兰的实行的高压政策，即反对德·瓦勒拉的斗争，是有重要意义的。

这里的问题不仅是要使德·瓦勒拉根据过去规定的土地债务，每年向英国国库支付300万英镑的费用，也不在于要使德·瓦勒拉向乔治国王宣誓效忠，主要是要使爱尔兰人民永远记住，英国政府绝不容许爱尔兰成为一个独立的共和国。

在这种情况下，英国工人阶级应当采取怎样的立场呢？英国工人是否有战斗的意志？他们又在怎样的程度上积极地进行斗争呢？我们有一系列的事实说明在工人阶级中间所发生的巨大的变动，尽管其发展是不平衡的。第一，应当指出一个事实，即独立工党在群众的压力下，已经从工党中分离出来。这里也反映了工党工人阶级中大部分群众的愈益增长的失望情绪。

各地方工会部门不满于官方领袖权力的日益增长，群众的压力迫使这些工会部门（如机器制造、铁路、电力等）的领袖恢复了在1年、2年和3年前被开除了的共产党员的会籍——所有这一切都反映在一系列最主要的工会会议的发言和决议中。例如，在机器制造、铁路等工人代表大会上，在群众的压力下，工会领袖们做了蛊惑人心的发言。这些领袖们力图控制群众的不满情绪，使他们不致转向革命阵营。左倾化的浪潮表现在反战情绪的增长，表现在反战会议上工会代表作的出色的、无可比拟的演说中，最后也表现在出席阿姆斯特丹反战会议，由71名工人（码头工人、机器制造工人、矿工）所组成的工人代表团的选举中。

左倾化的发展还表现在失业者的大规模示威游行中，特别是在去年的10月、11月和12月（这是自1926年首次举行总罢工以来），有数十万名工人走上街头举行了示威。群众的这种积极性和左倾化在过去的十个月中表现在下列经济斗争上：大哈伍德的1万名织工，伦敦和利物浦的1万名码头工人，伦敦的3000名装卸工人，卢卡斯公司的1万名工人；以及莱斯特的3000名缝纫工人的罢工，还有正在进行中的20万名兰开夏郡纺织工的罢工和一系列的其他罢工运动。工人阶级的斗争正在英国开展起来。尽管工人的左倾化发展得不够平衡，我们所看到的深刻的变动极其有力地表明了我们党的全部弱点，我们党的严重落后和脱离群众。这是对我们全党的一个警告，它告诉我们必须要改进工作方法，以便对于愈益发展的群众运动真正予以只有共产党才能胜任的统一的领导。

在这一时期，改良主义者们实行了怎样的政策呢？现在在英国工人眼里，工党的威信已经大大降低，这是绝对肯定的。不过工党无疑地正在尽一切努力来挽回它已经失去的影响。为此它采取蛊惑手段，提出各种各样的纲领，把它们冒充为社会主义。例如，工党为将在今年10月召开的代表会议准备了一系列的关于财政、土地问题、工业、贸易等的决议。所有这些决议的实质，就是如果工党一旦组成了由它在议会中占多数的政府，它就要在代表企业主、消费者和工人的特别公司的帮助下，来改造英国的整个经济生活。它还将同其他政党一起共同协力实行英国工业和贸易的结构计划。这就是工党的社会主义。但是通过这些问题中的任何一点对工党的政策进行认真的分析，那就会看出，如果撇开词句不谈，工党所执行的方针就是一项反工人的资本主义的方针。

我们从所谓贫困调查法的例子中可以看出，他们为了欺骗群众而玩弄的这些"左"的花招是多么狡猾了。的确，无论什么都没有像这一法律那样引起英国工人的憎恨。当工党执政期间，正是由它的政府施行了这一法律。但是在韦克斯福德和温斯别里（这两个地方都是重要的工业中心）不久前举行的补充选举中，工党只是因为装作似乎反对这一调查法，才取得了胜利，尽管实际上工党正是这一制度的制订人。

9月5日，在纽卡斯尔召开了工联主义者的大会。总理事会提交大会的纲领似乎是要求对工业和贸易进行社会监督和调整。根据总理事会首领们拟订的一整套计划，任何一个工业部门都可以被置于社会的监督之下，并变成为社会的企业。这些企业将给予工人、企业主和工会各自应得的报酬。工人组织的目的是由以下方针所决定的：使工业成为为整个社会利益发挥职能的社会生产，这种社会生产根据标准的科学原则组织起来，其目的是保证最大限度地满足人民的需要。总理事会的首领要求大会的代表们支持这条路线。

在工联主义者的大会上人们大谈特谈反对贫困调查法。大会还谈到缩短工作时间和必须实行40小时的工作周，但与此同时，他们并没有停止分裂失业者运动的活动。

关于独立工党说几句话。工党是在独立工党的发起下产生的。如果说，现在这个建立了工党的党退出了工党队伍，那这是一个背弃了所有传统的巨大进展。这个决定是在不久以前于布拉德福德召开的代表会议上做出的：241票赞成退出，142票反对。

独立工党不是在工党分子当权和工党政府政策实行的后果对于工人已非常明显的时刻退出工党的。不是，独立工党是在工党处于所谓国民政府反对派地位的时刻退出的。群众对工党这个反对派所执行的现行政策的失望是如此之大，甚至连工党的所谓"左翼"——独立工党也在这种情绪的压力下提出了退出工党的问题，希望成为一个独立的政治因素。独立工党的队伍从实行这一政策时起就发生了分裂，独立工党的一部分，所谓"忠诚派"仍然留在工党之内。

对于这个决定的重要性哪怕稍有一点估计不足，也是不对的。

应当解决退出工党的问题的布拉德福德代表会议是如何进行的，这一点也很值得注意。代表会议首先悼念了在匈牙利牺牲的同志，然后通过了支持密拉特受迫害者的决议，第三，它对联共（布）领袖们为世界社会主义所作出的贡献给予了应有的评价。在这三项决议通过以后，代表会议着手进行实际工作。制订了组织社会主义英国的一系列计划。在这个计划中除了如何进行革命以外，其余的一切全都包罗无遗了。这个计划的基本点是，包括了不经过任何革命就可以达到的一切，而这些全被冒充为英国革命的社会主义的政策。

在独立工党的队伍中有一个所谓"革命政策派"，它反对战争的整个纲领就是在铁路上和在船坞中爆破运送军火的车辆和船只。他们在伦敦也通过发表演说和写文章来进行这样的宣传。但是他们从来也没有提出过哪怕是这样简单的建议，即给那些独立工党党员（也是工会会员）发个指示：拒绝运送这样的军火，以及宣布进行一天的或十分钟的抗议罢工。

关于我们党在实行统一战线方面的任务讲几点意见。在实行下层统一战线方面，我们党遇到了很多危险。主要危险当然是来自右的方面。尽管如此，我们的最主要任务还是要无情地反对党内的宗派主义分子。在我们党中央全会所通过的决议中关于统一战线有过以下的指示：

"当前工人的主要任务就是为反对帝国主义战争而斗争，就是要反对各种战备措施和打退对于工人阶级生活水平的进攻（它也是战备的一个部分）。因此，共产党的迫切任务就是组织工人阶级的广泛的统一战线和动员全部力量大力推进全党的工作。"

我们党中央全会六月决议就是这样宣布的。

党怎样来实现这一任务呢？党怎样动员自己的力量来完成这个被宣布为英国共产党最重要和最迫切的任务呢？

第一，我们应当克服妨碍我们建立统一战线的宗派主义倾向。第二，应当把开展统一战线运动的首倡权掌握在自己的手里。第三，应当使全党确信：统一战线不是空谈，不是偶像，而是反对资本进攻的唯一的具体道路和开展群众运动的方法。第四，我们应当在把独立工党的普通党员争取到我们方面来的工作上迈出坚定的一步，同时也要注意不给人们造成似乎在我们党和独立工党之间并没有根本分歧的印象。我们应当说明，为什么共产党在进行组织统一战线工作的同时，不能放弃批评的权利。最后，关于语言大众化的问题。我们越快地学会向工人通俗地说明和阐述要说的话，我们的宣传也就越有成效。

关于经济斗争，关于我们在工会中的工作和同失业现象进行斗争讲几点意见。

1931年，我们党参加了很多经济斗争，犯了很多错误，这些错误使我们独立领导战斗和组织独立战斗的方针遭到了很大的歪曲。库西宁同志提到了这样一些错误，特别是南威尔士的错误，在那里有大约20名党员组成的一个小组宣布自己是南威尔士的中央罢工委员会。

但是，经过共产国际和红色工会国际的批评，在党内有了决定意义的转变，现在已开始产生自己的结果。今年我们在工作中力求找到一条实行带有群众性的独立领导的道路。在今年有一系列战斗的经验表明，我们需要极大的灵活性，以便有可能利用我们同工人的一切联系来加强对罢工的领导。

对罢工斗争所进行的分析提出了一些值得注意的因素，这些因素是我们在正确制定斗争口号时应当加以考虑的。在英国，一个很值得注意的现象（因为指的是经济斗争和工人的反抗）是这样一个事实，即反对某些合理化措施的斗争，要比反对降低工资的斗争更为激烈。例如卢卡斯公司工人进行的出色的斗争就是为了反对贝多制度的。伦敦公共汽车工人运动（它大约在9月末发展成为罢工）开始时并不是反对降低工资的威胁。铁路工人的斗争主要也是反对新的合理化制度的，因为这一制度实行的结果是9个月内就把30%的工人抛上了街头。对合理化措施进行坚决抵抗的这一事实是非常重要的。现在，在兰开夏郡尽管工资的降低对于激发工人的斗争起着重要的作用，可是斗争的特点仍然是工人对新合理化措施的反抗，因为纺织工人们都懂得，这一措施将把50%的工人抛上街头。了解了这一些我们就会承认，在制定我们的斗争口号时，必须始终考虑到这样一个因素。

我在这里不准备引用有关最近两三年英国经济斗争发展的全部数字材料，只举出几个例子。在今年的1—7月爆发了250次罢工，有15万工人参加，损失了90.5万个工作日。这些材料还没有把兰开夏郡的新形势和目前在伦敦所发生的罢工包括在内。

关于一些经济战斗的经验谈一两点意见。第一，这就是卢卡斯公司工人的罢工。库西宁同志提到的这次罢工的情况不完全正确，大概是由于报道的不够确切，他没有指出真正的错误。

我们在卢卡斯公司罢工中的错误是什么呢？这一错误带有双重的性质。第一，我们的同志开始辩论这样的问题，即是否应当建立新的工会，而不是把自己的力量集中在本工厂和每一个车间建立组织上，把它同建立工厂委员会的问题联系起来。中央委员们所犯的第二个错误是，他们没有提出关于在哪里建立少数派运动的问题，在罢工期间没有招募普通工人，而是把自己的力量主要用在建立同工厂的联系和成立委员会上面。

主要的错误在于，我们围绕关于是否建立新工会的问题进行了辩论，而不是动员我们的全部力量去建立工厂的和车间的组织。

我们再看另一次罢工——伦敦驳船上的装卸工人的罢工。当罢工开始的时候，我们同这些工人没有任何联系。这里就提出了一个问题：怎样建立这种联系呢？我们专门派遣了一些同志到工人当中去，了解他们的工作条件，在《工人日报》上报道他们的情况，然后在罢工者中间大量散发《工人日报》。事情就是这样做的。《工人日报》被送到了这个工会的一个地方分会主席的手中。这个人过去从来不看我们的报纸。这一次他带着报纸出席有 500 名罢工者参加的大会，并在会上宣读了《工人日报》上的一篇文章。罢工者们说："这是如实报道我们斗争的唯一的报纸。"这样一来，第一个缺口就被打开了。由于这一篇关于罢工的通讯报道所引起的兴趣，使得我们的影响扩大了，在两个最重要的工会分会中，都召开了专门的群众大会，会上有 20 名工人加入了共产党。我们在这样的一个分会中产生了很大的影响。但是，最重要的还是那些过去甚至没有听说过《工人日报》的许多工人对这张报纸所表现出来的兴趣。

现在谈一下关于兰开夏郡纺织工的罢工。在纺织工人地区，我们的党组织是很弱小的。今年我们专门把我们的力量集中在别伦列，我们认为这是在兰开夏郡爆发斗争的中心。今年在几个星期以前，我们在这个城市里共有 9 个党员和 11 个工人同情者。我们的工作集中在具有决定意义的企业中；我们在那里没有为党的队伍征集新党员，但是仍然加强了共产党的影响。18 个星期前，在小城镇厄比，企业主们要求把工资再降低 7.5%。约有 400 名工人举行了罢工。我们的几倍同志来到了这个小村镇。他们在那里遇到的是非常敌视的态度。他们被告诉说："我们这里不需要共产党的宣传员。罢工是由工会开始的，它也只能通过工会得到胜利。"但是在 7 个星期以后，我们的同志开展了斗争，不仅粉碎了对自己的任何敌视，而且还吸引了该地区的五家工厂参加运动。我们在所有这些工厂中召开了罢工者的群众大会，选出了由普通工人组成的罢工委员会，厄比五家纺织工厂各有一名代表。罢工者们要求把纺织学院交给他们使用，以举行群众的罢工会议。工会官僚们则声称，他们不能得到这个场所。这时，我们的同志就组织所有的罢工者强力占领了纺织学院供自己以后的使用。这是一次规模不大的罢工，而它却是燃成兰开夏郡巨大斗争之火的第一个火花。现在在那里20万工人的罢工已经进行了五个星期。

我再举一个例子。在别伦列企业主们贴出了关于降低工资的通告。工会号召工人举行罢工，估计工人们不会做出响应。在那里有20%的工人是失业者。贫困调查法沉重地打击了每一个家庭。正因为如此，工会的领袖们指望着如果工人对于罢工的号召没有任何响应，他们就可以此为理由同企业主签订已经开始谈判的关于降低工资的协议了。让他们感到大为惊奇，同时也使党出乎意料的是，别伦列的全体纺织工人都参加了罢工。我们可以说，共产党在这里无疑起了决定性的作用，他们在罢工的前一日组织了有5000名别伦列工人参加的群众大会。在大会上采取了这样的路线："工会首领们号召你们举行罢工，可是他们不相信你们真的想要罢工。我们号召全体工人举行罢工并在工厂门外建立群众的纠察队。"第二天早晨，我们的同志便去组织纠察队。最重要的一个结果是全部工作都停止了，罢工者们走到我们在那里工作的女同志面前问道："我们去哪一个工厂担任纠察？"在两天内，在我们同志的领导下，在我们党的领导下——这是一个无可置疑的事实——别伦列的每一个工厂都建立了纠察队，一直到所有的工厂开工为止。

这次停工的结果是，在整个兰开夏郡的纺织工业中出现了新的形势。在所有其他的纺织中心，工人们也开始谈论需要举行纺织工人的总罢工了。

罢工是在8月27日宣布的。现在参加罢工的有20万名兰开夏郡的纺织工人。到本周末将有很多纺纱厂关闭，这将导致10万名细纱工人被抛上街头。在以后的3周内，还有20万名细纱工人的工资要减少。现在，细纱工人对织布工人的支持是任何事和任何人都无法战胜的一支力量。党和革命反对派的任务，就是要以最锐利和最有说服力的形式来宣传这一口号，以便使这样的发动能够实现。

随着罢工的开展很自然地要出现政府干预的危险。我们对此应当有所防备。应当利用我们在工会委员会中的全部影响,特别是要召集独立的罢工会议,并在这些会议上建立能够成为真正的行动委员会的临时机构。这样就有可能召开由罢工者自己在大会上所选出的代表参加的兰开夏郡罢工者的总代表会议。这个代表会议一定能够产生有威信的独立的罢工领导,这个领导将成为全体罢工者的实际的代表机构。

兰开夏郡罢工——这是英国最近时期的一次最重要的罢工发动。它的后果影响到全国。我们这个小小的党在 2—3 周内就为兰开夏郡的罢工者募集了 350 英镑。党在一周内在伦敦的工人中间募集了 4 吨食品,并用 3 辆卡车送到了兰开夏郡。这在从伦敦到兰开夏郡沿路的工人中间引起了巨大的反响。

现在我再说一说关于这些战斗的几点教训。

我们应当继续坚决地反对一种理论,即认为似乎独立的领导和建立统一战线的工作是一回事,说什么独立的领导就是群众的领导和活动,而不仅是一群共产党员或少数派运动的同情者的活动。如果我们能够克服党内和少数派运动内部的这种倾向,那我们对待群众方法的基本性质就会发生根本的变化。

我要提到一个争论的问题。我提出这个问题丝毫不是为了把它同企业中的工作,或者同我们一直在追求的总的目的——在工厂的会议上选举代表群众的罢工委员会——对立起来。这就是关于罢工战略的问题。

从锅炉工人的 17 周罢工,驳船装卸工人的 7 周罢工,南威尔士矿工的罢工和伦敦公共汽车工作人员的运动中,应当得出怎样的基本教训呢?兰开夏郡大罢工运动的主要教训是什么呢?据我看来,这就是我们对工会地方分会的威信和意义,对它们在工人阶级的战斗中所起的决定性作用估计不足。如果现在我们经过在兰开夏郡的企业和工会中开展工作,使 36 个工会委员会中有 14 个工会委员会的共产党员或革命工会反对派的成员参加，那我们的事情就可能是完全另外的样子了。

在南威尔士工会地方分会是各矿区的中心。我们到矿井中去，到矿工中去，这样做是绝对正确的。我们应当加强建立矿工委员会的工作。基本的原则应当是在本企业中进行工作。然而，我们不应当忽视这样一个事实，即一个开始同我们讨论工资问题的矿工对我们说："工会地方分会委员会打算做什么，这个委员会要说什么？"可是我们在工会地方分会内的工作暂时还没有实现根本的转变，我们暂时还没有会利用它们——所以我们就会忽视发展罢工积极性的一个最重要的方法。

我希望对于这个问题给予应有的注意。

现在说一下关于改良主义工会内的工作。我坚决支持提纲中的这一点（它特别强调了这个问题的意义），以及库西宁同志和台尔曼同志有关这一问题的意见。我想再一次指出，我并不是从工联主义的观点，或者从把这项工作同企业中的工作相对立的角度来强调这一工作在英国的意义。生活的经验表明，不在工会中开始群众的工作，也就没有工厂里卓有成效的群众工作，反之亦然。我们的政策就在于使工人确信，我们要把工会的地方分会和委员会变成斗争中的强有力的工具，只要工人把它们掌握在自己的手里。在工会运动的问题上有一些错误的说法，它给人们的印象是，似乎我们企图摧毁和打碎工会，这些说法是阿姆斯特丹分子用来反对我们的武器。

我们的任务是争取工会的群众，而关于我们不能争取整个工会，只能争取它的地方组织的论断，只是放弃在改良主义工会内部进行工作的一种掩饰，从而也就排除了在这些工会中进行工作的可能性。客观上这样的论断不过是对工会官僚们的一种投降。

我们应当考虑到，在英国和其他国家有数万名工人虽然还没有准备加入共产党的队伍，但仍然准备进行工作和协助执行革命工会反对派的政策。我们应当把这些工人组织起来。他们应当得到发展，并在他们的帮助下为群众性的革命工会反对派运动打下基础。

关于工会中的工作。我们力求改进对这一工作的安排。关于这一点有以下的事实可以证明，即最近几个月以来，我们已设法恢复了被开除出机器制造工人工会的17名我们的领导同志，两名电业工人工会的领导同志和1名码头工人工会（而且是该工会的执行委员会）领导同志的职务。作为我们工作成果的另一个标志还有这样一个事实，即从今年1—6月，工会的57个地方分会向《工人日报》寄来了抗议日本人在上海行动的决议。还有几十个其他的工会通过了这样的决议，但是没有在报纸上发表。有机器制造工人工会的19个地方组织在自己的机关刊物上发表了反对准备进攻苏联的抗议书。其次，有71名工人（主要是工会会员）组成的代表团被派到阿姆斯特丹去。最后，我们的工作成果还表现在工会的各地方分会积极参加目前正在举行的统一战线的工会代表会议。

在我们的工作中有哪些薄弱的方面呢？参加9月5日于纽卡斯尔召开的大会的700名代表中，我们的同志只有4个人。在不久前召开的矿工代表会议上我们只有1名代表。在不久前召开的铁路工人代表会议上的情况也是一样。还应当指出一个事实，就是在兰开夏郡整个纺织中心的任何一个工会委员会中，我们都没有一名代表。最后还有一个事实也可以说明我们工作中的薄弱方面，这就是在今年1月举行的有关改良主义工会内部工作问题的辩论。在参加辩论的81名领导同志中，对于他们当中谁在工会运动中积极工作的问题，只有13人做了肯定的回答。如果说上面的情况是这样，那下面的情况也就可以想见了。不过根据数字材料仍然可以看出，今年我们在工会内部的工作还是有改进的。

关于革命工会反对派说几句话。我们党可能受到很多严厉的责备（这是有充分理由的），说它忽视了发展群众性革命工会反对派的工作。关于这一点我们有什么可说呢？我们根据已有的经验指出，只在事先规定的狭隘范围内，少数派的运动是不能发展起来的。为了说明这一点只要举出一两个例子就足够了。在南威尔士我们有一个非正式的白铁工人工会。这个组织得到62个地方分会的支持，并出版有自己的《工人之声》月刊。在机器制造工人那里，我们也有一个非正式的反对派，叫做"维护会员权利运动"。这个运动设法恢复了我们被开除的同志的工作。这个反对派得到120个地方分会和4个机器制造工人工会的区委员会的支持。它出版有《猴子饲养场》月刊，印数在5000份以上。在伦敦码头工人中间，我们从一开始就开展了海港工人的统一运动，这个运动现在正在迅速地发展着。它的机关报每月出版900份。在公共汽车工人那里，我们的全部工作都是由两个最大汽车库所支持的革命积极分子小组进行的。在汽车库和工会地方分会中，在三天之内就散发了4500份他们最近一期的机关报。在印刷工人中间建立了革命积极分子小组，他们每月出版3000份机关报。在建筑工人中开展了先进建筑工人运动，现在这个运动在该地区起着比少数派运动更大的影响。

　　由此就得出了一个经验教训，即这些反对派运动是根据每种专业劳动一定生产部门的具体条件而发展的。这是第一。第二，在这些运动的名称中所表现的对于统一的向往，使得迄今仍处于我们队伍以外的各种不同类别的工人靠近我们。现在，我们的任务就是要正确地估计这些运动进一步发展的前景，使它们按地区和在全国范围内团结起来，同时，我们应当为这些反对派找到在英国条件下更为适合的名称。

　　关于反对失业的斗争说两句话。台尔曼同志说，布拉格会议的决议在德国实际上是一纸空文。关于英国也应当这样说。在我们英国失业者的组织拥有386个分部和5万名缴纳会费的会员。不过，我们还没有使我们在这一组织中的同志相信：这个组织有可能而且也应当成为广大群众反对失业和为建立群众性失业者委员会组织而开展斗争的战斗机构。由于开展这样广泛的工作，使得人们担心失业者组织会遭到政府的封闭。不过，我认为如果全国的失业者运动把贯彻执行布拉格决议的主动权掌握在自己的手里，它就会成为一个比以往任何时候都更加强大的组织。

在英国，反对失业斗争的最薄弱点是什么呢？这就是尽管我们这个组织拥有5万名正式会员，其中团结的大多数是已经失业几年的工人。我们还没有能够把几万名同工会有着紧密联系的熟练工人和半熟练工人吸引到这个组织中来。这些人在自己的生活中最初次失业，现在处于我们失业者组织的影响之外。

上一年秋天的教训向我们表明，在举行有失业者和在业工人参加的示威游行的时候，我们没有吸引群众参加。要知道我们同工厂工人有很好的联系。这就意味着我们错过了开展反对失业斗争的良机，这个斗争不仅要有失业者参加，而且还要有整个工人阶级的参加，特别是按行业组织起来的工人的参加，由他们为失业者提出工作的要求。

现在说说最后一点。我不打算谈反战的运动，因为另一位英国同志将在这里就议事日程的第三点做专门的报告。我只是想指出，尽管党大力改进了自己的反战工作，我们还是没有阻止住运送军火的一艘船或一列火车，我们也没有能组织一次（即使是短暂的）抗议罢工。

中央委员会一月全会的决议把加强群众运动和克服党脱离群众的现象，作为党的工作的基本方针。与此有关有以下几个最重要的问题。

第一，进行革命群众工作的方法和任务。

第二，在企业、工会和职业介绍所中，必须根据具体的条件和问题，把我们的革命政治路线同不间断的日常琐碎工作结合起来。

第三，在这一工作的基础上，建立革命的群众组织，即革命的工会反对派组织。

第四，党的建设任务应当像一条红线贯穿在整个工作中，这就是要不断地征收新党员和加强散发《工人日报》。

当时决定把执行这一决议的全部工作集中在四个地区进行，这就是：伦敦、南威尔士、兰开夏郡和格拉斯哥。其次，建议把所有的领导同志都编入一定的工厂支部和地方区委会中；整个说来，全部工作都应当受地区委员会和政治局的检查。现在已经可以对半年来所进行的工作作出评价了。

第一，可以指出，在党的这一工作开展的每个阶段上都可以看到较大的改进。第二，其结果就是对各地工人阶级的很好的培训，以及使他们更积极地参加战斗，特别是经济的战斗。第三，在反战运动的积极性和争取工会的支持方面，做出了一定的成绩。第四，还可以指出我们在某些企业和工会中的影响有了一定的增长。

这些结果还是微不足道的，但它们为全党指出了一条道路。在这方面，我尤其想指出上面提到的几个地区的经验。首先要说的是南威尔士一个矿区的工作经验。我们在那里有一个由四个同志组成的共产党支部。这一支部在矿井和矿区中的影响并不大。但是在讨论了中央委员会的一月决议以后，党支部就开始在自己的工作中执行决议所规定的路线。它着手解决本矿区的专门问题，经过研究提出了要求。支部要解决的问题是我们过去所看不上的，如关于计件工资制的问题等。所有这些问题都在《工人日报》上发表的通讯报道中提了出来，登载这一篇文章的报纸被散发给这个矿区的矿工。由于采取了这第一个步骤，使得矿区管理处不得不满足那些已经被提出了的要求。经过了这一些具体的工作，支部接受了两名新党员。支部要求《工人日报》为它拨出一个整版的篇幅，并表示要把材料寄去。《工人日报》表示同意。登有这一专门文章的《工人日报》在该矿区散发了432份。现在我们这个支部已经扩大到11人，我们在这一矿区的影响也比在这一地区党组织建立以来的任何时候都要大。

第二个例子是从格拉斯哥的工作实践中来的。还在去年12月，我们同格拉斯哥的码头工人就没有任何联系了,在他们当中甚至可以看到对我们党有着某种敌对的情绪。经过讨论我们做了接近码头工人的新尝试。同志们提出了一两个代表这一地区码头工人利益的专门的要求。还利用了来自敖德萨的一个海港工人的信,这封信被散发了几千份,引起了码头工人很大的兴趣。在一次专门召开的码头工人的群众大会上,我们第一次和他们建立了联系并为我们党征收了一两个党员。在这个有上千码头工人参加的第一次群众大会开过以后,不仅码头工人的某些要求得到了满足,他们还选出了一个码头工人作为访问苏联的代表团的成员。现在这个支部还出版有自己的报纸。

还有一个例子是从伦敦铁路机车库的工作经验中得来的。这个铁路机车库(那里的共产党支部有14个党员),对于运送军用物资有着非常重要的意义。在最近的三个月我们在那里发展了3名新党员。支部研究了许多日常的问题(这些问题在一年前是支部的任何一个党员都认为不值得去注意的),如食堂的窗玻璃被打碎的问题。这看起来似乎是一个微不足道的问题,但是我们抓了它。这是正确的一步,从这里出发又提出了另外一些问题。支部委员会的同志可以以此为例来解决许多其他的要求。在进行选举的时候,我们的候选人得到405张票,即增加了100%,这是我们在这个机车库中所得到的最高票数。我们的厂报开始只有200份,最近两个月增加了一倍。我们从这里选派了一名代表,去出席阿姆斯特丹的大会,工人们还为代表募集了必要的旅途费用。在向国外运送军用物资和装备所经过的一条支线上,现在我们对铁路工人工会的一个最大分会有了很大的影响。

在某些其他的共产党看来,所有这一切也许是微不足道的,但是对于我们党来说,这是一个很大的成绩,我们应当在发动我们党全体党员的基础上,使这一工作在全国范围内开展起来。

最近半年来,我们所发现的工作中的缺点是什么呢?第一,党员的人数没有增加，甚至都没有保持住在群众大会上所征收的新党员的数目。在这里出现了一个很奇特的现象：在通过工厂支部征收新党员的地方，我们一个新党员也没有失掉，而在群众大会上所征收的新党员我们却失掉了不少，这或者是由于我们对新人不够注意，或者是由于他们在群众大会上所做出的入党决定并没有经过认真的考虑。另一方面，尽管我们在开展经济战斗方面的工作有了改进，我们仍然没有把革命工会反对派建立起来。在党报的散发上也有停滞不前的现象。

这些缺点对于全党预示着一种危险，它要求党必须最快地加以改进。这些缺点产生的原因是：只有20%的党员积极地贯彻执行中央委员会的决议，而大多数党员却仍然固守着宗派主义的原则。特别需要使全党理解，提出我们在英国称之为"小问题"的具体要求的全部意义。我们应当善于把这些小的要求同我们的革命路线结合起来，同以革命手段来摆脱危机的宣传结合起来。整体上说，党还没有深刻体会这种具体的日常工作的全部重要性。但是只有这一项工作，我们还不能把党的事业推向前进，如果我们没有同群众建立联系，如果我们党不能成为一个群众性的党。我们中间那些同群众有联系的同志对此是深有体会的。

我们的成绩和我们的缺点产生的原因大体上就是这样。

现在谈一下党的最近时期的任务。第一，为反对帝国主义战争和武装干涉苏联而斗争；第二，为反对国民政府和资本的加紧进攻而斗争、经济战斗、在失业者中间的工作，为反对贫困调查法、反对削减社会经费而斗争，特别是反对在殖民地（印度和爱尔兰）进行的镇压——这就是最近时期的任务。在对待上述国家和殖民地的态度方面，我们党极大地落后于形式的要求。在英国所有最重要的工业中心，有数万名爱尔兰工人，我们可以吸收他们参加反对国民政府在爱尔兰实行镇压活动的巨大规模的反帝国主义斗争。

我们的第三个任务，是为反对企业主的进攻而斗争，当前这一进攻的矛头主要指向纺织工人、公共汽车工人、矿工和铁路工人。

第四，在反对饥饿和战争的斗争中，必须大力开展工人阶级的广泛的统一战线运动。

第五，必须在工厂和工会中发展革命的工会反对派。

第六，通过工厂支部和工会的地方分会来征收工人入党，应当像一条红线贯穿在我们的全部任务中，要建设和加强我们党组织和党的机关报——《工人日报》。

最后，看一下第十一次全会以来我们党所取得的成绩，我们可以说，党前进了。在共产国际的帮助下，我们摆脱了英国共产党长期以来所处的孤立的状态。我们开始有了转变。为什么要这样说呢？是不是由于我们满足于自己的工作呢？当然不是。我们所以要这样说，只是为了强调我们党具有各种可能性，使这一微小的开始能够为全体党员继续坚持下去。那时我们就一定会看到我们全党的力量所在。

我们为什么必须在现在开展这一工作呢？这是因为在英国最近的三个月，资本向工人阶级发动了前所未有的进攻。我们相信，在这样的条件下，必将在英国工人阶级历史上开展一场最重要的群众运动。我们需要集中全力来领导好这一运动，避免出现错误。在这方面去年秋天我们已经有了痛苦的经验。那时群众运动处于我们的影响之下，可是我们并不能领导和加强它。我们党利用这一经验并考虑到为反对饥饿和战争而进行迫切斗争的意义，决心在第十二次全会召开以前以加倍的努力来完成它所肩负的困难这个重要任务，贯彻执行共产国际执行委员会的路线。应当利用错误所给予的教训，利用我们党在去年 12 月所受到的批评。我们所取得的成绩还只是一个开端，但它们是重要的和稳固的，它们给共产国际提供了保证和信心，即英国共产党必将完成自己在当前时刻所肩负的任务。

多列士（法国）：

提交讨论的提纲草案概括了库西宁同志和台尔曼同志报告的内容，这些报告是法国共产党代表团所同意的。

在提纲草案中确定了全世界革命力量发展的现阶段性质，以及由此而产生的我们各党的任务，这些任务应当通过开展群众工作来解决，以便在思想、政治和组织上准备群众去迎接即将到来的争取无产阶级专政的战斗。

共产国际和它的大部分支部在这方面都已经做出了很大的成绩。

同时提纲指出："在所有资本主义国家中，国际无产阶级革命的力量正在不断发展壮大，但是在美、英、法等世界资本主义最重要的国家中，革命运动浪潮虽然也在发展，目前还远远落后于整个国际形势高度紧张的局面。"①

第十一次全会所指出的关于这些国家革命运动和共产党的落后状况，至今仍然没有被消除。

法国帝国主义的积极活动，法国处于德国（这里革命危机的前提不断增加）和西班牙（它正在经历着革命的危机）之间的事实，比利时矿工大罢工所预示的革命浪潮的扩大——这一切都使法国共产党的落后状态特别令人感到不安。

法国代表团的成员决心对法国共产党落后的问题广泛地进行讨论。我们所有人将不止一次地对各种问题发表意见。因此我在这里不准备作总的报告，而只限于谈一下我们反对社会民主党的斗争问题，即决定我们争取群众和从组织上联合这些群众，以便顺利地去反对法国帝国主义的问题。

---

① 见《国际共产主义运动历史文献》中央编译出版社2012年版第54卷"国际形势和共产国际各支部的任务"（提纲）部分。——编者注

最近几年，法国社会党从我们受到的损害中大大地加强了自己。它的党员增加到 13 万人，它的报纸也有了新的读者。这个党依靠的是法国总工会和各个工会（它们也得到了发展）、合作社以及几乎法国所有大城市中众多的市政局。

在最近的几次选举中，社会党得到的票数都增加了。

当然，也有一些特殊的条件，促进了法国社会民主党的发展，使它同第二国际的其他党比较起来，具有玩弄更大的花招的可能性。

由于法国资产阶级控制着 8000 万殖民地奴隶和阿尔萨斯-洛林的工人，由于它迫使德国人民和中欧其他国家的人民以赔款的形式支付令人痛恨的贡赋，它就有可能拿出一点施舍给工人阶级的某些阶层，这样来为改良主义和社会民主主义建立社会经济的基础。

法国同其他国家相比经济危机爆发得较晚，这一事实有可能会在工人阶级中间制造和保留某些幻想。法国社会党从来不直接参与政府的事实也是有其意义的。

但是，选举是在深刻的经济危机条件下进行的，库西宁同志说得很对，经济危机不能不引起社会民主党社会经济基础的缩小。不过社会党在最近几次选举中仍然得到了较多的票数，同时我们得到的票数却减少了。

这表明，我们不能指望社会党的必然破产，正如不能指望资本主义制度的必然自动崩溃一样。

无论是在前一种情况下，还是在后一种情况下，共产党进行的有意识的系统的工作，都是我们取得胜利的必须的条件。很明显，我们党还没有充分地实现这样的条件，而且在某些场合下还完全没有实现。这就使得社会党有可能保持和加强自己的影响，甚至把由经济危机和塔迪厄政府露骨的反动的帝国主义政策所引起的不满的最初表现为它自己，即为资本的利益服务。

我们现在看一看社会党政策的某些方面,特别是它对外政策的某些方面,我们也要看一看我们党是怎样反应的,是否给予了迅速的和正确的回击,我们党在这里犯了怎样的错误,在党的工作中暴露出了哪些弱点。

第一,关于凡尔赛体系。法国依靠凡尔赛体系在欧洲称霸,法国帝国主义的全部政策,其目的就是要保持和扩大 1919 年签订的所有掠夺性条约为自己的利益服务。经济危机的加剧,帝国主义阵营内部矛盾的尖锐化,凡尔赛体系遭到破坏,使得法国帝国主义的侵略性大大加强,无论哪一个政府在台上都是一样。

社会党对于凡尔赛体系说了些什么和做了些什么呢?社会党有时也说上几句"革命"的词句,对凡尔赛条约的某些段落也表示某种反对,但是所有这一切的目的都是为了进一步地和更好地维护整个体系。社会党及其领袖们在过去和现在都没有停止要求尊重凡尔赛条约。现在的陆军部长保罗·邦库尔当他还是社会党党员时,就曾在海牙反对过"合并"。议院的常任议长社会党人比松在今年议会开幕时的讲话中说:"法国绝不允许其根据条约所得到的权利因时间过久而失去效力。"

整个社会党也一再要求对阿尔萨斯-洛林人民实行完全的同化。

社会党宣布法国具有要求赔款的"自然的权利",即迫使德国人民支付赔款的权利。社会党的议会党团对于胡佛提出的延期偿付的意见要求说,"要采取一定的措施,在形式上保证维护作为德国承担义务的基础原则。"

而现在我们再看一下我们党说了些什么和做了些什么。

我们党的意见在当前具有重要的意义。

党应当把争取废除凡尔赛条约,取消反对德国人民的强力措施的斗争放在第一位,党首先应当为使阿尔萨斯-洛林人民享有自治权而斗争。但是,"打倒凡尔赛条约!"这一基本口号并非始终是我们宣传的中心。

有时我们党不能根据当前的形势对这一口号作出生动的说明。例如，党没有详尽地说明凡尔赛条约第231条款的实质。这一条款规定了德国由于进行战争而承担的单方面的责任，并把赔款加在德国身上。党也没有说明波兰"走廊"是什么，从这个"走廊"的建立中将会产生怎样的政治后果。我们为反对赔款所提出的口号不够明确，而且还有部分的错误，如"取消战争债务"。这样的口号就把法国和德国置于同等地位了。

我们应当要求无条件地取消赔款，否则只会有利于社会党的政策、资产阶级的政策，而它们的政策正是在于把强加给德国人民的赔款同美国和英国向法国追索的欠款相提并论。

首先应当向法国工人讲明，对于德国劳动人民来说，自由决定着他们自身的解放，也决定着法国劳动人民的解放。然后还要讲明，德国资本家对于德国工人的任何进攻，都会影响到法国无产者的生活水平。我们党提出为反对凡尔赛条约而斗争这一原则性的问题，考虑到德国的决定性战斗的前景，现在正在为动员群众反对法国帝国主义，为维护德国劳动人民，并同德国无产阶级结成战斗的联盟创立着前提。

第二，关于法国对苏联的侵略政策问题。

现在，我要谈一下由于远东战争的爆发，在法国和日本之间所达成的协定。在满洲（后来是在上海）军事行动不断扩大的时期，法国政府企图以国际联盟的名义批准日本的进攻。它迫使国际联盟的日内瓦会议任命了一个以法国将军为首的调查委员会，这个委员会的直接任务是在中国组织反对苏区的斗争。法国政府还下令在华南几省开始军事行动。它还给日本提供了8亿法郎的特别借款，那已经拨给什科达军火工厂的6亿法郎（这是为日本生产军火用的）尚不计算在内。

在这种情况下，社会党所实行的政策竟然指责中国和苏联是战争的发起者。《人民报》日复一日地对苏联进行挑衅活动，它一会儿污蔑苏联"投降",一会儿又说苏联同日本帝国主义相勾结。《人民报》还扬言日本在占领满洲以后,正在极力实现像苏联一样的帝国主义的意图。

这样做的目的是为了破坏苏联的威信,并有可能同日本结成反苏联盟。罗森菲尔德的言论激起了社会党工人的不满,他们对此举行了抗议。罗森菲费尔德把这事交给了格伦巴赫去处理,后者则装出一付似乎是反对日本的姿态。我们的报纸对于罗森菲费尔德所发起的这一运动给予了有力的回击,可是没有及时地就格伦巴赫的讲话发表意见,没有能够揭穿社会党所玩弄的花招。不仅如此,《人道报》在这里还犯了一系列的错误。如在一期上面用了四栏的大标题:"看来中国已对日本宣战。"还有几次用了"中国匪徒"这样的字眼儿。这些错误在于重复了帝国主义报刊所惯用的论调,证明了阶级敌人所施加的某些压力和我们的中央机关报编辑部缺少政治上的坚定性。

在 1927 年以前,社会党极力破坏苏联的威信,它用各种调子断言在苏联存在着彻底的崩溃和贫困。当它不得不承认苏联在实现第一个五年计划中所取得的最初成就时,它利用托洛茨基的恶毒语言极力地抹杀和贬低苏联的成就,主要是否定他们的社会主义性质。

勃鲁姆在图尔代表大会上曾说过一句有名的话:"奴隶总是可以建成金字塔的。"

由此可见,一方面社会党人可以为报刊反对臆想的苏联实行"强制劳动"的运动找到根据和材料;另一方面,他们又抹杀苏联工业的社会主义性质。社会党的领袖们断言在一个没有民主的地方,是不可能有社会主义的⋯⋯

从维护苏联的角度来看,我们给予社会党的攻击和反击往往是软弱无力的:第一,对于社会主义建设的最重要的原则问题(如同资本的专政、资产阶级民主相对立的无产阶级专政和无产阶级民主)缺乏足够的阐述;第二,我们没有注意把有关苏联情况的大量报道广泛地传播和普及到群众中去。我们的宣传还有一个缺点，就是在谈成就的时候，没有提到苏联劳动人民遇到了怎样的困难，他们又是怎样在联共（布）的坚强领导下通过英勇的斗争来克服这些困难的。

各个社会主义组织要求"客观的报道"；这些组织作出了保卫苏联的决议。有一个组织还推出了自己的书记，作为访问苏联的代表。在社会主义青年联盟的最近一次代表大会上，有一个省联盟的书记以该联盟的名义，提出了一个要求积极保卫苏联的决议。

由于来自工人方面的这种压力，"左翼"的领袖们不得不同意"承认苏联所取得的成就"，并开始假惺惺地谈论保卫苏联。

但是，在白卫分子戈尔古洛夫谋杀共和国总统未遂以后的事件，向群众表明了社会党的领袖们在实际上是如何保卫苏联的。

这些事件是同志们都清楚的。由于这次谋杀事件的发生，塔迪厄政府向苏联和我们党采取了前所未有的挑衅行动。其报刊硬说戈尔古洛夫是共产党员，在审讯时他已承认是同第三国际保持联系的一个新布尔什维克党的创立人，在他身上发现了一本带有苏维埃标志的小册子，说似乎有什么《人道报》的专号可以证明，我们同这件共产党的谋杀案有关。

还在谋杀案发生的几个小时以后，我们看到了报纸上的消息，预计到苏联和我们党会遭到进攻，我们的报纸就出了一期专号，印数9万份。我们的运动开展得如此迅速，规模如此之大——这时《人道报》每天的印数都超过25万份——其影响是很大的。我们迫使政府收回了原来的意见，并把它推上了被告人的席位，揭露了它的立场和它对自卫分子的支持，提示了它用于进行内战和反苏战争的军队（它是在法国总参谋部的领导下组织起来的）的真正面目和性质。我们有力地和明确地揭露了所有这些警察挑衅的目的，就是要发动反苏战争。而社会党人做了什么呢？他们的领袖勃鲁姆从5月7日起就在《人民报》上为自卫分子进行辩护。

现在谈第三个问题——关于裁军的问题。法国帝国主义力图用关于"裁军"的大话来掩盖自己军事力量的急剧加强。在日内瓦，它的代表们一有机会就要表示关于"裁军"的愿望，可是，法国的当政者们却否决了李维洛夫同志代表苏联提出的各项建议，他们代替裁军而主张在国际联盟的掌握下建立一支国际武装力量。

我们知道，这是对苏联的公开威胁。当塔迪厄提出自己建立国际军队的方案时，勃鲁姆则在《人民报》上叫嚣说塔迪厄的计划"清楚地表明社会主义宣传所取得的世界性成就。最近十年来我们在这个问题上所发起的运动，已经如此广泛深入，甚至连法国政府及其总参谋部也不得不加以考虑"。实际的情况是：1931年5月在图尔举行的社会党代表大会通过了一项要求"军用航空和民用航空实行国际化"的决议。

我们看到，社会党是怎样准备和维护法国政府的各种花招和政策的。社会党不仅没有停止反对李维洛夫的建议，而且对这些建议还大肆污蔑。对于裁军的问题，以及为了掩饰战争的根本原因和宣传和平主义的幻想，"左"派的保尔·福尔曾夸夸其谈地反对"大炮贩子"。我们对此没有给以足够的反击，这就使他有可能给群众留下一个似乎是真正的反战斗士的印象。

我们党对于社会党在裁军问题上的主张的反击是非常不够的。在这个问题上应当从原则的观点出发来说明，资产阶级是不想也不能实行裁军的，无产阶级只有在革命斗争的过程中自己武装起来，然后解除资产阶级的武装。在我们的报刊上有些同志往往忘记了列宁在这个问题上的立场。他们只是指责资产阶级拒绝采纳苏联的建议。人们并不是始终都理解无产阶级国家的立场和各资本主义国家中共产党人的立场之间的差别。这就妨碍了反对社会党的斗争，使它有可能在选举运动以前和在选举运动的过程中，深入到群众中去进行和平主义的宣传。

现在谈第四个问题，即关于和平主义的问题。

这里应当指出一系列在和平主义外衣掩盖下的非常巧妙的沙文主义宣传手段。社会党整个说来是公开赞成实行全国防御的。社会党极力以含混的形式提出这样一个论题来安抚群众。他们经常强调说，这里特别指的是保证法国的"安全"。正是在这样一个虚伪的"安全"借口下，法国帝国主义从"法国受到整个敌对世界的包围"出发，继续推行着自己的备战政策。他们说，裁军是保证"全国防御、祖国富强和独立"的最好的手段。因为资产阶级不愿去冒裁军的风险，所以主要就剩下了宣传全国防御的思想。社会党大肆鼓吹民族主义和沙文主义的情绪；例如，它激起劳动人民去反对德国和意大利的法西斯主义，同时把法国帝国主义对意大利的侵略政策，说成是民主对专政的防御并为反对德国的可能的军事行动打下基础。

我们党已经揭露并且还在经常地揭露社会党的沙文主义。不过它有时缺少真正的国际主义精神，有时并且会滑到仇外的道路上去。议会中的共产党党团犯了严重的错误，他们投票赞成社会党人提出的严格限制把流亡工人输入法国的法案。这是党内存在着一定民族主义残余的表现。在整个时期内，党和它的领导对阿尔萨斯-洛林的问题表现了极大的漠不关心。今年我们已部分地纠正了这一错误。

党为使各殖民地人民得到独立而进行的斗争不够有力，对西班牙革命的支持也不够，等等。

社会党极力用自己的和平主义运动使群众脱离反对准备帝国主义战争的现实斗争。勃鲁姆写道："如果人的良心提出抗议，那战争就不会发生。"同时他们还以悲天悯人的样子回忆了"群众被令人感愤地动员去参加上一次帝国主义战争的情况"。有时我们党不去有力地揭露这种"和平主义"，自己反而也滑到了它的立场上去。在我们党内又提出了完全孤立的"和平"的口号，用它来代替立即动员反对战争准备的口号，代替革命的失败主义的宣传和准备把帝国主义战争变为国内战争。但是，事情不仅在于宣传，我们应当争取实现反对战争准备和战争的真正的发动，并把社会党工人吸引到这些行动中来。

在第戎，党曾阻止了一次打算有居民参加的飞行演出。有5000名示威游行者在共产党的领导下集合起来，他们要求我们的讲演人发表讲话，回击了警察的挑衅活动并吸引了社会党工人和自己站在一起。总地说来，这样的发动在梅兹和兰斯也出现过，这就更清楚地表明了我们党在8月1日所取得的成就是不够的。在1932年的头四个月，在第戎有26名士兵死在市医院里，那里提出了一条口号："保卫兵营中的士兵。"这是组织反军国主义的群众工作的范例，是群众发动同兵营中工作相结合的范例。党继承和继续了前线联欢的光荣传统——从里海舰队水兵和安德烈·马蒂的英勇起义，到1923年法国军队同鲁尔的德国工人，以及1925年和里夫人[①]的联欢。在1927年党为预备役兵入伍和军事重新训练的实现制造了很大的困难。在这一时期，它多次组织和领导兵营中的示威游行。去年第十一次全会正确地批评了党对反军国主义工作的削弱，认为这是一种在实际工作中的机会主义表现。我们的工作有了改进，但是还很不够。

我现在谈一下社会党在战争准备方面所玩弄的"左"的花招。

广大群众越来越为不可避免的帝国主义战争的危险感到不安和对激进社会党人政府的军国主义政策失去信心，同时他们也受到我们党宣传（虽然是很弱的）的影响，正是在群众的压力下，社会党及其领袖们不得不采取各种形式的"左"的花招。

随着重整军备的进行，社会党玩弄了一个大花招。社会党本来是战备活动的发起人和执行人，这一次都提议取消预备役兵的重新训练，并

[①] 里夫人，摩洛哥柏柏尔人之一种。——编者注

在这个问题上蛊惑性地投了反政府的票。这个花招果然发生了效用：连《人道报》也写道，社会党被排除在全国联盟之外了。

我们党应当学会迅速地揭露任何一种"左"的花招。我们在准备召开阿姆斯特丹大会方面取得了某些成绩。我们党对于在法国出现的反对帝国主义战争威胁的强大潮流中产生了强有力的影响。党在战争问题上并不掩饰自己的列宁主义立场，并以加香同志为代表发动了反对和平主义和社会民主党的声势浩大的运动，党卓有成效地参加了一系列会议和发起委员会中的工作，并提高了自己的威信。尽管社会党中央下达了禁令，仍有很多社会党党员和法国总工会会员作为法国代表团的成员出席了阿姆斯特丹大会。其中一些人是由基层组织选为代表的。

准备召开反战大会的工作意味着我们在反对社会民主党的斗争方面取得了某些积极的进展。我们不能永远处于守势，而是把主动权掌握在自己的手里，而社会党在我们向社会党工人提出组织反对帝国主义战争的统一战线的建议面前，则不得不处于守势了。

法国的总形势使我们其他方面的工作也有了广泛开展的可能。群众不仅在战争准备问题上可以对在议会中占据多数席位的激进派和社会党人作出明确的判断。在其他方面也是一样，群众可以透过这些执政的"左"派政党的冠冕堂皇的言词，甚至他们所做出的某些"民主"的姿态看出，在他们向选民作出的允诺和他们的行动之间存在着越来越明显的矛盾。尤其是最近通过的财政法，更引起了群众的强烈不满。

与反对战争和保卫苏联的同时，我们应当有一个明确的、周详的组织和领导经济战斗的纲领；在这里我们应当以最大的努力在企业中建立统一战线，并采取最有效的方法来领导罢工和失业者的运动。应当使共产党员在工会中的工作有一个急剧的转变，要使工会干部的数量不要减少，相反地，还要有所增加。在这些方面我不准备多谈，这些问题将有其他的同志来说明。为此，我们应当全力反对党的工作中所存在的并最终表现在巴尔贝集团（它对党、对党的领导起着影响）所执行的政策中的目光短浅和宗派情绪。揭露和消除巴尔贝集团，是我们党进一步发展的首要条件。但是这还不够。为了使全党都来从事群众工作，必须消除这个集团的精神和实践，消除党在各方面工作中的个人主义表现。

在最近几次选举中，党失去了很多票数。虽然如此，它仍然是一个具有群众影响的强有力的党。拥护我们的有 80 万选民，这里还要再加上几十万劳动妇女和处于我们影响之下，而没有选举权的移民工人和殖民地工人、青年和士兵。但是我们的干部数量并没有增长。我们约有33000 万名党员，其中有 7000 人是在今年 1 月到 6 月底这一时期入党的新党员。这就太少了。同时还不应忘记，人员的变迁是很大的。

党在工厂中的根底不深。此外，还应当承认，有很多生产支部并没有在企业中进行真正的工作，没有同工厂工人保持紧密的联系，没有在具有决定性意义的工业企业中开展工作。

由于组织方面存在着这些缺点和在各个环节上缺少实际的和具体的领导，使得党的决议不能很好地贯彻执行。我们党在实际工作中曾做出了很多非常好的决议，可是它们都没有被执行。

我们在党的代表大会上坚决地揭露了这些缺点。这是一次很好的代表大会，它标志着党在思想上和政治上取得了某些进步，并且是在群众对党的关心下召开的。在代表大会召开前和开会期间，群众都举行了大规模的示威游行。不过应当指出，代表大会没有考虑到最近的将来。党中央没有能够唤起各级党组织的政治积极性。我们在党内开展了运动，取得了很好的效果（尽管还存在着很多薄弱的环节），这是一次争取活跃党内生活，吸引全体党员积极参加党的工作的运动。党的领导帮助某些基层组织端正了党的路线。不过，在这方面也还缺乏一贯性和坚持性。由于对决议的执行缺少经常检查，使得个人对执行决议的责任心削弱了，因而使集体工作受到了影响。此外，这对于按照每一个人的德、才和工作成绩来正常地挑选党的干部也造成了困难。

现在谈一下我发言的结束部分。

上面我只是概略地谈了一下我们反对社会民主党的斗争的情况，并试图找出我们工作落后的原因。实质上，这些原因就是在我们党对所有问题采取的总的正确立场下，我们为反对资本和社会民主党而进行的日常战斗和防御战斗的软弱无力。为了消除我们党工作的这种落后状态，为了实现本次全会所交给我们的任务，为了有效地反对法帝国主义，反对它的主要社会支柱社会民主党，就应当按照我们党最近一次代表大会所制定的提纲和这一次全会的指示，把我们全党的注意力吸引到未来革命的前景上来；应当广泛而具体地提出通过革命手段来摆脱危机的问题；应当制定并向群众提出我们党的具体行动纲领；应当到社会党工人那里去，通过积极的宣传和组织工作，吸引他们在我们党的领导下参加反对资本、反对社会党的斗争；应当加强我们的组织力量，改进党的所有机关的工作；应当建立布尔什维克式的纪律，坚决贯彻执行共产国际的路线，在思想工作和实际工作中消除派别主义的一切残余。简而言之，就是要以联共（布）为伟大的榜样，按照共产国际的指示，把我们法国共产党变成一个真正群众性的，团结数万名和数十万名党员，并率领千百万无产者去战胜资本的党。

（休会）

第十次会议

（1932年9月2日晨）

主席：切莫丹诺夫

讨论库西宁和台尔曼的报告

王明（中国）：

从库西宁同志的报告和我们关于国际形势的总提纲中可以清楚地看到，当前我们正处在资本主义稳定的结束时刻，处在过渡到一次新的革命和战争的时刻。在这个时刻，一般殖民地和半殖民地国家革命运动的问题，特别是中国革命的问题，应当更严肃更尖锐地提到我们这一次全会的议程上来。各殖民地和半殖民地国家的人民在第二次革命和战争中将要比在第一次革命和战争期间起到且已经起着更大的作用，这一点对于我们每个人来说都是毋庸置疑的。我们就拿中国的例子来看一看。如果说，当前国际形势的特点是向第二次革命和战争过渡，那我们就应当指出，在中国已在进行着革命和战争。日本帝国主义和中国人民之间的斗争已经持续了大约一年的时间。苏维埃革命已经在中国的很大一片领土上取得了胜利。中国是一个有着广阔领土同苏联直接接壤的国家。中国这个国家是各主要帝国主义列强的半殖民地和太平洋问题的中心。中国的革命运动在整个殖民地世界中占有首要的地位。因此，中国现在已经成为革命和战争链条中的一个主要环节就不是偶然的了。

当前，中国革命的世界历史意义对我们所有人来说都是十分清楚的。如果没有苏维埃革命在中国很大一片领土上取得胜利，如果在东北没有群众性的抗日游击战争，如果在上海没有抗日的武装自卫活动，那么，以日本为首的国际帝国主义就早已（例如在今年春季）从东部开始进行反苏战争了。

因此，对于我们，对于整个的共产国际来说，关于中国革命的问题在当前都是非常重要的。

在这次全会上，对当前的中国革命做几点主要的总结，说明这一革命所取得的成就和存在的弱点，它的成功和错误，正确地规定这一革命在当前的任务，说明它即将迎来的前景——不仅对于我们党，而且对于整个共产国际都是一项非常重要的任务。

从第十一次全会的召开到今天，已经有一年零五个月的时间。在这一时期里，中国发生了什么，出现了怎样的变化呢？大家都知道，在这一时期在中国发生了满洲事件和上海战争。在那里，帝国主义战争已经持续了约一年时间，在那里，帝国主义分子正在加紧准备反苏战争和帝国主义的屠杀。关于这一点，根据议事日程的第三项（那里将专门提出反对战争和武装干涉的问题），我们将专门来谈。因此，这一点现在我就不准备谈了。我首先要谈的是关于中国苏维埃革命的教训问题。大家都知道，在中国内部也进行着两种制度的斗争，即以国民党和帝国主义者的其他走狗为一方的地主资产阶级统治同以苏维埃形式的工农革命民主专政为另一方的斗争。这一时期，在这两种制度之间的斗争中发生了什么呢？大家都记得，在第十一次全会召开期间，国民党就开始了对我们红军的第三次进攻。由于这种情况，蒋介石召集了所谓全国立宪会议，在会上通过了关于中国经济建设的决议，有关劳动的法令，关于中国独立自主不受帝国主义压迫的宣言，等等。蒋介石大言不惭地声称，如果在三个月内不能消灭中国的红色危险，他就要自杀而死。可是实际的情况怎样呢？

1. 国民党的进一步崩溃和苏维埃、红军所取得的巨大胜利

在这一时期，在国民党统治的中国发生了什么呢？我们看到的不是经济建设，而是整个国民经济的全面崩溃。在中国的十个主要省份，由于水灾，有8000万劳动人民在挨饿。我们看到的不是摆脱了帝国主义压迫的中国的独立，而是以日本为首的国际帝国主义的进一步进攻和侵略，这种侵略已经达到对中国实行公开武装瓜分的地步。我们看到的是南京、广州与满洲军阀和官僚对帝国主义的公开投降和叛卖，从而进一步揭穿了国民党及其他军阀政府卖国的真面貌和广大人民群众所蒙受的国耻。我们看到的不是中国工农生活状况的改善，而是进一步恶化和贫困化。最后，我们看到的不是红色危险在中国被消灭，而是苏维埃革命在中国六分之一的土地上所取得的巨大胜利。

在第十一次全会召开期间，我们红军大约只有10个军团，这些军团的战斗力不是很大，而且存在着一系列政治上的和军事上的弱点。

我们现在的情况怎样了呢？首先，在数量上我们已有26个军，这些军组成了五个兵团。此外，我们还有15个地方卫戍部队的独立师和各种群众的军事组织（赤卫队、青年近卫队、游击队等）。现在我们也有装备得很好的国家政治保安局的队伍（鼓掌）。在立三路线期间，所有这些武装组织或者被取消，或者还不存在。

同去年相比较，在质量上我们有了很大的改进。例如，一年半以前，在我们的指挥人员中，有不少非工人成份的人，工人的人数则很少。现在情况有了很大的变化：在我们红军的主要部队中，在第一和第三军中，无产阶级的成份已经达到了30%。红军战士主要是由那些从土地革命中真正受益的农民所组成的。

红军中的政治教育工作也有了改进。例如，在最近的一年半中，政治工作人员的成份主要是工人、雇农和贫农。这些工人来自上海、香港等地，也有的是在革命战斗过程中从地方上被推举出来的。在我们的各个地区都建立了军事政治学校。例如，仅在中央地区的一个中央军事学校中，今年就培养了几千名红色指挥员。

在地域方面，这一时期我们也取得了很大的成绩。第一，我们的根据地扩大了好几倍，从60—70个县发展到了180—190个县。第二，过去几乎所有的城市都毫无例外地在白军的手中，而现在我们红军虽然还没有控制中国的最重要的城市，但它已经在江西、福建、河南等省控制了一批比较重要的城市。第三，从前我们苏区被分割成为许多小块，而现在则连接成了两个大的苏区：（1）由江西南部和福建西部、广东北部地区以及江西—湖南—湖北交界地区连接成的中央苏区；（2）湖南—湖北西部地区现在已同河南—湖北—安徽地区连接在一起。

除了这两个大区外，我们还有单个的、较小的8个区。

在军事技术方面，我们红军还弱于国民党的军队，但是除了空军和重炮，即炮兵部队以外，我们红军已经达到了同国民党军队相等的水平。

在第十一次全会召开期间，我们还没有中央的苏维埃政府。那时我们只有地方的苏维埃政权机关。去年年底，即十月革命十四周年的时候，在我们的中央苏区召开了第一届全国苏维埃代表大会。在这次代表大会上正式成立了中华苏维埃共和国临时中央政府。

由人民委员会所领导的苏维埃政府构成如下：10个委员部组成内务、外交、农业、劳动、工业和贸易、教育、财政、军事、工农监察人民委员部、国家政治保安部。在中央执行委员会的83个委员和10个委员部的委员中，大多数是工人和农民。多数委员都是共产党员，其余也都是具有革命威望的工人和农民。人民委员会的主席是毛泽东同志。

在中央苏维埃政府成立以后，各地方的苏维埃政权机关也都进行了改选和改组。选举是按照苏维埃共和国根本法草案所规定的原则进行的。工人在选举中占有肯定的优势。例如，从200、500、1000名农民中选出1名苏维埃代表，而从20、50或100名工人中即可选出1名代表。在这里明显地反映出工人阶级在苏维埃革命中的领导作用。

在这一时期，我们苏维埃机关的工作能力有了很大的提高。例如我们西部地区（湖南和湖北）的省政府为了抗洪而领导了修建拦洪坝的重大工作。我们在河南—湖北—安徽地区的省政府很好地开展了一系列运动——春播、夏收、秋播等。通过开展这一系列运动，政府在解决这一地区的粮食问题方面取得了许多成绩。在那里还成立了许多合作社组织，召开了合作社组织全体工作人员的第一次代表大会，还召开了小学教师的第一次代表大会。在我们所有的地区内，现在都在实施着布尔什维克式的动员群众的方法，这就是革命竞赛、革命的突击运动。成立了轻骑兵队，等等。

所有这些事实都说明，我们的苏维埃政权是无产阶级所领导的工人、农民和全体劳动者的真正的政权。

在我们中央苏维埃政府成立以后，中国两种制度之间的斗争就更加尖锐化了。我们举几个最明显的例子来说明我们的苏维埃政权和国民党统治之间的主要差别是什么。第一个例子。在水灾期间，国民党不帮助和救援灾民，反而用机枪杀害饥饿的工人和农民，划出专门的居留地，把饥饿的农民关在那里，让他们活活饿死。

而我们苏维埃政权做了什么呢？我们苏维埃政权竭尽全力为苏区的灾民送去大米、粮食和衣服；对苏区以外的饥饿的农民，则在武装力量的帮助下，使他们从一些大城市（如武汉等）的富人手里得到大米和衣服。

第二个例子。在上海保卫战期间，大家都知道，国民党实行了叛卖政策。国民党在南京、上海、广州和北平等地枪杀参加反帝示威游行和罢工的学生和工人。

而在此期间我们苏维埃政府又做了什么呢？

苏维埃政府发表了致十九路军、上海工人和全中国人民书，其中表示，中国苏维埃政府准备全力同日本及其他帝国主义者进行斗争，以解放中国，恢复中国的独立，保卫它的领土完整。中国苏维埃政府对日本帝国主义宣布了战争。它开展了广泛的运动，从精神上和物质上来帮助上海的罢工工人和同帝国主义者浴血奋战的十九路军战士。仅我们的一个中央区就向上海汇寄了1万元，用来为日本企业的罢工工人修建食堂。

在中国苏区，帝国主义者的财产全部被没收。帝国主义者的所有特权都被取消。而在国民党区，帝国主义者无论在政治上和经济上都是那里的实际的主人。

第三个例子。国民党逮捕了并且仍在继续逮捕外国的革命者（印度人、印度支那人、朝鲜人、菲律宾人等），把他们交给帝国主义者杀害。而我们苏维埃政府根据中华苏维埃人民共和国根本法草案的规定，为维护和援助世界各国的革命者进行公开的斗争。例如在两个月以前，苏维埃政府发表了（同时向全世界广播）给南京政府的信，通知后者，苏维埃政府准备释放被它逮捕的帝国主义间谍（外国的传教士），以交换被国民党逮捕的鲁艾格及其妻子。

第四个例子。一个半月以前，国民党在上海逮捕了江苏反帝会议的全体代表（93人），把他们交给军事法庭审讯，仅仅是因为这些人进行了反对帝国主义和帝国主义战争的斗争。在几天以前，1932年8月27日，我们苏维埃政府给阿姆斯特丹的反战大会发了专电，表示热烈的革命的祝贺，并公开声明：苏维埃政府准备同全世界无产阶级和被压迫人民一起，为反对帝国主义和帝国主义战争，为保卫苏联——全世界劳动人民的祖国和世界社会主义革命的基地——进行全力的斗争。

所有这些事实都清楚地表明，在我们苏维埃政权和国民党政权之间存在着多么深刻的、根本的差别。这些事实说明，只有苏维埃政权才能够把中国劳动人民从帝国主义的压迫下，从中国资本家和地主的压迫下解放出来。这些事实说明，"只有苏维埃才能够拯救中国，使它免于彻底的贫困和破灭"。（斯大林）

此外，在苏区工农群众组织的发展方面，最近我们也取得了很大的成绩。例如，在立三路线占统治地位的时期，在苏区或者没有群众组织，或者这些组织被取消，只在个别地区有红色工会组织。贫农团没有建立，反帝同盟、国际支援革命战士协会等也不存在。

最近，我们在苏区建立了群众性的工会组织。我们建立了独立的雇农联合会。我们建立了贫农团。我们还建立了群众性的反帝组织、苏联之友社、国际支援革命战士协会等。例如在江西东北部的一个较小的苏区内，在今年年初，反帝同盟的成员就达到了16万人。现在在我们苏区，反帝同盟已经成为广泛的群众性组织了。在湖南—湖北西部地区的每一个农村中，都建立了苏联之友和国际支援革命战士协会。

青年和妇女组织的情况也是一样。共青团组织和在其领导之下的青年近卫军和少年先锋队组织现在也都成为广泛的群众性组织了。在苏区劳动妇女具有和男子同等的地位，她们已经从中世纪的奴役下解放了出来。在反对国民党和帝国主义的斗争中，妇女和青年表现得特别英勇。

如果我们看一下去年第十一次全会和共产国际执行委员会关于中国共产党在苏区的任务的决议，那么我们可以说，这些决议和指示基本上都已经实现了。

共产国际执行委员会主席团关于中国共产党在苏区任务的决议指出，中国共产党的任务是在巩固和不断扩大根据地的基础上，建立和加强工农红军，建立中央苏维埃政府，加强苏维埃政权，组织工农群众，把农民的土地运动提高到反帝革命的水平。我们党在以斯大林同志为首的列宁共产国际的领导下，在实践上向全世界表明和证实了这样一个真理，即苏维埃制度是完全适合于殖民地和半殖民地国家的，从而也以自身的实践证明了列宁—斯大林关于殖民地和半殖民地国家革命的理论的正确性，用实践经验丰富了这一理论。

可是我们的这些成就是怎样取得的呢？这些成就是我们经过在苏区与白区和我们的阶级敌人进行流血的、残酷的阶级斗争才取得的。大家都知道，在最近的一年半中，国民党向我们苏区组织了四次进攻。第三次总进攻的失败完全证明，国民党是无力对付红军的。在这方面，对满洲的占领意味着，帝国主义者不得不从隐蔽的干涉中国革命的形式转变为公开的干涉。日本的战略正是要通过满洲和上海，同英、美、法帝国主义一起来粉碎华中和华南的苏维埃革命。

日本帝国主义的这一企图没有得逞。中国的工人和农民用上海的英勇保卫战和满洲的群众游击战争，用苏维埃运动和共产党的进一步加强和扩大回答了日本侵略者。（鼓掌）

在第三次进攻失败以后，国民党又组织了第四次进攻，用了大约65个师的兵力来反对我们红军。这一次进攻正是发生于日本和国民党在上海签订了所谓和约的时候，和约的规定中有这样一点，即日本将自己的主要兵力从上海抛到满洲，以便最终消灭那里的游击队活动，并加强自己进攻苏联的军事准备，而国民党则动员自己的全部兵力，在华中和华南组织反对红军、苏区和反帝运动的斗争。

可是结果如何呢？结果同国民党和帝国主义的愿望恰恰相反。在上海保卫战以后，满洲的游击队运动有了更为广大的规模，国民党在苏区遭到了第四次可耻的失败。

现在国民党组织了对红军的第五次进攻，根据外国和中国通讯社的消息，国民党为这一次进攻大约动员了90个师。英国、法国、美国、日本和德国帝国主义者为了反对中国红军，在最近给国民党送去了几艘轮船的武器。此外，不久前还召开了庐山会议，参加会议的不仅有国民党的所有重要人物——汪精卫、蒋介石等，而且还有其他反革命政党，如中国青年党（它是中国的法西斯党）的领袖，还有以政治、军事顾问的名义参加会议的所有帝国主义列强的代表。在这次会议上，所有的参加者一致通过了一个进攻红军的新计划，即所谓曾国藩计划，这是大约一百年以前清朝为了镇压伟大的太平天国革命而采取的一个计划。这个计划的主要内容是：第一，除了政府的武装力量外，为了消灭共产党员，在每个地方都要成立以豪绅为首的地方志愿部队。第二，根据这一计划的规定，国民党可以请帝国主义者给予军事援助来反对红军。在一百年以前，英国将军戈登曾同法国军阀一起公开地用武装力量帮助曾国藩消灭了太平天国革命。中国的统治阶级则把英国和其他国家的将领们描绘成中国人民的救星、中国文化的救星，等等。现在也是一样。国民党正企图重新执行这个曾国藩计划，以此证明帝国主义者对中国革命进行武装干涉是必要的和合理的。对于国民党和帝国主义者来说，这样做确实是必要的，因为没有"思想基础"的准备，没有所谓社会舆论的准备，在当前国际和中国的条件下，帝国主义者是很难公开进行反对中国苏维埃革命的武装干涉的。现在我们的苏维埃，我们的红军正在为战胜国民党的第五次进攻而斗争。武汉现在实际上已处于我们红军的三面包围之中。红军现在距离武汉大约只有40—60公里。不久前曾参加过上海保卫战，现驻扎在离武汉不远（在武汉—长沙铁路线）的国民党第88师不仅拒绝同红军作战，甚至还公开地转到红军方面来。（鼓掌）

此外，还有国民党的第30师和第31师也转到了我们方面来。国民党的第十三军最近同我们红军达成了协议，拒绝进攻红军。

这几年，军阀的雇佣军队经常整师、整旅甚至整军地转到红军方面和满洲的抗日游击队方面来。

这些事实清楚地表明，由于反帝革命和土地革命的不断高涨，在国内开始出现了军阀制度迅速瓦解和军心涣散、雇佣军士兵革命化的过程。这是反革命力量被削弱和革命力量得到加强的一个主要因素。这种情况责成我们党进一步加强争取士兵到革命方面来的工作。现在中国革命正逐渐面临着帝国主义进行公开武装干涉的时刻。不久之前，英国贸易大臣在武汉公开扬言，说武汉实际上已经成为共产主义浪潮所冲击的孤岛，如果南京政府不能对付红军的话，那么，"我们在扬子江上的海军力量应当立即出动，以防止红军进攻武汉的危险。"

现在，仅武汉一地就集中了约有 35 艘外国军舰。当四川军队在湖北—四川战线遭到失败以后，英帝国主义就组织和武装了西藏的军队来进攻四川省，以便利用它来反对红军。同时，英帝国主义为自己提出了双重的任务：它企图组织西藏人直接反对红军，并为进攻苏联做好准备。法帝国主义在云南和广西省扩大自己的军事力量，并同英国人一起在四川和甘肃省修建军事基地来反对红军，反对苏联。美帝国主义则全力帮助国民党反对红军，用尽一切手段企图在苏联和日本中间挑起战争。

所有这些事实都表明，一方面，中国革命现在正迅速地发展，取得了巨大的胜利；另一方面，它又处在一个帝国主义直接武装干涉的危险时刻。我们希望各兄弟党，首先是英国、美国、法国和日本的党要加强自己捍卫中国革命的工作，尤其是自己在帝国主义军队和军舰中的工作。需要各兄弟党不仅在言论上，而且立即在行动上，同反对中国革命，反对苏联的帝国主义者的武装干涉展开斗争。

我们在苏区内部战胜了自己的敌人。最近，在苏区内部揭露出了各种反革命的组织，如国民党改组派、社会民主党、托洛茨基陈独秀派组织、反布尔什维克同盟、性问题研究会（笑声）。它们所以用这样的名字是想利用它的合法性。如果说社会民主党等组织在国民党地区还说上几句漂亮的"革命"言词，而在我们苏区，它们就连这些"革命"词句也没有了。它们是直接按照国民党和帝国主义者的指示和计划行事的。

它们的主要口号是什么呢？它们的主要口号是：劳资合作、地主和佃农合作；第二国际万岁；打倒第三国际。后来它们又提出了：没有布尔什维克的苏维埃政权万岁。

这一口号是他们利用国际反革命的经验，在我们苏区提出来的。他们的行动得到了国民党和帝国主义的直接帮助。这些组织采取各种各样的形式来反对红军和苏维埃政权，直到反革命的武装暴动。这样的暴动在新四军活动的地区和中央苏区等地都发生过。他们还采用了各种形式的暗害手段。有这样一个例子：在东河地区，有一些是社会民主党党员的医生曾不止一次地制定了暗害计划。一开始，他们想同时毒死我们所有的领导同志，但是没有得逞。后来他们改变了自己的方法。不知道他们是怎样做的，几乎这一地区我们所有的领导同志都病倒了。

不过，尽管这些反革命组织在国民党和帝国主义的帮助下在一些地区曾得逞一时，但是，在共产党的领导下，红军和苏维埃政权很快就把它们消灭了。

我们战胜了敌人，可是我们怎样取得了这些胜利呢？我们是在无产阶级领导的巩固的工农联盟的基础上，依靠千百万劳动群众在争取苏维埃政权斗争中的觉悟、主动精神和革命的自我牺牲精神取得这些胜利的。

为什么我们能够建立巩固的工农联盟和保证无产阶级在这一联盟中的领导地位呢？为什么苏维埃和红军受到最广大的劳动群众的同情、支持和帮助呢？

因为我们贯彻执行了共产国际关于中国苏维埃运动首先是关于土地问题的主要指示。

我们来看看苏区的土地问题。大家知道，过去我们党在这个问题上曾犯过一系列的"左"的和右的错误。"左"的错误是：不顾基本农民群众的情绪和要求，过早地采取了禁止土地买卖，按照苏联的模式组织集体农庄和国营农场，以及普遍实行土地平均分配的方针，等等；右的错误是：在一些地区没有彻底没收地主的土地。富农和地主的残余势力阻挠对地主、高利贷者和其他大地主占有者的全部土地的没收。土地的分配往往根据生产资料数量多少的原则进行。这样往往使富农有更多的可能来享受土地革命的成果。

在我们党第四次中央全会开过以后，土地革命问题在苏区开始有了根本的转变。现在，我们没收地主、高利贷者、教堂和其他大土地占有者的全部土地。我们同样地也没收富农的土地。但是，如果富农不从事反革命活动，不反对苏维埃政权，如果富农自己耕种自己的土地，不使用雇佣劳动力，那么他也可以得到一部分贫瘠的土地作为劳动用地。

这是从中国富农的特点出发的，因为它们主要采用半封建的剥削方式，从而也就带有明显表现出来的地主的性质。

我们就是通过这样的途径正确实行对土地的没收。

在土地分配问题上，我们所依据的原则是：一方面要考虑每个农户劳动力的数量，另一方面也要考虑家庭人口的数量。此外，土地的分配并不简单地按照数额，也要考虑到土地的质量和产量。只有当某个地区的农民群众自己同意并提出要求的时候，我们才实行土地的平均分配。这时我们采取这一方法并坚决加以贯彻执行，但同时也要作一定的说明：虽然这种方法有助于我们彻底消灭农村中的封建残余，可是它并不能彻底解决消灭农民的贫困化和破产的问题，要彻底消灭土地的所有权，只有在资产阶级民主革命取得完全胜利的条件下，实行了全部土地的国有化之后才有可能。只有当农民群众和劳动人民在工人阶级及其共产党的领导下，同工人阶级一起按照苏联的榜样建成社会主义社会的时候，他们才能够彻底地摆脱贫困和破产。

我们通过这样的方法执行了共产国际执行委员会关于中国的土地革命不应当是富农的革命而应当是贫农—中农革命的指示。

此外，根据共产国际的指示，我们正确地解决了劳动的问题。以前在苏区有些地方完全没有红色工会，有些地方红色工会组织非常弱小，甚至有时某些苏维埃机关还公然宣传反无产阶级的理论，说什么要解决工业品和农产品价格的剪刀差问题，就要降低工人的工资，从而降低产品的成本。有时也有这样的情况，就是个别的苏维埃机关提出保护中小商人利益的口号。在党中央第四次全会召开以后，在苏区建立阶级的群众性工会的问题开始有了转变。尽管在一些苏区红色工会还不够巩固，工作得不够好，特别是群众工作开展得不够，但它在苏区现在已经成为群众性的组织了。我们以江西东北部地区一个小区作为例子来看一下。今年年初，那里大约已有 1.7 万名工会会员，安徽—河南—湖北地区的第一次雇农代表大会就有 400 名代表出席。工资普遍地增加了，八小时工作制在大部地区已经实行了，而且在一些地区已经开始实行工人对生产的监督。这是一件非常复杂和困难的事情，我们刚刚开始做，希望各兄弟党帮助我们，使我们能够正确地解决这一问题。

在特别保护儿童和妇女劳动的问题上，现在苏区正执行着第一次苏维埃代表大会通过的指示。一句话，在苏区，工人已经成为主人，红色工会已经成为一个最重要和最基本的群众组织，成为苏维埃政权和红军的可靠的支柱。我们开始正确地执行经济政策。在这个问题上，我们以前也犯过很多错误。"左"的错误在立三路线时期是特别危险的。那时在许多苏区执行了毫无例外地没收一切工商企业的政策。农民往往在自己中间分配工业产品和一切商品，从而关闭了所有的商业企业和工业企业。

这样我们就从客观上帮助我们的敌人对苏区实行了经济封锁。我们也犯过公开的右倾错误，就是当红军占领了某个城市的时候，没有施行对有产阶级的一定的征税制度，以保证红军的物质需要。共产国际帮助我们党正确地解决了这个问题。正确的做法是，一方面，我们应当执行贸易自由的路线，允许私人资本在工业企业和商业企业中存在，等等；另一方面，根据劳动群众和工农群众的需要和要求，我们应当采取一系列措施，来保证苏区对日用必需品，如大米、面粉、盐等的需要。在必要的时候，我们还调节和限制日用必需品的输出，调节价格，等等。通过这种办法，一方面，我们保证了苏区所需要的工业品和食品等；另一方面，我们也同投机、暗害和来自国民党和帝国主义分子的经济封锁进行坚决的斗争。在我们开始实行新的经济政策以后，一些苏区的物质条件有了很大的改善。例如，当我们红军占领了漳州、南雄、黄川等城市时，这里的商业企业基本上都保留了下来并继续营业。我们只向有产阶级征收统一的累进所得税，并且取消了国民党统治时的捐税制度。我们的一些苏区开始施行新的征税制度和关锐制度。在一些苏区我们还成立了工农银行，这些银行所发行的纸币不仅在我们苏区使用，而且还流通到苏区以外的地方去，因为后者关心同苏区做生意，卖给我们工业品和购买我们的原料。由于我们实行了新的经济政策，现在苏区许多地方的物质状况都有了改善。这一事实就是连我们的敌人，甚至连美国传教士也不得不承认的。他们公开表示说，我们苏区的经济状况要比国民党地区好。例如，在苏区一斤大米的价钱是200文钱，而在国民党地区是1700文钱，也就是说，苏区的大米要比国民党地区便宜8—9倍。

但是，这并不意味着苏区的经济状况问题已经得到了解决。苏区经济状况问题的解决是同我们革命进一步取得胜利联系在一起的。不过这些事实仍然表明，我们开始执行了正确的经济政策。我们应当懂得，我们红军是在非常艰苦的经济条件下进行战斗的。在我们的西部地区——湖北和湖南（那里是我们的红二军）去年和今年都有水灾。

现在那里的情况是红军战士每日可以吃到两餐：一餐米饭，另一餐粥。其他居民、苏维埃机关的工作人员、党机关的工作人员等，每日只能吃到一餐粥。大家都知道，那里的战争接连不断。我们的红军和劳动人民就是在这样艰苦的条件下反对国民党进攻的。这种状况不仅是这一个地区，在其他地区也往往出现缺粮的情况，因为国民党实行经济封锁和直接掠夺粮食。

由于我们正确地解决了土地问题、劳动问题，实行了正确的经济政策，我们在苏维埃政权的建设中就取得了这样的成就，我们的红军也取得了这样的胜利。而所有这些胜利都是同我们党的巩固直接联系在一起的。我们每一个人都很清楚，如果不同立三路线做斗争，我们党和苏维埃革命就会被冒险主义和盲动主义所断送，如果不同反革命派、罗章龙派以及托洛茨基分子的直接代理人陈独秀分子进行斗争，我们党和苏维埃革命也会被对国民党、帝国主义和取消主义的公开投降所断送。

我们党贯彻执行了共产国际在1930年关于中国问题决议中的以下指示：在两条战线上进行斗争，应当成为党的领导全部活动的基础。最近以来，我们党不仅克服了立三路线和反革命的罗章龙主义，还在两条战线上为反对一切即使尚未最终形成的机会主义倾向，进行了不可调和的斗争。我们党在中央委员会的领导下，为反对工会运动中的右倾机会主义进行了坚决的斗争，关于这一点稍后我将要谈到。在中央委员会的领导下，党为反对苏维埃运动中的一切右倾和"左"倾进行了斗争。党所进行的斗争是以斯大林同志为反对托洛茨基思想致《无产阶级革命》杂志编辑部的信为指导的。此外，我们党还对破坏布尔什维克的铁的纪律和党内统一的一切企图进行了坚决的斗争。在思想斗争的同时，党还通过实行布尔什维克的铁的纪律，使立三路线的领袖们向党和共产国际投降。在布尔什维克的铁的纪律的帮助下，我们还开除了一些不愿改正错误并变成了反革命挑拨者的分裂主义的领袖，从而使党的队伍得到了巩固。在两条战线上进行斗争，是巩固和发展党的基础。对党内各种机会主义倾向和分裂分子斗争的胜利，是战胜反革命的首要的和基本的前提。

我已经谈到了我们所取得的胜利和成就，但这并不是说在苏区就一切顺利了，我们没有错误，也没有困难了。绝对不是这样。大家都知道，尽管苏维埃政权在苏区取得了胜利，我们仍然从各个方面受到敌人的包围。不仅是国民党，而且还有帝国主义都尽一切可能来消灭我们。我们面前的困难还是很大的，而且会越来越大。反对我们的不仅有国民党，而且还有帝国主义，它是中国革命的一个主要的、强大的和最后的敌人。要使中国革命能够战胜自己的强大敌人——帝国主义，还需要我们做出比以前更大的努力。大家知道，现在我们的革命还只是处在资产阶级民主革命的阶段。当前这个阶段是向社会主义革命转变的准备阶段。为了实现这项巨大的任务，还需要中国的革命无产阶级和劳动人民做出更大的努力。在这方面，我们也需要各兄弟党给予直接的有效的帮助。只有这样，我们才能最终战胜国民党以及在中国的帝国主义。

2. 工农运动的高涨和我们工作中的缺点

现在我想谈几个有关罢工运动和失业的问题。我不想引用很多关于中国经济危机的数字，只举几个表明国家经济崩溃的数字。根据资产阶级报刊所做的最低估计，整个国家大米的收成在1931年减少了25%，小麦减少了15%，棉花减少了20%，大豆（在满洲）减少了20%，绿茶减少了30%，等等。中国经济危机的特点还表现在，尽管所有农作物的收成都不好，但棉花在1931年按白银计算仍跌价10%，生丝跌15%，等等。如果考虑到作为中国货币流通基础的白银的跌价，那么农产品的实际跌价还要多。这种情况一方面通过不等价交换的形式加强了对农民的剥削，同时也保证了帝国主义者对中国原料的榨取。

在争夺中国市场的基础上，1931年中国对农产品的不断增加的输入在中国原料价格的下跌中起了很大的作用。例如美国棉花和印度棉花的输入量增加了30%，美国烟草原料的输入量也增加了30%，等等。另一方面，帝国主义实行的榨取原料的政策使得主要的粮食产品日感不足。例如，在1930—1931年大米和面粉的价格同1929年相比提高了1—2倍。只是由于从美国、澳大利亚和加拿大进口了这些产品，才使这些产品的价格有所降低。

关于1931—1932年的水灾的后果也不必在这里多谈，只要举出华中几个在经济上最重要的省份遭受水灾的情况就足够了。根据全国救灾委员会的最后统计，全部被淹的土地面积为4.2万平方英里，其中60%的耕地被毁。受灾人口的最低数字为8000万人。损失为20亿银元，被毁坏的堤坝和道路尚不计其中。饥民涌进各个城市，成为后备的劳动大军。

在这样的情况下，中国工人阶级的半饥饿生活水平就更加降低了。例如，1931年，上海的丝织工业的资本家重开了被他们关闭的丝织厂，用比以往工资低20%的条件来雇佣工人为他们干活。成年工人每天的工资为25—50分钱；童工每天的工资只有几分钱。在同一年，沈阳的日本资本家也雇佣逃荒来的农民为他们干活，不拿工资，只管一份低劣的米饭。此外，还存在着包工制度，这是剥削中国无产阶级的一种独特的形式。对日战争使得中国工人的工资进一步降低。例如，北平—沈阳铁路工人的工资降低了20%，天津—浦口铁路则降低了30%。

在直接降低工资同时，工人阶级还承担着巨大的失业的重负。还在1931年，全部雇佣劳动者（农业工人不包括在内）中有一半因工厂关闭和大幅度裁员而失去了工作。1931—1932年，在工厂工人和手工业工人中，失业者的总数不少于500万人。失业大军的扩大有两方面原因：一是从国外回来大批中国工人（只是广东一省在1931年就回来了

50多万人）；二是由于在日本的武装干涉下有大批企业被破坏和关闭。仅在上海一地就有24万工厂工人、1.7万名手工工场工人失去了工作。在铁路运输系统中实行着大批解雇。在日本轮船上工作的中国海员被日本海员所代替。在中国，失业者拿不到任何补助金。大批工人在被解雇时不发给退职金。广泛进行的所谓公共建设事业利用着失业者的劳动。去年秋季，利用失业者和饥民的劳动修复了被破坏的安徽省大运河。目前正在修复长江沿岸各城市的堤坝，遭受洪水破坏严重的汉口大堤已经被修复好。这些工人靠自己的劳动只能得到很少一点工资和勉强充饥的口粮。这就是危机时期中国工人阶级的状况。

在中国，战争连年不断：帝国主义战争、军阀战争，最后是革命战争和国内战争。在所有各主要城市中经常宣布战时状态。国民党企图利用日本占领满洲的事实来加强对工人阶级的进攻。国民党专门颁布了许多法令和指示，说什么"国难"当头，工人应当停止任何反对资本家的斗争，并同资本家一起建立反对外部敌人的统一战线。这时发生的每一次罢工都被宣布为非法，罢工参加者应当被处决或被监禁。

在这种情况下，托洛茨基分子和右倾机会主义分子就大喊大叫说，无论从政治方面，还是从经济方面考虑，罢工都是不可能的。如果工人不顾客观困难而举行罢工，是绝不会取得胜利的。

实际情况是怎样呢？

在这样的条件下，工人的罢工运动却更加蓬勃地开展起来了。1931年，参加罢工的人数为73万人，而1932年的头4个月就超过了43万人，超过了整个1929年的水平，即38.7万人。

中国无产阶级用反攻来回答资本家的进攻。工人们要求提高工资、发给工资的欠款、规定休息日、发给新年奖金、节日工作发给双薪、反解雇、反失业的斗争也开展起来了。还提出了发给退职金的要求。在1931年的11—12月间还爆发了几次反对包工头的斗争。

1931—1932年，绝大多数的冲突和罢工都是在经济要求的基础上发生的，而在当前国民党和帝国主义的制度下，任何罢工，甚至是纯粹经济的罢工都是违反国民党的法律和帝国主义秩序的，因而从一开始就成为直接的政治发动。因此，当前中国罢工运动的一个特点就是，一切罢工都迅速转变成为政治罢工。

	1931年 占各种冲突总数的百分比
经济战斗……	78.4
政治战斗……	21.6
	1932年 占各种冲突总数的百分比
经济战斗……	71.8
（其中转变成政治战斗的）	(15.2)
政治战斗	28.2

从斗争的形式上可以看到以下的情况：

	1931年 占各种冲突参加者总数的百分比
罢工……	54.3
意大利式罢工……	14.7
请愿、谈判、仲裁……	22.3
同警察的冲突、对办事处和工厂的包围、对管理人员的扣留……	8.7
	1932年 （第一季度）

	占各种冲突参加者总数的百分比
罢工……	63.4
意大利式罢工……	23.8
请愿、谈判、仲裁……	9.8
对工厂、办事处的包围、对管理人员的扣留……	1.5
游行示威……	1.5

从1931年下半年和1932年起,开始向更高级的斗争形式转变,罢工的比重增加了,这是与国内革命的高涨,同苏维埃运动的成就和反帝国主义运动的发展分不开的。

在上海的日本企业中发生了工人的总罢工,在太原市和福州市发生了工人和学生反对日本和国民党的总罢工,在上海和无锡丝织厂还发生了6.5万名女工的罢工。有许多罢工发展成为示威游行、群众集会和同帝国主义、国民党警察、宪兵的流血冲突,有时发展成为反对帝国主义的武装发动,如上海保卫战等。在上海日本企业工人的总罢工持续了四个半月以上。

下表可以说明罢工斗争的结果:

斗争的结果
（占各种冲突总数的百分比）

时间	胜利	失败和同盟歇业	结果未查明的
1931年	30	38	32
1932年1—4月	52	15	33

可见,1932年上半年发生的罢工中有一半以上是工人取得了胜利。这同1931年相比是前进了一大步。它彻底粉碎了党内的社会法西斯分

子、托洛茨基分子、罗章龙分子和右倾分子关于在危机条件下罢工不能举行，不能胜利的"理论"。这样的理论有利于资产阶级而麻痹了工人阶级的战斗积极性。

但是，红色工会的工作还远远落后于工人运动的客观发展。下面的图表可以说明由革命领导的罢工所占的比重：

占各种冲突总数的百分比

	1931年 （根据中国科学研究所的统计材料）	1932年1—4月 （根据红色工会国际中国分部的材料）
红色工会……	15.9	19.1
黄色工会……	4.0	13.7
自发发动……	15.0	26.0
未查明的……	65.1	41.2
	100.0	100.0

这就是说，第一，同1931年相比，红色工会的领导作用在1932年上半年虽有某些加强，但是在整个罢工斗争中的比重还是很小的，只占罢工总数的19%；第二，自发的罢工占主要地位，这就说明了红色工会同群众的联系还很薄弱，它对罢工斗争的组织和领导是很不够的；第三，同1931年相比，黄色工会在罢工运动中的领导作用在1932年上半年有所加强。这种情况出现的原因一方面是整个革命运动，尤其是工人运动的发展，迫使资本家通过散布改良主义欺骗和扩大黄色工会工作的方法，来加紧瓦解甚至消灭工人斗争的工作；另一方面，主要在于红色工会还很弱，不能保证对日益发展的工人运动进行革命的领导。

在半殖民地国家的中国，没有广泛的工人贵族阶层。因此，传播改良主义的基础要比其他资本主义国家弱得多。但是，如果认为（像瞿秋白、邓中夏和李立三同志那样）在中国完全不存在改良主义的基础，那就大错特错了。这样的看法必然会使这些同志忽视和低估在黄色工会中的工作。实际上，在殖民地和半殖民地国家中开展反对国家改良主义、社会改良主义和黄色工会的斗争，对于共产党争取工人阶级的大多数来说，具有非常重要的意义。在印度，在革命工人运动发展的同时，国家改良主义，尤其是所谓"左"倾国家改良主义者的影响也增长了。

必须坚决反对那种认为在黄色工会中似乎不能开展工作的观点。这种诊断的荒唐性已为最近上海电话工人的罢工所证明了。在这次罢工中，国民党和托洛茨基—陈独秀分子大肆进行宣传，说什么罢工者不能取得胜利，必须取缔罢工，而共产党员则与此针锋相对地提出，必须将斗争坚持到胜利，必须为扩大罢工进行积极的工作。共产党员施行了建立下层统一战线的正确策略。他们提出了一系列代表工人迫切需要的局部要求。在争取群众、争取领导罢工运动的斗争中，共产党员取得了很大的成绩。总之，工人们通过罢工委员会开始站到红色工会方面来了。这一点就说明，只要我们正确地执行建立下层统一战线的政策，只要我们通过每个具体事例，坚决揭露黄色工会的叛卖作用和改良主义花招，我们就有可能顺利进行争取工人群众的工作。

在失业者中间的工作，是革命工会运动的一个最薄弱的方面。尽管在上海、香港、天津和其他城市中建立了失业者委员会，尽管共产党员在失业者中间进行了某些工作，但是，这一工作还远远落后于客观形势和运动的需要。失业者大军还没有组织起来。失业者的斗争在大多数情况下都是自发进行的，没有红色工会和我们党的领导。在这里最清楚地说明了红色工会和中国共产党在革命工会运动方面的落后状态。

当然，红色工会落后于革命斗争客观发展形势的原因，首先部分地在于客观的困难，例如统治阶级的残酷镇压，但主要还在于我们工作中的主观的缺点。尽管在这方面具有良好的条件，但我们工作中的缺点和错误阻碍了对客观困难的克服和红色工会的发展。

产生这种主观因素的原因，就是在新的条件下存在着旧的机会主义倾向的残余。在许多场合下由于在群众中缺少解释性的工作、争取领导的工作、制订策略口号和要求的工作（要考虑到使工人自己确信党和红色工会口号的正确），而往往导致对群众的发号施令和"左"倾命令主义。红色工会在一系列问题上带有工团主义倾向，把自己同党对立起来，另一方面，党和它的组织往往对在工会中的工作估计不足，采取轻视的态度。还有宗派主义，表现为不愿在黄色工会中进行工作；右倾机会主义倾向表现为对黄色工会的投降；最后是对红色工会的取消主义态度。李立三主义和右倾机会主义就是这些极端反列宁主义方针的表现。党中央第四次全会克服了右的和"左"的机会主义，改组了所有工会（中国劳动组合书记部、海员同盟委员会、上海工会委员会等）中的党团。这样，就为工会工作的转变建立了前提，并取得了一定的成绩。

但是，由于在工会运动中两条战线的斗争不够有力和严重缺少干部，就使得机会主义分子在工会中得以隐蔽下来。这就使得在满洲事变以后，工会运动中的机会主义分子又在某种程度上活跃起来。他们以刘祥同志为首提出了一个完整的机会主义纲领。① 党对这些分子给予了坚决的回击，同时为揭露和改正革命工会运动中的缺点和错误开展了自我批评。党又一次改组了党团。在这次斗争中，全党和全体工会积极分子都坚决地支持中央委员会，并顺利地战胜了工会组织某些环节的机会主义领导。这一胜利大大地向前推进了工会运动。在最近几个月，红色工

---

① 1930 年，时任中共满洲省委书记的刘少奇被红色工会国际批评为"右倾机会主义"者，次年夏天，刘少奇以刘祥为笔名给红色工会国际寄去《最近中国职工运动、国民党工厂法、工会法与赤色工会目前任务》的报告，结果杳无音信。——编者注

会在加强自己对群众的影响，巩固自己的组织和对罢工运动的领导方面，都做出了很大的成绩。虽然如此，毋庸置疑的是，我们的红色工会仍然存在着一系列的弱点和错误，这主要可以归结为以下几点：

1. 在企业中的工作非常薄弱，因此，红色工会同企业，特别是同大企业之间的联系也是薄弱的。红色工会在罢工运动中还不善于使自己作为领导的和指导的力量而出现。大部分的发动和罢工都是自发进行的。

2. 在国民党工会和黄色工会内部的工作进行得非常不够；在群众性的黄色工会内部还没有建立起革命的工会反对派。

3. 红色工会还不善于实施统一战线的策略，来争取广大的工人群众。在建立工厂委员会和革命全权代表组织方面成绩不大。

4. 在妇女和少年中间的工作做得非常不够。没有建立青年工人的组织，没有召开过青年工人的代表会议和妇女代表会议。

5. 工会组织的内部生活不正常；人员的流动性很大。

6. 在工会运动的部分工作人员中还存在着李立三主义和右倾机会主义的残余，不止一次地在工作中反映出来。

所有这些，以及客观的发展条件都责成我们毫无保留地去实现红色工会国际中央理事会第八次会议决议所提出的以下任务：

1. 全力开展、组织和领导经济的战斗，恢复和建设红色工会，并把它变为群众性的组织。

2. 最大限度地扩大和领导反对帝国主义的运动。粉碎国民党制度的枷锁。

3. 为争取中国无产阶级的各重要阶层，为瓦解黄色工会和争取其中的工人群众进行坚决的斗争。

4. 扩大和加强苏维埃中国的工会——无产阶级和农民革命民主专政的支柱。

在中国有数千万饥饿的农民。我们党在组织农民群众的反抗方面也做了一点工作，如我们在江苏省以饥饿的农民为基础，组织了红军的第二十六军；在安徽省的一些地方我们组织农民进行了抗税和抗议警察迫害的斗争；在另一些地方（如蚌埠和芜湖郊区等地）则发动了起义。我们在陕西、甘肃建立了农民的游击队。在满洲，我们也在农民中间进行了一些工作。然而，如果我们把我们的工作同客观条件，同革命的客观需要比较起来，我们就应当坦率地承认，我们的工作还远远落后于农民运动的规模。在一些新的地区和省份，农民运动正在兴起，例如浙江和江苏省就是一个蓬勃发展的"米骚动"地区，两年以前，这两个省还被蒋介石称作"治安和繁荣"的模范省呢。所有的国民党报刊都充满了关于饥饿农民"米骚动"和局势严重的惊恐不安的消息。但是应当指出，由于缺少我们的领导，农民运动经常是自发发展的。也有不少时候富农和地主把持了运动的领导权，使运动脱离革命的轨道。

蒋介石在反对红军的最后一个计划中，就企图利用饥饿农民充当反对红军的炮灰。这一情况要求我们党应当特别注意在全中国争取对农民运动的领导。

还在去年，共产国际执行委员会主席团对中国共产党不仅提出了在苏区的工作任务，而且也提出了在非苏区的工作任务，并且指出，这是相互紧密联系的任务，是二位一体的任务。

因此，我们不能不承认在共产国际主席团决议中指出的党的那些弱点，这就是中国共产党直到现在，还没有使自己在群众中的工作适应革命斗争发展的要求。党很少从组织上加强自己在群众中的影响。党还不善于建立同广大群众的实际的联系，争取对工人罢工斗争的领导，建立无产阶级的群众性组织并在全国范围内领导农民的运动。尽管国内的革命危机日益成熟，党在苏区以外的地区还没有能够发动超强大的运动来保卫苏区，反对国民党对苏区的总进攻，主要的原因就在于此。这些弱点至今尚未被党所克服。因此，可以说，共产国际执行委员会主席团去年关于中国共产党在非苏区争取领导工农群众斗争的任务的决议，我们基本上还没有实现。

3. 反对帝国主义运动的高涨和民族革命斗争中的统一战线问题

关于反对帝国主义的斗争说几句话。根据议事日程的第三项，我们将要专门来谈这个问题，现在我只想提几个策略问题，这几个问题不仅对于我们党，就是对于共产国际在各殖民地和半殖民地国家的所有支部都是有益的。我们拿反帝斗争中的统一战线问题作例子。我且不谈我们党在这方面的历史经验。我只想说，在满洲事件以后，特别是在今年的上海事件期间，形成了一种真正特别有利的客观环境，这就是说，不仅有千百万工农群众，而且还有人数众多的小资产阶级、学生、城市贫民等参加了斗争。我们应当承认，因满洲和上海事件所引起的反对帝国主义的运动，按其规模和发展程度来说，都要高于1925—1927年的反帝高潮。参加这一斗争的不仅有以前参加过革命运动的省份（如华南和华中各省）的群众，甚至还有那些以前几乎没有出现过人民革命群众运动的地区（如满洲等）的群众。在这些群众中有着各种不同的成分。

有一些阶层在以前参加过1925—1927年的革命运动，并从这几年的革命中吸取了经验教训。另一些阶层以前没有参加过革命运动，没有经受过1925—1927年革命的锻炼。因此，一部分先进的工人、农民和小资产阶级很容易接受我们把反对日本帝国主义的斗争同反对一切帝国主义分子及其代理人——国民党的斗争结合起来的口号；而另一些在政治上缺乏锻炼的其他阶层，则不容易接受我们的口号，尤其是关于反对国民党、反对国家改良主义分子和叛国分子的口号。因此，我们党应当执行一条建立工人阶级、农民和城市贫民的全国反帝战线的路线。我们面前的形势正如1906年列宁在《新的任务和新的力量》一文中所说的那样。他说道：

"现在，在事变的影响下，有成千的小组出现在各地，它们没有通过我们，也没有任何固定的纲领和目的。要让社会民主党人给自己提出一项任务，这就是与尽可能多的这样的小组建立和加强直接的联系，让他们给这些小组帮助，用自己积累的知识和经验去启发它们，用自己的革命首创精神去鼓舞它们。除了党的非社会民主主义的小组以外，让所有这样的小组或者直接加入党，或者靠近党。在后一种情况下，既不能要求它们接受我们的纲领，也不能要求它们同我们建立必要的组织关系；只要它们怀有反抗的情感，只要它们同情国际革命社会民主党的事业，那么，在社会民主党人向他们开展积极活动的情况下，在事变进程的压力下，这些靠近党的小组就会首先成为社会民主工党的民主主义的助手，然后又成为它的具有坚定信念的成员。"①

当前在中国出现了数百个群众组织，如反帝同盟、反日会、志愿队，等等。这时，我们党很好地执行了反对日本帝国主义的口号，它本来可以把广大群众斗争的领导权掌握在自己的手里，可是它在很大程度上没有做到这一点。首先，它没有能够建立起反帝的统一战线。上海工人阶级的这样一些组织，如罢工委员会、反日会、志愿队等，都没有成为在共产党领导下的无产阶级反帝群众斗争的骨干。因此，我们没有能够组织起无产阶级所领导的真正广泛的反帝统一战线。这样一来，就不可避免地使国家改良主义派、"左"翼国民党改组派和中国青年党把一部分小资产阶级，甚至一部分无产阶级置于自己的影响之下了。正是在此基础上，就使得一个不大的知识分子派别变成了一个相当具有群众性的党，即所谓中国青年党。这个党采用民族主义的蛊惑手段，争取了一

---

① 《列宁全集》中文第2版第9卷第287页。——编者注

部分小资产阶级,从而发展成为一个群众性的政党。这个党在过去只公开地提出过两个口号。第一个口号是反对外部敌人——苏联;第二个口号是反对内部的人民的敌人——共产党人。最近,它又提出了一个口号——对日作战、反对国民党独裁、争取所有地主资产阶级党派参加国民党政府等。正由于这样,它在运动中才取得了一些局部性的成绩。这是我们必须看到的。在印度,国家改良主义派的影响要比在中国起到更大的作用。必须进行斗争,反对国家改良主义和国家改良主义派。因此,在题纲中除去谈到反对社会法西斯主义、反对民族主义以外,还应当指出在各殖民地和半殖民地国家,首先是在中国、印度等国,反对国家改良主义斗争的重要性和必要性。

  从以上所说可以清楚地看出,中国的政治形势要比第十一次全会决议所做的估计有了进一步的发展。这一决议指出,在中国,革命的危机表现为,在拥有几百万人口的地区内建立了苏维埃和红军。中国革命危机的深入和扩大不仅表现为苏维埃和红军的进一步巩固和扩大,以及它们取得的巨大胜利,而且也表现为广大群众反帝运动的极大高涨(这一运动已经发展成为反对帝国主义的直接的武装抵抗),表现为数百万饥饿的群众为大米、住房和衣服,为反对帝国主义和国民党所进行的斗争,表现为各主要工业商业中心工人的斗争越来越具有反攻和进攻的性质,表现为工人阶级内部革命情绪的高涨,他们摆脱了国民党的影响,众多的小资产阶级阶层的迅速革命化、帝国主义列强矛盾的极大尖锐化,以及国民党和军阀统治的进一步瓦解。

  所有这些事实都清楚地表明,中国事态的发展已开始带有苏区革命运动同非苏区革命运动相汇合的趋向。如在提纲中正确指出的,中国正面临着革命的形势,苏维埃革命已在很大一部分地区取得了胜利。同时,在不同地区革命运动的发展和最主要城市工农发动的不均衡状态,虽然同共产国际执行委员会第十一次全会期间的情况相比已经大大缩小,但是它仍然没有被克服,而且仍然是中国革命发展的一个主要弱点。根据以上情况,我们的总提纲正确地将当前我们的主要任务规定如下:

"1. 动员群众为反对日本和其他帝国主义者,为争取中国的独立和团结而斗争。

2. 使苏区发展和联合,加强红军。

3. 为推翻国民党政权而斗争。

4. 坚决把红色工会变成群众性组织和争取加入了国民党工会的工人。

5. 在满洲地区开展游击战运动,提出建立农民委员会、抵制政府的捐税和命令、没收帝国主义者代理人的财产和组织选举人民政权的口号。

6. 大力宣传苏区的各项成就,宣传中国工农同苏联结成兄弟联盟的口号。"

很清楚,中国共产党所有这些任务的实现不仅是民族革命的任务,同时也是自己国际主义任务的实现;不仅是资产阶级民主革命的胜利完成,而且也为使这一革命转变为社会主义革命顺利地开辟一个时期。

争取实现以上各点是中国共产党当前的主要任务,共产国际所有各支部都应当给予中国共产党以应有的帮助。

关于印度我再谈几句话。

近几年以来,印度的农民运动和工人罢工有了发展。农民运动常常是与反对英帝国主义和当地的资产阶级、地主的斗争同时发展的。工人罢工具有很大的规模。正如我们党中央委员会、英国共产党中央委员会和德国共产党中央委员会在写给印度共产党员的信中正确指出的,印度的革命具有同中国革命同样重要的意义。

印度的反帝革命和土地革命给予英帝国主义致命的一击,加速了全世界资本主义的彻底崩溃,从而保证了世界革命的胜利。当然,印度的条件同中国相比还有某些不同。首先在那里至今还没有一个群众性的全印度的共产党。印度的党在很大程度上是脱离群众的。党还犯有一系列的错误，还有派别主义、地方主义、行会风气等。至今在印度革命中还缺少一个能够在印度全国范围内组织工农运动的革命中心。因此，正如第十一次全会议正确指出的，在印度首先应当组织一个真正群众性的全印度的共产党。在我们的提纲和信中也正确地指出，当前在印度的最重要任务，就是组织一个全印度的共产党。尽管我们的印度党还很弱小，我们还是向它提出了重大的任务：组织政治罢工的任务和领导农民运动的任务等。我想，在我们的全会上，我们应当对于印度革命和中国革命的问题，以及其他各殖民地国家的问题给予很大的注意。我想，如果说德国革命应当而且可以说对于社会主义和资本主义在西方的命运具有决定性的意义，那么，我们中国的革命应当而且也可以说对于社会主义和资本主义在东方的命运具有决定性的意义。但是，要把西方和东方的共产主义运动在共产国际的领导下联合起来，我们在资本主义国家和殖民地国家的各党就应当更紧密地团结在一起，特别是在当前的时刻，在反对反苏干涉，反对帝国主义战争，反对瓜分中国，反对重新分割世界，反对德国、波兰和其他资本主义国家的反动势力，争取以真正的革命手段来摆脱危机，争取建立无产阶级专政，争取社会主义的统一斗争中，采取更加一致的行动。

我们相信，在以斯大林同志为首的列宁的共产国际的领导下，我们一定能够完成这一伟大的历史任务。

（闭会）

第十一次会议

(9月1日晚)

会议主席：库恩·贝拉

讨论库西宁和台尔曼的报告

曼努伊尔斯基（苏联）：

1. 国际形势中的新情况

在被提交全会的提纲中有一点最重要和最新的内容，也是斯大林同志曾经预先谈到过的，这就是关于资本主义稳定的结束的问题。可以毫不夸大地说，这是自第一轮战争和革命结束以来，共产国际所指出过的最重要的情况。这个事实将决定共产国际在最近几年中的政策。在资本主义稳定的结束条件下所发生的各种事件迅速更替的过程中，我们应当使各国共产党根据形势的变化而迅速地重新确定自己的方针。

资本主义稳定的结束意味着国际形势的急剧改变（道威斯、杨格计划和赔款计划的破产、华盛顿协定的破产、帝国主义强盗之间各种矛盾的空前尖锐化），各资本主义国家中内部阶级相互关系的改变（劳动群众的破产、他们进一步遭受财政资本的奴役、法西斯主义的抬头和在阶级斗争尖锐化基础上的革命运动的高涨），各帝国主义国家同殖民地之间相互关系的改变（对各殖民地的疯狂进攻、对华战争、在印度和印度支部的大规模屠杀，以及相应出现的殖民地民族革命运动的高涨），最后各帝国主义强盗同苏联相互关系的改变（苏联进入社会主义时期和在社会主义道路上的稳步前进引起了资本主义世界的疯狂敌视，这一点就证明了"喘息时机"的将近结束。）

  虽然，导致资本主义稳定的结束的那些过程尚未终结，资本主义的所有主要矛盾仍旧不同程度地在每个国家发生作用，但是，这并不能削弱这一事实的意义。像美国、法国、德国、中国或印度这些国家，都同样地处在资本主义稳定的结束的标志下，尽管这些国家阶级变动的深度、阶级矛盾的尖锐化程度和国际地位是完全不同的。

  资本主义稳定的结束——这不是只具有地区性意义的事实，而是国际范围的事实。我们应当从这个事实中得出国际性的策略的结论。但是库西宁同志在自己的报告中正确地告诉我们，绝不应当撇开每个国家的特点和革命进程发展的不平衡性，而以公式化的态度去对待这些策略的结论。

  资本主义稳定的结束在今天并不意味着凡尔赛体系的完全破产，这一点也不能削弱这个事实的意义。我们只是处于这个破产的开始。德国和奥地利仍然像过去一样遭受压抑，旧的凡尔赛和约所确定的疆界仍然像过去一样保留着，法国帝国主义也仍然像过去一样在自己的周围纠集着一批仆从国（波兰、捷克斯洛伐克、罗马尼亚、南斯拉夫）。现在围绕整个的凡尔赛体系（赔款、疆界、武装）进行着空前尖锐的斗争，这一斗争正在打击着这个体系，并使资本主义稳定的结束加速到来。

  资本主义稳定的结束是在各国共产党极大地落后于有利的客观形势下发生的，这一点也不能改变这个具有巨大世界意义的事实。这种落后只不过是延缓资本主义灭亡和资本主义稳定的结束向革命危机转变的速度。也就是说，在各个具有重要意义的帝国主义国家中，资本主义稳定和革命危机之间将出现一定的间隔时期，这一时期的长短除了取决于各种客观因素的进一步发生作用外，就要以各国共产党积极性的增长为转移了。但是，不管这种积极性有多高，资本主义稳定的结束转变为革命的危机在各个国家中的过程将是不平衡的。

我们没有理由把向第二轮战争和革命过渡的这段时间，说成是走向革命总危机第五个时期过程中的某种特殊的第四个时期。在第六次代表大会上我们曾指出第三个时期是资本主义所有主要矛盾的尖锐化，它必须要使资本主义世界走向第二轮战争和革命。可以说，正是资本主义稳定的结束成为这一时期的"灵魂"。

第六次代表大会在决议中称："这个第三个时期既然特别加剧了生产力发展和市场缩小之间的矛盾，就必须会引起一个新的冲突的时期，即帝国主义国家之间的帝国主义战争、它们反对苏联的战争、反对帝国主义的民族解放战争和帝国主义者武装干涉的时期，也就是大规模阶级搏斗的时期。这个时期加剧了各种国际矛盾……加剧了资本主义国家内部的矛盾……促进了殖民地运动……从而必然会通过资本主义稳定本身的矛盾的更加发展而使资本主义稳定进一步瓦解，使得资本主义总危机急剧尖锐化。

……于是一个大规模军事冲突和武装干涉苏联的新时期便成熟了，于是对中国的武装干涉便全面发动了。可见，资本主义稳定本身矛盾的发展，归根到底，必然会使得目前的'稳定'时期变为巨大的灾难时期。"[①]

我们曾经有过这样的时刻，某些同志倾向于把个别的大罢工或示威游行看做是超越于第三个时期范围的事件。在第十次全会上就曾提出过这样的问题：是否应当把世界革命运动划为"第四级"？这样提出问题

[①] 《共产国际文件汇编》三联书店1965年第3册第3、5页。——编者注

的同志们不了解第三时期的真正的革命性质。我们要坚决反对在时期上玩弄字句,用空洞而不说明任何问题、不能回答真正国际的和阶级变动的公式,来代替对事件的革命评价。把资本主义稳定的结束看做是某种独特的没有革命和战争的时期,就是把这一时期描绘为在工人阶级处于毫无进取精神状态下的普遍腐朽的时期。这就等于说把垄断资本主义的命运描绘成同古希腊或罗马的命运一样——社会政治制度可以不经过推动这一制度走向灭亡的阶级的积极行动而解体。

可是,如果我们不能事先预见到资本主义稳定的结束转变为革命和战争的日期,确定这一转变时间的长短,那我们也就不能事先肯定地认为资本主义瓦解的这一时期将是很长的。关于这个问题工人阶级首先有发言权。

关于资本主义稳定的结束的问题所以具有很大的意义,还因为它决定着关于资本主义总危机新阶段的问题。我们在提纲中有关这个问题所提出的新内容,就是世界资本主义总危机正在接近一个发展的新阶段。资本主义总危机的这个新阶段是什么,它包括哪些内容呢?这就是新一轮战争和革命。而为了理解资本主义总危机这一新阶段的内容,我们就应当具体阐明资本主义稳定的结束的社会政治后果是什么。

2. 资本主义各种矛盾的发展

世界资本主义的经济从来没有协调地统一过。就是世界大战前世界资本主义经济的那种相对的统一,也被俄国的无产阶级革命所打破,世界经济被分成为两个完全不同的世界。苏联社会主义经济的出现是世界资本主义总危机的最主要原因。当前的经济危机在世界资本主义经济阵营中又造成了进一步的破坏。它把这一经济分成了许多单个民族—国家的经济。

在第十一次和第十二次全会之间的时期，世界经济分裂为不同部分的过程达到了很大的规模。某种"经济民族主义"的浪潮席卷了整个的资本主义世界（关税保护主义的发展、禁止外汇出口、关税战、限额、特惠等）。经济自给自足的趋向到处都以疯狂的速度在发展。资本主义世界就像死亡之城一样，在那里每个人首先要靠自己和牺牲自己的亲人而得救。这就是那个民族主义浪潮的经济基础，第十二次全会的提纲指出它的发展，它是同法西斯主义的发展紧密相联系的。这就是资本主义稳定的结束的一个表现。它把资本主义的总危机提到了一个新的阶段。

但是，民族主义情绪的抬头不仅滋育着法西斯主义，它们在资本主义世界中还造成战争的狂热。资本主义世界现在比在1914年前夜更像个火药库。只不过这个火药库的地下导线转移了。除欧洲旧有的矛盾以外，又加上了太平洋地区的矛盾。资本主义稳定的结束的太平洋时代不仅指的是反对中国的战争、反对苏联的战争威胁，而且也指的是日本和美国之间冲突的成熟。华盛顿的五国协定已经瓦解；包括欧洲地中海和大西洋冲突在内的世界性冲突的太平洋时代，预示着一次空前规模的、可怕的世界战争，这次战争将燃遍地球的各个大陆。

可是这一日益成熟的世界战争，是同各殖民地的运动，同充满了社会冲突的资本主义各国内部矛盾的炽热化纠结在一起的。

资本主义的所有矛盾在不断扩大的基础上重现着。如果说第一轮革命和战争主要带有欧洲的性质，而第二轮则将把劳动人民引向世界性的冲突，不仅具有欧洲的意义。像波兰和德国之间由于但泽走廊问题引起的关系尖锐化，中国的战争、日本和美国之间以武力相威胁，最后，从东方和西方进攻苏联的计划的公开出笼——这就是同资本主义稳定的结束相联系的那些新因素。

除去德国和波兰以外，中国和日本现在正在成为世界革命运动的焦点，整个国际无产阶级的视线都注视着它们，这难道是偶然的吗？这就是巴尔干化的欧洲和太平洋地区各种矛盾焦点的政治总结。

德国——这是一个拥有最强大的群众性共产党的国家，一个在所有先进资本主义国家中最接近于无产阶级革命的国家。德国革命——这是整个中欧和东欧的革命，这是一只反对其余资本主义世界的革命铁拳，这是无产阶级专政的国家对整个其余资本主义世界的决定性的优势。德国——这是整个凡尔赛体系中的主要环节，它的经济体系的基础在各资本主义大国中受到了最严重的破坏，在这些国家中，它内部的阶级斗争最为尖锐，它是欧洲的一个大伤口（继苏联之后，德国问题是令资本主义世界最感头痛的问题），这是一个先进资本主义国家反对帝国主义奴役的斗争。

波兰——这是工农运动具有战斗的革命传统的国家，是通往德国无产阶级革命的桥梁。波兰——这是包围苏联的一个前哨；是世界帝国主义，首先是法国在准备反对世界上第一个工人国家的战争的突击队；是整个东欧反动势力和法西斯主义的宪兵。波兰——这是一个其法西斯主义处于崩溃状态的走下坡路的国家。

除去这两个国家外，中国在破坏资本主义的稳定中也起着非常重要的作用，它是各资本主义列强在太平洋地区矛盾的枢纽；它推动了日本和美国的所有对抗性冲突；它以自己的革命唤醒了印度支那、印度和菲律宾、马来群岛各国和世界帝国主义整个殖民地体系的人民；它通过蒙古从东方和苏联联结起来。中国有着广阔的苏区和一支坚不可摧的红军。

同志们，大家都记得，从第十一次全会召开时起，国民党对苏区发动了三次进攻（一共是四次了），所有这三次进攻都被战无不胜的红军粉碎了。这不仅对于中国，而且一般地对于各殖民地国家的人民来说，都是一次实行苏维埃制度的历史性的考验。在这一斗争中，千百万群众

"武装保卫"了中国的苏维埃政权。从第十一次全会以来,中国的民族革命运动由于日本的入侵而达到了空前的高涨,远远地超过了我们所见到1925—1927年运动的规模。这一抗日运动是真正全体劳动人民的运动。

难道这些事实不是和生产的下降等同样表明了资本主义稳定的结束吗?

最后还有日本这样一个国家,它不仅以日元的贬值,而且还以战争,以自己在远东的侵略政策破坏了资本主义的稳定,这一政策的实质就是企图称霸整个亚洲并依靠自己的舰队而统治亚洲的太平洋水域。与军事法西斯反动势力猖狂地推行战争政策的同时,在日本愈益发展着的革命的危机,也是破坏资本主义稳定的因素。

3. 阶级斗争尖锐化和法西斯主义的发展

第二①,资本主义稳定的结束意味着阶级斗争尖锐化和法西斯主义的发展。正如我们在提纲和决议中通常指出的那样,这里没有什么新的东西了。可是在这个新阶段上,各资本主义国家法西斯化的程度,是和以前不同的。德国所发生的事,如果不由战斗的革命发动或无产阶级革命加以遏止和消灭,它们就会成为各资本主义国家效法的榜样。如果我们认真地谈论资本主义稳定的结束,那我们还应当说,所谓资产阶级民主的纪元已经进入了尖锐的危机阶段和政治上的垂死时期。资产阶级民主制危机的发展将由两个因素来决定:革命高潮的增长和法西斯主义的发展。

直到目前为止我们都是说,资产阶级借助于它的两翼——社会民主

---

① 原文如此,应为"第一"。——编者注

党和法西斯主义来管理国家。资本主义稳定时期的特征，是资产阶级大多利用社会民主党作为自己的主要工具（同盟、社会民主党政府）。资本主义稳定的结束加大了法西斯主义在资本对国家管理体系中的比重。如果说社会民主党由于它过去的功劳已经变成了资产阶级门下的食客，那还为时过早，可是同时也绝不能认为，资本主义稳定的结束的事实，对于社会民主党在资本主义国家体系中的地位并没有任何改变。

其次，特别是在资本主义稳定的结束的时期，绝不能把法西斯主义看做是反动势力单方面的发展过程。如果没有作战的对象，如果在当前的形势下没有战争的因素，人们就不会成立党。如果认为法西斯主义将在无产阶级阵营中的稳定状态下，在无产阶级尚未觉醒的状态下发展起来，那是非常可笑的。这对于一个国家和对于整个国际来说都是对的。第一，正如库西宁同志所正确指出的，法西斯主义本身既然是资本主义腐朽的产物，就必然要瓦解。甚至在德国法西斯主义向上发展的时期，我们就已经看到了它衰落的征兆。第二，资本主义稳定的结束的特点是那些还在资本主义稳定时期就已建立起来的法西斯专政（南斯拉夫、波兰、意大利），现在也都处在群众革命高涨的打击之下。因此，在资本主义总危机新阶段的条件下，只看到法西斯主义的向上发展是错误的。这里也有走回头路的问题，这是由革命高涨和革命危机发展的因素所促成的。

我们的提纲认为，当前形势的特点，是各种对抗力量之间的斗争，这一斗争在有些地方表现得非常尖锐，在有些地方则停止不前。这种对抗力量之间的斗争是在当前变化多端的形势下所聚积起来的革命因素和反革命因素成熟的标志。马克思曾经有充分根据地指出：革命的党使所有的党结合在一起。

作为一个政党，法西斯主义也像当前的整个形势一样变化无常。既然它是资本主义腐朽的产物，它甚至在发展的顶点时刻也带有腐朽的特征。因此，如果说粉碎社会民主党需要多年的时间，那么，在资本主义稳定的结束的形势下，击溃法西斯主义所需要的时间就肯定比较短。

可是，法西斯主义绝不会自行跨台，如果你不打它，它是不会倒的。就像列宁所正确说过的那样，任何一个阶级，任何一种制度，你不推它，它就不倒。

我们在第十一次全会上曾反对过对法西斯主义的估计不足（这是德国海曼同志提出来的一种普遍攻击论，这一理论认为我们已经堵塞了法西斯主义的道路，说法西斯主义是资本主义的一种防护器，法西斯主义不过是一种腐朽的产物）。同志们，可是目前在资本主义稳定的结束的时刻，又出现了另一种危险，这就是对法西斯主义作为资本主义腐朽的成分估计不足，把法西斯专政说成是巩固资产阶级阶级统治的一种因素。我们在这里已经正确地指出过，绝不能把资本主义稳定的结束时期的法西斯主义同开始发展阶段的法西斯主义相提并论。现在谁能肯定地说，希特勒的内阁总理政府能使德国的资本主义走出死胡同和返回资本主义的稳定呢？因此，聪明而谨慎的德国资产阶级暂时还没有让希特勒上台，因为他们害怕这样会有损于自己的这一后备队的名声，因为他们担心希特勒分子会把德国国内的形势弄得更加混乱，为他们制造非常紧张的国际形势，从而加快德国革命危机的成熟。

绝不能忘记，德国不是半农业国的意大利或波兰。德国是一个拥有众多无产阶级的国家，一个对1918年的无产阶级革命（即使它遭到了失败）记忆犹新的国家，一个拥有强大共产党的国家，一个拥有自己阶级组织的传统和多年阶级斗争历史的无产阶级的国家。巴本-施莱歇政府企图给这些群众戴上法西斯的笼口，把他们捆在法西斯的"卐"架上，是绝对办不到的。

第三，绝不能忘记，希特勒在德国的上台，将造成一个不同于墨索里尼或皮尔苏茨基上台的国际形势。这就意味着围绕着凡尔赛问题矛盾的新的尖锐化，欧洲形势的空前紧张，革命危机在欧洲中部的加快成熟。

不仅对于德国是这样。在资本主义稳定的结束条件下的法西斯主义，是国际冒险和尖锐武装冲突的根源。请大家想一想，如果德国变成了法西斯国家，那么，欧洲在国际关系方面会是一个什么情况呢？这就是剑拔弩张，这就是军事冲突。这哪里还会有一点资本主义稳定的太平景象呢。而这也绝不是偶然的。

在资本主义稳定的结束时期的法西斯主义中，资本主义进一步瓦解的特点将愈益突出，然而这并不意味着恐怖专政的成分不再发展。我们在第十二次全会上应当说出在第十一次全会上没有说出的这一点。可是这种情况使资产阶级在群众面前不得不玩弄法西斯主义的花招。我们在芬兰和德国都看到资产阶级建立了法西斯专政的制度，但是它们对这一点故意加以掩盖，说什么拉普阿匪帮和希特勒匪帮暂时还是资产阶级用来以恐怖手段镇压群众，使群众接受现阶段法西斯专政的后备工具。

资产阶级对群众说：我们的制度还不是法西斯专政的制度，可是如果你们不接受这个制度的话，我们就要让位给希特勒。

这种以德国为样板带有后备队的法西斯专政是什么样子呢？当然，我们们不能把冯·巴本-施莱歇政府同布吕宁政府相提并论，可是巴本-施莱歇政府还不是一个最终完成了的法西斯专政。而且在当前资本主义稳定的结束变化多端的条件下，一般地说是否有可能出现那种意大利式的最终完成了的，可以说，稳定的法西斯专政呢？另一方面，虽然意大利的法西斯主义在上台以后还暂时允许工人报刊（《前进报》）和工人组织——工会的存在，允许共产党的半合法存在，但它并没有因此而不再是法西斯专政。虽然它在上台以后过了几个月才对工人运动实行镇压，可是在它上台后的头几个月，它也仍然是法西斯专政。

我们认为，在德国已经有法西斯专政，不过希特勒匪徒是否能上台，巴本-施莱歇政府是否能维持一个更为长久的时期，都取决于德国的一系列国内条件和国际条件，首先取决于工人阶级的积极作用，取决于共产党是否能够扩大反法西斯的统一战线和用自己的口号把德国无产阶级的最广大群众团结起来。如果我们使全会的工作陷入烦琐的争论之中，而不去分析德国无产阶级的现状，以及由于第十一次全会召开以来德国法西斯主义的迅速成长德国无产阶级所面临的各项任务，那就不对了。

4. 社会改革时期的结束

资本主义稳定的结束的第三个因素，这就是社会改革时期的结束，工人贵族地位的动摇，在农民、城市小资产阶级大规模破产的条件下工人阶级生活水平的新的下降，换句话说，也就是最广大劳动群众的大规模无产阶级化。我们不能撇开社会政治后果（它们是由各种经济变动所引起的）而把资本主义总危机的新阶段想象为世界经济的纯经济过程，否则我们就不能理解阶级斗争尖锐化的辩证法，不能理解法西斯主义，也不能理解群众的革命高涨。

这是了解无产阶级革命的关键。这是了解为什么共产党人现在比以往任何时候都应当更加注意群众的切身需要，发动群众为实现最低限度的经济要求而斗争。正是在目前，社会民主党和改良主义者们迎合着资产阶级思想的需要，实际上正为资本主义进行辩解。他们企图证明资本主义无力进行新的改革，改善工人阶级的状况，不得不在世界危机的影响下来降低工人的工资；我们共产党人则应当与此针锋相对地提出自己争取实现工人阶级局部性要求的战斗的路线。我们应当更加有力地揭露社会民主党在激进言词的掩盖下，实际上在涣散工人的斗志，制造消极情绪和鼓吹投降主义。只有群众的经济需要，才是使革命高涨转变为革命危机的基础。

只有疯子才会认为，具有为争取自己的生活水平斗争了几十年经验和组织传统的新世界或欧洲的工人阶级，会使自己顺从地变成无权的奴隶，会满足于资本主义初期工人的物质生活水平。现在在工人中间还存在着可能返回到资本主义稳定正常时期的幻想。他们把当前的状况看做是一种临时的状况。在有些地方的失业者中间，最落后的一部分人竟然相信战争或传奇般的第三帝国会给他们带来工作。但是资本主义稳定的结束使他们睁开了眼睛。爆发大规模战斗的前景不是由我们共产党人臆造出来的，它是今天的现实存在，而明天，它将把资本主义世界推入深渊之中。

我们应当号召各国共产党人，在这次全会上对那些把社会改革时期的结束同为实现工人阶级局部性要求斗争的结束混为一谈的理论进行无情的斗争。社会改革时期的结束意味着资产阶级再也不能使资本主义恢复元气和生机，使它为群众更容易地接受；但是它绝不意味着工人阶级已经不能再为实现自己的局部性要求而进行顺利的斗争，而这些局部的战斗只不过是一种革命锻炼而已。在资本主义稳定的结束的条件下，局部性战斗的革命意义极大地增长了。现在，每一次这样的战斗，都在资本主义的体系中打开一个缺口。这就是当前的局部性战斗同过去社会民主党为恢复资本主义元气和生机而进行的"社会改革"的斗争的不同之处。现在为实现局部性要求而开展的每一次运动，都使劳动人民遇到资本主义存在的基础问题，因而本身包含着巨大的革命的可能性。现在每一次规模最小的罢工，最平常的局部性运动，都可能发展成为大规模的具有全国意义的革命事件。谁要是看不到当前局部性战斗的这个革命方面，谁就要滑到社会民主党战前在"社会改革"问题上的立场上去。

5. 苏联的作用

下面第四个因素是苏联在资本主义稳定的结束到来中的作用。稳定的结束不仅在于资本主义自身的相对稳定走向了下坡路，而且还在于苏联从它的恢复时期不断地向上发展。这两条截然相反的发展路线加深了两个不可调和的对立的世界体系之间的鸿沟，使它们之间的矛盾更加尖锐化，而且还更有力、更明确地提出了国际舞台上的"谁战胜谁"的问题。

6. 革命的高潮

最后是革命的高潮。大家知道，资本主义的稳定是在以下三个主要因素的基础上发展的：在经济方面——使世界经济恢复到战前的水平（通货的稳定、资本主义的合理化、农业剪刀差的一定缩小）；在国际方面——帝国主义者在剥削德国（道威斯计划）、中国、各殖民地方面的勾结和在对苏联关系方面的"稳定"；在政治方面——中欧各国资产阶级对革命运动的暂时的镇压和世界资产阶级打退世界无产阶级战后进攻的第一个浪潮。我们所以要特别强调这后一个因素，因为这是一个主观方面的因素。资本主义稳定的被破坏不仅是各种客观因素作用的结果：世界经济危机（法西斯主义的发展和战争）和国际舞台上力量对比关系的被破坏，而且也是每一个资本主义国家内部阶级斗争的结果，这些斗争以各国人民反对帝国主义压迫的革命运动为形式在国际舞台上持续不断地进行着。

近三年来世界经济的发展不仅使得阶级矛盾尖锐化，而且阶级斗争的扩大实际上也成为世界经济危机尖锐化和深刻化的最重要因素。只要回忆一下英国舰队上发生的运动在英镑贬值中起了怎样的作用就足够了。这样的事件还有像4亿人口的中国革命运动的高涨，这一运动导致在中国七分之一土地上建立了苏维埃政权，冲破了国民党恐怖活动的壁障而兴起了大规模的反日运动；近一年来印度革命运动的高涨表现为从不合作运动开始向起义的转变；还有在欧洲的中心——德国，共产党得到了550万张选票；西班牙的革命战斗，波兰、捷克斯洛伐克、美国的罢工浪潮，法国纺织工人和矿工的罢工、比利时矿工的罢工，以及现在正在进行中的兰开夏郡罢工，在资本主义稳定的结束和所有它的经济后果和政治后果的尖锐化方面，都曾经起了，而且现在还在起着巨大的作用。

在当前资本主义世界充满火药气味的形势下，由于法国最近在东部边境举行空中演习而发生的几次事件说明了什么呢？

在许多实行血腥的白色恐怖专政的资本主义国家（像保加利亚）中，革命农民同革命工人运动的结合，使我们的共产党在农民中的影响极大地增长了，这一点对于不断发展的世界革命高潮来说也是很有意义的。

今天还未必可以说，在共产国际执行委员会第十一次和第十二次全会之间，革命的高潮已经发展到了一个新阶段，但是，无可怀疑，正如库西宁同志所正确指出的，从第十一次全会召开时起，世界革命运动不仅没有向后退，而且还向前发展了。对于提纲的第一点也不能作这样的解释，说既然在德国革命危机成熟的道路上还出现了某些新的困难，那就意味着世界革命的高潮，就像俄国山坡上的雪橇一样，是要一直滑下去的。资本主义稳定的结束只是加深了世界工人运动的规模不大和客观形势之间的不相称。而这种不相称削弱了下述事实的意义，即我们的共产党（除了美国和法国以外）几乎在一切地方，在数量上都发展了，扩大了自己的影响。不过各国共产党影响的发展和扩大，是处在同客观可能性的极其不相适应的状态中的。

可是，资本主义稳定的结束对革命高潮的发展有什么影响呢？毫无疑问，最近它使革命的高潮发展到了一个新阶段，这时在那些目前处于革命高潮一般阶段的国家中，这一高潮将要转变为革命的危机；而在那些革命危机的因素正在成熟的国家中，这一高潮将要发展成革命的情势。例如，我们在日本就看到了这一过程的最初征兆，在那里除了法西斯主义和战争的因素外，革命危机的因素也正在成熟起来。

以两个阶级为代表，像奥尔穆兹德和阿里曼①一样的两个对立物，守护在资本主义总危机的两个对立的出口并互相进行着斗争，其中的一方是战争和法西斯主义，另一方就是革命。劳动群众是否被注定在他们走向无产阶级革命以前再经历一次法西斯主义和战争的发展呢，这首先就取决于共产党，当前在世界上没有另外一种力量能够动员劳动人民，把他们团结在自己的战斗口号的周围，使他们加入阶级的革命组织和进行战斗，以便粉碎法西斯主义和推翻资本主义。

从理论上来说，我们并不能排除事件的这样一种发展，就是在某些资本主义国家中，法西斯主义和战争走到了无产阶级革命的前面，在另一些国家中则与革命同时发生。不过我们要坚决反对在某些共产党内所流行的那种宿命论的观点，即对于历史事件这一发展方向的必然性事先采取的容忍态度。这种宿命论的观点就是，由战争和法西斯主义代替我们进行准备无产阶级革命的这一历史性工作，由它们破坏社会民主党（它是无产阶级革命道路上的重要障碍）的影响，而我们暂时则无须参加经济的战斗（甘冒从企业中被排挤出去的危险），也无须去反对法西斯主义的上台，因为这一阶段是资本主义发展中的必然，而且法西斯主

---

① 奥尔穆兹德为古波斯宗教中的光明万善之神；阿里曼为古波斯宗教中的罪恶之神。——译者注

义上台越快，它也就越快地走向灭亡和破产，最后，受法西斯主义影响的群众也会自然地转到我们方面来。

这种宿命论观点的第二个特征就是强调自发性。在当前资本主义稳定的结束的条件下，对于我们来说它是一个最严重的威胁。它涣散工人阶级的意志，制造尾巴主义和消极等待的思想。它麻痹工人群众的警惕性，在鼓吹执行"危害较轻"的政策的同时，为法西斯主义的突然上台创造条件。这是一种极右的、机会主义的思想，一种鼓吹投降、无所作为、胆小怕事和惊慌失措的思想。如果说我们在德国看不到罢工，如果说我们在那里反对法西斯主义的斗争落后于法西斯主义的发展速度，除了社会民主党所进行的腐蚀工作以外，那就是这种情绪了。如果说德国共产党在7月20日没有足够迅速地对巴本政府的"政变"作出反应，如果说它的行动像一只笨重不灵的汽车不适应事变的战斗速度的话，在这里也要看到这种情绪的影响。可是，同志们，如果我在这里声明说：共产国际完全支持德国共产党的领导，因为它面临着极其重大的任务和不得不在非常艰苦的条件下开展工作，这是反映了全会的意见的（鼓掌）。共产国际在过去和今后一贯反对某些人的破坏性活动，因为他们企图把纷争带到党的积极分子中去，而不是全力以赴协助党的领导去完成德国共产党所面临的极其重要的任务。

可是，同志们，全会正在期待对这样一个问题的回答，这就是为什么按地位来说，除了联共（布）以外在共产国际占第二位的德国的党，竟如此少地发动经济罢工呢？在西班牙、波兰、捷克斯洛伐克经济罢工都很多，可是在德国却很少。这个问题在目前资本主义稳定的结束的时刻就显得尤其尖锐了。

首先必须指出的是在德国有一系列为其他国家开展罢工斗争中所没有的特殊的困难。第二，必须记住，最近一个时期德国无产阶级越来越多地采用了一些政治罢工的方式。第三，德国的工人群众还利用了其他的斗争手段,特别是在反对法西斯主义方面的街头斗争。可是所有这些还不能完全说明这个问题。有人说,德国的罢工由于国家面临的艰难的外部形势而受到阻碍。在社会民主党的宣传下,工人阶级还相信:它应当把在帝国主义战争中遭到了失败的资本主义的德国从世界帝国主义(首先是法国)的沉重压力下解救出来。凡尔赛促进着对国家统一和利益一致性的宣传,它不仅制造着革命危机的因素,而且也为这些因素的成熟制造着额外的困难。其次,人们说,在罢工斗争开展的道路上有一个强有力的社会民主党和改良主义工会,有人说,还存在着这样的幻想,即国家不受到破坏性的阶级斗争的震动,是有可能返回到资本主义稳定中去的。有人说,业主们采取的恐怖手段日益猖獗,使得工人随时有可能被抛出企业之外,这一点在德国要比在其他国家起着更大的作用。所有这些都是对的。可是我们应当像革命的政治家那样,不仅看到这些困难,而且还要了解进行经济战斗的新的广泛可能性,这种可能性是随着资本主义稳定的结束而出现,并且在今后还要出现的。在社会改革方面,资本主义已经无所作为,资本主义国家不断地摆脱它对劳动人民所承担的社会义务,愈益公开地变成政治镇压机关的事实;金融资本及其所有的分支机构同国家机关之间所形成的非同寻常的相互依赖和交织一起的事实,当然都为罢工斗争的开展造成一系列的障碍。垄断资本主义在其总危机时期的所有这些特点还在资本主义稳定的内部就已经成熟,而现在在资本主义稳定的结束的时期,又有了新的进一步的发展。社会民主党对群众说:资产阶级宣布了自己的破产,它再也不能提高工资,不能支付社会保险了,它的国家也不能执行任何正式的职能了。既然如此,经济的斗争,为实现经济要求的斗争都是没有作用的了,因为这种斗争取得胜利的机会越来越少。一些参加战斗的无产阶级队伍在垄断资本面前由于力量太小而被击溃。社会民主党说:应当投降,而"左"、右倾机会主义者又补充说:应当等待更大的决定性的战斗。那种关于在经济危机时期没有罢工可能性的理论，今天已经变成了在资本主义稳定的结束时期不能开展局部斗争的理论。可是如果没有经济的战斗，争取无产阶级专政的决定性战斗的条件也就不会成熟；如果局部性的政治战斗为庞大的资产阶级国家机构所粉碎，那里就只剩下战争和法西斯主义这一对同盟者了。

我们的最重要任务就是要克服对于无产阶级革命事业的这种危险的情绪。如果无产阶级放弃了罢工这样一种斗争手段，在当前资本进攻的面前它就会完全被解除武装，而使资本在对劳动群众生活水平的进攻方面可以为所欲为。有人说，战斗是艰巨的，可是为什么我们的波兰同志和西班牙同志在具有那样小的共产党和较弱的、较"穷"的资本主义国家中，就能够进行顺利的战斗，往往不仅能阻止工资的降低，而且还使它提高呢？

假如说，确实存在着一系列特殊的困难，妨碍罢工斗争的开展，那么党的任务就是要利用其他的斗争形式，来引导工人群众进行经济的和政治的群众性战斗。在这些战斗中，无产阶级将要学会采用强有力的手段，迫使自己的敌人实行退却，直至采取最强制的手段——无产阶级革命。

应当特别强调的是，在资本主义稳定的结束条件下的经济战斗，会比以前更快地转变成为政治的战斗，而经济罢工则和政治罢工最紧密地交织在一起。最近，我们不得不在某种程度上重新提出关于群众性政治罢工的问题。无产阶级根据自己的斗争经验深信，没有这种同时进行的集中的打击，是不能摧毁阶级敌人的反抗的。这种斗争的方法正开始为群众所接受。正因为如此，社会民主党考虑到工人的情绪，现在也在玩弄着总罢工的口号。我们必须善于通过社会民主党的这种欺骗手段来看清群众的要求，否则我们就会使群众在社会民主党的卑鄙的蛊惑宣传面前大上其当。

我们应当从社会民主党手中夺回这一武器，向广大的工人群众提出关于准备和进行群众政治罢工的问题，根据经验来表明社会民主党实际上是在用自己的冠冕堂皇的口号在欺骗工人。我们应当牢记，在资本主义稳定的结束的条件下，群众性的政治罢工是工人阶级斗争武库中的一件最重要和最有效用的武器。共产党人在提出群众政治罢工的口号时，应当考虑到进行这一罢工的具体条件，以便使群众罢工的口号不致脱离实际，像在一些共产党的实际工作中不止一次出现的那样。可是我们提出关于无产阶级专政，关于群众政治罢工的问题，是否意味着我们会轻视我们在巩固同群众联系方面的日常工作呢？要知道这种日常的工作正是防止使我们争取无产阶级专政，争取准备和组织群众性政治罢工的斗争不变为空洞之物，变成没有具体内容的革命词句的唯一正确的途径。

整个全会非常注意地听取了库西宁同志报告中强调的关于建立共产党同群众联系的任务具有极大重要性的那一部分。我们每一个在座的人都感到，这一点现在对于大多数共产党来说都是没有做到的，然而，这是在捍卫群众直接要求的基础上，通过经济战斗和政治战斗，引导群众去为争取无产阶级专政而进行决定性战斗的关键问题。

如果没有工人阶级的团结一致，如果不善于抓住工人阶级的需要，提出代表他们基本要求的具体明确的口号，那也就谈不上什么革命的高涨。从法国同志们在自己的代表大会上所写的关于革命高涨的非常激进的提纲中可以看出，在法国，我们同群众联系的工作也进展不大。库西宁同志报告中的这一部分的意义，就在于他痛斥了那些时而出现并掩盖着我们群众工作落后状态的右的和"左"的空谈，痛斥了对自发性的崇拜，由于崇拜自发性而使得我们某些支部极力回避动员和组织群众的困难任务。对于任何其他的工作我们都没有像关于群众的问题写得这样多，可是我们在群众工作方面的落后状态至今没有被克服。

共产国际第三次代表大会就已经对各国共产党人提出了争取群众的

任务。我们在这方面的极其落后的状态,使得共产国际执行委员会在资本主义稳定的结束的时刻,不得不要求共产国际各支部注意前三次代表大会的决议,因为这些决议对当时业已成立的各国共产党提出了争取群众的任务。但是,同志们,这是否意味着我们一般地把各个支部当前的政治情况同第一、第二或第三次代表大会时期的政治情况混为一谈了呢?这是否意味着在我们关于资本主义稳定的结束的提纲中所提出的争取群众的任务之间存在着某种脱节,在这里,世界革命运动的广阔前景消失了,代替它的只是眼前所需要的政策呢?谁要是认为我们提出关于争取群众、动员群众、组织群众,使群众对于争取无产阶级专政的决定性斗争进行战斗准备的问题以此而取消了关于革命前景的问题,那他就大错特错了。要知道,除了六次代表大会和十一次全会所通过的无数个决议外,我们还有三次代表大会的决议没有实现,关于这一点我们有责任告诉共产国际的所有支部。

可是,难道说对于现在资本主义稳定的结束情况的分析,不是在当前阶级力量对比下为共产主义运动指出了最大的革命前景吗?正是这个前景决定着在我们所面临的时期中,关于无产阶级专政问题的新提法。我们对无产阶级专政口号的宣传和鼓励应当进一步变成广大群众的行动口号,这些群众通过自己的日常要求来为建立无产阶级专政而斗争。纯粹的为宣传而宣传的成分应当加以减少。我们对待过渡时期的口号也应有所不同。今天我们几乎在任何地方都没有提出这些口号,可是事件的发展也许明天就在某一个资本主义国家中把这个问题提到共产党的议事日程上来。例如,像这样一些口号就具有现实的意义,如由工人阶级的战斗代表机构来没收食品和日用必需品的储备,以供贫困的失业群众的需要,或者是由工人占领关闭的企业,依靠工人的力量使它们开工,等等。在谈到初看起来最微不足道的群众的日常工作时,我们也应当预见到自发爆发群众运动的可能性。如果说,在资本主义局部稳定时期,我们看到过像抗议杀害萨柯和樊塞蒂的运动，像在维也纳七月的日子，像在几天之内就动摇了英国资本主义制度基础的英国总罢工，那么现在，当资本主义世界进入了资本主义稳定的结束的时期，那又要说什么呢？

同志们，请你们想一想，如果领导英国总罢工的不是背叛了的总理事会，而是真正群众性的布尔什维克式的党，那资本主义世界会是个什么样子了。如果可以说关于革命前景的脱节的话，那实际上也是我们同群众的薄弱联系所造成的在一些强有力的革命运动同它们所取得的微小成果之间的脱节。当我们想填平这个缺口时，人们对我们说，在我们这里看不到革命的前景，人们想用完全自发的方针来代替它们。同时，如果我们忽略了运动的革命自发性，那我们当然是一些很不好的革命者。很可能我们的一些支部不得不去争取对这些自发运动的领导，不过不是在我们所希望的那种组织状况和政治状况中，而是在历史所造成的组织状况和政治状况中去领导的。从理论上来说，也不排除有这样情况，即我们将要像在西班牙那样，在发生巨大革命爆发的时刻，去争取工人阶级的大多数。因为全会所写的是最近一年半——二年内有关资本主义稳定的结束的提纲，所以我们就应当预见到一切可能性，同时帮助共产国际的各支部去认识这些可能性。

7. 关于社会民主党

最后一个问题：资本主义稳定的结束对于社会民主党有着怎样的影响？社会民主党在新阶段发生了怎样的变化？

为了了解这些变化首先必须回答：直到目前为止，社会民主党的影响表现在什么地方。社会民主党所依靠的是工人贵族这个不大的阶层。这个阶层在它同资本主义国家相结合和资本主义稳定动摇的时期依靠排挤国家的、工会的、市政局的、合作社的官僚及更加广大阶层而得到了发展。资本主义稳定的结束破坏着工人贵族的经济基础。那些一心想捞到肥缺的法西斯匪帮,把社会法西斯官僚的各个阶层从他们坐惯了的位置上排挤出去。

社会民主党在经过了由战争和十月革命所引起的危机以后,作为一个资本主义稳定的政党而苟安、巩固下来。资本主义稳定的结束又把它的这一基础破坏了。它在1914年战争的后玩弄和平主义,在国际联盟的周围掀起阵阵的叫嚣,企图证明说,一个具有"民主基础"的资本主义是能够保障和平的。远东的战争,在波兰和德国之间的战争威胁,向苏联发动进攻的威胁——当前所出现的整个战前形势,把它所借以蒙骗害怕战争的群众的这一手段也破坏了。

它曾经维护民主制,法西斯主义连这一点也剥夺了。它依靠社会改革,可是资本主义把这一可能性也消灭了。它带有那些沾染了小市民习气的工人阶级落后阶层还保留着的害怕动荡的情绪,可是资本主义进入了大动荡的时期,并使千百万人,其中包括社会民主党都服从于自己。

这就是决定着社会民主党当前发生变化的那些原因。这些变化也像社会政治制度的全部进程一样,在国际范围内不能是纯粹机械的、同时发生的和同一类型的。在不同的国家,这些变化将随着危机的尖锐化、阶级斗争、法西斯主义的发展和群众激进的程度而采取不同的形式。但是,这些变化在基本上可以归结为以下的两个类型:(1)一部分社会民主党人以麦克唐纳、托马斯、斯诺登为榜样,公开地投入了资本主义和反动的阵营;(2)第二部分是在群众的压力下进行活动的,他们企图阻止群众去靠近共产主义(英国的独立派、赛德维茨—罗森菲尔德集团);具有部分左翼成分的社会民主党的主要核心企图再一次控制工人阶级的激进化过程,它们提出了一系列极为激进的和响亮的口号。当前,我们在最主要的资本主义国家中看到的就是这一种类型的社会民主党的花招。这是由资本主义稳定的结束所决定的社会民主党发展中的新特点。

这些花招表现为四个主要的方面：

第一种花招：在十年当中作为社会改良政党而出现的社会民主党今天宣布自己是社会主义的和实现工人运动最终目的的政党。这个社会主义当然是民主主义的，是不要无产阶级革命而通过在资本主义范围内实行"国有化纲领"而实现的。社会民主党企图通过这一花招给工人的思想造成混乱，正如在1918—1919年通过社会主义化的方案来欺骗工人一样。这就使我们共产党人必须特别明确地提出关于政权、关于无产阶级专政的问题。这是当前在反对社会民主党的斗争中我们应当抓住的一个主要环节。因此，我们在当前阶段的口号应当特别明确，在内容上绝对不能有丝毫的含糊。现在社会民主党在形式上已经接受了我们的许多战斗口号，而阉割掉了这些口号的革命内容，如工农政府（有的地方则是无产阶级专政）的口号等。毫无疑问，它也会利用像无产阶级民主制这样的口号。因此，我们关于无产阶级专政的旧的战斗口号，关于政权的口号在反对社会民主党围绕着社会主义而进行的蛊惑宣传的斗争中，应当提得特别明确。

第二种花招：社会民主党现在正在把自己打扮成资产阶级国家的反对派。韦尔斯声称，德国社会民主党在讨论了（请注意，并不是一时的冲动，只是讨论了）问题以后，确信资本主义已经过时，社会主义正在被提上日程，而王德威尔得解释说不再回到联合的政策上去。社会民主党利用这种蛊惑手段使得反对它的斗争更加复杂化，给群众造成社会法西斯主义已转到阶级政策上去的错觉。这就要求我们党不仅要宣传社会民主党领袖们的背叛行为，而且还要利用社会民主党工人在对待资产阶级国家关系上的反对派情绪（这种情绪会发展成为真正的行动），使群众在这一过程中，根据经验来认清社会民主党领袖们那种伪善的"反对派立场"的意义。

可是，这也可能对某些共产党人提出这样的问题，即由于以上原因，以及由于法西斯主义的发展，社会民主党是否已不再成为资产阶级的主要社会支柱了。同志们，如果我们为自己提出这样一个难以置信的论点，说我们粉碎了社会民主党，而法西斯主义更加发展了，那我们当然要重新审查我们的旧的关于社会民主党是资产阶级主要社会支柱的列宁主义论题了。可是，如果这种情况在德国出现了，那么在那里就没有法西斯主义，也没有资本主义了。如果在工人阶级内部没有社会民主党的影响，那世界上就会是另一个样子。

有人说，不能把意大利的社会民主党看做是资产阶级的主要社会支柱。那么，是谁使意大利的法西斯主义上台的呢？在德国它又是踩着谁的肩膀上去的呢？现在在各资本主义国家是谁在破坏群众对法西斯恐怖手段的战斗反击呢？成为主要的社会支柱——这就意味着阻挠唯一的革命阶级进行反对各种形式的资产阶级专政的斗争。

第二个问题：在资本主义稳定的结束的形势下，社会民主党的法西斯化过程是否被遏止住了？这一过程将继续进行下去，正像在社会民主党没有直接参与政府的国家中所进行的那样。立足于资本主义土壤上的党即使在资本主义稳定的结束的条件下，也不能不法西斯化。勃鲁姆先生没有参加联合，可是他在过去和现在都维护，而将来还要维护资本主义，在这一点上他干得比洛斯克不坏，而是更好、更聪明、更狡猾。社会民主党的法西斯化意味着它反对工人阶级的先进革命队伍——共产党，以及它对苏联仇恨的增长。谁能够说社会民主党反对无产阶级的革命政党，反对苏联的疯狂的仇恨性最近在资本主义稳定的结束的条件下有所减弱呢？

第三个花招，社会民主党现在在玩弄工人阶级统一的思想。广大群众当前面临着资本的疯狂进攻、反动势力和法西斯主义的增长、新战争的日益临近、新的世界战争的威胁，他们感到工人阶级的队伍必须统一,只有统一才能保证他们争取自身解放的斗争取得胜利。可以想见,社会民主党把群众的这一口号接过去,阉割了它的革命内容,使它变成为一个一般的关于分裂有害、偏执有害的……温情主义词藻。我们共产党人应当把这一群众运动的主动性掌握在自己手中,应当以事实证明我们热切地希望工人群众的阶级统一,证明社会民主党过去和现在在阶级敌人面前都是怎样从组织上和政治上来解除工人阶级的武装的,它在过去和现在又怎样不断地分裂无产阶级,以便帮助资产阶级对无产阶级实行进攻。我们应当根据经验向群众表明,只有共产党人才维护以阶级政策和群众斗争为基础的工人阶级的真正统一。

最后,第四种花招——社会民主党围绕着总罢工所进行的蛊惑活动,这个问题我们在前面已经谈到,这里就不再详细说了。

8. 结论

现在,我把以上所说的总结一下。作为第三个时期组成部分的资本主义稳定的结束,标志着向新的一轮战争和革命的过渡,这是资本主义总危机的新阶段在社会政治上的表现。资本主义稳定的结束表现在已经进行和成熟的新战争中,表现在各处反动势力和法西斯主义的发展、革命高潮的增长和在一系列资本主义国家革命危机的成熟中,也表现在资本主义世界同苏联这个世界无产阶级革命根据地的相互关系的变动中。由于资本主义稳定的结束的到来,对我们在有关法西斯主义,有关争取实现工人阶级的局部性要求、过渡性口号、群众的政治罢工,争取实现无产阶级专政和各国共产党对待社会民主党的任务等问题上的战略方针,必须作出一系列的补充。各国共产党要不失革命时机地贯彻执行开展大规模群众运动的方针,要集中全力去进行布尔什维克式的群众工作,作为争取工人阶级的大多数和为无产阶级专政进行顺利斗争的条件。

我们必须消除各国共产党在有利客观条件下的落后状态,绝不能指望于(庆幸地)资本主义比我们更加落后。当前的形势给了我们很多东西,也向我们提出了很多要求。我们不知道下一次全会具体将要在怎样的形势下召开,我们只知道形势对资产阶级来说是比今天更加紧张的。在这里出席会议的全体代表是否都了解了这一点呢?他们是否知道他们所代表的党正面临着怎样的任务呢?这些话请你们考虑,同志们!

埃尔科利(意大利):

为全会的召开所遵循的和提纲据以进行分析的基本思想,以及库西宁同志整个报告中所贯穿的思想都告诉我们,资本主义相对稳定的时期结束了。库西宁同志还补充说,这一评价赋予了我们以重大的责任。我们完全同意他的报告,同意曼努伊尔斯基同志的发言,他在发言中强调了这一形势,指出它对于整个共产国际都具有决定性的历史意义。如果我们同意这一点,那我们也就会同意:在全会上,大概也包括在会后,对这一原理的讨论必须深入地进行下去。

你们大概还记得第六次代表大会关于第三时期的提纲。曼努伊尔斯基同志刚才引用了提纲的这一点。在这一点的结尾部分谈道:

"这个时期……必然会通过资本主义稳定本身的矛盾的更加发展而使得资本主义稳定进一步瓦解,使得资本主义总危机急剧尖锐化。"①

在第六次代表大会上,这一论点对于我们是很清楚的。可是你们大家都记得,大会以后就围绕着这一论点展开了争论,共产国际内的右派和几乎共产国际所有各党的调和派都对它表示怀疑和否定。我所以要谈

---

① 《共产国际文件汇编》三联书店1965年第3册第3页。——编者注

到这一情况，是为了更有力地强调对于所有有关分析国际形势和由此而产生的任务的问题进行深入讨论的必要性。我所以要强调指出这一点，还因为我们都记得，正是在我们党内曾经为反对塞拉进行过有力的斗争，因为他就对第六次代表大会关于国际形势和第三个时期内容的分析价值和确切性表示怀疑。

所以还应当强调这一点，因为在某些同志当中还存在着第六次代表大会以后右倾分子和调和派分子所捍卫的那些机会主义观点的残余。

我们一致认为，必须否定以下的观点，即似乎在资本主义稳定的结束和革命危机的开始之间，隔着一个完整的发展时期。相反，我们应当再一次强调斯大林同志在1930年初所提出的一个论点，即在革命高涨和革命危机之间绝不能划出明确的界线，它们从一点到另一点的过渡，是在各不同国家不断的不平衡发展的过程中实现的。当前我们看到的正是向各阶级之间和各国家之间的一系列新的巨大而尖锐的冲突，向新的一次革命和战争的过渡。

必须在指出资本主义稳定的结束的同时，还要详细地研究每一个国家的情况，认真地确定由此对于我们的战略和策略产生了怎样的后果。关于我们各党落后于形势的问题，也应该再次直截了当地提出来。

群众运动的发展往往会出乎我们党的预料。这就表明了我们党还不了解它们在当前的任务是什么。这个任务就是要推动群众革命运动的发展，要通过准备和领导无产阶级日常的局部性的经济战斗和政治战斗，来为这一运动扫清道路。从另一方面来看，当运动使我们的党处于措手不及的地位时，我们党并不都懂得，正是在这样的形势下，特别需要我们党坚强有力地来实现自己对运动的领导作用。毋庸置疑，资本主义稳定时期的结束意味着在社会民主党的队伍内出现了危机，其主要内容就是群众的左倾化，群众开始脱离社会民主党的机构和领袖，摆脱社会民主党的思想意识和政策影响。我们应当怎样干预这个危机？怎样干预这一过程呢？这就是关于落后问题的另一个方面了，对于这一点是我们必须予以认真对待的。

至于谈到我们总的政治方针，应当强调，我们完全同意提纲的规定。我们绝不应当利用关于资本主义稳定的结束的提纲，去代替对这一形势的具体分析，去代替具体规定我们在争取工人群众和领导他们进行日常的经济和政治战斗方面的任务，去谈论关于"新时期"的废话。但同时我们也应当理解，由于群众运动的发展，我们正面临着新的任务。应当善于提出和实现这些新的任务，领导群众，同他们一起进行斗争，在开展日常斗争的过程中吸引他们参加决定性的战斗。由此可见，我们所要进行的斗争是在两条战线上的斗争：反对妨碍我们理解无产阶级先锋队在当前所面临的任务的机会主义这一主要危险；反对使我们孤立于群众之外的极左倾向。

资本主义稳定的结束的问题在意大利是怎样提出的呢？对于意大利来说，把相对稳定和法西斯主义混为一谈那是错误的。经济恢复和资产阶级领导力量改组的各种过程，是意大利相对稳定的内容，这一过程在法西斯主义取得政权以前就开始了。法西斯主义在某种程度上与其说是这些过程的原因，不如说是这些过程的结果。可是，如果说这样的等同是错误的，那么还是应当说，资本主义相对的和局部的稳定在我国基本上是法西斯主义所实现的，至少这说的就是第六次代表大会在提纲中作为相对稳定时期的一个特点而指出的资本进攻的发展和扩大，就是对工人阶级的残酷压迫，就是在共产国际中所谈到的使工人阶级生活水平的不断降低，就是以前作为一切经济恢复的前提和必要条件的那些因素，而这些决定性的因素都被法西斯主义全部实现了。结果甚至连资产阶级力量的重新改组这一相对稳定时期的特点，也只是在法西斯专政下才得了充分地实现。法西斯主义延长了资本主义稳定的道路。法西斯主义竭尽一切力量帮助了资本主义的稳定。法西斯主义在意大利实现了资本主义的相对稳定。

我们指出资本主义稳定的结束的这一情况，再一次尖锐地在我们党面前提出了有关法西斯专政，有关它多少相对地稳固和它瓦解、衰落的方式问题。

很多同志谈到法西斯主义，特别是意大利的法西斯主义，我们认为他们在这个问题上所发表的意见是极其错误的。这是由于他们在研究意大利法西斯主义时，通常都是利用资产阶级的或社会民主党的材料的结果，这些材料的作者们或者把意大利的法西斯主义和一般地把法西斯主义理想化，或者把法西斯主义的发展描绘成某种偶然的和荒谬的东西。某些同志满足于有关意大利法西斯主义的奇闻轶事，认为他们自己对法西斯主义的本质是一清二楚的，因此根据个别因素就得出了完全站不住脚的理论。

某些同志把意大利的法西斯主义说成是典型的法西斯主义。这种说法也很值得商榷。意大利法西斯主义开始发展要早于其他任何一个国家中这一类似过程的发展，但是这并不足以说明它是典型的。这个说法只有在下面的情况，即我们注意到法西斯主义在组织国家方面所达到的结果——建立完全撇开了政党集团的资产阶级的公开专政和建立非议会的制度时，才具有一定的意义。共产国际第六次代表大会在提纲中也作了这样的论述：

"意大利法西斯主义……近年来已经减轻了国内政治危机和经济危机的后果，它创立了法西斯制度的典型形式。"①

但是如果把在1927—1928年期间形成的这种类型的法西斯国家理想化，并由此得出结论说，只有在这一类型的国家形成后才会有法西斯

---

① 《共产国际文件汇编》三联书店1965年第3册第14页。——编者注

专政；而在这一类型的国家尚未形成或只是部分地形成时，都没有法西斯专政，这也是错误的。

在意大利还在法西斯国家的典型形式出现以前，我们就已经有了法西斯制度和法西斯专政。在我国，法西斯专政在1923年就出现了，当时墨索里尼领导了有天主教徒和民主派参加的各党所组成的联合政府。这个政府在议会中占了多数，可是绝不能把它看做是议会制的政府，它是法西斯专政。

在意大利，当我们党还处于合法地位的时候，当我们还能够利用议会讲坛在群众中进行宣传鼓动的时候（1925—1926年）就有了法西斯专政。再多说一点。如果我们提出关于前景的问题，难道我们能够排除意大利的法西斯主义在形势愈益尖锐和强大群众运动的压力下，在一定的时候可以在某种程度上作出一点倒退，给予这个或那个反对派集团以一定的组织自由，以阻挠工农群众采取革命的行动的可能性吗？我认为，我们绝对不能排除这样的前景。

我们在各个不同的时期都已经看到，法西斯主义本身以及社会民主党人具体地描绘出了这样的前景。在意大利的社会民主党内有一个由姓巴罗的议员所代表的流派。这个流派提出了这样一条原则：我们反对法西斯主义，我们要改变现行的制度，可是我们不能提出用暴力推翻这个制度的前景，因为要那样做，就同共产主义革命的前景一样了。对于社会民主党来说，唯一的前景和唯一的行动方式应当是同法西斯主义达成协议：只有这样，我们才能改变当前专政制度的性质。1929年，墨索里尼在议会上的一次演说中就公开地谈到了这个问题：他公开地向社会民主党人提出了条件。还在不久以前，他对社会民主党的某些领袖就迈出了试探性的步子，以弄清他们是否准备同现制度进行合作。非常清楚，达成这种协议的基础，只能是反对革命、反对共产主义的斗争，只能是利用新的工具来阻挠我们党的发展和革命浪潮的高涨。非常清楚，这个前景是同国内革命形势成熟的前景联系在一起的，而我所以提出这一点只是为了表明，即使是对"典型的"意大利的法西斯国家，也不能看做是停滞不变的，即使是最残暴的法西斯专政，在一定的时刻也会玩弄议会制和党派的。

如果从意大利法西斯主义是典型的法西斯主义的定义出发，在此基础上得出结论说，意大利法西斯主义的发展路线能够而且应当成为各国所遵循的典型路线，那就是一个更大的错误。这样一个概括性的结论是错误的。它会成为我们所犯的严重政治错误的根源，它会限制和完全麻痹我们在一些国家中（法西斯主义在这里已经成为或正在成为占优势的因素）识别形势发展的能力。这个错误也是把1922年意大利的形势同当前德国的形势进行错误类比的根源，而对于这样的类比，我们应当加以坚决地抛弃，以便用正确的马克思列宁主义对不同国家的形势进行准确分析的方法，去代替那种错误的表面化的和不足为信的类比。但这并不意味着对意大利形势的正确理解不能帮助人们去认识在其他国家中正在发生的事情。

托洛茨基在根据抽象的公式（它是以对意大利法西斯主义的发展及其上台作肯定解释为基础的）来评价德国的事件方面，打破了错误和偏颇的记录。把托洛茨基陶醉于自己对半平民的、半军事和王朝的政变——向罗马进军——的分析之中。在他看来，没有向罗马的进军，就不可能有法西斯的专政。你们看，这就是全部法西斯主义的智慧了。向罗马进军决定一切。当"向罗马进军"发生时，或者当托洛茨基预见到（根据他自己的公式）有发生向罗马进军的危险时，他就惊慌失措并且大喊大叫："一切都完了，现在我们完蛋了：在德国正发生着1922年在意大利所发生的事。现在红军应当去履行自己的职责了"，等等。

这样一个判断问题的方法，使人们想起了托洛茨基在1917—1919年和1923年关于革命按规定日期发生的旧的错误。这些错误的根源在很大程度上在于，托洛茨基认为各小资产阶层的运动在法西斯主义的发展中起着重要的和肯定的作用。他在这里重复着科斯特切娃和波兰右派的错误。各小资产阶级阶层、失去阶级性的阶层（他们构成了法西斯组织的基础）的运动，不能看做是独立的运动，不能看做是决定法西斯主义发展的一个因素。这个决定性因素是财政资本和工业资本，是资产阶级的领导层。从这个角度来看，意大利的例子有着非常重要的意义。意大利的法西斯主义运动在1920年末开始起着决定性的作用，这时财政资本的各主要阶层——工业家和大地主——正是把法西斯主义看做是帮助他们摧毁工农群众革命高潮的工具，实现大资产阶级、财政资本对广大劳动群众专政的工具。

在整个法西斯主义进一步发展的过程中，如果在某些时刻似乎平民成分和小资产阶级成分占了优势，那么这种情况只是形式上的、表面上的，只是戏剧效果上的和蛊惑性的。它的实质从来都是由大资产阶级政策的贯彻执行所决定的。在分析"向罗马进军"时，对这一事件的了解只能使我们回忆起在此以前对基层工人组织的破坏；换句话说，在黑衫党匪徒们根据墨索里尼和国王的命令出动以前，所有的决定性因素都已经具备了。从托洛茨基所采取的立场中首先看到的是他企图在各国进行的张慌失措、失败主义和挑衅性的宣传。第二个后果就是不能理解当今的政府及其前任布吕宁政府的法西斯主义性质，而这个政府，正如我们德国同志所说，早已是个实行法西斯专政的政府了。

托洛茨基走到何处去了呢？他的想法是：这些政府都是"独立于"社会的，用他自己的话说，这是"有产者的管家，这些管家把主人当马骑，把主人的脖子擦成青伤，并毫无顾及地用皮鞋去踢主人的脸"。对布吕宁和巴本政府的这种想法，在法西斯报刊上发展了。在兴登堡拒绝了希特勒的那一天，法西斯分子们在谈到巴本政府时说："它什么也不代表，它没有客观的基础。"

乌布利希同志在这里代表德国共产党所作的发言，很好地向我们指出了布吕宁政府，尤其是巴本政府的客观基础是什么。这个政府的纲领就是疯狂地实行大资产阶级专政，镇压群众运动，摧毁革命的运动和降低广大劳动群众的生活水平。当前的德国政府虽然还不是完善了的法西斯专政，但仍然是依靠资产阶级的主要阶层和重要武装力量的法西斯专政。

对于托洛茨基来说，事情则完全是另一个样子。他把现政府说成是一块软木，如果给它对称地挥上两把叉子，它就能架在叉子尖上。这样来形容政府（它实际上代表着并依靠着资产阶级的主要阶层），就意味着把叉子尖同国防军的数万把刺刀尖、法西斯突击队的数万把刺刀尖和数万名"钢盔队"员和法西斯队员混为一谈了，而这样的混淆就是在马克思列宁主义的叛徒嘴里也是从未听到过的。

为了不重犯类似的错误，正如乌布利希同志所说，必须特别强调指出1922年意大利的形势与当前德国的形势之间的区别，以便对形势有个正确的理解。

乌布利希同志在这方面谈到了两点。第一点是有关意大利法西斯主义产生的时期，即战后革命高涨结束的时期——资本主义相对稳定时期的前夜——同当前时期，即资本主义稳定的结束的时期、世界经济危机、革命高涨、社会主义在苏联的胜利和建设，以及帝国主义疯狂进行新战争准备的时期的区别。

乌布利希同志强调指出的第二点是关于群众运动进一步发展的路线问题。请允许我在这个问题上讲几句话，因为这个问题是同我们经常听到的一种说法紧密相关的，这就是说，似乎意大利的无产阶级并没有为阻止法西斯主义的上台而斗争。这个说法是不对的。谁要是熟悉1919—1922年意大利的历史，他就会知道意大利的无产阶级为阻止法西斯主义的上台而进行的局部性战斗和总的战斗的进程。我们记得发生过多次群众性的政治罢工,这些罢工并不局限于一个工厂,而是包括了城市和一批地区,一直发展到1922年8月的政治大罢工这一全国性的政治罢工,这个罢工是在"向罗马进军"的前两个月我们党所领导,并对它起了决定性影响的。这些事实就足够驳倒类似的说法了。可是应当指出,这些战斗发生在革命运动低落的背景下,而当前德国无产阶级的战斗则是在革命运动上升的情况下发生的。1922年8月的总罢工是最后一次,可以说,当意大利法西斯主义上台的时候,国内战争的决定性战斗已经过去了。现在,在德国当法西斯专政已经大大向前推进的时候,我们则处在国内战争的前夕,决定性的战斗还在前面。托洛茨基分子的全部失败主义的活动,实质上是同这样一个事实相联系的,即现在托洛茨基正在重复着1923年他指责布兰德勒所犯过的错误:他把革命的开始同其结束混为一谈了。

除了乌布利希同志所提到的这些方面以外,我还想再谈两点。第一,无论过去和现在资产阶级力量的重新配置和国家法西斯蜕变的过程在意大利和德国都是不同的。在向罗马进军的时刻,资产阶级力量的重新配置已经开始,并达到了相当的水平。法西斯主义本身就是这一重新配置的表现。但是,决定性的步骤是在向罗马进军以后作出的,决定性的重新配置也是在法西斯专政范围内进行的。在向罗马进军的时刻,国家机构在很大的程度上已经解体;在德国情况则不同。国家在决定性方面的法西斯化在意大利是向罗马进军以后发生的。曼努伊尔斯基在共产国际执行委员会第十一次全会上的报告中已经强调了这一差别,即在德国发生的事同在意大利发生的事是相反的。德国法西斯化的过程是在两年前开始的。布吕宁政府被正当地说成是实行法西斯专政的政府,而现政府虽然还不能被看成是完善的法西斯专政,但终究是在加快推行法西斯专政的。在资产阶级力量重新配置过程中的这一差别,是德国和意大利形势的发展和前途中存在差别的一个主要原因。这也就说明了那个从表面上看来是矛盾的事实，即意大利的法西斯主义在群众中从来也没有能够同德国法西斯主义的力量稍相比拟的力量，它是通过带有平民性质和王朝性质的国家政变的方式上台的，而在德国，尽管国家法西斯主义的力量同意大利法西斯主义的力量相比占有极大的优势，法西斯专政的建立，相反地正如德国人所说，是通过旱路，即通过一系列的官僚主义和军事性质的政变进行的。而我们完全有可能设想出库西宁同志所描绘的，关于在德国有可能不经过类似向罗马进军的事件，而完全实现法西斯专政的前景。

我想说的最后一点，是关于法西斯主义运动的组成。很自然，在这里应当考虑到两个国家社会成分的不同和我们生活的不同的时期，这些决定着阶级运动的差别。可是，如果研究一下作为法西斯主义基础的群众的成分，我们首先看到的是城市的小资产阶级群众。可以断言，在这方面两个运动是非常相似的，无论在德国还是在意大利，我们都有着大体上相同的一些社会阶层。可是，今天所不同的是这样的情况，即当意大利的法西斯主义上台时，它能够为自己提出在一定程度上满足这些群众某些需求的前景。当然，意大利的法西斯主义实现了大金融资本的经济专政的纲领，可是你至少会回忆起这样一个事实，即法西斯主义在一定的时刻曾实行过货币贬值的政策，这无疑是符合资产阶级纲领的，而同时也符合了小资产阶级和中等资产阶级广大阶层的利益。这样的事情在德国有可能出现吗？据我所知，德国的现政府想走的是完全另外的一条道路。

第二部分——工人。在取得政权以前，法西斯主义在意大利无产阶级中的基础是非常有限的。这是例外的现象。法西斯主义借助法西斯专政才取得了对无产阶级某些阶层的"影响"。我们只要回忆一下这个事实就足够了：在1925年，即法西斯专政建立的三年后，在工厂委员会和意大利最大企业（例如菲亚特工厂）的选举中，在12000名工人中，法西斯分子只得到了200张选票,而在1926年初,墨索里尼在向自己的党的总部和议会,向全国的演说中声称:工人阶级对我们抱敌视态度,这一代工人我们是永远争取不了的,应当等待新的一代。根据我们从德国同志那里所得到的材料(它们是完全可靠的),我们在德国看到的情况是相反的。从这些报告中看到,德国的法西斯主义现在已经争取到了一部分工人,特别是失业者。这里就又提出了一个问题:意大利的法西斯主义没有给予工人什么东西,在意大利,工资的降低是在1923年(即法西斯分子上台一年后)开始的,那么德国法西斯主义对于那些它能够施加自己影响的工人阶层,对于那些它已经争取了的失业者阶层,又能够给予什么呢?

第三部分——农民各阶层:是哪一些农民阶层支持意大利的法西斯主义呢?是富农和富余中农。这些阶层经济提高的前景,是同坚决打击农业工人的革命运动密切相关的。法西斯主义粉碎了这些工人的革命运动,从而为影响农村中小资产阶级的新阶层开拓了道路。我认为,这一点是同德国的运动很少有相似之处的。我要重复一句,意大利的法西斯主义给予那些支持它的农民群众一点好处,为这些阶层在农村取得领导权清除了障碍。那么德国法西斯主义对于走在无产阶级化道路上的德国农民,能够给予什么呢?

我提到了关于法西斯主义的社会成分问题,因为这一点对于判断局势的未来发展是重要的,对于一系列的策略问题(关于这些问题我不打算在这里谈了)也是重要的。

关于局势的未来发展,我们完全同意由连斯基同志和曼努伊尔斯基同志所论证了的库西宁同志的论点。我们认为这样的表述是正确的,即我们的未来发展基本上就是群众运动发展的前景,而现政府实现其法西斯化计划的程度,则以这个运动的发展为转移。这个前景是符合规律的,而德国党的政策就在于,要尽一切努力加速群众运动的发展。我们的代表团完全同意曼努伊尔斯基同志的这一论点,即共产国际在当前的任务,就是要全力支持德国共产党及其领导实现他们的这条政治路线。

而如果我们面临着群众运动开展的前景,那我们就应当懂得,这个群众运动发展的结果,不仅会成为法西斯专政实行各种压迫措施道路上的障碍。革命力量的发展也会引起反动力量的集中。蓬勃发展的群众运动在一定的时刻,也可以加速法西斯专政建立的过程。德国共产党可能面临着迅速发展和突然转变的形势。正因为如此,它就需要有进行布尔什维克式分析的高度的能力,对形势具有广泛的理解,以便对形势的发展作出及时的反应。

其次,我们应当怎样理解德国群众运动的发展呢?除了那些已经跟着共产党走的人以外,还有两个较大的营垒:一个是社会民主党和天主教的群众;另一个是被卷入了法西斯主义运动中的小资产阶级群众、农民和失业者。我们党的工作应当是通过把阶级斗争带进这两个营垒中并开展这一斗争的途径,来加速形势的发展。

至于谈到社会民主党和天主教的工人,这里的事情是很清楚的。议会被取消使得群众和他们在议会外的斗争活跃起来。也不能排除有这样的可能性,即议会被取消引起那些群众比较集中的组织,特别是工会等,也积极地行动起来。正因为如此,我们党在改良主义工会(也包括天主教工会)中的工作,正是党应当抓住的一个环节。我们是否能够并以怎样的速度通过把阶级斗争带进社会民主党的营垒中来瓦解它的队伍,在其中打开一个大缺口,建立起以阶级反对阶级的斗争的统一战线呢?这一点将取决于党在日常的经济战斗和政治战斗中的斗争进行得如何。

至于谈到另一个营垒,法西斯力量的营垒,请允许我就我们党在同法西斯主义做斗争中所取得的经验的实质说几句话。

我们在意大利所取得的经验——这是在法西斯专政建立以前和在法

西斯专政的环境中工作和斗争了十年的经验。这个经验可以概括为三个主要点,与其相适应地是我们党在法西斯主义发展的不同时期所犯的三个主要错误。

首先,这是统一战线策略方面的错误。在法西斯主义向上发展的时刻,我们没有能够使我们的策略去适应斗争的要求,像当时对群众所提出的要求那样。我们没有能够在经济和政治方面,甚至在抵抗法西斯队伍方面开展统一战线的广泛的工作,以便把意大利工人阶级反对法西斯主义的斗争统一起来。正因为如此,意大利的工人在一系列分散战斗中作战并被击溃了。我国新发生的情况有点和现在西班牙的情况相同,在那里,无产阶级正在一些彼此隔绝了的战斗中英勇地作战,而党又没有对运动进行革命的领导,没有把这个运动联合起来,把它提到一个更高的阶段。德国的问题则不同,在那里党已经拥有巨大的力量和丰富的布尔什维克的经验。在那里,问题的提出是与在我国和当前的西班牙不同的。可是这个问题在德国也是存在的。我带着很大的兴趣听了德国同志们关于这一问题的发言。的确,"反法西斯的行动"应当具有各种不同的形式,应当包括在各个方面群众运动的开展中,并利用最微小的要求、最微小的斗争借口。同时还必须指出,党应当尽一切努力在政治上和组织上把这些行动联合起来,要做到这一点只有通过宣传群众政治罢工的口号、总罢工的口号,这些口号的提出绝不要给群众泼冷水,绝不要使群众措手不及,而应当使群众预先就有所准备。这样的口号只有经过工人为争取切身利益而开展斗争的广泛工作的准备才能得到实现。

我们经验的第二点,是我们在意大利不止一次地忘记了党在法西斯专政下的作用应当是什么。当法西斯攫取了政权的时候,在我们党内占主导地位的是这样一种观点:现在在整个时期,事情已成定局,我们要转入地下,要等待新的决定性战斗的到来。在党内起主导作用的对转入地下的态度是单纯防御的、等待的:维护党的组织,保存党的联系、党员的联系的愿望。在这里我们没有考虑到，怎样准备党在更高的水平上，在法西斯专政条件下去进行革命的斗争。正因为如此，在法西斯专政严重危机的时刻，例如在1924年，我们没有去领导群众，我们孤立于形势和群众之外了。正因为如此，在我们党的队伍中，一种不是合法的，相反是非常不合法的立场便形成了，结果，直到今天还对我们党的整个发展起着影响。

第三点是关于我们在各种场合对法西斯主义所作的评价。有一个时期在我们中间流行过一种观点，说法西斯主义不能进行管理，说它纵然取得了政权，很快也就会暴露出是一场闹剧。1922年11月在我们党的一期理论杂志上刊登过一篇文章，其含义和结论是："现在一场闹剧在继续上演中。"意大利无产阶级和党对于这场"闹剧"是什么是有亲身体会的。

然而，这一错误是同法西斯主义会自行瓦解的意见相联系的。这也同时对法西斯主义内部各种反对派运动的错误估计分不开。在这里表现出了社会民主党观点的明显的影响，即似乎在法西斯主义内部发展起来的反对派运动，必然会导致法西斯主义力量的瓦解和为革命浪潮的高涨扫清道路。这是完全不对的。法西斯主义这一运动置根于小资产阶级群众中，在它的内部必然会不断地出现反对派，因为小资产阶级的本性决定了它处于经常动摇的状态。我们从经验中认识到，在法西斯主义发展的关键时刻和形势的急转时期，法西斯主义内部所产生的反对派别并不是为群众发动和我们党工作开拓道路的因素，而是阻止法西斯力量的瓦解，阻止某些小资产阶级阶层的不满情绪转上阶级斗争的轨道和支持这些力量在法西斯专政基础上实行统一的因素。例如，在1924年法西斯主义不是被墨索里尼，而是被法西斯主义的反对派、反对派头目法里纳奇，意大利法西斯主义的戈培尔解救的。为什么是这样呢？这就是我们应当为自己提出的一个策略问题。我们没有从法西斯主义发展的最初时刻就理解到：我们的任务是要打入法西斯主义的队伍，打入它的群众组织的队伍，以便在那里播下和培育阶级斗争的种子。由于我们缺少有组织的工作，缺少通过革命先锋队在法西斯主义内部进行工作，所以，法西斯主义内部的反对派别从来不是决定瓦解我们敌人力量的因素，也不能为革命斗争开拓道路。不仅如此，它们还为我们的工作设置了障碍。

在这里我还要回到我在前面已经说过的一点。我们在法西斯的营垒中应当做些什么呢？我们完全同意乌布利希同志的意见，就是说如果我们不能深入到希特勒阵线的内部去，那就不能粉碎法西斯主义。对于我们来说，这是一条明显的道理。而乌布利希同志对我们所说的关于当前德国同志为实现这一指示而采用的工作方法，我们认为还不能令人完全满意。我们在这方面也有不同的经验，并犯过一系列的错误。乌布利希同志指出，德国同志们进行着反对法西斯主义的斗争，同时在法西斯的会议上散发带有阶级斗争口号的传单。我们在不同的时期也广泛地采用过这种方法，可是并没有带来令人满意的结果。这一方法既缺少组织的基础，又缺少组织的内容。在一个时期内，甚至在目前，这个问题对于我们来说仍然是没有解决的。我们采用了另一种方法，就是尽力使受到我们影响的所有人从法西斯的组织中脱离出来。这也是一个错误的方法。它不是促进法西斯内部阶级斗争的开展，而是清洗法西斯的队伍。唯一正确的方法，是在法西斯的队伍内部建立支部的方法。当然，这是一个非常细致的策略和组织问题。从政治的角度来看，把阶级斗争带入法西斯敌人队伍中的问题，只有借助于这个方法才能得到解决。

在我们党和德国党之间无疑地有着很大的差别。我们向德国共产党学习了很多东西，这个群众性大党的工作经验还在继续让我们学到很多的东西，这个党在包围着它的困难的环境中充满信心地进行着争取工人阶级大多数的工作。可是，我们认为，我们的兄弟德国党也应当研究我们的经验并从中吸取教训。如果说，我们可以向德国同志们提点建议的话，这首先就是：要从在敌人的组织中进行群众斗争的最初时刻起就开始学习，要认真地研究这一工作的形式、方法和可能性，并尽量地利用这些可能性。我们由于没有从法西斯主义发展的最初时刻就估计到这一教训，而付出了很高的代价。如果我们能较早地领会了这一教训，现在我们就不会处在这样严酷的、这样令人窒息的地下状态了。我们就会较容易地找到一条同广大群众建立联系的道路。我们也就永远不会失掉这种联系。我们的经验至少应当被那些面临着同我们在不同时期和不同条件下具有相似任务的政党所吸取吧。

我现在谈一下自己发言的第三部分。我要尽力使你们了解我们党的现状和所处的工作环境。

现在意大利的法西斯主义很显然放弃了自己过去的很多打算。它失去了很大一部分自信心，而为它的生存进行挣扎。现在法西斯主义一方面猛烈地反对震荡着全国的经济危机的后果；另一方面它又为把这一危机的后果转嫁到群众身上而斗争。这个制度已经看到，群众的不满情绪和群众的运动，正在一天一天地为它的灭亡创造着条件。

法西斯主义所实现的资本主义的相对稳定还剩下了什么呢？首先是资产阶级的领导力量集中在反动的专政基础上，还有对工人阶级的经济进攻和政治进攻，群众的破产，工资的不断降低。这就是十年来法西斯主义向广大劳动人民群众实行进攻的主要内容。

法西斯制度之所以还能够存在，是因为它还能够使劳动群众中一些相当重要的阶层受它的控制和影响。由此可见，消除法西斯主义对群众的影响，就是在意大利广泛开展反对资本主义和法西斯主义阶级斗争的一个条件。这也是我们党实现争取工人阶级大多数这一基本任务的条件。在这里关于法西斯的蛊惑煽动已经谈了很多。今天法西斯进行的蛊惑煽动是不能同1919年和1922年的蛊惑煽动混为一谈的：这种蛊惑煽动始终具有的反资本主义的因素今天并未完全消失，而具有了另外的性质。首先是民族主义的因素。可以说，在这方面意大利的法西斯主义是向德国法西斯主义学习的。反对资本主义的因素依然存在，可是它已经同意大利的国际立场问题紧紧地联系在一起了。反对资本主义的蛊惑煽动和民族主义的蛊惑煽动也紧密地结合在一起。其目的就是要使群众中的一些阶层要为战争作好思想准备和实际准备，对劳动人民的一些阶层、农业工人、农民施加影响，使他们作好新的帝国主义战争的准备。可是事情并不完全在于蛊惑煽动。意大利帝国主义确实要进行战争，要通过武力来克服困难，通过强力手段来解决它所面临的各种问题。例如，法国—意大利的冲突，就是两个侵略的帝国主义在扩张中发生的真正的冲突。而且法国—意大利的冲突并不是孤立的。在分析意大利在这一冲突中的立场时，不能不考虑到这一时期在美国和英国，在英国和法国等等之间的其他主要冲突发展的性质。

但是，在我们面前还有另一种蛊惑煽动，这就是社会民主党的蛊惑煽动。我们甚至可以稍加抽象地（但不会有大错误）说，在1919年，还有1922年法西斯主义在反对资本主义蛊惑煽动中的位置，现在已由社会民主党占有了。例如，如果把社会民主党的积极派、"司法和自由"派的纲领同1919年法西斯分子的纲领比较一下就可以看出，这两个纲领在许多点上是不谋而合的。

可以说，社会民主党和法西斯主义的立场已经进行了交替，结果，法西斯主义原来立场就成了意大利社会民主党当前在宣传中的立场。在法西斯主义和社会民主党中间出现了明显的分工。

在意大利，我们曾不止一次地看到法西斯主义和社会民主党是怎样玩弄这一把戏的，我们只要回忆一下墨索里尼的例子就足够了。墨索里尼在1914年是社会党的领袖，在战争期间他转到了社会帝国主义方面去，而现在则是黑衫党的头目。另一个例子是南尼：他本来是黑衫党的头目，而现在则成了第二国际的首领。这就是说在社会民主党和法西斯主义之间是没有什么思想界线的。

关于群众运动说几句话。

在意大利去年冬季几个月发生了多起群众运动。根据我们所作的显然是不完全的统计（因为这个材料只包括了我们与之有联系的地区），群众运动的次数达到了几百次，这同前几个月比较起来，有了很大的发展。每次运动的参加人数都在几百人至3000人之间。总体上可以认为，参加这些群众运动的有25000—30000名农民和农业工人，25000—30000名失业者，5000—10000名妇女，10000—15000名工人。

这些运动都带有自发性，突然发生和迅速地扩大，而且它们的抵抗力是不大的。通常，法西斯的力量并不同这些运动相对抗，在很多场合下，他们还对进行斗争的群众表示同情和友好。

所有这些运动都取得了肯定的结果。几乎所有这些运动，特别是在农村中的运动，都是迅猛发展的。至于谈到我们党对这些运动的参加，那么这些运动有四分之三处于我们党的影响之下，只有不大的一部分是由我们党领导的。但是我们的领导没有使群众的斗争具有组织性和发展它的抵抗力。最近，在冬季过了以后的春夏几个月，在群众运动的发展中出现了一些新因素：一方面，在冬季几个月是农民各阶层、农业工人和失业者起了积极的作用，而现在则是工业无产阶级被提到了战斗的先锋队地位。另一方面，在许多地区出现了各种运动实行联合，建立各类工人或整个地区共同运动的趋向。这是群众积极性高涨和过渡到更高阶段的趋向。但是在组织方面缺少有意识的广泛的干预，缺少领导。

我们党的力量怎样呢？

群众向往到我们方面来，可是这种向往对于我们的组织能力来说是太大了，它打破了我们党的界线，并越来越向党提出尚未解决的困难问题。正因为如此，党的组织问题现在是最重要的。

我们党正是在这样的条件下存在和发展的，就是说它应当不断地以阶级斗争的精神重新教育自己,而这需要通过日常的战斗来进行。在我们的队伍中还明显地反映出消极被动的机会主义倾向,崇拜运动自发性的倾向。这些倾向都是从法西斯主义,从老的社会民主党的、极端主义的、博尔迪加的传统中来的,而没有被党的老干部所克服。这种自发性的崇拜由于以下的情况而更为加强了,这就是党的老干部,甚至也有部分新干部现在仍然认为:反对法西斯主义的斗争,只能是正面斗争、正面攻击,我们只能在那个"伟大的日子"到来的时候,即可以走上街头和构筑街垒的时候才能进行反对法西斯主义的斗争。我们还不善于进行反对法西斯主义的斗争,不能日复一日地通过广泛的阵线不断地,甚至在法西斯法律的基础上,深入到法西斯组织中去,同那里的群众建立联系,利用一切合法的和半合法的机会,甚至在法西斯专政的范围内,吸引群众直接参加个别的经济战斗,并以此在阶级斗争的过程中教育他们,吸引他们参加规模越来越大的战斗。正因为如此,我们完全同意提纲中的论点,在那里特别着重指出了我们党必须学会在合法和半合法的条件下进行活动,必须深入到敌人的组织中去,在法西斯的群众组织中进行组织工作,把它作为群众初步联合的场所,群众可以在那里初步地开展自己的运动,从而为以后战斗的开展打下基础。

我们听了波兰同志的报告,大家都为报告中所告诉我们的各项成就感到欢欣鼓舞。我们还没有取得类似的成就。我们落后了。你们应当考虑到我们具有非常好的工作条件。在我们那里连一点合法的影子也没有。如果我们的干部失踪了,那我们就应当认为他们是永远失踪了,只有我们的革命斗争才能解救他们。最后,我们那里的群众运动还没有像波兰和其他国家的群众运动那样强大。不过我们也应当考虑到,它在我国的发展可能比在其他地方更加尖锐。这是由于第一,法西斯专政已经存在了10年;其次是由于这个专政在群众的面前已经被揭露无遗,由于在这个法西斯专政的铁的外壳下,历史的丧钟已经敲响了。

我想通过这个发言向你们表明，在我们党工作和斗争所处的那些条件下，我们党正在尽一切努力使群众运动做好准备，对充满了决心的无产阶级先锋队、党进行教育，使党不致于落在事件发展的后面和成为群众的尾巴，而是同事件和群众日复一日地保持着联系，领导他们，从日常最微小的战斗开始，直到这些战斗发展成为争取政权、争取建立无产阶级专政的战斗。

选举委员会

主席库恩·贝拉：

提议选举两个委员会：根据第一项议事日程选举一个委员会；根据第二项议事日程选举另一个委员会。

库恩·贝拉同志宣读共产国际执行委员会主席团所提出的委员会的组成人员名单。

库恩·贝拉同志的提议获得了全会的一致通过。

（休会）

第十二次会议

(9月3日晨)

主席：埃尔科利

讨论库西宁和台尔曼的报告

科普勒尼希（奥地利）：

自从上次全会召开以来，奥地利共产党已取得了伟大的成绩。党开始在奥地利无产阶级的政治生活中起着越来越大的作用。可是，我们应当说，尽管党有了这样的发展，我们仍然没有给予奥地利社会民主党的队伍以具有决定性意义的打击。

在靠牺牲群众利益而实行的改善信贷状况使危机不断尖锐化和外国资本的压力下，近几年来劳动群众的状况空前地恶化了。在去年，工资平均降低了20%。约有20万名失业者被取消了补助金。纳税的重担落在人民群众的身上。维也纳自治市政府的虚假的公共社会主义也被卷入了危机的漩涡中，这首先表现在对有利于劳动群众的社会政治措施拨款的缩减和取消上。尽管工人阶级状况急剧恶化和随之而来的无产阶级愈益左倾化，社会民主党仍然凭借着自己在工作中的独占的影响，并通过自己的各种群众组织来控制广大群众，特别是工业工人群众。作为资产阶级主要社会支柱，社会民主党的作用表现在奥地利不断加强的法西斯化的各个阶级上。

诚然，在奥地利还没有多少带有明显群众性的大规模的经济战斗，但是在最近发生的一系列局部性战斗和发动的过程中，仍然表现出群众积极性的增长和革命的不断高涨。

最近已有数百次事件说明，我们党能够从工人阶级的最微小的需求出发，在一定程度上发动广大的工人阶层。在这里反对因缴纳不起房租而强使工人搬家的斗争起了特别重要的作用。仅在最近的几个月中，我们就登记了60起工人抵制这种搬家的事件，往往还有同警察的冲突。例如，在莱奥本警察就向据守着住房的工人投掷了催泪弹。虽然如此，工人们仍然没有搬走。这种情况是经常出现的。党把这一斗争同要求市政府发给住房津贴联系在一起，它动员失业者，号召他们停止缴纳房租并组织了租户的罢工。类似的斗争形式还有反对向农民追索欠缴税款的斗争。这样的结果是，我们的影响扩展到了农村中。围绕着这些细小的日常生活问题而开展的战斗，同我们在失业者中间的工作结合在一起。我们往往依靠失业者委员会和下层的统一战线，取得比较大的物质上的胜利。

我只举出一个最近所发生的事实，即党和失业者委员会在8月1日组织了失业者向萨尔茨堡州的饥饿进军。我们不顾当局的禁令和动员令，动员最广大的群众参加了这一次饥饿进军，这是失业者所取得的一次较大的政治上和物质上的胜利。

以提出的要求为基础，在行动委员会同当局代表的谈判中达成了以下几点协议：

1. 对该市和附近村镇所有被取消了补助金的失业者，自8月5日起发给免费的食品。这里也包括那些迄今未被列入享受失业保险名册的人员（农业工人、家庭女佣等）共800—1000人。

2. 在关于房租的问题上，市政府准备给那些居住公用房屋而又无力缴纳房租的失业者以帮助。

3. 市政府准备出钱为失业者赎回被典当的物品。

4. 拨款一百万先令，用于组织清理河道的工作。

5. 此外，当局答应采取措施，由州的各市政府代表会议做出决议，定期向被取消了补助金的所有失业者发放津贴。这一代表会议已经召开，在这一问题上通过了不利于失业者的决议，因而实现这一要求的斗争仍在继续中。

尽管把在失业者中间的工作主要只是集中在举行示威游行和饥饿进军上也有某些错误，但是，这些饥饿进军是在群众中组织起来的，它们仍然有着很大的意义，特别是在饥饿地区，因为那里的所有企业都关闭了。这些进军在某种程度上是一种更高的斗争形式，它们使得国家的镇压机关不得不把力量认真地集中起来。我们认为，应当在国际范围内研究和利用这样一些发动的经验，特别是在美国和英国举行的那些大规模饥饿进军的经验。

在奥地利，我们的主要弱点也是在企业中的工作，在企业中的战斗和经济罢工的工作组织得不能令人满意。当然，在最近几个月发生的建筑工人和染色工人罢工的过程中，表现出了革命工会反对派对工人影响的加强，可是我们在这些罢工中仍然没有很好地进行领导。在染色工人罢工的过程中，改良主义分子把我们排挤出了罢工委员会。这除了策略上的错误以外，还由于我们在罢工委员会选举期间和以后的工作中，没有充分实行无产阶级的民主制。不过，主要原因还在于我们忽视了在工会中的工作，而这一点恰恰在具有强大工会运动的奥地利起着很大的和决定性的作用。在这个方面，我们还没有作出重大的转变。奥地利的改良主义工会仅在去年一年就失去了7万名会员。在工厂委员会的选举中，红色工厂委员会的票数在最近几个月内从60增加到107。在大多数企业里，工厂委员会的选举都是在9月中进行的。但是，选举的结果同按职业组织起来的工人们极大的不满情绪是不相适应的。如果我们注意到在革命工会反对派各小组中组织起来的工人的数目，就应当认为选举的这些结果是尤其不够了。在我们的同志那里往往可以发现一个极其错误的观点，认为工人退出工会和他们很少参加工会生活，是工会不能再对经济战斗起决定性影响的证明。这样一些观点就使得对工会中的工作估计不足。那种说工人退出工会表明了似乎工会在经济战斗、工资争执、罢工等期间不再对非组织的工人具有影响的观点是错误的。我们可以举出几十个例子来说明，在那些往往大多数工人没有组织起来的企业中，由于发生了工资的争执，那些没有组织起来的工人也求助于工会，使得工人大量涌进工会组织。当我们在工会中不能通过自己革命工作来争取工人，首先是争取工会的代表人物和基层委员会，并使他们服从于我们的革命工会政策的利益时，群众中那种根深蒂固的工会传统，就会使改良主义分子有可能影响无组织的工人。

在谈到有关经济战斗的问题时，我想对在阿尔平·蒙坦公司各企业所在地区的矿工运动说几句话。1929年，法西斯分子们在许多企业中打进了工厂委员会，并在其中占有了多数，把很大一部分工人吸收进了法西斯的工会中。在今年五月间，当局要求普遍降低工资。工人们在遭到解雇的威胁下，被通知每个人要签字表示同意。去年冬天，企业主们在法西斯工会和改良主义工会的帮助下，已经这样降低了一次工资。可是，在这个方面，党通过自己反对法西斯分子和社会法西斯分子的顽强斗争，做了很多补救工作，特别是在最近的市政府选举期间，我们在这个方面取得了很大的成绩。

我们利用了这一形势来同工人们——法西斯工会会员们进行辩论。我们提出的口号是：工资不许降低一分，工人一个不得解雇，为反对降低工资和解雇工人、反对在企业中采用法西斯的强制手段而罢工。我们动员了失业者，并把注意力首先集中在多纳维茨和杰格拉宾的阿尔平各主要工厂里。我们的工厂委员会的委员们都拥护我们提出的要求。

在我们所造成的有利于开展罢工的情势的影响下，法西斯工会不得不召集全工厂的会议。我们通过自己的口号动员了工人，因此，这次会议完全是在我们的影响下进行的。法西斯工会组织的书记和工厂委员会的委员们不得不从会议上溜走，而革命工会反对派的代表则发言阐明了形势的特点并宣布罢工的必要性。第二天，在一次会议上选出了罢工委员会，并确定了宣布罢工的时间，就在这时，公司的经理处宣布说：它撤销了自己提出的要求。这一让步无疑是在我们所造成的有利于罢工的情绪（它首先是由我们的主动精神造成的）压力下达到的。阿尔平·蒙丹公司已经觉察到法西斯工会瓦解的可能性，而这对它来说是非常危险的。

这一成绩的意义更加巨大，因为工人在这个方面已经有两次在改良主义分子领导下遭到了罢工失败的经验。在阿尔平公司经理处被迫实行了让步以后，在这些采矿企业中，也同在阿尔平的其他工厂中一样，法西斯工会开始迅速地瓦解了。开始出现了反对派小组，在各车间的会议上，我们提出的要求被采纳了。尽管有来自企业主、法西斯恐怖队伍和当局的镇压，党还是发挥了越来越大的影响。改良主义分子的力量在这里十分微弱，虽然他们做了最大的努力，还是不能扩大自己的影响。

在上什基里亚所发生的事件的进程，正好从反对工厂法西斯主义的角度表明，只要把工人的切身利益作为我们的出发点，就能够把法西斯工会中的工人争取过来。

现在，关于统一战线和反对社会民主党的问题说几句话。

由于在德国发生的事件和在奥地利开始的国家社会主义分子相当露骨的进攻，最近几个星期以来，统一战线的运动受到了强有力的推动。现在对于全党来说，实行下层统一战线的策略是动员群众的最重要方法。不过，我以为实行下层统一战线的具体形式和方法在不同的国家应当是不同的，因为它们要以一个国家的具体条件、党的力量和社会民主党所采取的不同花招为转移。如果我们把最近在德国所采取的某些形式搬到奥地利来，那就要犯很大的错误。在我们的许多组织中都可以看到这样的倾向，我们对此给予了严厉的反击。

哥特瓦尔德同志举出了许多很好的具体例子，不过，有一个地方，我对他的话是这样理解的，这就是事先尖锐地提出关于社会民主党领袖的问题，似乎并不是那么重要，因为他们在斗争过程中将要自我暴露。哥特瓦尔德说，我们要向工人这样提出问题，就是我们准备同一切魔鬼结成联盟。同志们，我担心如果我们在奥地利这样提出问题（在那里的群众中还有着社会民主党的强烈幻想，那里的社会民主党在玩弄着巧妙的"左"的花招），那我们就有被拉上社会民主党拖船的危险了。我们在奥地利实行下层统一战线策略的时候，应当考虑到以下的情况，即现在社会民主党在群众的宣传中还有相当的影响并垄断着争取统一的斗争。这绝不意味着，也不能意味着我们由于害怕社会民主党而采取宗派主义的孤立闭塞的态度，绝不意味着我们不应当勇敢地和坚定地采取统一战线的策略。社会民主党向工人群众宣传的统一是反对共产党人的，这是消极的、欺骗群众的统一，是为了得到资产阶级的支持。我们提出的统一是与此完全对立的，是革命的下层战斗的统一。但是，同社会民主党工人建立统一战线的前提，是要根据过去的经验，根据我们在同社会民主党工人共同举行发动的地方的日常实践活动，来不倦地揭穿社会民主党的作用，而且我们还应当了解，仅仅在口头上说说是不够的，仅仅说社会民主党的背叛也是不够的，首先应当以同志式的态度来说服工人。我们还认为没有必要在每一张传单中都诉诸社会民主党的工人，都反复强调统一战线要在共产党的领导之下，而党的领导应当在实践中，在实际工作的过程中来实现。但这并不是说，在统一战线发展的某一阶段上，我们可以丝毫放松反对社会民主党的斗争。

特别是在最近几周，往往有以自己的基层工作人员为首的社会民主党人、"保卫同盟"的成员、"金属工人工会"会员的很多团体出席我们的会议。他们表示愿意同我们一起举行反对法西斯主义的运动，可是要求我们停止对社会民主党的批评。不言而喻，我们并没有把这些社会民主党工人赶走，我们向他们提出了切实可行的建议，但是，我们丝毫不能依照社会民主党所说的放弃对社会民主党领袖们的揭露。因为不如此，我们就会落入社会民主党的"左"的圈套中。应当找到同志式辩论的各种形式。应当善于迫使社会民主党的领袖们在工人面前公开地表示自己的态度，应当要求他们回答一定的问题。不过，最重要的还是学会在企业中，在群众组织中、在社会民主党的所有支部中提出一定的问题，就我们所提出的建议在那里展开辩论，动员工人参加斗争。如果我们没有要求社会民主党工人以退出他们的党作为建立统一战线的先决条件，那也并不意味着我们丢了共产党的脸。在像奥地利这样的国家中，产生中派集团的危险性也正在于此。

这些问题是同揭露社会民主党的"左"的花招问题密切联系着的。在我们党内有一段很长的时间，从客观困难的角度过高地估计了这些"左"的花招的意义，在这个问题上表现出了无能为力的情绪。近来我们在揭露这些花招的方法上也有了一定的进步。我们已经有几次对这些花招的锋芒给予了打击。当然，我们也应当直截了当地承认，在我们那里，向群众揭露奥地利社会民主党在维护苏联的问题上所使用的花招方面，情况还是很不好的。在这一点上，有很多社会民主党工人还没有摆脱各种各样的幻想。党的独立的主动精神在揭露社会民主党的"左"的花招方面起着决定性的作用。如果党在每一个场合下都能发挥主动的精神，号召工人在我们的具体的战斗口号下，为达到具体的战斗目标而进行斗争并组织这一斗争，那么，党就会给社会民主党玩弄花招造成极大的困难。党应当学会对这些花招迅速作出反应，而最重要的是，对它们进行坚决的揭露。对于这个问题，只是在报刊上或在会议上说一次或几次都是不够的。对于这些花招，应当在报刊上和会议上坚持不懈地作为一定时间内的一项运动来进行揭露。在提出社会民主党的具体问题时，应当向群众揭露他们所玩弄的花招的反动内容。这样一来，我们常常就会对社会民主党来一个当场抓获。我们号召社会民主党公开地答复一些问题，这个方法会产生很好的结果。通过这一方法，我们不止一次地迫使社会民主党发表自己的意见，而我们则利用这一问题发动工人进行辩论。我觉得对于社会民主党在国际范围内大力使用的一部分"左"的花招，我们已经有了很多的经验，现在是要学会对于社会民主党在一定形势下所玩弄的花招预先发出信号，并在这些问题上预先为一些党指出方向，帮助它去揭露这些花招。

最后，我想用下面的方式来归纳一下奥地利党的各项任务。

党应当更加坚持不懈地把工作的重心转移到维护群众的日常利益和组织经济战斗方面去，特别是转移到在企业、工会和群众组织中的工作方面去。

应当比在过去任何时候都更加有力地首先进行反对法西斯主义的各种表现形式，反对日益抬头的国家社会主义运动的斗争，同时丝毫也不放松反对社会民主党的斗争。

在反对资产阶级的饥饿进攻时，党应当动员工农劳动群众也反对外国资本对奥地利的奴役，揭露社会民主党在这方面所起的代理人的作用，首先是法国金融资本代理人的作用，并通过具体的形式来宣传用革命手段摆脱危机的出路。

党应当首先竭尽一切力量来加速自己的发展，特别是巩固自己在企业中的阵地。它应当更加努力地在群众中推广自己的报刊。

我认为，党对待群众的态度是正确的。可是我们也充分地认识到，党的发展速度过于缓慢，远远落后于现有的条件。去年，党在思想上也有了提高。它更新并巩固了自己的大部分干部。它有着在最短时期内达到它在第十一次代表大会上所提出的目的一切前提：在争取无产阶级大多数的道路上，冲破奥地利社会民主党的战线。

伦道夫（美国）：

在美国，资本主义稳定的结束所表现的形式似乎在向我们说明：机器的威力越大，它的破坏性的后果也就越大。铸钢厂的开工率下降到了生产能力的14%。这一工业部门的绝大多数工人被抛上了街头。在其他的主要生产部门中，例如在机器制造业，有数百万工人的工作日是不完全的。

国家的赤字为30亿美元。国家正处在通货膨胀的前夕。美元也正面临着贬值的危险。从1929年底起，全国的银行越来越陷入了普遍的不断紊乱的状态。有人甚至做过统计，按银行业务活动的时间计算，每12分钟就有一家银行破产。颁布了一个法案，叫做"阶级银行法案"，可是这个法案并不是为了挽救小银行，而是专门靠小银行的破产来挽救大银行的。

在国内各工业区市、镇的郊区都有失业男人（有时还带着妻子儿女）居住的营地。这些营地被叫做"胡佛村"。在这三年中间，在美国买粮食排队已经成为常见的现象。

这个国家就是如此，在这里，资产阶级"民主"的最神圣的原则意味着国家对工人的状况是毫不关心的。

以慈善事业为基础的整个所谓"救济"体系的破产，在今年冬天必将产生非常可怕的结果，必将导致国内各工业中心地区的街头冲突。

由于危机的发生，广大人民群众失去了1929年的较高的生活水平。工人贵族和小资产阶级的生活水平下降到了过去人们甚至都不能想象的程度。

工人阶级中一些不享受优惠待遇的工人的遭遇要更加可怕。在美国有几百万青年工人，或者更确切地说是工人的预备队伍，他们从16—17岁开始就一直得不到工作，在以后也没有任何得到工作的希望。

资产阶级认为出路在哪里呢？我引用芝加哥某个交易所经纪人不久前说过的一句话（他的话是应当记录下来的）："只有战争才能带来繁荣。"

资产阶级从危机中寻找出路的企图具体表现在哪里呢？第一，我们要提一下刚刚在渥太华结束的大不列颠帝国会议。这一会议应当是大不列颠同各自统领的会议，可是暗地里参加会议的还有一个伙伴：美帝国主义。渥太华会议是世界两大强国——美国和大不列颠为争夺资本主义世界以及在全世界的领导权而进行角逐的舞台。当然，现在美帝国主义非常认真地对待来自其对手日本的威胁。不过，美帝国主义者自己也在疯狂地准备着对苏联的武装干涉，他们希望在苏联和日本之间爆发军事冲突，结果是美帝国主义可以比它的对手日本帝国主义得到更多的好处，同时也给苏联一个沉重的打击。美国政府力图把帝国主义的日本推上反苏战争的道路，同时自己也在准备进行武装干涉。

在美国有1500万失业者，这些失业者群众越来越积极地行动起来。政府越来越断然地拒绝给他们以帮助，同时采取了坚决支持所谓经济危机的其他"受害者"的步骤。1932年6月，胡佛签署了征收为数12亿美元新税的法案，它的全部重担都压在劳动群众的身上。为此正在利用着"改组的金融公司"，政府为进行帮助而采取的各项措施的全部利益，都落到了以掌握着大银行、大铁路运输公司和保险公司的最大的金融巨头为首的金融资本特权集团的手中。工人阶级没有得到一分钱，而不可计算的数亿美元都给了最大的金融资本的代表。甚至可以说得更确切一些，这种数目巨大的全部资助，都给予了那些通过自己在白宫和国会的走狗，而比其他人更能接近政府的上层人物。

现在，工人阶级正遭到疯狂的进攻。冶金工厂工人的工资减少了

10%。国内各地区工人的工资都降低了,一直到这些工人降低到了饥饿的水平,这对于冶金工人是一个特别的打击,因为他们在吃不饱的条件下是不能从事沉重劳动的,而工伤事故却成了日常的现象。铁路工人的工资也降低了10%;建筑业则降低了15%—20%;采矿业受到的打击特别大,工资下降了25%—40%。

  同时,合理化实行的形式与其说是提高了资本的有机构成,不如说是加快了速度,愈益增加着工人的生产负荷量。不完全的工时,即部分的失业——这是人们在描述工人阶级的劳动条件和生活状况时很少提到的一个现象,随着经济危机的发展也日益扩大化。

  政府和资产阶级、银行家,一句话,整个统治阶级也向农场主们发动了进攻。捐税使得劳动的农场主陷于破产的境地。对农场主的剥夺达到了这样的地步,以致在很多场合下变得无利可图,因此,在这些被残酷剥夺的农场主中,只有少数人还没有从自己的地段上被撵出去。农产品的垄断价格使得数十万农场主濒临饿死的边缘,他们不得不撂下工作到城市去谋生。

  黑人群众遭受到特别残酷的进攻。经济危机使得民族问题更加尖锐化,对黑人群众的影响要比对国内其他居民阶层的影响大得多。

  黑人群众首先遭到打击,而且是最残酷的打击。黑人佃户是除了雇农以外全部农业居民中最贫困的人。黑人佃户依靠自己的劳动所得到的份地不仅被削减,实际上往往被地方资产阶级全部夺走。

  黑人群众用自己的日益左倾化对此作了回答,这一情况使得政府不得不解散干部队伍中的黑人团队。美国资产阶级已经不能再指靠黑人士兵,这无论对谁都已经不是什么秘密了。

  对侨民工人的残酷进攻采用了驱逐和空前的镇压形式。已经遭到驱逐或正等待被驱逐的侨民已有数万人之多。这在对工人群众实行恐吓方面会收到很大的政治效果。

工人阶级对于所有这一切怎样反应呢？群众对于这些给以怎样的回答呢？阶级斗争是越来越尖锐化了。在1931年罢工事件还不算多。唯一大规模的战斗发动是宾夕法尼亚、俄亥俄和西弗吉尼亚矿工的罢工。今年的罢工事件已经增多了。与去年同时期相比，在今年的前四个罢工斗争参加者的数目增加了100%。在1930年有618次罢工，参加者有15.7万工人；在1931年有716次罢工，参加者有33.2万人；在1932年这些数字都大大增加了。总的情况现在还不清楚，不过，从今年初开始只是采煤工人就有10万人参加了罢工。今年的罢工浪潮要大大高于去年的罢工运动，初步估计将增加三倍多，这是毫无疑问的。

同时，在这些战斗中，工人发动的性质也发生了变化。他们战斗的积极性提到了多年以来未曾有过的水平。对于警察和业主雇佣的匪徒们提出的"解散"的要求，工人的答复是"岿然不动"。在各个企业里都有群众的纠察队在值勤。

在伊利洛，矿工们举行了行军演习。这种形式已被采用了20年，而在今天则表现出了新的和更加积极的、战斗的形式：1万名矿工完成了40英里的行军，沿途关闭矿井，明显地表现出了团结一致的精神。

从去年12月发生饥饿进军的时候起，我们就指出这是一个新动向的开始。胡佛打算借助于地方当局在进军队伍到达华盛顿以前，把参加者驱散。在队伍接近印第安纳小城时，那里的警察就迎着队伍堵塞了道路。在这里出现了意想不到的情况，这一情况的出现多少带有点自发性，可也并不完全是自发的，因为党在其中进行工作。这个小城的所有劳动居民一致反对警察的行动，并为失业者——饥饿进军的参加者开拓了一条道路。仅仅这一点团结和战斗的精神就足以粉碎不准向华盛顿饥饿进军的整个计划了。从那时起，工人们在街头用积极的战斗来粉碎警察、当局和军方禁止工人发动罢工的企图的事就越来越多了。

这一时期，在共产党的正确倡议下，也由于当时的各种客观条件，出现了工人们在我们党领导下消除白人和黑人之间对立的引人注目的现象。在圣路易这个保留着奴隶制传统的南方最古老的城市中,据说在历史上从来没有过黑人和白人并肩走路的事,可是在共产党的领导下,举行了有5000工人参加的声势浩大的示威游行,在参加游行的工人中,有50%是黑人。黑人和白人工人一起行进,他们的团结一致的精神使得市政当局不得不在游行开始的几个小时以后,就满足了他们的要求。三天以后,又举行了有1.5万工人参加的新的同样士气高昂的示威游行,参加者提出的全部要求最后都得到了满足。在遥远的南方,工人的这种积极性发挥到了这样的程度,就是现在我们可以指出坦帕市(佛罗里达)广大工人群众已经举行政治罢工的事实。在这里,参加罢工的有6000名工人,他们提出了关于释放因参加同情苏联的游行而遭逮捕的16名工人的要求。

如果说在本次全会的提纲中正确地指出了稳定已经结束,我们认为这个观点是正确的,我们的全部经验都证明了这一点,现在我们需要的是在我们党的群众工作方面作出相应的结论。我们同意库西宁和台尔曼同志的报告,也同意曼努伊尔斯基同志的意见(他更加尖锐地提出了问题),我们同意关于资本主义稳定的结束到来的说法,这一点在任何地方都没有像在美国表现得那样具有说服力和明朗化。

可是,这一情况应当使我们有一个面向群众的转变。我们是否实现了这一转变呢?党在接近群众方面取得了一些成绩。我们党有了很大的进步,举行了多次英勇的战斗发动,在广大群众中扩大了自己的影响和树立了威信。然而,在我们党内还保留着宗派主义的传统:我们党过去是,现在,在很大程度上仍然是侨民工人的党,同本地居民中劳动群众的生活没有深厚的联系。不过,我们仍然知道,在当前历史事件迅速发展和阶级冲突极端尖锐化的情况下,我们应当无条件地、不顾一切困难地实现面向广大被剥削群众的决定性转变。党能够也应当引导这些群众进行斗争。在当前的客观形势下，我们应当实现的不是一般的转变，而是具有决定意义的转变。

我们在饥饿进军中做出了成绩，在领导罢工的战斗中也做出了成绩。例如，在去年矿工罢工期间，我们极大地加强了我们党的影响和威望，赢得了工人对它不断增长的信赖，尽管罢工没有满足所提出的要求。在黑人群众中扩大影响方面，我们取得了在美国前所未有的成绩。被剥削的黑人群众把党看做是自己的政党，这一成绩对于共产党来说是前所未有的。在这个方面，党为拯救在斯科茨伯洛被判刑的黑人青年而开展的斗争，是一个最重要的转折点。这也取决于党内的工作，取决于党内为反对白色沙文主义而开展的广泛的斗争。

我们在一定程度上转向了群众。在实现这一转变的同时，我们党也巩固和发展了。我现在举几个数字来说明这一点。在我们美国的经验中，没有任何一件小事、没有任何迹象来证实安贝尔-德罗同志以下的悲观主义理论：各国共产党都没有发展，它们都处在停滞状态中等；似乎正在发生一个变动的过程，一个重心朝着社会民主党某些左的表现转移的过程。美国的经验绝对没有证实这种悲观主义的论断。事情完全相反。难道说美国共产党失去了影响吗？没有……它的影响是扩大了。

在从1月至3月的征收运动期间，党员的人数同去年相比增加了50%以上。不仅是党员的数量，而且党的基础都得到了改进。以前我们有77个工厂支部，而现在工厂支部的数目已达到180个。我并不想夸大。我们在数量方面取得的成绩是：在征收了2000人的地方，我们失去了1000人……而比去年多增加50%这一数字同更早的时期相比较，就已经是小了。此外，还不能保证所有180个工厂支部都在真正地工作。不过，无论如何我们是前进了；共产党在影响群众方面取得了胜利；群众知道党；党比过去任何时候都更加深入到群众的生活中去。可是，如果我们真正严肃地承认关于稳定结束的提纲是正确的，如果我们严肃地认为共产国际从第六次代表大会起作出的全部最近的评价都是正确的,那我们就应当说,我们党的这种数字的增长是不能使我们满意的。应当把党在数量上的发展,同事件的发展联系起来。从这一方面来看,我们应当说什么呢?党在数量上的增加是否同阶级斗争的蓬勃发展、同经济和政治事件的发展相适应呢?不。党落在事件进程的后面了。我们发展了,可是同事件的发展比较起来是太慢了。我们进入了工厂,可暂时还只是从一旁进去的,还没有进入到美国工人工厂生活的深处。

在资本主义稳定的结束的时期,我们在建设革命工会,在改良主义工会内部开展斗争方面应当达到怎样的程度和水平呢?在当前时期,我们能够建立,也应当建立自己的革命工会。可是,如果看一看我们工会的数目和它们的工作总结(关于这一点将有另一位同志详谈),我们就有足够的理由为我们忽视这一工作所产生的后果担忧了。

例如,拿美国劳联和铁路协会内部的工作来说吧。在美国,居然出现了这样的情况,就是在最近半年或一年中,人们都在等待铁路系统的工资即将降低15%或更多,为什么共产党和它的革命工会运动、少数派集团竟没有发动一次对这种工资削减的最起码的抗议行动呢?

当在12月饥饿进军结束以后,我们的某些同志(过去的战争参加者)又开始了一次自发性的老战士向华盛顿的进军,就像饥饿进军一样。在报刊上开始出现了有关老战士情况的报道。忍饥挨饿、衣着褴褛、无家可归的人群,其中很多人胸前挂着战争的奖章,带着妻子和儿女慢慢地进行着。这些饥肠辘辘、流浪徘徊、露宿街头的人开始拦截火车,从车站驱散警察,派出了警戒人员,成百上千的人群占据了开往华盛顿的列车。党考虑到了这一运动的意义,力求把它掌握在自己的手里,并按照布尔什维克的样式提出问题,可是宗派主义的倾向削弱了我们的主动精神。虽然如此,我认为在经过了一定的纠正以后,党还是取得了某些成绩。最近的情况表明,由于在这一运动内部进行了很好的工作,党已争取到它所失去的一部分阵地。可以说这一次的老战士运动是永远不会被人们忘记的。这个运动曾在华盛顿的街道上同枪杀农场主和世界大战参加者的联邦政府的军队发生了公开的武装冲突,当时有老战士们居住的大批帐篷和茅舍被军队彻底烧毁,妇女和儿童受到了毒气的伤害。我们可以说,除非不再发生新的问题,除非不再发生为帝国主义国家带来臭名的华盛顿的流血屠杀,否则资产阶级就不能再动员居民参加战争了。即使以最尖锐的方式来批评我们的错误,我们也要承认,尽管如此,党在老战士中间还是赢得了一定的威信和起到了领导的作用。

在党内有一种把老战士运动描写成纯粹失业者运动的倾向,这是不对的。

我们在失业者运动中做了什么呢?我已经指出了我们在12月饥饿进军中和党在动员失业者方面的其他措施中所取得的成绩。可是,我们是否有效地组织了同失业进行的斗争呢?总的看来是没有的。我们是否发挥了群众的主动性呢?如果同当时的条件比较起来,当然是没有的。

但是,我们在组织去年12月的失业者饥饿进军方面有很大的成绩。同样应当强调的是,在反对强迫失业者迁移的斗争(这个斗争也伴随着同警察的武装冲突和成千上万名工人反对警察暴行的武装冲突)中,也取得了一系列成绩。党正是在进行了具体的斗争,在实际上引导工人实现了部分明显的要求,在把失业者委员会变为争取实现工人的特殊要求和需要的具体斗争机关的地方,在反对失业者由于缴纳不起房租而被强制迁移的地方,取得了一系列成绩的。不过总的说来,关于组织失业者开展广泛群众运动的工作还是以后的事。

并非我们所有的错误都带有宗派主义的性质。我们应当向共产国际做严肃自我批评的,是我们在战争问题上的错误。我们提出的任务是利用帝国主义列强之间的矛盾。正如库西宁同志所指出,我们也应当这样做。不过，我们这一错误的实质正在于，当我们利用这些矛盾的时候，没有足够地打击美国本国的资产阶级，打击美帝国主义这个群众在战争的具体形势下面对的敌人。

承认犯了这样的错误当然是令人很不愉快的。不管我们错误的严重程度如何，应当承认它的性质对于共产党来说是非常危险的。在反对本国帝国主义资产阶级的斗争中绝不要走得太远，首先反对的是自己的帝国主义国家，这是列宁主义的一个基本要求。在《工人日报》上使用了"天然盟友"这个词，其意义是说在苏联和所有帝国主义强国中的最凶恶的强盗之间有着某种利益的共同性——这绝不是进行共产主义宣传的一个方法问题。

在口号方面也还有另外一个错误。党提出了绝不应当作为党的口号的一些口号，按其性质来说，这些口号应当由非党的群众组织提出，而党给予支持，同时并提出自己的共产主义的、革命的口号，以区别于这些半革命的并非很全面的群众的口号。

如果我们回顾一下以往的经验并且自问：我们有什么保证，使美国共产党既要实现，又要善于实现决定性的转变，那就应当看到，美国共产党的威信在最近几个月中已经有了很大的提高。事实是，尽管自己犯了错误，党仍然表明了它是能够进行战斗的，它在领导罢工，准备斗争并把斗争坚持到底方面，在工人中间赢得了威信。

我认为，在美国各大铸钢厂中即将爆发非常重要的战斗（尽管它的到来有多么迅速还不好说）。只要我们能够为这一斗争做好事先准备，冶金工厂的这一斗争就将成为一个转折点。请允许我这样说，在最近几个月即将爆发的铸钢工业中的斗争，要比12年前由福斯特同志所领导的铸钢工人的大罢工强大10倍，这一次罢工将是他和党一起领导的。

我们在工厂支部的工作中已经做出了成绩，这就表明我们是可以做好工作的。我们懂得如何建立这种工厂支部网，这些支部将把铸钢工人的斗争,变成美国历史上的一次最大的战斗冲突。我们一定能够通过这些发动来粉碎社会法西斯分子。值得注意的是,资产阶级的这些走狗当前正在开展斗争的每一个地方加倍进行自己的运动。

为了使这些发动中出现转变,无论在理论上还是在实践上,提出局部性要求对于我们说来都是十分清楚的问题。

我们有一个优越的条件,它的意义比现在很多人想象的要大得多。这个优越性来自于这样一个事实,就是美国共产党是同苏联存在的全部历史意义紧密相联的。只是资产阶级、法西斯分子、半法西斯分子和社会法西斯集团不得不重视苏联的这一事实,就足以向我们表明,我们需要做什么和能够做什么了。我们的最薄弱环节就是应当怎样实现一项最特殊的任务,即在工会中宣传苏联的任务。

我们应当彻底根除在新的蓬勃开展的运动(老战士反对政府的斗争)面前表现出来的任何犹疑不决。在这个方面,我们是否能够做出成绩呢?我想我们是能够做到的。

斯大林同志在三年以前就说过,在共产国际的少数支部中,有一个支部被历史赋予了在世界革命中的决定性作用,这就是美国共产党。库西宁同志在几个月前也说过,完全不能认为美国工人阶级是最后推翻自己的资产阶级和取得革命胜利的阶级。

美国共产党将以全部的勇敢和大无畏精神(它是具有这种精神的),丰富的经验和决心,努力提高自己,以无愧于这些期望的话。

阿尔托贝利(阿根廷):

南美各国在一系列国际资本主义的矛盾中占有怎样的地位呢?在1914—1918年战争以后,在各帝国主义国家之间为了对南美各国实行独占而展开了特别激烈的斗争。这里指的是整个大陆,是几千万遭受残酷剥削的劳动人民;这里指的是这些国家不仅在提供农业原料方面具有很大的意义,虽然在这个方面南美各国已经得到了劳合-乔治应有的评价,他有一次曾说过:"可以说,在上一次战争中,盟国主要靠阿根廷的肉和粮食才取得了胜利。"这里指的是南美各国所生产的一切和它们的战略地位。

其次,拿太平洋问题来说,这个问题在一系列的世界性矛盾中起着非常特殊的作用。这个问题是否也涉及南美呢?是的,因为这是争夺太平洋,争夺太平洋的南美海岸的斗争。

或者拿委内瑞拉、玻利维亚、阿根廷的北查科省等盛产的石油来说。

或者拿具有很大军事意义的硝石来说,智利的整个国民经济都是以它为基础的。这就是帝国主义者为独占智利而进行激烈斗争的原因了。

危机的发展在南美要比在其他任何地方都更为猛烈。

在阿根廷,危机发展的后果是怎样呢?一方面是工人群众前所未有的贫困化,同时伴随着群众的大规模斗争(大多是自发的斗争);另一方面是帝国主义者为独占这个国家而进行的愈益尖锐的斗争。帝国主义的压迫空前地加剧,并且已经在这个国家的各个方面引起了一系列的变化。最近在阿根廷就发生了政变,在秘鲁、玻利维亚、巴西也发生了两次或三次改变,而在智利,政变更是接连不断。

非常明显,在南美各国,所有这些事件的发展都导致了战争的发生。南美各国的统治阶级对于苏联,则是积极地支持对它进行武装干涉。阿根廷同各帝国主义国家有着更加紧密的联系,特别是在最近,可以举出一个新的事实,就是出现了同日本接近的趋势。

阿根廷派了一个专门的商务代表团去日本,日本对阿根廷也是一样。在大西洋沿岸各国,日本已开始执行一项一贯的政策,其目的是要在这些国家中站稳脚根。日本企图垄断阿根廷的肉类罐头业,这是同日本在远东进行战争相联系的。

不久以前，意大利派了一个以巴尔博为首的军事代表团到巴西去，这个代表团访问的结果是，在巴西和意大利之间签订了一项秘密协定。

然而，我认为应当反对我们这里一个相当流行的观点，即南美各国只有当帝国主义国家对苏联发动进攻和在帝国主义者自己中间发生冲突的时候才会加入战争。事实并非如此。当然，阿根廷采取的是这样的立场，可是问题不仅在这里，问题是由于发生了危机，由于帝国主义者之间斗争的尖锐化，以及南美各国需要在战争中找到摆脱危机的出路，所以在南美各国间爆发战争就成为可能，这也可能成为各帝国主义国家间爆发战争的原因。这样的发展趋势在我们这些国家中已被很多事实证实：第一，在墨西哥和秘鲁之间外交关系的破裂，然后是阿根廷和乌拉圭之间由于石油问题所引起的关系的破裂和帝国主义垄断组织之间的斗争；然后是玻利维亚和巴拉圭之间的战争，这一战争的规模越来越大，并使南美的多数国家卷入了进去。最后是巴西内部的非常激烈的战争——在圣保罗为反对联邦政府而举行的起义。

意大利政府威胁说，它要对圣保罗州宣布战争。玻利维亚和巴拉圭之间的战争是由石油问题引起的，但是，这个问题所涉及的不仅是起着帝国主义利益传动装置作用（如果可以这样说的话）的玻利维亚和巴拉圭。问题还在于对拉普拉塔地区石油来源的控制权。正因为如此，在玻利维亚和巴拉圭之间的冲突就越来越复杂化，并且有可能卷入其他的国家——今天我们已经看到，阿根廷就卷入了这一斗争，它把自己的军队派到了玻利维亚的边境线上。乌拉圭的一位外交代表声称，玻利维亚的利益就是乌拉圭的利益。巴西则以这两个国家调解人的面目出现，南美的其他国家也有可能卷入这场战争中去。巴拉圭的参谋总部就是由在亚松森的阿根廷军事代表团所领导的。

在资本主义危机和资本主义稳定结束的时期所造成的矛盾的体系中，南美洲的意义是巨大的。正因为如此，我们认为必须指出，在第十二次全会的提纲中,应当说明这个重要事实的意义;我在这里不是作为南美洲的代表或公民从本国的立场出发,而是站在共产国际的国际主义立场上来发言的。

我们欧洲一些共产党的报纸在谈到南美洲时说(它们这样做,一年也不过几次),存在着一个巴拉圭帝国主义。而在南美洲进行角逐的两个帝国主义国家中,一个共产党的代表对于这个问题却一句话也没有说,这一点也是意味深长的。

这样的过低估计也可以从下面的事实中看出来,即阿姆斯特丹反战大会所发表的宣言——如果只从报纸上发表的它的全文看——对于玻利维亚和巴拉圭之间的战争也是只字未提的。

我并不打算论证南美洲是世界矛盾的中心,要这样做是愚蠢的。可是,随着各帝国主义大国之间矛盾的加剧,对于各国在南美洲为争夺利益而进行角逐的越来越大的意义绝不能估计过低。这是事实。南美各国斗争加剧的本身在某种程度上影响着各帝国主义国家之间矛盾的发展。

我现在来谈另一个问题。我们完全同意提纲中着重提出的关于局部性战斗和经济斗争的问题。在南美洲,无政府主义的传统是根深蒂固的。现在,在那里主要还是广泛的群众的自发发动,共产党在组织上还很弱小。由于这种情况,也就出现了一种危险性,就是一些人硬说我们应当放弃局部性战斗。现在就应当同低估关于资本主义稳定结束的论点进行斗争,同由此得出我们应当放弃局部性战斗的结论的幼稚观点进行斗争,因为这种论点会在几十年内阻碍我们各个党的发展。

正因为如此,我们认为提纲完全正确地规定了在对当前时期(即资本主义稳定的结束)的评价和必须进行局部性战斗(他应当引导我们去为争取政权进行伟大的革命群众战斗)之间的关系。我们认为这一观点是绝对正确的,它必将促进我们各党的发展。

应当把关于我们同工人群众的联系(这种联系现在还是很薄弱的)

问题，同当前很尖锐的关于罢工和局部性战斗的问题联系在一起。我们的组织状况还远远不能适应我们党在选举运动中和宣传方面所具有的极大的影响。

我想在阻碍群众局部性罢工发展方面的那些困难中，我们首先应当指出的是我们同群众的组织联系的薄弱，我们在企业中的支部、我们的红色工会弱小，特别是在改良主义工会中革命反对派弱小。我们的红色工会在一定阶段上的发展，是以我们在改良主义工会中的工作为转移的。

随着当前危机和各种矛盾的尖锐化，群众运动也蓬勃发展起来。在南美洲的大多数国家中都发生了工人的战斗。最近几个月在智利就爆发了大规模的群众运动和几十次罢工，如果根据报纸披露的不全面的消息来看，由于达维尔改革的发生，最近几个月在南美洲的某些地方建立了一些苏维埃。这些大规模发动的出现是由于工人的工资几乎在各处都降低了40%—50%，大规模失业的猛烈发展，仅在阿根廷的1200万人口中就有50万失业者得不到任何补助金。千百万工人和农民正在忍饥挨饿。

这样的结果是，如果说1931年在巴西总共有9.6万名工人参加了罢工，那么在今年的五个月中就已经有12.4万人了。

在最近的五个月中，在阿根廷罢工的人数达到了20万人，而且几乎包括了所有的工业部门：石油工人、制冷工人、电车工人——甚至连处于背叛的改良主义领导下的工人也把罢工当作为斗争的手段了。在工人群众的压力下，强大的罢工运动开展起来了。

对于我们来说，阿根廷罐头工业的罢工有着特殊的意义，因为这些罢工带有政治罢工的性质，并且是在日本向制冷企业提出大批订货和开始收买其股票的时候发生的。这时罢工者提出了各种经济上的要求，并把它们同远东的战争问题，同反苏武装干涉的威胁联系在一起。

当我们还没有克服阶级敌人对党、对工人群众的影响时,我们就不能指望局部性战斗的发展。首先,反对党内派别的斗争是比较容易的,因为这些派别公开进行着反对无产阶级在土地革命和反帝革命中的领导权的斗争。现在这些小资产阶级的派别声称:"我们主张土地革命,我们反对帝国主义者,我们赞同无产阶级的领导权。"可是,这一领导权应当以谁为首呢?当然是小资产阶级的派别。这是在革命的群众运动中争夺领导权的一种更加巧妙、更加危险的方式。由于这些派别在各个国家中进行着非常狡猾的蛊惑宣传,使得事情更加复杂化了。

在秘鲁,人民党的首领阿亚·德拉托雷声称,他同莫斯科有联系。

在阿根廷的激进派党内有一个自称为"布尔什维克激进派"的阶层。

不久前,在智利还没有一个社会主义政党,而现在那里的社会主义政党至少已有了10个左右。为了欺骗群众,每一个正在夺取政权的派别都把自己说成是社会主义者。

在反对小资产阶级的斗争和争取无产阶级对革命群众运动领导权的斗争中,我们取得了某些局部性的成绩,但只是局部性的成绩而已。例如,在巴西就有一些派别承认了自己的错误,并在党的面前放下了自己的武器。这就表明,我们的党虽然很弱小,可是还能够给予小资产阶级的阶层以打击。

最近我们可以看到,我们各党都有了普遍的提高。几乎所有的党都发展了,加强了自己对群众的影响,扩大了自己的联系。某些党,例如秘鲁的党有了极大的发展。根据共产国际南美局的统计材料,秘鲁党现在已有6000名党员,其中1000多名是印第安人。这对于秘鲁年轻的共产主义运动来说,确实是一个很大的收获。

党在政治方面和思想方面也巩固了。它们在争取制定一条更加明确的政治革命路线的斗争中,在争取使工人占有大多数的斗争中得到了加强，这一斗争虽然刚刚开始，可是它已经使南美的每一个共产党的工作都取得了一定的成绩。

在厄瓜多尔，有两个共产主义的派别实行了合并。此外，最近在秘鲁和智利还建立了两个共产主义青年联盟。

在阿根廷，我们党在加强自己的影响，使工人在党内占有多数等方面都做出了成绩。乌里武鲁的残酷的独裁既没有摧毁了我们党，也没有把它同群众隔离开来。但是，我认为阿根廷共产党的弱点还是它的宗派主义，这种宗派主义妨碍它去领导群众的运动。应当说，在阿根廷，社会主义的和无政府主义的运动已经存在了40年，它们都对群众有很大的影响，都有自己的传统的斗争方法、罢工方法等。由于没有找到接近这些群众的途径，所以党还没有使他们受到自己的影响。不过，可以毫不夸大地说，我们的一般的影响还是很大的。例如，五月一日那天，在以社会主义者占优势的布宜诺斯艾利斯和以无政府主义者起着主要影响的罗萨里奥，游行都是在共产党的领导下进行的。

可是，如果把党的这种一般的影响同它的组织的影响比较一下，那就可以看出是非常不相称的。

对于我们来说，统一战线策略具有很大的意义，我们应当认真地研究德国共产党的经验，并把它应用到南美洲的国家中去。

在策略方面，我们还是很弱小的，可是尽管如此，在经过了18个月血腥的军人专政以后，我们还是对群众做了一定的动员，召集、组织和领导了一些对于阶级斗争的发展具有很大意义的大罢工，像石油工人和制冷工人的罢工；同时，党本身也发展了。

社会党人的名声虽然不好，可是它们在进行蛊惑宣传方面仍然取得了一些胜利。

我们正面临着独立进行斗争的问题，这就是说，要使群众摆脱那些主张走国家政变道路的派别的影响，不如此，我们就不能发展革命的群众运动。

我们的主要弱点是，我们落后于群众的战斗力的发展，我们迟迟没有消除在我们的一般影响和在组织上吸收工人群众之间的不相适应的现象。我们的弱点还表现为，我们在南美洲几乎没有提出关于农民的问题，对于阿根廷共产党来说，这是一个最主要的弱点。

我们阿根廷党的弱点还在于，我们没有十分清楚地、坚决果断地提出民族问题和反对沙文主义的斗争问题，在这个方面，只有在秘鲁才开始迈出了重要的几步。

党的理论和思想基础是很薄弱的，因此，一些错误的理论就很容易渗透到党的内部。我们党内在对我国作用的估价上有两个错误的观点：一个观点的代表认为，南美洲各国是不依赖帝国主义的，并从这种想象的独立性出发去解释发生的事件。另一个错误观点的代表认为，南美洲各国只不过是帝国主义者手中的傀儡。这一看法之所以是错误的，因为帝国主义者正在深入到国家的内部，在这里进行活动，并利用这个国家现有的各种矛盾来加强自己在这个国家的影响，并巩固自己的地位。

从策略的角度看，首先应当粉碎植根于某些党内部的工人运动自发论。

有时在一个拥有50万居民的城市里，罢工由三四个同工人群众和工会没有联系的同志来宣布。

在当前资本主义稳定破产的时刻，帝国主义者之间的矛盾更加尖锐化，而反帝的群众运动起着很大的作用。到处都成立了反帝同盟，不过这只是一个闭塞的宗派的核心，它是由几十个对群众没有什么影响的同志所组成的。如果我们不能开展更加强大的反帝群众运动，共产党就不能把整个反帝群众斗争的领导权掌握在自己的手中。

只要我们把反战的斗争提到注意的中心，组织好局部性的战斗，加强我们在企业中的支部，在农民问题和民族问题方面开始进行认真的工作，使工人在我们党内成为大多数（这一点最近已经开始），我们党就一定能够成为真正的群众性的共产党，能够引导群众沿着反对帝国主义、反对资产阶级和封建政府的斗争的道路前进。

（休会）

第十三次会议

(9月3日晚)

主席：王明

讨论库西宁和台尔曼的报告

特洛伊（爱尔兰）：

我们在提纲中谈到了资本主义稳定的结束和向革命和战争新时期的过渡。

我们可以说，关于革命的高潮不仅是发生在最先进的国家中。在1916年世界大战期间，在爱尔兰爆发的起义，是一颗宣告革命时期到来的火星，后来它果然燃遍了整个的欧洲。现在，在爱尔兰我们就目睹了这一新高潮，特别是反对不列颠帝国主义运动的高潮。

爱尔兰的革命高潮是在怎样的条件下发展起来的呢？首先，是严重的经济危机。但是除去经济危机的各种后果以外，我们还承担着帝国主义统治爱尔兰所造成的特别的重担。首先，爱尔兰的工人和农民担负着两个政府的开支，每年需要4000万英镑；英国每年要通过土地税的形式得到300万英镑，每年还要通过向退休的英国军事人员、警察、法官支付退休金和为军队（首先是驻扎在爱尔兰的军队）租用营房支付租金的形式付给英国200万英镑。在这样的情况下，在爱尔兰爆发了反对帝国主义的运动。面对着群众运动的这一高涨，科斯格雷夫政府、大工业家、英国—爱尔兰资本家和畜牧专家实行了所谓的强制法。各革命工人派（爱尔兰的共产主义组织）、爱尔兰共和军、国际支援革命战士协会、苏联友协及其他的类似组织都遭到了禁止。在危机的打击下，以及在小农场主和农业工人空前规模的失业和困境中，在1921年签署了条约的科斯格雷夫政府在1932年2月的选举中被推翻了，由民族改良主义者德·瓦勒拉宣布了爱尔兰自由国家的成立。

在德·瓦勒拉当选后，英国和爱尔兰之间的"小凡尔赛"条约便开始破产了。资本主义稳定的结束在爱尔兰也表现出来了。

德·瓦勒拉拒绝支付土地税，缴纳补助金，并拒绝宣誓效忠英王，这样一来在爱尔兰自由国家和英帝国主义之间就出现了异常尖锐的冲突。

同英帝国主义的冲突不仅是由于不支付500万英镑所引起，关于爱尔兰作为不列颠帝国主义军事基地（作为战略基地在英帝国主义的军事计划中起着相当大的作用）的作用问题在这里也起着重要的作用。劳合-乔治在下议院中说过："我们已经从战争的经验中受到了教育，当时爱尔兰的沿岸一带对于我们的船只来说成了葬身之地。如果爱尔兰沿岸一带为一个主权独立的强国所有，那我们就要遭殃。我们绝不能再去冒这种风险。"从劳合-乔治的这一声明中可以看出，在爱尔兰自由国家和英国之间冲突的根源在哪里了。

这一冲突发展成了经济上的抵制，其形式是对进入英国的爱尔兰的全部商品征收20%的关税。如果考虑到爱尔兰全部贸易的90%是同英国进行的，那就不难理解这是一个多么沉重的打击了。

德·瓦勒拉当时的处境是，由于严重的经济危机，他已经不能同英帝国主义一起来瓜分从剥削爱尔兰群众中所得的赃物了。

爱尔兰拒绝效忠英王的问题看来并没有多大的意义，可是实际上这是一个非常重要的问题。爱尔兰拒绝效忠英王给英帝国主义的威望，特别是在印度的威望带来了最沉重的打击,爱尔兰争取独立的斗争在印度得到了广泛的支持。

德·瓦勒拉政府一方面同英帝国主义做斗争,同时在国内实行了一套极端反动的社会政策。民族改良主义者德·瓦勒拉利用拒绝对英王的宣誓,来把群众的愈益不满的情绪和反帝运动引上立宪的轨道。德·瓦勒拉对左派共和主义者、爱尔兰共和军说:"如果我们取消了对英王的宣誓,你们就能够进入我们的议会,并通过立宪的途径进行活动。既然你们能够在议会中执行法律并作为和平的公民进行活动,那就没有什么必要搞武装斗争了。"

另一方面,德·瓦勒拉在拒绝向英国人缴纳土地税时对小农场主们说过:"你们应当把这笔费用上缴爱尔兰国库,我们将不把它们转交给英国,可是我们也并不能因此就免除你们缴纳的义务。"德·瓦勒拉政府还保留了在爱尔兰群众中声名狼藉的秘密警察。政府利用警察和军队来镇压罢工,强迫群众迁移,等等。德·瓦勒拉政府实行了有利于巩固爱尔兰资本主义的关税政策。在这个问题上我们在爱尔兰也犯了错误:我们只看到了德·瓦勒拉在社会政策方面的反动性,可是忽略了他反对英帝国主义的斗争。这就使得我们在一段时间内脱离了反对英帝国主义的群众。这一错误得到了纠正,现在我们把主要的注意力放在反对帝国主义的斗争上。这一经验表明,在当前时期,在各殖民地国家和遭受帝国主义者压迫的国家中,除了社会民主党以外,我们还有另一个在工人中间有着群众基础的敌人,这就是民族改良主义。在爱尔兰民主改良主义者可以在反对英帝国主义的旗帜下,在社会生活中实行极端反动的政策。

当前,反对英帝国主义的运动正在迅速地发展着。群众支持了这样的口号:"不向英帝国主义缴一便士的税;不要宣誓,不要帝国!"在爱尔兰共和军的队伍中正在发生激烈的分化。爱尔兰共和军的战士们开始越来越清楚地看到,民族改良主义者不能同英帝国主义进行毫不妥协的斗争。例如他们听到了德·瓦勒拉关于反帝斗争的声明。德·瓦勒拉说,他同意使爱尔兰以某种形式留在大英帝国的体系内,并对英王的权利予以一定形式地承认。德·瓦勒拉不便公开声明说他不愿为独立的爱尔兰共和国继续进行斗争,而是企图把群众的要求归结为宣誓和土地税问题,企图以此来取消反帝运动和加强爱尔兰资本家的地位。

但是,群众的压力已经迫使德·瓦勒拉对小农场主做出让步,同意他们在土地税方面逾期未付的全部欠款再延期一年。

工人运动也在蓬勃地开展着。在很多城市中,其中也包括革命工人组织尚未深入进去的中心地区,都在发生失业者的示威游行。我们一般地可以看到群众运动的巨大高涨,非常迅速地发展到1919—1921年英爱战争时期的巨大规模。另一方面,大资本家出口商和牧主们也开始感到害怕了。他们开始害怕这一运动会走得太远和失去英国的市场。他们对群众实行了经济压力的政策,一些大农场主已经在解雇自己的工人。我们还看到了在前科斯格雷夫内阁成员领导下建立起来的新的法西斯警察。

我们简单地说一说北爱尔兰,那里的情况有些不同。那里正处在深刻的危机之中。例如,在原有2.5万名工人的造船厂,现在只剩下了3000人;在过去有10万名工人的纺织工业中,现在只剩下了这个数目的20%—25%。群众运动在发展着。在贝尔法斯特实行贫困调查法期间,发生了有几千名工人参加的规模巨大的示威游行。仅仅在上星期就发生了有公用事业各种工作的1万名工人为争取改善劳动条件的示威游行。

在这方面应当指出一个非常重要的现象。可以说,我们在爱尔兰工人运动的历史上第一次看到基督教和天主教工人联合举行的示威游行。这在贝尔法斯特是一个非同寻常的现象,因为在那里宗教之间的对立带有十分残酷的性质，而且已经不只一次地发展成为流血的冲突。英帝国主义利用奥伦治工人和天主教工人之间的宗教纠纷作为镇压反帝运动的杠杆，当前这些工人联合举行示威游行，在爱尔兰是一次最有意义的事件。这一事实表明，英帝国主义的这一重要杠杆已经开始不中用了。

在这样的形势下，革命工人派（爱尔兰共产主义组织）面临着一项重大的任务。他们应当动员一切反帝的成分——工人、小农场主和革命的小资产阶级分子——去进行反对英帝国主义的坚决斗争。爱尔兰共产主义组织应当开展工人的经济战斗，以便从实际上揭露德·瓦勒拉政府的社会反动性。在这一斗争的过程中革命工人派应当尽力地改造成为爱尔兰共产党。这个党是领导这些战斗直到最后胜利的唯一的力量。

在这样的形势下，我们在爱尔兰必须建立一切反帝成分的广泛的统一战线，为反对英帝国主义进行坚决的斗争。要广泛地开展这一斗争，打破德·瓦勒拉政府所规定的各种限制，把这一斗争变成为争取实现爱尔兰的完全独立和统一，建立爱尔兰工农共和国的斗争。我们还面临着一项建立群众性的工会统一联盟的任务，以争取实现对工人经济战斗的领导。

在当前同英帝国主义冲突的条件下，革命工人派的最重要任务不仅在于积极地参加反对英帝国主义的运动，而且还在于争取对运动的领导，使运动越出民族改良主义和小资产阶级共和主义的范围，变成为反对英帝国主义和爱尔兰资本主义的劳动人民的群众性运动。

这就是我们革命工人派的一项重大的任务，这些革命工人派的成员现在还没有几千人，而只有几百人。因此有些人说："我们要领导这样的运动是太弱小了，我们要建立统一战线是太弱小了，即使我们建立了统一战线，由于我们太弱小，领导权一定会被别人夺走，我们是不可能领导这一运动的。"我们应当对这些论调给予最坚决的反击。不用说，要领导运动我们是太弱小了，可是我们只有坚决地为自己提出掌握运动和实现领导的目的,我们才能够在斗争的过程中,在爱尔兰建立一个群众性的共产党。

同志们,我们的最重要任务就是这样。虽然现在我们在爱尔兰还没有一个共产党,可是我们相信和希望,到共产国际执行委员会第十三次全会召开时,爱尔兰共产党一定会在无产阶级的战斗中和反帝斗争中取得很多的胜利,并将申请加入共产国际的队伍。

安贝尔-德罗(瑞士):

我的发言并不是为了在这个讲坛上来维护由我起草的我们党中央委员会最近一次全会的政治决议。我之所以不打算这样做有两个原因:第一,因为在我们党内没有任何人——无论是决议的起草人,还是决议制定委员会的参加者,以及一致通过了决议的政治局和中央委员会的成员——打算制定一个反对共产国际路线的纲领。

第二,我所以不打算这样做,是因为在全会召开以前在中欧国际秘书处进行的讨论,使我同我们代表团的其他成员一样,确信我们党中央最近一次全会所通过的决议是完全错误的,这是一个机会主义的决议,它的路线是同共产国际的路线相对立的。这个决议应当受到谴责,应当同它进行坚决的斗争。我们在代表团中已经开始采取步骤,使我们党不把这个决议作为今后自己工作的指令来通过。

因此,同志们,我的发言不是要为这一决议进行辩护,而是为了揭示它的主要错误,强调指出它的具有重要意义的两点,照我看,这两点赋予了这一决议以机会主义的性质。

决议中这方面的第一点,就是对当前形势和国际局势,对共产国际前途的评价。

我们党中央委员会的决议强调指出了危机的深刻化、帝国主义战争危险的增长、反苏战争危险的增长,还指出了资产阶级进攻的加强,但是，同这里所提出的提纲和第十二次全会所做的决议不同，我们党中央的决议没有作出关于资本主义稳定的结束和进入各阶级之间和各国家之间巨大激烈冲突的新时期，即新的一系列革命和战争时期的结论。相反，它所指出的前景和它在国际局势中所强调的方面，就是资产阶级有可能找到摆脱危机的资本主义的出路。

事实上，在这个决议的最后一章对形势是如下分析的：

"战争，使被压迫人民和劳动阶级遭受贫困和奴役，是资产阶级暂时摆脱目前危机的唯一可能的出路。如果无产阶级不能结成全体劳动人民的强大统一战线来进行抵抗，那这一出路是可能出现的。不过资本主义的这条出路只是暂时的。它将要使资本主义的总危机更加深刻化和加强阶级之间的对抗，它将要使危机更加沉重和更加难以克服，使在贫困、遭受剥削和危机的不断加强下义愤填膺的群众走上摆脱危机的唯一可能的道路，这就是为争取从资本主义剥削的桎梏下得到解放，为建立无产阶级专政（它是建立社会主义的第一步）而举行革命的发动。"

我们党中央决议所强调的正是资产阶级有找到资本主义摆脱危机出路的这种可能性。这一点是根本错误的，它必定会在整个决议中给党的工作作出错误的实践和政治结论。

同志们，很清楚，这一立场是错误的机会主义立场，正如在1928年共产国际第六次代表大会以后，我同一些调和派分子在解释六大关于资本主义稳定问题时所采取的立场一样。那时正处在转变的时刻，战后资本主义总危机第三时期开始的时刻，我们所强调的是稳定的加强，而不是那些使其进一步腐朽和必将被消灭的各种因素。而目前，在发生转变，在应当指出稳定的结束和向新形势过渡的类似的形势下，我们又强调了资产阶级有找到资本主义摆脱危机的出路和延缓资本主义稳定的可能性。

可见，现在又重复着1928年所犯过的那个主要错误，不过我想谈另外一个主要点。我指的是在关于当前的革命高潮和共产国际成绩问题的决议中所提出的论点。在谈到国际共产主义运动任务的那一段话中这样写道：

"在当前形势下各国共产党的任务就是要组织和领导被压迫人民和劳动阶级反对资本主义制度、争取摆脱危机的革命出路的群众战斗。"

应当指出，虽然在决议中也谈到了摆脱危机的革命出路，但是重点不是在必须为这一出路准备条件，不是去动员群众以保证它的实现，而是在资产阶级通过资本主义道路摆脱危机的可能性上。因此，我在这里所引用的一段话，绝对不能改变决议的基本的机会主义性质。

"各国共产党要达到这一目的，就要加强革命斗争来反对帝国主义战争和反对瓜分中国，保卫苏联，保卫中国人民，要准备、组织和进行阶级斗争，反对资产阶级的经济进攻和政治进攻，反对降低工资，争取缩短工作日和实现失业者的要求，反对物价高涨，反对高利贷式的房租，反对银行对小农的高利贷盘剥，反对打击工人的各种直接税和间接税，反对镇压工人运动和反对法西斯主义。

共产主义运动在发动无产阶级方面正在遇到工人群众内部的障碍，即社会民主党这个工人阶级内部敌人的代理人的影响。

为了发动工人阶级并引导他们进行胜利的斗争，应当争取工人阶级及其同盟者的大多数，首先是农民贫困者……"

在这里要指出一点。这一提法是错误的，它受到了《共产国际》杂志编辑部的正当的批评。我对这一批评是完全同意的。应当指出，这一提法不仅是错误的，而且它还同决议基本的机会主义的整个错误路线相一致。

"……实现劳动人民各派别的统一战线来进行斗争和维护他们的直接要求，

在反对社会民主党的斗争中，把尚处在社会民主党政治影响下的数百万工人争取过来。

应当承认，在危机的最近几年里，如果从整个国际范围来看，各国共产党在争取社会民主党工人方面还没有取得有决定意义的成绩；相反，尽管有千百万工人选民背向了社会民主党，尽管存在着数百万失业者和可怕的贫困，各国共产党仍然没有能够建立起广泛的统一战线来动员群众，反对资本的进攻，也没有能够对基本群众给予自己的影响。英国、普鲁士、法国、瑞士的选举都证明，共产党的影响正处在死点上，甚至处于下降的状态。在我们的影响有增长的那些地方，我们支部的工作也大大落后于有利的客观条件。

对于这种状况必须引起注意，我们应当采取严肃的布尔什维克式的自我批评，即将举行的共产国际执行委员会全体会议应当找到一条消除这种状况的途径。我们的群众工作方法必须极大地加以改进，以便使我们的运动能够对于群众具有更大的吸引力，从而加强他们反对资本主义及其在工人阶级内部的主要社会支柱的战斗力。"

同志们，我们从决议中引用的所有这些地方都说明了对国际革命运动，对我们党的生活和工作的悲观主义和失败主义的估计。我们不是在决议的这些段落中说明国际工人运动的高涨从而推动我们党的工作（我们党要比其他的党更需要这样做），开展党在群众中的工作，在工作方面同共产国际其他支部的行动一致。我们没有这样做，而是对共产国际各支部的活动做了完全失败主义的估计，这种估计的错误已被这一决议通过后最近几个月事件发展的进程所证明，被工人运动的发展，被我们各党，特别是德国共产党所取得的成绩，以及下层统一战线发展的事实所证明。

我所引用的决议在两个地方谈到了党的基本路线，并使这一路线具有了机会主义的性质。由于这种情况，我在发言中还谈到的其他问题——如关于社会民主党的问题——我们的决议也缺少必要的明确性，并包含着机会主义性质的错误。

这条路线（它是根本错误的和机会主义性质的）使得这一决议（不管它的作者们的意图怎样）成为反对共产国际决议路线的一个国际性纲领。共产国际的做法是正确的，它坚决地反对了这一决议，特别是对于我们党的态度，因为这个决议对于我们党具有特别危险的性质。

这个决议为什么在我国具有特别的危险呢？第一，应当指出在1928年，即共产国际第六次代表大会以后第三时期开始时，我们党所采取的立场，这时的瑞士共产党中央委员会采取的是反对共产国际执行委员会主席团对六大决议所做的正确解释的机会主义立场。遗憾的是，1928年在我们党采取这一立场的人不是一个人或中央的某些成员。我们党和共产国际在1928年以后为改正我们党的政治路线，使瑞士共产党理解共产国际路线的正确性方面所遇到的困难表明，这一机会主义的流派是在我们党的广大阶层中，而不只是在它的领导成员中形成的。

我们这个决议在当前时期的另一个危险是，我们党正在感受到迫切需要摆脱自己宗派主义闭塞性和机会主义的消极状态，以便参加工人阶级的斗争和找到领导这一斗争的途径。去年，我们党，特别是当前其最重要的组织——在政治方面以及在党员的人数方面——苏黎世组织为了进行群众工作和在这一工作中实现同社会民主党工人和非党工人建立统一战线的政策方面，已经做出了很大的努力。正当我们党尽力摆脱消极状态，以便开展群众工作的时候，我们面临着一个很大的危险，这就是对我们最重要活动发生了影响的政治路线好像并不是我们在决议中所提出的那样的机会主义路线。统一战线在实行中并不是下层统一战线，而可能重新成为旧的中央委员会时期的上层统一战线，它不是无产阶级的统一战线，而是同社会民主党的联盟，正如在我们党整个工作期间在巴塞尔所实行的全部政策那样。这一点在我们决议中的表现为，我们谈到了革命的工会必须对改良主义组织实行统一战线的政策，而没有指出这个统一战线应当是同基层组织，同各工会小组，而不是同瑞士工会联合会的中央组织来实行。

这一点在我写给共产国际执行委员会信中提出的建议上也同样地指出来。在这里，我认为，在日内瓦有可能按照对待"左派"社会民主党的方式来行动，即向它们发出公开信，提出统一战线的建议——不仅是同工人，同社会民主党工人，而且也同以"左派"社会民主党的领袖们为首的日内瓦社会民主党的组织建立统一战线。

这一危险也表现在我们党的实际工作中。如果我们看一看我们党在沙夫豪森失业者组织方面是怎样工作的，那我们就会看见，我们在那里参加了以叛徒布林戈尔夫为首的失业者委员会，这个组织的书记竟是我们党的政治局委员，一位优秀的同志，维赫列克；在这个失业者委员会中我们共产党的同志不是去进行坚持不懈的斗争以揭露沙夫豪森叛徒领袖们的政策，而是为失业者组织的斗争和工作建立某种合作。

在日内瓦也表现出了同样的危险，同样的情况。在那里社会民主党的"左派"领袖们在十分巧妙地玩弄花招，他们在那里不顾瑞士社会党中央的禁止，而同意加入苏联友好协会。我们有一个苏联友好委员会，其中的委员有5名共产党人，3名瑞士社会党人，而且还不是社会民主党工人，而是日内瓦社会民主党的首领，包括尼科尔本人。我们的同志在这个委员会中也远远没有去揭穿这些社会民主党的领袖们。在这个委员会中我们也建立了"左派"社会民主党领袖同共产党员的合作。最近，由于即将召开阿姆斯特丹代表大会（这些"左派"领袖们也决定参加大会，实际上他们参加了，并在大会上发了言），这些"左派"领袖们在日内瓦成立了大会筹备委员会，由24个组织的代表组成，几乎包括了日内瓦的所有组织：改良主义工会、社会党、共产党。我们的同志在这里的斗争也是很不力的。

我想，我们的政策不应当是自我孤立的政策，在社会民主党"左派"领袖玩弄花招使我们同他们接近的地方,我们同志的策略始终应当是使群众脱离这些领袖,揭穿社会民主党"左派"领袖的花招。而这一点我们的同志竟没有做到,或者是做得很不够。

同志们,最后还有一点,这就是使决议对我们党具有特别危险性的第三个情况,这个事实就是决议并不是一个同志作出的,而是由整个中央委员会通过的。台尔曼同志在这里曾说,这是党的一个耻辱。而更为严重的是,在中央委员会的同一次会议上还一致通过了由其他同志所起草,包括了同样性质错误的其他文件。这就是台尔曼同志在这里所引用的工会提纲和在劳动农民中间开展工作的计划,这个计划的政治路线实质上也是改良主义的。

同志们,我认为,我们党所以采取了这样的立场绝不是偶然的,它不仅(我说的是不仅)是我个人对瑞士共产党中央委员会所起的消极影响的结果。我认为,其根源还应当在国内的形势中去寻找。瑞士没有经受战争的巨大震荡,却利用战争的时机发展成为一个金融资本的主要中心,输出大量的资本。由于这种情况,以及由于瑞士出口的产品一般都有高质量,在世界市场上保证了垄断的地位(钟表工业及其他),瑞士从其中得到了超额利润,使其在好几年内以及在目前都有可能来收买一个相当广大的工人贵族阶层。

我国的资产阶级和社会民主党的领袖们在此基础上提出了一个理论,说瑞士将不会受到世界危机的影响,说它是国际危机大海中的一个岛屿。我们党的叛徒们也从这里提出了瑞士的历史特殊论。

毫无疑问,这些理论都是错误的,不过有一点对的,这就是当前资本主义制度的危机在瑞士还没有像在其他资本主义国家,特别是参加了战争的国家中表现得那样尖锐。

在瑞士,危机开始得较晚,对于工人阶级和工人群众来说,也还没有像我们在其他国家中所看到的那样的后果。例如,瑞士无产阶级的生活水平还没有降低,还没有降到很多其他资本主义国家工人阶级的生活水平上。

还应当补充一点,即我国的社会民主党从它在战争时期参加了国际主义运动,或者说从第三国际召开第二次世界代表大会前夜,它参加了第三国际起,就一直在玩弄花招,而且现在仍在玩弄"左"的词句。在社会民主党发生了分裂和成立了共产党以后,瑞士社会民主党在通过的纲领中提出了无产阶级专政和苏维埃制度。现在,瑞士社会民主党正在广泛地利用着这一"左"的蛊惑宣传来欺骗工人阶级,把它置于自己的影响之下。

我所以这样说,并不是要为瑞士共产党中央委员会通过的决议进行辩护,也不是要进行自我辩解,因为我认为这样做只会使我更加痛苦。我在共产国际执行委员会中的十年工作,会帮助我比其他的同志更能摆脱瑞士环境的影响和正确地对待国际问题,而不是用机会主义的观点(它在我起草的决议草案中表现了出来)对待国际问题。

虽然如此,同志们,我认为在瑞士当前的条件下,我们可以指望党在1928年所没有了解的东西,在今天会比较容易地了解,党一定会尽快克服它的领导所犯的各种错误。

我指的首先是危机在瑞士的迅速加剧,这个危机在这里开始的虽然较其他国家晚,可是它发展的速度却很快,它使瑞士的资产阶级不得不采取迅速和有力的措施,把危机的重负转嫁到劳动人民,包括工人阶级的身上。正因为如此,资产阶级就在国家机构的全力支持下对整个工人阶级的工资实行强有力的进攻,反对发放失业者津贴,进攻工人群众的生活水平。同时还对在我国所实行的某些民主自由实行了进攻,采用了法西斯的统治手段。瑞士正在为法西斯运动奠定基础,法西斯匪徒已经被组织起来,他们帮助警察在街头中对游行工人进行镇压。

这种危机形势冻结了德国和其他国家投入到瑞士各银行中的大量资

本，资产阶级不能再从国外投资中取得利润和利用这些利润来保证对广大无产阶级阶层的影响，瑞士各主要工业部门产品出口额的急剧缩减，所有这一切都说明了现在资产阶级正在大力加紧对无产阶级生活水平的进攻，同时引起工人阶级对这一进攻的反抗。

允许我们有可能迅速克服错误的另一个因素是，社会民主党在瑞士的作用现在被工人阶级，甚至被社会民主党的工人都看得越来越清楚了。当然，社会民主党的某些领袖还在玩弄"左"的词句，可以说，我们都曾经上过某些社会民主党领袖玩弄的这种极左花招的当。社会民主党已成为资本实现对工人阶级进攻的一个工具。例如，拿在苏黎士最近所发生的几次事件来看，社会民主党的警察向工人开枪造成了伤亡，这也擦亮了很多社会民主党工人的眼睛，在社会民主党的队伍中引起了危机。只要我们善于不按照机会主义地，不按照我们决议的精神，而是按照第十二次全会决议的精神，正确地利用这一危机，那我们就能把相当大的一部分工人从社会民主党的影响下争取过来。

社会民主党工人越来越强烈地要求同共产党工人建立统一战线，以反对降低工资，反对减少失业津贴等。社会民主党工人同共产党工人之间的隔阂已经部分地被消除，在他们之间正在建立一定的联系，这一情况为我们提供了有利的条件。

在瑞士，作为资本主义进攻结果的第三个因素，就是群众的激进化和反对这种资本主义进攻的群众运动高涨的开始；这就是工人阶级反对资本，抵抗资本进攻（特别是在降低工资方面）的强大反击的开始。

在瑞士，我们还没有像比利时最近所发生的矿工罢工那样广泛的和自发的罢工。在我国，为了举行罢工还应当有革命工会反对派和革命工会来进行准备。为了动员工人阶级和吸引他们参加斗争，我们应当参加这样的运动。

最近一年来，随着资本对工资进攻的加强，罢工的次数增加了。防御性的罢工和运动的次数也增加了。遗憾的是，直到最近，防御的运动还只发生在次要的工业部门：建筑业和制鞋业中，在大的冶金工业中，工资已经降低了两次，而我们党和我们的工会不仅没有发动起罢工运动，甚至都没有组织好这些工厂工人的真正群众性的抗议活动。

最后还有一个颇为重要的因素，它使党有可能认清自己的错误，并帮助党接受和执行第十二次全会的决议——我指的是最近几个月党在加强自己的工作方面所取得的经验。在最近一年，我们党否决了议会和政府所通过的一项法律——烟草消费税法，只有共产党才为反对这一法律进行了斗争。我们举行了反对这一法律和支持公民投票的运动。在这一次公民投票中，正如我已经说过的，尽管只有共产党反对这一法律，可是大多数人都反对烟草消费税法。这就向党表明，在反对资产阶级力图把各种捐税的重担加给劳动群众的实际问题上，只要党善于提出符合群众利益的正确口号，党就一定能够把工人阶级的广大群众动员起来。

当然，这些群众没有被争取到共产主义方面来，他们也没有处在我们共产党的影响之下，可是他们有时也支持我们的口号。我们在苏黎士和巴塞尔开展房客罢工运动期间也看到了这一点。那时围绕着拒绝缴纳房租，要求降低房租而动员了不问政治、不受我们党影响的广大男女工人群众。特别是为了阻止强迫迁移，我们在一个相当长的时间内，每周2—3次发动工人去同强迫迁移做斗争，从而阻止了罢工工人因交不起房租而被社会民主党警察驱上街头。

最后，我们还有一些罢工运动虽然规模不大，可是在我们党的生活中（在扩大党对群众的影响方面）有着相当大的意义。例如苏黎士暖气安装工人最近的罢工就是这样的。这次罢工不仅反对对工资的进攻，而且也反对改良主义工会所采用以活动工资等级表为内容的集体合同制，因为企业主们可以借助这种工资等级表，根据工会所提供的虚假材料来自动地降低工资。举行这种罢工尤其困难，因为在苏黎士暖气安装工人由三个不同倾向的工会所组成：革命工会、改良主义工会和祖尔策大公司的独立工会。此外，还有一些没有组织起来的工人。这就需要革命工会和我们党为建立这三个工会和没有组织起来的工人的统一战线而做好准备工作。我认为指出这一运动的经验是必要的，因为这一经验对于共产国际的其他支部也是有用的。为了建立这样的统一战线（它使改良主义工会有可能参加我们的发动），尽管改良主义领袖们持反对态度，尽管他们以开除进行威胁，还是应当在我们革命工会发展的同时，也在改良主义工会内部开展革命工会反对派的工作。在提出罢工的问题时，在改良主义工会内部和独立工会内部都有我们同志的一些小组，这些小组维护统一战线的政策和革命工会提出的口号。这些同志使两个工会组织——整个独立工会和改良主义工会中的大多数工人参加了斗争；被吸收参加斗争的还有反对举行罢工的少数人，他们是被迫服从罢工规定的，并且不顾改良主义工会的指示，不做破坏罢工的工贼。

在这次罢工中有另一点经验对于我们也是非常重要的，这就是在罢工委员会中实行工人民主制的经验。这个罢工委员会由整整30名委员所组成，其中共产党员（尽管他们起着领导作用）只占很小的一部分，大部分是改良主义工会和独立工会的工人。可是在那里民主制是一直实行的。在举行罢工的两个月内，罢工委员会定期地召开罢工者的会议。在苏黎世事件发生后警察逮捕了大多数罢工委员会成员和共产党工作人员的时候，工人民主制就显得特别重要了。在举行罢工的六周内所实行的工人民主制使罢工者们改选了领导机构，在罢工者的队伍中发现了新的力量，用新的干部去代替了被捕者，并在苏黎世事件发生后的两周内，不顾当局的镇压，继续进行了罢工。

对于我们来说，在我们党的生活中重要的不仅是实行了400名安装工人的统一战线，而且还围绕着罢工建立了团结的统一战线。当改良主义工会领袖们力图组织工贼活动和发布工会关于复工的指示时，我们则发动了15次建筑工人的停工和声援罢工，以阻挠工贼在工地进行活动。在这8个星期中，为了支援罢工，我们募集了8万瑞士法郎，这次募捐不仅是在革命工会和共产党的队伍中进行，而且也在一般工人，主要是社会民主党工人中进行的。由于这一切，使罢工带有了政治的和革命的性质，当资产阶级和社会民主党联合起来企图以暴力来镇压运动时，这一罢工就具有了极其重要的意义。这一次在瑞士可以使人感受到群众的自发运动。这一运动超出了党的预料，它表现在苏黎世的街头示威游行中，也表现在同向游行人群开枪的警察进行了整整五个小时战斗的工人的巨大战斗力这一事实中。在这些事件发生以后，为了给警察恐怖行为的牺牲者们举行葬礼，党提出了群众政治罢工和停工两小时的口号。这一决定是在共产党中央委员会讨论的，甚至连资产阶级的报刊也承认，支持这一决定的有2000名工人。

必须指出，大工厂并没有停止工作。停止工作的主要是建筑工人和小企业的工人，可是这一问题却成了工人群众讨论的话题，同时它也暴露出了我们党的一个弱点——在整个的苏黎士地区缺少同大的冶金工厂的联系。因此，党没有把这一地区大的金属工业工人阶级具有决定意义的部分及时地发动起来。

这一罢工对我们党所以具有重要的政治意义，不仅是因为罢工者取得了部分的胜利，而且还因为它使得有可能实现罢工者的工会统一，取消独立工会和改良主义工会并把工人集中到一个革命的工会中。罢工还有一点意义，就是它给资产阶级对苏黎世建筑工人工资的进攻规定了限度，使资产阶级根据经验面对建筑工人在降低工资时所表现出来的总罢工的团结精神感到害怕。

罢工激起了瑞士工人阶级对工资降低的反抗。在这次罢工期间和罢工以后，防御性罢工的次数增加了：如日内瓦制鞋工业的罢工、建筑工人的罢工、苏黎世镶木土板工人的发动，然后是我们的工会和我们党影响较小的地区的罢工，如苏黎世的金属工业工人的罢工、因特拉肯革命工会反对派在其中起了重要作用的纺织工人的罢工。

这一运动尤其使我们有可能揭露社会民主党和改良主义领袖、工会联合会领袖们的作用，他们提出了破坏罢工的口号，并在开除的威胁下，在安装工人中间大搞工贼活动。在工会的命令下，安装工人们被送去复工，他们如果拒绝这种背叛性活动，就有被开除的危险。往往这些安装工人自己向建筑工人提议举行团结的罢工，这样一来，也就使他们自己不能充当工贼了。

这一罢工暴露了社会民主党所起的社会法西斯作用，特别是在苏黎世，那里的社会民主党警察装作资产阶级企业主尚未打算采取行动的样子，同时，他们则请求联邦武装部发给机枪、武器和派遣士兵来同苏黎士的罢工工人进行斗争。这一行动在瑞士无产阶级和社会民主党工人中间引起了强烈的不满。工会组织和瑞士社会民主党组织通过决议，抗议社会党领袖在安装工人罢工期间的行为。对于我们党和革命工会运动来说，这不简单是400名安装工人的罢工，而是围绕着罢工对瑞士工人阶级，特别是对广大阶层的社会民主党工人的一次真正的动员。

可是，要广泛地利用我们当时所面临的这些有利条件，党就应该在对待社会民主党方面有一定的明确的观点和路线，在这里我要再回到我们的决议上来。

在这个问题上，我们的决议和我们党的实践也暴露出了极大的缺点。

当然，在我们的决议中，对"左派"社会民主党的作用也进行了分析。在那里谈道：

"认为这些'左派'领袖正在向共产主义方面转变，对于共产党来说是一个非常危险的幻想，因为他们是社会民主党的最狡猾的代表人物，是共产主义运动的最危险敌人。这些人利用共产主义的词句来加强他们对真正革命工人的影响,使他们留在第二国际和瑞士社会民主党内,处于右翼政治领袖和工会领袖的直接影响和真正领导之下,这些领袖在驱逐革命工人方面是同那些'左派'领袖毫无二致的。

认为这些'左派'领袖力图分裂社会民主党也是错误的。直到受他们欺骗的群众起来造他们的反的时候,他们是要服从党的纪律。如果说在群众的压力下,他们将会脱离第二国际和它的瑞士支部,而且为此他们现在就已经在准备成立第三党了,这个党的主要任务——它类似德国工人社会党——就是要阻止群众转向共产党,并等待时机再一次同第二国际和社会民主党结合在一起,正如第二半国际已经做过的那样。"

在这些段落里有正确的论点。也绝对不能说我们党没有进行过反对"左派"社会民主党领袖(特别是在日内瓦)的斗争。

我们在公开的会议上和在报刊的文章上,都对他们进行过抨击。可是我们的主要机会主义错误在于,我们对社会民主党"左派"领袖的批评使他们采取了更加蛊惑人心的、更加"左"的立场。当我们在我们的报刊上提出日内瓦社会民主党"左派"领袖的问题,批判第二国际的领袖,可是没有批判瑞士改良主义的领袖、瑞士社会民主党的领袖,这时在工人的压力下,尼科尔就在《劳动报》上开始批判改良主义的工会领袖和瑞士社会党的右翼社会民主主义领袖。我们对此的回答是更加加强了批判,以便促使"左派"日内瓦社会民主党领袖采取更加"左"的立场,以为这样一来我们就会使瑞士社会民主党党内的危机尖锐化。我们把下面这一情况看做是一个胜利,即尼科尔——社会民主党的"左派"领袖——及其日内瓦组织和州组织要求召回瑞士罗曼语地区社会党的书记(右翼首领)。我们把这一点看做是我们批评所取得的一个胜利,而没有看到这一"胜利"实际上无非是社会民主党"左派"领袖的一个新的、更加巧妙的花招,其目的是反击我们的批评和消除我们在工人群众内部工作的影响,"左派"社会民主党领袖们采取越来越"左"的立场,他们正是想以此来保持自己对日内瓦工人阶级的影响。

由此可见,我们自己成了这种幻想的受害者,我们在决议中指责尼科尔及其他"左派"首领没有把右派领袖、改良主义工会领袖开除出社会党,也正是在这个决议中,我们谈到了必须在社会民主党内建立第三国际的拥护派。

实际上,我们这样做是犯了错误,因为我们认为在当前形势下可以改变社会民主党。有很多左派社会民主党工人也有这样的想法,他们留在党内是希望看到分裂,看到社会民主党作为一个有组织的整体转变为共产党。我们的错误在于,我们设想在当前时刻,即危机发展和战争威胁的形势下,在社会民主党内部可能会重演1918—1919年的过程,那时在社会民主党内曾成立了共产党。实际上现在只要我们加强斗争,揭露像尼科尔那样的领袖(这些人惯于玩弄花招,在"左"的蛊惑煽动方面走得太远),我们就可以争取到一部分仍然处于"左派"社会民主党领袖影响下的社会民主党党员和社会民主党的工人群众。

我们在对待沙夫豪森的叛徒方面犯了同样的错误。我们在公开的会议上和报刊上对他们没有进行充分的斗争,我们尽力地揭露他们,把他们推到社会民主党方面去。我们在五月一日运动中迫使布林戈尔夫同社会民主党结合在一起,同它建立了统一战线,举行了共同的示威游行。可是,在我们开始进行反对他的运动(这个运动把一部分跟着叛徒集团走的工人吸引到了我们方面来)的第二天,我们亲眼看见了叛徒们为了反对我们党所玩弄的花招。社会民主党向他们建议实行统一(社会民主党的这个建议是在五月一日统一战线建立后提出来的),这个建议在叛徒集团内部直接引起了派别的出现,这一派别寻求同我们党进行联系的途径并提出了关于回到共产党内的问题。这是一个以工人为代表的健康的派别，我们对它尽力地给予鼓励。可是，在这一派别的影响下，布林戈尔夫开始玩弄花招了，他拒绝了社会民主党人的建议，并采取了想知道在怎样的条件下他可以回到共产党内的步骤。他以此阻止了在其集团内部建立有利于返回共产党内的派别，他抑止了集团内部的这一场斗争，扬言他自己准备回到共产党内去，并像我们指出的，提出了关于回来的条件问题。

我们党政治局考虑了这些建议，据我看，我们的答复是正确的：布林戈尔夫要回到党内来，他必须通过政治工作表明，他已回到共产国际的路线上来。回到党内绝不应当是幕后谈判的结果，而只能通过叛徒们公开地和明确地改变自己的政策。

同时，我们发现了这是一个圈套，我们一方面将计就计，另一方面我们在信中向共产国际提出：在怎样的条件下，我们才能同意叛徒集团回到瑞士共产党内来的问题？由此可见，我们对待社会民主党，尤其是对待它的"左派"领袖和社会民主党的"左"的花招，以及对待叛徒的路线还不是很明确的。在当前必须利用一切可能未实现的统一战线和争取迄今仍处于社会民主党人影响下的工人。我们在对待社会民主党，特别是对待左派社会民主党的政治路线问题上必须是绝对明确的。

我认为，向第十二次全会所提出的各项决议是一个巩固的基础，它使我们党能够端正我们的政治路线，利用一切有利的条件，绝不陷入我们党的决议中的政治路线所导致的机会主义实践和对社会民主党的投降主义政策中去。

还应当注意到这样一个情况，即当前我们党进行的这一纠正政治路线的工作包含有两个危险：回到消极状态和宗派主义的危险，由于害怕按照社会主义的要求去实行统一战线，而放弃统一战线策略的危险；另一个危险在于，我们党认为，它的某些成绩正是在中央决议的政治路线的基础上取得的，我们党最近一次全会的这个决议的内容和路线又同全党的下述认识联系在一起：在安装工人罢工以后，我们在争取工人阶级的道路上已经前进了一步，并在社会民主党的队伍中打开了一个缺口。我们的任务将要向党作出相反的证明，即党在安装工人罢工中所实行的统一战线（尽管它还很弱小并带有部分的错误），是在共产国际反对改良主义领袖和社会民主党领袖路线的基础上制定的正确的统一战线策略。我们的任务还证明，相反地，中央决议中所包含的路线可能会使党后退，妨碍党去利用一切广泛的有利条件。

同志们，还应当使党认识到，如果在党内不能经常地开展反对使党回到机会主义路线的各种企图，反对这些倾向的代表人物的斗争，那党就不能前进，就不能在革命行动中成为群众的先锋队和领导群众。

只要我们坚决执行第十二次全会的路线，建立下层的广泛的统一战线，并随时准备反对党内的一切机会主义倾向，我们党就一定会在争取群众和动员群众的道路上取得真正的进步。

摩根（加拿大）：

在共产国际执行委员会上一次全会召开以后，我们党就处于非法的状态中。加拿大资产阶级对我们党的这种攻击，是对加拿大工人的经济进攻和政治进攻，以及准备战争，特别是反苏战争的组成部分。

这一点的基础是这样一个事实，即加拿大的经济危机的尖锐化，在世界大战后，它所特有的罕见的经济增长停止了。加拿大的经济危机表现为产量的大幅度下降，工业品和农产品价格的下跌，对外贸易额的极大缩减。在加拿大约有90万失业者，同时还有很大数量的半失业者。与企业主和政府对工人工资实行进攻的同时，资产阶级的国家法西斯化了，随之而来的是对工人阶级的政治进攻，这一进攻采取了比另外任何盎格鲁-撒克逊国家都更加猛烈的形式。

不久以前，在渥太华召开的帝国会议表明了加拿大帝国主义在寻求摆脱危机方面采取了怎样的侵略的立场。贝内特政府坚决要求英国政府同苏联断绝关系绝不是偶然的。贝内特在帝国会议的开幕式上宣称：

"当我们看到有什么东西在阻碍我们的发展，有什么东西在威胁我们的社会生活和经济生活时，我们的共同职责就是采取预防性的措施，使我们有可能走向我们为自己所提出的唯一正确的目的地。由国家来规定生活水平、国有化的劳动、国家鼓励的倾销政策——所有这一切无论在理论上还是在实践上，都同不列颠帝国的自由制度处于矛盾之中。个人权利和个人自由服从于国家的经济计划，对于我们国家发展的概念来说是一种耻辱，我们应当积极地捍卫我们的制度。"

我想，在讨论帝国会议的结果方面，简单地说会议遭到了失败是不够的。我们在分析帝国会议的结果时可以指出，它首先意味着在各自治领地和殖民地，以及在大不列颠通过实行高关税政策使得物价上涨，使得工人和劳动群众的生活水平降低；第二，它意味着不列颠帝国正在企图联合起来反对美国，特别是准备对苏联进行武装干涉。仅仅这两点就向党表明了必须为维护无产阶级的日常要求而加强斗争，必须更加有力地和更加具体地进行反对战争危险的斗争。

在1931年2月举行的我们党中央的最后一次全会在自己的主要决议中提出的任务（它是党应当坚决实现的）是，在工人局部性要求的基础上，领导工人阶级的斗争，从而把党从一个宗派主义的宣传组织，变成工人阶级和少地农民的领袖。我们党全会指出，对工人阶级的进攻将要加剧，可是它并不能预见到这一进攻的性质和所采取的形式。这样一来，过了半年，我们党对这种进攻就变得没有准备了。

在政府对我们党进攻期间，所有我们的一切弱点都十分清楚地暴露出来了。我们党比以往任何时候都更清楚地认识到，我们忽略了并且没有实现共产国际所提出的各项最主要的任务。由于这种情况，我们就不能对资产阶级的进攻迅速地作出反应。由于合法主义在我们党内有着深厚的基础，所以情况就变得更加复杂，而这种合法主义正是存在于它不应当出现的地方——中央政治局。我们党中央政治局几名委员在法庭受审期间，我们犯了一系列非常严重的错误。我们的一些同志在法庭上提出了资本主义必然自行崩溃的理论，从而否定了党的主观的作用。我们同志在法庭上的这一行动，可以被看成主要是防御的性质，而不是进攻的性质。可是，在党内对这些错误的正确的自我批评并没有及时地进行。

在遭到进攻以后，党很快就开展了反对党的队伍中的右倾机会主义、合法主义，以及消极动摇和张慌失措的斗争。党根据地下活动的条件进行了改组。开展了有20多万工人和少地农民参加的统一战线运动（其中包括大约9万名改良主义工会的会员），提出了废除宣布党为非法的刑法典第98条的要求。党同群众的联系有了加强，尽管党很弱小，加拿大共产党还是顶住了对它的进攻。党失去了数量不多的党员，可是过了不久，党又以开展征收新党员的运动回答了政府的迫害。

我们还在一定程度上实现了对一系列罢工战斗的独立领导，这是在资产阶级开始进攻以后，我们党立即给自己提出的一项最重要的任务。在1931年发生的88次罢工中，我们党和革命工会领导了36次，在今年的头6个月中，我们党领导的罢工次数还要多。工人阶级从这些罢工中吸取了非常重要的教训，尤其是这些罢工战斗推翻了那种认为在危机期间不可能进行胜利罢工的社会法西斯理论。在大多数的罢工中，现在更加顽强战斗着的工人阶级不仅阻止了工资的降低，甚至在许多场合下还使工资有了提高。另一个很有意义的事实是，失业者尽管只能领到很少的一点津贴，但他们在罢工期间并不从事工贼的活动。相反，他们在帮助很多次罢工取得胜利方面起了非常重要的作用。在许多次罢工中还建立了同最贫苦农场主的统一战线，这些农场主对罢工者给予了道义上和物质上的支持。

但是我们应当说，我们没有能够利用我们党和革命工会的一切有利条件。在最近的一年半内各工业部门的工资降低了10%到40%，而我们竟没有发动工人同企业主和贝内特政府的这种进攻做斗争。我认为这一点的最主要原因是社会法西斯分子的力量，以及我们不善于正确地采用群众工作的最主要的共产主义方法，即在工人的各种具体问题的基础上建立下层的统一战线。

在这里我特别要说一下我们党在新苏格兰所面临的形势。在这里，皇家委员会建议把矿工的工资降低10%。大部分矿工都反对接受这一建议，可是我们的同志不去根据统一战线的策略来领导这些工人，而是对矿工们说：要反对降低工资只能预先同矿工的改良主义工会断绝关系。我们向矿工们提出了条件，要他们同自己的社会法西斯领袖断绝关系，并在参加斗争以前就承认我们的领导。这一错误的、机会主义政策提出的结果，是工资的降低在没有遇到反抗的情况下被实行了，而一部分矿工在断绝了同改良主义工会的关系以后，又在左派社会法西斯分子的领导下组织了独立的工会。不过我认为，新苏格兰的矿工和蒙特利尔缝纫工人脱离改良主义分子，说明了在加拿大同美国劳联接近的各工会中存在着一定的造反情绪。而由于我们对这种不满和愤慨的情绪没有加以利用，往往使得工人们在脱离了一个改良主义工会以后，又加入了另一个改良主义工会。

自从在按照地区建立统一战线组织的基础上改进失业者运动时起，我们在争取及时援助失业者和反对强迫迁移（哈密尔顿和温尼伯等地）方面就取得了明显的成绩。在公共企业中也举行了一系列的罢工（温哥华、温尼伯等地）。由于在市政府和一些工人居住区进行了这一工作，失业者的运动发展起来了。通过在城市内和省内，以及在全国组织饥饿进军，通过征集对我们提出的失业保险法案10万支持者的签名，把争取实现失业保险的斗争提到了一个更高的水平。

但是，我们党没有能够把数十万加拿大失业者，特别是加拿大籍法国工人的主要阶层组织和领导起来。在加拿大，失业以及失业所引起的改良主义工会工人的不满情绪都有了发展。由于我们没有把这些工人吸引到统一战线运动的队伍中，使得社会法西斯主义和改良主义的领袖们把这一部分失业者在他们的领导下组织了起来。

我们在渥太华召开了工人经济会议，出席会议的有500多名代表，代表了21.5万名工人和最贫苦的农场主。这次会议针对帝国会议拟订了一个局部性要求的纲领。这次会议派了一个代表国去会见贝内特及其政府，再次提出由企业主出资给失业者以及时帮助和建立失业保险，要求废除刑法典的第98条，释放所有政治犯，立即停止警察的恐怖活动和强迫迁移，等等。贝内特则以加强恐怖活动来威胁工人。

社会法西斯主义和改良主义的工会官僚在对加拿大工人实行经济进攻和政治进攻方面，给予了资产阶级以很大的支持。在加拿大，社会法西斯主义的特点是，它的活动和玩弄蛊惑性的"左"的花招大大加强，其目的是阻挠工人和劳动群众（他们的战斗情绪在不断高涨）为反对资本的进攻进行真正的斗争，特别是为了使在我们党领导下开展起来的运动失去领导，把运动引上对资产阶级无害的议会主义的道路。党没有进行反对社会法西斯分子和改良主义分子的经常的有组织的斗争，没有通过日常战斗系统地揭露他们所执行的路线，而是在个别的事实中兜圈子，没有以通俗易懂的形式把这些事实同社会法西斯主义的整个发展过程联系在一起。这就说明了党对于揭穿社会法西斯分子和消除他们对群众影响而进行坚决斗争的必要性估计不足。

我们已开始在农场主中间组织他们为实现部分要求而斗争。我们通过这样的途径和利用农民访苏代表团的活动，加强了自己的影响，争得了最贫苦的农场主阶层对苏联的广泛同情和支持，从而打击了资产阶级和社会法西斯主义关于"苏联的倾销"、"强迫劳动"等虚伪的宣传。

我们在党内反对右倾危险和联邦主义方面也取得了一些成绩。在共产国际执行委员会的支持下，我们粉碎了那些同党和共产国际公开进行斗争的右倾机会主义叛徒和分裂主义分子。可是，右倾危险仍然是主要的危险。我们应当进行坚决的斗争，反对社会民主党的、联邦主义的和合法主义的倾向的一切最顽固的残余力量，反对"左倾"宗派的和取消派的方针（特别是在当前处于非法地位的条件下）。我们在共产国际路线的基础上把党团结了起来，在党的革命群众工作的转变中取得了进一步的成绩。革命工会加强了，各种民族的组织、国际支援革命战士协会和其他的群众组织在数量上都有了发展，它们的影响扩大了，工作改进了。

虽然我们党的影响增长了，但这不仅是由于，而且与其说是由于它的工作的改进，不如说是由于客观形势的变化和工人进行斗争的意志的加强，使党得到了巩固。

关于我们争取加拿大籍法国人的问题，从党实现反对资本主义斗争的任务方面来看，具有极为重要的意义。在加拿大约有 300 万加拿大籍的法国人。这些群众都属于最受剥削的无产阶级和少地的农场主阶层。天主教在他们中间有很大的影响，有一部分工人加入了天主教的工会。如果说，我们脱离了盎格鲁-撒克逊的工人，那么对于加拿大籍的法国人就更应当这样说了。

加拿大共产党没有在工人和矿山中巩固下来，没有在企业中建立党和工会的办事机构。我们没有深入到改良主义工会中去和在那里开展足够的工作。对于我们党来说，正确地执行下层统一战线的策略是特别重要的，因为我们在加拿大现在有五个不同的工会中心。此外，还应当考虑到加拿大无产阶级的民族构成。例如，关于我们党温哥华地区组织民族构成的材料是：加拿大本地人——61名，英国人——71名，加拿大籍法国人——10名，美国人——26名，乌克兰人——54名，芬兰人——114名，犹太人——3名，南斯拉夫人——36名，匈牙利人——10名，俄罗斯人——34名，斯堪的纳维亚人——70名，爱沙尼亚人——5名，意大利人——3名，德国人——15名，荷兰人——3名，瑞士人——3名，日本人——7名，拉脱维亚人——4名。

阶级矛盾的迅速尖锐化，群众经济斗争和政治斗争的进一步高涨，资产阶级对我们党和工人阶级政治进攻的加强，这一切向加拿大共产党提出了一项基本的任务，即在统一战线的基础上，围绕着日常的问题组织和准备进行斗争，并勇敢地动员群众参加这一斗争。党应当加强自己同群众的联系，领导群众为反对资本的经济进攻、反对法西斯主义和社会法西斯主义、反对战争危险而进行斗争。

鉴于加拿大在英美对抗中和在太平洋为帝国主义冲突以及加拿大资产阶级执行的反苏军事政策（它公开号召进行反对苏联的武装干涉，并表示自己随时准备参加这一武装干涉）中的战略地位，我们党应当加强斗争和为反对加拿大资产阶级的军事准备组织具体的群众发动。党应当坚决改正它在远东战争形势下所犯过的错误，这时它提出了这样一些口号："驱逐日本帝国主义走狗"、"抵制日货"等作为共产党的口号。

党应当把合法的和秘密的工作方式方法正确地结合起来，把工人的局部性经济战斗同反对政府的镇压措施，争取党和工人组织合法地位的斗争结合起来。

我认为，从我们的经验中（特别是由于党被宣布为非法）应当得出这样的结论，即其他的政党，特别是盎格鲁-撒克逊各国的共产党，都应当汲取重要的教训和懂得为反对资产阶级未来的进攻而准备进行胜利斗争的必要性，各国资产阶级无疑地将从自己的加拿大同伴方面汲取某些教训，以便进行反对共产主义运动的斗争。

最后，我相信在共产国际执行委员会的帮助和领导下，我们党一定能够克服自己的主要缺点。我们应当非常严肃地对待曼努伊尔斯基同志在这里所做的指示：必须利用工人的斗争意志和决心，以便更快地消除我们各党的落后状态，争取工人阶级的大多数为夺取政权进行决定性的战斗。

拉格尔（瑞典）：

如果到第十一次全会召开时，可以说，资本主义危机在很大程度上还没有蔓延到瑞典，那么现在就不同了，我们可以断言，在瑞典，危机已经非常迅速和急剧地尖锐化了。

失业者大军以惊人的速度扩大了。

它现在已拥有25万—30万人。半失业者的数目也在令人难以置信地增加着。

只在斯德哥尔摩的1.9万名五金工人中，就有7000名半失业者。所有瑞典的最重要工业部门都缩减了生产。今年7月的外贸数字要低于1913年的水平。迄今为止一直是顺差的贸易平衡表，随着危机的发展而变成逆差了。相当大的一部分商船现在不能动用，等等。原来在为出口进行生产的工业部门中的生产缩减，现在已经扩展到了为国内市场进行生产的工业部门，这就预示着失业者人数的进一步迅速增加。

显然克雷于格康采恩的破产促进了危机的这种迅速发展。

这一破产不仅意味着很大一批瑞典小资本家的直接贫困化。全部亏损都被转嫁到了劳动群众身上，因为瑞典国家银行很快就向克莱盖尔破产的金融企业提供了3亿克朗的拨款。

危机的加深也导致瑞典加速为参加未来的帝国主义战争和反对苏联的武装干涉做具体准备。近几年来，瑞典同边境缓冲国和波兰有了更加明显的接近。军队按照现代化的要求进行了重新装备和改组。军事演习也特别考虑到对苏联的进攻。志愿的摩托化部队成立起来并进行训练。

对市场机关、电讯部门和铁路管理部门的职员发布了特别的指示，制订了使工业转向为战争需要进行生产的组织计划。

最近一年，瑞典对工人阶级和广大群众的生活水平开始了总进攻。企业主们在把瑞典工人的工资降到国际水平的口号下，对工人阶级进行了正面的攻击。今年直接降低了工资的有五金工人（他们的工资下降了5%）、制材工人，造纸和纸浆工业工人，运输工人的某些部分。

当前正在全世界发生着的革命高涨，广大群众对资本和反动势力的饥饿进攻的有力反击，在瑞典也明显地表现出来。

去年春天，在一个纸浆工厂中宣布降低工资。工人们开始举行罢工。其他一些企业的工人也以同样的形式（只是在另一个地区）宣布了声援性的罢工。许多工贼被派到各企业里去。罢工者们举行了反对工贼的示威游行，把工贼从工厂中驱逐出去并加以痛殴。当局调来了警察和军队。工人们则宣布地区总罢工作为回答。在为反对动用武力进行的示威游行期间，事情发展到了冲突的地步，军队使用机枪向工人开火，有5名工人被打死。对游行者的枪杀在全国引起了极大的愤慨。在第二天就有10万名工人为抗议这次屠杀而举行罢工，要求从奥达伦撤走军队、警察和工贼。政府在工人的巨大压力下，不得不满足了这些要求。

从一开始，这次斗争的领导权就掌握在我们党的手中。在党的提议下举行了头几次反对工贼的示威游行。在我们的组织的提议下，宣布了这一工业地区的总罢工。在有数千工人参加的群众大会上选出了罢工委员会，我们的同志不容争辩地在其中起了领导的作用。整个地区的工人一致支持他们所选出的罢工委员会。在同军队发生冲突以后，罢工委员会的影响更大了，它在10天内成了这一地区的最高的决策机构。

当党提出了全国总罢工的口号，要求从奥达伦地区撤走军队、警察和工贼时，工人们广泛地响应了这一号召。在附近的几个地区，几乎100%的工人都参加了罢工，在斯德哥尔摩参加罢工的约有3万名工人，它直接迫使政府满足了工人的各项要求。

我们党领导了群众的发动。可是我们没有能够在事件以后的发展中巩固自己的领导作用；我们没有能够进一步地开展斗争，扩大斗争的范围，通过提出新口号的方式，来发挥群众的积极性，以便迫使企业主和当局继续做出让步。

出现这种情况的最主要原因是，除中央罢工委员会外，我们在各企业中没有成立任何统一战线机构。我们所以没有采取这些措施，在很大程度上是由于错误地认为：似乎社会民主党和改良主义领袖们已经被孤立，而罢工地区的工人都一致地跟着我们党走，拥护党提出的口号。那些试图在罢工斗争期间向工人发表讲话的社会民主党的议会代表遭到了冷遇：群众不给他们发言的机会。可是我们对于这些先生们玩弄手腕的能力估计过低，结果社会民主党和改良主义领袖们很快就达到了破坏工人统一战线的目的，用遭受镇压的威胁使工人的队伍发生动摇。

不用说，在罢工期间和罢工以后，我们党在数量上是极大地发展了，影响扩大了。例如，在罢工地区的一个区内，党员人数就从467人增加到1044人。

今年我们出现了革命高涨的又一个浪潮。在大约拥有20万工人的一些生产部门中，企业主发动了进攻，要降低工人的工资。这样，在造纸和玻璃工业企业中和在一部分运输工人中间就开始了罢工。在5个月的时间内，造纸和玻璃工业的工人为实现自己的要求坚持进行了斗争。虽然我们党打破了改良主义投降的阵线，在瑞典北部两个工厂中组织了罢工，可是我们仍然没有把整个斗争的领导权掌握在自己手中。党只是在反对工贼的斗争中举行了发动，把所有的工人像一个人一样地团结在党的口号之下。

在企业主和资产阶级进攻劳动群众生活水平的条件下，瑞典社会民主党毫无保留地支持资产阶级的要求，并且借口在危机期间不能举行罢工，公开使尽了一切努力，使工人接受不断下降的生活水平。在纸浆工厂工人罢工期间，搬运工人工会的领导组织了一次对罢工以前积存的各种储备的工贼性的装卸。工会的上层甚至并没有停止于分裂地方的工会组织。

希尔布姆叛徒们对于造纸工业工人的斗争进行暗中破坏。他们猖狂地反对未经改良主义领袖们同意的任何罢工的企图。

希尔布姆分子在全部政治生活中，起的就是作为工会官僚和社会法西斯分子帮凶的作用。

我们是怎样反对希尔布姆叛徒党的呢？应当说，我们反对得很不够。尽管希尔布姆党公开地攻击共产国际，明显地支持社会民主党；尽管瑞典的每一个工人都知道，希尔布姆是被克雷于格用13.5万瑞典克朗收买了的，他的报纸在最近几年只是靠了克雷于格的津贴才能够出版，——可是我们还是没有使希尔布姆分子在工人中间孤立起来。这个原因就在于我们没有在具体的场合下揭穿希尔布姆首领们作为社会民主党地道帮凶的真面目，没有能够对于跟着希尔布姆党走的工人采用同志式的态度，把他们争取到共产国际方面来。

从第十一次全会召开时起，我们党在数量上有了很大的发展。到第十一次全会召开时，从整数来说，我们已有党员7500人，而现在则有15200人。党员数目的增加都是发生在重要的工业区。这是我们党进行战斗的直接结果。虽然如此，这个结果还是不能令人满意的。我们在瑞典中部的影响还不够大，党员数目的增加也并不是在重要企业中执行坚决明确扩大影响方针的基础上达到的。

产生这一现象的原因在哪里呢？这些原因就是：我们没有能够在实际上应用统一战线的策略，我们没有学会使工人建立对我们的信任，我们没有在一切日常问题上维护工人的利益。我们也有一些正确应用统一战线策略的例子。在奥达伦，我们领导了所有的工人。那些企图在工人会议上发言的社会民主党的议会代表遭到了工人的冷遇，工人们一致信赖共产党。我们还有一些开展失业者运动和维护失业者利益的例子。不过所有这些暂时还只是个别的现象，还没有在党的工作中形成为主要的路线。

在包括工人阶级绝大多数的瑞典工会运动中存在着强有力的反对派。使工会反对派运动适应这些条件，把所有这些派别吸收到我们方面来——这就是瑞典共产党最重要和最艰巨的任务。

在反对对广大群众进行不断掠夺的口号下，最近由于进行议会选举，我们党组织和开展了选举运动。瑞典共产党尽力把所有的工人和被剥削群众团结在统一战线内，反对资本主义的进攻，争取通过革命的手段摆脱危机。我们希望，我们一定能够在这次选举运动中，把自从分裂以来比以往任何时候都更加广泛的群众团结在党的周围。

（休会）

第十四次会议

(9月4日晨)

主席：弗洛林

讨论库西宁和台尔曼的报告

杰·布克（比利时）：

我只谈一谈第十一次全会召开以来在比利时所发生的一个最重大的事件。我指的是一次反对降低工资的大规模的群众罢工。

这次罢工是从6月21日开始的，有博里纳日的7000名矿工参加。四天之后，这个矿区的所有矿工都已经卷入了这场罢工。又过了几日，博里纳日罢工的总人数达到4万人。罢工像巨浪一样波及了国内的其他工业区，包括中部地区、沙勒罗瓦、列日，还延及许多佛拉芒人居住的城市和首都布鲁塞尔。在博里纳日，7000名矿工举行罢工的两三周以后，到7月12日，国内已有矿工、金属工业工人、玻璃生产工人、采石工人、电车工作人员等22万多人参加了罢工。

工人群众是在违反改良主义领袖的决议和在这些领袖的反对下开始罢工的。开始只提出了一个口号：反对任何降低工资。7月18日政府和企业主作了部分的让步：本来要在7月15日实行的降低金属工业工人5%的工资，延期到11月1日实行；其他职业和生产部门工人的工资还保留在原来的水平上；在此期限以前，在6月19日曾被降低了5%的矿工的工资也稳定在原来的水平上。

对金属工业工人和其他工种工人的这一重大让步，工人开始复工的事实，对2000名最富有斗争性的罢工者的逮捕和镇压，与此同时，社会民主党加强玩弄花招和旨在破坏罢工的瓦解工作，所有这一切使得到7月18日时，继续坚持罢工的只剩下了11.5万名矿工。

矿工的罢工在此后的3周低落下来。现在，在举行罢工的第56天，有11万人的坚强核心还在坚持着。在最近的几天内，罢工运动又迅速地出现了新高潮。

我们看一看我们党应当从这次运动中吸取什么主要的教训。首先，这次大规模的罢工向我们表明：尽管危机加剧和加强了对工人生活条件的进攻，但是，工人群众的反抗性和战斗力却极大地增强了。

在近两年内，比利时资产阶级把危机的大部分重担转嫁到工人阶级的肩上。总起来说，工人的工资降低了35%至40%。如金属工业工人的工资以各种不同的方式降低了35%。矿工的工资降低了7次（各种个人工资的降低，计件工资的降低都未计算在内），每次降低5%。事实上，矿工的工资减少了50%。在罢工期间进行的调查表明：矿工在1931年1月的日工资为60—65法郎，而罢工前夕的日工资为30—35法郎。况且在1931年，他们1周有6个工作日，而在最近时期只有4个工作日。还有这样的情况：矿工在矿井下从事采矿工作的日工资为20—25法郎，而在比利时的外籍工人同样干采矿工作，有时只拿到12法郎。

在过去的一年中，失业者的数字增加到20万人。当前在比利时失业者有50多万人，其中有一半是全失业的工人。发给有组织的失业者的补助金再次被减少了。

资产阶级的所有这些进攻没有遭到工人阶级的大规模的反抗。然而，绝不能把事情想象成是没有罢工运动的。曾发生过几次很有代表性的罢工。例如，1931年4月布鲁塞尔的印刷工人为了维护增加工资的要求和工作的组织而举行了罢工。这次罢工持续9周，它是在违反工会中央和社会民主党领袖的意志和决定的情况下举行的。安特卫普米内尔夫大型汽车厂的2000名金属工业工人举行了一次罢工。这次罢工持续了7周，主要是反对因为实行"贝多制度"这一新的资本主义合理化制度而降低工资。米内尔夫罢工的特点是罢工者的积极性非常高，特别是失业者第一次积极参加了罢工运动，参加罢工工人的纠察队。

为什么群众没有反击资产阶级的进攻呢？这首先是因为社会民主党不仅利用在危机期间不能进行罢工的失败主义理论，而且还通过玩弄花招，使群众的注意力离开了降低工资的问题。

不久前，国会中的资产阶级政党和政府的各种代表人物公开承认：由于社会民主党进行的工作，工人阶级已经允许工资降低了，社会民主党阻止了罢工。

从另一方面来看，无可置疑的是，我们党不善于准备和组织经济斗争，不能在经济斗争中起到其所应起的作用。正是在这样的条件下，企业主们由于受到不断加剧的危机的压力，并依赖着他们最可靠的社会支柱——社会民主党的支持，于是在今年5月间向工人阶级发起了新的进攻。如果说最近几年企业主们根据集体的合同和协议来降低工资，在某些部门内分散地向无产阶级发起进攻，那么，今年5月这次，则是向无产阶级展开了全线的进攻。所有生产部门工人的工资都处在降低的威胁之下：矿工的工资要降低5%，金属工业工人的工资再减少5%，降低工资也波及石匠、玻璃安装工等，一句话，涉及了其他所有生产部门和职业的工人。同时他们提高了对小麦的征税，其直接结果是每公斤面包的价格提高了15分。

近几个月来工资的不断降低和企业主们的新进攻，在人民群众中间引起了极大的不满。尽管社会民主党玩弄了各种花招，这种深刻的不满情绪还是自发地爆发出来了。罢工前几天我们去各地期间发现群众的情绪是这样的："嗯，这种状况拖延的时间已经太长了！我们受够了！应当结束了！"

社会民主党意识到在群众中日益增长的不安和不满情绪。社会民主党（比利时工人党）的领袖们使出了许多"左"的花招。他们那套包括保证生活的工资，对银行实行监督，对最重要的工业部门（包括矿山）实行国有化的社会救济计划，就是为了使工人产生不经过斗争而有可能摆脱危机的幻想，使工人离开斗争，不去反对工资的降低。

我记起了这样一件事，当王德威尔得听说国际支援革命战士协会为了支援斯科茨伯罗的犯人，将在布鲁塞尔召开群众大会以后，他就出席了这次大会，并发表了一篇蛊惑人心的演说。

社会民主党采取这些"左"的花招时，指望着它的组织实力、它的机构和它在工人运动中的独占影响。这一次它也相信，它会使事态不致于发展到冲突的地步。

群众怎样冲破社会民主党的这种独立影响呢？在罢工过程中，当群众放弃了工作时，改良主义领袖们就采取反对罢工的立场，要求停业罢工，正像他们所说，以尊重现有的决定和工会的纪律。然而，当工人们越过他们的首领开始行动，拒绝返回矿井，并扩大罢工的规模时，这些改良主义领袖们没有别的办法，只好宣布举行这个既成事实的罢工。

矿工的改良主义地区中心就是这样做的。6月20日，当博里纳日7000名矿工刚刚开始罢工，这个中心就贴出了通告，命令罢工者复工和停止违反规章、反对合同规定的降低工资的罢工。而在7月2日，博里纳日同一个地区中心的改良主义领袖们在进退两难的情况下，被迫作出了关于举行博里纳日矿工罢工的决定。7月8日星期五，在中部地区有3万名矿工和金属工业工人举行了罢工。就在这同一天，中部地区工会联合会的领导人在若里蒙人民大厦决定发表《告工人书》，建议工人们"等待工会组织的指示"。

中部地区工会联合会作出了在星期日举行总罢工的决定……实际上,这场罢工已经进行到第三天了。

7月7日,全国矿场混合委员会在改良主义首领的同意下,规定了在博里纳日停止罢工的原则。这些原则包括对"劳动的分配",即对失业进行科学的组织,在8月1日以前保持工资的稳定,辞退外籍工人,解雇老人,减少免费发给工人的煤的数量。

代表皮耶拉尔就这一协议写道:"这是工会的一次辉煌胜利。"但是,博里纳日的罢工者并没有复工,而是使罢工的规模更加扩大了。

在7月18日企业主们作出了重大让步,政府开始进行镇压,结果逮捕了2000多人,还有许多人被打伤或被打死。最后,由于各资产阶级政党在议会中大耍花招,宣布群众的要求是"合理的",这样,比利时工人党的领导和工会委员会便宣布说,目的已经达到,并指示全体工人复工。

然而,矿工们继续进行罢工。他们提出的斗争口号是:"反对降低5%的工资,反对使人们遭受饥饿的协议,争取保留全工资的七小时工作日,争取降低5%的房租,争取免除失业者的房租。"矿工们在斗争的发展过程中还提出了一个口号:"释放所有因罢工而被捕的人。"

这一切都表明:尽管镇压没有停止,改良主义首领们玩弄花招,尽管他们在工人们中间散布悲观情绪,但是,工人们没有投降,而是更广泛地开展了罢工。

在整个罢工期间,改良主义首领们企图给罢工注入尽可能多的消极情绪。但是,罢工者们却反其道而行之,他们表现出了极大的战斗力。他们组织了群众性的警戒工作。罢工者冲破了资产阶级合法性的框框,拒绝进行护矿的工作,虽然因此必然会有被捕的危险。

从罢工一开始,改良主义首领们就以最卑鄙的手段唆使比利时工人反对外籍工人。如皮耶拉尔代表发表了致国王的一封公开信，请求国王协助把所有（用他的话说）掠夺比利时工人的外国人驱逐出境，夺回他们的生活资料。

罢工的群众痛斥工贼的活动，他们对比利时工贼和被迫来到矿井的外籍工人则加以区别对待。罢工工人对后者说："我们理解你们的生活困苦；你们是反动派的牺牲品，这正是迫使你们上工的原因。"

社会民主党领袖们为反对未加入工会的工人，发动了一场激烈的运动。改良主义中央所属工会的工人允许未参加组织的工人出席自己工会的会议，结果使得不久以前改良主义的矿工中央委员会作出了一个专门的决议，提醒人们不要忘记工会纪律和工会章程。

工人群众对社会改良主义首领的反对立场时而采取十分尖锐的形式。全国和国际矿工联合会主席杰拉特尔和代表皮耶拉尔简直是被撵出了会场。到中央地区探亲的社会党参议员卡斯杰尔曼不得不在中途返回原地，因为罢工者的妻子们不让他继续前往。

在7月9日有一次很有代表性的工人发动，它最好地说明了群众强烈反对社会民主党玩弄叛卖手腕的立场。工人群众并没有从共产党那里得到任何口号，而是自发地从各个地区同时来到了人民大厦，他们高呼着："大家都到人民大厦去，打倒工会官僚！"

这只是从上千个例子中随便挑出来的几个，它们表明了群众反对社会民主党和改良主义首领们的立场是多么鲜明。

还有一个事实说明了群众对社会民主党首领们的反对立场。改良主义矿工工会中央的全国委员会被迫发表了一项决议，指责加入了工会的工人，甚至整个的工会组织召开工会会议是违反章程的。

所有这些事实促使我们向全会提出一个相当重要的（它已经由一些同志提出来了），即是谁领导了罢工？

当然，我们在这场斗争中起了一定的作用，关于这一点我现在就要谈到。但是，实际上整个说来是工人群众自己、工会会员自己所建立的机构在违背改良主义首领的意志下领导了罢工的。工会会员积极分子、社会民主党基层组织的积极分子，以及在斗争过程中涌现出来的新人——正是他们，在当前领导着11万矿工的罢工。我们对这场罢工的领导曾经起了直接的影响，经常直接影响这场罢工的领导者。我们自己在一些地区实现了并且正在实现着对罢工的领导。

我认为全会，特别是我们党，应当从这次罢工中吸取的主要教训是：应当坚决地抛弃这样一种观点，即认为对社会民主党基层组织的党员，或改良主义工会的下层工作人员，我们是无能为力的。然而，我应当说，总的看来我们并没有很好地吸取这个教训，在这方面我们应当迅速地、坚决地加以改变。

据我看来，我们应当从这次罢工中吸取的另一个教训是，要掌握群众自己在斗争过程中创造并使用的新的斗争方法。

由1000—1500男女工人组成了罢工纠察队。从7月8日至12日，主要是妇女在这些纠察队中发挥了巨大的作用。罢工纠察队在矿井中是怎样组织起来的呢？在博里纳日罢工的最初日子里，每天晚上都像战时一样地守护矿井。从傍晚起到矿井值夜班的有40—50名妇女，其中有一人负责保卫。当采矿工长、工程师和矿长快要来到的时候，大家就按口令集合起来，把矿长或工程师抓住送回家去。

还有另一个方法。在矿井附近看不到一个人。当工程师或采矿工长确信无人以后就到矿井去进行维护矿井的工作。突然哨声一响，他们被妇女包围住，并在一片敲打盆声中被迫回到自己的住所去。

再就是罢工者们怎样利用自行车了。7月7日星期四，在中央地区聚集了前一天举行罢工的3000名矿工，我们党召开了群众大会，在会上建议与会者第二天骑来300辆自行车，以便组织在沙勒罗瓦地区的罢工。第二天早上5点，来了500名骑自行车的工人，他们在党员的领导下奔赴沙勒罗瓦。从早晨6点到下午4点的一天之内，他们使沙勒罗瓦的整个矿区停了工。他们从一个矿井走到另一个矿井，从一个工厂走到另一个工厂，在这个地区组织了总罢工。

现在我们看一下，罢工纠察队怎样组织7月8日的总罢工。从清晨起就集合了几百名罢工者，在两名党员的领导下，罢工者分成两组，每组200—300人。他们开始从一个矿井走到另一个矿井，从一个工厂走到另一个工厂。怎样让人们停止工作呢？一个主要由妇女组成的代表团被派到矿工管理处去。这个代表团向管理处声明："我们已经作出了罢工的决定，应当立即让所有矿工都到地面上来。"管理处开始讨价还价，开始要求有一天的期限，然后是半天，再后是一小时，最后是半小时。妇女们回答说："够了，没有什么可讲的了。罢工已经宣布，五分钟之后人们都应当到这里来。"在一些情况下，妇女们自己下到矿井中，号召矿工们到地面上来，在另外一些情况下，像在冶金工厂里，企业主由于害怕这种压力，就自己让工厂停工。罢工者们召开了短暂的集会，声势浩大的示威游行就开始了。早上领导了这200—300矿工和失业者的同志们，晚上带着10000—13000人唱着《国际歌》回来了。

请看群众自己是怎样找到在几个小时内发动这一罢工的武器的。

我想告诉你们，自行车怎样成了工人手中防卫的武器——这个方法在此以前我们是从未想到的。在工业城市利亚路维埃尔的大街上，宪兵向工人们发起攻击。200—300名骑着自行车的罢工者正从沙勒罗瓦回来，遭到了宪兵的包围。一时间出现了混乱状态……然后，工人们迅速地将自行车塞到马的脚下。在这种突如其来的情况下，马停下来了，开始不听驾驭，竖起了前蹄……而这个时候工人们就迅速地走开了。

我再讲一下7月9日的街垒战。可以说，这些工事都是按照科学要求修筑的。工人们到工厂去，在那里拿到钢轨，铁板以及类似的材料，用它们构筑了街垒。宪兵们在占据了街垒以后，需要2—3小时才能把它们拆除。为了阻止宪兵爬上街垒，工人们还装上了带刺的铁丝。

再给你们说一件事。当时已经宣布了戒严。有一位共产党的讲演人要在群众大会上发言，会后举行示威游行。工人们一个跟一个地排成队列，在整个村子中举行了示威游行，不让宪兵攻击他们，尽管已经宣布了戒严。还有一件有意思的事，说明了群众的战斗力及其主动精神。8月9日星期六，在沙勒罗瓦附近的马西内勒，大约有3000名工人占据了"普罗维登斯"工厂，然后在发电厂外举行了示威游行。派到这里来的军队被宪兵包围了，因为资产阶级一般对那些派去对付工人的军队是信不过的。工人们看到宪兵来到时便掐断了电路。罢工者对宪兵和士兵喊道："不许动，动一下就有生命危险！"这以后他们又用高压电线把宪兵围起来并通上电流，然后对宪兵们说："现在你们谁想动一动，谁就马上被电死。"宪兵们无可奈何，一动不动地待到天亮。

关于士兵的情况说两句话。7月8日政府不仅派了1万名宪兵，而且派了军队来反对罢工者。主要派的是由佛拉芒人组成的军队，因为这些人不懂瓦罗尼亚话，会向罢工者开枪（这时士兵们因为拒绝执行任务被关在监狱中）。在这些军用列车要开往罢工地点的时候，工人们来到火车站对士兵们说："不要对罢工者开枪！"当火车开动时，士兵们喊道："我们不开枪！"并开始唱《国际歌》。

在星期五、星期六和星期一发生了多次士兵同罢工者联欢的事，而且士兵唱着《国际歌》示威游行，高呼"罢工万岁！"。在来到罢工地区以后，400名士兵走出了沙勒罗瓦火车站，不听军官的指挥，高声唱着《国际歌》走向营房去。他们在营房里被关押几天，然后被派回了警备部队。

在蒙斯，那些得到在8点以前返回营房命令的士兵，满不在乎地在10—12点钟才返回去。在马西内勒，得到开枪命令的士兵拒绝执行命令，他们把枪托举在上面并且高呼："我们不开枪！"

最近，在罢工期间工人们向被派去卸煤的士兵发出号召："宣布集体拒绝卸煤。"在士兵中间进行的这一工作取得了某些局部的成果。重要的还要指出一点：士兵对委托给他们的工作实行怠工，多次使工作不得不重新做起。这就需要比在正常情况下花费更多的时间。军队继续被派往罢工地区去，可是在那里至多停留8—10天，然后就要派新的人去代替他们。这就是军队对罢工的反应！这样的事还有很多，比如说，企图占领火车站、电站，夺取工厂，参加街头反对宪法的激烈战斗。这一切都说明了斗争的高水平，7月8日、9日的斗争发展成为类似起义的行动，并在斗争发展过程中，明显地表现出了政治斗争的因素。

至于我们党，从它第一次参与战斗起，就成为一个完全不可被忽视的因素。尽管我们党有自己的缺点和弱点，但它还是坚守在岗位上。它履行了自己的职责。我们可以相信，我们党党员表明了自己是群众的真正领导者。

7月11日一位年轻工人在鲁市被杀害。这时该市正处于戒严状态，人们不能上街去。大约100名同志参加了一个秘密会议。有一名党员被派去见领导所有屠杀活动的塔尔莫米阿将军，并亲自向他声明："是工人们派我来的。我们的一个同志被杀害了，我们想安葬他。我们的条件是：不要有一个宪兵，不要有一个警察。"就这样，三天以后，有1万名工人给这位年轻工人送了葬。社会民主党的领袖们没有一个人得到发言权，发言的只是我们的一些人，他们以我们组织的名义向死去的同志致了悼词。（鼓掌）

你们知道，工人们在沙勒罗瓦是怎样接待王德威尔得的。群众愿意听我们讲话，而不愿意听王德威尔得讲话，坚决要求我们的一位同志发言。

在这场斗争中我们党动员了自己的全部力量。它善于提出正确的、同形势相适应的口号，吸引群众参加斗争。正因为这样，我们党起到了一个火星的作用，这个火星燃成了群众伟大斗争的燎原大火。

当然，我们党以前就在矿工中做了一些工作。不过，党主要是在组织和发展7月罢工中起到了积极的作用。从5月末企业主宣布降低工资时起，我们党和革命组织从5月29日到6月21日期间在博里纳日矿区举行了大约30次群众大会，发表了呼吁书，所以王德威尔得在自己的文章中写道："我不由得想到了一个问题：这项工作是通过什么手段进行的。"资产阶级说道："这是通过大量地散发传单。"《人民报》则说同竞选活动相类似。

在中部地区，在沙勒罗瓦我们党是罢工的发起人，并且在罢工的开展方面起了很大作用。我们党发挥了这样的积极性，当然不能不取得成就。现在我们党进来了新党员。在罢工前，党内有1300—1400名党员，而在罢工期间从最富有战斗精神的罢工参加者中间吸收了约1000名工人党员。

在很多情况下，那些同党没有任何联系的工人自己建立了支部。我们收到很多封工人的来信，他们在信中都谈到想建立支部或者支部已经建立起来。这表明了我们党对征集党员的组织工作做得不好，不善于去迎接自发地倾向于我们党的工人。

我们的报刊的发行量几乎增加了两倍。《红旗》原来一周出版一期，现在每周定期出两次。尽管每一期都遭到警察的没收，每一期报纸都通过秘密途径散发出去。在罢工开始时，我们的青年团表现出了很大的消极性，对此，我们，我们党要负很大的责任。不过，在3周内，由于在一个区进行工作的结果，青年团征集了300名青年工人。这一切都表明，群众是到我们这里来的。我只是担心，我们党不能把这些新成员吸收进来，没有力量使他们跟着自己走。

说一说关于罢工的领导问题。我们的罢工委员会几乎是精心安排好的，他们并不总是由群众选举产生，而最主要的是他们令人放心，他们没有感到需要成为工人，特别是那些现在还跟着改良主义者走的工人们真正选出的人。一个月以前，我们在瑟兰河召开了由23个地区52个代表参加的罢工委员会代表会议。罢工的矿工承担了会议的费用，而他们本身却是一文不名的。根据昨天得到的最新消息，在沙勒罗瓦召开了另一个会议，有来自39个公社的171个代表参加。在会议上制定了斗争的纲领。社会民主党工人的代表不多，他们只占代表总数的1/3。下面一件事可以说明我们有可能找到接近社会民主党基层工人的途径：在瑟兰河召开的我们的会议上，有一个托洛茨基分子发言，他说应当同王德威尔得搞统一战线。是什么人对他作了回答呢？是一个社会党工人。这就表明，我们应当更加接近社会民主党的基层工人。

一般说来，我们党在争取使工人摆脱社会民主党有害影响的斗争中，采取了正确的方针。一开始，我们党就对社会民主党的每一个花招，每一个暗中破坏活动和每一个新的口号，立即通过组织群众大会，或散发传单和声明来给予回击。

为了说明群众对我们的文件的需要量有多大，我指出，我们这个小党已向全国散发了8—9份呼吁书，其中的5、6份发行量达到10万至12.5万份。同时，因为我们的力量不足，我们所有出版物的散发工作都有很大的困难。

但是，在这一方面取得所有成就的情况下，这次罢工向我们表明：我们如果在罢工前以及现在在某种程度上不低估在改良主义工会中工作的可能性，不低估同改良主义工会的普通成员进行联系和对他们进行工作的可能性，我们就能够更成功地把工人们从社会民主党的影响下解放出来。我们就不仅能够更好地去接近有组织的社会民主党工人群众，而且能够把它的普通成员从社会民主党那里争取到自己的方面来。从这个意义上来说，第十二次全会应当给予比利时共产党的一个主要教训就是：应当坚决地在我们党内消除这样一种观点，即认为对社会党工人、对改良主义工会会员或工会基层积极分子是无能为力的。显而易见，在罢工期间所取得的经验和在对社会民主党工人进行工作中所取得的成果，推动我们党走上了库西宁同志谈到过和在提纲中提到的那条道路，并迫使我们党更坚定地朝着这个方向前进。

如果说在这次罢工期间，整个说来我们党采取了正确的方针，那也不应当掩饰自己的错误、弱点和缺点。我简要地将它们罗列如下：

第一，关于口号。7月8日我们指出了正确的工作方向，提出了总罢工的口号。这是正确的。但是7月18日以后，正如事变所表明的那样，当罢工浪潮开始减弱的时候，我们没有提出使罢工活跃起来的口号，没有去组织（尽管遭到镇压）罢工纠察队、建立罢工委员会和提高群众的积极性，而提出了总罢工的口号。应当重新提出扩大罢工的口号，指出几个应当在其他生产部门和行业的工人中间开展罢工的明确的地点。可是并没有这样做，结果在罢工中，有几个星期出现了极大的消极情绪。最近这些天尽管处于戒严状态，我们又在街上看到了由300—500矿工组成的罢工纠察队。这些纠察队是在违背社会民主党的意志下（虽然他们玩弄了花招）成立的。当然，这对于我们来说是一个很大的教训。这一点在库西宁同志的发言中，在全会其他人的发言中以及我们在这里所看到的提纲中都谈到了：必须更具体地研究工人的状况，保持同群众的接触，以便提出正确的口号，要懂得，只要迟误几天的时间，有时甚至迟误几个小时，就足以使开始时正确的口号变成为不正确的，因为它们提出的太晚了。

第二个缺点是，在罢工的某些阶段上没有正确地运用统一战线的政策。例如，我们提出了"组织罢工委员会"的口号。当然这个口号是完全正确的。可是我们并不总是在我们的影响还不大，而实际上已经存在并且是由基层工会积极分子领导罢工的地方，尽力用其他的办法来发挥我们的影响。

另一个弱点是，在反对镇压的斗争中，人们总还是从一种旧观念出发，认为比利时是民主主义国家，是议会制国家。其实，现在在这个国家的监狱中关押了2000多名罢工参加者。在押者中间有300—350名共产党员。我们党实际上在48小时中就成了非法的党，经常被迫以秘密方式进行工作。应当考虑到对工人所进行的一切镇压活动。工人们拒绝进行护矿的工作，为此，几百名工人被关进监狱很多月，连妇女也遭到残酷的惩罚。例如，有一位领导了示威游行的21岁的妇女，被判了两年零三个月的监禁，在这样的条件下，我们并没有进行群众的工作。

王德威尔得在他的一篇文章中就表达了这样一种情绪：不要继续进行反对共产党人的运动，因为这样会提高他们的名声。应当把他们送交一般的感化院和警察法庭。他的这种要求无非是判我们几年徒刑，使我们整年整年地不能进行宣传和组织示威游行，等等。

我们没有表现出足够的积极性，没有进行群众工作。毫无疑问，罢工者希望释放被监禁的人，可是我们没有进行群众的工作来反对镇压。国际支援革命战士协会也没有这样做。

我现在谈一下结论和前途。

毫无疑问，这次罢工使得阶级斗争更加尖锐起来。我们现在已经看到，一场反对国家公务员的新进攻正在准备着，而在冶金工业部门，降低5%的工资已经提到了日程上。

这次罢工的教训使我们党有可能更加接近群众，进行群众工作。应当指出，现在资产阶级不像以前那样相信比利时社会民主党了，也不把它看成是自己的可靠武器。最近几周可以从资产阶级的报刊上看到，资产阶级正加强它的镇压手段：加强宪兵队、改组内务部，等等。顺便说一下，《人民报》对这些措施是热烈欢迎的。资产阶级在谈论关于"强有力的政府"，而在报纸上则暗示用非常法令进行管理的制度。不久以前，一个高级军官的代表写了一篇文章，在其中提出了一个使企业"防止暴乱"的计划。

毫无疑问，社会民主党仍然是资产阶级的社会支柱。显然，它要比在以前更多地玩弄"左"的花招。

在谈到阿姆斯特丹反战大会，指出在那里提到了卡尔·李卜克内西和罗莎·卢森堡的名字时，《人民报》借卡米耶·胡斯曼之口说，这一情况"证明了这次大会是共产党召开的"。而社会民主主义青年机关报写的则与此不同："只有罗莎·罗森堡和李卜克内西的道路才是正确的。"如果在这里不提到列宁，那么在文章中还会遇到这样的句子："应该把帝国主义战争变为具有另外一种阶级性质的战争。"

社会党领袖们的蛊惑煽动达到了这样的地步，以至于在《人民报》上都说："参加捍卫青年口号的社会主义青年联盟吧。"而王德威尔得则写道："谁要是认为比利时工人党没有从这次事件中得出一切必要的结论，首先是关于社会党的群众越来越不能容忍同资产阶级政党妥协和进行改良主义合作的政策，那他就对比利时工人党不太了解了。"他在另一篇文章中写道："现在真正需要的是什么——这不是小问题，而是大问题，是摆脱危机的问题。"

我们党应当更好地揭露社会民主党托洛茨基变种的混乱的机会主义政策。

我们党做了一定的工作，加强了自己的影响，可是我们应当认识清楚，如果我们不能理解社会民主党具有很大的玩弄花招的能力，我们党就会面临很大的危险，因为我们的任务是要对社会民主党进行反击，把社会民主党的工人争取到我们这方面来。我们党的主要任务——这就是在提纲中所指出的：提出工人生活中的最小的问题，提出关于为反对降低工资而斗争的问题，研究组织罢工的问题。在这方面我们党将更加勇敢地采取行动，因为它将从这一件大的罢工中取得丰富的经验。党更加清楚地认识到，组织和准备反对任何企图降低工人阶级生活水平的斗争,是它当前的主要任务。

我们要从这个角度出发,来纠正我们的错误,比以前更加大胆地、像布尔什维克那样来运用下层统一战线的策略,不害怕去接近社会党工人和社会民主党的基层党员,同时把他们当中的优秀分子吸收到共产党内来。

这场斗争是同佛拉芒人民争取自决权,直至实行分立的斗争,同反对充当法国帝国主义仆从的比利时资产阶级进行的战争准备的斗争,最后同反对准备武装干涉苏联的斗争联系在一起的。我们可以大胆地断言,这场斗争是我们党迅速发展的一个最好的机会,在这种条件下,我们一定能够扩大我们对群众的影响,建立同群众、同社会民主党基层工人的联系。如果我们能够真正地把握时机,我们很快就能成为一个真正的、群众性的共产党。我认为,经过第十二次全会讨论而更加充实了的这一次伟大罢工的教训,在不久的将来必定在比利时共产党内引起一系列向好的方面的变化,使我们更加有准备地来迎接新的伟大的战斗,我们的成就也就更加成为意料中的了。如果曼努伊尔斯基同志在这里问,是否所有的党都能够履行自己的责任,那我认为,从我们方面来看,我可以说,比利时共产党是能够做到在资本主义稳定的结束和第二轮战争与革命前夜的现阶段,比利时共产党将在自己的工作中根据共产国际执行委员会第十二次全会决议的精神,努力地去履行自己的责任。

皮亚特尼茨基(共产国际执行委员会):

在第十一次全会和第十二次全会之间的时期,正如共产国际所指出的,共产国际各支部整个说来都取得了相当大的成就。这些成就不仅表现在代表机关选举中选票的增加和革命工人、共产主义组织成员的增加上,而且也表现在进行经济罢工和革命斗争方面。但是,同革命工人运动、农民运动的规模相比,在社会民主党、改良主义工会和其他类似的反革命工会对工人阶级的利益实行空前背叛的情况下，同资产阶级对广大群众所取得的一切成果和整个生活水平实行进攻的力量相比，必须承认，共产国际的所有支部都还远远不适应于工业危机、农业危机，以及表明资本主义稳定的结束的整个形势为我们所提供的各种条件。

我在发言中只谈两个支部：法国共产党和德国共产党，以及涉及所有支部的几个共同性的问题。

（一）法国共产党

共产国际与法国共产党

由于法国君主制对世界工农革命运动（因为法国压制德国，压制本国殖民地，通过其殖民地斯洛伐克、罗马尼亚和波兰包围苏联企图进行军事干涉）的重要意义，我们看到法国共产党所面临问题的严重性，可以得出结论，法国共产党没有前进，相反，比其他支部落后了。但这也不矛盾，法共进行的一系列活动，例如反对空军大演习、筹备反战大会、《人道报》反对白卫军的活动，都还是成功的。但党和红色工会的各方面工作都表现出共产党在退步，尽管共产国际和红色工会国际一直在提供帮助。

在1930年、1931年和1932年前6个月，主席团、政治书记处和政治委员会都研究过法共的问题，对共产国际的其他支部都没有这么关注。我简单列举研究法共问题的各次会议：1930年5月的法国会议有16人参加，这些人来自中央和各地区。这次会议的结果就是1930年6月16日发表了一个内容广泛而详细的决议。后面我还会提到这个决议。1930年8月30日又召开了一次会议，这次出席的有领导同志，这次研究的是保险运动的问题。法国共产党几乎错过了这次保险运动，这次运动涉及了工人各种保险的法律（除了失业保险）。社会主义者提出了散乱的保险法，其中的物质方面主要由工人阶级承担，而共产主义者则对这次活动没有应对、没有提出保险领域的共产主义要求的法律草案，它不仅没有提出共产主义的保险要求、扩大这次运动，而它对社会主义者的法案采取的立场一直让我们无法理解，为什么共产党会如此对待涉及工人的这么重大的问题。法国共产党反对保险，借口是，企业主会通过提高产品价格把保险的支出转移到劳动人民的身上。

下一次会议是在1930年11月20日，是关于工会问题的。1931年2月召开了关于工会联合的联席会议。在这个重要问题上首先提出倡议的是红色工会中最小的改革反对派方济各会。他们不仅占据了一些红色工会组织，还败坏了法国总工会。无论我们的党还是工会都没能在这个问题上采取正确的立场，他们没有承担起在工会统一问题上的主动权，而是宣扬统一只能在法国总工会的框架内进行，说他们不能与总工会的代表成立统一的工会组织，他们不明白，这样的声明让他们很难接近依然跟随茹奥一伙的改革派工人。我们的敌人利用了这些声明。关于这个问题，被迫与法国总工会一起制定了统一文件。本来以为，制定和公布这样一个文件后，在工会统一问题上法国总工会能走向正确的方向。但是媒体对这个文件的评论和工会工作者们在工会组织的各种会议上的发言表明，事情并非如此。

在1931年4月十一次全会期间，开过一次很重要的会议研究党及其领导层的工作问题。很遗憾，尽管已经过去了一年半，同样的问题我们现在还要面对。1931年6月，与法国红色工会代表团开了一次会。7月，红色工会国际召集来方济各会的人，研究后者与红色工会有分歧的所有原则性问题。红色工会国际分析了方济各会的整个策略，指出其行动中的反革命思想，指明了消除这些行为对一些红色工会组织的致命影响的方法。

接下来，1931年10月召开了关于巴尔贝、塞洛尔"集团"的会议，这个集团把持了法国共产党几年的发展。

10月末，在红色工会代表大会之前又召开了一次会议。

12月初，蒙穆索在红色工会国际中央委员会的会上作了报告。

1932年政治委员会的每次会议都会讨论法国的问题。

1932年1月，举行了七大的筹备会议。此后在1932年期间，四次讨论党代表大会问题，六次讨论选举、竞选活动和议会议员团问题；两次讨论工会问题；三次讨论农民工作问题（农村纲领）；两次讨论组织问题，两次讨论党的领导问题；还有民族问题，非党组织的问题，妇女工作，选举宣传问题。

法国共产党工作中的不足

大家看到了，共产国际和红色工会国际很关注法国的共产党和红色工会。这不是偶然的。我已经说过了，法共在目前这个时期的作用是非常大的。已有的文件和决议不仅批评了法共的错误，也指明了未来该做什么和如何做。1930年5—6月的各项决议涉及了以下问题：无产阶级的直接要求、与认为"为牛排而战"是已经过去的阶段的所谓"左派"进行斗争、正确地进行群众工作、尽快克服党与群众之间的隔阂、合理地运用统一战线、对社会主义工人有正确的立场（反对"包括底层工人在内的所有社会主义党员都是资产阶级的走狗"这类说法）、反对党领导工会、对外国工人的工作。

委员会工作的成果就是通过了一个决议，决议的要点指出了法共中的各种不良现象：党员数量减少、舞弊、《人道报》发行量下降、对保卫《人道报》各委员会的工作不正确、玩忽懈怠，机会主义和宗派主义式地歪曲统一战线政策；关于工人阶级的直接要求问题。

我认为有必要援引一下1930年6月16日的决议。这个决议写道：

"由于失业开始出现,未来也可能进一步发展,党应该立刻采取措施通过统一工会建立各种失业工人委员会,保证在业人员与失业工人之间的联系。法国共产党应该最有效地维护失业工人的权益,争取失业保险,由国家和企业负责支付给所有失业的工人和农业无产者,不论其民族如何,杜绝任何官僚的形式主义。最重要的是要保护移民工人和殖民地工人的利益。要反对资产阶级、政府、社会主义者和改革派总工会的支持者挑拨工人反对外国工人,挑起民族仇恨等(在社会主义者领导的一年半后这样的事情确实发生了。——奥·皮),我们党应该把法国工人和外国工人联合成为坚固的阶级团结的联盟,共同对国家及其代理人的剥削进行斗争。"

这个决议是法国共产党代表团郑重通过的,法共的代表们在决议的最后写了必须在1930年12月25日前取得如下成果:5.5万名党员,《人道报》发行量达到20万份,红色工会的会员达到50万人。如果他们做到了这些,我今天就不用谈法国共产党了。上面提到的所有的指示,法国代表团的郑重承诺,共产国际执行委员会和红色工会国际机关的许多决定,法国共产党中央委员的决定都只是停留在了纸面上,党和工会都没有增加成员数量,相反失去了一部分党员,党在最近的选举中丧失了22万选票,都转向了社会民主党。同志们,22万啊!1928年社会民主党获得了170万张选票,而现在因为我们,社会民主党在选举中达到了190万张选票。法共还丧失了7.1万张选票,这些票都投给了无产阶级统一党那些叛徒。法共在1928年的选举中获得了106.7万张选票,而在1932年只有79万张。

有一件特别的事我不能不说。当选举前讨论选举的平台和竞选活动时,当时在场的所有法共同志虽然在各自的工作中都不友好,但都一致认为他们会失去很多选票。认识到这点后,他们就开始去争取工人的选票。

他们对我们说:他们会失去40—50万张选票,我们告诉他们:得不到150万张选票就别来见我们。

他们来了,虽然没有150万张选票,但他们还是"得到"了20万张选票,也出乎了他们自己的预料,20万张工人的选票可不像是一普特葡萄干那么简单,党没有对社会民主主义和无产阶级统一党进行斗争,尽管共产国际执行委员会让法共中央委员会特别注意进行这些斗争的必要性。我现在就给你们摘一段,这些也来自我在前面引用过的那个决议:

"揭发机会主义和无产阶级统一党这些叛徒的工作很薄弱,进行的很缓慢,党内没有正确和准确说明对机会主义叛徒斗争的正确的组织措施,也没有对工人进行很好的解释,没有让所有的工人意识到这些组织措施的必要性,基本上对无产阶级统一党、社会主义者、总工会和政府的友好进攻都没有给予有力的、系统的和大规模的反击,同时《人道报》的回复也很软弱无力(没有执行政治委员会1930年3月的决议)。"

第五条:

"法共应该清楚法国的社会主义者、无产阶级统一党和机会主义者大规模开展活动,想再次欺骗无产阶级、城市和农村的劳动群众,想巩固资产阶级制度和资本主义帝国主义体制,因此,工人阶级面临着巨大的威胁。"

这个警告似乎很有威力。两年过去了。我们通过选举看到了结果。

法国还是完全的议会制国家,广大群众想听议员的言论。如果我没说错,共产党有不大的议员团,最初是10个人,其中2人是政治局委员。政治局对共产党议员团的工作完全不关注。结果怎么样呢?海军预算在议会中是一致通过的。

你们能想到这在群众中引起了什么样的反响吗?在投票的时候,我们的议员没有一个人在场。我们的议员团没有站出来反对社会主义者提出的针对外国工人的法案,这个法案要把外国工人的数量限制在10%以下。在这个法案投票时,大厅里有两名议员。他们弃权了。社会主义者提出要给妇女选举权的法律。我们对此没有作出反应。当时在大厅的一名代表弃权了。我们在共产国际领导层中讨论了这个问题,共产国际不能不对此做出应有的反应。

共产党在法国的21个大区的164个区中拥有多数,有2373名议员。在264个区中拥有少数,议员人数共696名。这些区机关在所有的国家都起到很重要的作用,尤其是在法国。这些机关在法国拥有的权利比其他地方多很多。一些运行良好的区机关表明了确实可以为工人服务和组织工人阶级。但现在却无所作为。如果整体来看,大多数区机关没有利用我们党加深与群众的联系。那些离我们而去的叛徒(无产阶级统一党)的工作,也证明这些区机关在法国作用重大。他们怎么做的呢?倾听工人的要求,并根据这些要求提出建议,呈送给区机关。而且,他们有时还反映红色工会的要求,而同时按照政治局委员德里奥的说法,"我们的议员坐在那里,充耳不闻"。

1929—1930年和1931年法国发生了3210次罢工。有199.4万人参加了罢工。在1932年的6个月内,罢工次数达到了391次,参与人数11.4万。我们的红色工会很少领导罢工。他们要么行动晚了,有时还晚得厉害,要么就是领导的很不成功。

在1931年有记载的260次罢工中,有37次成功,69次妥协,而有109次,也就是50%失败了。这些罢工之所以失败,是不是因为我们的红色工会不会组织呢?

如果比较法国和波兰,那波兰的条件就差得多,那里没有法国这样有组织的和稳定的红色工会。而在波兰,共产党领导取得胜利的罢工比例要大多了。法国的工人经常罢工。最近所有的罢工都表现出了坚决和坚韧。一些罢工变成了有街垒战的大政治事件。如果法国那么多罢工都失败了，那么很大程度上是因为有30万成员的红色工会不会揭露改革派分子、社会民主派的手腕，不会在罢工之前和期间建立自下而上的统一战线。

如果他们不会处理罢工，我们的工会怎么能发展呢？

我只举一个例子。加来海峡大区的矿工在一月举行了一次很大的运动。这次运动是因为降低工资而起的。那里有18万矿工。其中有1.5万人参加了红色工会，6万人是改革派分子。但是我们的矿工议员比他们多，我们在这些地区有60名议员，而改革派有48名。我们的口号"准备1月1日罢工"很好。改革派的应对是：我们想要全民公决。他们提出举行全民公决的问题是：罢工还是与企业主谈判。我们应该怎么做？我们要告诉工人，我们参加全民公决，但同时要准备罢工，投票支持罢工。我们有机会揭露改革派吗？

机会是有过的。他们没有说想要什么、目标是什么和为什么要谈判。要让工人知道，如果改革派领导人想要罢工，他们就会说：我们愿意谈判，但是会坚持工人提出的所有要求、要力争不降低工资；既然他们没这么说过，就是说他们愿意与企业主妥协；所以，参加公决吧，投票反对改革派。而我们的回答是：抵制全民公决。结果是什么？6万人投票赞成谈判，因为谈判这个论调很暧昧不清，怎么理解都可以；另外1.2万人投票支持罢工，大约10万人没有参加投票。我们的红色工会是如何评价这个结果的？他们说，我们取得了胜利，毕竟那么多矿工没有参加全民公决，这说明我们是有影响力的。而罢工也没有成行。政治局讨论了这个问题。但我应该说，我们感觉丢脸，罢工期间红色工会国际的代表在法国，他支持抵制。政治局讨论了这个问题，批准了抵制。尽管红色工会的战术是不对的，矿工们还是相信红色工会是维护工人利益的，因为他们与改革派不同，想要斗争。

红色工会中有矿工、铁路代表，是从工人中选出来的。他们不用工作，本可以把他们利用起来。而在讨论工人问题时，他们就像大多数的区议员们那样坐着看热闹。他们没有被利用起来。他们本可以成为组织、宣传、鼓动和引导党和红色工会口号和路线的人。

现在说说失业。在法国开始出现失业前很久，我们就警告过，我在引用1930年6月16日的决议时也说过这一点。统一工会的机关报《工人生活报》说，根据官方统计，到1932年7月1日半失业的工人数量达到了561.88万人，占工人总数的51%，230万人是完全失业。不多的失业工人能得到补贴，大概有15—16万。剩下的人什么也得不到。法国花大量的钱用于军备。广大群众反对战争，并且也表明了立场。党本可以开展大规模的运动争取失业保险，把更多的工人纳入保险等。法国共产党组织运动和组织工人都进行的太晚了，现在这个工作也基本停止了。那谁利用这个机会和我们的不作为在失业工人中开展工作呢？是骗子和慈善家们。

我给你们念一下1932年4月8日《工人生活报》的报道：蒙彼利埃的共产党和法国总工会没有在失业工人中开展工作，失业工人自己（我强调的是：自己）选举了委员会，委员会的领导人执行了非革命的、有害的路线。参加委员会的统一工会的代表们没有争取对失业工人的领导权和揭露这些领导人政治上的不正确，而是拉出来什么个人家族历史谈，然后就离开了委员会，他们解释离开是因为他们不愿意与那种领导人一起工作。我们希望，这是个别情况。但我还是担心，开展失业工人工作，有一部分人是这样做的。

党的领导

这种情况怎么解释呢？在党和工会的领导中许多人是很能干的。比如说多列士、塞马尔、杜克洛、马蒂、费拉、蒙穆索、多里奥、加香、吉东等许多人。每个人都有工作能力，但没有什么成效。为什么？因为没有有效的集体领导。法国共产党的领导层就像是克雷洛夫的童话：天鹅、虾和狗鱼向不同的方向用力。实际上法国共产党没有一个有效地领导党的组织和不论党员在哪里都能有效领导的中央。有一个这种领导的例子。

我从多里奥在书记处会议上的讲话中摘录几句：

"当大多数工人（铁路工人）要求实行英国式的工作周时，统一工会表示反对。我当时在政治局展示了工会的小册子。在铁路工人大会上，我提出了这个问题。工会书记用了45分钟证明英式工作周是企业主的陷阱。如果实行英式工作周的同时没有降低工资，工人怎么能明白这一点呢。

塞里在第18区怎么做的呢？他编写了一个小宣传册，分发给了所有的铁路工人，他在准备选举的过程中，选取了统一工会放弃的4—5个要求，分发给了铁路工人。铁路工人都投他的票还奇怪吗？

……我和卡申有一次参加共产党因降低工资召集的会议……工会书记发言谈到了苏联、即将到来的战争、群众的左倾，我和卡申不得不提出了工人问题、工资问题等。这种尴尬的情况现在就在眼前。我认识的一些工会书记不了解他们要维护的工人的这类要求。"

在他的发言中，最后一段摘录是关于最重要的大区，即巴黎的领导，政治局委员这样回应：

"不能怀疑的是，巴黎的领导层非常不让人满意……在那里，跟塞马尔一起只有'完蛋……'一年都没说十句话。"

下面的话也都是这类意思。

如果党外有人这么批评，那还是可以理解的。但是这是政治局委员多里奥同志说的。我相信，他在来这里之前早就知道这些了。他还说，在政治局会议上展示了统一工会反对40小时工作周的小册子。多里奥同志，您是政治局委员，难道您不需要对这种情况负责吗？为什么您没有在政治局提出这个问题呢？如果涉及几十万工人的英国式工作周这么重大的问题，工会还不能正确对待，那么政治局就有义务要求以党员为首的工会议员团为这个问题的不正确策略道歉。我们的情况怎么样？党的领导层看不起红色工会，经常代替工会解决问题，有时候在媒体上以工会的名义发表东西。当面对涉及几十万工人的重大问题时，要改正或取消对红色工会不利的决定时，政治局在哪里呢？

有人说，政治局对这个问题有过决定，但是这个决定没有实施。政治局中有的委员是法国工会的领导人。你们也在铁路工人和公用事业工人居住和生活的地方工作的。本应该认真实施政治局的决定。这表明，一些党员和党领导层都工作不力。这就是领导层工作情况的鲜明例子。我们现在说，法国共产党没有好领导，去年我们也说了一样的话，政治局委员们很相似。他们说：我多少天在参加集会，我多少天在哪里，等等。我们一直工作努力。你们工作努力，这当然很好。但是党领导层的工作难道就是取代工会、取代群众性的工人组织、取代地方党组织？完全不是。那不是领导，那是舍本逐末。领导讨论最重要的问题，制定党的路线，然后跟踪和控制路线的实施，并指示该如何实施。而不是要求每个政治局委员一周6次去参加各种集会。找好的材料，给报告人分发提纲。我想，在各地可以找到更好的演讲者，而请你们制定好路线，回应所有涉及工人和劳动者利益的政治和经济问题。我想，如果法国的同志们在波兰同志们离开前早点跟他们谈谈，问问如何组建那么和谐的、工作卓有成效的政治局。这对你们是非常有益的。德里奥同志说，本来决定是好的，只是没有实施。我可以证实，你们的决定停留在纸面上。

在3月份，党的代表大会召开了，大会开得很好。有许多无产者，许多人发言，我们以为，法国共产党出现了转折。但是，很遗憾，人们很快忘了这些决定。这就是我们从书记处的材料中看出来的。

竞选活动让人彻底忘记了代表大会。党的领导层不知道，各级党组织是否在讨论大会的各项决定；直到现在没有一个区委讨论过中央7月初全会的决议。直到现在（8月底）党的报刊上也没有共青团代表大会的消息。

只有不久前《布尔什维主义笔记》杂志刊登声明，号召预定大会决议的小册子。《人道报》都没有刊登大会的决议。法国共产党这个机关报是很有用的。除了《真理报》外，《人道报》在共产国际内比其他报纸的影响都大。而党没有利用这个报纸来定方向、领导和指导党。

我还要从书记处的材料中引一个事实。

日本人轰炸上海之后，《人道报》刊登了中央委员会的指示，没有任何评论。三周后发现，各党组织对这些指示没有任何反应。后来《人道报》又刊登了那些指示，还是没有一句话的说明或评论。

就像私人公司给报纸的声明一样。但这是对最重要问题的声明。

对戈尔古洛夫案件和德涅斯特河上枪声的谣传，《人道报》的反应表现很好，法国工人立刻对对此作出回应，报纸的发行量也加大了。1932年2月该报的发行量达到了16万份，5月6日和7日达到了26.9万份。这表明《人道报》敏锐地感受到了广大工人群众的脉动。当活动结束时，发行量下降到2月份的水平。这说明，党没有巩固报纸在宣传格尔古洛夫案件时获得的影响力。

没有报纸，尤其是没有合法的报纸，党能够领导吗？当然不能，尤其是法国共产党有各种散乱的地方组织，另一方面，还有那么有影响力的机关报。当然不能。《人道报》应该成为党的喉舌，要反映党的生活，而这个报纸现在有点偏离，上面经常有一些政治局不希望看到的内容。读读最新一期，今早有人给我看了，那上面使劲夸奖瑞士来的左派社会民主党员尼克尔。报纸上写道：他在反战大会上的发言几乎创造了社会民主主义历史上的新时代。尼克尔是法属瑞士（在日内瓦）的社会民主主义组织的领导人。他参加了全瑞社会民主党，这个党是第二国际的组成部分。尼克尔的"左派"言论、文章和做法都阻碍在日内瓦建立巩固的共产党组织。而《人道报》不仅没有揭露这一点，也没有批评这个发言。为什么？因为《人道报》在偏离，现在存在两个中央，一个是法国共产党——政治局，另一个是《人道报》编辑部。《人道报》编辑部中要有一名政治局委员这个决定都做了多少次？但还是跟其他很多决定一样停留在纸面上。

大多数情况下，地方党委也停留在纸面上。这些党委很少活动。我们的党组织与法国社会党的组织不同在于，在选举期间社会党组织大范围开展活动，很活跃，而我们的组织在最近的活动中，在选举期间把全部工作都推到议员身上。

共产党中央委员会组织书记的报告《五月的法国》说，4月主要有竞选活动，工厂的报纸出版的最少，尤其是巴黎大区。在巴黎大区的第二区，杜克洛和一些同志从外部开展工作，那里可以看出，党的机关报多么远离这个活动。

巴黎共产党委员会1932年4月19日的通报说，党委没有领导竞选活动，"从基层到大区党委，政治领导还是落在正常党机关之外"。就是说，最近法国没有像其他党那样在选举期间真的创造奇迹。那就有人问了，那党组织都干什么了？地方还有党的机关吗？

关于法共工作的一些结论

1. 必须在法共和法国总工会内建立有效的集体领导制度，并使其正常运行。

2. 必须极其认真地关注地方党和工会机关，这些机关要执行党和总工会的路线，通过工厂基层党组织和工会组织与群众紧密联系，当然，必须尽早重新研究地区党委的组成，地区党委要把这些工作都落到实处。

3. 必须根据共产国际执行委员会关于共产主义议员团的决定改变议会议员团、市镇议员团和地方工人群众性组织中的议员团的工作方法。

4. 必须改变群众工作方法。

5. 必须大胆推进党和工会。

6. 必须挑选好党员组成《人道报》编辑部，加强报纸与党的领导层的联系，让报纸成为党的喉舌。

7. 必须保证共产国际执行委员会的决议和本党组织的决定能够推行。

在共产国际执行委员会为改善法国共产党领导机构和改变其所处状况全力工作了一年半之后，我又谈到了法共的问题。法共的党组织很散乱。法共如果有好的地方组织，如果有有创造力的基层组织，如果有有创造力的区党委，如果有和睦和有干劲的、确实能领导党的政治局，就可以争取最广泛的群众。这些都可以实现吗？当然可以。为此全会必须利用自己的权威告诉法共领导层：必须结束党内的现状。我们认为必须告诉全会，这样，全会或者主席团才会挑选出一个委员会研究法共的问题。我的任务不包括列数法国共产党在第十一次和第十二次全会之间取得的成绩。法国的同志们会列数的。

（二）德国共产党

德国共产党的成绩

现在我来谈谈德国共产党。德国共产党取得了很多成绩。该党对工人很有吸引力。最近一年半吸收了几十万新党员。在上一次选举中那么艰难的情况下获得了 530 万张选票。该党表现了调整和适应的能力。比如，德国共产党反对就解散普鲁士地方自治代表会进行全民公决。一些党报发表社论反对参加公决。

但是，当中央委员会与共产国际一起作出结论，必须参加公决，几天之内，德国的同志们就使全党积极行动起来。除了联共（布）之外没有一个党能做到这点。这表明，德国共产党是灵活的。大部分党员都与民族社会主义分子在街上英勇斗争，借此建立反法西斯统一战线。在最近的工厂党委选举中，德国共产党和革命工会反对派本可以推出1.8万名候选人。在目前这种失业和企业主实施恐怖的情况下，这些候选人就是被解雇的候选人、被企业赶出去的候选人。没有一个资本主义国家的共产党能动员那么多党员在那种情况下推举出那么多候选人。德国共产党要在极端复杂的情况下工作。凡尔赛和约体系在德国引起了难以置信的沙文主义后果：失业、工资降低、小资产阶级和农民破产、银行破产，小人物受害最深，沙文主义者把城市破产尤其是有工业人口的小城市破产，都说成是凡尔赛和约的后果。

德国共产党的战术错误

德国有世界上最强大、最灵活的社会民主党和改革派工会。战前，社会民主党在群众中有威信，因为这个党建立了集中化的大工会，建立了工人的群众组织，进行了经济斗争，通过改革进行斗争，也确实给了群众一些帮助。这证明，对社会民主党来说，战争时期的背叛都白白地过去了或者几乎白白过去了。自由工会与社会民主党领导一起背叛了所有工人。尽管自由工会从战前的300万人增加到了战后的900万。社会民主党在工人和士兵代表苏维埃中拥有大多数，这让它有能力背叛革命。

只有少数工人，都是革命工人，才知道背叛革命的事。但大多数工人都知道社会民主党的另一方面，这个党在革命中"给"了他们什么。他们知道，经过革命，社会民主党"实现了"八小时工作制，必须签订集体工资合同，按法律建立工厂工会委员会，不经过委员会不能通过内部规章、不能解雇工人，给工人缴纳各种保险，包括失业险，工人不需要缴费；法律规定了言论自由、出版自由和集会自由。德国的广大群众当时不知道。许多人到现在还不知道，社会民主党"给"了他们这些或迫使资产阶级做了这些让步，是要挽救资产阶级制度不发生社会主义革命，因为俄国的十月革命对1918—1920年的革命事件有很大的影响。社会民主党知道，射杀革命工人领袖不会削弱柏林、汉堡、德国中部、鲁尔和莱茵的革命工人对支持社会主义革命口号的工人群众的影响。广大工人群众到现在还不知道，也是这个德国社会民主党在革命后削弱了社会立法（工人交一定的保险费用，降低失业补贴）、禁止革命工人报纸、解散工人组织，等等。现在这个党帮助取消集体工资合同和德国工人阶级取得的所有成果。与社会民主党并肩走在一起的是"自由"工会，这个组织一直都是靠发补贴而对自己的成员施加影响的。1930年，工会从2.65亿会费收入拿出了1.1亿用来给会员发补贴，其中7700万给了失业会员。这也是失业人员按照法律拿补贴的补充。

德国共产党是唯一的反对非常法的，但这个斗争没有带动广大群众，这个情况让有众多报刊的社会民主党、自由工会和纳粹（民族社会主义者——法西斯）有机会蛊惑说共产党没有反对非常法（社会民主党在宣告书中写的），或者德国共产党支持非常法德政府（纳粹机关报《冲锋报》写的）。

德国共产党没有开展解释性工作反对社会民主党和纳粹，而解释性工作本可以抓住大量的工人和职员。在绝大多数情况下这种思想意识的斗争是抽象的。通常的解释被谩骂取代："刽子手"、"见到纳粹就打"。这强烈地影响着我们对广大工人群众的工作。此外，尽管德国共产党的路线总体上是正确的，也有战术上的失误。

当兴登堡宣布1929年秋天收集法律规定全民公决必须数量的签名反对杨格计划，我们党根本没有接受这个活动。所有党都反对公决，而尽管如此，1929年12月，兴登堡和纳粹还是获得了580万选票。如果您比较1928年国会选举中纳粹和民族主义者所得选票，就会相信，尽管所有党都反对公决，他们还是比1928年的选票多了60万张。此外，他们还得到了名声，他们保护德国不接受杨格计划。

对民族分子和法西斯号召签名和投票反对杨格计划时，我们德国共产党的机关报在做什么呢？1929年11月5日，在标题为"法西斯的大召唤"的社论中，《红旗报》写道：

"见到法西斯都打。这是我们的口号，法西斯工贼和博尔西希的奴仆在这个口号面前发抖。见到法西斯都打，这是革命无产阶级的战斗口号。只有在公开的政治群众斗争中，只有布尔什维主义的道路我们才能消灭法西斯。"

法西斯煽动人们反对杨格计划，我们号召打法西斯。难道小资产阶级除了认为我们是维护杨格计划之外，还会有其他理解吗？我们的这个大错误可以部分地解释法西斯在1930年国会选举中的胜利。如果我们党在共产国际执行委员会帮助下没有公布民族解放和社会解放的纲领，纳粹就不会在选举中得到那么多选票，取得1930年那样的胜利。

我们再看另一个战术错误："布吕宁政府是法西斯专政的政府"，1930年12月2日的《红旗报》发表的题为《法西斯专政》的文章说：

"布吕宁的半法西斯政府在德国建立法西斯专政的道路上迈出了决定性的一步。法西斯专政已经不是要出现，而是已经成为事实。我们面对的就是一个法西斯共和国。布吕宁内阁变成了法西斯专政。"

对《红旗报》上的第一批文章，共产国际执行委员会的反应是，在1930年12月初发出一系列指示，其内容归结如下：

12月2日和3日《红旗报》说德国已经是法西斯专政，这在政治上是不对的。在社会民族党和改革派工会的支持下，发表一系列针对劳动人民的特别法令，是建立法西斯专政道路上的一步，但还不是决定性一步。最后的结果取决于工人阶级的斗争。

共产国际执行委员会发出了这个指示，但当时台尔曼和诺伊曼到了我们这里，他们没有收到共产国际这个指示。当然，他们一来，我们就给他们看过。诺伊曼同志维护《红旗报》的观点。我不知道《红旗报》上的文章是不是他写的。台尔曼同志根本不同意《红旗报》的说法。他在自己的文章中说，这是法西斯专政的雏形。我们不得不与诺伊曼斗争了三天，向他证明他们的这个方针是不对的。当时有人跟他们说，如果这算是法西斯专政，而同时这些法律没有体现在工人阶级的生活水平上，而他还没有感受到这些特别法意味着什么，那工人就可能想，如果这是法西斯专政，那么这个专政还不像共产党说的那么坏。如果那些将导致法西斯专政的措施一个接着一个开始实施（这是不可避免的），那么工人阶级还会相信自己的党吗？会有人说：没有法西斯专政的时候有人叫喊，他们把我们带入歧途，我们不知道会不会更坏，现在他们来了，而我们手无寸铁。

对时局不正确的定义产生了不正确的策略。《红旗报》的策略是什么呢？法西斯是主要危险，社会民主党是主要障碍。这是十一大之前的策略。在反法西斯的活动中，我们都忘了社会民主党的存在。而在十一大之后，社会民主党在德国共产党的文件中被很正确地定义为资产阶级的主要社会支柱，那时又把法西斯忘了。我们不应该这样简单理解，但是在选举期间对法西斯斗争的规模不够。社会民主党利用这两个机会，装作它是在同法西斯斗争，而我们宁愿选择希特勒。这也可以部分地解释总统选举的结果，还有1932年普鲁士地方自治代表会的选举结果。

党和工人阶级都被虚伪报道迷惑了。在普鲁士地方自治代表会选举之前,报纸,包括社会民主党的报纸都报道说,资产阶级要结束500万工人的工资合同,要降低工资。我们多次认真地讨论,怎么对付社会民主党这个诡计,即在普鲁士地方自治代表会选举之前宣布要争取不降低工人工资的诡计。德国共产党和革命工会反对派认真地制定了给所有工人、给所有工人组织的声明,表示支持所有反对降低工资的斗争,号召工厂讨论建立经选举的机关组织斗争。我们把这个方案发出去了,然后等党和革命工会反对派领导机关讨论和发表。我们等了很久。选举之后这个方案才公布出来。如果我们关注了这个方案在广大群众中的反响,然后就明白了,党没有早一点在选举期间甚至选举前把这个方案印发出来,损失了很多,因为最初所有企业中工人都回应共产党的建议,讨论这个声明。德国来的所有同志都这样告诉我们的,他们证实了这点。

德国共产党实践工作中的失误

在实施所作决策的实践工作中也有一些失误。关于企业工作,谈论的很多,决议也很多。德国中央委员会做出决议后,《红旗报》上就开始了各种讨论,关于企业工作的讨论。《红旗报》每天都刊登各种报道:"诺伊曼先生要给通用电气公司的工人演说","雷梅尔同志要给西门子公司的工人演讲","黑克特同志要给某个厂的工人讲话"等。结果呢?参加这些集会的都是我们的追随者。其他工人都没有来。为什么呢?很简单。难道在危机时期这么简单的讨论就能抓得住工人吗?在每个工长在会上都有自己的人向他报告哪些人参加集会的情况下?推行企业工作的决定就是从这些讨论开始的,这些谈话很快就消失了,同时红色工厂工会委员会的人就没人关注,没有得到领导权。在全会的文件中,你们可以找到一个女工的报告,她还在维萨克公司工作。这个公司有5名红色工厂委员和6或7名改革派。这位女工描述了可怕的场面,红色工厂工会委员会的人如何迫害她,而她自己也是委员,就因为她执行了党的路线。改革派的工厂工会委员会委员和我们走到了一起。她被从一个车间抛到另一个车间,围绕她的各种传闻,就是为了破坏她在企业的影响。她达到的这种影响是,要求发放毛巾、肥皂、床单等各种杂物;维萨克是化工厂。结果,这些红色共产工会委员们败坏了党的声誉,工人都去找纳粹党了。你们认为这是个例吗?在很多情况下我们的工厂工会委员与改革派一起投票支持解雇工人。如果不是讨论,而是把这些红色工厂工会委员组织起来,把其中已经成为改革派的那些剔除,帮助那些想做点什么的人,不是更好吗?工人现在说,德国共产党的纲领和策略是好的,但是实际做法与改革派没什么区别。

改革派工会的工作启动的很差劲。失业工人的工作也是一样。革命工会反对派、红色工会和地方党组织的工作很薄弱。这些就是德国共产党和革命工会反对派没能成功组织抵制布吕宁和巴本的广泛运动。

如果您还记得,一年前,达纳特银行倒闭。我们很沉重地关注共产党如何应对。小资产阶级吓坏了,以为通货膨胀要来或已经来了。他们冲击了储蓄所和银行。街上集中了很多人。在企业的工人都互相询问,还会不会发工资。似乎在那个时候,党应该站出来,党应该定个基调。而实际上,党对这些都没有反应。只有一两天之后,诺伊曼同志在柏林党积极分子会议上的说斯大林同志的六个条件。只是在会议快结束时他提到了这些事件。而纳粹是如何利用这个时机的呢?纳粹的宣传说,这就是凡尔赛体系、杨格计划和戴维斯计划导致的,这都是凡尔赛体系的后果。而我们利用的很少。

当然不能把7月20日的事件等同于这些事件(达纳特银行倒闭)。但是党组织和红色工会组织对两次情况的反应基本一致。我找到了德国共产党机关报《红旗报》刊登的正式文件,标题为《〈红旗报〉工人通讯员关于 1932 年 7 月 20 日柏林各企业的状况》。

"维尔纳-西门子。N 车间的一位制造工具的工人说：我站着看，在工作结束前是否某个车间会在组织上脱离公司。我们的积极分子一直在窗边等着。

通用电气公司（布鲁恩大街）。情绪是有利于我们的。工厂停止了运转，包括社会民主党在内。工厂工会委员会的两名改革派没有这么做，他们要等领导的决定。他们好像不会进行彻底的罢工。

奥斯拉姆工厂。大多数工人都不信任任何一个党。他们说共产党：他们光说，但是不做。我们应该加把劲儿，即使要做出牺牲，也要让工人信任我们。

通用电气公司—变压器厂。7 月 20 和 21 日表明了，我们是宣传的党，而不是组织的党。"

我再引用一个官方文件。德国共产党柏林地区会议对选举结果和 7 月 20 日事件的结论如下：

"选举结果不如人意的主要原因是：（1）对企业和工人居住区的法西斯恐怖活动部分地退让（如法西斯分子毫无障碍地驱散工人集会，自愿解散在中心小区的一次集会）；（2）**党组织在 7 月 20 日没能成功组织群众集会和大规模罢工，表现的很没有能力；同时工会工作明显表现得不如人意，工会官僚们阻碍进一步的罢工；**（3）在企业、劳动力市场和工人居住区，统一战线策略的运用不够充分，这反映在不同的工人区（新克尔恩和维丁）的选举结果上；此外，社会民主党的柏林委员会建议共同游行，助长了对社会民主党政策的幻想，导致阻碍了在企业、劳动力市场和工人居住区统一战线游行的倡议；（4）**对唤醒基层组织反法西斯统一战线的主动性的工作做的还不够。**"（着重处是我加的。——O. 皮亚特尼茨基）

最后一点非常对。工厂里有主动性的党组织还不够多。如果有这样的组织，那么就会是另一个结果。企业中的社会民主党和改革派没有从领导机关得到指示，一些人支持斗争，另一些人在动摇。在这种情况下，《红旗报》工人通讯员的会议表明，企业中的共产党员、革命工会反对派和红色工会支持者表现出积极性，建议根据取消针对工人阶级的特别法的口号，放弃工作，取消攻击工人住房、殴打工人的法西斯冲锋队的合法化，取消禁止集会、游行和出版等，这都在各种政治党派的工人和无党派工人中有巨大的反响。7月20日在柏林走过大街小巷的连斯基同志对我说，大街上都是人，但是没有人领导。这个时候街上没有警察，没有军队。7月20日就有这样的情况，警察跟工人说，今天我们不会对你们做什么的。如果当时有主动性的党组织在场，那么就可以组织各地区、各条街道的游行。这些游行反过来会波及企业，推动罢工。

德国共产党对德国工会联合会和社会民主党建议，共同宣布罢工，这样做是非常正确的。德国共产党号召罢工，做的非常正确。许多社会民主党员、改革派工会和德国工人都凭经验相信，德国共产党能正确地研究情况、指出正确的斗争方法、阻碍这些斗争的是社会民主党和改革派领导人。但是党的组织没有响应罢工的号召。这是事实，不仅在柏林—勃兰登堡地区没有响应，在其他任何一个地区都没有一个党组织响应。这对我们难道还意外吗？**忽视在企业、工会和职业介绍所中做工作，群众工作走下坡路，口号空洞、宣传不受欢迎，这些不可能产生其他结果。**

统一战线。 统一战线是如何建立的？亏了纳粹没有区分哪里是社会民主党、哪里是共产党，而是与共产党一起打击社会民主党、改革派工人，甚至无党派，亏了这个才建立了统一战线。这个统一战线是很好的，我一点都不反对。这是阶级斗争的统一战线。但是从侧面来的，不是在企业中，也不是在职业介绍所或工会中建立起来的。如果这个统一战线是在企业，那大多数情况下也不是因为我们的工作好，而是工人对杀戮太震惊了，在葬礼日组织了罢工。在一些城市就是这样的。

德国共产党的任务

巴本的法西斯专政政府要把负担都转嫁给工人阶级和粉碎共产党。为了让德国共产党能成功地领导和组织德国无产阶级的未来斗争,领导无产阶级,必须把工人和职员从社会民主党、改革派工会官僚和民族社会党的影响之下解放出来,要完成这个任务,必须:

1. 扩大和巩固在街上与民族社会主义者战斗建立起来的工人统一战线,把统一战线转移到企业,进入到改革派工会和职业介绍所,进入到失业工人中去。这个统一战线应该针对和反对社会民主党和工会官僚,维护工人阶级的经济和政治利益。**全党不转移到完成这个任务上来,就不可能出现必要的转折。**

2. 要保证对这个统一战线进行真正革命的领导,必须动员所有革命分子——企业、工会和职业介绍所中的党员、红色工会、工会反对派、红色前线士兵联盟、国际支援革命战士协会、红色体育组织、妇女组织成员等,告诉他们指导方针,指导他们,并让他们一直处于党组织的领导之下。

3. 登记所有党员、工会反对派、红色工会、体育组织和其他革命组织中在企业工作的人,组织他们到支部、到革命工会反对派和红色工会的团体、到其他革命组织中去。为此要重新研究街头基层组织的构成,剔除其中在企业工作的人,这是多次决定过的,还要重新研究那些不是在企业有基地,而是在居民区有基地的组织的构成。

4. 检查红色工厂工会委员会成员的工作。基层和工厂委员会应该公开开除那些工作与改革派没什么分别的人,这样工人才会看到,党不会为他们的改革工作负责任。

必须在企业中的支部、红色工厂工会委员、革命工会反对派团体和红色工会的小组之间建立正常的关系。相应的，党委要尽可能帮助支部，尤其是在大企业中，并保证对支部进行正常领导。

5. 必须登记党员，改革派、天主教和红色工会的成员，在这些工会的所有层级中从他们中组建共产党议员团。**在革命工会反对派中也要建立议员团。**

6. 要在企业的工人、工会、职业介绍所的群众工作中实现突破，应当用具体的、让群众感兴趣的内容（从让一类工人感兴趣的最细小的问题、把这些问题与当下的政治问题和党的最终目标联系起来）补充这项工作。

7. 为此必须消灭超级中央主义（一切从中央出发），**充分发挥支部、地区、市和大区党组织最广泛的首创精神。**

中央委员会应该严格注意对党组织的指导，不仅对决策的执行进行不断的监督，还对从支部开始的各级党组织各个环节的领导工作都要不断监督，要解决所有的任务。

8. 中央委员会和大区党委应该尤其关注维持和扩大党、工会和工厂报纸的影响力。应该建立不是形式上的，而是实际的领导。

对地下报纸、杂志和小册子的持续领导和控制工作要加强。

9. 对青年联合会的工作也要特别关注。在民族社会党冲锋队中有大量的青年工人。党、工会反对派和所有革命群众组织，尤其是德国共青团应该采取一切措施，主要在冲锋队内进行意识形态斗争，让这些工人青年脱离纳粹。

10. 党从支部到中央委员会都应该准备好转入地下状态，因为巴本的法西斯政府会突然进攻党。这当然不意味着，要提前转入地下。相反，要用各种手段争取共产党的合法地位，组织群众对抗消灭和禁止共产党和其他革命组织的企图。

11. 最后德国共产党中央委员会要把经过考验的、在实践工作中表现优秀的党员提到各级党组织的领导岗位。

要在最短时间内执行所有这些措施,党组织才能通过共产党议员团在各种群众组织中完成对抗法西斯、社会民主党、工会官僚和资本进攻的任务。在执行上述这些措施时,党在需要的时候不仅能宣布大规模罢工,还能切实举行罢工。

(三) 共产国际支部的紧迫任务

现在是我发言的第三部分。

正确地定义时局有着重要的意义。

我们那些经过生活检验的决定是非常正确的。但是如何完成共产国际、红色工会国际和共产国际各支部的中央委员会:(a) 在改革派工会、天主教工会、黄色工会、法西斯工会和其他反革命工会中的工作的决定;(b) 所有党员必须成为工会会员的决定;(c) 对失业工人工作的决定;(d) 党和工会工作的中心转移到企业的决定;(e) 改善基层党和革命组织中的群众工作方法的决定;(f) 妇女工作的决定;(g) 青年工作的决定;(h) 工作波动的决定,等等。

关于改革派和其他反革命工会内的工作

尽管劳动条件在恶化,工资降低,大量工会会员失业,改革派和其他反革命工会没有对这种恶化进行反抗,十一届全会到十二届全会期间,我们在这些工会中的影响没有提高。这是事实。我们的红色工会和工会反对派没有成长,我们在改革派工会、天主教工会、黄色工会和其他工会中没有取得成果。我们这项工作原地踏步。而我们没有在工会内部进行细致的日常工作,没有在这些工会的所有大会和会议上提出建议，我们在帮助改革派。法国共产党到现在还没有在改革派工会内部工作。捷克共产党在改革派工会中有 2000 名党员，但没人领导这些人。英国和德国最需要在改革派工会中开展工作，因为这些工会很强大，现在这项工作进展的很不好。美国在这方面还做了点什么（在码头工人和毛皮工人中），但是还不够。波兰和中国的情况也不好。

为了不在改革派工会中开展工作，一些宗派主义者和"左派"说空话的人杜撰或从共产主义和革命运动活动家的一些文章和发言中找出来一套"思想"，比如"改革派工会是国家机关的一部分"，"改革派工会是法西斯工贼的"，"不只是高层，基层的社会民主党和改革派干部都是反动的"，"社会民主派官员和改革派官僚都是无法改造的（不区分高级和下级的）"；或者比如"推动工会官僚去斗争是机会主义"，等等。而实践向我们表明了，可以如何革命地迫使工会官僚去斗争。

英国发生纺织工人和裁缝罢工。罢工从伯恩利开始。1.5 万名工人连夜出发去了相邻的城市纳尔逊，裁缝工会的领导人在那里，工人们要求领导人扩大罢工的规模。而不久前在德国的克列茨纳赫，我们在改革派工会工作的同志开展了大规模的活动，他们在一些工会得到了大多数，这大多数人来到了工会委员会，迫使工会官僚召集工人反法西斯的会议。在工会委员会有 19 人投票支持，7 人反对。尽管工会官僚拼命反对，会议还是召开了。

"改革派工会越强大，资本主义制度也越强，反之亦然。"这个结论根本不区分国家。那美国如何呢？在美国改革派工会很弱，而资本主义很巩固。显然，不能不加区分。可以这样说德国，说英国，尤其是英国的工人阶级掌权的时候，但是不加区分地说所有国家就是不对的。

"无法占领工会机关"（没有指出这个机关是指中央机关）。那些实际上占领了工会机关的组织呢？德国在 1930 年，现在我不知道情况如何了，但当时有 207 个地方工会组织中共产党占多数，而台尔曼同志根据捷克的情况说，捷克的司机工会都被彻底占领了。

"改革派工会是资本主义的学校"，"社会民主派和改革派工会官僚是刽子手"，"社会党人和改革派工会是小反动派和刽子手"。很有意思，就像巴登-普法尔茨区的一位工人在革命工会反对派召集的化工工人统一战线会议上对这个问题说的。他说："你们应该区分我们的党员和领导人。当你们说'改革派出卖了工人，这好像有点太宽泛了，工会领导人也会对我们说：'看看，共产党骂我们。'实际上普通党员不想背叛，想战斗。"他在发言的最后请求："我非常希望，企业中的共产党同志们对我们温和一些，就像在这次会议上一样。"这难道是个别现象吗？

"改革派工会没有进行罢工，在罢工开始的时候就背叛了。"这个说法也没有具体说哪些次罢工遭到了背叛。许多真心愿意在改革派工会和其他工会中工作的同志们，害怕出席各种会议，在这些组织中建议和批评工会官僚，要求进行斗争，不愿意掉进机会主义和成为"资本主义制度的学生"。当然还有很多共产党员，尤其是在工厂工会委员中，他们的名字是红色的，而行动却是改革派，干出了改革派的所有右派勾当。这是事实。共产党的队伍中也有不少人就像布兰德勒和过去那些调和派一样，当时他们反对革命工会反对派组织，要求推动上层官员。如何推动？他们理解的"推动"，是我们不进行独立的斗争，而是我们在工会官僚的喇叭声下跳舞。有这样的人。我没有计算过左派和右派哪种人更多，但事实是，所有这些左派的思想和所谓的"左派思想家"目前都阻碍在改革派工会中的工作，同时也阻碍与那些右派勾当及其工会内部的导师们斗争。部分革命工人害怕和不愿意犯机会主义错误，宁愿不参加改革派工会或不在其中工作。所以这些理论都被抛弃和铲除了。

在改革派工会内工作是什么意思？就是宣传鼓动，付出劳动和用自己的工作证明，我们比改革派做得更好，不仅是改革派能做细致的工作，我们也会工作，也会取得成绩；在工会内部工作，就意味着批评工会官僚的错误，告诉他们该如何行动和在各种情况下该如何做、为什么工会官僚不那么做，给领导机关提出建议，甚至事先知道不会通过也提交投票。但是，我们应该关心一下，让工会的群众，甚至是工人知道我们的提议。那么工人就会知道，我们有正确的路线时，我们在做着什么。要做这些，可以采取一些措施推动工会官僚。如果我们不是提出建议和尽力实践这些建议，借以"推动"这些官僚，我们在改革派工会中还能怎么工作呢？台尔曼先生告诉我，上一次的时候，在开姆尼茨或者是德累斯顿的工会会议，我们的人也去了，提出了建议，发了言，结果工会官僚得了5票，我们的人得了300或400票。在这些工会中还能怎么工作呢？

那么，夺取机关的情况怎么样？我们有第十次全会的决议①，我读一下：

"认为在现有条件下，甚至在会员群众跟着改良主义工会走的时候，我们能够掌握改良主义工会，这是一种有害的机会主义幻想。可是这丝毫也不意味着共产党员和革命反对派在选举工会领导时就无所作为。相反，将全体官僚分子和资本家代理人驱逐出工会的斗争，争夺每一个选举产生的工会职务的斗争，尤其是争夺基层工会特派员的斗争都应当是我们手中揭露和反对社会法西斯官僚的强大武器。"

我们的"老左"在做什么呢？他们拿出了决定的第一部分，就是第一条：不能夺取工会机关。当然，德国工会联合会是中央机关，我们不可能夺取它。如果存在认为我们能夺取整个机关（比如80万人的德

---

① 参见《国际共产主义运动历史文献》中央编译出版社2012年版第50卷收录的《经济斗争和共产党的任务》。——编者注

国冶金工人联合会的机关）的人的话，那么这些人就是机会主义。我们永远不会夺取的。只有当1923年那样的真正革命形势出现时，当成群的党员退出社会民主党的时候，当成群的人退出工会时，如果我们像1923年那样工作，我们就在改革派工会内部建立起革命的支柱，那时我们能把大量的党员和整个基层组织吸引到我们这边来。在通常情况下，我们不会占领整个机关，这是很明确的。

那为什么"老左们"扔掉了明白准确地说要为每个选举职位而斗争的第二段呢？工会机关到底是什么？它不是工具，也不是技术人员，而是选举的领导。这些选举的职位，尤其是在下级机关的选举职位，我们可以争取吗？不只是可以，而是应该。如果不可以推动上层官僚，因为这是机会主义，那我们的党员如何在改革派工会里工作呢；占领基层机关也不可以，哪怕从工会代表开始也不可以。那他们在工会中应该怎么做，他们工作的动机是什么呢？这次全会我们应该结束这些"左的"思想。要向他们宣战。这不意味着，右的威胁这个主要危险已经过去了。但是在这方面有"左"的思想，有人抓住不放，还有那些不愿意和害怕在改革派工会中工作的胆小鬼。

这些机会主义者在改革派工会的工作困难面前退却步了。他们所有人都不愿意在工会工作。他们留一批没有领导经验的人在工会，允许另一些人在工会内任意行动，跟改革派的工作没有区别，这让党蒙羞。如果我们不从改革派工会运动的地方开始坚决而真正的工作，我们就不会有进步，尤其是在那些改革派工会强大的国家中。没有其他路可走。我们应该坚定地走这条道路。（鼓掌）

正是因为我们没有在改革派中开展工作，工会反对派才肆虐。

工会反对派有哪些职能呢？在改革派工会内部工作。把无组织的人与有组织的人组织在一起。在改革派内部工作的工会反对派的帮助下，为筹备和实施独立斗争创造组织基础，当罢工开始或运动在筹备中时，工会反对派成员要从内部"推动"高层，建议联合和支持罢工。工会反对派还有一个任务，这个任务同样重要。那就是为群众运动的那一时刻准备组织基础。拿比利时的罢工来说，这次是革命工人开始的。这么小小的共产党，勉强存活，也援助了这次罢工。你们怎么想，如果我们有平行的工会机关、稳固的革命工会反对派和群众组织，那比利时现在会怎样？难道我们在比利时不能给改革派应得的打击吗？难道明天我们不能在各国都拥有比利时那样的形势吗？空气中都是火药味。我们应不应该有能够领导这个运动的广泛群众组织？应该有。革命工会反对派还有这个职能，准备好现成的机关，在需要的时候领导运动，代替改革派的机关。难怪所有的布兰德勒分子们和其余人都要消灭革命工会反对派呢。这个叛徒不久前还向联共（布）中央提了一些意见，其中就建议实际消灭德国的革命工会反对派。你们看，那样就好了。但让我们遗憾的是，现在在场的人中就有人认为，革命工会反对派是在改革派开展工作的障碍。不，革命工会反对派应该存在，但我们应该让它执行与其名称相符的职能。在某些地方，这个组织部分地名副其实，我们组织独立的罢工。但是在改革派工会内，它完全不名副其实。这点我们应该非常坦诚。

　　是否可以大胆地说，改革派不组织罢工并背叛罢工？在德国、英国、美国、法国、比利时、波兰、捷克斯洛伐克、奥地利、瑞士、丹麦、加拿大、荷兰、日本、印度和中国等15个国家中，1929—1931年的3年中共发生18794次罢工，参加人数达8515100（不完全统计），损失工作日74768700天。在英国、法、美、德、波兰、捷克斯洛伐克、印度、日本和中国，在1932年的前6个月中有2968次罢工，参与人数为1534900人。其中（据不完全统计）损失了9463800个工作日。

　　谁领导的这些罢工？只有我们？或者一些革命工人？这里有各党派的代表，他们可以回答这个问题。我想，说改革派也领导了罢工，这不是夸张。

难道可以说他们没有领导罢工吗？顺便说说革命工人。我们看到了，尤其在英国，这个现象不仅在比利时，在英国也有，改革派工会的工人举行罢工。我没有研究过这个问题，不知道他们是否罢工反对高层官僚，还是强迫高层宣布罢工，但他们罢工没有我们，不是我们领导的，这个事实难道不是在证明我们很弱、我们没有在改革派工会中开展工作？否则能怎么样，革命工人自己罢工，我们只是在事后夸奖一番？这也是我们薄弱的一个表现。就是说，罢工是改革派在工人的压力下进行的。就是说，不能随便说改革派不搞罢工。这样我们就会把亲自参加了罢工的改革派工人推开。

我从美国共产党政治局在1932年7月中旬会议的备忘录中摘一段：

"从3月到7月末，党仅组织了两次罢工，一次是1.8万科罗拉多的甜菜种植园的罢工，另一个是纽约制鞋厂工人的罢工。前一个罢工被粉碎了，第二个取得了成功。这个时期的其他罢工都是美国劳工联合会（全世界最反动的——奥·皮·）进行的，比如矿工、建筑工人和化工行业工人的罢工。"

1931年，5个国家（英国、美国、法国、比利时、波兰）有1820次罢工的结果分别是罢工工人胜利480次（26.37%）、妥协431次（23.68%）、失败775次（42.89%）、结果不明确134次（7.36%）。

因此有一些罢工胜利了。显然，改革派也进行了成功的罢工。是否可以说，他们到处都在背叛罢工？不，当然不能。改革派和社会民主党通常都背叛工人阶级的利益。这点我们可以很有耐心地证明。但是，党员、红色工会会员、工会反对派成员和跟我们站得很近的革命工人，与社会民主党、天主教、改革派等工会的人在说话上要区分开，不能说各种漂亮的空话，比如你们的机关是法西斯的，你们这些社会法西斯，你们背叛罢工，刽子手，等等。要宣传，要说服，要用手里的事实来证明，主要是要用事实来证明，我们会工作、会斗争。要抛开各种妨碍在改革派工会和其他非革命工会中开展工作的各种大话空话、没有说服力的谩骂等。我建议你们读一读英国的《工人日报》。这个报纸现在刊登工人来信。这些信很有特点。我读了一些。有一个工人写道：你们怎么想的，米克斯通是帝国主义者，工党叛变，这些空话你们想让谁相信？你们认为，如果工党或独立工党的党员看到这些唬人的标题，他们以后还会买这个报纸吗？不，工人不会再买了，他们会想，编辑都是疯子。

我们没有解释为什么米克斯通在实践中执行帝国主义政策、为什么工党出卖工人利益，只是用唬人的标题，我们这样骂只会与我们想要的结果适得其反。没有细致的、经过实践检验的事实在手，我们的宣传鼓动都是空话、大话。

我已经说过，工会工作中还有很多很多右倾机会主义的表现，但大多数情况下都与左的情绪相生相伴，互相支持；在改革派工会的机会主义者中，"左"的情绪还是非常强的。我们应该用同样的力量既反对"左"，也反工会中对我们路线的右的扭曲。那样我们就会取得好的成果。

在改革派内部开展工作，还有一个阻碍因素是，不是所有的共产党员都是改革派工会或一般工会的成员，尽管我们为此几十次下决议。

给大家看看数字。捷克斯洛伐克共产党不久前给26094名党员发了表格。其中14753人，也就是56%没有参加工会组织。难道这还不够惊人吗？我想，在其他国家的党中，可能情况也好不到哪里去。要极其注意这件事。每个党员都可以在工会中帮助我们的工作。这跟上街参加游行一样重要。

我想，如果捷克的同志们搞清楚这1.4万人是谁，他们会做的更好。说不定这些人是小农，也许他们在工厂。

我不提出新的方案了。红色工会国际的第四次、第五次大会和各次会议，共产国际执行委员会的第十次和第十一次全会关于在改革派工会中工作的已有各项正确决议，资本主义国家中的中央委员会和各级党委的决议，都还没有执行。

关于失业工人的工作

我来谈谈失业工人。在第十一次全会上，围绕失业工人的工作问题，我们有过争论。组织失业工人应该有什么特点？是否建立有选举委员会和失业工人委员会为首的广泛的失业工人组织，也就是说相对封闭的组织？关于工作内容我们也谈到了。在共产国际执行委员会的第十一次和十二次全会期间，这一年半时间有什么变化呢？第十一次全会和共产国际最重要的支部、红色工会国际和工会反对派都参加的巴黎会议关于失业工人工作的决议都没有实行呢。而且，共产党的影响下降了，在失业工人中的工作恶化了。

这是什么原因？失业工人变少了？他们有了保险？他们没有被从房子里赶出来？你们知道，各个国家最近失业工人都增加了。在下列有保险的国家，情况也恶化的严重：

1. **德国**。获得失业补贴的工人 1928 年有 66%，1932 年有 19%。

2. 每个失业工人一个月的平均支出：1927 年是 91.41 马克，1932 年初是 46 马克。

3. 个人交的保费增加了：截止 1930 年 8 月增加了 3.5%，截至目前（1932 年 6 月）增加了 6.5%。

4. 补贴发放的时间：到 1931 年 10 月，相当于 26—39 周，现在（1932 年 6 月）是 6 周。

5. 每人每月的危机补贴的支出：1928 年是 58.9 马克，1932 年（3 月）是 35.71 马克。

同时被取消了补贴的有：21 岁以下的青年人；大多数已婚妇女；

有其他种类补贴的人不能拿生病补贴；停止支付40万人（1931年）无劳动能力和残疾（35万人）的退休金。

1. **英国**。从1931年9月末，补贴减少10%，对是否需要补贴进行更严格的检查。

2. 1884074名登记在册的失业人口中（1932年2月），525537人被取消了补贴，665008人的补贴减少了。

1. **奥地利**。1931年中补贴（1级和2级）减少了10%。

2. 25岁以下投保人的补贴支付周期从22周缩减到12周。

波兰（根据1932年3月2日的法律）。

1. 补贴减少了50%。

2. 父母、兄弟姐妹等被取消了补贴。

3. 工人的保费从0.5%增加到了2%（企业从1.5%增加到2%）。

比利时。政府和市镇把补贴（从1932年4月）缩减了30%—40%，甚至是60%（根据居住地和人口数）。

去年失业工人的斗争方法主要是游行。今年失业工人不那么愿意走上街头了。德国禁止了游行。没有有效的失业工人委员会。我们规定了要在失业工人委员会下成立常设委员会。但是没有。没有常设委员会，就没有失业工人中的文化工作，没有给孩子们的食堂，没有可以了解补贴被取消是否合法的问讯处，没有事业妇女、青年、改革派、天主教和其他工会工作的中心，没有抗争企业中超时工作、资本主义合理化。根据《纽约美国人报》1932年1月29日报道，仅在纽约1930年就有153731个家庭被赶出自己的房子，1931年有198738个家庭（每月1.7万个家庭）。正是因为对此没有长期不懈的斗争，工人成群地搬出自己的房子到垃圾堆，到桥下和临时过夜点。工人没有展开大规模斗争，而是离开了自己的房子。没有什么抗争。我们提到的几次抗争都是个别现象。

对到处排队现象也没有开展工作。那些亲眼看见美国到处都为了一点汤、一块面包排队的同志们给我写信和谈话。法国也在排队，德国在职业介绍所附近排队。人们都站着、沉默着，排队也没有工作。

有同志告诉我，他们亲眼看见了柏林排队的工人戴着革命工会反对派、反法西斯联盟的徽章，所有工人都站着，沉默着，排在失业工人的队伍里什么也不做。还有比这些长队里更适合工作！

对失业工人的无党派群众组织要开展工作的决定，没有得到执行。红色工会国际派了一队人研究革命工会反对派在鲁尔的工作后，寄来了给失业工人的卡片。卡片上建议失业工人去登记，工人要签名必须与社会民主党斗争等，就是要实践共产国际执行委员会第十一次全会上决定的。第十一次全会要求，要建立失业工人的无党派组织。而连积极分子都不知道我们关于失业工人的决定。就上面那一队人说，在本地区20名检查员（失业工人工作的检查员）的会议上才知道，只有3个人名多少知道点关于失业工人的布拉格决定，3个人有点模糊的概念。

是的，不仅是我们的决定！美国组织处的检查员写道：

"下面这个事实就是党员们有多认真读党的决议的例子。我在明尼苏达州不久前召开的会议上是中央委员会主席，我问了确实读过10月份中央委员会通过的关于失业工人决议的50名党员。有4或5个人举手证实，这些同志们读过了决议。"

法西斯、社会民主党和改革派溜进了失业工人的队伍，要分化和瓦解工人运动。

如果因为在企业开展工作困难，就不工作，那为什么不在失业工人中工作呢？我们的50%—80%的党员可都是失业工人啊。可以把他们组织起来做这项工作。必须推动失业工人工作出现转折。

（休会）

第十五次会议

(9月4日晚)

主席：多列士和伦道夫

讨论库西宁和台尔曼的报告

皮亚特尼茨基（苏联）（续完）：

关于企业中共产党支部和红色工会分会的工作

关于党和工会的工作重心转移到企业中的决议，在大多数情况下还只是一纸空文。我只举出几个例子：

从1931年1月1日起到1932年4月1日，德国共产党地方小组（不包括支部）从3736个增加到6470个；街道支部从3395个增加到6021个；工厂支部从1524个增加到2210个。

由此可见，不包括支部在内的地方组织和街道支部有了巨大的发展，同时，工厂支部发展的速度则极大地落后于地方小组和街道支部发展的速度。

1931年12月，革命工会反对派小组和红色工会分会有4021个，而1932年3月则只有3896个。它们的数目不仅没有增加，反而减少了。令人奇怪的是，尽管德国共产党中央和台尔曼同志在自己的讲话和文章中，对党施加了很大的压力，以便把工作的重心转移到企业中来，可是效果暂时还很微小。

在捷克共产党内，在1932年1月1日被调查的26094个党员中，有13887人，即占53%的人有工作，而12207人，即占47%的人是失业者。在13887名在业的党员中，参加了工厂支部的为3867人，占全体党员的14%；有17247人，即占67%的人在地方小组（没有支部）中；4980人，或占19%的人在街道支部中。

那么在这一年半的时间里，发生了什么变化呢？恰恰是什么变化也没有。我们一直在法国进行着反对所谓支部挂名者的斗争。我们对那些有挂名者的支部做了一番统计。在巴黎区的第一个支部、弗茵支部有25名党员，其中只有1人在这个工厂中劳动，其他都是挂名者。在南特、皮托区等工厂的支部中，没有一个人在工厂中劳动，全都是挂名者。在法芒工厂（飞机制造厂），有1个人在企业中劳动，7个是挂名者。这也叫做工厂支部。我就不再引用其他合法党的数字了，因为在这些党内，事情不比在法国党内好多少。

在德国以及在其他资本主义国家的各支部中，对于工厂小组和工厂支部的工作来说，事情要比支部数目的增加还要坏。很多工厂小组和支部只存在于纸上，实际上是没有的。那些至今还存在的小组和支部有很多并不开展工作。而且往往党本身和党的机关阻碍着支部工作的开展。我曾经谈到的红色工会国际的一个工作队报道了关于耶拿的蔡司公司的情况。住在耶拿、并在蔡司公司中工作的同志们几乎没有时间在企业中劳动（蔡司的工人为3400人）。人们要这些同志去当居民区会议的顾问，或者就被调到他们的居住地区去工作。

德国最近的事件表明，如果在企业中没有很好的组织，要想发动工厂的罢工是很困难的。

红色工会、党的分区委员会、区委员会和市委员会和革命工会组织关于改进支部和红色工会小组工作，关于改进党和工会机关对基层组织领导方法的决议是怎样执行的呢？在所有国家中，甚至在很多城市中，都有一些支部和地方组织工作做得很好，因而他们使企业的工人，甚至一个地区的大多数工人都跟着他们走。遗憾的是，同工作做得不好和不好的组织的数量比起来，他们毕竟是太少了。然而我不同意库西宁同志的意见，他说，他很久以来就寻找在企业中工作出色的例子，可是怎么也找不到。我有很多这样的例子。有真正出色工作的范例，我在这里举出几个来。绝不能说，我们在这方面没有进步。我应当说，如果不谈我们当前所处的形势，不谈这一形势所提出的要求，仅仅从数量上来看，那么在这次全会上我听到的某些发言，是使我感到很高兴的。请你们把哥特瓦尔德同志在第十一次全会上的发言，同他在这次全会上的发言做一个比较。

难道可以对这两次发言做一番比较吗？他来谈的是在共产国际中人们已经谈过，甚至很早已经做过了的事。但是他告诉了我们，他们是怎样工作的，也可以说是生活本身，真正的生活本身的发言。可惜的是，哥特瓦尔德同志说的比他们那里的真实情况要坏一些。他发挥了这样一个思想，即应当倾听群众的意见，应当接近他们的口号。他走得太远了，对一些事情说得有些过了头，对于在实际上应当采取什么行动做了不切实的说明。

重要的是倾听这些群众的意见，弄清群众的痛苦所在，群众的需求是什么，并为他们的这些要求进行斗争，把群众的斗争提到一个更高的阶段上，把它同当前的政治任务和党的最终目的结合起来。他没有能够说出这一点。而他们那里的经验是很好的，在布吕克斯他们实际上正是这样做的。他们从经济罢工开始，然后转入政治罢工，不仅把矿工，而且把其他生产部门的工人都吸引到了罢工中来。他们犯的一个大错误是：掩盖了党的面目。哥特瓦尔德同志在这里发言时也力图证明这似乎是正常的。不,当然我们反对这样的炫耀:"我们,共产党员,要指导,要领导",可是同时却什么也不做!在我们很多党内经常是这样的。可是,我们主张当党在做什么和在领导群众前进时,我们不要掩盖共产党员的面目。这也就是哥特瓦尔德同志发言中所提到的那些缺点。可是他的发言本身表明,在有的地方已经有了向群众工作的某种转变,对于这一点,毫无疑问,我是欢迎的,它使我感到很高兴。波立特同志的发言也是一样,比过去几次都更为具体了。这一次他具体谈到了各次罢工,也谈到了关于在改良主义工会中的工作——这是过去所没有的。无论如何,过去是我们说,他听(当然也不是他一个人听),而现在是他说,我们满意地听了。(笑声)这一点是应当加以指出的。

我想不谈一位比利时同志今天的发言。我已经提到,即使是一个小党,只要它抓住时机做一件事,它就会取得很大的成绩。我还不能确信我们的比利时党能够利用当前的形势来巩固这些成绩。这一点我不知道,我也不完全确信这一点。法国党应当帮助比利时同志们巩固已有的影响。我想共产国际也应当帮助,大力帮助比利时党,巩固他们已有的影响。

现在谈一谈几个好的例子。

德国——通用电气公司(亨尼希斯多夫)。有1500名工人在那里工作。柏林金属工业工人红色工会的工厂分会对于工人提出的每一个最微小的要求都予以支持,因而在很短的时间里它就从250人增加到了315人。在准备举行24小时的政治抗议罢工方面,分会使得除200人以外的全部工人都参加了罢工。

1个月以后,焊接机工厂的33名工人(他们是改良主义金属工业工人工会会员)在红色工会分会的领导下,为反对降低工资进行了消极的抵抗。经理处做了让步,同意在等待分配承包工作期间也发给报酬。红色工会分会后来在工具车间为反对降低15%的工资进行了消极抵抗,在这里也取得了成绩。

红色工会分会还有一次在压制车间（135名工人）顺利地进行了消极抵抗，当时公司企图在制造收音机盒方面降低预定的工资额，而保留旧的单价额。这一工作在工厂工会委员会的改良主义委员当中引起了分裂。①

这证明了什么呢？即使在危机的条件下，在有庞大失业队伍存在的条件下，只要有一批积极主动的人注视着集体合同的执行情况，工人们，连改良主义工人也在内，就都跟着我们走。只要我们在工厂中做点什么，我们就能够压倒改良主义分子。要知道这可不是开玩笑，那时周围的工厂都没有罢工，而我们的党支部和革命工会反对派则举行了24小时的罢工，留在工作岗位上的只有1500人当中的200人。这是一个巨大的成绩，只要我们很好地做工作，我们在任何地方都能取得这样的成绩。在这个例子中也反映出了必要的工作方法和对待工人的态度：不是大喊大叫和不说明任何问题的一般的政治号召，而是从工厂中的现有需要出发进行具体的工作。由此可见，工人们是可以被动员到政治发动中来的。不这样就不能前进。有些领导人，甚至是参加共产国际执行委员会各次全会的一些领导人，对此还往往不理解。他们按照另一种方式提出企业中的工作问题，按照另一种方式提出工会中的工作问题。

英国。在格拉斯哥的柯林斯公司中（有2500名工人，支部有9名党员），支部提出了向工人说明计件工作报酬的计算方法，由工人对计件工资的估算进行监督，以及根据工资合同支付报酬的要求。与这些要求被经理处拒绝后，支部就动员几百名工人停止了工作，其他的车间也被吸引到运动中来。后来经理处被迫让步，支部的影响极大地增长了，

---

① 见红色工会国际工作组通用电气公司（亨尼希斯多夫）调查材料。

那一天应出的厂报多印了一倍的份数。①

在泰德罗（南威尔士）矿场直接提出了关于工资、发给木柴、使用高质量绳索的要求。来自这个矿场的好消息在《工人日报》上的刊登，很快便引起了罢工，这次罢工是成功的。在这以后，支部又散发了带有新要求的传单（关于发给木柴、在下工时及时鸣放汽笛），经理处立即作了让步。②

现在谈一下关于库西宁同志已经提到的纽卡索工厂。在这个有11.5万工人的工厂里发生了罢工。这次罢工具有一定的意义。英国共产党和工会少数派运动在那里取得了极大的成功，可是他们没有对此加以利用。他们不是立即号召去选举工厂工会委员会，建立工会小组，巩固已经获得的影响，而是开始在《工人日报》和党组织内讨论工人不应当加入改良主义工会，要建立新工会，建立少数派运动小组，等等。他们在进行这样辩论的同时，失去了在那里已有的影响。人们劝告英国同志停止不必要的和没有结果的辩论，建议他们选举工厂工会委员会。工厂工会委员会建立了，可是谁也不去关心它。工厂工会委员会没有被用来组织这个最大工厂中的工作。工厂工会委员会也就变得无声无息、无所作为，失去了影响。只有影响这是不够的，还需要把它巩固下来。在需要进行领导的地方都没有领导。

我只举出几件工作不好的事实来。遗憾的是，这样的例子要比那些好的例子多得多。

通用电气公司（布伦嫩大街）：在这个工厂里进行着持续不断的解雇。我们的革命工会反对派小组对此没有采取任何措施。共产党的工作人员、党员则说对这种解雇毫无办法，因此工人们对红色工会分会是很

---

① 见组织指导员关于英国的报告。
② 见组织指导员关于英国的报告。

少信任的。这里清楚地表明，我们的举止是和改良主义分子一样的。①

莱纳河。工厂的工会小组并不打算利用一切时机来开展斗争。小组对于企业生活中的一些事情没有做出反应。四个星期以前在一个车间里发生了一次不幸的事故。小组的注意的只是报纸上的报道，此后就再也没有采取任何措施。关于反对布吕宁一月非常法令的运动，一句话也没有说。选举出来的斗争和团结委员会对于工资的降低也没有任何反应。②

在柏林的运输协会有31个支部，285名党员，40个革命工会反对派小组，1137名成员。在有670名工人的主要工厂（乌费尔大街）中，有300名社会民主党党员。党支部和革命工会反对派小组在整整一年中除了收会费以外，什么也没有做。一些同志只是在召开支部和革命工会反对派小组的全体会议时彼此才相互认识。

共产党员的工人在争论，是否可以在企业内部散发报纸（以前他们都是在工厂门外散发），最后认为：可以。他们开始在企业内部散发了。在一个车间里，这一情况被改良主义工会的一位负责人看到了，他告发了我们的同志。怎么样了呢？改良主义的工人为我们的同志辩护，并要求撤掉那个告发的改良主义分子的职务。支部没有做什么事，只散发了工厂的报纸，这样还立即得到了工人的支持。这件事实也是我从调查组的材料中看到的。在德国共产党中央关于"博胡梅尔费尔莱茵"支部的报告中说道：在这个支部（39名党员，全体工人为5800人）里，机会主义的倾向是很强的。尽管工人的生活状况不断恶化，支部也没有采取局部斗争的方针。这个支部的主动精神很差，它对革命工会反对派的工厂小组（36人）不能起到良好的作用。它没有在企业中进行过反对

---

① 红色工会国际工作组报告。
② 红色工会国际工作组报告。

社会民主党、中央党和纳粹党分子的具体斗争。

英国（1932年曼彻斯特地区纺织工人的罢工）。对工厂门卫的工作很薄弱，我们应当采取适当的措施。还在党动员自己力量的一周以前，罢工就开始了……需要4天或5天时间做耐心细微的工作，以便有可能同这些工人建立更加紧密的联系。在任何情况下我们都不能说，是经过了我们的工作才准备了罢工的。只是当斗争已经展开，党才出现在舞台上。①

我可以把各个党的支部工作和领导工作做得不好的材料说到明天早晨。看来我还是只读一封美国《工人日报》上所发表的长信。这封信被加上了注释。这已经是一个很大的进步了，可是这是一些怎样的注释呢！（笑声）这些注释实际上对于信中的包含的迫切问题并没有给予回答。

"你们大家都很清楚，我国的形势正处于绝望之中。群众准备直接进行暴动：失业、忧虑，以及饥饿直接迫使他们这样做。可是群众没有领导。社会民主党在几十年以前就使用了（现在也还使用着）这样的手法，只在理论上，或者说是关起门来搞革命。看来共产党在很大程度上也是这样做的。至少我们的怀俄明-维利地区是这样，也包括威尔克斯-瓦利、宾夕法尼亚州。

在我们区有30万或35万人，可是在共产党内只有200人。为什么是这样？

我在很长的时间内曾想知道我们地区共产党的办事处在什么地方。几个星期以前，一位芬兰同志带我去了。虽然已经是上午10点钟，可是那里还没有人。我在第二天的下午3点钟又去了。那里只有一个书记和一个组织员。我对他们当中的一个人谈了关于在我们这里应当做些什么事的意见：无论是在过去和现在都应当把失业者组织起来，可是共产党没有能做到。只要它这样做，这对于共产党来说就是一次极好的机会。

---

① 英国共产党政治局1932年6月25日会议记录。

啊,很好,这位同志对我的这一建议表现出了一副无所谓的神气。我对他说,这里一个组织员是太少了,应当有几百人,我很愿意当一个组织员和加入共产党。他对我说,在我们这个城市里还有其他的同志,他正在这里组织一个支部,并答应回头要去看看我。

我同各个民族的很多人谈了话。一位芬兰同志给了我三本小册子《中午小吃时的谈话》。我把它们散发给别人,并要求看完后转给其他的人。

我再一次去了共产党的办事处,并把我做了什么汇报给这位同志……我散发了传单和小册子,并长时间地同各种各样的人谈了话。在一周以后,我写下了5个人的姓名和住址,其中有3个人可以成为共产党员,即准备加入共产党,并订阅了《工人日报》。我把这个名单送到共产党的办事处去,可是那里一个人也没有。我只好写了一张便条把它塞入了门缝中。我敦促他们和这些人取得联系,并完成我开始做的这一工作。后来我看到了这些人当中的几个人,我问他们是否有什么人去看过他们。每次的回答都是否定的。我感到自己好像是一个卖了次品的商人(自己懂得这一点)。我曾几次试图到党的办事处去,可是无论在午饭前、午饭后、清晨或深夜,那里都没有一个人。对此你们可以作出自己的结论。

这里的失业者准备组织起来,准备做点什么。我们缺少的只是领导。失业者们自己说,列宁这里只挂着他的像片,他的学说只被看做是非常好的理论。为什么不趁热打铁呢?资本家最怕的是什么,那就是失业者们组织起来。可是为什么共产党不来领导呢?"①

我相信,这封信所表达的不只是一个人的感情。这是发自一个正在寻找领导的失业者内心的呼声。从以上的情况来看,我们在五年中有9000名党员,不管在那里一年接受多少新党员——10000人,还是15000人——反正他们那里的数量都是在同一个水平上,这就没有什么奇怪了。

---

① 1932年6月17日《工人日报》。

好像是有什么人命令他们不得越过这个水平。（笑声）

对于这封信不需要作什么解释，它本身就说明了问题。然而，我还是不能不指出，如果美国共产党的领导机关和革命的工会组织改进了党组织和工会组织的工作，组织和领导了失业者的斗争，那么美国共产党就不仅会成为一个群众性的政党，而且它还将在实际上领导失业者和在业工人的千百万群众。

多么需要使工人们响应党机关和工会机关的号召，可由以下的几个事实来说明。

在洛克伍德（英国）的布拉德利（生产成衣的工厂——300名工人），那里有两个党员为了实现工人的各种次要的要求而组织了斗争（反对工长的不良行为等），这样一来，他们就对企业的一部分工人发生了影响，甚至包括那些没有被组织到工会中去的工人。过了几个星期，每一个科室都选出代表参加了由这两个党员所领导的工厂委员会，在争取实现工人日常要求的基础上，他们的影响也与日俱增。

伦敦克里普托公司（300名工人）的党支部在厂报上提出了反对合理化措施的几项要求。这些要求在工人中间引起了热烈的讨论。有200多名工人买了第3号的报纸。企业主为了对报上的简讯作出答复，不得不实行让步。在这以后报纸也开始发表有关非党工人的申诉和要求等的报道。①

红色工会国际工作组的一个组长写道：

"当我们来到鲁尔地区时，我们从我们的报纸上得知，盖什的各工厂要停产两个星期。我们很想了解一下这个问题。我问当地革命工会反对派的领导人，革命工会反对派为动员群众反对工厂停产做了什么。他回答我说，关于这件事

---

① 引自组织员在英国的报告。

毫无所知。我从党委书记那里得到的也是这样的回答。在当天我召集了革命工会反对派的小组会，在12人中到会的只有一名积极分子。在会上查明工厂已经停产4天，但谁也说不出工厂停产的原因。还查明了革命工会反对派在工厂停产的前两天曾经召开过工人会议。人们都知道工厂将要停产。在这次会议上谈到了各种各样的问题，可是一句也没有关于工厂停产的问题。

拟订了提交工厂工会委员会理由充分的建议，要求召开全体工人大会，在会上提出关于在工厂停产两周期间发给工人补偿费的问题。在工厂工会委员会的会议上，改良主义分子拒绝了我们的这一要求，可是有两名委员（他们不是我们的委员）投票和我们站在一起。

表决的结果是9票对9票。大会召集不起来。写好的传单也不能及时印出来。报刊上登出了几条简短的报道。在工厂里人们开始谈论这个问题。这一点小小的压力使得经理处贴出了布告，说那些按照法律规定无权得到半失业救济的工人（他们的数目超过了1500人），每人可以得到10—15马克的补偿费。而我们的人对于动员群众和企业中所发生的事情是毫无反应的。"

这一段报道的出处我已经指出了。

基层党机关和工会机关的工作所以做得不好，原因在于上级党和工会对下级缺乏领导，在很多情况下是领导不好，有时则是完全没有领导，对下级组织的工作不给予指导和监督。

关于在妇女中间的工作

共产党在妇女中间的工作仍然是很薄弱的。在危机期间妇女在企业中所占的百分比提高了。资本的进攻在反对妇女方面（降低工资和失业津贴）表现得特别猖狂。女工们和家庭主妇们对于危机的后果感受得特别尖锐。在战争的情况下，妇女们将代替男人在企业中的工作，可是共产党现在同她们并没有联系。我们关于在妇女中间的工作，特别是关于建立代表会议的决议，至今仍然没有被共产国际各支部贯彻执行。这是我们应当加以指出的。

关于青年

在危机期间,青年越来越多地在企业中代替着成年人的工作。青年被剥夺了失业津贴和青工津贴,他们同妇女一样,工资降低得特别多。青年是一支活跃的力量,由于得不到共产党和青年团的领导,使得他们去靠近法西斯主义分子。在青年中间没有社会民主党或其他党派的牢固的传统,因此,共产党在青年工人中间进行工作要比在成人中间进行工作容易得多。共产党应当特别注意在青年中间的工作,帮助把青年团变成为群众性的组织(关于这一点,关于使青年团的工作来一个转变,关于扩大青年团的队伍和改进青年团的工作,几年以前我们就在共产国际执行委员会主席团中讲过多次)。青年团得不到党的帮助,所有的决议多数至今仍是一纸空文。

在所有上述这些情况下,共产党员流动的情况日见增多这还有什么奇怪吗?我只举出几个数字来看。

1931年在捷克斯洛伐克发展了36050名党员,其中只剩下了9000缴纳党费的人。

在1932年2月有60000名登记了的党员,实际应当登记的为85000人(在5月底登记的为70000—75000人,缴纳党费的为55000—60000人)。

红色工会在1931年初有60234名会员。从1931年5月1日到1932年1月,入会的有26425名新会员,一共有会员86659人。

1932年2月15日有会员75000人,由此可见,离去的人约占新会员的50%。

德国。在1931年的第4季度有缴纳会费的会员246554人。

在1932年1月接受入党的有94365人。

246554人＋94365人＝340919人。有缴纳会费的会员287180人——这就是说在3个月内又走了53739人。

在其他党、红色工会和工会反对派中这种流动的情况也好不了多少。如果党和工会组织不改进自己的工作，这种流动的现象是不可能消除的。关于这个问题所做的决议在大多数情况下还是纸上空文，就和我在上面谈到的情况一样。

斯大林同志论党的领导任务

1924年斯大林同志在共产国际执行委员会波兰委员会的发言中，对党的领导任务作了以下的论述：

"最后，关于党的领导问题。目前西方共产党发展中的特点是什么呢？特点是：党面临着按照新的革命的规范改变党的实践的问题。这里不是指通过共产主义纲领和宣布革命口号。这里指的是把党的日常工作、党的实践加以改变，使党的每一个步骤和党的每一个行动自然而然导向对群众进行革命教育，导向准备革命。现在问题的实质就在这里，而不在于通过革命的指示。

X.同志（我略去了斯大林所指出的这个同志的姓名——O. П. 皮亚特尼茨基）昨天在这里宣读了波兰中央委员会领导者们通过的一大串革命决议。他以胜利的神情宣读了这些决议，认为党的领导就在于制定决议。他并没有想到制定决议只是党的领导的第一步，党的领导的开始。他不懂得领导的基础不在于制定决议，而在于执行决议，在于实现决议。因此，他在冗长的演说中竟忘记告诉我们这些决议的命运，他不认为有必要谈谈波兰共产党是不是执行了这些决议，执行的程度如何。但是，党的领导的实质正是在于执行决议和指示。"①

---

① 《斯大林全集》第6卷第234—235页。——编者注

我们还要多少次通过决议而不去执行它们呢？

为了实现各资本主义国家共产党和革命工会运动所面临的任务，为了不是在口头上，而是在事实上消除落后的状态，就必须：（1）把党和工会工作的重心转移到企业去；（2）大力加强在改良主义工会、大主教工会、黄色工会和法西斯工会中的工作，以便把那些跟着改良主义分子走的工人群众从改良主义分子的影响下解放出来，从而改进革命工会反对派的工作；（3）加强红色工会和革命工会反对派的工作；（4）把在失业者中间的工作切实抓好；（5）改进共产党、红色工会和工会反对派的群众工作方法。

这样，各资本主义国家的共产党和革命工会运动就一定能够争取工人阶级的多数，顺利地开展争取无产阶级专政的斗争。

布龙科夫斯基（波兰）：

我谈一谈法西斯主义和社会法西斯主义的问题，关于这些问题，连斯基同志在这里正确地提了出来，并且已经谈到了。

我们完全同意曼努伊尔斯基同志在这里对巴本政府所作的评价。对现政府性质作出正确的评价之所以重要，正是为了动员群众来反对巴本-施莱歇政府为在德国发展和巩固法西斯专政而采取的各项具体措施。全部的危险正是在于党和群众预料到法西斯主义将经过一种完整的、明显的和简单的形式而上台，同时却忽视了建立法西斯专政实际发生的过程。连斯基同志正确地强调："没有一种抽象的、理想化的、典型的法西斯专政。"

法西斯主义虽然把直接的暴力和恐怖手段摆在首位，但并不局限于此，而是把它们同五花八门的花招，同在广大范围内采用的对群众的欺骗结合在一起。法西斯主义不仅以恐怖手段来对待广大的劳动群众，而且还给他们制造思想上的混乱。例如在我们波兰，在法西斯主义的第一阶段上，它所采取的主要方法，就是利用我们的错误来进行变革，给群众制造思想上的混乱。这种欺骗群众的手段，在德国不仅是国社党分子进行空前的社会蛊惑宣传，同时还有以超党派和牢固政权的词句为掩护的巴本-施莱歇政府一整套谲诈多端的政策。作为对群众制造思想混乱、进行欺骗和解除群众思想武装的这一政策的组成部分，是社会民主党的政策，尤其是直到今天还在鼓吹的社会民主党的"小害论"。没有这一切，在德国的条件下，在工人阶级占有很大比重的情况下，法西斯主义是不可能得到巩固的。

德国共产党正确地评价弥勒政府是一个准备法西斯制度的政府，正确地进行了反对准备和实现法西斯专政的布吕宁政府的斗争。巴本政府上台后则出现了一些变化，因此对这个政府还使用过去的评价是不对的。

德国共产党的领导完全正确和迅速地改变了对巴本政府性质的评价，这一评价在开始时似乎是从对布吕宁政府的评价而因袭地应用于巴本政府。绝不应当把巴本-施莱歇政府看作是仅仅同法西斯政党合作和实行它的纲领的政府，只有在希特勒上台以后，法西斯专政才会实现。在这样的问题提出下，巴本-施莱歇政府就似乎成了一个过渡性的政府，一个只是为法西斯主义扫清道路的政府。这种观点已经被德国党所抛弃了。事实上，资产阶级（特别是在德国的复杂条件下）完全可以不专门和直接经过希特勒等领导人之手而实现法西斯专政。它要在更长久的时间内来玩弄各种花招，它可以依靠法西斯政党来建立这个专政，在军事集团的领导下来实现这个专政，无论如何它要依靠自己在工人阶级中的主要代理人——社会民主党。曼努伊尔斯基同志在这里所下的定义——这是一种以希特勒主义为后备的特殊的专政形式——所以是重要的，正是由于它没有提出建立法西斯专政要以希特勒的上台为转移。当然这并不意味着今天的法西斯政党，可以说，就是一支战斗的后备队，它实际上已经在行动着，进行着反对工人阶级的斗争。

下述事实是决定这种力量配置的一个因素，即希特勒的党员虽然拥有1300万张选票和一支不小的战斗队，可是在德国的条件下，它还没有足够的力量，像在意大利那样，同具有丰富的战斗经验和一个巨大的战斗共产党的德国千百万无产阶级群众相对抗。

法西斯的队伍基本上是由小资产阶级分子组成的，这些人本身带有动摇性，在共产党领导的无产阶级群众的打击下加强起来。这一点可以在普鲁士7月20日政变后的那个时期清楚地看出来。在这个时期，由共产党所领导的反法西斯运动，无疑地使法西斯阵营中的小资产阶级群众处于极大的动摇之中。巴本-施莱歇政府决定对反法西斯运动进行打击，为此而把国防军推上前台。在这个时期作为法西斯专政可能的代表者的施莱歇的地位加强了。

当然，所有这一切完全不是说我们反对希特勒党的斗争、同法西斯匪徒们的斗争有了任何的削弱。这些匪徒是法西斯暴力和恐怖制度的工具，是法西斯阵营中的最露骨和最坚决的一翼，资产阶级在国内外形势的发展下，还寄希望于他们超决定性的作用。

法西斯专政建立过程的本身，并不意味着革命浪潮的低落。它所表示的是暂时的思想混乱，是暂时的失败，它无疑地意味着困难的增加。在我们波兰，由于我们党犯了错误，而出现了一个群众思想混乱的短暂时期，可是这并不能阻止群众运动的进一步发展。在1928年的法西斯头几次选举中，我们在主要的无产阶级中心都得到了多数票，总共约有100万张。在这个时期，我们还发动了几次巨大的罢工斗争。尤其是在德国，在那里法西斯主义在空前的危机条件下上了台；在那里，无产阶级代表了一支强大的战斗力，法西斯化的过程同时也是阶级斗争的进一步尖锐化，在斗争中经过锻炼的无产阶级战斗力增强了。这一斗争现在在德国的一些地区已经带有内战的性质，吸引着越来越多的无产阶级群众，其中也包括社会民主党的工人。党的影响在增长着。如果党能够进一步开展反对法西斯化，反对资本总进攻的斗争，那它就一定能够把处于动摇状态，现在还跟着法西斯主义走的小资产阶级群众较快地吸引到革命方面来，从而为取得决定性的胜利进一步创造先决条件。

现在，我谈一谈关于反法西斯运动和统一战线的问题。反法西斯运动是德国共产党的一项巨大的成绩。党在这个运动中以下层统一战线为基础，动员了广大的劳动群众去进攻反法西斯主义的斗争，并由此使得反对一般资本进攻的斗争也活跃起来。共产党在选举中所取得的成绩，无疑地就是在德国共产党中央委员会实行正确政治路线的基础上，开展这一大规模运动的结果。我认为，德国同志们应当更多地同我们交流这一运动的经验。这首先涉及实行下层统一战线策略的方式和方法。正如德国共产党中央委员会所正确指出的，实行统一战线策略的主要方法，就是在我们的口号下，广泛动员社会民主党的工人，不是以发号施令来对斗争进行领导，而是要说服群众，通过事实向他们证明：我们是真正能够领导他们进行斗争的。毫无疑问，在我们的口号下和在我们的领导下广泛地动员群众具有非常有利的先决条件，这就是法西斯恐怖活动的日益猖獗，越来越沉重地打击着广大的工人群众，其中也包括社会民主党的工人，甚至还有一些社会民主党的组织。有越来越广泛的群众，其中包括社会民主党工人被吸引到反对法西斯主义的斗争中来。社会民主党还在直接掌握着大权，支配着全部行政管理机构和警察机构。它在实际上实行了新的非常法令，与法西斯分子共同策划建立法西斯制度，它企图尽一切力量向资产阶级表明：它在今后也能够保证实行资本的进攻和打击愈益高涨的革命浪潮。社会民主党玩弄花招的可能性是很狭小的。社会民主党警察越来越多地进攻社会民主党工人，共产党已经有可能不仅把没有组织起来的广大工人群众和跟着社会民主党走的工人，而且还把那些真正想反对法西斯主义，虽然还没有最终同自己的领袖断绝关系的社会民主党的基层组织,争取到自己的方面来。在这样的时刻,同社会民主党的工人接近,向一些基层组织发出号召,就成为实行下层统一战线的方法了。德国共产党中央委员会完全正确地指出,对德国社会党、德国旗帜党等基层组织发出号召,只有在通过动员德国社会党工人为此创立了先决条件的情况下,才是可行的。

在我们向社会民主党人发出号召的同时,应当广泛地向群众作解释工作,说明我们的立场,并对社会民主党和社会民主党的领袖进行揭露。

在这方面无疑是有过错误的,德国共产党中央委员会正确地和坚决地纠正了这些错误。德国共产党中央委员会正确地批评了我们柏林的组织向社会民主党组织发出号召的方法,以及普鲁士和黑森地方自治代表会党团在策略上的错误。

在实行下层统一战线策略中这些错误的基本倾向是,用简单地向德国社会党组织发出号召去代替独立动员群众的艰巨任务,或者是企图通过掩盖我们同德国社会党之间原则分歧的方法,来加快建立统一战线。

只有那些不可救药的机会主义分子和叛徒,才能把德国共产党的策略看作是向布兰德勒和托洛茨基所说的上层统一战线的转变。可是作这种解释的企图不仅在我们波兰有,而且在其他国家也有。那些机会主义者们和怀有宗派主义情绪的分子们抓住德国共产党在策略上的个别言辞和错误不放,撇开统一战线策略的实质,把德国共产党的策略说成是布兰德勒式的上层统一战线的策略。

我想,为了反对这样一些说法,应当大力推广德国共产党的经验。

问题当然不是要把德国的经验机械地搬到另外的国家去。布尔什维克对于统一战线策略的大胆运用(在这一点上德国共产党做出了榜样),是共产国际所有支部动员群众的不可缺少的武器。可是我们不仅要根据不同的地点,而且还要根据不同的时间,来改变运用这一策略的方式和方法。例如，在最近的一个半月中，我们在德国就可以看到情况的这种变化，它无疑地影响着运用统一战线策略的方式和方法。情况变化的一个主要的因素，是这样一个事实，即社会民主党正在从一个执政党变成为一个反对党，因此它必然要改变它的方法，特别是改变它的花招和它的言辞的性质。

动员群众的方法要以整个形势、力量对比、我们的主要敌人及其花招的性质和群众的觉悟水平为转移。

我们波兰的力量对比是怎样的呢，我们工人阶级中的主要敌人——社会法西斯主义，首先是波兰社会党和崩得①的情况是怎样的呢？如果我们只从组织方面、从数量方面去估价波兰社会党，那我们可能很容易地过分乐观并对它估计不足。几年来，波兰社会党的党员数字是不公布的。1926年的最后数字为4.5万人。这里无疑地应当去掉一定比例的虚假数，还要估计到最近几年的损失。总之，波兰社会党现在大约拥有3万名党员。同时应当指出，波兰社会党在人数上最占优势的地区是加里西亚，在波兰的主要地区，它不过才有1万人。波兰社会党的华沙组织，根据我们的统计，不过只有800—1000人，也就是说，比我们的地下组织还要弱小。波兰社会党中央机关报《劳动者》的印数约为3000份，在最好的时期达到6000份。各个省报的印数也并不更多，或许要更少些。

波兰社会党的内部组织性，同领导人的联系，党的传统无疑地要比德国社会民主党更为薄弱。

他们只在为数不多的老干部中间保持着全部的力量。

关于波兰社会党联系群众的主要纽带，即工会的问题稍有不同，虽

---

① 崩得是俄文译音，意即联盟，是"立陶宛、波兰和俄罗斯犹太工人总联盟"的简称。该联盟是一个机会主义的、资产阶级民族主义的组织。——编者注

然它们并不能同德国的工会相比。社会法西斯分子们把自己工会的人数说成为23万人，即1930年的旧数字。我们去掉了他们当中的虚伪数，还剩下15万人。这15万人当中包括有两个大的工会——拥有4.5万人的铁路工人工会（这里是机械地，几乎是强制入会的）和根据波兰社会党的最近数字拥有3万人的农业工人工会（这里入会也是同一定的合同条件相联系的）。然而，就按3万人这一数字来说，农业工人工会所包括的只是全部农业工人的一个不大的数字。社会法西斯工会有相当大的一部分会员，是小工业企业的工人。

应当考虑到，波兰的社会法西斯工会并没有给予工人像德国工会会员所得到的那些好处。社会法西斯分子们自己也往往公开抱怨他们工会的可怜状况。

社会法西斯崩得党和工会的组织在联合犹太工人方面就更加不行了。他们的工会不超过2万人，而我们的工会则约有3万人。

由此可见，如果我们仅仅从组织方面来谈社会法西斯主义的作用和比重问题，那就应当指出，特别是同德国社会法西斯主义的作用相比较，是有一个很大差距的。在这方面波兰的社会法西斯主义及其附属组织没有起到，也不可能起到他们在德国所起的那样的作用。

但是，即使所有这些指标都说明了我们具有争取群众的良好条件，我们具有接近波兰社会党工人的很大的可能性，然而这些人终究不能决定波兰社会党的全部力量和影响。尽管在组织方面还很弱小，尽管他们的干部比较弱，尽管内部也不稳固，波兰社会党仍然争得了相当一部分工人和小资产阶级群众。这一点也反映了我们在争取领导经济战斗方面的困难。有越来越多的劳动群众被吸引到斗争中来。他们还处在极大的摇摆状态中。在我国，没有组织起来的工人的比重要比在德国大。如果我们计算一下被组织到社会法西斯工会、法西斯工会和天主教工会中的工人的数目，他们最多不过占全部无产阶级的15%。而且他们当中有相当一部分是小工业工人，在波兰也和在某些其他国家一样，小工业工人的组织的程度要比大工业工人高一些。

然而，社会法西斯主义相当大的影响，是建立在什么上面呢？首先，它建立在工人阶级中还有着深厚根基的民族主义倾向上。库西宁同志对我们着重提出了关于反对民族主义的问题，这是完全正确的。波兰资产阶级统治的14年，使工人阶级学到了很多东西。例如，我们可以预料，一旦发生了反对苏联的新的武装干涉，资产阶级会比较困难地混淆视听和争取劳动人民中间的某些阶层。可是，在长期实行民族压迫中越来越深化的民族主义的遗毒，以及现在仍然全力向青年一代灌输的民族主义，在波兰还要起极大的作用。与此相联系的是反犹太主义、大国沙文主义等因素。

第二，波兰社会党的影响由于小资产阶级自发势力对工人阶级的相当强大的压力而保持下来。

第三，这一影响由于在反对革命组织日益猖獗的恐怖活动条件下，波兰社会党垄断地位的合法化而保持下来。

最后，这一影响由于社会法西斯主义通过玩弄花样翻新的"左"的花招制造幻想，由于它使用极端的假革命词句而保持下来。连斯基同志已经在自己的发言中，对这些花招和词句进行了分析。

由此在实行统一战线的策略方面应当得出什么结论呢？

我们正在面临着一项特别迫切的任务，这是台尔曼同志在自己的报告中提出来的。这就是通过统一战线来团结最广泛的没有组织起来的工人群众，其中包括那些还处在波兰社会党的政治影响下，或对波兰社会党抱有幻想的工人群众。这一任务的大小是由社会法西斯主义的组织比较弱，不断有新的工人阶级阶层被吸引到斗争中来这一蓬勃发展过程所决定的。然而这一任务的大小绝不能削弱我们对波兰社会党和崩得工人的注意。波兰社会党队伍中发生的规模广泛的动荡，有助于我们同这些工人的接近。

在我国，工人群众的高度革命化为在改良主义工会中的工作创造着极其有利的条件。我们现在对其中的几个工会，例如铁路工人工会起着相当有力的影响。在我们积极主动开展工作的地方，我们争取了并且仍在争取着改良主义工会的一些部门。轻视工会的作用和不能充分积极地开展工作，使我们不能扩大和巩固这些成绩。

随着革命浪潮的高涨，社会法西斯主义使出了各种灵活的花招，它迫使我们把根据统一战线策略争取群众的任务同争取独立领导工人阶级的经济战斗，并孤立波兰社会党领袖的顽强斗争紧密地结合在一起。我们在斗争的实践中，首先是在电车工人的罢工中，已经有了这种孤立的典型事例。相反，任何稍微放弃独立的领导，以及在对待波兰社会党方面采取观望的态度，总是使我们失掉自己的阵地和破坏我们的斗争。

必须为反对社会法西斯官僚，反对他们的各种花招，反对他们的"革命词句"而进行最坚决的思想斗争。由我们来实现对工人阶级斗争的正确领导，是揭露他们的主要的手段。正如连斯基同志已经指出的，在波兰的条件下，向波兰社会党的组织发出号召，现在只能得出反面的结果，有助于保持群众中对社会法西斯领袖们的幻想。

我们应当加强同广大工人群众中间的民族主义和小资产阶级倾向的影响进行斗争。

我们应当加强反对合法主义倾向的斗争，同时开展反对恐怖活动的广泛的群众斗争，以便在实践中表明：恐怖手段并不能遏止真正的群众运动，同时也只有打破法西斯恐怖活动的限制，才能够真正取得胜利。

波兰社会党往往不仅在群众中使用的灵活花招，而且也在我们个别同志的身上制造幻想。波兰社会党现在正极力使自己在运动的风浪中站稳脚跟，并夺取对斗争的领导权，以便破坏斗争，或者利用斗争来加强自己的阵地。我们有些同志却不是这样去看待波兰社会党的花招，而是对它们信以为真。皮亚特尼茨基同志完全正确，他说：现在说改良主义者不举行罢工是错误的。波兰的整个形势都是同这种肤浅的观点背道而驰的。然而，在波兰社会党宣布3月16日罢工和4月农业工人总罢工期间，在我们内部都曾经出现过这样的观点。请看我们当时关于这一点是怎样写的。我来引用一段我手头现有的亨利科夫斯基同志文章中的一段话。

"这样对待波兰社会党的'左'的花招问题是极其错误的。这种花招的反革命性质不在于克瓦平斯基'不组织罢工，阻挠罢工的开展'。问题在于克瓦平斯基想要通过一天的罢工，来缓和群众的强烈罢工情绪。克瓦平斯基所以采取这种花招，是因为在群众中出现了动荡，是因为我们开展了比前几年广泛得多的准备运动，这一运动在4月18日产生了不错的结果。克瓦平斯基首先企图把运动抓在自己手中，不让波兰共产党领导运动，不让个别地区的罢工或全国的罢工延长时间，取得最后胜利并且变成革命的发动（示威游行）。

自然，克瓦平斯基为了达到这一目的，在很多地方对罢工进行了暗中破坏，可是，如果断言'他在全国阻挠罢工的宣布'那就太简单化了。如果社会法西斯主义的花招竟然露出马脚，那我们同克瓦平斯基和茹拉夫斯基斗争的任务就简单了。但是，事情并非如此。"

如果我们走到工人当中去仅仅对他们指出，波兰社会党先宣布罢工，后来又破坏罢工，这时工人就会弄不清楚波兰社会党为什么自己要宣布罢工。所有这些当然并不意味着波兰社会党的花招在"帮助"共产党对群众进行革命的动员。3月16日，波兰社会党宣布总罢工就引起了这样的动摇，出现了这样的论调，说"波兰社会党帮助我们进行了（哪怕是部分地）革命的罢工，要不是波兰社会党宣布罢工，我们不可能独立地宣布和进行这个罢工"。由此可见，按照一些同志的意见，是波兰社会党的主动性为我们在某些地方进行革命罢工创造了先决的条件。很明显，这样一些观点是根本错误的，是机会主义的。在这里完全忽略了波兰社会党花招的反革命性质和目的：力图抓住群众的情绪，利用这些情绪巩固自己的影响，以便更容易地使运动脱离革命的轨道，为群众积聚起来的革命力量找到一个暂时的出路，等等。波兰社会党采取主动行动的这个事实，使我们争取群众和在群众面前揭露波兰社会党的斗争更加困难。在这里我们忘记了一点，这就是要战胜波兰社会党的花招，我们党必须付出更大的力量和表现出更大的积极性，以便不顾波兰社会党的愿望和意图，把这种花招变成真正革命的行动。

波兰社会党玩弄花招所引起的这些幻想和动摇，在我们领导的许多罢工中有着各种不同的表现。这些动摇表现在华沙电车工人的第二次罢工中。这次罢工实际上是我们领导的，我们又和波兰社会党发表了联合声明。波兰社会党从一开始就尽一切可能在运动中站稳脚跟，并企图达到破坏运动的目的。这些动摇也表现在上西里西亚罢工的准备中。我们的工会领导人不去选举独立的罢工委员会，而向社会法西斯工会建议共同宣布罢工，结果使日益成熟的罢工遭到了破坏。

对波兰社会党的幻想和斗争中愈益增加的困难，为右倾机会主义理论，特别是科斯切娃和瓦尔斯基的右倾理论的出现准备了条件。连斯基同志在自己的发言中引用了我们所得到的右倾机会主义（现在已转变成托洛茨基主义）集团纲领中的最明显的几个地方。

右倾派别分子的纲领是我们党最近十年来所出现的各种右倾机会主义观点的大杂烩：波兰社会党是小资产阶级政党啦，波兰社会党不得不反对法西斯主义啦，法西斯主义不可避免地要消灭波兰社会党啦，波兰社会党是我们在一个时期的同盟者啦，等等。很自然，由此就应得出这样的结论：在波兰社会党的上层建立统一战线，放弃对斗争的独立领导。此外，纲领还坚决拒绝了独立的工会运动，认为工会反对派是"毫无意义的东西"，而这个"毫无意义的东西"似乎就是我们党中央的极左方针执行的结果。

这个纲领不仅是波兰条件的产物。它也认为，共产国际在所有的国家中正从失败走向失败，这些失败的原因就是执行了下层统一战线错误策略。德国共产党的运动被这些右倾分子说成是从下层统一战线到上层统一战线的转变。我不想用更多的时间来谈我们这些同托洛茨基合为一体的右倾分子的纲领，因为如果这只是一个波兰的现象的话，这些人在组织上是微不足道的。愈益增长的斗争困难和社会民主党玩弄的花招，现在也正在为其他国家共产党队伍的动摇的出现创造着条件。安贝尔-德罗同志在瑞士共产党中央委员会所通过的决议就是这样的一个例子。安贝尔-德罗同志也是从共产国际正在由失败走向失败的这一认识出发的。

大胆地实行统一战线的策略要求我们加强同右倾机会主义动摇，同"左"倾宗派主义闭塞状态和对社会法西斯花招的估计不足进行斗争。

冈野进（日本）：

库西宁同志已经谈到了日本君主制、金融资本和大土地占有制的独特的结合，可以说这就是日本资本主义的三位一体。他还谈到了未来日本革命的性质，以及资产阶级民主革命向无产阶级革命的迅速转变。因此，对这些基本的问题我就不谈了。我要谈的是日本当前的政治形势和日本共产党的任务。日本的无产阶级和他的领袖——共产党——正面临着规模空前蓬勃发展着的伟大的政治事件。日本帝国主义所发动的战争，其目的是要寻找摆脱危机的出路，可是，它把危机加深和加剧到了空前的程度。资产阶级地主君主制政府的政策极大地加深了危机的破坏力，当前的经济危机正在转变为政治危机。正如曼努伊尔斯基同志所指出，革命危机的因素在日本第一次增长起来。关于这一点可以有以下的事实来说明。

1. 统治阶级阵营的内部摩擦。

2. 农村的中小土地占有者和富农，以及城市小资产阶级各剥削阶层中的动荡加剧了。这种动荡在最近表现为法西斯运动的加强。

3. 日本资本主义在工人阶级队伍中的主要社会支柱和主要代理人——社会法西斯主义的下层正在发生不断的分化、改组和动荡。

4. 无产阶级和农民阵营同资产阶级和地主阵营之间阶级斗争的尖锐化，劳动群众中革命动荡的加强。

当前，日本政治危机的特点深刻地表现在统治阶级阵营的内部冲突中。

你们大概都知道，在去年11月，某些青年军官曾企图发动国家政变。你们都记得，自从战争开始以后，青年军官和黑帮组织已经杀害了3位著名的政治家和金融家。你们也记得，战争开始以来，日本的内阁已经更替过三次。

这里的问题是什么？他们为何杀害了自己的领导人呢？

在统治阶级阵营中有三个主要矛盾。第一，处于相互依存的金融资本和军人集团之间的矛盾。他们之间发生摩擦的主要原因是，在战争和分赃问题上的意见不合。当然，他们在应当侵掠中国人民和进行反苏的武装干涉方面是没有任何分歧的。主要问题是怎样开始战争，何时开始战争。在这一冲突中，军人集团推翻了民政党的内阁。另一个原因是由于分赃，即在满洲的利益和领导权所引起的冲突。在这个冲突过程中，掌握了在满洲的领导权的军人集团也推翻了政友会的内阁。由此可见，自从战争开始以来，每一次内阁的危机都是由这些冲突所引起的。军人集团每一次都获得胜利，因为它不仅掌握着武装力量，而且还能够利用地主和富农的动荡和不满来巩固自己在统治集团中的政治地位。

另一个矛盾的焦点是金融资本和中小土地占有者和富农之间的矛盾，大量债务和垄断价格的重担落到了中小土地占有者和富农的身上。

最后，还有金融资本和中小工商业之间的矛盾。中小工商业者所负的债务达到了30亿日圆，他们不得不屈服于托拉斯卡特尔的"暴政"之下。

第二个因素——中小土地占有者和富农的不满——在最近的政治事件中也起着重要的作用。农业危机具有破坏力的影响和贫苦农民义愤的增长，唤醒了这些阶层的政治自觉。这些地主分子的不满一方面表现为反对斗争中的农民；另一方面则反对金融资本家。因此，对于金融资本的"暴政"也抱着憎恨态度的青年军官，就向具有不满情绪的地主和富农寻求支持。问题是，有70%的日本军人来自农村，农业危机和社会动乱直接影响到军队。上层的军人集团为了利用这种形势来谋取自己的利益，提出了没有实际作用的"援助农村"的口号。

青年军官和军事学校学生运动发展中的这一新倾向，有着重要的政治意义并带有危险性。在今年5月，一个军官和士官生的小组刺杀了犬养首相，并向三菱银行和国立银行办事处、警视厅、政友会党部和一些司法界重要官员的住宅投掷了炸弹。他们通过这样的途径推翻了政友会的内阁，并组成了一个更加反动的所谓"国民政府"，加强了军人集团对政治生活的影响。

同时，这些黑帮分子力图在事先得到农民的支持。请看他们在袭击首相时在街上散发的一份文件。这一份号召书清楚地表明，这一运动具有多么大的危险性。我现在就引用其中的几行。

"我们向日本人民呼吁：你们看一看我们的祖国，看一看当前的日本吧！你们在政治、外交、经济、国民教育、意识形态和军事措施方面看到了什么呢？……日本正在由各个政党所造成的地狱中覆灭着。这些政党只知道自己党派的利益。同政党联系在一起的金融界在剥削人民。各级政府则维护金融资本家和压迫人民。国家的外交事务软弱无力。国民教育处于完全的崩溃中。在整个军界也呈现着一片衰败景象。各种危险的思想到处传播。农民和工人阶级处在绝望的状态中。人民,起来吧!拿起武器!拯救我们祖国的唯一途径就是采取直接的行动。日本人民,让我们消灭那些背叛了天皇的奸细们,更高地举起天皇的旗帜!消灭现存的一些政党和金融寡头、人民的敌人!"

他们向具有不满情绪的农民群众提出蛊惑人心的口号,像"打倒金融资本!""打倒资产阶级政党!""天皇陛下万岁!"企图把群众吸引到法西斯阵营方面去。不久前,他们在城市和农村成立了一个由退役军人组成的庞大的全国性组织。

我们在这里看到了主要依靠中小土地占有者和富农的日本军事法西斯主义的危险萌芽。

除了这个运动以外,还有两个法西斯主义的策源地。其中一个是以生产者政党命名的运动;另一方面是民族主义的、沙文主义的、保皇的、反动的队伍。这些组织大多是由城市的无业贫民组成,现在经过改组变成了法西斯的组织,其目的是为了工业资产阶级和地主的利益,在以民族主义保皇蛊惑宣传为掩护的野蛮暴力的帮助下来镇压罢工和农民的发动。所有这些组织都多多少少地处在政友会和民政党的影响之下。

另一个运动是以日本国民党和新日本国民党为代表的。这些组织带有极大的危险性。这两个党,特别是第一个党争得了小资产阶级、工人阶级和中小农民某些阶层的支持。他们提出的口号是:"打倒资本主义!"、"由国家对国民经济实行监督"、"帝制和平等!"、"社会主义的日本万岁!"这是最欧化的法西斯主义,其他一些法西斯运动的团体还多少有点鲜明的日本面貌。

目前,上面提到的两个法西斯团体在组织方面是相互独立的,他们的口号也多少有些不同。可是这些党的活动家之间却保持着紧密的联系。他们还由于共同的财政来源和共同举行运动而联系在一起,这就表明它们有可能在今后进行重新的改组和联合。

在关于日本法西斯主义的问题上，甚至在我们的队伍中都存在着一些错误的观点。一些人过高地估计了法西斯主义的危险性，而忽视了帝制的作用；另一些人则对反对法西斯主义危险性的斗争估计不足。无论是前者，还是后者，都是错误的。

一般地说，法西斯主义在日本还处于初期的阶段，它还是资产阶级地主君主制的一个附属物。这个君主制虽然掌握着政权，但是已经感到仅仅用封建的恐怖手段来镇压劳动群众的革命斗争是困难的。它想着先依靠农民、城市小资产阶级、失业者、居民中间的无业阶层和一部分工人来扩大自己的社会基础，并动员这些人为了统治阶级的利益去反对日益发展起来的革命运动。

现在我谈一谈关于社会法西斯主义。

我们看到在社会法西斯主义阵营中不断地发生着摩擦、分聚、纷争和改组。战争开始以来，社会法西斯党（大众党）的左翼分裂了，它反动的一翼转入了法西斯党。另一方面，右翼社会法西斯社会民主党（人民社会党）也发生了分裂，它比较反动的部分转入了法西斯主义方面。现在两个政党正试图联合起来，这个过程又引起了新的分裂。

社会法西斯阵营中出现这种分歧的原因是什么呢？

第一，日本社会法西斯主义的薄弱的物质基础遭到了危机的进一步破坏；第二，群众愈益迅速地革命化及其脱离改良主义的领袖。社会法西斯主义阵营的不稳定、社会法西斯主义对群众影响的下降，很显然不是证明当前社会法西斯主义的巩固，相反，它们是统治阶级对无产阶级影响下降的一个证明。我们党的错误在于，它一次也没有能够利用社会法西斯阵营的这些分裂和动荡，来割断群众同社会法西斯主义领袖的联系，把他们争取到我们方面来。

但是，所有这一切并不意味着社会法西斯主义的被削弱和它的危险性的缓和。相反，随着危机的深入，社会法西斯主义分子们正在采取更加危险、更加腐朽和无耻的花招。例如，一方面，他们组织了反战委员会；另一方面，他们又投票拥护战争。一方面，他们进行有利于罢工的宣传；另一方面，他们又把积极的工人出卖给警察。所以，对于社会法西斯主义是我们的主要敌人这一点，是不能有任何怀疑的。

我在上面描述了统治阶级阵营内部的矛盾，中小土地占有者、富农和商人中间的动荡，法西斯运动队伍中最近所发生的事件，以及社会法西斯阵营的内部冲突，是为了表明政治危机的各种因素正在日本增长。现在，我谈一谈关于日本阶级斗争的尖锐化和革命运动发展的问题。

关于这些有以下的事实来说明。

1. 工人阶级和农民的广大阶层走上了反对战争及其组织者——军事警察君主制的革命斗争的道路，走上了反对日本帝国主义的道路。在实行戒严的条件下，发生了多次反对战争的大规模的示威游行，参加的有成千上万的工人、农民和学生。大家知道，在军队中曾发生了几次暴动。这清楚地表明，日本无产阶级队伍中的革命运动正在发展。对于这一点，我将在有关军事问题的报告中详细地来谈。

2. 另一个事实是，工人罢工运动的发展和农民斗争，以及这一斗争的革命化。1931年，罢工的次数达到了高峰，特别是在11月份，即战争爆发的两个月后。战争以来，土地冲突的次数也在迅速地增加着。

在战争期间，工人反对企业主的罢工斗争和农民反对土地占有者的斗争实际上都是群众反对战争、反对发动战争的政府的第一步。目前，这些斗争形式的发展证明了无产阶级、贫农和中农广大群众的左倾化。

但是，应当特别强调，这些发动的革命形式，以及这些发动在很多场合下所反对的对象。我举几个例子。

在东京铸造厂罢工期间，为了反对罢工者，不仅动用了警察，而且还动用了退役军人、消防队员和反动的青年组织。发生了巷战。面对敌人的恐怖手段，罢工者们坚持斗争了整整三个月。他们其他同五个罢工委员会的代表一起，组成了联合委员会，并在12月举行了反战的示威游行。

同一个月，在神户附近发生了两起伴有流血冲突的罢工——皮革工人的罢工和化学工厂工人的罢工。两次罢工的特点是：发生了同警察的流血搏斗，动员了包括罢工者家属在内的工厂居住区的全部居民参加斗争，农民也参加了战斗。在第一次罢工中有1600人被捕，在第二次罢工中进行了250次逮捕，有两名罢工者被打死。

今年3月发生的东京地下铁路的罢工是一次最出色的罢工。库西宁同志已经提到过这次罢工，并强调了它的革命性质。他是完全正确的。这次罢工带有很多重要的特点。第一，罢工提出了反战性质的要求，例如，工人要求发给被动员的电车工人全部工资，并为他们保留职务。第二，罢工自始至终是在地下革命工会的领导下进行的，并在工人的眼里提高了这个组织的威望。第三，罢工不仅经过了认真的准备，而且是按照革命的方式进行的。罢工者控制了三节电车车厢，用它们在车库的入口处筑成街垒，并通上600伏特的高压电流，以防止警察的进攻，保证自身的安全。工人们还贮存了一个月的口粮。虽然有警察的威胁与进攻，罢工者们还是顽强地坚持下来，没有投降，最后以电车工人的全胜而结束。第四，这次罢工给了其他工人的罢工运动以新的推动力。其他的电车工人和工厂工人也进行了同样要求的斗争。

从1932年1月起，失业者的发动也持续不断地增长起来。我举几次大发动的例子。

1月4日，在东京一个职业介绍所，由革命工会召开了一次失业者的会议，出席的有70人，代表了800名失业者。1月15日，在大阪的一个职业介绍所，通过在3000失业者（暂时从事社会公用工作）中间散发传单，失业者们宣布了半日的罢工。失业者的要求是，"把拨给进行战争的费用分给失业者"。

在所有的城市中不断地有示威游行。例如3月3日在东京，3月30

日在北海道，3月30日又在东京，4月8日在八幡，7月7日在名古屋，6月21日和7月8日又在八幡。

共产党在失业者中间的工作取得了明显的成绩。去年年初，各失业者委员会组织了不过3000人，而在今年4月，仅在东京一地，被组织者的人数就超过了10000人。

现在看一看农村的情况，我们在这里看到的也是革命斗争的迅速发展。库西宁同志在自己的报告中说："日本农民起着巨大的革命作用。"他说得完全正确。问题不仅在于农民占日本全部居民的一半，而且还在于农业人口的60%是半无产者，他们完全可以同无产阶级一起来反对资产阶级地主的君主制。土地问题是我国革命的一个中心问题。因此，我要比较详细地说一说。

由于地主土地占有制带有寄生性，土地危机对农民经济的破坏作用就特别大。农产品的价格在迅速地下跌。从1919年到今年5月，大米的价格下跌了50%，蚕茧的价格在同一时期下跌了80%。由于肥料和农具的价格带有垄断性，金融资本可以任意抬高，农民遭到了极大的损失。捐税成了农民力不胜任的重担，并由于战争的进行还在不断地提高。所有这些加在一起使得许多农民破产。农村的债务大约为70亿日圆，每个农户平均不少于1000日圆。

在这种难以忍受的条件下，农民的战斗发动更加频繁了。1931年土地冲突的次数和1930年同一时期相比增加了30%。这个数字是：

	1930年	1931年
9月	61	42
10月	141	251
12月	186	309

今年土地冲突及其参加者的数字在继续增长着。

不仅如此，冲突的性质和斗争的方法都说明了农民的革命化。

最近时期土地冲突的特点是，农民提出了这样的要求："反对强迫佃农迁出他们使用的地段。"在1929年，有11%的冲突提出了这个要求，在1931年，则已经有43%的冲突提出了这个要求。这个事实说明了农民被剥夺了土地，农民越来越经常性地为占有地主的土地而进行斗争。在每一次这样的冲突中都有同警察的直接冲突：农民进攻警视厅和地主庄园在最近成了特别常见的现象。在山梨，农民在工人的支持下占领了法院大楼；在秋田和富山，农民为了释放自己的领导人而进攻监狱；在崎玉县、栃木和爱知，农民进攻警视厅，释放了被捕的领导人。日本农民还反对进行侵略战争。在富山，农民举行了示威，高呼着"反对战争！""立即废除兵役制！""保卫苏联！""打倒资产阶级地主政府！""工农政府万岁！"的口号。高崎的农民领导了高崎团200名士兵的暴动。

上面我们所列举的事实就足以说明问题了。可以说，日本的农村正处在大起义的前夜。最近，社会法西斯党的一位领袖在议会会议上警告资产阶级和地主说："很可能我们国家在最近的将来要经受一场前所未有的动荡。"资产阶级报刊也承认，日本的农村正处在起义的边缘。正因为如此，政府现在正竭尽全力企图以各种蛊惑人心的手段来欺骗和安抚起义的农民。

由于共产党在农村中的工作没有开展起来，地主和富农就利用农民的自发的不满情绪和革命的斗争来为自己的利益服务。他们领导了一个呈递关于宣布缓期偿付土地债务的请愿书的运动。在地主和富农的领导下和改良主义领袖的支持下，成立了一个农民自治会，提出了以下的纲领：（1）农村债务缓期三年偿付；（2）为取得肥料提供各种资金；（3）组织向满洲和蒙古移民。

正如这些要求所表明的那样，领导运动的地主不仅取得了政府方面的帮助，而且还要求加快对满洲和西伯利亚的掠夺，并把农民的革命斗争引上议会的道路。地主所以领导这个运动还有一个原因，这就是他们害怕农民的中间阶层参加运动，害怕整个的贫农阶层被卷入运动，也就是说，他们害怕矛头指向地主的土地革命。在日本北部各省开展起来的这一运动征集了10万农民的签名。

在5月间，议会接受了这些请愿书并一致做出决议，答应在最近的将来召开一次临时会议，来讨论有关帮助农村的问题。所有的社会法西斯政党都积极地参加了这个决议的制定，这就毫不奇怪了。

社会法西斯劳农大众党的"左"派领袖和全国农民联盟"全农"主席衫山在议会中声称：

"我支持这个决议，因为它同我们的精神相符合。我们提议，在两个月内召开一次特别会议，因为大家知道，农村目前的状况是极其贫困的。如果过了两个月，农民结束了农活，而我们没有作出决议来，我们就有面对极端悲惨的事件的危险。

问题在于，不向满洲移民，实际上军事行动就失去了任何意义，无益于确立远东的和平。因此，我们需要毫不怀疑地加上关于向满洲移民的一条。"

社会法西斯主义的领袖们在厚颜无耻方面甚至超过了资产阶级的代表。

经过了所有这一切，社会法西斯主义领袖们的背叛行为和蛊惑手段的全部实质就不难理解了。他们比任何人都更竭尽全力地压抑农民的不满情绪，并把它引上准备掠夺性的反苏战争的轨道。

日本共产党开始及时地对农村中的事件做出反应。它提出了这样的口号："废除债务"、"完全取消地租"、"取消捐税"、"无偿地没收土地"。它号召农民采取大规模的行动，动员农民群众，吸引他们通过

"召集没有资本家和地主参加的农民会议的途径,来建立农民委员会,以便由自己掌握农村的政策,建立民主选举的委员会和为自己的生存而斗争"。党号召劳动人民采取大规模的行动,迫使天皇、政府、资本家和地主开仓济贫,把粮食、商品、肥料、种子和农具无偿地分给农民。党直接提出了问题:

> "地主的寄生性如果不是唯一的,那也是日本农村所经受的困苦的主要源泉,因此应当用强力把它消灭。佃户应当向地主夺回土地,土地的占有人应当向银行和高利贷者无偿地赎回土地。这就是土地革命的任务,它是拯救劳动农民的唯一的道路。"

从6月起,城乡劳动人民对粮食的迫切需要开始形成了群众斗争的新形式,形成了要求从国家储备中发放大米的群众运动。有800名失业者向东京市政府提出了定期向他们供应大米的要求。在东京郊区,为了实现这些要求举行了两次示威游行。在8月间,由合作社组织举行了一次工人的孀妇和子女的示威游行。游行者要求政府低价出售大米。后来,这一运动开始发展到了其他的城镇(例如泷川、平塚、京都、三重、枥木、仙台、函馆等),不仅包括了失业者,而且还包括了在业工人、手工业者和贫民,同时也动员了他们的妻子和儿女,成为"米骚动"的初始。被运动的开展弄得惊惶不安的政府开始一方面对运动实行镇压,大规模地逮捕运动的领导人;另一方面又企图用少量的拨款来抑制群众的不满情绪(由三井公司提供了300万日圆,对失业者给以少量的帮助,发给粮食配给证等)。

在"把大米发给饥饿的劳动人民"的口号下,日本共产党领导了饥饿劳动人民的群众运动,召集了群众的会议,组织了群众的示威游行,支持在合作社、失业者委员会、工会、农会倡议下成立的"争取大米"委员会等。

这个运动还带有地区发动的性质，它还不能动员十分广泛的群众参加。可是它本身具有很大的政治意义，因为它动员了极广大的城乡人民群众，去反对政府、资产阶级和地主，并且它本身包含着在全国范围内反对君主制起义的萌芽。

上面我谈到了关于日本工农革命的高涨，我叙述了，第一，工人的革命罢工运动和失业者运动；第二，农民的革命斗争；第三，劳动人民争取大米的斗争。

现在我谈一谈革命工会和农会的发展，以及共产党在工农中间影响的扩大。

革命工会和党对东京地下铁路罢工进行了有成效的独立的领导，这说明了我们工会和党的成长。我们地下工会会员的数目，在去年从5000人发展到10000人。我们所领导的失业者委员会成员的数目，在同一时期也由几百人增加到了15000人。

日本共产党在农村的工作中取得了很大的成绩。如争取了70%的改良主义农会（"全农"）会员到革命反对派的方面来；共产党员在一定程度上领导了农民反对地主和警察的大规模的群众发动；加强了有利于土地革命的宣传和鼓动；在农业地区，例如在十月革命节、"五一"节、8月1日组织政治性的示威游行方面取得了成绩，特别是在反对侵略战争、保卫中国和苏联方面取得了成绩。所有这些都表明，党在农村中切实地进行着工作。

2月选举运动的结果，也证明了我们党影响的增长。尽管有恐怖暴力行动，尽管敌人使用了各种蛊惑性手段，尽管我们的代表候选人遭到逮捕，共产党在东京还是得到了几千张选票。

这不多的几个例子足以表明，党和革命工会的影响不断增长并且不顾军阀和警察的恐怖活动而巩固下来。这是日本革命高涨的一个非常明显的征兆。

上面我谈的只是关于革命运动的积极方面。然而在运动中还有很多的弱点。

1. 虽然中小企业中的罢工运动有了蓬勃的开展,但各大工厂中的工人群众对于资本向工人阶级生活水平的进攻还没有给予积极的抵抗。1931年,由于工人被解雇,在八幡发生的包括20万名铁路工人和1.7万名国营金属工厂工人的极端骚动,以自发的工厂会议(同一年年末)为表现形式的骚动,在九州的1万名和4万名海员(在1931年中有两次)的骚动——在这些大企业工人中间的骚动都没有超出消极不满的范围,后来则被社会民主党同企业的行政当局所粉碎了。大企业中党的工作的薄弱,使得社会民主党在其中的影响要比在中小工厂里有力得多。

2. 虽然无产阶级和农民的广大阶层表现出了巨大的战斗力,但他们的发动是孤立的和没有很好准备的。

3. 群众越来越脱离叛卖的领导人,尽管社会民主党的头头们进行直接的对抗,工农还是为维护自己的切身利益独立地进行斗争。然而在这样一些场合下,叛卖的社会法西斯领袖们,尤其是"左"派领袖们仍然通过欺骗群众的手腕,来保持"领导权",并且往往在逮捕工人积极分子的警察的协助下,夺取运动的领导机构,掌握对积极进行斗争的群众的领导,同时有意识地把斗争引向失败。

但是,群众运动的所有这些和其他一些弱点,并没有改变这样一个事实,即不仅是各先进阶层,而且还有广大群众的情绪和意向都在真正经历着根本的变化。

不停顿地宣传鼓动,以及军事行动开始后一再发生的群众的反战示威游行,就是我们影响增长的一个雄辩的证明。

当前形势的特点首先表现为:虽然存在着一系列有利于广大群众革命斗争发展的先决条件,党还是无力发动群众,扩大群众战斗的规模和把它引上革命的轨道。换句话说,党还是远远地落后于事件的发展。克服这种落后状态是我们党的一项中心任务。

党为维护群众的经济利益进行了广泛的宣传活动,这前进了一大步,可是,党所能够动员的仅仅是先进工人这一非常狭小的部分。

当前的形势要求围绕着经济问题扩大我们在群众中宣传鼓动的范围,以便从政治上唤醒广大的群众。

这样一来就提出了一项新的任务——进行群众性的政治宣传鼓动。

反战运动没有把矛头尖锐地指向君主制。

为实现工农的迫切经济利益和法律利益而斗争,是吸引真正广大群众参加大规模政治斗争的基本手段。

当前形势的新特点是这样一个事实,即在真正广大的规模上,把经济斗争同政治斗争联系起来的条件已经成熟了。

因此,党所面临的任务是全力支持经济斗争,开展更高级形式的斗争,如:

1. 为反对在华战争,反对武装干涉苏联的直接危险而开展群众的革命斗争。共产党应当吸引真正广泛的群众参加反战的示威游行和罢工,为反对派遣军队和向前线运送军火而开展各种形式的群众斗争,以及其他形式的反战斗争。群众的反战情绪在不断地增长,现在已经具有把它变成真正的群众斗争,特别是反对向前线派遣军队和运送军火,争取把战争费用分配给失业者和饥饿居民的先决条件,等等。党应当支持群众关于发给被动员入伍的工人以全工资的要求,应当为反对任何降低工资,增加劳动强度的企图而组织斗争,等等。

2. 群众的罢工,即政治因素和经济因素紧密结合的罢工。这个罢工要通过自己所取得的成绩吸引最落后的阶层去争取直接改善工人的生活条件,动员群众为反对军事警察君主制和它所发动的战争而进行斗争。

日本群众运动的经验已经创造了一种独特的革命罢工的形式,它以经济要求为基础,同时按其形式、按其斗争方法,以及罢工群众的战争、对警察和对整个制度的态度来说,又具有革命的性质。这种革命罢工的形式深深地局限于国内的整个局势中。群众日益确信,在警察专制的条件下,不采取革命斗争的方法(同警察的斗争,占领企业,等等),就不能维护他们的最起码的利益。

共产党员应当响应群众的革命倡议和主动精神,他们应当支持和领导各种革命罢工的形式,以及经济斗争和政治斗争相结合的各种形式。

3. 支持城乡劳动群众争取粮食的直接斗争。我们应当为把国家贮备的大米分配给城市中饥饿的劳动人民和最贫苦的农民而进行最广泛的宣传鼓动工作,使斗争发展成为占领城市中的国家粮食和农村中的地主粮食,以便有组织地在饥饿的劳动人民和农民中间分配大米,并使这一斗争指向君主制度,直至发展成为全民的起义。党应当给予这些运动支持,首先应当保证有真正广大的群众参加运动(不是几百人,而是几万人),并通过建立和加强代表广大群众的委员会有意识地领导这些运动,为此要实行下层统一战线的策略。

4. 在农村中,党应当为自己提出一项直接的任务,即把农民运动从狭小地区范围的水平,提到许多农村联合斗争的更高的水平。党和贫农要全力支持少数农民的斗争,要为自己提出一项最主要的任务,这就是扩大这些运动,使它们去争取土地,反对地主和警察制度,拒绝向发动战争和实行地主压迫的政府交纳赋税,取消农民、渔民、手工业者等的一切债务,把农民的斗争同反战的斗争联系在一起。许多农村的联合发动不仅增加了取得胜利的可能性,而且在共产党人进行广泛宣传的条件下,成为把农民运动变成为全日本范围的运动的一个最重要手段。

其次,党应当对于农民的大规模抗租、抗债和抗税给予更多的注意。要组织大规模的抗税、抗债和抗租,要使许多农村反对地主警察暴力的联合行动,为农民大规模积极进攻的运动奠定基础。从递交请愿书到大规模地抗税、抗债，到强力夺取土地和庄园的积极斗争和反对君主制的斗争——这就是我们的任务。

此外，在农村地区的主要组织任务是：把在许多地区已经开始的争取建立农民革命委员会的运动，在全国范围内开展起来，使这个委员会成为全体贫农和中农的斗争机构。应当利用农村中的每一次冲突来建立和加强这些委员会。此外，应当为在这些委员会下面建立农民的自卫组织进行宣传鼓动工作。应当在地方组织（"全农"）和农民委员会之间建立紧密的联系，以及建立邻村委员会之间的联系（共同召开会议、互相选派代表，等等）。

在军队中的工作，以及把农村的宣传鼓动、农民发动同士兵发动结合在一起，至今仍然做得很不够。实际上，法西斯分子和军阀正在利用农村出身的大兵的情绪，来为他们的蛊惑行为服务。随着反战斗争的开始，党应当估计到把在士兵中进行宣传鼓动同土地革命的总任务结合起来的重要意义。

5. 我们的主要敌人还是形形色色的社会法西斯主义。共产党应当警惕地注视着社会法西斯主义政策的发展。由于国内阶级斗争的尖锐化，社会法西斯主义必然要玩弄"左"的花招，通过改变资产阶级政府的形式（同时保留资产阶级统治的基础），使群众脱离革命的道路。共产党应当毫不拖延地揭露我们这些敌人的一切花招，采取正确的策略，提出现实的口号，在工人、农民和不剥削雇佣劳动的各小资产阶级阶层中间，进行坚持不懈的、经常性的工作，把它们团结在党的周围，孤立改良主义分子，引导广大群众为建立工农苏维埃政府而斗争。

尤其需要尽一切力量，在社会法西斯主义迄今仍然保持其影响的大企业、军火工厂、海港运输中，在黄色工会和农会中，开展反对社会法西斯主义的斗争。

共产党人应当反对社会法西斯分子使被剥削群众期望通过战争来实

现帝国主义出路（按照社会法西斯主义的术语叫做"社会主义"的出路）的一切企图；应当揭露战争的真正性质和它给日本劳动群众所带来的后果；应当用反对日本资本家和地主，争取迅速改善当前工农不堪忍受的状况，争取实现苏维埃日本同其他解放了的各民族之间的兄弟联盟和经济合作，来对抗社会法西斯分子关于帝国主义前途所进行的宣传。

社会法西斯组织（特别是在左翼劳农大众党的队伍中）一般成员中的动荡不断加强，这一点向我们提出了一项非常急迫的任务，这就是在采取下层统一战线策略和坚决揭露社会法西斯党的全部思想、政策和实践的基础上，把社会法西斯党的工人争取到我们的方面来。

6. 反对法西斯运动的斗争和在退役军人组织及其他反动军事组织中进行革命的工作，也属于我们的最重要任务之列。我们应当坚持不懈地揭露社会法西斯主义所进行的一切蛊惑宣传，如"民族主义"、"社会主义的日本"、"满洲的社会主义"，以及军事组织和反动组织的沙文主义宣传。对于他们为反对革命组织、反对罢工和农民斗争等所采取的任何暴力行动，我们都应当通过动员广大群众和组织自卫来予以粉碎。应当强调我们的一项迫切任务，这就是要在每一个企业、每一个农村建立由工农积极分子组成的自卫队，以便反对军事警察和法西斯的恐怖活动。

7. 在组织工人和失业者方面，党已经开始改变工作的方法。党不仅是在组织少数先进工人方面，而且也在组织最广泛的一般工人群众（不分政治信仰）方面改变着工作的方法。但是，这一转变正在受到以下几个因素的干扰，这就是旧的宗派主义的习惯势力，以及对于按照新的要求提出建立群众性工会任务的害怕，首先是对在在组织群众方面工会的合法存的意义估计不足。

在当前条件下，我们不要使"全共"① 的机构和基层干部在实行隐蔽方面表现出丝毫的松懈。相反，我们应当保持和加强秘密组织和地下的工会机构，以便使它们的干部不受警察的进攻和在工人阶级队伍中进行最广泛的群众工作。这是实现我们各项新任务的一个绝对必需的条件。

当前，在组织和政治方面的新任务是，把受到我们影响并在某种程度上还处于合法地位的各种组织中的广大群众联合在一起。这样的群众组织的形式可以是独立于黄色工会的不同阶级的工会和联合会，可以是在业工人和失业者的委员会，反解雇、反迁移、反兵营式制度的联合会，以及工厂的各种代表会议、文化和体育组织，等等。各种组织形式都应当具有最大限度的灵活性，以保证把在政治水平和阶级觉悟方面有很大差别的各阶层工人从组织上联合在一起。

曼努伊尔斯基同志特别强调了德国、波兰、中国和日本各党的面临的重要任务。日本共产党知道，在反对我们社会主义祖国的世界战争的可怕危险面前，它肩负着一项怎样的任务。

日本共产党还年轻，还不够强大。它在过去犯了许多错误，在它的队伍中存在着各种倾向。可是，现在它已经从那个嗜血成性的君主制政府在最近几年使它蒙受的沉重损失中恢复过来，并走上了迅速布尔什维克化的道路。尽管面前有无数的困难，尽管自己犯过错误，党仍在把帝国主义战争变成为国内战争的口号下，进行着反对战争的革命斗争。我们在这里宣告，我们一定要在共产国际的领导下，把这个口号加以实现。

世界革命的布尔什维主义领袖——共产国际万岁！

（休会）

---

① "全共"——地下的革命工会。

第十六次会议

(9月5日晨)

主席：埃尔科利

讨论库西宁和台尔曼的报告

古特曼（捷克斯洛伐克）：

在哥特瓦尔德同志阐述了我们捷克斯洛伐克党的经验并做出总结之后，我受捷克代表团的委托谈一谈关于德国的情况；同时我要谈一谈无产阶级统一战线的问题，关于这个问题我们捷克斯洛伐克党积累了最多的正面的经验。

台尔曼同志在《国际》上发表的文章中写道：

"如果我们想给德国无产阶级指出一条战胜死敌——法西斯主义的道路，并打开通向社会主义未来的大门，我们要回答的第一个最重要的问题就是：在革命与反革命阶级力量发展的竞赛中，为什么出现了革命发展缓慢的情况呢？

尽管存在着危机，尽管出现了革命的高涨，事实是法西斯反革命力量过去集中的速度，要比革命无产阶级及其领导下的劳动群众的阶级力量的形成快得多。

资产阶级在德国掀起了一股我们至今还没有见过的沙文主义的浪潮。它把最广大的千百万群众对资本主义制度的仇恨转移到只是反对外国金融资本方面去。它使群众离开了反对资产阶级的阶级统治和阶级斗争，而走上只反对凡尔赛，反对法国、波兰、英国和美国的道路。

但是仅仅指出上述这一事实是不够的。我们应当回答：为什么我们没有能够遏止住在自己的革命高峰上却出现了国家社会主义的这一股浪潮呢？"

这的确是一个极其重要的问题，我们应当对它作出明确的回答。我们认为，仅仅用客观困难或"额外"困难是不能彻底说明这一问题的。当然，每个国家都有阻碍无产阶级开展阶级斗争的特殊困难。诚然，在德国也有这样的困难。不言而喻，德国资产阶级企图利用凡尔赛的奴役使群众离开国内的阶级斗争。但德国是战败国，德国的劳动人民群众不仅要养活本国的资产阶级，而且还要向战胜的协约国帝国主义者缴纳巨大贡赋的这个事实，不一定就是无产阶级在开展阶级斗争中的困难。在实行正确政策的情况下，这种状况本身也包含着"补充革命的可能性"，因为军事失败和纳贡者的奴隶地位使德国的阶级矛盾更加尖锐化，为德国共产党把争取社会解放的斗争同民族解放的斗争结合起来提供了可能性。历史教导我们：战败国爆发革命通常要早于战胜国。这也是促使我们在帝国主义战争中采取失败主义的立场并为使本国资产阶级失败而进行斗争的原因之一。只要先锋队执行正确的政策，哪里的人民处于民族的和社会的双重压迫下，哪里就会出现有利于革命运动的局面。我们在到处都可以看到这种情况：凡是存在着被压迫民族的地方（尽管那里的民族资产阶级也企图使群众放弃阶级斗争，而转向对整个统治民族的民族仇恨），例如在喀尔巴阡乌克兰，我们在反对残酷的社会剥削和民族压迫时，就争得了在民族斗争中的领导权；又如在斯洛伐克，我们也正在这样做。如果认为只有武装干涉和法国占领是德国这个强国的无产阶级革命的额外困难，如果同时看不到压在德国人民身上的双重重担也在促进革命斗争的发展，——那么我们奥地利的同志又可以说什么呢，在那里，奥托·鲍威尔日复一日地正在借口意大利、匈牙利和捷克占领的威胁,"证明""革命的不可能";在那里,我们不是应当对这一额外困难的"理论"不作任何让步吗?

我们想以此来说明:在德国掀起沙文主义和民族主义的大浪确实有其客观的原因,但是在这里它绝不是一种自然的需要。

台尔曼同志是对的,他写道:

> "但是,具有决定性意义的还是这样一个问题:无产阶级在我们的领导下提出了关于阶级的问题,充分利用了自己的战斗力量,进行了反对资本主义制度的阶级斗争,可是为什么至今还没有对其他受剥削的千百万贫苦大众产生那样的吸引力,把他们从民族主义和法西斯主义的羁绊下解放出来,把他们吸引到无产阶级阶级斗争的反对资本主义阵线的队伍中来呢?
>
> 对于这个问题的基本回答是:因为无产阶级在某种程度上还没有进行过大的战斗,因为还没有发生过能够吸引这些群众的大规模发动和罢工,所以工人阶级及其革命的先锋队还没有成为一块能够把其他动摇阶层吸引到自己方面来的磁铁,或使他们保持中立。首先是这个原因,然后也由于其他较次要的原因,革命的发展还没有走在法西斯反革命发展的前面。"

是的,如果无产阶级在布吕宁执政的两年内,对资本的进攻给予强有力的和一致的抵抗,那么,仅仅这一个事实就会促使小资产阶级的解体和分化,就会把他们当中的大部分人吸引到无产阶级的方面来,再加上德国共产党在民族问题上和使德国摆脱凡尔赛奴役枷锁问题上所实行的正确政策,就有可能制止沙文主义浪潮的泛滥。这一点是应当说清楚的。

然而,资本的进攻和布吕宁对劳动人民生活水平及其政治权力的空前的侵犯并没有遭到必要的回击。当时,党没有在广泛的战线上开展反对资本进攻的局部战斗和组织广大群众抵抗法西斯专政的活动。

在我们看来,这就是在7月20日这个为建立法西斯专政迈出了决定性一步的日子里，党所表现的软弱无力的主要原因。诚然，在7月20日这一天我们也犯了错误，在我们看来，是机会主义方式的错误，关于这一点在库西宁同志和乌布利希同志的发言中都已经说到了。街头没有人来领导，党没有站出来号召群众进行示威游行，而且在许多企业里，连我们的同志都在等待全德工会联合会的决定，没有打算独立地组织政治罢工。不过，7月20日我们失败的主要原因是下面的这一事实，即在布吕宁执政的年代里，我们未能借助于反对资本进攻的多次局部战斗来争得广大工人群众，特别是社会民主党工人的信任和为建立无产阶级的下层统一战线打下基础。

在解释没有对资本的进攻和法西斯主义组织大规模抵抗的原因时，同志们通常指出以下三点：没有开展局部性的经济斗争，我们党在企业中的弱小和我们工会工作的软弱无力。

虽然这三条原因是对的，但它们并没有彻底说清楚，因为还存在这样的问题：为什么我们不能或多或少地在广大范围内发动局部性的经济斗争？为什么我们工会的工作如此软弱无力？为什么我们在企业中的工作如此糟糕？

据我们看来，问题的关键是要正确地、广泛地和有效地执行下层统一战线的策略。在德国，社会民主党过去和现在都是资本统治的主要支柱。要进行革命，我们就要争取工人阶级的大多数。社会民主党却妨碍我们这样做。它仍然对无产阶级的大多数发生影响并阻止他们进行反法西斯主义和反资本的斗争。为了完成我们主要的战略任务，即争取工人阶级的大多数，我们一定要粉碎社会民主党，应当把它作为我们"打击的重点"。但是库西宁同志完全正确地指出，我们应当这样来进行这个主要的打击，这就是争取社会民主党的工人。因为社会民主党的失败和资本统治的这个主要支柱的被破坏，是与争取社会民主党工人参加反对资本的斗争和转到无产阶级革命方面来相一致的。统一战线就是争取社会民主党工人的手段。我们认为，在这方面德国共产党是有许多错误和缺点的。

众所周知，第五次代表大会指出：统一战线的策略目标是动员群众、争取他们到共产主义方面来。方法就是在革命先锋队同主要受到改良主义影响的落后工人之间实现战斗的统一，这一点在提纲中和库西宁同志的报告中都已经讲到。两个联盟者为实现他们的共同要求而进行的反对资本进攻，反对法西斯主义和资产阶级恐怖，反对帝国主义战争的联合斗争，就是这个联盟的实质。联盟的一方——共产党坚信，只有通过暴力推翻资本主义，才能够消灭贫困、压迫和战争；另一方，即落后的工人还不相信这一点，现在他们还只是为了争得自己的部分要求而斗争。但是，由于在战后全面危机的过程中，特别是目前在资本主义稳定结束的时期，资本主义已经达到了不能养活它所雇佣的奴隶，甚至连最起码的生活条件都不能维持的地步，一切争取粮食和工作的严正斗争都会遇到资本主义的极其有限的条件。因此，在共产党人执行正确政策的情况下，所进行的共同斗争使落后的工人确信，正如第三次代表大会所指出的，只有资本主义制度的灭亡，才能使工人得到生存。既然作为资产阶级代理人的社会法西斯主义的领袖们认为，自己的主要任务是维护资本主义制度，"医治"它的不治之症，那么他们就不仅要反对劳动人民的最终目的，而且也反对他们争取部分要求的斗争。他们必定要拒绝为工人提供粮食和工作，必定要扼杀工人为争取粮食和工作的斗争，因为这种斗争动摇着资本主义制度的基础。这就是说，在执行正确政策的情况下，在争取日常要求的战斗时期，共同斗争就会揭穿社会法西斯主义领袖们的敌对立场，并使改良主义工人脱离他们。我要着重指出，在共产党人执行正确政策的情况下，如果认为，改良主义工人没有我们的任何参与会自动地提高阶级自觉性，那就太天真了。没有共产党人在统一战线队伍中进行坚持不懈、始终如一的领导工作，就不会有共同的斗争。共产党员们应当建立统一战线，每个共产党员都应当坚信自己在工人阶级队伍中的领导作用，但这种领导不是靠说大话，而是靠取得群众的信任，靠在群众中进行工作而实现的。

从以上所述中应当得出一系列的策略原则，这些原则在发给我们的提纲中被出色地提了出来。

1. 绝不能在事先把承认我们的领导，作为同党外工人采取共同行动的先决条件。共同斗争中的领导权应当靠主动精神、勇于牺牲、英勇无畏、始终一贯的作风，总之，靠最有效地捍卫斗争者的利益去争取。

2. 也不能把群众彻底脱离他们的领袖作为共同斗争的先决条件，应当使群众根据在共同斗争中所取得的经验，根据他们的领袖对这一斗争的态度，确信这种脱离的必要性。

3. 应当只提出群众所支持，并借以准备进行斗争的口号、要求和斗争手段，作为统一战线斗争的口号和手段，这些口号和手段使我们有可能在斗争的过程中把群众的思想觉悟和斗争提到一个更高的水平上。

4. 绝不能从上面来发布共同斗争的口号、要求和手段，而应当根据无产阶级民主制的原则，在群众中讨论通过。

5. 对于社会法西斯分子所玩弄的花招，不仅应当用我们的原则性方针，而且还要用对抗的手段给予反击。应当通过提出实际性的建议。迫使社会法西斯分子自己揭露自己言行的欺骗性。发挥我们能够洞察这些花招的主动精神，向群众明确地提出问题，是反对社会法西斯主义花招最好的方法。

我想通过下面几个例子来说明，在德国共产党的实践中有不少违背这些规则的情况。

1. 经常把社会民主党工人承认共产党的领导，作为统一战线和群众斗争的先决条件。在今年4月以前的德国共产党的资料、呼吁书、通告和报纸中能够找到几十个这样的例子。下面是特别工作队报告中所讲的有关这个问题的一些情况：

"不顾各种情况的差别，部分同志得出了同样一个结论：群众不愿意斗争。这种右倾机会主义情绪的出现是由于在近一年半以来，工厂的小组对困难采取了右倾机会主义的投降立场，没有能够在这些企业中组织好胜利的罢工，尽管某些工人的工资、承包工资额和超工资额降低了25%至35%，尽管劳动条件也恶化了，等等。"

这个工作报告举出了许多例子。结论是这样的：

"工作队认为，在共产党工人同社会民主党工人之间存在着隔阂。工作队所得到的消息提供了一个有趣的资料，说明在部分工作人员和革命工会反对派成员中占主要地位的情绪，即认为同这些'野蛮人'（即德国社会党党员——杜伊斯堡港）进行辩论是没有任何意义的。在措尔费列伊纳矿场里，我们工作队看不到与社会民主党工人进行接触的任何事例。对于'你们同社会民主党工人进行辩论吗？'的问题，我们的同志这样回答：'没有，我们不了解他们。'因此，我们的同志经常做出这样的结论：同跟着国家社会主义分子走的工人交谈，要比同社会民主党的工人交谈容易一些，因为社会民主党工人有多年的组织传统，几十年来，他们都通过共同的活动同整个党及其领袖们保持着联系。至于改良主义的工作人员，特别是工厂工会委员会的成员，则听到对他们的反应是'小画片上的布吕宁'（杜伊斯堡港）或'非常法令宠爱下的工厂工会委员会委员'（柏林）。

在企业的日常工作中也可以感觉到这种疏远的情况。譬如，在'萨克森'矿场（鲁尔地区）有一名工人被解雇。工作队的一名成员问工厂工会委员会的革命委员，要采取什么办法来反对解雇。他得到回答是：'没有什么办法，要知道，被解雇的人不是革命工会反对派的成员。'"

其次，工作队还说：

"绝不应当认为，这些以及类似的事实都是个别的，或偶然发生的。在我们调查的企业里，统一战线的策略并没有被看做是同其他组织的工人和基层工作人员相接近，并为实现一定要求而进行斗争的手段（而为了吸引群众参加斗争，允许对他们作出各种让步）。而在实际上，统一战线所指靠的是那一部分有阶级觉悟的工人，因为它只有在无条件地承认我们的领导和我们那些主要的、往往是策略性的口号的条件下，才能被认为是建立起来。罢工准备斗争委员会是机械地、在狭小范围内组成的，不是真正统一战线的机构。在所有的工作报告中都指出了这一点。"

工作队就是这样谈的。

我不仅相信工作队的话，而且应当说，在阅读德国报纸时我还发现了许多这样的例子。我现在就举出其中的几个来。

1931年12月，德国旗帜党和反法西斯斗争同盟的代表们在策林多尔弗共同通过决议并组织了统一战线委员会。用他们自己的话来说，该委员会的任务如下：

"第一，保卫工人组织的一切机构（如消费合作社，工人们时常往来的地方等等）；第二，捍卫无产者的一切行动；第三，保卫所有受法西斯主义危险威胁的无产者。"

于是，德国共产党柏林—勃兰登堡西南分区委员会在《红旗》杂志上一篇冗长的呼吁书中，对这一事实作出了反应。关于这一点它说了什么呢？它欢迎工人的联合，并且指出：

"然而遗憾的是，在决议中没有提到反对资本主义剥削和法西斯主义的斗争任务，只规定了为防止国家社会主义分子恐怖活动而进行自卫的技术措施（！）。"

要知道这是不对的！虽然当时工人的觉悟还没有达到我们所期望的程度，但是，他们联合起来在街头对法西斯分子实行自卫这是个政治的事实，而不是技术的事实。

在呼吁书中还谈道：

"在当前，反对法西斯主义斗争的最主要任务，是为反对代表当前法西斯统治形式的布吕宁和普鲁士政府的非常法令专政而斗争。"

情况就是这样。这一切都应当由社会民主党工人在共同斗争的过程中，根据他们自身的经验来证实，而不是提出以承认这些事实作为共同行动的条件。分区委员会领导在呼吁书的结尾是这样说的：

"统一战线只有在实现工人阶级要求（它不可避免地要反对资产阶级的支柱——社会民主党和工会官僚）的基础上才能建立。因此，只有在工人阶级政党——德国共产党的领导下，才能建立红色的统一战线并引导它进行胜利的斗争。"

这本身是正确的。然而绝不能把承认这个事实变成为共同行动的条件。不能以此去争取社会民主党工人的基本群众，这些人之所以是社会民主党工人，就因为他们还不承认这一事实。通过这种途径只能争取少数有觉悟的、从思想上已同过去的领袖断绝关系的、较好的工人。不过，我要再说一遍，这样的人是不多的。

2. 在选择斗争的要求、口号和手段时，往往不考虑广大群众阶级觉悟所达到的程度。

在佩列沃兹尼科夫同志关于鲁尔地区矿工运动教训的一篇论文中，对上述问题提供了极有教益的材料。这篇论文发表在《共产国际》杂志上，它对一月罢工的准备工作做了以下的总评价：

"组织鲁尔地区一月运动的方针是不明确的。这表现在群众政治罢工的口号没有同局部经济要求的纲领相联系，因而每个单个工厂都没有战斗的纲领……"

曾有一段时间，在选择斗争手段时，摈弃了把有一定期限的规模不大的示威性罢工作为准备经济斗争的手段。党提出了罢工的口号。某个企业的工人认为举行这种罢工为时过早，但却同意举行示威性的罢工。

当我们的同志谈到这一点并建议举行一次有一定期限的示威性罢工作为尝试时,被叫作机会主义。

下面是一月运动中埃森市克鲁伯工厂斗争的一个类似的例子:

"1931年12月30日召开了由共产党分区委员会代表出席的最后一次会议,会上听取了有关准备工作情况的报告并制定了今后的策略。'一个工厂的代表',德国金属工业工人联合会的会员(既不是党员,也不是革命工会反对派的成员,却在高炉车间的工人中享有很大的威望)第一个发言并从技术的原因出发,提议在1月4日举行罢工,因为在这一天最好的班组全都开始上工(21名革命工会反对派的成员),而在2日开始工作的班组中,国家社会主义分子占了多数。工厂管理处玩弄了狡猾的策略花招,指定1月2日为换班日。所有报刊也都指出这一天宣布为罢工日。在工厂代表发言后,分区委员会的代表参加了讨论,他逐字逐句地宣布说:'中央领导指定在1月2日举行罢工,无论如何也要遵守这个日期。所有持不同意见的人都要从革命工会反对派中清除出去。'

就这样罢工被指定在2日了。当时组织好了工人纠察队,可是国社党班组的工人爬过围墙上班了。当工厂管理处以解雇来威吓工人时,罢工阵线就崩溃了,最后所有工人都复了工。"

曾经提出过像"消灭改良主义工会!"这样真正吓人的口号。

每个人都看得清楚,这个错误的口号使我们同社会民主党工人更加疏远,加深了我们同改良主义工人之间的鸿沟,从而巩固了社会法西斯主义领袖们的影响。可是这个口号在一段时间内仍然出现在我们的报刊和正式文件上,直到中央委员会把它进行了纠正。

最后,社会法西斯分子玩弄的花招往往不能遇到十分迅速和勇敢的回击。我只举出一个例子,可能是很重要的例子:我指的是钢铁战线。在很长的时间内,人们都对它采取鄙视的态度,甚至简单地宣布它是社会民主党的一种选举手腕。其实它不仅是一种选举的手腕,它是一种阻止工人进行反对资本和反对准备法西斯专政(是在把民主的和金融资本法西斯的专政形式加以比较的基础上）的企图，是一种阻挠建立无产阶级统一战线的企图。如果我们在半年以前运用了我们在四月底发表的呼吁书中所宣布的策略，我们就会对这种手腕加以警惕。如果我们不是对钢铁战线采取鄙视的态度，而是更早地运用了最广泛的下层统一战线的策略，使工人群众把我们看做是反对法西斯主义共同斗争的唯一的拥护者，那我们就一定能够阻止社会法西斯分子们精心策划的这种手腕的施展。

由于存在着所有这些缺点和弱点，我们在一个相当长的时期内——大概一直到反法西斯运动开始以前——在红色统一战线队伍中总地说来是孤单的。这个统一战线只是由共产党人，他们最接近的拥护者革命工会反对派成员和某些在整个路线上已经同自己的领袖断绝了关系并具有阶级觉悟的社会民主党工人所组成。在我们同社会民主党工人、基督教工人的基本群众之间仍然存在着鸿沟。

实际上，这表明了我们没有能力发动比较大规模的经济战斗，表明了我们在企业中和工会中工作的软弱无力。改良主义工会中工作的弱点也是由以下情况引起的，即有时党团的工作在改良主义工会中失去了任何前途。正确地拒绝"逼迫工会官僚进行斗争"的口号（它被解释为放弃对经济战斗独立领导的叛徒行为）有时被说成是改良主义工会或合作社中的不满的成员无权向管理处或组委会等提出要求。关于不能争取反动工会和合作社机构（它们是同资产阶级机构紧密结合在一起的）这一正确论断，也被狭隘地说成是不能争取基层的班组和领导，虽然通过动员它们的成员为争取每一个选任职务而斗争，是完全可以做到这一点的。

由此看来，我们在改良主义工会中的党团工作和反对派小组的工作是没有希望的。它们还有什么可做的呢？给领导提出这样或那样的建议——被宣布是"机会主义"。不能争取班组和选任的职务，早已被认为是定论。党团工作的内容是什么呢？进行分化瓦解工作，给我们的报纸寄送工作报告，对于争取改良主义工人来说是很不够的。昨天，皮亚特尼茨基同志已经详细地、正确地指出了这一点。

应当指出，在最近一个时期，德国共产党在克服这个弱点方面是取得了成绩的。特别是中央委员会4月26日的呼吁书是有一些转变的。可以这样说，这份呼吁书是在当前形势下应当如何同群众交谈的一个范例。

当然在基层组织中出现了产生机会主义错误的危险性。有时，我们的组织满足于给钢铁战线的基层组织写公开信，建议采取共同行动，而没有事先通过坚持不懈的基层工作来动员群众。是结束写这种机会主义信件的时候了，中央委员会在1932年6月的通知中就是这样做的。同时应当指出下面的一点：

在柏林，区委会正式号召社会民主党组织举行大规模的联合示威游行。这是在没有经过对下层群众的应有动员而作出的，因此我们认为是一个错误。可是通知对于这一错误是怎样批评的呢？

"号召德国社会党和钢铁战线其他改良主义群众组织举行联合的示威游行（像在柏林所作的那样）是一种战略措施，它是以过高估计社会民主党工人的革命成熟程度和过低估计我们党进行独立发动的力量为基础的。"

不是说，我们没有很好地准备示威游行，而是说，"社会民主党工人还不成熟，我们可以不要他们参加而进行斗争。"在目前形势下，社会民主党工人已经完全成熟到举行联合的示威游行了，只是应当正确地对待他们。而如果说社会民主党工人还未成熟到同我们举行联合示威游行，那么一个月之后，又怎么能够号召他们直接参加总罢工呢？是否可以说，一个月以前他们没有成熟到举行示威游行的程度呢？不能，不应当得出这样的结论，好像我们应当在没有改良主义工人的参加下单独地进行斗争，而应当说：我们应当更好地实行下层统一战线的策略，以争取社会民主党工人。与此不同，在通知信中明确地、毫不含糊地说道："党声明：领导机关关于德国社会党和德国共产党举行发动和联合示威游行的协议是不能允许的。"

最好是说明，在怎样的条件下（由下层进行准备）才允许举行联合示威游行，应当怎样进行准备，同时应当怎样揭露社会法西斯主义的领袖，而不是发布一个笼统的，在目前情况下不正确的关于举行联合示威游行的禁令。

在通知信中还谈道："也不允许与德国社会党、社会主义工人党和独立社会民主党党员召开对统一战线问题进行辩论的联合会议。"

按照我们的意见，在现有条件下我们应当对与社会民主党工人往来和进行讨论的任何机会都感到高兴。我们应当欢迎在分隔我们的墙上所出现的每一个裂痕。我们不怕同社会民主党人进行公开的辩论，我们欢迎这样做，只要我们采取正确的行动，我们就永远是胜利者，因为只有我们才捍卫工人的利益，而社会法西斯分子是背叛工人利益的。我们应当注意，同社会民主党工人交换有关统一战线方面的意见并不是抽象的。我们应当使这种交谈充满具体的内容，提出具体的战斗措施。要把这一点对我们的同志解释清楚，以应有的认识来武装他们，以便使这些共同辩论有利于无产阶级的斗争并充满具体的内容、战斗的激情，而不是要禁止它。

如果我们以在采取统一战线策略方面的错误和缺点为例，来批评我们的德国兄弟党，那么，这种批评只能认为是兄弟式的建议。我们还认为，在这个重要的时刻，整个共产国际应当全力帮助德国共产党及其领导，并给予它支持。

党还面临着在更大范围内组织局部性战斗，同时尽快地把这些战斗变成反对法西斯专政的大规模的经济战斗和政治战斗的任务，而在政治罢工，甚至总罢工直接提上议事日程的当前形势下，党还没有展开具有重大意义的经济战斗,这就使得德国的情况变得复杂了。

例如在捷克斯洛伐克的危机出现较晚,这就使我们有可能使我们的斗争逐步地发展到一定阶段。1930年9月,我们遵照共产国际的建议并在这里举行了会议之后,竭尽全力地把争取最微小的日常要求的斗争同群众紧密地联系起来。通过顽强的、耐心的革命工作,我们基本上达到了这个目的。同时,在我们领导下,群众开始了第一次抵抗资本的进攻。这种抵抗最初是分散的;开始的时候,事情的发展提供了第一批例子,后来我们把这些例子进行了大规模地推广。1931年秋天,在我们中央委员会的第三次全体会议上,我们吸取了这个时期的教训,更加认真地研究和总结了动员群众举行罢工的方法。在中央委员会的第三次与第四次全会的间隔期间,对资本进攻的抵抗带有了更加广泛的性质。几乎到处都有工人实行自卫;但在战线的主要区段,在企业中,最初的战斗仍具有零星罢工的分散性质,诸如抗议罢工,在工厂里和工厂门口的示威游行和派遣群众代表团,等等。同时,在克尔巴阡的乌克兰境内,失业者和小农的斗争已经更广泛地展开了。我们在企业中开始对企业主的进攻展开了小规模的战争。

1932年3月,在我们党中央委员会的第四次全会上,我们曾说过:第一,在目前情况下,在企业中进行小规模的战争已经不够了。为了顺利地抵抗资本的进攻,并以此取得工人的信任,我们应当转到组织大规模的经济战斗上来。第二,企业中的小规模战争同时为完成这个任务创造了先决条件,因此,我们把过渡到更大规模的经济战斗作为党的任务提了出来。实际上,在中央委员会第四次全会以后,在布吕克斯、俄斯特拉发和克拉德诺的矿工罢工中,在布尔诺的纺织工人罢工中,在北波希米亚、布德维伊斯和布尔诺的建筑工人罢工中,以及在斯洛伐克农业工人的罢工中,我们已经实现了这一过渡。在我们动身前来不久就召开的我们党中央委员会第五次全会上,我们通过这样的方法提出了新的任务。除了进一步扩大经济斗争（它在我国仍然是动员群众的主要方法）外，必须引导群众在政治领域去执行统一战线的路线。目前的形势特别迫切地要求我们提出的正是这个任务。在德国事件（它们在我国得到了广泛的响应）的影响下，以及在法西斯的危险日益给我国造成威胁的情况下，社会民主党工人和无党派工人不仅给自己提出：应当怎样维护自己的工资，应当怎样得到失业救济金的问题，他们还要问自己：我们往哪里去？这是个摆脱危机的出路问题。统一战线的策略和无产阶级战斗统一的问题在这种形势下具有极大的意义。我们把这个问题提上了我们行动的中心位置，并且取得了非常好的结果。

德国同志们所处的地位要比我们困难得多。他们现在没有我们当时那么多的时间，而要一下子提出我们当时，也就是说，在发展的各个阶段上提出过的所有任务。这并不意味着，在德国可以越过经济斗争的阶段。没有经济斗争的广泛开展，没有经济斗争与已经提到日程上的更高级斗争形式的结合，党就不能前进。曼努伊尔斯基同志是完全正确的，他强调：为实现群众迫切的经济要求而进行坚持不懈的斗争，是革命斗争的一个最重要的推动力。另一方面，形势完全有利于在德国最广泛地实行统一战线的策略。"小害论"遭到了可怜的破产。社会民主党的工人群众正处在极大的动荡中。选举表明，工人群众对德国共产党的信任正在与日俱增。我们认为，如果现在德国共产党开始大胆地实行无产阶级统一战线的策略，并开展反对法西斯主义、反对饥饿和帝国主义战争的斗争，那么，在同群众的联合斗争中，德国共产党就一定能够把德国无产阶级的大多数人争取到无产阶级革命方面来，从而在欧洲迈出决定性的一步，使无产阶级革命在资本主义稳定结束后很快到来。

弥勒（瑞士）：

我们党中央表示同意的一个决议，实际上是为反对共产国际而制定纲领的一种企图。当时有一种意见认为,中央委员会应当承担过失的一部分责任。因此我认为,有责任就这个问题谈一点看法。

对于以下问题的答复具有决定性的意义:中央委员会是怎样对待这个决议的?党的领导认为它具有怎样的意义?这个决议的意义是怎样向中央委员同志们说明的?

应当说对这个决议没有进行应有的解释,没有对它的全部意义作出正确的说明,这一点起了决定性的作用。因此我认为,中央委员会不承担任何责任,全部责任只能由书记处成员,首先是由安贝尔-德罗同志来承担。

两年前,我们党的叛徒和机会主义分子提出了一条机会主义理论,说瑞士是一个"历史特殊"的和高工资的国家。去年,在瑞士这个被叛徒和机会主义分子描绘成天堂的国家里,危机也加深了。现在,已经有6万多工人找不到任何工作,而跑到职业介绍所去"登记"。然而,这种"历史特殊"论在我们党内还没有完全根除。瑞士党的一些领导同志认为,机会主义所以在瑞士根深蒂固,是因为瑞士不像其他国家那样出现过强烈的经济动荡。虽然,这是个最严重的错误,由于在十年当中机会主义在党内占了绝对的领导地位,这一错误对党就更加危险。当然,无可置辩的是,瑞士同处在革命危机前夜的国家不同,它提出的任务也应当是不同的。然而,不言而喻,无论在瑞士,还是在其他国家,任务的解决绝不应当带有机会主义的性质。

正因为如此,我要毫不动摇地指出,我们中央委员会绝没有反对共产国际的目的,相反,我们党从第十一届全会以来就努力执行共产国际的各项决议。尽管我们党有自己的严重缺点和不足,但是在共产国际的帮助下还是取得了成就。在这期间,瑞士进行过三次选举,我们党在一些地区取得了相当大的成绩。在各工业区,我们党证明了它同样能够领导经济的战斗。当社会民主党在"反对任何降低工资"的口号下进入选举斗争时，我们已经准备好在很多企业和某些生产部门开展经济的战斗。在罢工期间，我们正确地运用了统一战线的策略，——不只是在罢工以前，还在更早的时候，即提上日程的还是不太重要的问题的时候。例如，我们在一个想要解雇几个工人的制革工业的大企业里，就采取了统一战线的策略。党员同志和其他工人把全厂工人动员起来，及时防止了对工人的解雇。这个行动表明，工人的觉悟提高了，战斗力增强了。我们运用统一战线的策略，不仅动员了这个企业的工人，而且还动员了这一地区的所有居民，连社会民主党都没能破坏这次罢工。

除此以外，我们还举行了几次大罢工，罢工表明共产国际执行委员会第十一次全会的决议是被正确地执行了。我要强调，通过这种方式，我们成功地动员了苏黎世的工人，使得资产阶级和社会民主党陷入了措手不及。我们在这个工业区的最后一次发动时期，正确地运用了统一战线的策略，不仅把一个生产部门的工人，而且把苏黎世的大部分劳动居民都吸引到斗争中来了。

通过这些斗争我们看到，工人已准备好同那些企图用暴力阻挠罢工的社会法西斯分子展开斗争。这表明，瑞士共产党也在努力实现第十一次全会的决议，中央委员会完全支持共产国际并实现其决议。

出现了这样一个问题：瑞士党中央委员会是否能避免再次出现由于安贝尔-德罗同志的发言而形成的那种情况？我想，我可以肯定地回答这个问题。一些党员在领导了苏黎世的罢工和斗争（在那里工人同警察在街上搏斗了四个小时）以后懂得了，不仅应当同警察斗争和在企业中进行工作，同时应当对那些想攻击党和共产国际路线的同志保持高度的警惕。我可以肯定地说，同志们将克服自己的自由主义，今后书记处的同志们也将实行更加严格的监督。

例如，我们在日内瓦看到，共产党的报刊在一定程度上也受到像日内瓦社会民主党组织的领袖、一位最大的蛊惑煽动家的欢迎，还看到反对"左派"社会民主党人的斗争进行的不正确，软弱无力。然而，正是在这方面我们能够进行斗争，能够进行揭露的工作，只要我们在企业中和工会中真正地把斗争抓起来。在叛徒势力十分强大的沙夫豪森出现了类似的情况。我们在那里的企业中有一些基础，但是党的活动主要是通过会议进行，也就是说，在对于叛徒最合适的地方来进行。今后我们面临的任务是，在企业和工会中开展工作，从而使我们党能够在无产阶级面前充分地揭露叛徒，重新把工人争取到自己的方面来。

在巴塞尔有我们最大的一个支部。在这里，我们有一份拥有4000多订户的报纸和有3000多名会员的红色工会，可是，有一次仅有200名工人参加游行示威。在巴塞尔我们看到了十分消极的状态，而且正是在这里我们中央委员会所通过的机会主义决议，再次助长了那些坚持机会主义观点的一些右派分子的行动。

鉴于中央委员会在安贝尔-德罗同志领导下所犯的严重错误，应当在党员中进行大量的思想工作并大大加强他们反对各种倾向的能力。对此负有责任的同志，首先是安贝尔-德罗同志，应当毫无保留地承认自己的错误，并帮助党彻底粉碎关于建立反对共产国际路线的行动纲领的企图。我相信，中央委员会的委员们一定会说：同志们承认自己的错误就好了。他们同时也会声明，今后他们要更加警惕，绝不再犯这样的错误，以便使瑞士共产党也成为在党的一切组织中，在党的一切工作方面都贯彻执行共产国际路线的党。

冈萨雷斯（墨西哥）：

我想举出几个事实，并就有关墨西哥群众的斗争和我们党在组织和领导这一斗争方面的工作谈一点意见。

但是首先我要指出，我完全同意阿尔托贝利同志关于在提纲草稿中和某些报告人的讲话中对南美洲和加勒比海国家估计过低的全部意见。

我认为，当我们指出了资本主义相对稳定的结束时，如果我们不从世界经济危机加剧和世界资本主义与帝国主义体系的一切矛盾尖锐化的观点出发，考虑到南美洲和加勒比海国家的客观作用，如果不同时考虑到这些国家中共产主义运动的作用和任务，那么，我们就不可能严肃地提出关于共产国际总任务的问题。

我还认为，如果不考虑到南美洲和加勒比海国家在帝国主义战争问题上所起的作用和我们各党在反战斗争中的任务，那就不可能严肃地提出关于帝国主义战争的问题。

如果可能的话，我还要就议事日程的第三点，关于帝国主义战争的问题发表一些意见，因为对加勒比海国家，包括墨西哥在内，我有许多重要的考虑。

在政治提纲草稿中有一段谈到，工人、农民、小资产阶级的革命群众斗争登上了舞台，代替了传统的军事政变。这种说法可能会得出不正确的结论。可能认为，现在一切革命的群众斗争都带有独立斗争的性质。同时，群众运动一般地仍像从前一样被地主资产阶级集团用来进行他们之间的斗争，也被用来进行那种首先是而且几乎永远是表现为英帝国主义和北美帝国主义利益矛盾的斗争。之所以会出现这种情况，是因为至今我们还没有强大的共产党，能够把群众的自发运动转变为争取工农迫切要求的独立斗争，并以此为基础带领工农走上反封建和反帝国主义的土地革命的道路。

在萨尔瓦多举行的那次有4万多名劳动人民参加的起义被镇压下去了。毫无疑问，这次起义是在共产党领导下，采取了较高级形式进行独立斗争的范例。然而，由于在这次斗争的领导方面犯了严重的错误，使这次斗争表明了，没有强大的共产党，我们就不能够利用这些国家的有利形势和群众的自发运动。

正是在目前，当本次全会关于资本主义稳定的结束这一主要论点的具体化问题被提到我们面前，当必须指出南美洲和加勒比海国家局势发展的前景和确定我们各党的任务时，这些事实就有必要特别着重地指出来。所以，我想提请全会注意共产国际在南美洲和加勒比海国家的工作的弱点，必须坚决加强我们运动的这一薄弱环节。

在谈到目前我们加勒比海各国党的发展条件时，我只想说，从第十一次全会直至今日，墨西哥、古巴和洪都拉斯共产党的人数增加了两倍。在哥斯达黎加和委内瑞拉新成立了两个共产党。毋庸置疑，这是一个不大的成就。但是，为了正确评价这些成就，必须考虑到共产党在这些国家工作的条件。例如必须记住，在萨尔瓦多一月起义后，有8000至10000名劳动人民被杀害，萨尔瓦多的小小的共产党和革命工会经过了两三个星期的迫害和大规模屠杀，也从肉体上被消灭了。还必须考虑到古巴共产党的工作条件和委内瑞拉的戒严、恐怖活动及刑讯的制度。

我认为，除了具有整个大陆意义的萨尔瓦多起义外，还有加勒比海地区各国从一月至今所发生的许多重大的罢工、失业者运动、农民和印第安人的示威游行和起义，等等。我只指出在古巴发生的15000名烟草工人的罢工（这次罢工被改良主义者出卖了），在洪都拉斯的香蕉种植地区有16000多名工人参加的罢工，在哥斯达黎加的圣何塞城有4000名失业工人的示威游行。这些运动对加勒比海地区的小国家来说，具有重大的意义。

在谈到墨西哥之前，我要提出一个一般社会政治问题，即关于南美和加勒比海地区国家的法西斯主义和社会法西斯主义的问题。不久前，南美洲和美洲书记处批评我们这些党使用像"法西斯制度"、"法西斯政府"等词句。书记处认为，法西斯主义是先进国家中金融资本专政的一种形式，尽管半殖民地国家的资产阶级—地主专政常常采用法西斯的管理方法，但不能把它们同法西斯专政混为一谈。它批评得对。然而，我们这些党的错误就在于，把对法西斯主义的一般认识机械地应用到了半殖民地国家,这一错误之所以能够出现,是由于第十一次全会没有一个针对我国提出的相适应的和充分具体的提纲,同时也由于全会文件中的某些提法遭到了不正确的解释。

我认为,必须使我们对殖民地和半殖民地国家中的政治反动及其对先进国家中法西斯专政的关系有一个正确的认识。

书记处最近的指示对于这一点提供了一个准确的概念。但是,问题还有另一个方面,也必须解释清楚。我们可以说南美洲和加勒比海地区国家的社会法西斯主义吗?对阿根廷这个有强大的社会党和改良主义工会组织的国家,对墨西哥这个有工党,有墨西哥地区工人联合会和其他改良主义工会组织的国家,我们可以说社会法西斯主义吗?我认为,这些组织在这里所起的作用同社会民主党和改良主义工会在欧洲所起的作用是一样的,它们唯一的区别是,后者是在先进国家里进行活动,它们有自己的金融资本;而前者则是在外国帝国主义资本占统治地位的半殖民地国家中进行活动的。这个问题对于我们这些党的日常工作具有很大的实践意义,如果能帮助我们解决了这个问题那就太好了。

至于墨西哥的形势,我不想提供关于危机的详细情况,只举出几个基本的数字。世界市场上原料价格的降低和北美合众国的关税税率严重地影响了以农产品和矿物原料出口为基础的国家的经济。出口额从1929—1931年,由59000万比索减少到35400万比索,两年内减少了23600万比索。1931年政府预算为29900万比索,有8000万比索的赤字。1932年的预算减少了20%,而且在今年的头6个月中,已经出现了5000万比索的赤字。我不打算详细谈危机给工人阶级、农民和一般无产的居民群众所带来的后果。奥尔蒂斯·鲁维奥的资产阶级地主政府受帝国主义(首先是北美帝国主义)资本的影响,它的摆脱危机的计划同所有类似政府的计划是一致的:降低工资、大批的失业、增加赋税的重担,等等。在墨西哥没有可以相信的统计材料。根据我们的计算,在工业、农业工人及职员中至少有100万失业者。根据美国劳动部的资料，截止到1931年底，有160万人（男人、女人和儿童）从美国迁移到了墨西哥。

在1930、1931年两年中，在各个不同的工业部门，在庄园和种植园中发生了多起罢工、失业者的运动、印第安人部族的起义、农民抗税和占领土地的斗争等。在从1月到现在的这一时期内，罢工运动开始深入到了大企业和帝国主义分子开办的企业中。联邦地区电话职员的罢工、由3000多人参加的电车工人的罢工、南太平洋铁路工人的总罢工是具有重大意义的罢工。这三次罢工都是反对裁减工人，反对降低工资和反对劳动条件普遍恶化的。政府利用联邦劳动法和调解的仲裁法庭，在各种改良主义组织直接或间接的支持下，镇压了这几次起义。在墨西哥，问题已经不是改良主义者是否领导罢工了。他们是在领导罢工，不过并不能制止罢工的发展，而结果几乎总是和我们在那三次罢工中看到的，和我刚才说过的结果相同的。

然而，重要的是应说明，为什么试图坚决干预这些罢工的共产党和统一劳动联盟没有能粉碎改良主义者、企业家和警察局的统一战线，为什么没有能在排除改良主义领导的同时对斗争进行独立的领导呢？我们落后的原因是复杂的。仅仅用我们党地下工作的条件和遭到镇压来解释我们落后的原因是不正确的。在电车工人罢工期间，当工人们在统一战线罢工委员会（由普通工人组成的）的帮助下，按照我们组织下层斗争的号召开始行动的时候，改良主义的领导人却把共产党和统一劳动联盟的鼓动员出卖给了警察局。警察局向首都联合工会的办事处发起了攻击，逮捕了200名党员和革命工会的成员；50人被发配到玛丽亚列岛去服苦役，6名外国同志被驱逐去欧洲。

这就是我们工作的条件。

然而事实证明，尽管这样，我们仍有不顾改良主义领导人的愿望而争取群众的可能。五月一日那天，坦皮科革命工会组织和共产党在力量极为弱小的情况下，通过统一战线委员会的帮助，仍然动员了约4000名工人，其中绝大多数是改良主义工会的成员。在首都，约有400名工人从改良主义民主制的拥护者转变成为革命民主制的拥护者。参加五月一日革命示威游行的共有18000人。

在领导罢工斗争和其他群众运动方面，我们落后的原因是什么呢？第一，犯了严重的政治错误，党内旧的机会主义路线是它产生的根源。其中一些错误已受到批评，并在我们的一月代表会议上得到了纠正。其他错误最近也受到了南美洲和中美洲书记处的批评。在这里重复对这些错误的批评要占用很多时间，对全会并没有什么意思。我只是说，我们在"劳动法"（它是政府手中破坏罢工的"合法"武器）问题上的错误观点，削弱了我们反对这个法律，反对执行这个法律的仲裁法庭，反对改良主义领导人和争取独立领导罢工的斗争。

对这一点还应当补充说，党和革命工会无论在主要的工业部门，还是在庄园和种植园都没有扎下根，因此也就缺少同工人阶级中那些起决定作用的阶层建立联系，而在大多数情况下，根本不在改良主义工会中开展工作，错误地理解下层统一战线的策略，而且不执行这一策略。最后一点是，我们没有在广大群众面前揭露改良主义者、政府和国民革命党的"左"的花招。

改良主义者在口头上组织反对"联邦劳动法"的"斗争"，而实际上却帮助政府执行这项法律。在电话职员罢工的时候，他们提出了总罢工的口号，但同时却将争端交给强制仲裁法庭去解决。为了掩饰自己一向背叛工人阶级的行为，这些首领们经常谈论关于资本主义的灭亡以及为社会主义而斗争，工人监督生产，等等。同时工业部长提出了关于最低工资为4比索的建议，——而这是在一个至今仍存在着挣20—25分钱的雇农的国家里！一些州的州长颁布了关于没收工农企业，并把它们转交给合作社工人（当然任何一个大企业，任何一个帝国主义分子的企业都没有，以后也不可能转到工人手里）手里的法令。国民革命党的"左派"小组在发表的呼吁书中断言，共产党是同资产阶级和帝国主义联系在一起的孟什维克党，而国民革命党正在为争取无产阶级专政而斗争，奥尔蒂斯·鲁维奥政府是向社会主义过渡的政府。目前，政府和国民革命党正在"国家经济独立"的口号下开展着一个全国性的运动。它们宣布了"三年工业化计划"，据说，它将"具有与苏联五年计划同样的意义"。

在这些镇压和蛊惑煽动的条件下，我们的群众工作遇到了极大的困难。但是，这绝不是为我们的落后状态进行辩护，它只意味着，我们应当以最大的力量去执行自己的革命路线，依据具体事实揭发改良主义者、政府和国民革命党的蛊惑行为，向群众指明政府及其政党作为资产阶级地主的帝国主义专政机构的真正性质，紧紧地同最大生产中心的群众联系在一起，在改良主义工会内部开展经常性的工作，在下层统一战线策略的帮助下，争取对罢工运动和其他群众运动的领导权。

必须尽快消除我们在企业和改良主义组织中工作的缺点，消除那些妨碍我们利用由于领袖背叛而引起的工人群众日益不满的缺点。在石油工业（"艾尔·阿基尔工会"）、纺织工业（在普埃布拉市的工会）、铁路工人组织及其他组织中，我们都有过很好的机会，但所有这些机会都未曾被利用。这也就说明，为什么一些工会小组，甚至脱离了某一改良主义中心的整个工会组织都转到其他组织中去，或者成为独立的工会组织，而没有参加到革命的工会运动中来。这也在某种程度上说明了以下的事实。即统一劳动联盟尽管处在如此有利的环境中，也只是一个拥有3000名成员的小组织。改良主义运动的分散性使政府和企业主有可能利用背叛的首领的各种组织来玩弄花招，这就对我们提出了依据具体事实不断揭露这些花招的任务。必须反对国民革命党建立新的全国工会中心的企图，这个新的全国工会中心要受国民革命党的领导，它的萌芽已经出现联邦地区的黄色"劳动局"中。然而，同时也不应当低估由墨西哥地区工人联合会所代表的那种危险性，这个联合会因对国民革命党处于"反对派地位"而有可能（并尽力利用这些可能）夺回已经失去了的阵地。

还必须纠正我们在领导罢工运动中所犯的错误。在圣-布鲁诺纺织厂罢工期间（这次罢工最后取得了胜利）所犯的错误和在蒙特雷的冶炼公司工厂罢工（我们遭到了失败）中所犯的错误都表明：在比较好的革命工会组织和强有力的党支部中，也有消极状态、机会主义和改良主义观点妨碍着罢工运动的开展；其次还表明，在墨西哥目前的条件下，当企业掌握在帝国主义分子的手中，当我们拥有一整套官僚—警察—军国主义机构时，我们只有在每一个场合下都不仅是准备和组织罢工本身，而且还发动群众来支持罢工，并给予警察的压力和进攻以群众性的反击，罢工斗争才有成功的机会。

指出下面一点是很有意义的，即我们领导的几乎所有罢工都是政治性的，因为它们从一开始就同政府机构、同劳动法、同仲裁法庭等发生冲突。另一个有意义的因素是，在墨西哥我们开始看到那种工人袖手旁观的罢工，也就是工人留在企业里的罢工。看到很多大规模的绝食罢工。消极罢工在一些场合下是一种很好的手段。例如在圣-布鲁诺，那里的工党领导人在警察和武装力量的支持下早就发出了进攻工厂和占领工厂的威胁。但是，在这种罢工中包含着罢工者将被孤立和运动不可能扩大的危险。绝食罢工标志着群众不满的第一阶段和他们渴望参加斗争。这种斗争的危险在于，他们只能把斗争限制在消极抵抗的范围内。然而，如果我们善于开展这些斗争的形式，并把它们引向群众罢工，这些斗争形式都是可以利用的。

为了发展罢工运动，必须清除某些机会主义观点，例如在罢工前几个月在圣-布鲁诺出现的关于在危机条件下罢工不可能取胜的理论。我们应当全力执行群众性违反联邦劳动法的方针（拒绝对罢工做出预先通知等等），而且，必须在实践中向工人证明，这种违反是可能的和必要的，只有直接的、坚决的群众斗争，才能在捍卫工人利益方面获得积极的结果。我们在美国冶炼公司工厂罢工时第一次采取的下层统一战线的策略，应当作为我们动员非组织的工人和加入改良主义工会的工人，并引导他们参加斗争的手段。

为了不过多地超过给我规定的时间，我就不谈在失业工人中的工作（组织、争取社会保险的斗争、示威游行和饥饿进军等）、在农民和印第安人中刚刚开始的工作和在军队中的工作，以及关于反对帝国主义战争的斗争和党的全部活动的其他方面了。我只谈一下同提纲中农村劳动群众左倾化有关的一个重要问题。最近，在我们墨西哥发生了多次农民起义。这些起义几乎都是为争取土地和反对农村恐怖活动而进行的斗争的结果和最高阶段。有时农民夺取了土地并进行分配。在哈利斯科州一个非党的农民小组以党的名义发动了武装起义。另一地区，被派去反对农民的部队和非正规队伍则同农民站在一起。在第三种情况下，一些村庄的农民决定发动武装起义，并派代表团到党的地方委员会，要求共产党员来领导运动。

总的说来，在现有的条件下，这些起义由于缺乏政治的领导，而处于孤立状态，得不到国内其他地区群众的支持，必然遭到联邦军队的残酷镇压和失败。党的路线是把农民的不满情绪引向大规模的发动、集会、示威游行、农民的进军、派遣代表到其他地区去发展运动、建立自卫组织、夺取和分配土地。在一切具备有利的先决条件的地方，都要保证党对各个阶段、各种形式的斗争的领导，其中包括对武装起义的领导，在农民中间经常不断地宣传土地革命的口号和争取建立工农政府。所有这一切必须同农民和农业工人最起码的生活要求，以及同工业无产阶级的群众运动联系在一起。只有这样，我们才能够使农村的革命斗争避免遭受一连串的局部性失败。

在组织工作、党领导的无产阶级化、扩大和加强干部队伍等方面，我们党面临着许多迫切的任务。我们应当迅速提高党领导运动的能力，增强党的战斗力，以便使它能够正确地利用目前国内发展的形势，实现由本次全会关于资本主义相对稳定结束这一主要论点所产生的各项任务。在经济危机迅速加剧的基础上，同时由于帝国主义之间矛盾的尖锐化，在墨西哥的政府和国民革命党的内部正在进行着派别之间的激烈斗争，这种斗争随时都有可能从政治争论转变为武装的斗争。我们党应当准备好，绝不允许为了某一个派别的利益而利用工农群众；党应当领导这些群众为争取实现本身的要求而进行独立的斗争，同时利用这一形势来巩固党和其他革命组织，把运动引向更高级的斗争形式。

如果我主要讲群众斗争和我们在组织和领导这一斗争方面的工作，这是因为据我看来，我们最主要、最迫切的任务就是要把改良主义的领导人孤立起来，我们要加倍努力，通过正确运用下层统一战线的策略，争取独立地领导罢工，同时保证自己对农村运动的领导。只有这样，我们才能开展群众的战斗，提高群众战斗的水平，并使它们具有反对劳动法、反对仲裁法庭，争取把土地转交给农民，反对资产阶级地主专政的政府，反对帝国主义，反对帝国主义战争和保卫苏联，争取在墨西哥实现反封建和反帝国主义的土地革命的明确性质。

斯哈尔克（荷兰）：

荷兰代表团基本上同意政治书记处的提纲草稿和库西宁同志关于国际形势和共产党任务的报告。但是，我们想在这里指出，在关于德国发展的这一部分中，问题提得不够明确。鉴于德国问题是西欧无产阶级革命发展的焦点、德国发生的所有事件对西欧国家具有很大的影响——这些事件在荷兰对于工人群众阶级觉悟的提高和情绪的发展起着很大的作用——在提纲中这个问题应当得到明确的阐述。

但是,提纲草稿只限于对德国事件进行描述,其中谈到,冯·巴本-施莱歇政府在外部矛盾尖锐化和内部阶级关系极其紧张的情况下,企图借助国防军和国家社会主义分子通过法西斯主义政变的办法,来建立反革命的"强力政权"。我认为,这样对局势的描述是不充分的。特别是对于巴本政府作用的描写在提纲中是很不充分的。

库西宁同志谈的关于资本主义国家之间商业战争的实际情况,关于关税和工资的情况在荷兰也是存在的。由于荷兰工业、农业、商业整个结构的特点,荷兰资本主义十分需要在进出口方面的国际联系,而这种联系一旦中断,就会给荷兰招来最严重的后果,特别是在近几年。

下面我引用几个数据。

在1931年的头4个月,商品的进口额总计66300万盾;在1932年的头4个月只有46900万盾,即减少了19400百万盾。

在1931年的头4个月,商品的出口额总计为46200万盾;在1932年的头4个月只有28700万盾,即减少了17500万盾。

1931年12月31日,未装满货载的商船吨数已占总吨数的23.8%。在1931年的第一季度水路运输到国外的货载整数为2000万吨,在1932年的第一季度,则只有1400万吨。

由于边界(德国、法国、比利时和英国)关闭和德国外汇政策(拒绝贷款)引起的价格下跌,使荷兰农业几乎达到完全崩溃的地步。这不仅关系到农作物和蔬菜作物的生产,而且也关系到占荷兰农业三分之二的畜牧业的生产。由此,荷兰资本主义也利用关税、规定限额等办法对某些工农业产品关闭边境,从而积极参与了正在进行的商业战争。

在对外政策中,荷兰政府一直是同当前最强大的帝国主义国家结盟的,现在越来越成为法帝国主义的仆从,因而它正在积极参与准备一场新的帝国主义战争和反对苏联的武装干涉。

尽管在最近一年里人们已强烈地感觉到经济危机在荷兰的存在，并正在引起荷兰无产阶级的迅速左倾化，然而罢工的浪潮才刚刚开始掀起，虽然许多事实都表明形势就要发生急剧的变化。

不受议会干预的荷兰政府在对内政策方面借助规定限额和保护关税，对粮食、猪肉、糖类征收重税，以及强制往人造奶油中掺入25%的天然油而提高人造奶油价格的手段，来"支持"大地主和进口商。

与此同时，政府对荷兰的无产阶级则发起了越来越猛烈的进攻。荷兰无产阶级的状况在不断地恶化。特别是近一年来生产大幅度下降。在拥有28000名工人的各机器制造厂就有10000名工人被解雇。

在菲利浦的企业中，1930年初还有23000名工人，现在只剩下了9000人左右。

在人造丝工业中，原有的11000名工人只剩下了5000人。在玻璃制造工业中有1/3的工人失业。砖的生产全部停工已有3个月了。

罢工以后在纺织工业中又有3000名工人被解雇，很多企业只能部分地开工。

同时，几乎在所有的工业部门中工资和工资单价都大大降低了。

失业者的数目达50万。与此同时，荷兰政府在管理方法上也正在法西斯化。当工人阶级进行每一次较大活动时，政府都要宣布戒严。政府不仅拒绝为失业的建筑工人按照法律规定支付补助金的费用，反而企图大大降低建筑工人的工资。在这方面，政府得到了改良主义领袖们的支持。它拒绝批准预算，拒绝按照法定程序来抵补预算的部分支出，以此来强使市政管理部门降低其工人和职员的工资，从而侵犯了所谓的市政自治权。上月，政府通告各市市长，今后不得允许工人举行反对政府活动家的示威游行。

同时，政府不是通过直接公开的办法，而是以臆造的对部长的侮蔑为借口，通过诉讼程序和查禁向共产党的报刊发出威胁。上月，荷兰政府对劳动人民的生活水平宣布了新的广泛的进攻。还在以前，政府就建立了以印度尼西亚殖民政府成员韦尔特为首的特别委员会。这个委员会是专门由以前的殖民地官员所组成的。它应当制定一项整顿荷兰国家预算的计划。这个韦尔特计划规定，失业者的补助金普遍降低15％，国家职员（有家庭的）的工资和薪饷降低8％，国家职员的家属和孤寡者的津贴降低13％，解雇12％的国家职员和工人，缩减国民教育的预算1500万盾，减少对公路建设、维修道路、铁路、水路、桥梁等项的预算2500万盾，削减老人、残疾人的补助金，以及社会支出和不幸事故的保险金等1350万盾。还要进一步对市政管理部门施加压力，使它们通过降低市政工人和职员工资的办法，来削减其支出。

荷兰的社会法西斯分子还具有很大的玩弄花招的能力。在某些市政管理部门，他们是政府权利的代表，而在其他机关，他们则与资产阶级分享这种权利，在全国范围内，他们仍然把自己装扮成"反对派"。同时，由于工人群众不满情绪和左倾化的加强，他们往往使用"左"的花招。例如，两个月以前根据政府的建议，阿姆斯特丹市议会把工人和职员的工薪降低了3％—5％。起初，社会法西斯分子反对这一措施。可是，当表决时刻到来时，3个社会法西斯分子的代表（不多不少占了多数票）则投票赞成降低工资，从而帮助资产阶级实现了自己的意图。自然，这在工人和职员中引起了强烈的愤慨。为了平息工人的愤慨，社会法西斯老爷们耍了"左"的花招，他们以"破坏党团纪律"为理由，从议会中召回了上面所说的3名代表。当然，为他们保留了所有其他议会的和另外的职务。

在经济斗争中他们有时也使用"左"的花招。他们宣布局部罢工，可是并不为罢工取得胜利采取任何措施。然而，现在资产阶级的这些帮凶们越来越难蒙蔽那些在危机和资本进攻打击下的左倾化工人，越来越难阻止他们开展斗争了。

为此，几个月以前社会法西斯主义在荷兰使用了新的欺骗手段，成立了一个"左派社会党"。

这个党起初在费门、斯捷纽伊斯（荷兰改良主义工联的前任主席）、施密特和杰-卡特（共产主义的叛徒）的领导下，其主要任务是阻止左倾化的工人靠近共产党，并借助"左"的词句把他们同改良主义和社会法西斯主义联系在一起。

虽然这个党在党员数量上比共产党强大（它有党员 7000 名，而共产党有 5000 名），但是在工人群众中的影响却比共产党弱。

在失业者的斗争中，这个党没有提出明确的口号，只是企图徒然地（由于我们在失业者当中的影响）建立独立的失业者组织。在经济战斗中，它不执行独立的政策，只是强调改良主义工联的工会官僚们的"道义上"的责任，首先是领导这些战斗，并号召工人们在这方面施加压力。由此可见，它在执行着"逼迫工会官僚进行斗争"的政策。同时，很自然地在经济斗争中它竭力反对建立下层统一战线。

荷兰工人书记处（HAC）的叛徒领袖们在托洛茨基分子斯内夫利特[①]的领导下，首先为了扩大荷兰书记处成员的名额，然后是作为在 1933 年的议会选举中进入议会的杠杆，想方设法地利用独立社会党来达到自身的利益。在工会的政策中，他们执行着同样一条路线。那些加入了工会，主要是加入了改良主义工会的独立社会党的工人有时与我们的同志一道反对工会官僚们的背叛行为及其独断专行。他们逐渐地，有时是在我们宣传的影响下，确信在工会内部必须很好地组织反对派的运动。

---

① 即共产国际派驻中国共产党代表马林。原名为亨德里克·斯内夫利特。——编者注

但是，独立社会党的领袖们反对建立反对派的组织，他们说这会给工会官僚以开除反对派成员的借口。

当时只要独立社会党的反对派工人一活动，工会官僚就会把他们从工会中开除出去，正如共产党工人和革命工会反对派工人被独立社会党领袖们出卖一样。独立社会党的 15 名工人由于同革命工会反对派的工人一起，反对开除加入了革命工会反对派的同志，而被从改良主义运输工人工会中开除出去，——就在这一次大会上，费门向这个工会的上层领导投了降，并背叛了他在几个月以前所建立的独立社会党，以维护自己在国际运输联合会中的地位。

不用说，独立社会党的领袖们毫不犹豫地开除了自己队伍中那些勇于斗争的独立社会党的工人，指责他们是共产主义的信徒。在提纲中应当清楚地阐明左派社会法西斯主义者的作用，因为在共产党还比较弱小的小国里（例如从波立特同志的讲话中就可以看到这一点），他们起着相当重要的作用。

去年，荷兰共产党的积极性有了很大的提高，它在荷兰工人中的政治影响也明显地扩大了。

两年前，党内仅有 1100 名党员，而现在则有 5000 人了。我们党报的订数有了迅速的增加。关于去年我们党执行统一战线政策方面的情况我们可以报告如下。

复活节那天，在乌得勒支召开的反对降低工资和补助金、反对帝国主义战争的人民代表大会，是实际实现下层统一战线的一个最重要结果。

前几个月，在全国范围内——在企业、职业介绍所、乡村、城市市区里——都召开了会议，会上讨论了形势并选举了出席人民代表大会的代表。

出席这次代表大会的有荷兰各区选出的 832 名代表。他们代表了企业、工会、革命群众组织的地方小组、农民委员会、失业者组织、青年和妇女等组织的成千上万的劳动者。一些不属于无产阶级的代表来自劳动农民和店铺老板。

这次代表大会决定立即开展反对荷兰政府准备战争的大规模运动，把在代表大会筹备期间成立的发起委员会改为临时反战委员会，并在运动的过程中，通过各企业和职业介绍所等的新的选举，来扩大和加强它。

最后，会议决定在最近几个月内召开区的代表会议，检查已经取得的成果和准备进一步的斗争。

在代表大会后举行反战运动期间，有很多工人团体，其中包括改良主义工会和荷兰工人书记处的整个地方组织参加了反战委员会。在这次反战运动中，秘密报刊在士兵和水兵中间传播开来。在一些警备队里，我们同一些在同志中间散发我们资料的士兵建立了联系。工人们发表了很多有关军工企业的通讯报道。在士兵中大量散发了专门的小册子。

在7月中旬召开的区反战会议上，特别是在阿姆斯特丹和鹿特丹地区召开的会议上，非党工人、社会民主党工人、独立社会党和荷兰工人书记处的成员占了多数。会上选出了出席阿姆斯特丹国际反战大会的代表。

我们党在经济战斗方面也取得了一定的成绩。在这里必须首先提到在特文特举行的纺织工人大罢工，从11月至4月，有14000名工人为反对降低工资举行了罢工。在这次纺织工人的罢工中，革命工会反对派第一次作为工业工人群众斗争中的独立因素而出现。罢工是在革命工会反对派的直接领导下发生的。由于正确地运用了红色工会国际的罢工策略，使得一个工厂的局部罢工发展成了占纺织业无产阶级多数的群众性罢工。

那些曾借助加强合理化已经间接降低了20%—25%工资的工厂主，

在11月16日首先公开宣布降低工资5%。

改良主义头子们不顾纺织工人的强烈不满和革命工会反对派为迅速举行罢工而开展坚持不懈的运动，他们劝说工人同意了降低工资，只有阿尔默洛的一个工厂除外，在那里，革命工会反对派成功地实现了罢工的口号，在工人会议上很快从各个工会组织和无组织的工人中选出了罢工委员会。

工厂主要求工会立刻停止罢工，否则就再降低5%的工资。

然而，工会官僚们没有能够破坏了这次罢工，工厂主随后真的第二次降低了5%的工资。工会官僚们企图就这一问题进行谈判，但是，革命工会反对派却号召进行大规模的罢工，来反对企业主的新的粗暴进攻。根据同革命工会反对派达成的协议，各工会组织的很多工人散发了号召罢工的呼吁书。各个派别的工会官僚都要求工人不举行罢工，他们以各种通告的形式将这样的要求刊登在资产阶级的地方报刊上。

然而，工人还是按照革命工会反对派提出的口号来行动。在领工资那天，当工厂贴出厂主关于再降低5%工资的通知时，所有纺织厂的14000名工厂立刻举行了罢工。当时"左派"是罢工的拥护者，后来改良主义分子也放弃了自己的立场。

在罢工期间，我们的影响和对罢工群众的政治领导，是通过无数次集会、散发大量传单以及创立罢工的机关刊物《团结》来实现的。在罢工的每一个关键时刻，革命工会反对派都给罢工群众指出方向。直到罢工结束，罢工群众都是在革命工会反对派的口号下活动的。在工会中还进行了反对工会官僚制造恐怖活动的经常性工作和斗争。在这次罢工中，革命工会反对派在统一战线的基础上建立了罢工委员会，它是由工人群众选举出的相当多的代表组成的。尽管这个罢工委员会只是在罢工结果前的两周才公开领导了罢工，但它却以自己的影响很快赢得了数千名罢工工人的信任。

在这次罢工过程中，革命工会反对派在该地区也从组织上壮大起来了。

首先公开背叛罢工并同意降低10%工资的是基督教工会和天主教工会的领袖。荷兰工人书记处的托洛茨基头子当时抛出了这样的口号："在没有弄清大多数工人是否打算在星期二重新上工之前，绝不退让！"

他们向改良主义者提出共同支持教会工人的建议。这意味着，第一，他们也主张结束罢工；第二，他们向改良主义者提出建议（虽然事先已经知道改良主义者会拒绝采纳），企图以此来掩盖自己的背叛行为。在这种情况下，改良主义分子们也企图破坏罢工的浪潮。他们在自己的报纸上刊登工厂主致工人的呼吁书，号召工人回厂去。在群情激昂的会议上愤怒的工人甚至痛打他们，因为他们通知群众说，罢工已经结束，工会今后不再发罢工津贴了。

实际上，在纺织工人罢工发生以前，我们这里没有革命工会反对派这个有组织的运动。

革命工会反对派所以能够完成自己在罢工中的任务，只是因为它作为一个全国范围的运动，在罢工时集中了自己所有的一切力量，并在实际上和政治上支持罢工。

组织革命工会反对派和建立罢工委员会的全部工作都是在罢工期间进行的。轻视企业中的工作和轻视在企业中建立工作组，这对领导罢工产生了极其有害的影响。这就决定了这次罢工的一个最大的缺点——建立独立组织的罢工委员会的速度太慢。造成这一缺点的主要原因是机会主义的不坚定性和我们队伍本身的动摇性，是我们同志对于掌握领导权的害怕，是他们在以开除相威吓的工会官僚的恐怖活动面前屈膝投降。有一个领导者甚至直接对抗我们的罢工策略和暗中破坏罢工委员会。

革命工会反对派直到最后时刻都竭尽全力使罢工在工人选出的机构的领导下继续进行。在最后一天已经看得清楚，大多数企业即将开始工作，而在革命工会反对派的领导下继续罢工，就意味着向企业主暴露革命工人。在有9000名工人参加的会议上，革命工会反对派提出了口号："准备在企业中开展新的战斗。"纺织工人理解这一点并表示同意。然而使叛徒领袖们感到非常遗憾的是，他们所希望的事并没有发生：他们希望革命工会反对派犯左的错误，从而给他们提供开除革命工人的机会。然而在我们自己的队伍中，我们不得不同那些认为革命工会反对派应当继续进行罢工的同志进行斗争。

荷兰工人书记处的无政府工团主义领袖和当时还没有脱离正式的社会民主党的"左派"，从罢工一开始直到结束，就把自己的主要任务看做是同革命工会反对派作斗争和破坏它在罢工者心目中的威信。

尽管党存在着严重的弱点和缺点，但它在进一步的经济斗争中，在实行下层统一战线方面也取得了一定的成绩。例如在农业工人罢工中，党在实行统一战线方面就获得了重要的成果。同改良主义和基督教领袖们的意愿相反，罢工持续了一个星期，并且完全是在革命工会反对派的领导下进行的，连那些在公益工程中工作的农业工人也参加了罢工。然而，降低10%的工资最后还是实行了。

在阿珀尔多伦公益工程工人的罢工中，下层统一战线的建立也取得了重要的成果。尽管独立社会党领袖们极力分裂统一战线，同它进行斗争，尽管改良主义的和基督教的领袖们挖空心思进行暗中破坏，我们党在公益工程工人营地中的党团同失业工人委员会一道，几乎把所有的工人（450人中的411人）都联合到了统一战线中，并且举行了罢工，最后使大部分工人的工资提高了30%。

前几个月，在格罗宁根公益工程罢工中，斗争的工人在建立下层统一战线方面取得了很大的成绩。两千多名工人，即除去一个自治市的工人以外的所有罢工者完全摆脱了工会领袖的控制，而处于独立委员会的领导之下。

在下层统一战线的基础上，我们再一次采取了广泛的行动，抗议荷兰政府企图按照韦尔特计划，对荷兰无产阶级的生活水平实行野蛮的进攻。关于这个计划的意义我在前面已经谈过了。

十分清楚，在建立下层统一战线方面所取得的这些成绩（虽然从危机的加深和工人激进化的速度，以及由此在荷兰出现的各种条件来看还是不大的）成了我们的敌人猛烈攻击我们党的借口。不仅是阶级敌人的残酷镇压，而且我们的敌人，我们工人阶级内部的敌人也加强了对我们党的攻击。例如改良主义的工会联合会在自己的代表大会上，不仅大量地从工会中开除共产党员工人和革命工会反对派成员，而且也大量开除同我们合作的独立社会党的工人。特别是独立社会党和荷兰工人书记处的领袖们使用了拙劣的手腕。他们同几个无政府主义工人联合及印度尼西亚人的民族主义联盟"印尼协会"共同成立了所谓反法西斯主义和反战委员会。然后，他们就邀请我们党参加它的全国的和地方的委员会。同时，他们提出了一个条件：不谈"分歧"。这一个花招的目的在于"揭露"荷兰共产党的"宗派主义"领导，使那些"忠实"的工人共产党员脱离党的领导和破坏在荷兰共产党领导下建立的工人统一战线。我们用书面形式答复了这一邀请。在这封信中我们强调，从这个"安基法斯"（他们给自己的委员会取的名称）的建立中，可以看出，这个委员会打算同社会民主党和荷兰工会联合会（改良主义的工联）的改良主义和民族主义领袖合作，而不提分歧方面，这就等于放弃同改良主义的策略进行任何斗争。我们强调，真正反法西斯主义和反战的群众斗争不能通过各派首领的联合来进行，而只能通过群众自己的统一战线，只能通过群众独立选举的机构——反战委员会来进行。最后，我们指出，为了反击法西斯对工人阶级的进攻，必须在下层统一战线的基础上，在所有企业和登记处建立群众的自卫队伍。在这个基础上，我们表示准备与他们进行谈判，以便把有关在企业、登记处和农村所有被剥削者中间建立尽可能更广泛的统一战线问题和为防止新的世界战争对我们的威胁，防止侵犯苏联的问题，也就是为了反对法西斯主义而展开实际斗争的问题，提到日程上来。

我们同时在企业和登记处的工人中间把这封信散发了20万份，号召工人参加我们的示威游行并派代表出席我们的反战会议。与此同时，我们在群众大会上也阐明了这个问题，坚持了我们的观点。在这个基础上的谈判遭到了"左派"社会法西斯领袖们的拒绝，这以后便开始对我们党发起了疯狂的迫害。

回顾一下这件事，我们应当承认，共产国际执行委员会对这次通信和信的内容的批评是完全正确的，尽管我们并不打算团结这些领袖，我们迄今所实行和共产国际执行委员会所赞同的统一战线政策就是这一点的证明。我们在信中建议共同讨论为组织下层统一战线而发表呼吁书的问题，客观上就其政治意义来说，是一个上层人物联合的提议。这封信的调子会使工人们感到，似乎对于这些独立社会党和荷兰工人书记处的"左派"领袖，一般还是可以指望进行革命斗争的。

虽然这种机会主义倾向并没有严重地破坏我们在群众中的影响（不仅如此，我们在独立社会党工人中间的影响明显地扩大了），但是，毫无疑问，我们应当在荷兰今后进行的辩论中把这些错误说清楚，以便在统一战线政策问题上，无论在党的队伍里，还是在无产阶级广大群众中都不致再引起混乱。

最后，我要说，我们荷兰共产党所以能够向前发展，那首先是因为我们正确地执行了共产国际执行委员会第十一次全会的各项决议。毫无疑问，我们还有许多弱点和缺点，只要我们在今后正确地执行第三国际的政策，我们在荷兰就会很快地把它们克服掉，就会顺利地进行争取群众的斗争，使群众起来反对阶级敌人及其走狗，引导荷兰无产阶级的大多数人为实现共产主义而进行斗争。

塔伦（印度尼西亚）：

没有必要过多地谈论由于工农业危机日益加深在资本主义世界所发生的可怕震荡对于印度尼西亚的强烈影响。印度尼西亚是世界资本主义市场的原料和农产品的供应国，由于原料和农产品的价格普遍比工业品降得更多，所以印度尼西亚是最深地感受到资本主义经济萧条沉重压力的国家之一。

1928年在印度尼西亚开始爆发的危机特别强烈地表现在，同进口产品相比，出口产品价格的猛跌上。根据对1931年对外贸易平衡表初步估算的资料可以看出，同1930年相比，进口商品按重量计降低了25％，而输入商品的价值减少了30％。同时，出口（按重量计）只减少了18％，而它的商品的价值则减少了35％。1932年上半年的出口情况与去年同期的出口情况相比，虽然在数量上增加了6％，可是在价值上却减少了29％。

世界市场上价格的这种猛烈下跌和大多数资本主义国家所实行的限制（输入）政策，使得印度尼西亚的很多工厂和农业企业倒闭或只开工一半时间。

1931年就是这样在大力压缩生产和实行节约措施的情况下过去的。预料在1932年底生产还会有更加明显的压缩。我举出几个数据来看：糖是印度尼西亚的一种最重要的出口产品。1931年，糖的播种面积比1930年减少了17.5％。1932年又进一步缩减到50％。预计1933年的收成将下降到1920年的水平，同时播种面积则相当于1900年和1901年的播种面积。

其他工业部门和农业企业的情况也是一样，如石油、锌、煤炭工业、橡胶、烟草、茶等。

危机也明显地影响到货币流通和信贷。如果说，1929年荷兰向印度尼西亚的资本输出减少到约9000万盾，那么在1930年减少得要更多，而在1931年资本输出实际上等于零。国家财政也反映出了危机越来越尖锐的情况。1931年预算约5亿盾，而赤字大约为2亿盾。1932年是国家收入最低的一年。因此，凡月工资超出20盾的国家职工，从1932年1月1日起都要降低10%，现在已经规定在1933年再降低25%。

在目前条件下，印度尼西亚劳动群众的状况如何呢？几十年来，印度尼西亚广大居民的生活极其困苦，而且处于无权的地位。现在，帝国主义者、大土地占有者和当地的资本家则企图把危机的重担转嫁到印度尼西亚的工人和劳动农民肩上，这样就使他们本来已经困苦的处境变得完全不能忍受了。

当地非熟练工人的最低日工资额从35分降到了20至25分（1分相当于1戈比），而目前种茶场女工的日工资为15分。她们的工资只相当于1927年工资的25%。港口企业熟练工人的最高日工资是60分—1盾。而熟练的金属工业工人和印刷工人的日工资只不过是1—2盾。与此同时，额外税收的增加和高昂的租金使得劳动群众无力承担。像橡胶、椰子干籽、茶和咖啡等地方农产品价格的持续急剧下跌，造成了各个地区货币的严重不足。由于出现这种情况，居民们不得不从货币经济转向自然经济。这就表明了小农民的破产，因为土地转到了高利贷者和帝国主义农业高利贷银行的手里。农村居民没有钱，不能偿还这些反社会成分的债务。他们最后剩下的一点可怜的财产，也落入到帝国主义国家获得高额利润的当铺中，帝国主义国家则将这些由于没有钱而永远不能赎回的金器转卖到美国去，以获得巨大的利润。由于补偿金低得可怜，制糖工业废除了在村长（帝国主义政府的代理人）的帮助下强迫居民接受的租地合同，至于小农，他们既没有耕种土地所需要的钱，也没有农具和牲畜。由于工农企业里的大批解雇使得失业人数日益增加，使农村的贫困达到了令人难以置信的程度：得不到帝国主义者和资本家任何补助金的成千上万的失业者奔向了农村。

帝国主义政府和资本家对印度尼西亚工人和劳动农民生活水平的进攻并没有到此为止，而是在不断地继续加强。

印度尼西亚的政治情况怎样呢？1926年和1927年爪哇和苏门答腊的起义遭到野蛮镇压已经过去五年多了。这些起义的经验对于我们印度尼西亚共产党，对于我们今后的工作，都是有益的教训，为我们指出了应当怎样进行反对帝国主义和它的帮凶的斗争。我们第一次反对敌人的武装斗争遭到了失败，这不仅是由于我们的斗争不够坚决，目的不够明确，或者是我们在组织方面暴露了严重的缺点和错误，而且还由于我们在对待民族改良资产阶级方面采取了错误的机会主义的方针。我们的很多领导同志认为，在印度尼西亚没有本国的资产阶级。事件表明，忽视本国存在资产阶级的这种不正确的机会主义观点给我们的斗争带来了多么严重的后果，在武装的决战时期，这些阶级敌对分子背叛性地从背后打击了我们。我们队伍中的一些叛徒直到今天还在继续坚持这一严重的政治错误，它极大地妨碍了作为无产阶级先锋队的印度尼西亚共产党对工人和劳动农民的领导。

斗争不够坚决，目的不够明确，以及在组织方面的严重缺点和错误也表现在起义以后的年代里。帝国主义在其帮凶和代理人的帮助下破坏了我们党的整个机构，并在某些时期残酷地镇压了那些失去革命领导的印度尼西亚工人和劳动农民的革命斗争。直到今天，我们还没有把所有分散的共产党小组和力量集合到一个组织中，还没有能够恢复我们党的机构和加强党，使它成为印度尼西亚无产阶级和劳动农民的战斗的有组织的先锋队，这个先锋队在艰苦的地下活动中能够坚定不移地带领革命工人和农民，同荷兰帝国主义及其以当地亲王、封建主、地主和当地资产阶级为代表的支柱进行坚决的斗争。

目前，在印度尼西亚的工人和农民中普遍存在着愤怒和不满情绪。

但是，暂时还看不到反对解雇，反对疯狂掠夺工资的罢工和群众斗争，因为它们还在萌芽时期就被荷兰帝国主义的走狗伊斯兰教联盟官僚和民族改良主义"领袖"所控制的工会扼杀了。过着半饥半饱生活的中小农民常常拒绝向帝国主义和地主缴付那些无力偿还的捐税和掠夺性的债息和租金。然而，那些自封为劳动群众"领袖"和"谋士"的反革命分子只不过是劝说农民进行无能为力的祈祷，这样就瓦解了被剥削群众的战斗统一和战斗意志。荷兰帝国主义者制造的恐怖活动和民族改良主义者的反革命宣传所达到的最近的结果，是一部分劳动群众丧失了对自身力量的信念。在起义被镇压后的五年中，民族改良主义者和其他反革命分子为了维护自己在印度尼西亚解放运动中的合法地位对所有的革命工人和战士使用了极其残酷的迫害手段。本国的资产阶级和知识分子企图借助漂亮的激进词句来欺骗群众，把他们拉到自己的一边，搞什么反对派。事实上，无论是伊斯兰联盟，还是"崇高的目标"、印度尼西亚的班格斯党、"印度尼西亚"党和其他党都没有为保护劳动人民的利益而采取任何措施来反对帝国主义资本及其帮凶的猖狂进攻。

印度尼西亚社会民主党所扮演的角色是卑鄙和不能容忍的，它与荷兰社会民主党一起大谈关于印度尼西亚行使独立权的虚伪骗人的空话。事实上，它是对荷兰帝国主义资产阶级的最有力的支持。在1926—1927年起义受到镇压时，印度尼西亚的社会法西斯分子曾帮助帝国主义殖民政府加紧压迫和欺骗群众。民族改良主义资产阶级鼓吹与荷兰帝国主义及其狡猾的代理人社会民主党合作，在实践中也是这样做的。

在贫民（他们感到自己同它休戚相关并接受其谎言的影响）的压力下，仍然声称自己是"不合作"（拒绝合作）的支持者，其实，它根本没有进行任何斗争来反对对工资的野蛮掠夺，并且在同改良主义的阿姆斯特丹国际有密切关系的自己工会运动的帮助下，同荷兰帝国主义及其走狗采取一致的行动。

在危机年代，所谓"左派"民族主义分子也很少为反对前所未有的贫困，反对大批解雇和急剧降低工资而组织斗争。

他们的领袖苏加诺在经济危机不断加深和劳动人民贫困达到顶点的时刻，胆怯地屈服于荷兰帝国主义的法庭，他放弃了被压迫和备受熬煎的印度尼西亚群众举行起义的权利，郑重地向帝国主义允诺，他今后要走一条和平"革命"的道路。"印度尼西亚民族党"未进行任何斗争就被解散了，后来有个叫萨尔托诺的人组织了一个新党，在这个党的反革命旗帜上借用了甘地的"自产"口号，他还提出借助于所谓"自助"，通过只使用国产的布匹、衣服等，从帝国主义的桎梏中争取印度尼西亚的解放。我们看到，不久前印度尼西亚共产党在自己致印度尼西亚工人和农民的号召书中对这一点就指出了，苏加诺加入了萨尔托诺的党，并且他现在正企图实现印度尼西亚民族主义运动同荷兰帝国主义的极右派走狗，即苏塔马、萨利姆等人的联合，同时实行劳资合作的政策，麻痹工人和劳动农民的战斗意志；我们看到，这个"民族革命"的苏加诺正在直接背叛印度尼西亚的革命。

其他"左"的民族主义分子，像马哈迈德·哈达、希雅里尔等人为了实现自己的阴谋诡计正企图借助激进的词藻来争取那些对苏加诺已失去信任的印度尼西亚民族主义运动分子，把他们出卖给荷兰帝国主义的"左"的"社会法西斯主义"的走狗——费门、施密特等人。

今天，印度尼西亚的工人和劳动农民正处在严重的经济崩溃时期，这些劳动群众遭受到帝国主义的所谓"本国的资产阶级"的猖狂进攻，而得不到正确的革命领导，这时印度尼西亚共产党，正如我已经谈到的，向印度尼西亚的工人和劳动农民发出了号召。尽管还有来自帝国主义者空前的残酷迫害和恐怖手段，而我们的党——印度尼西亚共产党还继续生存下来。我们党已经在联合分散的队伍，把在这场斗争中涌现出来的优秀战士聚集起来，建立印度尼西亚工人和农民的革命先锋队。为了争取实现列宁的事业、党的事业和共产国际的事业，把分散作战的战士和组织的力量联合成为坚持队伍的时刻到来了。

动员印度尼西亚的工农群众为实现他们的日常要求而斗争，并在这场斗争中把他们锻炼成为争取印度尼西亚彻底解放、争取建立工农政府的坚强革命战士的时刻到来了。

印度尼西亚共产党充分认识到，第三国际为反对世界帝国主义、反对各国大地主和资本家而不断加强的斗争，就是它的力量的源泉。它充分认识到，苏联布尔什维克党是力量的源泉，苏联布尔什维克党领导的苏联劳动群众是世界无产阶级的先锋队，他们正在胜利地建设社会主义。

印度尼西亚共产党在动员印度尼西亚工人和劳动农民为争取他们的彻底解放而进行斗争的同时，还动员印度尼西亚的劳动群众，为保卫全世界工人和劳动人民的祖国而斗争。

（休会）

第十七次会议

(9月5日晚)

主席：弗洛林

讨论库西宁和台尔曼的报告

克诺林（共产国际执行委员会）：

历史再一次证明了我们布尔什维克对国际形势的分析是正确的。布尔什维克在局部稳定的极盛时期就说过：

> "从局部稳定中产生出资本主义危机的剧烈化，日益增长的危机又破坏着稳定，——这就是现今历史时期资本主义发展的辩证法。"①

发生了什么事呢？

从稳定的本身、生产增长、贸易增长、技术进步为生产的发展提供了越来越大的可能性，而同时群众生活水平下降的事实中，产生出最深刻、最剧烈的危机，这个危机正在破坏着稳定，并威胁着资本主义制度的存在。

斯大林同志在联共（布）第十六次代表大会上所指出的资本主义国家走向衰落，苏联走向经济的强大发展的历史转折，现在进入了一个

---

① 《斯大林全集》第10卷第234页。——编者注

新的更高的阶段，它不仅表现为苏联这个社会主义国家已经得到了彻底的巩固，资本主义世界普遍经历着最深刻的危机，而且还表现为每个资本主义国家中资产阶级的日益削弱和无产阶级的日益壮大。

在提纲和库西宁同志的报告中主要也是确认这个事实，即资本主义局部稳定结束到来了。

在1920—1923年，由于资产阶级镇压了中欧各国的革命工人运动，而出现了资本主义的稳定时期。工人运动遭受的失败，使帝国主义分子之间有可能在关于德国、中国和不干涉"自己"殖民地事务方面达成协议。工人阶级的失败、革命浪潮的低落为资本主义经济的高涨，为技术、生产和贸易的发展奠定了基础。资本主义稳定的结束意味着，矛盾的增长使帝国主义国家之间的斗争更加尖锐化，破坏了作为资本主义相对稳定特点的签订条约和达成协议的基础。危机把争夺市场和势力范围的斗争引向了公开的冲突，并使整个国际关系变得不巩固不稳定。

资本主义地位的这种不稳定的基础，是群众的革命高涨，是全世界工人运动发展到了更高的阶段，是宗主国工人运动和殖民地被压迫民族革命运动在破坏着把危机的重担转嫁到宗主国劳动群众和殖民地、附属国被压迫民族身上的可能性，是阶级力量的对比愈益改变得有利于劳动群众。

有些同志特别强调革命高潮发展的不平衡性，并从中得出结论说，在各落后国家被发动起来以前，是不能开展重大的、决定性的阶级战斗的。绝不能指望革命危机在同一个时间内达到同等的成熟程度。但是，危机破坏了世界经济这个整体，加剧了帝国主义者之间的斗争。因此下面这一真理就变得更加清楚了：

"世界革命的进一步发展大概不是通过它在所有一切帝国主义国家中的同时成熟，而是通过一些国家被另一些国家所超越，通过帝国主义的链条首先在其个别最薄弱环节的被突破，通过一些国家首先脱离帝国主义体系而实现的"（斯大林）。

德国、波兰、中国——这就是帝国主义链条中最重要而又最薄弱的环节。在这三个国家中，革命运动有了很高的发展。在这三个国家中，已经最终建立了布尔什维克党，而这个事实具有头等重要的意义。

然而，帝国主义的链条将要在哪里被突破呢？

只有实践，只有阶级斗争的发展进程才能够回答这个问题。比如它有可能在日本、西班牙、印度、南斯拉夫被突破。

在德国完全有可能突破这个链条，因为"凡尔赛体系在德国埋下了地雷"，这个地雷不仅可以炸毁德国，而且可以炸毁整个欧洲。在德国完全有可能突破这个链条，因为在它周围集结着最尖锐的矛盾。

"现在首先应当把无产阶级革命看做帝国主义世界体系中各种矛盾发展的结果，看做世界帝国主义战线的链条在某个国家内破裂的结果。"①

由于客观先决条件的成熟，已经有了突破这种链条和造成革命形势的可能性。特别是现在，当我们提出资本主义稳定的结束的时候，我们的任务就是训练无产阶级去迎接这一时机，不错过时机，并且利用这个时机。同时要认识到，即使在最顺利的条件下，保证无产阶级革命取得胜利的主要因素，仍然是革命的工人阶级本身、是它的觉悟性、组织性、忠诚、战斗的准备和作出牺牲的决心，是在它的先锋队中有一个真正的布尔什维克党，这个党善于领导群众，永远走在群众的前列，利用形势，及时提出正确的口号，组织胜利。

没有这些条件，没有工人阶级的这种准备，革命形势也不可能使无

---

① 斯大林《列宁主义问题》人民出版社 1964 年版第 21 页。——编者注

产阶级取得胜利。没有这种准备，仅仅确认我们正在面临革命形势的这一事实，并不能给我们带来多少安慰。

革命高涨的一个最重要和具有决定性意义的标志，是大规模阶级搏斗的开展，是劳动群众越来越广泛地转入对统治阶级持续进攻的反击。

今天，我们已经可以肯定地说，尽管革命高潮的发展是不平衡的，但它是普遍的、世界性的。我们还可以肯定，这个革命的高潮比战后时期的革命高潮更加普遍。但是，同时我们应当指出，同战后时期相比，现在资本主义具有更好的镇压劳动人民的机构，资本主义在战后能够重新武装起来反对无产阶级。因此，为了推翻剥削阶级的政权，突破帝国主义国家的链条，现在也要比在战后时期做出更大的努力。已经发生和目前正在发生的政治变动的深刻性是显而易见的，现在甚至连社会民主党都不得不在工人群众面前声明要改变自己的政策。它要提出一个"社会主义纲领"来代替战后时期它的主要的"民主制问题"。当然是在"民主制纲领"中加上社会化。不应当忘记考茨基的社会化委员会，如果我没记错的话，这个委员会好像关于社会主义化写过六大卷书。正像希法亭所说的，如果在战后时期"民主制的热情"是社会民主党的主要手段（我补充一点：为了把资本主义从无产阶级革命中拯救出来），那么，也还是希法亭所说的，现在则需要"社会主义的热情"（我补充一点：这是为了阻止群众转向共产党人）。为了使资本主义经济不致被无产阶级剥夺，现在需要关于国家资本主义的理论。在社会民主党人执政时，"民主制"是主要的。布吕宁上台，开始出现了国家资本主义理论，社会民主党人建议布吕宁实行这个国家资本主义。巴本和施莱歇来了，社会民主党人则建议他们实行社会主义。这里就出现了一个问题：如果希特勒执政的话，它又要建议希特勒实行什么呢？社会民主党的这个"社会主义"花招是新情况的反映，如果我们想正确地决定我们的策略和口号，就不能不看到这一点。

如第二国际主席埃米尔·王德威尔得先生在一篇有关比利时矿工罢工的文章中被迫声明说:"人们如果以为比利时社会党没有从各个事件中得出全部结论,首先是关于社会党群众越来越少地倾向于同各资产阶级政党实行联合的结论,那就对它估计过低了。"

德国社会民主党主席奥托·韦尔斯在广大工人群众的压力下,在《前进报》上发表的一篇文章中声称,现在,德国社会民主党在经过大辩论以后认为,社会主义经济改造的时刻到来了。到来了!我们都记得,所有这些希法亭分子、考茨基分子等在战后都曾经说过,实现社会主义的客观条件是不具备的。而现在是:"经济改造的时刻到来了","经济改造的心理上的前提从来没有像现在这样有利","资本主义思维的危机到来了"。

德国国家社会主义党人的首领格雷戈尔·施特拉塞尔说,95%的人民浸透了反资本主义的情绪。韦尔斯怀疑格雷戈尔·施特拉塞尔统计数字的准确性,但是,他们的意见基本上是一致的。

韦尔斯、王德威尔得和唐恩的社会主义是从哪里来的呢?

应当看到在工人阶级中,特别是在那些革命情势有高度发展的国家中所发生的各种过程和变动,即使是在那些革命运动发展水平较低的国家中越来越显露出来的各种过程。如果看到这些过程,那就可以说,在工人群众中破除小资产阶级主要幻想方面有了很大的进展。最常见的幻想之一就是认为1914—1918年的战争是最后一次战争,统治阶级不会再冒发动新战争的风险了,国际联盟将通过和平途径来解决一切争端。有一种空想是打着考茨基超帝国主义理论的旗帜,以关于人民共和国的辞句为掩护,打着各种泛欧"理论"的旗帜传播开来的,其实质就是,资本主义可以放弃争夺市场、殖民地和重新瓜分世界的斗争,也就是资本主义可以不再成为帝国主义了。然而,现在在远东的战争,对武装干涉苏联的准备,围绕着德国而爆发的各种矛盾的尖锐化,英美、美日矛盾的发展，这一切正在使这种空想破产，使这种幻想破灭。

第二个幻想：战后的国家——是人民的国家、社会的国家或如捷克人所说的"我们的共和国"。危机正在无情地粉碎着群众关于自己的人民国家，关于自己的共和国的这种幻想。在德国，大多数人都反对魏玛共和国。社会民主党在德国、在捷克斯洛伐克开始谈论"第二共和国"了。

这是什么原因呢？法西斯主义的加强是对马克思主义国家学说的一个最好的证明。群众在事实上认识到，"国家首先具有像监狱这样的物质附属物，而且还有武装的人"（恩格斯）。现在，在德国，这是国防军、"钢盔团"、希特勒的法西斯匪帮、有警察陪同的法院执行员、在警察护卫下进行活动的工贼队；在比利时，这是镇压工人的宪兵队、毒气弹、飞机和军队；在捷克斯洛伐克，这是枪杀工人的军队；在匈牙利，这是杀害了绍洛伊和菲尔斯特的绞首架；在美国，这是在国会大厦前用来驱散退伍老兵的坦克和毒气弹，等等。这些都是工人阶级亲眼看到的，所有这一切正在消除社会民主党所制造的幻想。

第三个幻想：战后的资本主义经济是人民的经济，资本主义在逐渐地演变成为国家资本主义，资本主义由于其内部各种社会主义因素的增长而自行崩溃。可是，千百万人正在死于饥饿，而大量的钱财用于战争。资本主义本来可以不把上亿的钱财用于战争，而用于帮助贫民和工人，以此来永远保持自己的统治。然而这只是一种空想。

我们分析一下事实。没有比失业保险和七小时工作日更加简单的措施了。这些措施并不损害资本主义社会和经济的性质，而且很容易为群众所接受。它们可以延长资本主义的寿命。可是它们限制了资本家的利润，因此资本家就取消了保险。那些在革命的压力下，在资本主义局部稳定时期实行的所有其它社会立法措施也是这样。游行、罢工、经济斗争一般地能够阻止资本家去实行其消灭工人立法的纲领，可是，为了坚决反击资本主义的计划,为了争取实现各种社会改革,像游行、罢工和经济斗争这样一些压力就不够了,尤其是现在。必须通过经验向群众表明,那些真正改善工人阶级状况的要求,在当前时期不经过革命是不能实现的。要使其实现,只有议会的提案是不够的,只有罢工、游行、饥饿进军也是不够的,而"需要的是有真正的革命这种压力"。[①]

没有掠夺和战争的帝国主义、人民的国家、经济民主——这就是现时代社会民主党为了压制群众对资本主义、战争和帝国主义的憎恨而制造出来的三个空想。围绕着这三个空想,在群众中间又出现了关于和平主义、国家和资本主义的一些幻想。

在德国、波兰和其他许多国家中,已经明显地看到了这三个小资产阶级幻想的破灭。这一情况使得群众认识到了为反对战争,反对资产阶级,反对国家和资本主义,为实现革命,实现无产阶级专政和社会主义而进行斗争的必要性、不可避免性和紧迫性。

战前时期是改革的时期。这些改革是十分微小的。主要的改革是工人阶级在1917—1919年革命中争得的。这一点造成了社会民主党所赖以生存的各种幻想。资本主义相对稳定时期只是一个改良主义幻想的时期。现在,只要发动群众去争取实现部分的要求,在事实上向群众表明改革的局限性、经济要求的局限性,表明只有经济的要求是不够的,这样就可以证明这些改革的虚幻性了。

在危机时期,群众生活水平的灾难性下降,不过是资本主义总危机时期群众绝对贫困化过程的继续、加强和发展的更为尖锐的形式。由此应当得出以下的结论,即今天的贫困、饥饿和失业不是暂时的现象,群众的生活水平还会继续下降。现在只能从理论上谈论关于资本主义制度下情况的好转,而实际上这是难以想象的。在资本主义制度下,投资无

[①] 《列宁全集》中文第2版第26卷第191页。——编者注

论怎样加强，也不能使重工业中的生产资料得到充分的利用。不应忘记，德国出口的机器制造业产品有74%是苏联购买的，全世界出口的机器中有24%也是输往苏联的。形势的任何好转都不能复兴英国的煤炭工业，尽管英国的煤炭工业取得了液体蒸馏和其他技术上的成就，但是，在资本主义制度下，它仍然是一个受排挤的工业部门。各宗主国纺织工业的情况也是这样。除军事工业外，其他许多工业部门也都是这种状况。

因此，1932年现在的危机十分尖锐地向劳动群众提出了关于摆脱贫穷、困苦和无权状态的途径的问题。这样，关于争取社会主义的问题就被提上了日程，因为物质生产力同现存的生产关系，也就是同它们至今仍在其中发展着的所有制关系处于最尖锐的矛盾之中。还在1926年，斯大林同志在谈到英国总罢工的教训时说：

"英国煤炭工业的危机和由它引起的总罢工，正面地提出在建立工人监督的条件下在煤炭工业方面实行生产工具和生产资料社会化的问题。这是争取实现社会主义的问题。未必用得着证明，要根本克服煤炭工业的危机，除了英国共产党提出来的办法以外，是没有而且也不可能有任何别的办法的。煤炭工业的危机和总罢工使英国工人阶级直接接触到实际实现社会主义的问题。"①

然而，这还是在资本主义相对稳定的条件下讲的。现在，有充分的根据可以把这个分析、这个结论应用到其他很多工业部门和所有的帝国主义国家。经济灾祸威胁着很多国家，无尽头的困苦、贫穷和死亡威胁着群众。资本家把几十亿资金用于战争，却不肯拿出一文来帮助穷人和失业者。我记得列宁在1915年五一前夕曾说过：

---

① 《斯大林全集》第8卷第146—147页。——编者注

"'在充分的贸易自由的条件下，资本主义可以没有帝国主义，没有战争，没有殖民地而得到发展。'是这样吗？资本主义可以不把亿万金钱用在战争上，而用来帮助贫民和工人，从而使资本家阶级的统治永世长存！理论上相同的命题……问题的实质就在于：对这些东西不能靠一般的压力加以强制，需要的是有真正的革命这种压力。"①

我觉得现在需要回忆一下这个论点。资本主义经济不可能摆脱困境。这一点甚至连社会民主党人也开始理解了。在他们看来，国家的全部资金都应当用于救济，因为按照伦内尔分子和希法亭分子的"理论"，资本主义经济是人民的经济。"义务的社会化"不仅在德国和奥地利被提上了日程。银行的"整顿"——可以说，只是这个"社会化"的一种比较公开的资本主义表现形式。国家资本主义理论的极盛一时是寻找拯救资本主义道路的反映。

社会民主党人提出的国有化是什么呢？

它无非是一种靠牺牲人民的利益来挽救破产企业的试图。企业从一个资本家手里转到另一个资本家手里，从一个资本家所有变成为资本主义国家所有，无产阶级从来都得不到任何好处。社会民主党大肆玩弄关于社会主义的花招——是利用群众反资本主义的情绪，利用他们对于社会主义的向往来拯救资本主义的一个最狡猾的企图。

但是，绝不能过低估计这种花招的影响，绝不能过低估计像希法亭所说的这种"社会主义热情"的影响。

如果说国社党分子的蛊惑煽动能够诱骗很大一部分工人，那么，为什么社会民主党的蛊惑煽动就不能得逞一时呢？现在需要从根本上来打击社会民主党的这个花招。需要通过传播我们的革命纲领来进行这种打击。

---

① 《列宁全集》中文第2版第26卷第191页。——编者注

由此可以作出以下的几个结论：

1. 共产党人应当竭尽全力，使用一切手段进行宣传，要向群众表明，由无产阶级夺取政权是摆脱危机、贫穷和困苦，以及避免经济祸害的基本前提。应当把夺取政权的问题摆在我们全部工作的中心地位。我们党应当通过局部斗争，根据每一个国家工人运动发展的水平，引导工人群众进行夺取政权的斗争。

2. 同时，共产党人在德国、波兰、奥地利等国家里应当表明，无产阶级专政将没收大工厂、银行和大地产。他们应当针对着社会民主党提出的关于由巴本资产阶级政府实行"国有化"（这个国有化无非是对劳动群众的一种新的奴役、监狱和苦刑）的建议，而直接提出由无产阶级国家实行没收这个唯一的真正的国有化。

共产党人应当表明，社会主义是摆脱贫穷和困苦、摆脱经济混乱和经济祸害威胁的唯一出路，而社会法西斯主义所建议的东西是与社会主义毫无共同之处的。共产党人应当揭露德国社会民主党现在当政权不在它手中（而不是政权在它手中）的时候，向国会提出大企业和银行国有化法的手腕，因为社会民主党知道国会不可能接受，也不会接受这样的法规，但同时它却把群众引上了坐等"民主制"带来新成就的道路。

共产党人应该说明，像没收工厂这样的社会主义措施，只能由以工农政府和工农代表苏维埃为代表的无产阶级专政来实行。我在这里首先指的是德国、奥地利和波兰这些国家。

但是，同时我还想谈一点意见。我们认为，危机的发展和革命高潮的增长可能很快使一个国家的群众觉得有必要提出过渡性的口号。今天我们并不认为有必要和需要来表述这些口号和谈论它们的内容。它们将要从对一定国家革命危机发展形势的分析中产生出来。对于这种可能性是需要加以注意的。

3. 共产党人应当全力以赴地为准备实现无产阶级专政这个劳动群

众唯一的出路而斗争。同时这个口号不能为其他任何的口号和同义的口号所代替。目前像"自由的社会主义德国"这一口号，只能是模糊地摆在无产阶级面前的基本任务，它没有对无产阶级提出基本的、最主要的问题，即工人阶级用暴力夺取政权以实现社会主义和镇压剥削阶级的问题。同时还必须表明，对于劳动群众来说，无产阶级专政是最充分、最广泛和唯一的民主制。

如果共产党人为进行决定性的战斗，为加强自己在群众中的影响和动员群众而做好一切准备，那夺取政权的决定性战斗就将会顺利进行。目前，只提出关于提高群众的阶级觉悟和加强革命准备这一项任务是不够的。现在，在所有国家里最重要的和决定性的任务，是组织群众进行各种形式的斗争。经济罢工在现在和将来都是无产阶级最起码的和最一般的斗争形式。

如果群众不进行反抗，他们就会沦为奴隶和遭受奴役。他们正在寻求联合斗争的机会，寻找领导人，共产党人应当担负起这个领导的责任，为唤起群众从反对工厂的压制，反对克扣工资的一般的自发性运动，转到反对国家和整个资本主义的斗争。正像哥特瓦尔德同志所说的那样，共产党人应当是群众情绪的表达者，他们的任务是要把运动提到一个更高的阶段，把革命的社会主义意识带到运动中去，绝不能限于使每一次罢工自己达到革命化和半革命化。这样虽然正确，却是不够的。我们正在为实现群众的经济要求，维护和提高群众的生活水平而斗争，同时，我们还应当表明，必须使这一斗争转变为反对资产阶级国家，反对整个资本主义，争取无产阶级专政和社会主义的斗争。

目前，最重要的任务是团结起来，把所有的斗争形式结合在一起，看清运动发展的趋势，斗争形势的变换，向更高级、更尖锐的斗争形式过渡。

经济罢工、抗议罢工、示威游行、政治罢工、同法西斯分子的街头斗争、农民运动、失业者运动——所有这些斗争形式应当结合成为一个总体。各种形式要互相取长补短，以便能提高到更高级的阶级斗争形式。

目前的时期要求最广泛地宣传群众的政治罢工和总罢工，而在那些已经处在革命运动较高水平的国家里，则要在共产党的领导下准备和进行政治总罢工。这种群众性的政治罢工为群众所欢迎，所追求，它代表着群众的情绪。但是需要对它进行组织。在波兰，政治总罢工是由波兰社会党宣布的。波兰社会党只想利用群众的情绪，却不要进行总罢工。我们党接受了，正确地接受了波兰社会党所提出的口号。这表明我们在主动倡议方面是落后了。

在匈牙利，由于《人民之声报》被禁止，社会民主党号召举行群众性的政治罢工，而这一罢工的锋芒却指向了社会民主党，变成了反对社会民主党本身的一次广泛的运动。在捷克斯洛伐克和比利时，某些地区的总罢工是从经济斗争中发展起来的。所有这些政治罢工（其中包括我们敌人发起的罢工）由于共产党人的掌握，按照共产党人的要求行事，把群众调动了起来。现在整个革命的发展是大有前途的。

在许多场合下，示威游行是失业者经济斗争（指向国家）的一种特殊形式。在1929年和1930年失业者的示威游行在捷克斯洛伐克和德国取得了不小的物质上的胜利。可是在最近一年，示威游行的次数减少了，这特别表现在德国和捷克斯洛伐克。对此绝不能只用政府的恐怖活动来解释，这样做是不够的。

我们需要做什么呢？我们需要把争取实现局部要求的小规模示威游行，提到更高的带有具体要求的大规模示威游行上来，同时还需要指出发展的前景。当前，示威游行表现出力量的变动和群众准备争取政权决心的加强了。因此，绝不能把示威游行当成儿戏。当然，我们的示威游行暂时还是"和平的"示威游行。我们还不能在任何地方都在直接行动的口号下举行示威游行。在这里需要回忆一下列宁1917年4月在俄国举行的示威游行的意见。彼得堡委员会的错误在于有些过左，它号召在"打倒临时政府"的口号下举行示威游行，可是，当时还不具备这样的条件。我们在德国已经提出了"打倒巴本政府"的口号，这是一个行动的口号。但是，要在直接行动的口号下发动群众举行总罢工，举行示威游行，还需要对力量做出特别的估计。如果我们在柏林或华沙并不具备特殊的先决条件，而号召群众在"打倒政府"的口号下举行示威游行，或者为了占领粮食仓库而举行示威游行，这样，群众或者是不跟我们走，或者是示威游行会超出今天我们所提出的目的和任务。无论是前者，还是后者，都会破坏和削弱我们的力量。然而，如果我们不对形势作出估计，采取较右的态度，把群众认为是不现实的昨天的口号提出来，不给群众指出进一步夺取政权的道路，那我们也会犯同样的错误。

当前局势的特点在许多国家还表现为，有很大一部分群众走上了街头。可是，群众还没有采取坚决的革命行动，在许多场合下还没有给予他们充分的领导。

在许多国家，特别是在德国，罢工斗争被危机削弱了。工人们仍然是赤手空拳，资产阶级掌握着武装，资产阶级挑拨无产阶级举行过早的发动。无产阶级还不能进行战斗，可是它也不能把街道让给法西斯分子，否则，它就会做出和社会民主党做的同样的事。它应当进行局部的反击。这一反击具有很大的原则的意义。这个成就将唤起更多的工人群众，把他们团结起来，增强他们的信心，从他们当中造就出英雄人物，动员群众进行更大规模的战斗，把斗争提到更高的阶段上，为群众的联合开辟新的道路。1929年在柏林发生的5月1日事件同不久前在阿尔托纳发生的那些事件相比较，在政治意义上有很大的不同。当时是在没有群众运动的情况下，由一些人单独采取的行动。现在我们已经有相当规模的群众行动了。这些事件提高了群众的觉悟，鼓舞了群众。小规模的内战正在发展成为大规模的内战。这就是对两种基本斗争形式所做的一个简述。

通过在群众中进行坚持不懈的日常工作来发展斗争，团结群众，根据每一个国家发展的特点和阶段把斗争提到一个更高的政治的阶段，同时牢记第三次代表大会的决议，当一切条件都成熟时（这在今天的欧洲各国还不具备），革命就可以从大罢工、从示威游行、从街头冲突开始。

形势对我们有利。各阶级之间的全部生活、全部关系，整个的国际形势从来还没有像现在这样有利于共产主义，而不利于资本主义。我们是否足够地利用了这个形势，我们是否前进了，我们取得了怎样的成绩？是的，我们前进了。是的，我们取得了成绩。只有那些公开的机会主义分子才会否定国际工人运动的巨大成绩，才会说共产国际失去了对群众的影响。一个无可置辩的最重要的事实是——共产国际壮大了，巩固了。可是，这个壮大和巩固在不同的国家是不平衡的。在那些危机爆发较晚的国家中，我们的成绩还不够大。然而，连许多小党也取得了巨大的成绩。博里纳日的矿工罢工使比利时共产党得到了更新。在荷兰的特文特罢工加强了荷兰的党，并使它走上了新的道路。我们拿任何一次大的运动来看，例如布吕克斯罢工——难道它没有把整个的政治生活和捷克斯洛伐克的党提到一个更高的阶段吗？

如果看一下欧洲，如果只从欧洲的狭小范围来看，可以说波兰共产党无疑获得了最大的成绩，其次是捷克共产党。指出波兰共产党的这一点是尤其重要的，因为最近的情况表明，目前波兰正处在发生巨大规模的革命运动的时期。波兰党和捷克斯洛伐克党是两个处于革命高潮发展不同水平的相邻国家的党，尽管在捷克斯洛伐克同波兰和德国比较起来，革命高潮暂时还处在较低的阶段，然而一切迹象表明，发展的进程正在把这个国家引进巨大事件的漩涡中。因此，捷克斯洛伐克共产党的成绩具有很重要的意义。那个年轻的还没有最后形成的西班牙共产党所取得的成绩也有着重要的意义。

如果不是从欧洲，而是从更大的范围来看，当然对于整个国际运动来说具有决定意义的是三个党、三个国家：德国、波兰、中国，它们的革命高潮的增长要高于其他国家。王明同志在这里给我们提供了很有代表性的关于中国革命高潮的新特点。他通过几年来中国党所建立的师、团的数字和苏区面积的不断扩大来说明中国革命的高潮。

我现在谈一下关于德国的问题。

德国问题是我们多次全会和大会的一个中心问题，整个国际共产主义运动的革命是同德国工人运动的命运休戚相关的，因此，很自然地，其他党的代表在全会的发言中都有相当的部分来谈德国的问题。绝不能不考虑到德国革命的前景，而从资本主义稳定的结束的事实中来谈论我们的策略。由此可见，我们对于德国革命发展的问题，以及对于德国共产党都是十分关心的。我们应当在这里指出，在共产国际执行委员会和它的书记处的全部工作中，德国问题是最近整个时期的一个主要问题。

尽管在德国有法西斯主义，可是德国革命的事业还是前进了。我们在德国的前景——这是革命的前景。在共产国际第十一次全会上，我们曾指出：

"由于各国资本主义危机的发展和内外矛盾加剧的程度和速度互不相同，革命高潮的发展也是不平衡的。在经济危机同战后资本主义总危机的特殊条件凑合在一起、因而经济危机显得特别尖锐的资本主义国家里，例如在肩负着凡尔赛和约和杨格计划的重担、而且没有殖民地可供剥削的德国……正在促使革命危机的前提得到成熟。"①

---

① 《共产国际文件汇编》三联书店1965年第3册第255页。——编者注

第十一次全会的这一预见被完全证实了。在德国，革命高潮增长了，革命危机的前提成熟了。在德国，我们正面临着革命的危机，尽管第十一次全会指出的"在劳动群众争取社会解放和民族解放的纲领的基础上……击退了法西斯运动"是暂时的，在第十一次全会开过以后，法西斯主义运动取得了新的巨大的胜利，并延缓了"社会民主党群众基础开始破坏的速度"。我们在德国正面临着革命的危机，尽管已经可以看出，在资本主义稳定动摇和革命力量增长的过程中建立了巨大的反革命组织，对于这些组织，无产阶级应当进行坚决的战斗，把它们从自己的道路上清除掉。

在这一年中，法西斯运动的增长绝不意味着德国资本主义变得更加强大有力。相反，法西斯运动的增长表明了整个德国资本主义体系的极大动摇，表明了危机的增长和决定性阶级战斗的日益临近。认为现在在德国所发生的主要过程是法西斯主义的增长是错误的、不正确的。在德国所发生的主要过程是德国经济的崩溃，是各种矛盾的尖锐化，是共产主义力量的增长，而与此同时，法西斯主义也增长了，它是资产阶级同革命进行斗争的力量的集中点。革命政党的发展引起了反革命力量的组织和动员。德国共产党巩固和发展了，它的群众基础扩大了，它在极其复杂的政治环境中经受了锻炼。

只有那些头脑简单的人才会认为，革命危机的成熟和对工人阶级大多数的争取走的是一条平坦大道，不会遇到复杂的政治环境所造成的困难。革命的道路绝不是平坦的。不仅是安贝尔-德罗同志一个人在德国问题上碰了钉子。他像孟什维克那样来评价总统选举和普鲁士选择的结果，认为现在整个的发展走的是下坡路，说现在看得很清楚，共产国际在估价上犯了错误。可是"错了"的不是共产国际，而是安贝尔-德罗同志。他不得不在这里承认这一点，不得不承认他自己陷入了机会主义的泥潭。

法西斯运动的增长还表明，德国的发展带有特别的灾难性。反革命组织的大发展要求革命政党的加强。很清楚，斗争将是十分艰苦的。革命的危机将不是自发地、平静地成熟，不是像苹果在夏日阳光的照射下那样的成熟。很清楚，德国革命的分娩将是困难的，革命的危机将在资产阶级的战斗队同奋起进行斗争的无产阶级群众的冲突中突然地、迅速地到来。革命的危机将在战斗中成熟起来，在冲突中取得巨大的发展。只有社会民主党人才会认为现在所发生的是反革命的全线进攻。矛盾的发展及其达到极点和国内战争的开始，绝不意味着反革命的胜利。正是我们的这种对发展的马克思主义的理解，才使我们有可能正视事物。正是这一点才使我们有可能不怕讲出：德国资产阶级走上了法西斯专政的道路，而近几个月在德国建立起来的那种管理的形式，正如曼努伊尔斯基同志在这里所说的，就是法西斯专政，虽然是没有完成的和没有得到巩固的，但还是法西斯的专政。

共产国际的纲领指出，法西斯主义是同资产阶级帝国主义反对派的进攻，同资本主义各种关系的不稳定，同大量失去了阶级性的成分的存在、小资产阶级广大阶层的贫困化，同经常出现的无产阶级发动的威胁联系在一起的。

共产国际执行委员会第十一次全会的决议在发展共产国际的纲领时说道：

"从隐蔽的资产阶级专政形式即所谓的资产阶级民主制中，合乎规律地产生了法西斯主义，即赤裸裸的资产阶级专政形式。法西斯主义变本加厉地使用资本主义制度所固有的，并同整个资产阶级专政制度不可分割的镇压和奴役劳动人民的一切方法。"

可是，我们的任何一个决议都没有说，法西斯主义的进攻到处都应当采取"意大利的道路"，即"进军罗马"的道路。正如埃尔科利同志在这里所说的,就是那些期待着"进军罗马"的人,忘记了这个"进军"的真正意义,那些期待着"典型法西斯专政"的人忘记了,意大利的专政从第一天起就是"典型的",而且现在它还在逐年地发展着、变化着。在每一个国家,法西斯化都是通过自己的道路进行的。在德国由于国家的高度工业发展,工人阶级具有旧的组织传统,有着根深蒂固的议会制传统,有民主的幻想,群众具有反法西斯主义的警惕性,"德国道路"的法西斯化不是立即实现,而是通过不断地加强资产阶级对工人阶级生活水平,对工人群众的取得的革命成果和民主成果的进攻,通过使工人"习惯于"组织和结构方面经常不断的恐怖活动而实现的,这些组织和结构在形式上还没有被包括在国家的机构中,而是国家政权的支柱。由于这种情况,在一个很长的时间内,都存在着把恐怖组织纳入国家机构,吸引一些集团和政党(在法西斯专政的初期,它们的支持是困难的)参加管理的可能性。

把形式上的国家机构同非国家的"私人的"突击队对立起来,不过是一种民主的痴呆症。因为这些突击队对工人采取的恐怖活动,实际上是在国家机构的纵容下得到了同意的。这样的对比只能把工人的注意力从现实的法西斯主义吸引到非现实的、某种百分之百的法西斯主义上,并且经常用后者来进行威胁,其目的是以"最大的恶"的恐吓政策来麻痹群众的警惕性和帮助法西斯化的加强。突击队员反对工人的恐怖活动日益猖獗,施行了死刑,工人组织被摧毁;魏玛宪法中,那些言论、集会自由和其他漂亮词句是所剩无几了。政府独立于任何的议会联合行动,实行了前所未有的最反动的反劳工经济政策、民族主义的对外政策。

有人说,没有一个独裁者。难道永远都要有一个独裁者吗?如果真的需要,那么兴登堡哪点够不上独裁者,巴本和施莱歇哪点够不上独裁者呢?有一点是应当弄清楚的。德国发生了某种新的质变。这就是出现了公开的、毫不掩饰的资产阶级专政。这个专政没有固定下来，也没有发展起来。它是不容易得到巩固的。1932年不是1922年了，德国也不是意大利。然而正因为这样，就需要把我们的全部注意力集中在反对实现这个政府的所有措施上，绝不容许使它得到加强，要动员群众立即投入斗争。

德国形势的特点是什么呢？

首先是资产阶级面对着无产阶级进行了重新部署，而无产阶级都没有给予决定性的抵抗。

特殊性就是在改组资产阶级队伍和变换资产阶级专政方法的时候，也有来自资产阶级某些集团的障碍。最后，特殊性还表现为德国的法西斯主义并不是摆脱革命危机的出路，而革命危机却不顾法西斯主义所取得的胜利正在接近和发展，革命是在法西斯主义发展的同时，并不顾法西斯主义的发展而发展着。

这种特殊的形势是怎样造成的呢？

第一，德国资产阶级利用凡尔赛体系使群众的注意力脱离了自己的德国帝国主义的压迫，而集中到了对外政策的问题上，这就导致了沙文主义浪潮的高涨和一个巨大的国家社会主义运动的兴起。第二，德国共产党人至今没有能够粉碎德国社会民主党，并使广大群众摆脱改良主义工会的影响，这些工会现在仍然是牵制无产阶级力量的群众性组织。第三，国家社会主义分子把一些旧的资产阶级政党的拥护者，其中包括这些政党中的工人，吸引到了自己的队伍中去。

国家社会主义的发展给争取绝大多数工人群众的斗争造成了新的形势。从前党的力量的配置直接表明了社会民主党这个资产阶级主要社会支柱的作用。同革命政党相对立的是资产阶级政党加上社会民主党，后者作为资产阶级社会支柱的作用是很明显的。现在出现了国家社会主义分子的党。同革命政党相对立的是由三个部分所组成的反革命阵营：国家社会主义分子、旧的资产阶级政党和社会民主党。在它们中间进行着斗争。人们的印象是社会民主党反对法西斯主义。出现了这样的可能，即对社会民主党不满的分子在资本主义阵线的范围内，从一个政党转到另一个政党。这种情况给群众造成了混乱。由于这样的缘故，就有可能推迟社会民主党的瓦解过程，减缓革命队伍组成的速度，在一定程度上掩饰了社会民主党作为资产阶级主要社会支柱的作用。它使得反对社会民主党的斗争变得更加复杂和困难。然而，社会民主党所关心的正是我们放松这一任务的实现和缓解这一形势所造成的那些额外的困难。这里首先看一下兴登堡的历史。我认为这可以而且应当帮助我们进行反对社会民主党的斗争。我觉得任何一个人都不应当，也不可能怀疑社会民主党仍然是资产阶级的主要社会支柱，因为它的社会职能就在于抓住那些可能反对整个制度的群众，防止他们转向革命的阵营。可是，在资本主义稳定的结束的条件下，正是资产阶级的隐蔽的专政转变成为公开的法西斯的专政，造成了社会急剧变动的前景。

社会民主党的工人们诚心诚意地以为，他们跟随韦尔斯和希法亭来反对法西斯主义。现在这一幻想破灭了。他们投了兴登堡的票，而兴登堡却建立了独裁制度。社会民主党当了权，它所走的是一条通向反革命的道路。这些客观的事实在社会民主党的队伍中引起了前所未有的动荡。

在中央党有相当数目的工人，可是中央党建立了同法西斯主义的联盟。这对于中央党的工人群众来说，难道可以不留下什么痕迹吗？

在国家社会主义党和它的突击队中至少有20万名工人。人们说，在它的选民中间有200多万名工人，其中包括有相当数量的失业者。国家社会主义党分子用反资本主义的蛊惑宣传来诱惑他们。他们被告知，国家社会主义党人反对资本主义，而共产党人不过是魏玛共和国"制度"的左翼。可是，失业者们过去从法西斯主义那里什么也没有得到，现在不可能得到什么，今后也不可能得到什么。要他们长期跟着国家社会主义分子走，那是不可思议的。瓦解的征兆已经到处可见了。

所有这一切都表明，在德国发生巨大的政治变动是不可避免的。"纳粹"还会使用蛊惑性的花招，他们甚至可能（也不排除这种情况）在一定的形势下使选票的数目增加。不过在当前时期，只靠蛊惑性的花招来实行独裁是困难的。因此，一切都取决于德国共产党，取决于它是否善于向群众提出远大的目标，指明出路，同时动员群众去为提高工资，为实现局部要求而进行具体的斗争，动员群众在街上反击"纳粹"，在工厂中坚守阵地，把企业和街道联合成一个整体。因此，一切都取决于是否善于去接近这些群众，同他们建立斗争的统一战线，给他们做出斗争的榜样。

跟着无产阶级不断增长的力量走的，还有那些非工业的、服务部门的工人，他们在"纳粹"中间的人数特别多。无产阶级的斗争把小资产阶级和农民也吸引到我们的方面来。然而首先必须吸引那些跟着社会民主党走的工人参加斗争，首先必须挖掉资产阶级的这个主要的支柱。只有这样，才能在法西斯专政的初期就破坏它，不使它巩固下来。不使法西斯专政巩固下来——这是基本的一点。如果它巩固下来，它就有可能存在于一定的历史时期。对于这一点是绝不能忽视的。

德国共产党的策略总地说来是正确的。由于实行了这一正确的布尔什维克的策略，德国共产党在工人群众中的影响增长了。德国共产党把党在群众中的威信提到了一个很高的高度。它表明，没有共产党，无产阶级在反对资产阶级的斗争中就不可能取得成功。

德国共产党为建立工人群众的统一战线进行着有成效的斗争。最近几个月的情况尤其如此。在这一时期，德国共产党曾面临了很多非常重大的抉择。它不得不实行复杂的、议会斗争的策略，不止一次地投票支持社会民主党的候选人进入议会，以便不让法西斯分子走上领导的岗位，同时又不给任何人留下它多少支持魏玛制度的借口。同时，它又在下层，在工人群众中开展了反对社会民主党的猛烈的运动。这是复杂的情况，复杂的、非常复杂的策略。

有些其他的党抓住德国党的这一复杂的策略（并没有理解这一策略）而得出了错误的结论。在荷兰、瑞士都出现了"德国经验"的追随者——认为现在应当在下层和上层都实行统一战线的策略。而在波兰则有这样一些右倾分子，他们反对共产党的领导。这样的人不仅在波兰，而且在德国都有。

在这方面，德国共产党能够运用必要的手腕，反击社会主义的和托洛茨基的建议。

最近，德国共产党在组织罢工斗争方面取得了某些成功，尽管恐怖活动和对工人的解雇削弱了企业中的支部和党的力量。然而，应当直截了当地说，我们在罢工斗争方面所取得的成就的确是太少了。这不是把整个革命发展提到一个更高阶段的运动。还不是这样。德国共产党在许多地方的街头对法西斯分子进行了有效的反击，这一点有着巨大的意义。工人群众在德国共产党的领导下反击了法西斯分子，德国共产党是德国唯一真正进行反对法西斯分子斗争的党。

可是与此同时，在德国共产党的工作中也有一系列的政治错误，在党的发展中留下了自己的印迹。作为自己主要的战略口号，德国共产党在1929年12月提出了人民革命的口号，这个无产阶级革命的同义语。第十一次全会赞同了这个口号。德国共产党所以要提出无产阶级革命的这个同义语，其目的是便于自己去接近那些对现存制度不满的劳动群众。可是在报刊上，在群众工作中人们很快就开始忘记了，人民革命只是无产阶级革命的同义语而已。德国共产党的某些组织在给自己提出争取城市中间阶层、农民和职员的任务以后，竟逐渐地忽略了这些阶层只不过是无产阶级的同盟者，只要加强党在无产阶级群众中的影响和开展无产阶级的斗争，这些阶层是可以争取过来的。这一点并没有带来胜利，而对工厂和工会的注意力却被引开了。在主要的工厂、工会中同社会民主党的斗争被削弱了。台尔曼同志写了一篇文章，公开地、直接地在全党面前纠正了在党的报刊上和工作实践中所犯的那些错误。

台尔曼同志在这篇文章中写道：

"在这方面所犯的错误既反对争取无产阶级多数的这一战略任务和基本任务，也反对我们党依据马克思列宁主义所制定的阶级路线，因而也就是反对布尔什维主义的各项原则。"

党纠正了这一错误。按照共产国际执行委员会第十一次全会和德国共产党中央第一个决议的表述，党恢复了这一口号。

德国共产党根据第十一次全会的指示，加强了反对社会民主党的斗争。"社会民主党和法西斯主义不是对立者，而是一对孪生儿"这一说法成了人们注意的中心。可是同时，报刊——这里首先是《红旗》编辑部的过错——削弱了反对法西斯主义的斗争，在法西斯运动发展的情况下，没有足够明确地提出关于法西斯主义和社会民主党之间区别的问题。还不能加快群众脱离社会民主党的过程。党根据台尔曼同志的提议纠正了这一错误。

德国共产党还在 1930 年就粉碎了默克，可是这并没有消灭默克主义。它一直存在到不久以前，阻碍了在改良主义工会争取工人群众工作的开展和把革命工会反对派变成为广泛的群众运动，同时它还滋养着右倾机会主义的情绪。难道在 1931 年矿工工会成立后对鲁尔革命工会反对派的解散，作为当前任务提出粉碎改良主义工会，拒绝对组织在工会中的群众提出任何要求，等等，——难道这不是默克主义的残余吗？这不是党的路线！这是反对党的路线。可是这些观点渗入到报刊上、会议上和负责工作人员的一系列发言中，就不能不发挥自己的影响，而是发挥了自己的影响的。所有这些观点都已经受到了谴责，可是它们在某些地方至今还明显地存在着。这一点虽然已经纠正了不止一次，可是看来并不彻底。现在对于共产党来说，最重要的是不延误时机，要时刻做好准备，善于抓住时机，把个别同一般结合起来。

现在德国无产阶级所处的环境要求迅速地对所有事件做出反应。如果一般贻误时机是有害的和危险的，那么它在德国发达的政治生活的条件下，就加倍地有害和危险了。可是已经有过许多次，党没有及时地下达自己的指示，放过了组织群众的时机，没有利用一切可能使群众脱离社会民主党。这就不能不影响到党的影响的增长，影响到对法西斯主义的反击。皮亚特尼茨基同志在这里已经引用了由于达纳特银行的破产等而出现的一系列事例。为了不重复起见，我只举出最近的7月20日的一个例子。由于普鲁士发生了政变，党提出了完全正确的总罢工的口号，可是在迅速地、不等社会民主党清醒过来就把这一口号带进工厂，支持在那里正在发生的运动，就做得太不够了。共产党员的磨磨蹭蹭、慢慢腾腾、犹豫不决给了社会民主党人清醒过来和控制局势的时间。7月20日罢工所取得的成绩虽然是部分的，但是对于我们党却有着很大的意义。

来自工厂的所有报道都说明，在戒严的第一天，即7月20日，在工人，其中包括社会民主党工人、改良主义组织的工人中间所唤起的情绪是有利于罢工的。

当时在街上自发地形成了数百个进行辩论的人群。在国家机关中是一片慌乱和失去信心的景象。用不着号召群众上街，因为他们都已经在街上。可是这一自发的力量并没有被引上大规模示威游行的轨道，否则示威游行一定会扩及数千条挤满了人群的街道，使很多社会民主党工人，其中包括青年（他们也有很多人在街上）参加进来。

台尔曼同志在选举期间对这一点说过以下的话："如果在亚历山大

练兵场和波茨坦特兵场上组织一次万人的示威游行，那该具有怎样的意义呢？在午间举行这样的运动一定会带有群众的革命性质。"台尔曼同志又继续说道："那时罢工和其他的发动会比较容易地举行，可是在午间竟找不到这一万人。"社会民主党到第二天才恢复过来。它给工作人员发出指示，提出口号和控制群众的情绪。为什么社会民主党这样快地，在第二天就把很大一部分企业抓到了自己的手中呢？因为我们在企业中是弱小的。正是因为我们在企业中的工作薄弱，我们就应当尽一切努力来迅速而有力地发动及时的反击。可是我们党并没有这样做。对于形势没有加以利用。而如果党利用了这一形势，它就有可能把德国的整个革命运动提到一个更高的阶段，并在政治上使党得到极大地加强。

在这样的时期，任何一个时刻都决定群众跟谁走的问题。然而共产党议会党团号召举行总罢工的传单只是在夜间才出现在企业中。党在企业中的组织力量是弱小的，——有利于举行罢工的运动没有得到街头运动的支持，因为没有号召在街头举行示威游行。共产党员的慢慢腾腾使得社会民主党有可能恢复起来，给自己的工作人员发布破坏罢工的指示，加强了社会民主党的地位。几乎可以有充分把握地说，如果党在街头表现出主动精神，那就会出现大规模的政治示威游行，示威游行又会引向罢工，即使是局部的罢工。

只有共产党员根据劳动群众的阶级经验和当天的情绪提出了口号，这个事实具有很大的政治意义。共产党在这里得到了巩固和发展，而社会民主党则削弱了和容易被击破了。难怪资产阶级的全部报刊都开始对共产党人进行疯狂的攻击，难怪资产阶级的全部报刊都谈论关于共产党的总罢工的口号了，因为共产党员在现在和以后是唯一能够进行总罢工的。然而，如果事实是这样，那就不难想象，在这一天的群众运动中，有多少潜藏着的机会没有被共产党加以利用了。

我们并不是为了写历史而说这些话：德国正处在这样的一个发展阶

段，类似的事件明天又可能重复出现。但是7月20日的弱点是应当加以彻底揭露的。

关于反法西斯主义运动还要说几句话。

德国无产阶级在反对法西斯恐怖活动的斗争中表现出了众多的英雄主义。如果说在不久前主要是对法西斯恐怖活动进行抵抗，那么最近的新情况则是：工人们不仅反击突击队员的进攻，保卫工人组织不使它受到法西斯分子的进攻，而且在很多场合下还禁止和打破了法西斯分子进入工人居住区的企图。关于这一点，有整整一系列意义重大的事实。我举出一段引文来说明伍珀塔尔和爱北斐特的工人是怎样由于发挥了充分的主动精神而顺利地打破了法西斯分子的游行和集合。

《红旗》在7月21日写道：

"伍珀塔尔的工人在星期六和星期日像参加战斗一样地共同反对突击队员的兽行。当突击队按照上级的命令身着制服在各个地区开始游行，唱着反工人的嗜血成性的歌曲时，共产党的、德国旗帜党的、基督教的和无党派的工人自发地聚集一起，举行了反游行。国家社会党分子召来了武装的增援部队并开始闯入工人居住区。在洛特工人区他们高喊着'清街！'向居民开枪射击。工人们立即联合起来进行抵抗，并赶走了那些身着褐衫的匪徒。"

《红旗》也以同样的精神报道了关于爱北斐特的事件。

"有400名突击队匪徒进入了一个街区，在那里居住的几乎全是工人。这时有数千名工人听到信号涌上了街头。马路面被掘开了。在'反法西斯工人统一战线万岁'声中，数千名工人向国社党匪徒们开始进攻。经过了几分钟，这些匪徒的进攻就被打退了。"

在哈根和许多其他地方的情况也是一样。经过了这一次胜利的保卫战，召开了一次很好的团结会议，举行了一系列反对法西斯恐怖活动的罢工。我们党的影响极大地增长了，这一点在选举中间得到了证明。在鲁尔地区的许多工人中心区胜利地举行了反对法西斯恐怖活动的政治罢工。在许多其他地区也对法西斯分子进行了有力的抵抗。但不是在一切地方。我认为，在党发挥了很好的主动精神的地方，就可以做出更多的成绩，就可以更快地把运动提到一个更高的阶段上。

在柯尼斯堡出现了"纳粹"的重大的恐怖活动。根据柯尼斯堡组织的书记马特恩同志的报告，事情是"纳粹"打算组织一次反对从共产党人一直到德国人民党的总发动。群众的愤慨达到了极点。工人们赶走了每一个带着"纳粹"标志出现在街上的人。只要一听见工人的吆喝声，国社党分子就从街上溜走了。在人们都知道的国社党分子所居住的地方，举行了群众的集合。在这样的情绪下，尤其是在星期一，就有可能在柯尼斯堡的街道上，特别是工人居住区，举行自发的群众游行示威。可是革命组织行动得太晚了。在柯尼斯堡出现了类似柏林 7 月 20 日的形势，然而，这种形势并没有被利用。这就使我们不得不更加集中大力气来对付我们一些组织的行动迟缓和延误时机。

我的发言就要结束了。

德国共产党有很大的成绩。看不到这些成绩是可笑的。在街上只看到希特勒是可笑的。现在只听见说共产党人挨打也是可笑的。

然而，德国共产党所取得的成绩本来应当更大。德国共产党在自己的队伍中有英雄，有几万个真正的英雄，他们为了完成党的任务而不惜牺牲一切。主要的是我们党应当有充分的主动精神、毅力、对自己力量的信心，以及为反对机会主义，反对党内某些工作人员的消极等待，反对超集中制和官僚主义，反对对自己的力量估计不足、对自己的力量失去信心，反对对革命条件的估计不足而进行斗争。所有这些都妨碍着德国无产阶级力量的发挥。

德国的罢工运动是弱小的，然而它正开始发展。失业者的运动也是一样。可是,我们所看到的政治形势的非常尖锐化说明,只要最大限度地开展反对法西斯主义的斗争,就可以把德国无产阶级提到革命发动的阶段上来。工业无产阶级中有一半人,最革命的一半人走上了街头。职业介绍所的工作"减轻"了。街道和企业一起成了统一战线的最重要的地方。必须把街头斗争同企业的斗争结合起来。街道应当帮助提高企业,街头冲突和示威游行应当帮助开展罢工并同罢工相配合。只有在这时它们才能具有充分的意义。

街头的示威游行和总罢工都可以成为巨大的革命事件。然而,革命的情势尚未形成。任何人都不能要求德国共产党现在就领导群众去夺取政权。这一任务实际上还没有被提上日程。可是,共产党应当利用每一个运动来组织斗争,并在斗争中教育无产阶级,准备无产阶级为夺取政权进行决定性的战斗,同时也要动员无产阶级的同盟者。

只有组织对法西斯主义的反击,才能够揭露社会民主党和争取多数,来进行决定性的阶级搏斗。现在在德国发展的速度,比在任何其他的地方和时间,都更加以共产党员的政治主动精神为转移。

结果是什么呢?

我们正在接近国际运动发展中的一个最重要和最复杂的时刻。革命的危机正在到来。与此同时,武装干涉和帝国主义战争的危险也是很大的。这样无产阶级就应当积极行动起来,准备去迎接那些正在成熟着的事件。为了防止战争,应当加快革命的进程。

我们应当积极行动起来。争取工人阶级多数的斗争,是我们的战略任务。在许多国家中,我们已经到了在最近的将来必须解决这一任务的时刻。

因此,现在我们应当更加紧地工作,到群众中去,到工厂中去,为了实现伟大的目标而进行日常的工作。

我们的时间不多了。我们还有很多事要做。我们必须在工厂中巩固我们的阵地。我们必须在工会中巩固我们的阵地。我们必须粉碎社会民主党。我们必须为争取共产主义建立一支强大的军队。

如果我们真想动员我们的全部力量去反对法西斯主义和反动派，反对战争和武装干涉，争取实现无产阶级专政，我们就能够解决这些任务，我们一定能够做到这一点。

希尔兹（英国）：

提纲中对于当前形势的分析，对于各国共产党都有极大的意义。现在我们正在进入一个危机加深的时期，这时危机发展到了这样一个阶段，即全世界正面临着更加巨大和更加尖锐的阶级间冲突。如果我们不把这些情况向我们的党员解释清楚，不把这一切的后果解释清楚，那我们就不能顺利地实现我们所面临的任务。

在英国，资本主义稳定的结束表现为当前英帝国主义正在经历着一场深刻的危机。关于这一点，有一系列的事实可以说明。我们可以举出英帝国主义金融稳定的结束作为例子。在最近一年来，我们看到了英镑的贬值，英国放弃了金本位并从旧的传统的自由贸易政策，转向了保护关税主义的政策。这一情况使得大英帝国范围内的阶级斗争极大地尖锐化了。英国帝国主义资产阶级力图借助于向工人和各殖民地人民的更加疯狂的进攻和加紧备战来寻找摆脱压在它身上的危机的出路。当前，我们所面临的形势具有非常重要的意义。这时英帝国主义已经不仅不能给工人提供任何的社会改革，而且它还极力想把以前工人迫使它所做出的那些让步，再从工人那里夺回去。这就意味着英帝国主义者现在把英国社会民主党保持自己对工人影响的一切可能都消除了。大家知道，多年来英国资本主义借助自己在国外和在不列颠帝国各国的投资，以庞大的帝国主义贡赋的形式所榨取来的巨额财富，使它有可能从其中拿出一部分来收买英国工人阶级的某一个阶层。它借助于这样的办法，造成了人数众多的工人贵族。可是，现在资本主义英国所享有的垄断地位结束了。由于危机的尖锐化，英国资本主义已经不能继续实行自己的收买政策，而在英国无产阶级的队伍中也在迅速地发生着一个分化的过程。英国的社会民主党人再也不能向英国工人预示什么繁荣了。相反，现在他们不得不承认危机是非常严重的，并且在群众的压力下甚至也声明必须实行社会主义。危机的深刻化使得越来越多的工人群众对社会民主党感到失望。如果说在德国，改良主义分子的背叛促使很多工人去支持法西斯分子，那么在英国，社会民主党的背叛，则使很多工人开始支持各个旧的资产阶级政党。但是，英国各资产阶级政党已经不能使用以前的方法，国民政府的成立就非常清楚地说明了这一点。这个政府同军事联盟的政府一样，是为对付"国内形成的非常局面"而成立的，其口号是："给我们无限的权力，我们就能把你们的病治好。"

这说的是什么呢？当然绝不能把英国的情况例如同德国的情况相提并论。在德国，法西斯主义的发展达到了一个很高的水平，不过，在英国，国民政府的成立，也是向法西斯主义发展迈出的一大步。英国的资本家不想再对工人做出让步，他们不得不向工人实行进攻。可是，这些进攻遭到了强有力的抵抗。这种抵抗表现为水兵的起义，表现为多次的罢工和最近兰开夏郡纺织工人的罢工，参加这次罢工的20多万工人激烈反抗对他们的工资和劳动条件的侵犯。

群众的这一抵抗在迅速地发展着。社会民主党人企图破坏它，他们用似乎是社会主义的词句为掩护，帮助资本家向工人进攻。在这些词句的掩护下和在整整一系列新的"左"倾花招的帮助下（像我们所看到的，独立派分子"断绝"了同工人党的关系，要求统一等），社会民主党使工人脱离了斗争并出卖了他们。虽然如此，引起了工人政府垮台的危机的深刻化，也正在导致这个工人党本身的瓦解。

群众对英国工人党的失望日益强烈，这种情况给我们党造成了非常有利的条件。人们往往有充分的理由谈论我们英国的闭塞，可是，现在我们看到这种情况正在发生变化。我们看到群众的情绪在发生变化。群众正在寻找对目前所发生的事件的解释，他们正在寻找摆脱他们所经受的苦难的出路。这种情况为英国共产党造成了在真正的马列主义基础上发展的有利的机会。

我们英国的党——这是人所共知的——是很闭塞的，然而，当前形势的性质迫使它要更多地注意那些具有国际意义并带有国际主义性质的问题。

党正在实现这一转变的事实表现在，它为了反对同在中国所发生的事件有关的帝国主义战争和武装干涉而开展的运动中，等等。另一个例子表明党正在改变着自己对其他共产党和其他国家情况的观点，如对德国当前危机的观点。我们党针对德国的状况开展了广泛的运动，向工人说明德国所发生的事件的意义，动员英国工人对德国无产阶级的斗争给予友好的支援。这些事实都表明，党在许多方面取得了很大的成绩。虽然如此，我们应当承认，我们在英国还没有从其他共产党的经验中学会吸取策略上的教训，并把它应用到最适合英国情况的形式中去。例如，我们对待各殖民地斗争的态度就很清楚地表明了这一点：在这方面，我们是非常不够的。

当前，英帝国主义在各殖民地的政策带有更加残酷的性质。这特别表现在印度，在那里肆无忌惮的恐怖活动愈益猖獗。这也表现在英国对爱尔兰的激烈的经济战中。所有这一切都表明，英帝国主义正在尽一切努力靠牺牲工人和殖民地群众的利益来摆脱困境。同时它还力图保证自己后方的安全，准备着日益临近的战争，首先是对取得了胜利的社会主义国家——苏联——的战争。

由于提出了我们党对殖民地斗争的态度问题，我想再专门谈一谈印度的情况。印度的问题对于英帝国主义来说是个头等重要的问题。没有对印度的奴役，英帝国主义就不可能生存。正因为如此，它就竭尽全力来巩固自己在印度的统治和镇压印度工人和农民的斗争。英帝国主义采取一切可以想象到的手段来镇压印度愈益高涨的革命运动，以便保持自己的统治，而从英帝国主义准备战争的角度来看，印度的斗争也具有很大的意义。

在这方面，它使用了什么方法呢？首先是疯狂的恐怖活动，然后是做出一些让步和改革，以便使它有可能巩固自己的阵地。印度的群众成了肆无忌惮的恐怖活动的牺牲品。我们在印度看到了大规模的屠戮和枪杀，有数万名革命者被投入监狱。各种组织被解散或被赶入地下，书刊检查制度遍及全国，报纸遭到禁止，等等。可是我们也看到，除去肆无忌惮的恐怖活动以外，这玩弄着各种各样的花招。帝国主义做了一些让步，这样的例子就是英帝国主义不久前对印度资产阶级所做的让步，其内容是为了防止日本商品的输入而规定关税。这一花招的目的是把印度资产阶级拉到帝国主义方面去，在执行帝国主义政策方面，得到印度资产阶级的支持与合作。

其次，我们看到的所谓改革，就像不久以前改变立法机关中某些宗教团体的代表比例，给予某些人以投票权等等。这些改革的目的就是诱使印度的群众脱离斗争，建立人为的壁障，从而达到分裂群众的目的。

可是，尽管如此，印度的革命运动还是迅速地发展起来。反对帝国主义的斗争不断加强，我们看到印度的群众越来越抛弃各种改良主义的幻想。工人阶级中有相当大的一部分人已经抛弃了过去对于国大党的幻想。罢工运动在发展，农民起义遍及整个印度。在这样的环境中，我们党的任务就是要向英国的无产阶级说明在印度发生了什么，并动员他们全力地支持印度群众，生动地说明印度革命对于英国工人的重要意义。

当然，我们也做了些事。我们发表了同印度工人和劳动人民团结一致的声明，可是应当承认这是十分不够的。我们还没有清楚地认识到印度革命对于英国无产阶级的意义。

在这方面，我们的任务应当是什么呢？我们的任务，特别是在英国，应当是指明：英国反动派主要靠奴役印度才存在下来，争取印度独立的斗争不仅是印度群众的事情，而且对于在英国争取社会主义的斗争，也具有极其重要的意义。我们应当向工人表明并使他们确信，对于帝国主义在印度的政策的任何支持，也就是对英国国内资本主义剥削的支持；对印度群众的每一次打击，同时也就是对英国无产阶级的打击。

如果印度的反动派被消灭，那么英国的资本主义制度也就不可能维持下去。可是对于这一点，我们没有很清楚地理解和说明。我们在阐述印度斗争的问题时，把它说成似乎是同在英国本国进行的斗争完全没有任何联系的某种事情。我们绝不能只限于对印度的斗争表示一下同情和支持。首先应当加强争取在英国推翻资本主义制度的斗争，并把这一斗争同反对英国统治印度的斗争紧紧地联系在一起。这是要求我们党更加认真对待的一个重大的问题。

最近几个月，我们在英国的工作有了很大的进展。我们在改变工作方法和克服党脱离群众方面取得了一系列肯定的成绩。可是这仅仅是开始。只要我们决心去实现全会决议中的提出的各项任务，在企业、工会和职业介绍所中进行真正的群众革命工作，在殖民地斗争的问题上采取鲜明的和正确的立场，——我们就会迅速地在英国建成一个强大的、群众性的共产党，这个党一定能够顺利地引导工人阶级去为推翻英国的资本主义而进行斗争。

山本正美（日本）：

我简略地提一下有关日本当前形势的两个因素。第一，反对中国的战争和反对苏联的战争危险。不久前陆军大臣荒木宣称，日本在两三年内将要出现"非常紧张的形势"。他还在自己的书中写道："日本的大陆政策应当有一个长远的目标。我们占领满洲和蒙古最终只是一个次要的任务。因为日本在大陆的发展不仅是为了拯救日本，而且也是为了拯救东方和整个世界（当然是要摆脱布尔什维主义了——山本），所以我们现在需要下定极大的决心。"日本帝国主义正在加紧准备反对苏联的战争。一切军事的准备、组建武装力量、组建部队的最终目的，是反对无产阶级的祖国苏联，以便在最短的时间内给它以打击。

现在我谈一下第二个问题——关于革命高涨的问题。我不想详细地来说日本所发生的情况。我只想引用一下调查大学生思想状况和研究大学生左倾化原因的文部省的一个委员会的声明。这个委员会对于"社会局势"提出了以下的评价：（1）资本家和工人之间生活水平的过分悬殊和农村的急剧破产；（2）劳动者和土地出租者之间冲突的尖锐化；（3）中等阶级经济的衰落；（4）大学生毕业后找不到工作；（5）政界人士的腐化堕落；（6）对于政党的不满；（7）人民对宪法规定的自治制度问题的不理解；（8）日用必需品价格上涨的倾向；（9）群众想通过共同的大规模发动来达到自己的目的；（10）对于共产主义及其运动的实质不理解。

在报告的第二部分，谈到了学术界的思想倾向，指出了以下几点：（1）无产阶级文学和马克思主义理论具有吸引力（以下三点我略去不谈了）；（5）对日本国家制度缺少理论研究；（6）对我国文化研究的不普及。人们会以为这是共产党人的说法，可是这是在大臣本人的主持下所拟定出来的。这是今年年初的情况，现在国内的情况则更加紧张了。

尽管有很多共产党员遭到逮捕，在一年半以前，即在第十一次全会期间还是一个小团体的日本共产党，现在已经极大地发展和巩固了。城乡劳动人民在很多地方对恐怖活动和反动派转入了反攻。以自己的先锋队共产党为首的日本无产阶级在反对战争和反动派的斗争过程中壮大起来了。日本共产党是领导工人阶级和劳动农民的最优秀部分，为反对进行战争的日本帝国主义而斗争的唯一的政党。日本共产党还在日本帝国主义进行军事准备时期，就已经开始了反对侵略战争的斗争。1931年7月6日，日本共产党的中央机关报《赤旗报》写道："若槻内阁政府①更换了南满铁路的理事长和朝鲜的总督。这将是改变我们满蒙政策的一个转折点。"日本帝国主义的战略任务（无论它同谁作战）首先是占领满洲和蒙古。日本帝国主义者不仅公开声称这一点，而且实际上它已经在加紧为武装侵入这些国家进行着准备。日本无产阶级反对战争。它提出的口号是："不给战争一文钱，不运一个兵。"

由于日本帝国主义在万宝山挑起了朝鲜人对中国人的大规模屠杀，党发表了告群众书，其中说道："日本帝国主义为了准备反对苏联的武装干涉和使满蒙完全殖民地化，正企图在满洲和朝鲜加强军事警察制度。"日本无产阶级提出的口号是："打倒日本帝国主义反对苏联和反对中国劳动人民的反革命干涉"。

当9月19日日本军队包围了沈阳的时候，日本共产党散发了大量的传单，我们在其中读道：

"工人、农民和士兵同志们！帝国主义日本的军事占领了沈阳。日本帝国主义资产阶级向占领满洲和蒙古迈出了第一步……向满洲！向革命的中国！向苏联！这就是日本帝国主义这个远东反动力量急先锋的战斗号召。

亲爱的同志们，被剥削的劳动人民们！你们已经被资产阶级和地主夺去了劳动和粮食、土地和自由。这个战争是为了他们，为了他们的利益进行的，其结果是要使他们更加痛苦，使我们走向最终的死亡。反对资产阶级和地主的祖国！反对寄生虫和杀人凶手祖国的一切军事行动！在军火企业和运输部门工作的工人们！不要向前线运送一个士兵和一支枪！停止枪支和弹药的生产！全日本的工人、农民和失业者！为反对战争和实现你们的要求组织罢工和群众运动！前

---

① 由若槻礼次郎出任总理大臣的内阁。——编者注

线的士兵们！立即组织同中国士兵的联欢！更加勇敢地把手伸给中国的无产者！留在兵营中的士兵们！你们要作出决议，一个人也不上前线去，你们都要反对保卫资产阶级和地主的祖国！工人、农民和士兵同志们！同中国的工人和农民结成同盟，为了革命的团结起来斗争！要求立即从沈阳和一切占领地区撤出军队，立即从中国和满洲召回日本军队和战船！不运送一个士兵上前线！反对日本帝国主义的一切军事行动！给予红军协助！保卫苏联！打倒帝国主义的日本！争取实现苏维埃的日本！"

党的反对战争的基本路线在这个号召书中得到了充分的表现。

我现在举出共产党反对战争的几次主要的活动。

9月17日，刚一得到了关于占领沈阳的消息，我们很快就召开了反战会议。10月4日举行了群众性的反战活动。我们反对战争，反对第二国际日本支部的领袖——Уимена①。

10月7日，在共产党一位领导人逝世一周年的那一天，举行了反战的示威游行，有500多名工人参加，有1500人参加了群众集会。

在十月革命十四周年的那一天，在日本举行了反战的示威游行和群众集会。有400名铁路工人、印刷工人和失业者参加了示威游行，在东京的火车站前有500名工人和革命的学生。在职业介绍所也举行了群众集会和示威游行。有1000多名革命的学生在东京大学门外举行了示威游行。在大阪和横川也举行了同样的示威游行。我们在那里庆祝十月革命周年纪念时提出的口号是："反对日本干涉中国！"、"保卫苏联"。在5月1日以前我们举行了几次示威游行。这一年的五一游行也是在同样的口号下举行的，在全日本参加的有10000名革命的工人和农民。8月1日的示威游行是非同寻常的。在很多企业中举行了带有反战性质的罢工、抗议和示威游行。例如，战争开始时，9月16日，在石川岛飞机

---

① 未查到译名。——编者注

制造厂中举行了罢工,在冶金工厂、机器制造工厂、电机工程工厂和其他企业中也举行了示威游行和罢工。

我们在军队中也做了一些工作。关于这个问题,我不准备多谈,因为还有一个关于反战斗争的专题报告。我只想简要提一下党的主要任务:

(1)反对准备反苏的战争。使用各种办法揭露已经在实行中的备战措施、向苏联边境增兵和制造社会舆论。

(2)揭露社会法西斯分子关于对华战争已经结束的欺骗手段。反对把战争继续进行下去。现在最重要的是由日本无产阶级来支持在满洲开展起来的游击队活动。

(3)在士兵中间进行工作,以及把这一工作同在农村和企业中的工作结合起来,具有非常重要的作用。

(4)同帝国主义沙文主义的一切表现,以及资产阶级及其奴仆法西斯分子和社会法西斯分子在工人中间进行的沙文主义宣传进行斗争。

(5)总结在反战斗争中已经取得的经验。在这里特别重要的是把反对斗争同实现日常要求的斗争大胆结合起来的经验(东京地下铁路、鸟羽铁路,等等)。

(6)特别是在企业中建立同群众的密切联系。

(7)同削弱工人阶级战斗力的社会民主主义情绪的各种表现(群众组织中的经济主义)进行无情的斗争。

现在谈一下土地问题。在寄生的地主占有土地的日本,这个问题是未来工农革命的一个基本问题。请看有关农民运动的一些材料。

在1917年农民的冲突只有85次,而经过10年,即在1927年冲突的数字增加到2052次;在1931年则增加到2689次。自从战争开始以来,农村中的情况怎样了呢?关于这一点,我有一些充分说明问题的数字。1930年9月,在农村中发生了61次冲突,而在1931年9月则发生了 42 次冲突——减少了。可是在 1930 年 10 月就又有了 141 次冲突，在 1931 年 10 月有 251 次；在 1930 年 12 月有 186 次，而在 1931 年 12 月则已有 309 次，增加了 50%。今年 1 月以后的情况怎样了呢？在地主和小佃农之间的斗争达到了空前的尖锐化。

你们看农业生产者的一些远非全面的数字。从 1 月到 6 月冲突的次数从 1931 年的 1523 次，增加到了今年的 1621 次，即增加了 98 次，而直接参加者佃农的数目从 8835 人增加到了 26969 人，即增加了两倍。这些数字说明了什么呢？它们表明：尽管有战争和反动势力大大加强，劳动农民还是更加广泛和坚决地同地主和警察进行着斗争。

我只举出两个例子来说明农民是如何同警察和地主进行斗争的。1931 年 9 月 19 日在枥木——有 500 名农民进攻了警察，为了营救被捕的青年伙伴。10 月 3 日在千潟有 350 名农民进攻了警视厅，同警察进行了真正的大血战。进攻的原因是地主夺走了一个带有革命情绪的贫农的土地。为了营救两名被捕者，反对夺走两名农民的土地，整个乡村都行动起来了。

那些参加了改良主义组织的农民也革命化了。今年春天，枥木的贫农打死了几名法西斯分子，因为后者维护地主的利益，反对斗争的农民并对农民进行侮辱。

法西斯分子在"乡村自治"这一蛊惑性口号的掩护下，力图把农民同地主联合起来并唆使他们去反对工人。

社会法西斯分子是资产阶级的土地改革派，他们千方百计地粉饰关于寄生性地主占有土地的问题，并力图通过由地主实行一些微小的让步来阻止农民的斗争，同时极力把斗争引向在警察仲裁下的和平谈判去。

当前，在国内正在开展着所谓的请愿运动，参加的有几万农民。自然这个运动还是由地主和富农领导的。然而，从农民对这个请愿运动所表现的极大的反响来看，也可以看出农民是怀有不满情绪的，即使是涉及农民利益的一个极小的问题，都会在农民中间引起一次运动。法西斯分子和社会法西斯分子企图利用这个运动，来达到他们叛卖的和反动的目的。他们把各种要求列成一张清单拿到农民中间去，要农民签上名字，事情就此结束了。法西斯分子和社会法西斯分子极力阻挠农民大规模运动的发生，以及他们对议会制和君主制幻想的支持在这里都表现出来了。

最近一个时期农民冲突的特点是，农民反对地主因小佃户缴纳不起租金，而强行收回他们的土地。可见，农民的斗争是愈益直接围绕着寄生的地主占有土地的问题而开展起来的。

运动的另一个特点是，在每一次冲突中，农民为反对地主和警察而采取团结一致的群众性行为。最近一个时期的特点是，农民对警察署和地主庄园的反攻，这已是土地革命的先兆了。

最近，有越来越多的农村阶层（中农、渔民等）被卷入了运动，他们是通过所谓的请愿运动和其他的渠道而参加自发的斗争的。

农民运动正在逐渐地引起军队中的反响。

虽然政府和各资产阶级政党，特别是法西斯分子和社会法西斯分子们尽了一切努力，但农民运动正在发展成为土地革命。但是，社会法西斯分子和法西斯分子的极其有害的影响，仍然可能暂时地阻止或减缓这一过程的速度，如果我们不能开展一个相应的揭露性的运动。我们在农民斗争方面的任务是，支持一切群众性的反对地主和反对政府的运动，协助选举由农民组成的农民斗争委员会，等等。当前，我们需要把农民运动从同地主和政府的谈判，引向更大规模的斗争。为此，我们需要利用请愿运动，并号召农民从和平的请愿运动过渡到革命的斗争，过渡到群众性的抗税、抗租和抗债。我们应当采取措施，在农民委员会下面组织自卫队，以便对企图剥夺农民土地和没收农民财产的警察、地主和高利贷者给予有组织的反击。应当组织大规模的农民运动，使它能够对地主和警察进行有组织的反抗。如果这个运动具有了群众性，它就将成为土地革命的开始。把农民的斗争同军队中的工作结合起来，也是非常重要的。

党在农村中的工作有很大的成绩，这是无可怀疑的。例如在一个改良主义的农会中，有70%的会员属于革命的反对派。党在这个农会中实行着正确的策略，利用合法的条件来争取这个农会的其他会员。党采取一切措施，动员农民进行反战、争取土地、反对苛捐杂税和债务的斗争。党通过这一工作扩大了自己的影响，引导农民走上了土地革命的道路。

现在谈一下军队中的骚动。关于这一点，我不准备多谈。根据已有的材料，在满洲已经发生了11次士兵的暴乱。（鼓掌）在上海发生了什么，你们都很清楚，因为上海的情况比满洲有更多的报道。3月13日，在日本国内有一个团的500名士兵举行暴动，并杀死了一些军官。几天以后，司令部不得不遣散了3000多名士兵。（鼓掌）我们在前线的士兵中有很多通讯员。有一部分下级军官也卷入了革命的暴动中。在12月有几个士官学校的学生因从事共产主义的活动被逮捕。然而，这也无济于事，在今年年初不得不对士官学校的学生进行新的逮捕。毫无疑问，由于党的工作的加强，士兵中的暴乱也加强了。此外，国内形势的普遍紧张化、农民的左倾化和工人的革命发动，也是促使士兵暴乱加强的原因。在军队中进行工作的可能性不断增长。党应当加强自己的这一工作。

在中国进行战争的日本政府和军阀企图扩大这一战争，而主要地是在准备着反对苏联的战争。一些同志错误地认为现在的战争将是"后方的战争"，因此在军队中进行工作并不是重要的。特别是在目前，应当在企业中和军队中都进行工作。当然，必须把这两方面的工作结合在一起。

现在谈一谈罢工运动。

1929年,在日本发生了576次罢工,在1930年发生了806次,而在1931年则约有1000次了。由此可见,在三年中罢工的次数增加了1倍。这就意味着工人阶级在争取自己日常要求的斗争中表现得更加积极了。下面举出几个罢工的例子看一看。

1930年8月,在大树的化工厂中爆发了罢工。12月16日,又发生了反对解雇400名工人的罢工。12月17、18和19日举行了示威游行。12月22日,有130名学生组织了示威游行。12月23日发生了同警察的冲突,有妇女和儿童参加,有两名工人被打死,230人被逮捕,33人以组织暴乱的罪名被交付法庭审讯。

10月28日,在坚田发生了罢工。12月12日,再次发生了反对解雇和缩短工作周的罢工。12月17日,发生了同警察的冲突。虽然警察有很好的装备,但很多警察还是受了伤。除了工人以外,参加示威游行的还有这个地区的500名居民,有350人被逮捕。1月23日,发生了支援性的罢工,参加的有130人。1月24日,罢工停止,因为它被改良主义分子出卖,在28日白天再次举行了示威游行。

9月14日,在"东京的赛璐璐"发生了抗议关闭企业的罢工。这个工厂的工人同居民和其他厂的罢工工人联合在一起。工厂被工人占领,警察被赶了出来。11月4日举行了反对帝国主义战争保卫苏联的群众大会,11月7日,发生了工厂的示威游行,11月28日,罢工以失败而结束。

自9月28日开始,举行了 Мутаимоно① 罢工。举行了示威游行,随之而来的是大逮捕。10月8日,再次发生了反对战争的示威游行。

地下铁路的罢工对于日本的罢工运动来说有着巨大的意义,从它发

---

① 未查到译名。——编者注

生的时刻（战争时期），它的准备和进行的方法，它的领导来说，它都像是一次反战的小型战争。我们需要有更多的这样的罢工。

我们还有很多其他的罢工事例。4月间，在东京的52家电影院发生了职员的罢工。这些职员同警察进行了有力的搏斗，警察遭到了痛打。这些罢工中有一部分是我们领导的。

在几十个其他的企业中，围绕着维护被动员入伍者利益的问题举行了罢工（例如东京地下铁路等），在这里提出了发给被动员入伍的工人全工资和他们复员后重新回厂工作的要求。

由此可见，虽然存在着反动势力的进攻，虽然有沙文主义的蛊惑宣传，工人们，特别是先进的工人们还是表明了，他们不会再像世界大战期间那样受人欺骗。工人们在这些罢工中表现出了前所未有的团结一致的精神。在很多地方选出了罢工委员会，这些委员会表现出了极大的主动精神。在日本没有永久的罢工基金，工人们应当自己筹集资金来继续进行罢工。应当明确地说，这些政治罢工都是直接的反战行动。

为什么这些罢工吸引了那么多的工人呢？为什么这些罢工不止一次地取得了胜利呢？因为我们在这些罢工中善于把被动员上前线的人的要求，同工人的要求结合在一起。因为罢工往往是在没有改良主义领袖，或者是在违反改良主义领袖的意志下，由选出的委员会所领导的。因为几乎所有的罢工积极分子都被吸引参加了某一方面斗争的工作。

我们应当充分地吸取这些很好开展起来的政治罢工（它们同工人的经济要求结合在一起）的经验，因为关于反对战争、反对饥饿和反对资产阶级—地主君主制的群众性政治罢工的问题，现在已经提到日程上来了。

党和革命工会在工人中间的影响不断增长。日本最近举行的罢工和发动说明，工人正在急剧地左倾化。最近发生的罢工都已经在很大的程度上带有政治的因素，例如罢工者直接占领企业，同警察的血腥冲突，举行政治示威游行,等等。

尽管有工人运动的高涨和党所取得的成绩,我还是应当说,当前的罢工运动无疑地落后于国内政治事件的进程。

罢工运动在加强无产阶级领导权方面的作用是很大的。党在罢工运动方面的任务,是开展群众性的经济战斗,并不断地把它们同反对饥饿、恐怖和战争的政治发动结合起来。在这里,我们的同志应当领会列宁所说的话:

"在政治罢工的时候,工人阶级是作为全民中的先进阶级出现的。无产阶级在这种情况下不单纯起着资产阶级社会里的一个阶级的作用,而是起着领导者、先驱者、领袖的作用。……另一方面,如果不提出经济要求,不直接而迅速地改善劳动群众的状况,劳动群众是永远也不会同意去考虑什么全国的共同'进步'。只有在改善劳动者的经济状况的条件下,群众才会投入运动,积极参加运动,高度重视运动,发扬英雄主义和自我牺牲,坚定不移的精神,并对伟大事业忠心耿耿……"①

如果工人不理解这种"错综复杂情况"的全部特殊性、全部意义、全部必要性、全部原则的重要性,那就要犯无法补救的错误。

下面谈一谈关于失业者运动的问题。我想通过一系列的例子来说明失业者是怎样反对政府、反对自治市政府、反对资本家的。

1月15日,在大阪市的一个职业介绍所中,经过向3000名做临时社会工作的失业者散发传单,这些失业者宣布了半天的罢工。这些失业者提出的要求是:"把用于战争的钱分配给失业者。"3月20日,有一个穷人被强制迁移,在东京遭到了上千名失业者和地方居民的阻止。6月5日,有600名失业者向自治市政府提出了关于定期供应失业者大米

---

① 《列宁全集》中文第2版第21卷第325页。——编者注

的要求。在东京郊区,失业者举行了两次示威游行,要求发给他们大米。6月7日在这个城市举行了群众大会。8月2日,在东京的农林省大楼外面,有工人的妻子和子女举行了示威游行,要求政府低价出售大米。

还有饥饿农民为争取发给他们大米而采取了行动。去年年初,在整个日本约有3000名失业者被组织起来。现在仅在东京一地就有11737名失业者被组织在失业者委员会中。

顺便说一下党发动的所谓米骚动。在日本,由于每三个工人中有一个失业者,工人的工资低到了殖民地工人工资的水平,无地和少地农民群众挣扎在饥饿线上,城市贫民的贫困化日益加剧,——这个运动就带有了全社会的政治性质,其矛头指向了资产阶级地主的政府。

党在这个运动中采取了正确的方针,这就是向资本家、地主和政府的米仓,向自治市政府和农林省大楼采取群众进军的方针。然而,在这里也犯了一个错误,就是在正确的口号中提出了一个"大米按每斤8钱出售"的反农民的口号。

我们的总的口号是——"政府无偿地发放大米"。随着各种必要条件的成熟,我们把运动引向了更高的阶段——"强占资本家、地主和政府的米仓"。

下一个问题是关于统一战线的策略问题。毫无疑问,在工人中间对建立革命统一战线的期望日益加强。各种右翼改良主义官僚分子的统一战线"劳动俱乐部"的成立,在工人中间引起了普遍的不满。联合的社会法西斯政党的成立在社会民主党的工人中间更加增强了这种不满的情绪。

党在实行统一战线的策略方面取得了一些成绩,如建立了选举的罢工委员会和农民委员会,革命工会反对派的影响也扩大了,等等。但是,同改良主义的以及未参加组织的工人和农民的不满情绪的规模比较起来，这些成绩还是非常不够的。

反对"劳动俱乐部"和新社会民主党、反对自己的右翼改良主义领袖的很多工人仍然处于"右"翼领袖的影响之下。而只要我们善于实行正确的策略，并在我们的倡议下共同组织带有具体纲领的群众发动，我们在过去能够，现在也一定能够把这些工人和农民中的一大部分人争取过来。在实行统一战线的策略方面，绝不能忘记右翼改良主义工会中的工人，特别是在他们中间有很多重要的工业部门——军工大企业和海洋运输的工人。

从第十一次全会召开时起，我们党有了很大的发展，因为党真正为实现群众的日常要求进行了斗争。我们在2月进行了一次改选的活动，我们提出了自己的候选人，有一个候选人是由32个工厂提出来的。党在当时进行了反战的斗争，而且已经得到了巩固，可以提出自己的候选人了。虽然我们的候选人遭到逮捕，虽然受到社会民主党和法西斯主义的反对，我们党还是得到了约有15000张选票。

我们党在进行反战斗争中，整个说来是领导了群众的革命发动。在一个半月中，我们党机关报《赤旗报》的份数从大约3000份增加到了10000份。现在我们可以说，我们已经有了支部。尽管遭到逮捕，也没有停止散发传单。党员在群众集会上发表演说。这说明了党员觉悟的提高。例如有一位纺织女工在改良主义者召开的会议上发表反对战争、反对领袖们的背叛行为的演说。她因此而被捕并受到法庭的审讯。尽管遭到镇压，党员还是继续进行斗争。

革命工会也有了发展。在红色工会国际第五次代表大会期间，它们有5000名会员，到红色工会国际第八次会议期间，它们至少有了15000名会员，即增加了两倍，（鼓掌）现在则更多了。

革命反对派争得了大多数的农民组织，这些组织现在有35000名会员还争得了这个组织的70%的成员。党也在革命的文化团体中加强了自己的影响。

根据法务省的材料，最近三年来，日本法庭对被控属于共产党的3204人判处了不同期限的监禁罪。可是尽管如此，共产党还是发展了起来。

这当然并不意味着在党内没有弱点了。在党内是有缺点的。最近出现了社会民主主义的倾向，其表现是在反战斗争中的涣散情绪，以及战争已经结束的断言。这些社会民主主义的倾向部分地也浸入了我们的群众组织中。

党的第二个弱点无疑地是在工会中进行工作不够。工会中的党团有时竟把自己同党对立起来。这无疑是一种不健康的现象，它表明在工会的共产党工作人员中间，布尔什维克的纪律性涣散了。正是在秘密工作的条件下，在反战斗争的条件下，在群众发动的条件下，党应当是坚决地提出关于加强自己在工会中影响的问题。可是，在党的机构中不是采取说服的方法，当今有时仍然采用命令主义的方法。我们还面临着巩固工厂支部，特别是巩固地方党组织机构的任务，因为在秘密工作、战争和反动制度的条件下，一个坚强的、富有主动精神的党的机构具有很大的意义。

我要强调指出，对于我们党来说，对今年5月共产国际西欧局所发表的关于日本的提纲开展广泛的讨论，用这一提纲的精神来改造党的工作和组织是非常必要的。

我要重复说一句，尽管遇到各种各样的困难，党仍在为反对政府、反对资产阶级和地主而进行着斗争；尽管恐怖活动不断加强，党还是取得了成绩。然而，同我们党所面临的任务比较起来，这些成绩还是很不够的。最近，党将要面临着巨大的革命的历史性任务。如果荒木将军说，日本在最近两三年中将要出现"非常的紧张情况"，那么，我们就应当在这种情况中成为胜利者。

（休会）

第十八次会议

(9月6日晨)

主席:曼努伊尔斯基

讨论库西宁和台尔曼的报告

乌尔塔多(西班牙):

到第十一次全会召开的时候,西班牙共产党大约有1200—1400人。党和广大群众没有密切的联系。在第十二次全会召开时,我们党已经有了15000至16000名党员。在这一年半内,党领导了多次大的群众运动,并进行了包括大约30万工人和农民的工会统一的运动。

这证明我们的党正在变成真正群众性的党,成为在西班牙开展阶级斗争的一个重要的政治因素。

革命——这是广大群众生活中的转折点。

在西班牙发生的这样急剧的转折,是由于千百万无产者和农民被唤起参加政治活动,阶级力量的对比开始发生变化。

1931年的西班牙革命,是在资本主义和社会主义国家之间矛盾达到尖锐化的时刻开始的。

西班牙革命和世界革命紧密地联系在一起,因为西班牙资本主义和整个帝国主义体系联系在一起,和它同命运,而西班牙的无产阶级则和国际无产阶级联系在一起。西班牙革命是世界无产阶级革命的一部分,当然，它具有自己的特点和自己独特的阶级性。

西班牙在政治和经济方面是一个落后的国家。农业生产比工业生产占有优势，直到最近，大地产和剥削农民的其他封建残余在农业中仍占着主要地位。我们举一个例子就足以说明这一点了。每个面积不足一公顷的790万个地块，占有290万公顷的土地，而每个面积为100公顷或100公顷以上的28800个地块就占有了970万公顷的土地。另一些大的土地所有者占有的地产为5000—25000公顷，一些农业地区几乎整个属于一个或两个大地主所有。在加利西亚还保留着封建的《三代租佃制》，即代役租制。在卡塔卢尼亚，通过所谓《什一佃租税》的形式，保留着农民对地主的依附关系，农民必须把一半甚至一半以上的收获物交给地主。

除了农业问题，在西班牙还有民族和殖民地问题。即使不谈摩洛哥和其他西班牙的殖民地，只拿半岛本身来说，就有30%以上的居民，即卡塔卢尼亚人、加利西亚人和巴斯克人，是被压迫的民族。

一直存在到1931年的西班牙君主政体，支持和维护了整个的压迫制度和落后状态。这是一个半专制、半封建的君主制，它已经和资产阶级结成联盟，使资产阶级部分地掌握了政权，但仍然保留着大地主、贵族、军阀和高级僧侣（即占有特权地位的教会）的优势。

西班牙革命的基本特征是资产阶级民主革命，首先是土地革命没有完成。这就是说，在1931年西班牙的资产阶级民主革命（实质上是土地革命）的时机已经成熟。十分明显，这次革命是在决定无产阶级在革命中起主导作用的国际国内条件下发生的，它所反对的不仅是地主，而且还有反革命资产阶级，也就是说，这个资产阶级民主革命应当在无产阶级的领导下进行，并将迅速地转变为社会主义革命。

在4月14日那天，君主政体垮台了，建立了资产阶级共和国。但政府中的总统和部长职位都由原来的保皇派分子阿尔卡拉·萨莫拉和米格尔·毛拉所盘踞,他们同政府的其他成员(包括社会法西斯分子)一起给自己提出的主要任务是:保存君主政体的国家机器和社会基础,并拯救所有的地主。

资产阶级围绕着4月14日制造了一个传闻,把自己描绘成为使阶级关系协调一致的榜样,和各阶级一致赞同不经过流血和斗争而实行制度更替的榜样。

党和事件的发展揭穿了资产阶级的这一传闻。4月14日君主政体在工人、农民和部分小资产阶级革命的高潮中崩溃了。

为了避免出现更加严重的后果,国王被迫离开了国家。面对着群众高昂的革命热情,统治阶级为了镇压革命而玩弄花招,把地主—资产阶级—保皇派的联盟变成了共和派资产阶级—地主的联盟。这个花招的目的和意义是在共和国的招牌下,利用民主的幻想和蛊惑性的诺言来欺骗革命群众,从而防止革命的进一步发展。

然而实际情况很快就表明革命已经开始,并没有在4月14日结束。共和政府从它执政的最初起就表现出了它的反革命性质。4月14日和15日它开始在塞维利亚和其他城市枪杀革命的工人。

政府答应立即进行土地改革,解放被压迫民族,解散教会的骑士团,取缔君主政体的国家机关,解散国民自卫军,等等。另一方面,革命群众则丢掉民主的幻想,表现出为完成革命基本任务而斗争的真诚的和不屈不挠的意志。

1931年5月10日事件、修道院的纵火案等都是重要的政治因素和转折点,它们证明了绝不能离开革命的道路,证明了4月14日玩弄花招的最主要的任务并没有完成。在马德里,保皇派分子竟然打着自己的旗子,呼着口号走上了街头,向工人阶级进行挑衅。工人群众对此立即进行了反击,保皇派分子的游行很快被驱散了。它只是对革命高潮起了促进的作用。工人们袭击保皇派和教权派集团的机关刊物《阿贝赛》

报的大楼，烧毁了令人憎恨的耶稣会士的修道院和许多其他宗教机构。在马德里发生的这次事件对全省发生了巨大的影响，到处都焚烧修道院和教堂。这次运动实际上不仅是反对教会、保皇派和整个的旧制度，而且也反对资产阶级共和国，反对保护教会并调动军队、警察反对革命群众的阿尔卡拉·萨莫拉。

1931年7月，在塞维利亚发生的"流血周"是革命开展的另一个重要的政治因素。这次运动是在经济冲突的基础上爆发的。政府保护资本家的财产，反对已经开展起来的经济斗争，调动警察来反对工人举行示威游行和任何集会。他们打死一个在群众中声望很高的工人，激起了极大的愤怒。在这样的条件下，我们党主动提出了举行48小时总罢工的声明，罢工是在全体工人的统一战线基础上举行的。政府加紧进行迫害，工人则用武装抵抗来回答，这样一来，就造成了延续整整一个星期——从7月20日到25日的一系列武装冲突。为了镇压这次运动，政府动员了空军和炮兵，并用炮弹击毁了共产党员集会的房屋。

塞维利亚事件在全国引起了异乎寻常的巨大反响。工人们明显地同情自己的阶级兄弟，而政府的反革命立场促使数千名工人抛弃了民主的幻想。经济、政治罢工的浪潮空前高涨。巴塞罗那的9月总罢工是同塞维利亚事件携手共进的。同时革命运动在农村中也开展起来，农业工人举行了多次罢工，他们进攻地主的土地，分配了庄稼和家具，等等。

民族运动首先在卡塔卢尼亚也开展起来。在一些省里制订了法律草案，为了维护其实行而开展了运动。

经济危机和政府的反革命政策加速了革命运动的开展。1931年11个月的外贸逆差总额达20489万比塞塔。比塞塔对美元的兑换率从9比塞塔下降到13比塞塔。重工业的生产首先大幅度下降了。比斯开的各个企业和巴勃科克、维尔科克斯的工厂解雇了几千名工人。到1931年末，失业人数达到了100万，还不包括半失业者在内。失业现象也波及到了农村。

在1932年1月和2月，革命运动达到了更高的水平。在卡斯梯尔布兰科农村，因受迫害而激怒的农民杀死了国民近卫军的四名成员，五天以后，国民近卫军在阿尔涅多向和平示威游行者开枪，打死10人，打伤多人，其中包括妇女和儿童。阿尔涅多的暴行激起了全国的愤慨。党开展了反对国民近卫军和政府的坚决斗争，并宣布在1月25日和26日举行抗议总罢工。1月19日，在这种一触即发的政治气氛中，在略夫雷加特矿区的采矿业中开始了罢工，这一罢工很快就转变为革命的发动。在此期间，曼雷萨、费戈利和其他村落的工人占领地方自治局，解除了国民近卫军的武装，开始举行公开的起义。政府惊恐万状，集中了大批武装力量包围了正在举行起义的地区，迫使工人投降。1月23日巴塞罗那宣布了总罢工，25日在全国开始的总罢工，在塞维利亚和西班牙南方其他城市取得了特别大的胜利。在1月份，罢工人数达到了100万人。政府对罢工者进行了残酷的迫害。在10月份政府通过了《共和国保卫法》，这个法律赋予了当局为所欲为的权力。查封了党的报刊，解散了革命总工会，工人们大批地被流放到非洲去。然而，尽管如此，运动并没有被削弱。抗议流放工人的2月运动具有比1月罢工更大的规模，罢工人数达到了130万。虽然这次运动最终被政府所破坏，但革命的高潮并未过去。托莱多、加利西亚和安特克拉的罢工，5月1日和29日的发动，唐·发德里克的农民起义，工人们反对圣胡尔霍政变的斗争——所有这些发动都是革命发展高潮的连续的阶段。

不容置疑，革命发展的结果是阶级矛盾的极其尖锐化，是民主幻想的大大削弱，是群众对资产阶级共和国的大失所望，因为广大群众越来越看清了政府的反革命性质。共产党把揭露阿萨尼亚—卡瓦列罗政府作为自己宣传和鼓动的中心。党反对把这个政府说成是革命的或半革命的、小资产阶级的，或者是克伦斯基式政府的任何企图，和这些机会主义的看法相反，明确地指出它是资产阶级和地主的反革命政府。

统治西班牙的反革命资产阶级地主专政的特点是，它力图用民主的假面具来掩盖自己的反革命性质。这个政府继续玩弄4月14日的花招，企图利用蛊惑性的姿态来麻痹革命。为了唤起人们对已经破灭的共和制的幻想，它用假民主改革的政策，代替了残暴镇压和恐怖活动的政策。这时，国会刚刚讨论了同西班牙革命的重大问题——土地问题和民族问题相联系的土地改革和卡塔卢尼亚法律的问题。不用说，所实行的改革并未在有利于被压迫群众的意义上解决这些问题。土地改革许诺在最近几年内把土地分配给几千个农户。这些含糊不清的诺言并没有解决被剥夺了必要资金的农民怎样耕种土地的问题。这就表明了这次改革的全部反革命性质，即不触及大地产和封建主的权利。由此可见，这一改革的目的就是保护地主的所有制和用虚伪的谎言来安抚造反的农民。卡塔卢尼亚制定的法律也是一样。根据这一法律所给予卡塔卢尼亚的自治只是名义上的和虚伪的，全部实际的权利都掌握在马德里手中，而民族的解放仍然是革命的一个迫切问题。其他各省甚至连一个名义上的自治也没有。摩洛哥和其他殖民地仍旧处于和原来一样的被奴役地位。政府在政治生活各个方面的诺言：教会与国家分离、对军队的措施、社会立法等，都是一句空话。颁布那些丝毫不能满足革命群众要求和实行一点微小让步的法律，只不过是一种新的手腕，其目的是防止新的革命怒火的爆发。

西班牙目前局势的特点还有另一个方面，这就是，政府所实行的"改革"丝毫不能使劳动者满意，也不能使相当一部分统治者满意。

资产阶级在4月14日转到共和国方面是想以此来遏止革命的发展，现在它看到自己的意图失败，看到群众的革命高潮迅速增长，越来越对自己政府玩弄蛊惑性的姿态表示担心，于是便向右转，希望利用群众对资产阶级共和国的失望，回到公开的专政去，直到回到君主专政去。现在，资产阶级继使用"左"的花招之后，又在使用右的花招。以阿萨尼亚—卡瓦列罗政府为代表的反革命政权，并不能使资产阶级感到完全满意：它担心这种花招会破产，因此，资产阶级正在建立反革命的其他后备军。1931年10月，阿尔卡拉·萨莫拉和毛拉因对在群众压力下采取反教会特权的某些措施不满而退出了政府。1931年12月，重要的资产阶级政党——激进党的领袖——勒鲁，因对社会法西斯分子在政府中的优势地位和社会立法计划不满而退出了政府。善于玩弄花招的勒鲁开始掀起了一个反政府运动，首先要求社会法西斯分子退出政府，因为别的不说，资产阶级想保持社会法西斯分子作为在政府以外的预备队，而在政府里会大大败坏自己的声誉。与此同时，各种保皇的、教权派的和法西斯的团体也活跃起来了。

8月10日，圣胡尔霍发动政变的企图，是资产阶级向极端反革命方向转变的一个最重要表现。在这个事实上也有着某些征兆，即前保皇派国民近卫军长官圣胡尔霍在4月14日曾投向了共和派政府，现在则又反水了。圣胡尔霍运动带有自己的特点。它的基础是由保皇派和教权派分子，首先是军人所组成的，这些人由于自己的集团利益，由于在统治阶级阵营中失去了自己的特权地位，而按捺不住自己的反革命急躁心情。

然而，圣胡尔霍的这个运动同时也是资产阶级和地主加强反革命的更广泛运动的一个部分。圣胡尔霍和勒鲁之间的联系是很明显的。勒鲁自己承认，圣胡尔霍曾向他建议加入他的政府。显然，如果勒鲁拒绝这个建议，这并不是因为不同情圣胡尔霍，只是因为对运动的胜利没有信心。后来，我们看到保皇派运动同右翼共和派分子是怎样明显地紧密相连了。这样一来，资产阶级共和派运动就越来越自我暴露。如果我们考虑到，阿萨尼亚·卡瓦列罗政府本身归根到底同这个勒鲁—圣胡尔霍阵线相联系，那么这种暴露就显得尤其重要了。这个政府保留了复辟君主政体和一般公开反革命专政的经济、政治和军事的基础。阿萨尼亚—卡瓦列罗政府善意对待反动分子而对革命分子实行迫害,这就证明了它是圣胡尔霍的同谋者和帮凶。如果说圣胡尔霍没有取得胜利,如果他鬼鬼祟祟地逃出了塞维利亚,那么,这首先是宣告了总罢工和走上街头的塞维利亚革命工人的功劳。

圣胡尔霍政变的失败有着巨大的意义,因为它揭示出了两个基本事实:

1. 资产阶级地主反革命的加强。这个反革命的主要力量是阿萨尼亚—卡瓦列罗政府。然而,独立于这个政府并和这个政府一起的还有其他的反革命力量,这些力量较少地做出蛊惑性姿态,而更重要的是在疯狂镇压革命运动的问题上表现得急不可待。这就是说,无产阶级必须准备对资产阶级地主反革命的各种形式进行斗争,并准备采取各种斗争方法。

2. 工农群众的革命精神如此高昂,以致于对他们只能采用欺骗的手段。只要阶级敌人一表露出自己的真实面目,或者戴上十分露骨的假面具(像圣胡尔霍在塞维利亚那样),他就会立即遭到强有力的打击。

最近的事态表明,西班牙无产阶级的革命力量并没有被削弱,我们正处在空前规模和空前紧张的新的阶级搏斗的前夕。

自第十一次全会以来,在每一次发动中,西班牙工人阶级的战斗特点都表现出大规模的英雄主义,不仅包括工人,而且还包括劳动农民。工人阶级的生活条件由于经济危机的不断扩大和尖锐化而愈益恶化,其结果是波旁王朝被推翻和在4月14日建立了共和国。这些事件使群众参加了斗争,轰轰烈烈的群众战斗在全国范围内开展起来。如果说这个斗争在农村中没有达到同样激烈的程度,那只是因为劳动农民沉浸在深深的幻想之中,相信立宪会议会兑现关于平分土地的诺言。甚至在没有确切资料的情况下,我们也能说出罢工运动达到了怎样的规模。1931

年6月,在塞维利亚有37%的当地工人参加了斗争(这次斗争成为7月事件的前奏),在巴塞罗那有38000名金属工业工人投入了斗争,在科尔多瓦有5000名工人,在马拉加爆发的总罢工有30000多名工人参加,在阿斯图里亚斯有8500名工人投入战斗,在萨拉戈萨有4000名金属工业工人宣布罢工,还有许多其他工人进行了反对失业的斗争。我们再来看看埃西哈等地的情况。在西班牙,没有一个地区、一个城市、一个村镇工农群众不为争取改善自己的状况和反对政府对工农采用恐怖手段而进行斗争。

塞维利亚的7月总罢工是西班牙全国一系列声势浩大的总罢工的开端,即马拉加、科尔多瓦、戈林纳达、萨拉戈萨、巴塞罗那、加的斯、巴伦西亚等地的罢工,这些罢工同时伴随着为实现工人的日常迫切要求而进行的战斗。这是对机会主义那种似乎在危机期间不可能举行罢工的论断的最好回答。

整个西班牙沸腾起来了,我们甚至从资产阶级报刊的报道中就可以看出,在西班牙发生了3543次罢工,其中30次是政治性的总罢工,这些罢工转变成为武装的战斗和起义,直到在一些地区夺取了政权(虽然只是很短的时间)。我们可以看到,只在塞维利亚一个省,从1931年9月到1932年6月,就发生1700多次罢工,这些罢工最后都是由城乡工人取得了胜利。

大多数罢工是群众性的罢工,并带有明显的进攻性质。当时,资产阶级和政府采取了恐怖手段来镇压罢工和群众运动,但是都不能阻挡住群众的进攻。这是因为从4月到10月无产阶级在整个西班牙实行了进攻,这时政府曾给了群众最初的打击。巴塞罗那的总罢工被无政府主义——改良主义的领袖们无耻地叛卖了,这就使得政府有可能通过颁布《共和国保卫法》来进攻群众。还实施了一项由社会党部长卡瓦列罗所制定的"母亲保险法",依照这项法律,一部分保险费用要由工人来承担。

在塞维利亚，政府也开始向红色工会，首先是运输工人工会发起进攻，试图把工人们已经争得的主要成果再夺回去。

塞维利亚政府的这次进攻，是同大船主们合伙干的，其中的某些人是西班牙银行的头目。不过，这次进攻结果是失败了，因为我们党所领导的光荣的塞维利亚革命无产阶级的坚决抵抗，粉碎了资产阶级政府的这次进攻。塞维利亚工人的进攻就这样地继续着，它表现在面包工人的运动中，这是我们党取得的最有意义的成就之一。然而，一方面塞维利亚工人的斗争尽管保持着自己的进攻性质，但必须指出的是，政府还是把失业工人的斗争镇压下去了，解散了失业者们所建立的组织。在组织方面的错误是，失业者的组织采用了工会组织的形式。失业工人并不到在失业者组织被解散以后建立的那些委员会中去。可以说，在失业者中间对他们的组织存在着合法性的幻想，而随着组织的被解散，为实现失业者局部要求的斗争便在很大程度上瘫痪了。市政委员会利用这一点来关闭每天可以给550名工人介绍工作的职业介绍所。现在，塞维利亚失业工人的运动在政府进攻的面前处于自流状态了。在马拉加、毕尔巴鄂、圣塞瓦斯蒂安、萨拉戈萨等地也有这种情况，犯了组织上的错误：例如在毕尔巴鄂，我们党建议失业者拒绝领取午餐券（因为午餐的质量不好），而不是去发动争取改善伙食和增加供应量的斗争。

虽然最近在某些地方我们党的工作已经有所转变，建立了失业工人委员会，但是，我们的错误帮助了社会法西斯主义者和无政府主义改良主义者在失业工人运动中的破坏工作，帮了资产阶级的忙。

在我国发生的许多经济性罢工，已经达到较高的水平并转变为政治性罢工了。可以看到局部战斗正在迅速地转变成普遍性的斗争。塞维利亚面包工人的罢工可作为这一斗争的榜样，在罢工期间，工人的经济要求在斗争过程中同政治要求结合在一起。

这次罢工是从要求增加工资和改善劳动条件开始,并在共产党领导下进行的。工厂主断然拒绝任何增加工资的要求,不做丝毫让步。他们请部长向面包房派来了军需兵,在工厂主走卒们的帮助下,力图使工人们投降。但是,工人们从罢工的第一天起就组织了罢工纠察队,并开始阻挠向首都街道运送面包,使面包的分配工作陷于瘫痪,然而罢工遭到了破坏。省长不但急忙派出军需兵援助工厂主,而且还给每个分发面包的人派两名国民近卫军士兵去保护,以便阻止罢工者攻击面包的运送工作。政府的这些可耻行动不但促进了工人们反对工厂主、争取自身要求的斗争,而且使工人们在集会上立即提出了罢免省长、释放在进攻面包房时被捕工人的要求,以及反对市政委员会中社会党少数派的要求,因为这些人从远离塞维利亚的地方为工厂主提供面包工人。经过了19天的罢工,工人们获得了相当大的胜利,争得了较好的劳动条件,从徒工到工长,全体工人增加了19%的工资,所有被逮捕的人都被释放了,使省长和市政委员会中那些打算同运动对抗的社会党少数派做了让步。

农村斗争的规模也很大,从10月份到2月份,主要在安达卢西亚和卡斯提利亚的农村中展开了大的战斗,因为工人对他们那点微薄工资的不断降低非常不满。在油橄榄的收获(它是一项主要的农业收获活动)期间,工人们为反对社会党人企图强加给他们的工资定额而进行了斗争,这个定额是社会党人同农业委员会中的土地占有者一起商定的。这就引起了托莱多省的埃西哈、奥苏纳、安特拉克、阿吉拉尔·德·拉·弗朗特拉、莫龙·德·拉·弗朗特拉等地的大规模运动。工人们不仅掀起了争取提高工资的斗争,而且在某些地方(科尔多瓦自由镇、埃斯佩霍、科尔多瓦新镇)失业工人还组成小组到田里干活,然后要求发给自己工资。在另外一些情况下,他们还把一部分收获物带回自己家里。在3月份和4月份,乌维达、卡斯蒂尔布兰科、德·济斯·阿罗约斯等地的农业工人袭击了农场,要求发给自己食物。最近,大规模战斗遍及了所有的农业地区。在塞维利亚省，我们党在政府为反对它而实行的野蛮镇压下，不能组织工人的斗争，那里的农村全被政府派去的警察武装（国民近卫军、突击队等）所占领，可是，在卡莫拉、两姊妹镇、布雷内斯、比利亚曼里克、莫龙·德·拉·弗朗特拉、卡扎伊亚、滨河洛拉、埃尔科罗尼尔、康斯坦丁娜等地区仍有25000多名工人被动员起来，为反对企图在15天内强加给他们的那些条件进行了斗争。只有在我们党掌握了运动领导权的三个地方（圣季蓬斯、盖尔维斯），党才取得了胜利。在科尔多瓦举行了约有6000名工人参加的罢工，罢工被无政府工团主义首领们出卖了。有一部分农业工人处在党组织的影响下，这些工人在所有的战斗中表现出了很大的活动能力，可是党组织对这些被无政府工团主义者所出卖的工人却没有做什么动员工作。在加的斯省爆发了斗争，有22000多名工人不顾无政府工团主义首领的种种阻挠参加了斗争。由于我们党没有同罢工工人取得联系，结果工人们在政府任命的委员会强加给他们的条件下复工了。在托莱多也举行了总罢工，同政府委员会在唐·发德里克、阿伦帕迭尔镇和卡纳镇所提出的条件比较起来，我们党在这里争取到的条件要好；农业部部长激进派社会党人杜敏果同社会党人一起对罢工进行了干预，并使工人按照托莱多当局提出的条件复了工。然而，我们党在领导农业工人斗争方面的作用是非常小的，党的确同农村工人联系很少，在劳动农民中的工作几乎等于零。这些革命分子现在多数处在反动分子（加利西亚）或是小资产阶级自由派分子（卡塔卢尼亚和科尔多瓦）的领导之下。在其他地方，他们完全是无人过问的（埃斯特雷马杜拉）。

尽管我们党为改进在农民中的实际工作做了某些尝试，可是在农民中的工作和领导农民的斗争方面仍然是无所作为。在卡塔卢尼亚的帕纳捷斯地区，农民不顾国民近卫军和突击队的种种威胁而开始进行斗争；他们使这个地区的全部贸易活动陷入了瘫痪，他们拒绝满足地主的要求，使政府不得不通过关于当前形势、防止斗争扩大的决议。在巴达霍斯省，地主们在国民近卫军的支持下，要挟农民支付布尔邦帝制年代的租金。这个省的农民不顾社会党领袖们做出的决定，拒绝交纳租金。毫无疑问，劳动农民对土地改革还抱有希望，认为这次改革定会解决问题，不能否认这种希望是存在的，尤其我们党很少去向农民解释反对政府法令的意义和组织他们进行反对地主的斗争。这就是现在农民还没有投入到反对地主和政府赋税的公开斗争中去的原因。在加利西亚、瓦斯克尼亚、卡塔卢尼亚和安达卢西亚存在着农民的相当大的组织。在加利西亚一个天主教土地联盟，包括 50000 名成员，还有一个团结同盟有 3000 名成员。在另一个组织——有 15000 名成员的农民同盟中，我们占有一系列的位置。在卡塔卢尼亚还有一个采购农具的组织，有 5422 名成员，互助储金会有 3500 名成员。还有大约 400 个小型组织分散在各地。在科尔多瓦有一个组织，有 22000 多名劳动农民参加，它是由勒鲁集团中的激进主义分子领导的。在瓦斯克尼亚还有些由反动分子所领导的农民组织。

在农村的斗争中，例如，在科尔多瓦新镇、安特拉克和唐·发德里克，农民同农业工人一起，起着革命的作用。在所有这些地区，大批农民手持武器同农业工人携手并进，为反对警察武装和国民近卫军而斗争，表现出了反对不堪忍受的贫困状态的意志。

现在，农民们正在进行着大规模的战斗，特别是在埃斯特雷马杜拉和卡塔卢尼亚。我们党采取了一系列措施，以保证党对这些战斗的领导。我们希望我们党能够通过在农村中开展起来的战斗，取得劳动农民的信任，并向他们表明，只有在共产党的领导下，他们才能够摆脱各种困难和不堪忍受的贫困状态。同时，党要借助于这些战斗来完成土地革命。

问题是为什么这样的革命力量还不能取得政权。对这个问题的解释是，西班牙的资产阶级同其他各国的资产阶级一样，在工人阶级队伍中有一些颇具影响的同盟者，这些人以各种形式推行着反革命政策，为资产阶级的目的效劳。

我举出其中的几个例子，就从社会法西斯分子讲起。社会党在议会中有 112 名代表，是一个不小的党团。这个党的三个最有影响的代表参加了阿萨尼亚政府，在政府中起着核心作用，无论在政府里还是在议会中都是坚决的反革命派。社会法西斯分子在制定和推行反革命政策方面，起了极其重要的作用，需要专门讲一讲。

社会党人—工人总同盟的首领准备和帮助推行以破坏革命组织为目的的《共和国保卫法》。根据议会中社会党党团所一致通过的这个法律，有数百名革命工人、共产党员，甚至还有无政府主义者被流放到非洲沙漠地区去。政府对革命组织的镇压政策，特别是通过掌握在工人总同盟总书记、社会法西斯分子拉尔戈·卡瓦列罗手中的劳动部来贯彻执行的。社会党人通过最有效的方式来支持政府的镇压机构，而且他们走得要更远。他们不仅用最现代化的警察装备来武装国民近卫军，而且还成立了所谓突击队近卫军，其特殊任务就是把工人阶级的示威游行淹没在血泊之中。最近这个近卫军的成员从 2500 人增加到 24000 人。但是，掌权的社会法西斯分子不仅推行着血腥的镇压政策，而且还用社会立法来作为这一政策的补充。这样，我们看到，在普里莫·阿尼多专政时代在社会党人参加下成立的旧的均等委员会，又在新的混合委员会的形式下复活了，这些委员会的特殊目的就是反对罢工和革命运动，以此来推行法西斯的阶级合作方法。

颁布了一条法律，责成工人组织必须承认混合委员会的调解，如果拒绝调解，这些组织就会被解散和宣布为非法。作为对这一法律的补充，规定了专门的"劳动代表"制度，其职能是监督社会法律的实施和对革命组织的镇压措施的执行。

在土地改革草案中，社会党人拒绝按 4 月 14 日的诺言把土地分给农民。为了贯彻这些措施，社会法西斯分子的首领们求助于政府的一切镇压手段。随着"工人总同盟"和社会党在群众面前暴露了自己是一个具有反革命思想体系的组织，在他们的内部就出现了一个"左翼"，这在政治上不过是社会法西斯党人之间分工的一个形式而已。这样，我们看到在巴达霍斯省农业工人罢工期间（这一罢工是土地革命发展中的一个重要因素，它证明群众脱离了社会党和"工人总同盟"），当政府在三名社会党部长和 112 名社会党议会党代表参与下，派出了国民近卫军去对罢工进行血腥镇压时，社会党的代表玛加丽塔·诺尔克和莫伊尼奥就在这个省发起了一个煽动性的"左"的运动，在群众的压力下，他们宣布大罢工，当然这无非是为了更好地出卖运动。

"工人总同盟"、社会党分部也是这些先生手中破坏罢工的重要武器。社会党首领们极力想把"工人总同盟"变成为这一目的效劳的组织。劳动部和马得里人民会堂是搜罗和组织暴徒和工贼的中心，这些人在比斯开、阿斯图里亚斯、卡塔卢尼亚等地被用来加强警察和国民近卫军在反对罢工工人斗争中的力量。在社会党和"工人总同盟"的领导人中间，有些人执行封闭革命工会的政策，其中某些人鼓励和支持对工人—无政府主义者和共产党人实行流放，并利用自己在巴塞罗那的黄色工会，为流放 1 月份参加略夫雷加特运动的工人去非洲的布宜诺斯艾利斯号轮船募集船员。

我们还看到，铁路工人工会的领导人如何同社会党人部长普里埃托紧密合作，通过蛊惑性的活动把工人捆绑着手脚出卖给大的铁路公司。

由西班牙社会法西斯分子所领导并成为阿姆斯特丹国际一个支部的"工人总同盟"的主要作用，是积极参加对工人生活水平的进攻，这样它就成了革命胜利的一个主要障碍。

但是，不仅社会法西斯分子是资产阶级在工人阵营中利益的代表，还必须指出，无政府改良主义者所起的巨大作用。

无政府改良主义者的首领们在贝伦格尔独裁者的帮助下，企图掌握"全国总工会"的领导权，破坏这个组织的英勇战斗及其威力。同无政府主义者一起领导了伊比利亚无政府主义者联合会和全国总工会的佩罗、波斯坦尼亚和所谓"三十人小组"尽管标榜所谓的不过问政治，可是却执行着同资产阶级合作的最肮脏的政策，同桑切斯·格维拉、勒鲁及其他政客达成了协议。

全国总工会在卡塔卢尼亚的机构都受马西阿一伙和卡塔卢尼亚资产阶级其他代表的绝对支配。尽管他们大喊着"采取直接行动"的漂亮言辞，全国总工会中革命工人的所有罢工都被伊比利亚无政府主义者联合会和"三十人小组"的领袖们在直接怠工或同政府代理人的直接联系下所破坏和出卖。阿斯图里亚斯电话工人、矿工和巴塞罗那金属工业工人的罢工，萨拉戈萨和巴塞罗那的总罢工，1月和2月的总罢工都是这样的例子。在其他情况下，首领们则借助于宗派主义的策略来破坏罢工，当罢工工人摆脱了他们的领导时，他们或者是在罢工工人中间挑起内讧，或者就利用工贼的活动。塞维利亚港的革命工人、阿里诺塞纳德的糖业工人进行抵制的试图，塞维利亚的五月总罢工、反对铁路工人统一战线的斗争、巴塞罗那港罢工期间的斗争也都是这样的例子。在这一点上表现最明显的是无政府主义领袖们对略夫雷加特起义被镇压的受害者——自己无政府主义者同志的背叛，这些领袖们公开脱离了这个运动，拒绝在巴塞罗那宣布群众所要求的总罢工。

为了说明无政府主义领袖们的所有背叛行径和他们完全没有能力来领导群众的革命运动，只要举出电话公司工人罢工的例子就足够了。这些罢工揭示了全国总工会的瓦解过程和加剧了这一瓦解过程的略夫雷加特运动。

电话工人的罢工是一次强大的群众运动，它从一开始就被全国总工会的头头们所出卖,这些头头实际上拒绝宣布工人们所要求进行的罢工,以便不妨碍议会选举的进程。这些首领们实行了宗派主义的策略,不想把那些加入了"工人总同盟"的工人和未加入组织的工人争取到斗争中的统一战线方面来。这种策略分裂了无产阶级,适应了政府和行政当局的需要。后来,当罢工工人不顾他们的这些背叛行径,继续为反对当局动员的警察武装而进行英勇斗争时,这些首领们就完全拒绝支持罢工,否认罢工有争取工人胜利的可能性,在他们重新掌握了运动的领导权时(他们这样做是为了把运动出卖给政府),他们就完成了对电话公司工人的背叛。

另一方面,在费戈利也爆发了运动,这个运动没有经过任何专门的准备,可是却具有强大群众运动的性质,并发展成了起义。这个运动被无政府主义者引上了其他的渠道,从而在工人、农民群众的面前暴露出他们完全没有领导群众革命运动去夺取政权的能力。

必须从这次运动的教训中得出这样的结论,即伊比利亚无政府主义者联合会中的无政府主义者并不是反对改良主义的力量。当略夫雷加特的工人要求巴塞罗那的工人群众给予帮助,向他们提出宣布总罢工,以此来扩大斗争阵线时,这个罢工一直拖延到略夫雷加特运动被粉碎以后才宣布。这样一来,巴塞罗那的群众运动就被伊比利亚无政府主义者联合会和"三十人小组"的领导人所出卖,没有取得任何结果。

伊比利亚无政府主义者联合会中的无政府主义分子和代表全国总工会的无政府改良主义分子是一个整体的两个组成部分。当时一部分人宣布自己是民主的当然拥护者,而同这一部分人紧密相连的无政府主义者联合会中的无政府主义分子则利用冒险主义的假革命思想和"左"的词句大出风头。只要举出一件事实就足以说明这一点,即无政府主义者是如何理解阶级斗争,他们又是怎样引导工人阶级去反对资产阶级的。

《工人团结》报在《对资产阶级的教训》的标题下,发表了一则简讯,报道了某个工厂在工厂主不在的时候,这个厂的工人们怎样"管理了工厂,表现出了自己的全部权威性"。无政府改良主义首领们的这个声明已经足以说明他们同资产阶级的全部合作和他们对工人所玩弄的那些花招了。

我们再往下看。

在工厂主回厂后所公布的信中,讲了下面一段话:

"巴塞罗那,1932年6月7日。工人的工厂委员会在几个星期内工作得很出色。我对委员会的工作成果表示感谢,对全体工人能够履行他们自己的职责表示满意。我希望,如果这样的相互配合长久继续下去,我将是非常满意的(我希望你们也是一样)。"

这个资产者对工人工作的成果表示感谢,这并没有什么奇怪的,但是我们应当明白,这个资产者所感谢的正是无政府改良主义领导人靠牺牲工人的要求而对资产阶级所表现出的一片忠心。

为了充分表示自己对工人的叛卖,文章的作者最后提出了一个地道的改良主义声明:

"无须解释。我们简单地发表了这几行字,来满足斯米特工厂工人的要求,并且也作为对自私自利和不信任人的资产阶级分子的一个教训。"

如果这些话是阿萨尼亚或者拉尔戈·卡瓦列罗说的,那就没有什么奇怪了。然而这些话是在那些自称为工人的"领导者和保卫者"(虽然工人阶级实际上相信这是谎言)的正式机关刊物上发表的。这就证明这些无政府主义首领是资产阶级直接的或间接的可靠同谋者,证明他们为了保证资产阶级的胜利而把工人引向何处去。他们站在资产阶级政党和资产阶级专政一边,向共产党和无产阶级专政所进行的攻击更加证明了这一点。

无须用很多时间来说明无政府主义者对无产阶级专政国家的深仇大恨。我们只简略地提一下，即西班牙的无政府主义者同全世界的无政府主义者一样，是资产阶级反对苏联的一切活动中的急先锋。

全国总工会法西斯和改良主义首领执行叛卖性政策的无可置辩的后果，是群众脱离了它的各工会组织。这个组织在共和国宣布成立时约有会员100万人，而现在，全西班牙总共不到50万人了，一年内就失去了全部会员的一半以上。

我还想说一说工人阶级队伍中的其他资产阶级代理人的情况。

共和左翼联盟就是这样的代理人，它的正式名称是共和激进社会革命党，同时也以弗朗哥集团而闻名于世。这个集团是在1931年4月14日以后出现的，是反革命资产阶级"先锋队"瓦解的产物。

这个集团没有任何具体的纲领，它利用最无耻的蛊惑性宣传，在"人民革命"的总口号下，推行着适应无政府工团主义观点和全国总工会中一般群众观点的政策。

这样就使这个集团在"不问政治"的群众中间有了很大的影响，并在无政府工团主义首领的协助下，在选举中取得了一系列的胜利。他们在自己的活动中为了更好地吸引全国总工会的群众，盗用了我们纲领中的一些章节（分配土地、没收教会财产等），这个集团的"头子"巴尔邦京在塞维利亚宣称：

"我们是共产党人，但作为正式的共产党人，我们不承认无产阶级专政，因为我们知道这个专政主要是反对正在为争取自由而斗争的全国总工会的群众。"

这个集团由于惯用激进的言辞而成为我们革命运动中的一个主要危险。

茅林集团是起着资产阶级代言人同样重要作用的另一个集团。这个集团反对共产国际，并为了资产阶级的利益而积极反对革命运动。

还要再提一下由尼恩所领导的托洛茨基集团,它借助于假革命理论进行着破坏共产国际和苏联声誉的勾当,有意识地支持反革命。

从上面所说的情况中可以看出,我们党正面临着极其重要的任务,首先是反对革命阵营内部资产阶级代理人的任务。这些代理人力图把革命的发展引向另外的轨道,并阻挠我们党去实现党的任务——成为当前革命的组织者和领导者的任务。

不过我们应当承认,党还不能适应革命不断向我们提出的那些要求;我们党还不能经常地实现自己的基本任务。

有两个基本情况反映了我们党的弱点:(1)党内过去和现在都存在着一种旧观念,就是把党看成只是进行一定宣传鼓动活动的组织,而不能变成进一步开展斗争的基础组织。(2)这种观念导致的结果是,我们党不能充分地发挥广大党员的主动精神,参加局部的经济和政治战斗,不善于把这些局部的、具体的战斗变成大规模的共同的战斗。

建立下层统一战线问题,是我们现在应当在国际范围内提出的问题之一。在我们党和党的四次代表大会的全部文件中,都指出了建立统一战线的必要性。但是,在对这个口号的解释上却出现了不正确的倾向。首先,尽管党对此已作过多次说明,可是在党内对这个问题还是估计不足。另一方面,统一战线的口号被我们党内的部分同志说成是一种温情主义的方法:这个问题是作为为统一而统一的问题提出来的,不理解统一只能是在斗争中建立,我们的任务就是要争取那些处于社会法西斯和无政府改良主义首领影响下的群众。对统一战线策略的另一种解释,是形式主义的、机械的解释,否认统一战线的斗争性质。

不理解组织群众的全部意义是我们工作的又一缺点。我们党没有开展足够的工作和没有发挥大家的主动精神,利用良好的条件来建立群众组织——工会、失业者委员会、工厂工会委员会、理事会等。

如果我们能够注意到工厂工会委员会在西班牙有着重大的意义,作为在斗争中争取生存权利的革命机构起到了卓越的政治作用，那我们就会明白，党的一个重大错误，就是在革命开始以后过了几个月，才提出建立工厂工会委员会的口号。

虽然党建立了几个工厂工会委员会，但是，由于党缺乏经常的坚持不懈的工作，这些委员会都成了没有生命力的组织。马德里的党组织在活跃和支持制铁公司一个工厂的工厂工会委员会，并利用它的经验去建立其他工厂工会委员会方面做得很差。

我们在塞维利亚看到我们工作不能令人满意的代表性例子是，在4月份召开了工厂工会委员会代表会议，在会上选出了工厂工会委员会的中央委员会。委员会一开始工作就宣布失业者延期交付房租，为其他工人降低房租。这个行动没有被党用来开展建立工厂工会委员会的运动。中央委员会的工作遭到了冷遇，这就妨碍了塞维利亚先进革命工人这一重要倡议的进一步推广。

在8月11—12日，工人们同反动派在街上进行了搏斗，打垮了桑尔霍，塞维利亚在几个小时内处于工人的控制之下。像工厂工会委员会这样广泛的群众性组织很容易变成为工农政权的执行机关，却完全没有被利用起来。

党错过了建立苏维埃的时机，特别是在塞维利亚，党已经第三次主管这个城市了，但却仍未能把苏维埃组织起来。这些事实反映出对什么时候可以而且应当建立苏维埃的问题并不理解。在革命期间，我们有不少顺利组织苏维埃的类似条件，但党都采取了消极态度。我在这里举出几个有可能这样去做的大规模战斗的日子：在塞维利亚是4月14日，5月18日，7月24、25日；在毕尔巴鄂是1月19日，最后还有塞维利亚的8月10日和11日。

现在我简单讲一下我们党的内部组织情况。

在这方面党虽然取得了不小的进展，但我们今天仍然没有做出一个完全令人满意的结果来。虽然我们党按照共产国际信中的指示进行了斗争——为消除我们党内存在的宗派主义和机会主义一切残余的斗争,我们还没有能够建立起为组织布尔什维克党,为把我们党变成群众的真正组织者所必需的干部队伍和相应的基础。

在最近一次党代表大会召开以后,尽管做了大量的工作,但我们党内部的相互关系仍然是不能令人满意的。在党的领导和基层组织之间没有真正的联系。关于组织和政治工作的报告仍然很不能令人满意。区党委极少向中央报告工作,甚至我们的政治局也没有同共产国际保持正常的联系。我们的支部在多数情况下没有任何的政治生活,并且是在机械地执行经常不能按时下达的中央指示。甚至基层支部工作的开展也不平衡,这由以下的例子可以说明:在鲁维奥镇(科尔多瓦)的捷拉冶金工厂有个支部,在工厂的250名工人中有12名党员,支部不定期地召开会议,支部建立了工厂工会委员会,有一名支部的成员参加,支部同科尔多瓦金属工业工人的独立工会保持联系,我们党在这个工会中很有影响。属于同一公司的另一个塞维利亚工厂的工人(他们宣布了罢工并不愿屈服)请求我们的这些同志出来组织联合行动,可我们这个支部表现得非常不能令人满意,从而表明它只是一个名义上的而不是一个工作的工厂支部。

可以把塞维利亚同一公司的另一个工厂支部(即要求支援的那个支部)的工作同这个支部的工作对比一下。那个工厂共有400人,支部成员有75人。由于支部的工作,建立了工厂委员会,组织了罢工,抗议对14名安装工人的解雇。罢工一开始还提出了让早先被解雇的70名工人重新回厂的要求。经过了18天的罢工,使14名安装工人和其他被解雇的70名工人中的49人重新回到工厂,发给了其余21名工人3个星期的工资。

但是,尽管犯了不少错误,有不少缺点,党还是取得了成绩,有了开展工作的良好范例。

党使自己的党员同群众建立了联系，提高了自己的政治工作水平，提拔了一批勇敢的新的年轻革命干部。总之，党在群众中开展了政治工作，党正在变成真正群众性的党。1931年初，党拥有党员1200名，是由分散的、同群众联系很差的、闭塞的小组组成的。现在，党员数量已增加很多，共有党员16000多名，成千上万的工人被提上了组织的岗位，党的组织遍及了西班牙的各个角落。正如党的第四次代表大会所指出的那样，党在安达卢西亚特别是在塞维利亚的影响增长了。党的组织在加利西亚、阿腊贡、阿斯图里亚斯、比斯开和其他区、省的力量得到了加强。共产主义青年团的人数也有很大增加，1931年4月有400名团员，现在已超过10000名了。

党的政治工作也有了很大加强，1931年塞维利亚的7月战斗是在党的直接领导下进行的，它证明了党的全部政治工作已开始转变。共产党作为先进的领导部队，积极地参加了在各省举行的一系列罢工和示威游行。1931年1月25—26日的罢工是党直接组织的，虽然暴露出了党的许多弱点，但党的工作还是前进了一大步，是党的影响在全国范围内不断增长的无可置辩的证明。这次罢工和同时出现的示威游行使党在全国的名声大大提高。

同年的"五·一"发动，"六·一二"发动，还有也是在共产党领导下进行的国际反战日活动，都表明了党的影响在不断地增长。

我们的农村工作已经开始取得成效。许多加入了"工会总同盟"的农业工人工会都公开地维护我们党的纲领。在全国总工会的内部，有相当多的工人开始不仅倾听共产党的声音，而且接近共产党。

共产党在广大群众中的巨大影响，在为支持《工人世界》报而展开的活动中表现得最为明显，当时党号召群众在四天之内募集14000比塞塔，否则报纸就会停刊。结果群众募集了20000多比塞塔，大大超过了党所提出的数目。争取工会统一的运动是党取得的又一重要成果，党吸收了代表267000工人的329个工会组织参加这一活动。还必须指出我们党围绕着党的第四次代表大会动员了20000多名工人参加游行示威的这一事实。

最后我想指出的是，我们党要开展真正的自我批评，并准备接受全会的批评和建议，以便根据国际无产阶级的经验，迅速地改正自己的错误。

西班牙无产阶级的革命高潮正在增长。对圣胡尔霍的打击就是这一高潮的证明。危机在尖锐化，阶级矛盾和资产阶级队伍内部的矛盾也在发展。以阿萨尼亚—拉尔戈·卡瓦列罗政府为代表的反革命势力不仅由于他们的对内政策，而且也由于他们的对外政策（同法帝国主义的结盟，公开声明要西班牙军队参加帝国主义战争和对苏联进行干涉等）越来越在群众面前暴露自己。

西班牙共产党充分意识到自己的历史责任，决心把自己的全部力量献给推翻资产阶级政权和在西班牙建立苏维埃政权的斗争。

选举"法国问题委员会"

曼努伊尔斯基（苏联）（主席）：

主席团建议全会选出一个由下列同志组成的专门委员会，来讨论法国问题：1. 台尔曼（主席），2. 埃尔科利（副主席），3. 曼努伊尔斯基，4. 皮亚特尼茨基，5. 哥特瓦尔德，6. 连斯基，7. 洛佐夫斯基。候补委员：1. 弗洛林，2. 什瓦博娃。

这个委员会负责向共产国际执行委员会主席团报告自己的工作。共产国际执行委员会主席团有权代表全会通过决议。

有没有不同的意见？建议通过。

现在由费拉同志发言。

费拉（法国）：

第十二次全会的提纲非常有力地表明了，资本主义稳定的结束这一事实对于共产国际策略的意义。相对均势和在 1924 年建立的经济和政治关系的被破坏，阶级和国家之间猛烈冲突走上新阶段，是毫无例外存在于各个国家的一个无可怀疑的事实。

甚至那些资本主义还较少、受到危机冲击和革命发展还较弱的国家，也都是这样。像法国这个国家就是处在稳定结束的状态下。从党的政策、策略和观点来看，确认这个事实对于法国共产党是有很大意义的。

法国是群众的革命高潮大大低于西班牙、德国和波兰的国家之一。不认真理解曼努伊尔斯基同志强调的第十二次会议的基本论点，不经常考虑到即将来临的新的战争和革命，那就意味着只是从暂时的局部的方面去看待法国的革命高潮，不理解提纲对法国共产党和所有共产党提出的基本任务——迅速地加强同群众的联系，通过各地区的一系列局部战斗，使群众为迎接最近将来的决定性战斗做好准备。

认为法国的阶级斗争一定要经历一个漫长的发展过程，才能达到德国和波兰现在的阶段，那就大错特错了。法国的形势可能会突然加剧，并很快地达到那些在无产阶级革命道路上走在最前面的国家所达到的阶段。

让我们举出一个经济领域里的例子来说明。我已经说过，法国属于最后卷入经济危机的国家之列。以后在一年至一年半的时间里，危机在法国的发展很缓慢，所以到 1931 年秋危机在法国的规模要比在其他国家小得多。可是在 1931 年秋危机的发展出现了飞跃。在几个星期的时间里，失业的人数就增加了两倍，领取补助金的人数——他们只占失业总人数的很小一部分——既使根据不能相信的官方材料来看,就从5万人增加到了15万人。

我们期待着在法国的社会生活和政治生活中发生突变,而鲁贝和维埃纳的街垒就是这种突变的先兆,这还不清楚吗?

法国形势的基本特点表明,未来将充满对资本主义的威胁,孕育着政治形势的迅速变化。

在法国经济危机的发展过程中,发生了一次预算的危机,它使埃里奥政府不得不采取最后的手段——发行30亿事先派购的国库债券。最近以来,一部分忧心忡忡的资产阶级报刊在诅咒通货膨胀的幽灵,因为它们以为这个幽灵在1926年已经最终被驱散了。从阶级斗争的观点看,通货膨胀的后果要比在1926年时期严重得多,并且无疑地会引起严重的社会动荡和政治动荡。

在经济斗争方面,危机期间发生的罢工的次数并未减少。相反,在1931年的头5个月发生了153次罢工,,而在1932年的头5个月就发生了236次。参加罢工的总人数有62000人。这些运动越来越带有持续的性质。这一点是很清楚的,尽管有全失业和半失业的存在。这是阶级搏斗愈益顽强的表现,是工人激烈抵抗的加强。

让我们举几个例子来看。库尔桑农业工人的罢工持续了5个月,科德里的罢工——6个月以上,富热尔罢工——约7个月,维埃纳市8000名纺织工人的罢工——两个多月,等等。同这些罢工次数增加紧密相联系的是失业人数的不断增加。

还在几个月之前,广大小资产阶级曾天真地认为,经济危机将在春天或大选之后,或者在议会的头几次会议之后就将得到解决,恰恰相反,现在他们所看到的是危机新的加深。

特别是投票拥护激进派政府的很多农民群众认为,他们的境况很快会有好转。但是在埃里奥政府执政3个月以后,土地的危机愈演愈烈并急剧地恶化着。最近几个星期,燕麦的价格下跌了29%,与此同时,埃里奥政府发给农民的税额通知单却提高了20%—25%。农村的不满情绪已经如此强烈,使得社会党议会党团副主席、社会党人文森特·奥里奥尔也毫不犹豫地号召农民起来进行群众性的抗税活动。当然,这在很大程度上不过是一种"左"的蛊惑性花招,不过,社会党已经预感到一次强有力的农民运动正在法国成熟起来,这也是毫无疑问的。

如果说,迄今为止一直比较平静的广大农民群众在不断加深的农业危机的打击下投身运动之中,那局势将会发生怎样的变化呢?农民运动同罢工运动、同失业者运动相结合,就会在法国的社会生活和政治生活中迅速地引起真正的变革。

工人群众的日益不满和他们对斗争的要求,农民以及为今天和明天的生活担忧的劳动阶层的不满和动荡,由于紧张的备战(他们亲眼看到备战的具体进行)而加倍地增长了。

目前正在进行着有几十个师参加的大规模的军事演习,营地里驻满了后备部队,差不多每个星期都要对大的中心地区的平民进行试验性的动员,实行灯火管制、紧急警报,并有数十架军用飞机在大的工业中心和铁路中心上空进行突袭演习。加来海峡、第戎、京斯、梅斯、南锡等地的工人都已感受到了战争的临近。我们党进行了工作,党围绕着戈尔古洛夫挑衅事件,为反对工厂里生产军用物资,反对空军演习和争取实现群众反对战争的统一战线展开了活动。最后,为了准备召开阿姆斯特丹大会党在基层进行了工作。可以有充分根据地说,我们党发动了并且正在领导着广泛的人民反战运动。

法国形势发展的客观条件和未来的前景表明,法国共产党应当刻不容缓地加强自己同群众的联系,使群众和党为迎接迅速到来的阶级斗争的飞跃发展做好准备。这还意味着绝不能只用关于资本主义稳定的结束的空谈去代替具体的、实实在在的艰苦工作。在做这种艰苦的、具体的、实实在在的工作时,也应当了解我们面前的新的任务。

经济危机及其不断的加深使得广大群众采取行动,投身于政治生活中,同时把群众的最迫切的需要提到首位,加强了解为一点一滴地满足他们的最迫切要求而进行具体斗争的意义。如果在这种条件下党只是一个宣传鼓动的机构,那么谁也不会跟着党走。因为现在在资本向群众进攻,迫害他们的生活水平的情况下,群众比任何时候都渴望迅速看到明显的结果。只有在紧张工作的基础上,通过斗争来满足群众的这些要求,党才能用革命精神教育群众,才能提高群众斗争的政治水平,使群众准备好去迎接大规模的阶级搏斗。

虽然在党的工作的许多方面我们取得了某些成绩,但我们的工会政策(它是我们群众工作的主要方面)还是一个最薄弱点。正是在这个问题上,首先应当根据第十二次全会决议的精神来动员全党。

不能把广大群众不满情绪的迅速增长,看做是促使群众自动靠近我们党的一个因素。我们看到激进党,特别是社会民主党怎样借助于蛊惑性手段,在最近时期利用群众的这种不满情绪来为自己的利益服务。但是,群众中日益增长的不满情绪也迫使社会党和总工会越来越玩弄"左"的花招。第十二次全会的提纲着重指出这一点是完全正确的,提纲要求我们对于所有这些花招给予具体的估计,以便揭露社会法西斯分子,使之孤立于群众,要把社会党首领和社会党的工人明确地区分开来。

社会民主党的"左"的花招在战争问题上和经济斗争问题上是一目了然的,这一点多列士同志已经指出了。从经济斗争的观点上同社会党和总工会的"左"的花招作斗争,对我们来说困难最大。埃尔科利同志说得对,在工人的斗争中,特别重要的是对社会党人和改良主义者玩弄的花招给以反击,揭露他们,并在斗争过程中割断改良主义者首领和处于他们影响之下的群众之间的联系。

法国总工会和社会党的第一个大花招，是蛊惑人心地玩弄工会统一问题，为此利用了假左派分子和统一的纲领作为工具，同时发动自己的代理人——法国总工会少数派的头头来瓦解法国总工会，加强改良主义的总工会。

与此同时，总工会在经济斗争中实行了策略上的转变。它直接领导了许多次罢工（这些罢工的发生它是不能阻挠的），以便用最狡猾的手段来达到出卖运动的目的。1931年北方纺织工人的罢工、圣克劳德管道工人的罢工、利摩日的同盟歇业、莫列恩的罢工、圣纳泽尔金属工业工人的运动、富热尔制鞋工人的罢工、巴黎的勃列廖的运动等，都属于这种情况。

从这时起，社会民主党玩弄的"左"的花招越来越多，也越来越大胆了。

例如在选举时，这个党的"左"翼制止了立即无条件地参加埃里奥政府的倾向。它以蛊惑人心的形式提出了许多条件。

总的说来，党正确地对这一点做出了反应，指明了这些条件的真正意图，可是它对其他的"左"的花招，例如对社会党关于预备部队重新训练日期的反应，就不能令人满意。

最近几个月以来，《人民报》从左的角度批评了德国社会民主党，说它没有建立起真正的无产阶级专政是个错误。关于比利时的大罢工，社会党首领热罗姆斯基强调，"当前出现的一种危险是一些工人组织（比利时工人党中央工会联合会）开展斗争的愿望同群众的战斗意志不相符"。他说，组织者的作用不是要制止，而是要在群众运动中最大限度地发挥革命的力量。这就是"左"派在经济斗争中的立场。《人民报》登载了全德工会联合会关于同共产党人建立假统一战线的决议的长篇摘要，其条件是共产党人停止自己对社会民主党领袖和社会党政策的批评和攻击。这就意味着法国社会党人也在准备玩弄假统一战线（它实际上只是一种投降，一个在社会民主党所划定范围内的联合）的花招。还在选举期间，他们就抛出了钓钩，大喊大叫自己是"真正统一战线"的拥护者，说一旦统一战线建立起来，他们，社会党人就准备无条件地放弃一名社会党人的候选人资格，将其让给共产党人，使共产党人具有更多成功的机会。顺便说一句，在群众的压力下，他们在许多选区里还一本正经地这样做了。

不久前，社会党议员里维耶声明，社会党应当反对埃里奥政府的对外政策，应该反对安全政策。我在上面已经指出过，文森特·奥里奥尔号召农民起来抗税。

有两个社会党议员公然违背他们党的正式决议，参加阿姆斯特丹大会，实际上是因为社会党领袖们需要保持同基层的某种联系，这些基层群众接近社会党人，并愿意同我们党建立反对帝国主义战争的统一战线。

总工会也不甘落后。它在最近一次代表大会的决议中声称：应当"……准备去当垂死的资本主义制度的继承人"。在自己的纲领中，它提出了四十小时工作周的口号，而在教育工作者代表大会上，它的一位领袖说："如果必要的话，就发动一次反对战争的革命。"

应当承认，这些花招往往使我们党措手不及。在敌人改变了方针时，我们却不能迅速地改变我们的策略。反对社会民主党"左"的花招的斗争，首先要求通过提出斗争的具体建议，迅速地掌握主动权，吸引群众参加这一斗争，同时在敌人组织的队伍中始终不渝地开展工作，使其领袖和群众关系中的危机——迫使社会民主党现在广泛采取"左"的花招的危机——急剧地尖锐化。

换句话说，建立下层统一战线的策略是反对社会民主党的最好的方法。现在统一战线的策略越来越明确地被提上各主要国家的日程，这就能加强群众的运动，有利于行动的统一，这种自发的运动是不平衡的，并且紧紧地同群众的革命高潮联系在一起。这种运动依照具体的形势而采取不同的方式，然而不论在什么地方它都是蓬勃地发展着，因为群众需要反对资本的进攻，反对法西斯主义，反对战争。

在法国，这一运动基本上采取了两种特殊的形式：（1）争取工会统一的斗争；（2）反对帝国主义战争的斗争。

我们党在一切工作部门采用统一战线的方法方面，取得了丰富的经验。可惜主要是否定的经验。统一战线策略的正面经验较少，多数的尝试都带有左的和右的错误。过去，我们党未向全党说明和分析过我们在实行下层统一战线策略方面的正面和反面事例，因而党完全没有掌握已经取得的经验，况且党内多数是新党员，他们对过去实行统一战线的经验是不了解的。

我们的工作人员和我们的组织在这个问题上往往碰到的第一个障碍是宗派主义性质的障碍。在整个时期内，在实行下层统一战线的借口下，曾号召社会党工人和改良主义工人实行反对他们的领袖，反对他们党的纲领的统一战线。在推行这条路线时，还向改良主义工人提出"在共产党和法国总工会的旗帜下"实现工会的统一——这是对下层统一战线方法的一幅明显的宗派主义的讽刺画。用这种方法并不能使社会党的工人真正脱离他们的领袖。

现在，这个观点在我们党的上层已经得到了改正，可是它在基层仍然起着作用，尽管党不止一次地在许多基层组织中进行了纠正。就拿不久前巴黎区出版的一份报纸来说，该报对统一战线策略的实质做了这样简要的概括："我们要不断地号召社会党工人离开自己的党——妓女和叛徒院，而同自己的共产党同志一起建立真正的统一战线。"

这些同志并不理解这一点，因为我们还没有非常具体地向他们说明，统一战线就是共产主义先锋队和没有参加革命组织的工人，即还不相信他们党的政策是反无产阶级性质的社会党工人采取一致的行动和斗争。只有通过共同的行动和社会党工人从行动中取得了教训,他们才能明白脱离他们的党和加入我们队伍的必要性。

为了清除存在于我们党内的宗派主义,我们必须在基层组织中继续展开一个解释统一战线策略的运动——它是我们在1931年8月中央全会召开后的第二天就开始了的,然而这一运动的开展并不十分广泛和具体。第十二次全会的提纲在这方面将给我们很大的帮助。

由于同样的原因,甚至在最近几个月的经济斗争和罢工中,我们的统一战线策略也往往带有典型的宗派主义的特征。这里已经提到过最典型的一件事——今年年初在矿工中举行的全体公决。另外还有些情况,分析起来更有教益,因为它表明,为了实现下层的统一战线,就要善于根据情况的变化而改变口号,要把一定的要求提上首位,以便不仅把处于统一工会影响下的工人,而且也把总工会的工人包括进来。

例如,在富热尔制鞋工人的罢工中,我们的情况是这样的:有8000名制鞋工人举行了罢工,我们提出了由全体罢工工人选举罢工委员会的口号,即选举一个团结和反对部分复工的委员会的口号,经过了两个月的罢工,总工会的领袖们仍然经常把我们排除在运动之外,排除在运动的领导之外。他们的工会有2000名会员,而我们最初只有60人。现在我们有了一些进步,目前在我们的统一工会中约有300名会员了。

这个事实表明,我们不善于及时地变换口号。我们提出的"由全体罢工者选举罢工委员会"的口号(口号本身是正确的),没有能帮助我们把总工会的工人(他们还相信改良主义罢工委员会中的自己的领袖)吸引到我们方面来。为了在进一步开展斗争的过程中向工人们解释清楚这个口号,不应当取消这个口号,而是把团结、帮助和支持统一工会罢工的具体工作提到首位,在这个基础上争取改良主义工人的信任,在他们中间进行解释工作,以便实现下层的统一战线,然后再提出由全体罢工者选举罢工委员会的要求,使我们的代表被选到委员会里去。那时我们就能在这个委员会内部对改良主义领袖们的领导方法具体地进行批评,并且作为最积极、最受尊重的分子从运动内部来批评他们,而现在,我们是从外部进行批评的,效果往往不好,给人们留下一个同运动相对立的竞争集团的印象。

这个例子证明,在某些情况下,当我们在经济斗争的运动中代表少数的时候,我们绝不应当以实行独立斗争的策略为借口脱离群众,拒绝以少数派的资格参加由群众选举的领导机构。正是由于参加这一机构,并在自己的行动中遵守广泛的工人民主制的原则,我们就能批评改良主义的领袖,使工人特别是改良主义工人们确信我们的斗争方法是唯一正确的,这样使他们从自己领袖的影响下解脱出来。

然而,我们的同志往往缺少进行这种工作所需要的经验和灵活性。他们害怕处于少数地位。他们以为,只有从一开始就把一切都掌握在自己的手里,才能够对运动进行领导。

当然会出现错误和反复。利摩日制鞋工业实行同盟歇业的情况是怎样的呢?在那里改良主义者也是多数,他们同独立工会一起领导着运动。而我们的同志在不想给斗争招致损害的借口下,拒绝对改良主义工会和独立工会的领袖进行批评。请看他们在自己的报纸上是怎样写的:

"在冲突期间,我们什么也没有说,我们克制自己,没有指责改良主义工会和独立工会领袖们的背叛行径。相反,我们常常抨击企业主,为了打垮他们而提出具体的建议。现在,同盟歇业已经结束,我们的责任是向制鞋工人同志说明,我们正在考虑关于他们领导斗争的方法问题。"

任何拒绝在采取行动期间对改良主义领袖们进行批评,任何借口不破坏统一战线,而拒绝用我们的斗争方法去同他们的方法相对立,都是一种投降行为,并把下层斗争的统一战线变成为同社会民主党的联盟。

在其他许多次斗争中,我们的基层组织实现了真正的战斗的下层统一战线。圣旺的锡特龙罢工,旺代尔公司的罢工,维埃纳罢工的开始等都证明了这一点。在任何地方,我们所以能够掌握领导权并把广大群众吸引到斗争中来,是因为我们建立了以全体工人选举的罢工委员会为代表的统一战线的广泛机构。

从维埃纳罢工的开始,罢工者就按企业集中起来,在此基础上选出了罢工委员会。工厂工会委员会的代表组成了130人的中央罢工委员会,并提交罢工者全体大会批准。没有加入组织的工人在委员会中占了大多数。这样一来,我们就在维埃纳成立了8000名罢工工人的统一战线。可是我们看到,即使在建立这个统一战线时,我们也是犯了错误的。

我们所以在圣旺的锡特龙工厂和雷诺工厂里建立了斗争的统一战线,主要是由于正确地选择了口号和各工会部门在企业中的经常进行工作。

比利时矿工大规模罢工的事例表明,在这个时期不仅有改良主义工会的会员,而且还有众多改良主义的基层干部能够摆脱自己的领袖和进行革命的斗争。这说明库西宁同志在报告中所强调的以下意见是非常现实的,即采用下层统一战线的方法并不要求也不禁止向敌对的基层组织发出在斗争中建立统一战线的建议。

最近一个时期以来,在我们党内对建立下层统一战线的方法有一种狭隘的解释,绝对地和无条件地禁止甚至在基层的组织与组织之间发出建立统一战线的建议。

应当认识到,向敌对组织发出建立统一战线建议的可能性,是一个次要的问题,它服从于工厂和街道等斗争的统一战线的发展。在发展下层统一战线的方法中,最根本的是开展斗争。其他一切——在不同阶段上向敌对组织提出建立统一战线的建议,提出揭露改良主义领袖的大胆的建议——这一切都取决于具体的政治形势,即:(1)取决于群众对斗争统一战线的要求;(2)取决于我们的主动精神;(3)取决于在敌人的群众组织中我们党团工作的开展程度。

但是在法国,甚至在顺利实现了下层统一战线的情况下,仍然存在着一种不去提高运动政治水平的倾向。人们忘记了,动员群众去进行革命的战斗,要求共产党在采用下层统一战线方法的过程中,发挥倡议者和革命教育者的作用。

正如选举表明,党在维埃纳没有赢得政治上的影响,这正是因为它在罢工期间所建立的统一战线中没有实现这种作用。

在同资产阶级反动派进行政治斗争方面,为了开展坚决的具体的斗争而建立群众的统一战线,可能会出现向社会民主党的基层组织或向带有无产阶级成分的其他组织提出适当建议的必要。然而就是在这样的情况下,主要的仍然是组织下层群众,引导他们进行大规模的具体斗争。一个组织向另一个组织发出的任何号召首先都以此为转移,都要以我们的主动精神,以我们向其发出号召的那些组织中我们党团工作的发展程度为转移。正是基于这种观点,我们中央委员会才批评和谴责了在贝尔福为争取释放被判处苦役的共青团员卡列而建立斗争委员会方面所犯的机会主义错误,也正是基于同样的观点,中央委员会批评了在奥尔良所出现的狭隘的和宗派主义的态度,在那里我们的同志拒绝为抗议警察杀害工人列盖伊而建立广泛的斗争战线。

我们认为,在我们的选举策略方面,也应当以同样的方式来对待这个问题。在1931年10月的县级选举中,党中央委员会——触摸到在党内出现了一些思想上的混乱——力求找到建立下层统一战线的形式,来吸引社会党工人参加到阶级反对阶级的斗争战线中来。这时在选举进程中也犯了机会主义的错误,这些错误主要是给党的纲领抹了黑,并且在有利于实现统一战线任务的借口下,用假的最低纲领不能容忍地偷换了党的纲领。然而即使有这些错误，也决不能对有利于在选举中具体实行"阶级反对阶级"这一策略任务的任何探索笼统地加以指责。

我们的"阶级反对阶级"的策略是逆流而进的。它的意义就在于防止跟我们走的工人群众相信各"左翼"党的"小害论"。我们应当不断地向他们指出，哪里是真正的斗争战线，哪里是真正的阶级分界线。我们应当阻止他们被选举主义和议会主义的欺骗性外貌所迷惑。"阶级反对阶级"的策略今天仍然是正确的，正如它在过去、在昨天是正确的一样。但是如果把它同我们的其他活动孤立开来，仍旧以机械的、千篇一律的僵化形式（就像在最近几次议会选举中那样）把它推荐给群众，那也是错误的。

我们认为，在议会选举中也不能绝对地拒绝一个组织向另一个组织提出关于统一战线的建议，不能拒绝向社会党基层组织提出关于统一战线的建议。如果我们开展带有具体阶级目的的群众斗争运动，如果我们在议会外开展阶级的下层统一战线运动，我们有时就要承认，在社会党党员比我们更有声望的条件下，在明显地存在着反动势力的威胁，从而不仅不应破坏，相反地应当加强下层统一战线的条件下，取消一个共产党员的候选资格，而将它让给社会党党员就是必要的。我们在根据这种精神行动的时候，可以向社会党的基层组织提出共同斗争的具体建议，如果他们表示拒绝，那么在投票的第二个阶段，对我们这一立场的全部责任就完全由他们来承担了。除了在选举时期提出关于具体行动的类似建议外，我们还有一个优越性，就是建议把工人的注意力引向大规模的议会外斗争，而不是完全集中在选举问题和议会问题上。最后，我们正是通过在斗争的各个方面建立下层统一战线的不断实践，来促进"阶级反对阶级"的策略的实行。那时这种实践在我们的政治路线中就不再是似乎带有偶然性的措施，而是同我们的全部政策，同我们的整个策略紧密相连的了。

关于实行统一战线策略的情况，我想举出最后一个例子来说明，这就是关于反对帝国主义战争的问题。

多列士同志在这里已经举出了在第戎举行的反对帝国主义战争、反对空军大演习的示威游行的例子。共产党的、社会党的、非党的工人像兄弟一样地团结起来，不顾社会党领袖玩弄的各种花招，在街上进行斗争，组织了示威游行。由于在此以前的经济斗争中，铁路工人——法国总工会和总工会的会员——在第戎郊区的铁路修理厂已经建立了斗争的统一战线，而更加便利了这一成就的取得。

根据罗曼罗兰和巴比塞的号召，在筹备召开阿姆斯特丹大会时，各大中心地区都成立了许多反对帝国主义战争的委员会。这些委员会的一个弱点是它们没有以广泛的群众工作为基础，而且它们不是经群众选举产生，而是由参加大会的各组织委任的。虽然如此，在巴黎地区建立统一战线方面，我们还是取得了一些积极的成果。社会党的一些基层组织不顾本党纪律参加了筹备大会的发起委员会。在圣旺，在第十五区，在维特里和布洛涅等地的情况也是这样。在阿姆斯特丹大会召开前夕，在巴黎地区成立了80个委员会，而且有整整10个是以企业为基础组成的。

在大会召开以后，在反对帝国主义战争的统一战线举行了摩洛哥战争发生以来第一次声势浩大的示威游行（它在巴黎地区集合了4万名无产阶级，他们在街上举行反对帝国主义战争的示威游行，并同警察进行了斗争）以后，现在，我们的任务就是要把反对帝国主义战争的群众运动提高到反对制造军火，反对运送武器和弹药的具体斗争的水平上，更好地组织群众性的示威游行等。我们在这样引导反战运动的同时，有可能对"左"派社会党领袖和小资产阶级激进派领袖进行批评和揭露，这些人在反战统一战线运动的第一阶段，在群众的压力下不得不跟在群众后面走。如果我们想避免我们在对待参加了阿姆斯特丹大会的"左"

派社会党领袖方面已经被揭露出来的错误,我们就应当刻不容缓地这样做。

所有这些事实,所有为了在各个部门建立下层统一战线而不断进行工作的尝试(尽管我们故意强调指出了各种缺点),都证明我们党已经更加明确地在进行着真正群众性的具体的工作。

坚持不懈地执行下层统一战线的政策,时刻警惕着不犯"左"的宗派主义错误和机会主义错误,是改进我们党工作,武装我们的党,坚决克服宗派主义倾向,并在运用群众工作各种形式的进程中,使党受到重新教育的最根本的方法之一。

根据第十二次全会提纲的精神,应当加以发展和明确的正是这样的方针,即在经济斗争和政治斗争的过程中,使群众为迎接即将到来的阶级和国家的大搏斗和争取实现无产阶级专政的斗争做好准备。

玛丽亚(罗马尼亚):

一些同志在这里提出了一个问题:资本主义能否在不稳定的情况下存在下去?资本主义可以在不稳定的情况下存在,这从一些落后的、资本主义不发达的国家(巴尔干各国和罗马尼亚)的例子中可以看出来,在那里,资本主义的稳定性同其他较发达的国家相比,是更加不巩固的。在罗马尼亚,尽管生产大幅度地缩减,尽管由于粮食、石油和木材价格的下跌造成出口价格的急剧下降,资产阶级地主制度仍然继续存在着,王朝的反动集团在继续进行统治,仍然保持着庞大的军费开支,向法国的银行主和放高利贷者偿还债务。

为什么?在这里我不讲国际的原因,它表明外国的帝国主义不会轻易地让它的一个环节,即使是一个最薄弱的环节被突破,尤其是这个环节处在两个世界:建设中的社会主义和腐朽的资本主义交界的地带。

不过,我想谈一下资产阶级地主制度在国内所借以维持生存的手段问题。首先指的是野蛮的剥削和压迫、镇压和蛊惑煽动的政策。这种政策使广大群众陷入了真正饥饿的境地。

最近两年来，罗马尼亚工人的工资减少了55%—60%，就连这些工资也开不出来。无论是私人企业，还是国家机关，都已经有6—8个月没有发工资了。

国家职员、教师、军人，甚至僧侣都领不到薪金。资产阶级地主制度自己在破坏着自己的统治基础。在罗马尼亚已经到处盛行的贪污盗窃之风，现在更是变本加厉了。（笑声）

教师偷孩子们的食品，过着赤贫的生活。军官自杀，僧侣进行盗窃。医院和学校关闭，农民被掠夺得一干二净。为了有可能进一步武装起来，罗马尼亚同外国签订了新的借款契约，把国家的财产交给法国银行主和高利贷者支配，这些人为了获取利润和加强对罗马尼亚的武装，使罗马尼亚的城乡劳动群众陷入了饥饿和恐怖的境地。从皮尔苏茨基在"五一"前夕对比萨拉比亚的访问中可以看出这一点，从法国军事委员会访问罗马尼亚的事实中也可以看出这一点。

以后，随着罗马尼亚经济危机的加深，特别是由于国家财政状况的衰败和军费的增加，城乡劳动者的生活不可避免地进一步恶化了。政府不能支付工薪和津贴，无力给失业者以帮助，也无力拨款实施农业债务减息法，相反，它不得不以野蛮的手段和速度来收税，这样就会激起城乡劳动群众为维护他们的生活权利，维护他们在失业时应得到帮助的权利和他们经营土地的权利而进行斗争。

但是，罗马尼亚国家的灾难性状况和革命运动的高涨，还远远没有达到马上要推翻资产阶级和地主政权的程度，尽管资本主义并不稳定，由于共产党的弱小，资本主义在罗马尼亚仍然存在下来。我们党的这种弱小是它在多年内经受常发的危机的结果，就是现在，尽管党前进了几步，并且开始掌握城乡劳动群众斗争的领导权，但是在组织和领导群众这些斗争，使它深入和发展，赋予它以革命的性质，使它走上为推翻资产阶级地主制度而进行共同革命斗争的轨道方面，仍然表现得很不够。

铁路工人是反对降低工资和解雇工人的经济斗争的带头人。最近一年半以来，我们党在铁路工人中间明显地巩固了自己的地位，建立了新的党组织，加强了改良主义工会中红色反对派的工作。这个事实是很有代表性的。

铁路工人采取了各种革命斗争的形式，他们走上街头演讲，同警察发生冲突，举行示威性的罢工，强力占领社会民主党人的房舍。虽然如此，但由于我们党的群众工作软弱无力，尽管工人们对政治罢工有着强烈的要求，尽管在铁路工人运动的初始阶段我们党发挥的主动精神起了领导作用，但仍然没有使这些斗争形式发展成为政治性的罢工。

开始时，党组织了一些斗争，推动了示威游行和示威罢工的发展，唤起了一部分工人去反对社会民主党的领导人，可是，当需要向更高的斗争阶段过渡，即向总罢工过渡时，党竟没有保证这样做。在组织上控制着全国大部分铁路工人的社会民主党人，利用直接的欺骗手段从我们手中夺走了运动的领导权，他们声称同意宣布铁路工人的总罢工，条件是停止目前的斗争，以便能更好地进行准备。这样，社会民主党人就停止了铁路工人的斗争，并企图依靠一部分落后的工人来阻挠对总罢工的组织。可是铁路工人的斗争不仅没有结束，而且又重新发展起来，使我们和资产阶级都感到意外。

虽然在罗马尼亚的最大的炼钢厂"雷希察"的工人中间，由于党和共青团进行工作，在一年当中爆发了三次局部性的运动，可是社会民主党人都使这些运动停止下来，或者把它们变成为同企业主的谈判和提交给仲裁法院。

矿工的悲惨处境常常使他们举行示威游行、示威性罢工和局部罢工，这些罢工有时持续2—4个月。然而这些罢工多是在社会民主党人的领导下进行的,社会民主党人通过仲裁来达到降低工人工资和缩减工人的目的。

党在很大程度上成功地组织了失业工人的斗争,把他们带上街头,并在全国最大的城市中组织失业工人的示威游行。有时,失业工人的这种斗争也取得部分的胜利,但是党没有能赋予这些运动以组织的形式,我们党也不总是能够加强自己在失业工人当中的领导。因此,在某些地方失业工人的运动就受到各种政客和法西斯组织的影响。

如果说为了争取工业无产阶级的群众,党进行了反对社会民主党的斗争(社会民主党虽然在议会选举中在工业地区失去了两万张选票,但它仍然是资产阶级在工人阶级中的主要支柱),那么在对待农民、城市小资产阶级和被压迫民族的劳动群众(他们是无产阶级的同盟军,没有这个同盟军无产阶级的民主革命就不可能取得胜利)方面,党就要反对资产阶级政党,首先是反对执政的全国自由农民党,反对各被压迫民族的资产阶级政党,而在许多地区则反对法西斯的和半法西斯的组织的影响。

在今年春季以前,农民的群众运动已经发展成为整批村镇甚至一些地区反对拍卖农民财产、反对债务和赋税的行动,而由于拍卖暂时被取消,由于实施了蛊惑性的农业债务减息法,这个农民运动部分地失去了自己的经常性和群众性。现在,当政府执意要征收赋税,当许多地区面临着饥饿的威胁,当农业债务减息法所引起的幻想已经破灭的时候,人们正期待着一次带有土地革命萌芽性质的农民起义新浪潮的到来。

在被占领的各地区,这个农民运动同反对民族压迫的斗争交织在一起,威胁着资产阶级—地主—帝国主义制度的统治。对于农民运动来说,即使在那些受我们党的影响相当大(像特兰西瓦尼亚和比萨拉比亚,在那里的村镇建立了党组织,当然它们还是很弱小的)的地区,其特点都是(有某些不多的例外)自发发生的,同城市没有联系。毫无疑问，这样就使资产阶级有可能对这些运动进行血腥的镇压，尤其是使它有可能对大规模屠杀革命农民的事实进行掩盖。

在布科维纳和旧王国，农民运动在很大程度上被法西斯和半法西斯组织所掌握。现在执政的全国自由农民党尽管对农民群众的影响明显下降，但仍然是对农村影响最大的党。

小资产阶级、教师、残疾人、国家职员、大学生等广大群众在反对停发工资、争取发放退休金，反对关闭学生宿舍等的斗争中，积极性大大提高了，这是罗马尼亚革命高潮增长的一个特点。

与革命高潮增长的同时，我们党对群众的影响也在增长着。在去年的议会选举中，工农联盟获得了73000张选票，而在上一次大选中只有38000张。今年，资产阶级由于害怕联盟获得有利的选举结果而采取恐怖手段，疯狂地阻挠联盟名单登记工作的进行。而在联盟名单被登记了的地方，联盟得到的票数都增加了一倍多。例如在罗马尼亚的首都布加勒斯特，工农联盟在工人居住区今年所获得的选票就比去年多了一倍。

但是，党的第五次大会和中央的四月决议对于形势是这样指出的："罗马尼亚革命运动发展的一个特点，是党落后于工人阶级、农民、被压迫民族和城市小资产阶级为反对在运动中占主要地位的自发因素所提出的任务。"为了争取城乡广大群众，并把他们的斗争引上摆脱危机的革命道路，党应当成为实现群众切身利益的斗争的组织者，首先要使群众从社会民主党、全国自由农民党、法西斯党、半法西斯党和其他组织的影响下解脱出来，而这些党在日益奋起反对罗马尼亚资产阶级地主制度的很大一部分工人群众中还有着独占的影响。

由于灾难性的经济状况，本身的日益尖锐的矛盾和群众革命高潮的不断增长，罗马尼亚的资产阶级还没有能建立起公开的法西斯专政。它现在不得不竭尽一切努力来保持政权，在日益高涨的革命形势面前，采取疯狂的法西斯镇压手段和各种蛊惑性的花招。

为了阻止革命高潮的增长，现在执政的全国自由农民党企图通过降低农业税和为农业债务减息的疯狂的蛊惑宣传，使农民脱离工业无产阶级。这个党提高了粮食的价格并答应要实现农业的机械化。全国自由农民党的全部报刊都在讨论使农民脱离工人阶级的问题和激化城乡之间的矛盾。

同时，社会民主党人也没有停止呼喊资本主义末日的到来。他们蛊惑人心地建议工人在社会主义中寻找出路，要求实行矿山的社会化，实行四十小时的工作周，由在业工人向失业者提供帮助。

反对革命，保证资本主义摆脱危机计划的实施，争取群众去准备对苏联的反革命武装干涉，这就是这些党为影响群众，为反对共产党人而进行的疯狂的斗争。

很明显，为了争取群众，处于地下状态的共产党尤其应当进行坚持不懈的工作，来揭露社会民主党的领导人和所有其他组织和政党，首先是全国自由农民党分子的"左"的骗人说教。在这方面，一个基本的条件就是坚决实行下层统一战线的策略，同时，我们党还应当成为群众为实现其迫切要求而进行的日常斗争的发起者、组织者和领导者。

群众的左倾化和阶级斗争的尖锐化，正在引起由工人群众参加的一切政党和组织中的不满情绪的增长。这种已经开始的分裂的加深和扩大，把带有不满情绪的群众争取到我们的影响下来，这是实行统一战线策略的一个最重要方向。在相反的情况下这些群众就会倒向独立的社会党人和法西斯党人。

为了更顺利地反对玩弄"左"的蛊惑性手段的社会民主党领导人，在那些还不相信我们的话（这些话往往是非常一般和不具体的）的群众面前揭露他们的背叛行为，我们不应当放弃向改良主义工会组织或社会民主党地方基层组织提出关于统一战线的建议。例如在雷希察，社会民主党人抛出了反对降低工资的口号，我们的支部不是去同社会民主党的工人打架（像以前那样），而是向社会民主党组织的全体成员提出关于统一战线的建议。

当然，这需要有很大的灵活性。实行统一战线的策略需要对宗派主义分子和取消主义分子进行不懈的斗争。害怕机会主义和害怕犯错误，会把我们党的这一最重要任务变成我们有时提到的空洞的宣传鼓动口号。就是在我们实行了这一策略的地方，我们也犯过德国共产党斗争经验中众所周知的那些错误。或者同社会民主党人同流合污，或者完全蔑视社会民主党的工人——二者必居其一。

不过，在实行统一战线策略方面的所有这些困难，绝不意味着我们党不应当实行这一策略。只要我们在事实上向这些群众证明了社会民主党引导他们所走的道路和我们党号召他们所走的道路之间的差别，我们就一定能够争取社会民主党的工人群众和其他组织中为实现工人的日常利益战斗的工人群众。

同志们，为了使我们党能够完成它所面临的巨大任务，为了真正起到自己的历史作用，党应当克服掉宗派主义和党内害怕群众的情绪，而同城乡劳动群众建立密切的联系，从地下工作的状态中走出来。我们党应当消除所有这些缺点，同无产阶级群众、同大企业建立联系，发现那些不断由革命巨浪所推举出来的革命分子。

必须消除我们党内的命令主义作风，它是过去我们党内存在的宗派主义和官僚主义制度的残余；不要在少数党员的秘密会议上，而要在企业工人的群众大会上提出工人的要求。

把我们党变成为群众性的党，是我们的基本任务。为了使党能够胜任它所肩负的任务，必须有灵活的策略，要对每一个事件及时作出对劳动群众有积极意义的反应，发挥党组织的主动精神，把我们干部的政治水平提到一个更高的程度上，把工人推举到领导岗位上去。

宗派主义对接受新党员的惧怕，对党的官僚主义的领导方法，对工人的态度口头上说得好听，实际上加以鄙视，这就是过去我们党内右倾机会主义和小资产阶级个人主义者领导的特点，再加上在干部培养方面没有一个一贯的政策，这些就使干部问题现在成了党的生命攸关的问题。

对干部的培养制定出一项系统工作的政策，是党的第二个迫切的任务。

国内革命运动的扩大和加强使我们的阶级敌人加紧了对革命群众、对共产党和革命组织的恐怖活动。法西斯的白色恐怖遍及了整个罗马尼亚。在罗马尼亚，由于"五一事件"、"选举事件"、"八一事件"共逮捕了4000多人。在几个星期以后，这些人多数被释放了。尽管如此，我们的敌人毕竟用这种办法阻止了我们所组织的一些活动的顺利进行。法西斯分子的恐怖活动不仅是针对共产党，也是针对群众的每一个革命发动，针对企业的革命工人和农村农民的。我们党由此应当得出的结论是：必须把自己变成一个有能力抵抗法西斯恐怖打击的党。我们党内存在的派别斗争，大大地破坏了党的纪律，为我们的阶级敌人对我们党进行残酷打击造成了可乘之机。

加强保密工作和纪律性，改善我们党的社会成分，加强反击法西斯恐怖的力量，这就是我们党的第三个重要任务。

我们党只要变成一个群众性的党，建立一支能够把党的口号带到群众中去的干部队伍，组织和领导群众的斗争，为抗击法西斯恐怖活动创造必要的条件，党就会在革命阵线中，在苏联的边界上，成为一个坚不可摧的堡垒，并且能够把资本主义稳定的结束的过程变成为完成资产阶级民主革命和使这一革命转变为社会主义革命的过程。

（休会）

第十九次会议

(9月6日晚)

主席：弗洛林和伦道夫

讨论库西宁和台尔曼的报告

亨利科夫斯基（波兰）：

正如连斯基同志在自己的报告中特别强调的那样，大规模的无产阶级战斗同日益成熟的土地革命因素相结合，是目前波兰形势的一个有代表性的特点。目前的政治形势同我们在第十一次全会上所说明的形势之间的差别是：当时的无产阶级斗争无论在波兰本土还是在被占领地区，都落后于农民的斗争，而现在，在政治形势尖锐化的情况下，无产阶级的罢工斗争成了发动农民战斗的最重要的杠杆。波兰所发生的情况，也说明了其他一些农民占相当数量的国家，特别是捷克斯洛伐克和保加利亚的情况，在那里也有无产阶级斗争同大规模的农民战斗的结合。南斯拉夫的情况则相反，那里的无产阶级运动极大地落后于蓬勃发展的农民战斗。

无产阶级的群众斗争同日益成熟的土地革命因素的这种紧密结合，代表了波兰阶级斗争发展的一个较高的阶段。它完全证实了库西宁同志的这样一个论点，即目前正在发生着向资本主义国家之间新的一次大规模冲突的过渡，向新的一次战争和革命的过渡。

资本主义稳定的结束在目前要比以往任何时候都更为明显地把无产阶级的同盟军问题提到了首位。这首先指的是农民问题。现在，我们应当十分认真地研究农村中的情况，农民运动、农民斗争的各种原因和形式，以便为进一步开展这些斗争作出必要的策略的结论，并把农民和各被压迫民族蓬勃发展的斗争纳入无产阶级革命的轨道。

农民运动的空前尖锐化、它们的蓬勃发展，以及这些战斗因土地的极端缺少而爆发，是波兰近期农民运动的共同特点。农民群众的政治积极性，他们的政治觉醒达到了极其广大的程度。法西斯政府和富农反对党"农民党"为把农民群众的不满情绪限制在和平抗议集会的狭窄范围内而使用了一切手段。富农反对党同波兰社会党一起利用革命的言辞来阻止农民转向革命阵营。他们千方百计地破坏工农共同的统一战线，使农民孤立于正在斗争的无产阶级群众之外。但是，最近发生的事件说明，反对党的头头们想把群众性的农民发动限制在和平安静行动的范围内是越来越不可能了。最近在拉帕诺夫、利马诺瓦、柳勃尔、雅多夫、利斯科等地发生的流血战斗表明，农民群众越来越采取了激烈的斗争方法。无论在波兰本土，还是在被占领的地区，我们都已经看到农民起义和局部的民族起义的萌芽。去年的分散的、被分隔了的农民战斗，现在正在为包括几个区劳动农民的大规模群众性战斗所代替。在这些自发的农民斗争中，有组织、有计划地领导运动的人越来越显露头角。

在帕特拉区的维托夫农民起义就带有这种性质。1932年7月底，在华沙附近的雅多夫为反对封建赋税、关卡税、桥梁税等而爆发的斗争也具有类似的性质。在西乌克兰发生的矛头完全指向波兰占领者政权的农民起义，达到了最高的政治的阶段。7月21日，19个村庄的农民为反对义务筑路而举行了大起义。第二天，在这里便出现了新的警察卫队和军队。不过，军、警双方经过了两个星期的共同努力，才把"秩序"安定下来。在斗争结束时，一部分农民转移到了山上。

同时，在西白俄罗斯也发生了类似的农民起义，尽管规模较小一些。

在所有这些战斗中，最具有代表性的一点是，在农民群众奋起反对法西斯国家侵犯农民的土地所有权，以及反对半封建残余的地方，这些战斗都吸引了农村最广大的群众。

在西白俄罗斯和西乌克兰被占领的各地区，这些战斗具有明显的反对帝国主义的性质，整个矛头指向了波兰占领者。

最近发生的农民战斗证明，如果认为似乎只有沉重的赋税才是农民战斗的最主要起因，那就是严重的政治错误。目前的经济危机使农村所遭受的破坏，使农村居民不满的原因比起无产阶级群众来要复杂得多。对农村情况只作表面上的观察，就必然会使我们党犯最严重的错误。

因为在农村也同在无产阶级斗争和罢工战斗中一样，不是最激烈的，而是最实际的口号，最具有动员的作用。所以，只有对当前经济危机和法西斯土地政策对农民群众的影响进行切实的研究，才使我们有可能理解正确的布尔什维克的农村策略。

工业危机和农业危机的同时尖锐化，特别是金融危机的尖锐化，使最贫苦的农民和大多数中农陷入了极端困苦的境地。农产品和工业品之间的剪刀差极大地扩大了。农产品的价格指数在1932年上半年为54，工业品为72。此外，劳动农民的状况由于谷物的倾销、高关税税率和出口奖励而日益恶化。法西斯政府、大地主的粮食辛迪加实行了这样一种价格政策：在收获以后，也就是当贫农和中农出售自己的粮食时，价格便下跌到最低水平，而到春天，价格则又被无限地抬高。农民由此而遭到双重的打击：秋天，农民按照最低的价格出售自己的产品，春天，当价格提高的时候，他又不得不像城市的无产阶级和小资产阶级那样，用高价购买面包。法西斯政府这种为大地主和各种投机倒把分子填充腰包的粮价政策，也同它的整个政策，特别是准备反苏战争的政策一样，使农村的赋税重担和行政税收骇人听闻地增加起来。皮尔苏茨基政府的税收政策把劳动农民剥夺净尽,这就引起了反对法西斯赋税压迫的群众斗争的巨大高涨。去年这些战斗只限于在波兰本土,而现在斗争的巨浪已经波及到了整个国家。为了遏制这一浪潮的扩大,政府宣布了一系列的税收优待,它们实际上只有利于地主和富农。作为得到税收优待的一个主要条件是,欠缴税款的人应当立即交付所欠的部分税款,以及今后按时纳税。被各富农党和波兰民主党吹嘘为一项最伟大成就的成立土地—财政委员会的新法律,实际上其目的就是由相邻的富农和地主来收买那些有大量未缴税款的小农经济。

法西斯国家的整个土地政策就是为了向劳动农民转嫁危机后果这个目的服务的。对这个土地政策作一下剖析是很有意义的,因为它就是1925年土地改革被现在议会中的富农—社会民主党反对派所实行。

在1926—1927年,波兰法西斯主义曾使最贫苦的农民落入了自己的圈套,答应给他们慷慨地分配地主的和国家的土地。为此,法西斯主义利用了1925年的土地改革,宣称它要实行的正是这一个土地改革。

1925年的改革靠牺牲劳动农民的利益帮助法西斯主义在一定程度上最好不过地消灭了农业中的某些半封建残余,但是还保留了其中有利于大地主和法西斯国家的部分。法西斯土地政策的具体结果,可以归纳为以下几点。

所谓的土地规划(平分土地—消除耕地交错)在1200万公顷分散的土地中,只占了200万公顷。它使广大劳动群众陷入了极端贫困的境地,其目的只不过是使地主的占有合理化和巩固富农的经济。同时,在被占领的各地区,这次土地规划则带有明显的占领者的性质,目的在于牺牲乌克兰和白俄罗斯劳动农民的利益,来改善波兰地主的状况。值得一提的是,平分土地的55%是在被占领的西白俄罗斯进行的。

消灭地役权也带有同样的性质,连斯基同志已经在这里讲过了这个问题。最贫穷的农民对平分土地和消灭地役权的愤怒，迫使法西斯政府不得不颁布一条强制实行这些措施的特别法。根据这条法律，当局有权在每一个农村村社中以强制手段来消灭地役权，只要有一个农民要求这样做。

在被占领的各地区，去年政府取消地役权活动的结果是：在25000多农户中，只有6900户同意取消地役权，而在18000户农户中（占全部农户的72％），取消地役权是以强制方式进行的。法西斯政府推行的将土地分成小块的政策，其目的也是要巩固地主和富农的地位。可以毫不夸大地说，这种把土地分成小块的做法，最终总是导致掠夺和削弱最小的农民经济和相当一部分中农经济。土地分成小块的结果是土地的投机买卖和高利贷活动的猖獗，使购买土地的每一个力量单薄的农民不得不靠乞讨过活。我们只要说出一个数字，就足以说明法西斯国家和地主是怎样通过把土地分成小块而养肥自己了。推行把土地分成小块政策的国家农业银行的纯利润，在最近六年中超过了5200万兹罗提。最近五年，这个农业银行只在把它所掌握的公家土地划成小块这一个方面，就获得利润1600万兹罗提以上。在1928年，银行从划分每一公顷土地中所获得的利润超过了1200兹罗提，而在下一年就已经达到了大约1400兹罗提。我们的同志很少利用这些数字，来向群众说明法西斯土地政策的真正含义。

很明显，法西斯主义的这个土地政策使得实力单薄的农民更加缺少土地，使他们陷入了绝望的境地。波兰法西斯主义的这一政策极大地加速了波兰本土和被占领地区的农民的两极分化过程。大多数中农由于法西斯主义的这一掠夺性政策而降到了贫农的地位。最近一个时期，我们对波兰、乌克兰、白俄罗斯农村缺少土地的所有这些问题注意不够，这是我们党在农村工作中的一个严重缺点。仅仅这一点就可以说明，在这些问题十分尖锐的许多地方，我们没有及时地把开展广大群众反对法西斯农业政策的斗争的主动权掌握在自己手中。认真考虑到没有被法西斯政府和大地主所消灭的半封建残余在农民群众生活中所起的作用，对于我们的农村策略有着非常大的意义。正如我已经强调指出的，这些残余难以置信地加重了资本主义对农民的剥削，加重了帝国主义对被占领地区居民的压迫。由于这些残余所起的作用，在今天的资本主义波兰，最贫苦农民的地位正在接近于农奴的地位。在这些残余中，首先包括义务筑路（所谓"徭役"）。例如在1930年，根据法西斯的官方统计，这种劳役就使用了2500万个劳动日。其次，这里还包括用劳役来抵偿租金和向地主、教会与富农缴纳实物税。由于农村中缺少货币，现在这些劳役起着越来越大的作用，平均一年要占去一个小佃户的30—50个劳动日。一家资产阶级报纸对上述情况这样写道：

"现在如果一个农民要从地主那里得到点什么（种子、良种猪崽、饲料等），他就只能做工偿还，极少用收获后应当缴纳的粮食来偿还。这样一来，一头猪崽要割六天草，一普特黑麦或燕麦要在收割或打场时期干三天的活。"

现在，这种劳役制对于我们在农业工人中间开展工作具有很大的意义，因为大地主企图用这种"劳役"来代替季节工人的劳动。除了这些残余之外，引起劳动农民十分愤慨的是中世纪的各种赋税：关卡税、桥梁税、停车税、屠宰税。当局强行征收的半封建性的教会捐税，在对农民群众的掠夺中也起着不小的作用。还在今年3月份，法西斯的议会就通过了一条教会税收法，其数目为全国税收的5%。此外，教会还有权任意强行征收修理教堂用的特别税，等等。

中心问题是我们如何把劳动农民直接引上为无偿地剥夺地主、教会和官方土地的斗争，然后在这条道路上为推翻法西斯专政和建立工农政权而斗争。

最近发生的农民的斗争，特别是反对地役权的斗争表明，劳动农民越来越接近于这些战斗了。我们在去年就已经提出过引导农民直接开展争取土地的斗争的口号,这是我们党中央第三次全会的一大功绩。这些口号是:"在地主的、官方的和教会的牧场上实行群众性的放牧;没收地主粮仓和官方粮仓里的粮食;没收官方的、地主的和教会树林里的木柴;捕鱼自由。"

劳动农民在许多次斗争中实现了我们党的这些口号。在波莫瑞和波兹南(我们在这里的组织是很弱小的),农民没收了梅切尔斯基伯爵庄园的粮食。在罗兹附近的什特里赫科夫,农民坚持不懈地为争取捕鱼自由而斗争。很清楚,为无偿地得到土地而斗争,现在已经不能只看做是一个宣传鼓动的口号了。把劳动农民引上直接争取土地的斗争,已经成为我们日常政策的一个现实问题。在每一次农民集会上,共产党人都强调指出了没收土地的必要性。

在这样的形势下,例如像我们在利斯克(那里的农民群众进攻了地主庄园,没收了粮食和饲料),共产党人的任务就是把无偿地没收土地的口号提到首要的地位。

我们在反对赋税重担的斗争中,要把劳动农民的全部注意力都集中到无偿地没收地主土地的问题上来。

在这一方面,我们的农村工作还暴露出了明显的缺陷。这就是到目前为止,我们还没有使农民反对苛捐杂税的斗争超出只在单个村社范围的一个原因。第二个原因无疑是我们的同志只在收税人同警察已经来到农村的时候,才号召农民群众去进行斗争。我们的同志还没有掌握把开展反对某些捐税的斗争,作为开展广泛的反捐税斗争的起点这样一门艺术。与此相联系的是,我们也没有充分以群众性的示威游行和群众大会的形式,来开展反对各种新捐税的广泛的政治运动。

我们拒绝纳税的口号的正确性被去年事件发展的整个进程完全证实了。这个口号使我们有可能在许多情况下,来反击波兰社会民主党、反对派的富农党和政府可能玩弄的各种花招。这个口号使我们有可能成为反对苛捐杂税和高利贷而斗争的唯一的政党。我们党第五次代表大会所提出的口号："不给法西斯政府，不给饥饿、战争和失业的政府一分钱！"现在已经成为劳动农民家喻户晓的口号了。我认为，我们党的这一经验具有国际的意义。

群众性的反对苛捐杂税的斗争和城市无产阶级的大规模战斗发动，带动了农民反对义务筑路和集市捐税等罢工的巨大浪潮。由于我们的同志往往对这种中世纪赋税在资本主义国家掠夺群众中的作用估计不足，使得富农党有可能甚至在那些我们曾经发动和组织过大规模抗税斗争的地区，把这些斗争的主动权抓到自己的手中。

然而，吸引农民群众实现日常要求的斗争所达到的水平，同我们当前在波兰具有的客观条件是不相适应的。首先，这是因为我们在农业地区的组织，对劳动农民的生活还了解得不够。这也是农民委员会的系统还十分薄弱的一个最重要的原因。经验告诉我们，只有当以最广大农民群众所关心的具体的、现实的问题为基础来建立农民委员会的地方，这些农民委员会才能够在动员群众方面起到重大的作用。

能否使正在成熟中的土地革命因素汇合到无产阶级革命的总的洪流中去，就要以我们党在怎样的程度上动员和组织广大农业工人群众，争取实现他们的日常要求，以及这个农民斗争同城市无产阶级斗争的不断地紧密结合为转移。

在这些方面，最近一个时期的战斗证明，我们党取得了重大的成绩。但是，这些成绩暂时还是一个方面的。在多数情况下，我们能够动员农民群众去支援无产阶级的战斗，却极少能够组织工人去支援农民的战斗。

农民运动和无产阶级群众斗争紧密结合的必要性，把群众性的政治罢工——它是协调和联合劳动群众反对资本主义剥削，反对法西斯恐怖，反对皮尔苏茨基血腥政府各种形式的斗争的最重要手段——问题提到了首位。

作为巩固工人、农民和被压迫民族革命联盟手段的群众性政治罢工的作用，将随着革命危机的临近而增大。

现在我讲一下无产阶级罢工斗争的策略问题。只讲一个问题，我认为应当加以补充说明的问题。我们已经指出了我们党在罢工斗争中的基本策略战线，这条路线就是我们要把我们的注意力集中在以各企业工人最低要求为基础的局部斗争上。但同时我们不应忘记，我们的目的是要扩大这些局部的斗争，把它们互相联结起来，这样在最广泛的战斗阵线的基础上来组织罢工斗争。这条路线要求有灵活的策略，要使斗争形式适应于各企业的具体条件，特别是要适应于我们准备吸收到罢工中来的那些工人的情绪。我们的全部经验告诉我们，认为群众罢工是无产阶级对资本主义进攻的唯一的反击形式，那就大错特错了。正如台尔曼同志正确指出的那样，每一个我们想要吸收到罢工中去的工人，都应当根据自己的亲身经验确信，除了罢工以外，他们是没有任何其他出路的。哥特瓦尔德同志在自己很有教育意义的报告中，特别强调了这一经验。如果一个工人还没有准备去参加罢工斗争，那我们就应当引导他进行一些他在当时所能接受的斗争形式，根据时间的不同，可能是示威游行，或者是短时间的抗议罢工，或者是意大利式的罢工，或者是被动的反抗。在这些斗争发动的过程中，工人会逐渐相信，要击退资本的进攻，这些形式的斗争是不够的。他应当拿起群众罢工的这个武器来。

华沙电车工人的第二次罢工，是无产阶级的其他防御形式在共产党和革命工会实行正确策略的条件下，可以发展成为群众性罢工的一个范例。电车工人的罢工是从电车修理厂内12分钟的抗议罢工开始的，罢工者向行政当局提出了断然的要求——在两天之内取消对1.7%工资的降低。可是，到7月16日，这种降低并没有取消，修理厂的工人便宣布举行意大利式的罢工，派自己的代表到所有车库去号召举行总罢工。由于采取了这一策略，我们打破了社会法西斯、基督教和法西斯头目所玩弄的花招，第二天华沙的所有电车都停止行驶了。

不过，要是把这些不同形式的斗争与群众罢工一起都看做是目的本身，不去尽一切力量把这些斗争形式提到更高的水平，使它们变成群众罢工，那也是一个极大的机会主义错误。现在，当资本在全线采取广泛的正面进攻的条件下，我们不能只限于对资本家的个别进攻实行反击，而应当大力开展广泛的群众性罢工，作为取得胜利的最好保证。

我想对库西宁同志在提纲中称之为国际性的各种新的斗争形式讲几句话。这是指同占领企业相联系的意大利式的罢工。波兰最近一个时期的经济斗争，在很大程度上都是反对大规模解雇工人和同盟歇业的。这些斗争打破了在许多国家广泛流行于我们队伍中的那种机会主义的论断，即在今天严重经济危机的条件下，似乎不能进行反对解雇工人和同盟歇业的斗争。波兰许多工厂的工人证明，恰恰相反，是可以进行斗争的，并且在有正确革命策略的条件下，可以迫使企业主重新接受被解雇了的工人，重开已被关闭了的企业或者支付相应的补偿费。反对大规模解雇和同盟歇业的一般形式是示威游行、短暂的抗议罢工和意大利式的罢工。最近两个月来，可以看到许多次由工人占领工厂的意大利式的罢工。在彼得库夫的霍尔滕谢玻璃厂发生英勇的斗争以后，在胡尔钦斯克和列纳尔德两个轧钢厂，栋布罗瓦区的施特列姆化工厂、代科塞尔钢丝厂，罗兹的维泽夫手工工场的大纺织厂，罗兹郊区的奥佐尔科沃纺织厂，以及最近在上西里西亚的几个冶金厂，都发生了占领企业的意大利式罢工。工人们不断高涨的斗争热情，企业中意大利式的罢工同企业外的群众示威游行的紧密结合，是所有占领企业的罢工的共同特点。在罗兹郊区帕比亚尼采纺织工人的罢工，是工厂内和街头同时进行斗争的一个范例。顺便说一句，这些斗争是我们的党支部准备和组织的，它们为工厂的工作提供了出色的范例。这些斗争促使我们把我们的策略和反对大规模解雇，特别是反对同盟歇业的斗争更加落实和更加具体化。在这样的条件下，尽管工人阶级尽了一切努力，进行了英勇的斗争，已关闭的企业仍然没有开工，这时，我们决定共产党人必须主动达成妥协性的协议。在胡尔钦斯克轧钢厂，我们在工人占领工厂的第八天，提出了这样的要求："按一年工龄100兹罗提发给全体工人一次性的赔偿费；给在工厂工作15年的全体工人发放退休金，按一年工龄每月发给4兹罗提；给所有因同盟歇业而失业的全部工人提供免费的住房和定量的煤炭；在工厂开工时让被解雇的工人按原来的条件复工；最后，在国家发放失业津贴期满以后，应由工厂管理处继续发放失业津贴。"这些要求当中有一部分被企业主接受了。

在帕比亚尼采的列纳尔德轧钢厂进行英勇斗争期间，出现了类似的情况。在那里也提出了这样的要求，此外，还提出了承认在工厂停工期间工厂委员会是被解雇工人的唯一代表的要求。在这里工人们取得了部分的胜利。

如果共产党人同企业有紧密的联系，了解企业的全部问题，如果我们在各改良主义工会中不仅在口头上，而且在行动上切实地进行工作，那么采取各种斗争的形式，并使这些形式革命化就是可能的。在这个方面，皮亚特尼茨基同志讲的那些话，对我们党具有极其重大的价值。党支部、革命工会反对派小组和革命工会组织只有在本企业中把广大的非党工人干部团结在自己的周围，他们才能完成自己的任务。在第十一次全会上，皮亚特尼茨基同志特别注意到了这个问题。从第十一次全会召开以来，我们在这个重要方面取得了明显的成绩。我们在企业的每一个车间，每一个矿井实行了召开非党群众会议的制度。这一点特别同革命工会反对派的小组有关。如果我们把革命工会反对派小组看做是一个完备的工会组织，而不是看做组织和进行经济斗争的据点（它的最重要任务是在有组织的革命工人、改良主义工人和无组织的工人之间建立统一战线），那么，这样的革命工会反对派小组不可避免地会陷于孤立和闭塞的状态。这样，它们就不可能完成自己最重要的任务。

在波兰召开这种非党工人会议的经验（这些会议由革命工会反对派小组定期地或有时在自己的工厂中根据具体的日常要求召开）应当得到最广泛的应用。非党工人的工厂会议使我们有可能促进无产阶级统一战线的建立，同时在改良主义工会内部加强反对派的工作。

我就要结束我的发言了。我们党在最近时期斗争中积累起来的经验，大大推进了波兰的革命运动。对最重要的群众性战斗加以认真的、批判性的利用，我们党中央在一切较大规模的政治斗争和经济斗争之后进行的认真的自我批评，为进一步开展大规模的斗争武装了我们党的干部。我们充分地认识到目前紧张的国际政治形势赋予我们波兰党的重大责任和任务。明确地认识到我们的弱点和缺点，对政治形势作出正确的估计，我们党中央为波兰工农群众指出的正确的政治前景，这一切就为在如此困难条件下工作的我们党履行自己的革命职责提供了保证。

雷梅尔（德国）：

第十二次全会的主要论题"相对稳定的结束"，要求我们党特别认真地对待过去一个时期的工作。这里尤其重要的是，从1917年、1918年到1923年上一次革命时起，我们已经进入了资本主义全面危机特别尖锐的时期。第二次战争和革命正在开始。这里特别指的是德国。正如一些同志指出的那样，应当把德国看做是西欧这些未来事件的焦点。

第二，在这里已经指出过，在目前的时期，我们首先看到的是革命的高潮，与此同时是反革命的绝望的武装，是资产阶级的绝望的防御。

我要说的第一部分，是关于德国法西斯主义的性质，以及社会法西斯主义的特性。人们在这里完全正确地指出，绝不能简单地把意大利、波兰和其他国家法西斯主义的发展画上等号。应当特别考虑到每一个国家的特点，要找出它们的特殊性，找出它们的共同性。首先我要说的是法西斯主义的发展过程。关于各资本主义国家中资本主义统治的发展，列宁说过，假设资产阶级的策略总是一样的，或者至少总是统一的，工人阶级很快就能学会怎样用同一个一样和统一的策略来进行回答。列宁强调指出，实际上各国资产阶级必然要通过各种不同的形式，轮流地或相互交替地借助两套统治方式、两套斗争方法来维护自己的利益和保持自己的统治。列宁指出，第一是暴力手段，即拒绝对工人运动作出任何让步。第二种方式，按照列宁的说法，是"自由主义"的方法，即给予一点政治权利，实行一点改良和让步。资产阶级政策中的这种摇摆，从暴力手段转变为采取让步的手段，是一切欧洲国家的历史所固有的。

根据列宁的这些思想，可以认为在战后时期由于资本主义经济陷入了危机状态而出现了特殊的变化，这就是采用暴力的一面。不言而喻，如果认为资产阶级放弃了两种统治方法中的任何一种，那是错误的。这两种方法都是资产阶级对无产阶级的专政所固有的。如果我们要指出这种发展的特点，首先要看两个事实：第一个事实是德国在工业方面是西欧最发达的国家，同时又是帝国主义的最薄弱的一环，因此，在德国又有革命的最强大的高涨，其根据首先是大量失业、工资的大幅度降低等，造成工人群众不满的力量比其他任何国家都要大。况且德国还是一个受压迫的国家，德国是在凡尔赛体系的压迫下发展起来的，这种发展给它打上了特殊的烙印，并且是各种特殊因素的结合：一方面，工人阶级队伍中的革命浪潮不断高涨，因为德国工人遭受着双重剥削，德国资产阶级不能依靠自己的超额利润来收买广大的工人阶层，所以德国的革命运动是最强大的；另一方面，对德国的压迫使得最近两年德国法西斯主义的进攻不断加强，法西斯主义作为一个大规模的运动在这里是比较强大的，因为这里的资产阶级把广大的小资产阶级和知识分子阶层，把广大的官吏、职员和农民等阶层都吸引到这个广大规模的法西斯主义运动的队伍中来了。

为了说明德国情况的特殊性，我再举出一个事实来。甚至在相对稳定的时期，德国资产阶级都遇到了比多数资本主义大国资产阶级所遇到的更加尖锐的内部矛盾和斗争，其表现是：在 14 年里，即 1928 年到 1932 年，德国经历了 21 届政府，就是说差不多平均每八个月政府就要更迭一次。这就是说，资产阶级阵营内部的困难和矛盾，以及凡尔赛条约所带来的困难是如此强大，以致于使资产阶级经受了不断的动荡和不断的斗争。埃尔科利同志说过，作为一个历史事件的进军罗马的形势，绝不能机械地照搬到德国去，德国的法西斯主义是沿着另一条道路发展的。今年 8 月 13 日，不顾巴本政府发布的所谓市长训令，希特勒的暴徒在 8 月 13—15 日正在大批地向柏林集结。人们已经在推测，法西斯分子在最近几天就要进入柏林。不过这一点还没有发生。阅兵式只是一个空洞的姿态。

在这个逐步发展的过程中有几个顶点。当经济危机刚刚开始，各地方政府就开始排除议会，借助于非常法令的专政来实行自己的政策。随着危机的尖锐化，议会也受到越来越多的排挤了。

还在 1930 年夏天，赫尔曼·弥勒政府倒台的时期，发展的进程就指出了实施非常法令时期的到来，这时，代替相对稳定时期所采用的议会"立法"的方法，开始了非常法令的实施。在伦敦代表会议上，列宁就谈到了议会制的危机。

第一届布吕宁政府被第二届代替，即内务部长维尔特被解职，是另一个这样的发展阶段，内务部部长的职位让给了国防部长格勒纳，这样一来，格勒纳就把军事和内政大权集中到了自己的手中。

布吕宁政府被巴本政府代替，就是这样的过渡因素。

这些阶段中的每一个阶段同上一个阶段相比，都是一个更高的法西斯化的阶段。不言而喻，反对普鲁士政府、反对柏林警察总监的7月20日政变就是整个发展的下一个阶段。这些政府的组合，不是指个人的问题，也不是指议会的问题，这里指的是阶级斗争的基本问题，即已经经历了无产阶级革命危机的资产阶级斗争的基本问题。由此在整个发展的过程中就出现了一些特殊措施，这些措施的目的是把整个国家机器和资本主义社会中的全部反革命力量聚集成一只拳头，来同革命的无产阶级相对抗。问题在于，在日益尖锐化的阶级斗争的条件下，议会成了一个多余的绊脚石。资产阶级需要力量，以便在任何时间对革命的无产阶级采取决定性行动。目的在于把危机的全部重担和费用转嫁给无产阶级。资产阶级认识到这种发展的危险性，认识到它对无产阶级所采取的措施的危险性。资产阶级在反对无产阶级的阶级斗争条件下，必须采取这些措施，同时它还企图通过玩弄各种花招为自己保持群众的基础。为了理解这一点，只要看一下非常法令的内容就足够了。到目前为止，所有颁布的特殊法令主要包括了以下几点：首先是降低工资、恶化劳动条件，取消企业中工人的各种权利，取消工厂工人委员会等，取消社会保险，取消失业和患病补贴等；实行各种强制性措施，如劳役制、强制性劳动，加强使用暴力的方法，取消工人阶级的政治权力，宣布"国内和平"、戒严状态、颁布非常法律、成立非常法庭、判处监禁和死刑，我们从最近颁布的一些非常法令中已经看到了这一点。

我们在分析近两年来各种事件的发展、革命高潮的增长以及法西斯运动强化的同时，应当承认在这里发展着的是为德国革命的第一个浪潮、革命动荡的第一个时期的各种现象所不能比拟的某种全新的东西。这一新的日益高涨的革命浪潮显示出了全新的特点，同第一次革命动荡相比，这是阶级矛盾和党的发展中的一个更高的阶段。我们看到，无产阶级在第一次革命中所积累的经验，现在怎样明确地形成起来，我们也看到资产阶级在这个时期所取得的经验，以及它怎样成为这一发展过程各种更高形式的起点。

德国无产阶级和德国资产阶级在1918—1923年都经历了什么呢？当时都下了怎样的决心和提出了怎样的目标呢？那时参加了战斗的德国无产者只剩下1.5万人。还在当时，提出来的就已经不是在资产阶级社会制度范围内可以解决的问题了。那时也同现在一样，提出的是关于资本主义政权在德国的命运，它本身存在的问题。当时各次巨大的战斗都是围绕着这一问题展开的，即是资本主义专政还是无产阶级专政？资产阶级对这一点很清楚，因此它认真地准备了反对无产阶级的斗争。我举出一些数字来说明今天新的革命高涨的浪潮是在怎样的基础上发展起来的。

在1919年所谓的国民议会召开期间，魏玛各党——社会民主党、民主党和中央党——得到了全部票数的83.8%。现在那些党——实际上只剩下了两个党（民主党已不复存在）只得到了38.4%的票数。各右翼党、德国民族主义党和人民党在1919年得到了全部票数的15.5%，现在德国人民党已经不存在了，但还有国家社会主义工人党和德国民族主义党。在1932年，这两个党得到的票数占全部票数的48.7%。1919年，共产党人根本没有参加选举。1920年，共产党获得了全部票数的2%，而1932年获得了14.3%。这就证明革命党的群众基础发生了巨大的变化。社会民主党人在1919年得到的票数占45.3%，而在1932年为21.8%，即失去了一半以上。

我们现在看到的情况是，随着资本主义稳定的结束，作为民主幻想一个主要因素的魏玛宪法也走向了自己的末日。过去曾经存在于广大社会民主党工人中的幻想，现在开始破灭了。这就是社会民主党的骗子们为什么现在吹嘘他们"要为第二共和国奋斗"的原因了。在这种情况下，他们当然是打错了主意，因为第二共和国不会是全德工会联合会及其经济纲领的共和国，而是无产阶级的专政。

德国革命高潮和反革命力量集结的这一过程表现为怎样的形式呢？在这里，我们首先要指出的是带有内战性质的武装冲突。就在几天以前，鲁登道夫曾在报告中讲道，最近一个时期有不少于6000名工人在反对国社党分子的斗争中被杀死或受伤。其次，在这一发展的过程中，7月20日的政变还可能出现进一步的后果，假如无产阶级不给予充分的抵抗。它将取决于德国共产党发动和引导反对法西斯主义、反对资本进攻的群众斗争的速度如何。如果说在第十一次全会上曾谈到——现在也还是对的——关于民主制有机地转变为法西斯主义，但这并不意味着这种转变是和平的转变。这种转变将在资产阶级和无产阶级之间最残酷的阶级斗争中来实现。这就是关于法西斯主义的发展和与此有关的那些基本因素。

现在，我谈一谈社会法西斯主义。当然，这个问题在本次全会上已经讨论过多次了，不过我认为有必要再补充些事实。社会法西斯主义——对这一点现在一天天地看得更清楚了——不是同法西斯主义一样的第二种力量。社会法西斯主义是德国法西斯化的一个不可分割的组成部分，正如斯大林所说，它是法西斯主义的温和的一翼。法西斯主义和社会法西斯主义就其本质和政策来讲是互相交织在一起的，现在它们在政治上互相交织得更加紧密。我们在指出法西斯主义发展的新阶段时，也要指出社会法西斯主义同法西斯主义互相交织发展的下一个阶段。不言而喻，这并不是说我们可以忽视它们之间存在的差别。我要特别指出这些差别在目前形势下的意义，因为这时共产党的主要任务已经不是宣传和鼓动，而是要采取行动。所以，指出这些差别就更为重要了，列宁在谈到敌人阵营中的差别时这样说：

"邱吉尔之流和劳合-乔治之流（这种政治类型的人各国都有，只是依国家不同而稍有差别）的分歧以及韩德逊之流和劳合-乔治之流的另一种分歧，从纯粹共产主义，即抽象共产主义，也就是从还没有成熟到采取实际的、群众性的政治行动的共产主义的观点来看，完全是无关紧要、无足轻重的。但是从群众这种实际行动的观点来看，这些分歧却是极其重要的。一个共产党人如果不仅想做一个觉悟的、信仰坚定的、思想先进的宣传家，而且想在革命中做一个**群众**的实际领导者，那他的全部工作，全部任务就是要估计到这些分歧，确定这些'朋友'之间不可避免的、使**所有这些'朋友'一齐**削弱的冲突完全成熟的时机。"①

这两个方面，即社会法西斯主义同法西斯主义既有对立的一面，也有共同的一面，我们应当经常予以注意，在任何形势下和任何活动中都能把它们清楚地区别开来。

我首先谈一下它们的共同点。德国社会法西斯主义走的道路，它的发展已经使它不可能像以前那样可以在两条决定性战线——无产阶级和资产阶级——之间轻而易举地玩弄花招、投机取巧了。这并不是说，社会民主党不能玩弄花招了。危机越尖锐，就越企图用"左"的花招来笼络群众，以便不失掉群众。现在，已经可以看出在资产阶级社会的政党、派别和集团后面隐藏着什么。它们共同为自己提出的任务，就是拯救资本主义，保卫资本主义，使资本主义不受无产阶级和无产阶级革命的侵害。

这表明资产阶级以及资产阶级的权杆②——社会法西斯分子的基础是缩小了。我举一个例子来说明：我手头有德国各个政治派别的经济纲领，这就是巴本的重工业党的、德国民族主义分子的、国家社会主义分子的经济纲领，最后还有全德工会联合会的经济纲领。如果我们有兴趣的话，不妨去掉这些纲领前面的帽子，使人看不出它们是属于哪家的，

---

① 《列宁全集》中文第 2 版第 39 卷第 74 页。——编者注
② 权杆：靠妓女生活的人。——译者注

那么我们就可以说，所有这些经济纲领都是为了同一个目的，无论是巴本政府的纲领，还是重工业党的纲领、德国民族主义分子、国社党分子的纲领和全德工会联合会的纲领。谁也没有那么幼稚，来把它们打乱，不过看一下议会将向政府提出的法律草案，我们就会看到，这些党派的共同目的就是试图拯救资本主义，使它摆脱危机。我不想对各种纲领都进行分析，只是指出它们的共同的基本点，或者某些共同点。

第一点，这就是所谓的提供工作。怎样才能做到这一点呢？劳役，把失业者集中在监狱和营房，建立劳动大军是各党的最重要建议，在这里最广泛地利用了战前旧式常规军的组织形式。

第二点，所有这些纲领共同的一点，就是对工业，主要是对大工业实行国家资助和国家定货。

第三点，这就是要求德国的劳动群众作出"牺牲"。

第四点，通过发行公债，为所提供的工作拨出资金。这是全德工会联合会的建议。

国家社会党人提出加强各种债券的发行。所有的建议都意味着通货膨胀，证明德国通货膨胀的新发展。最有趣的是，像德国工业全国联合会中央理事会则采取了最慎重的立场，害怕承担这种通货膨胀发展所带来的巨大风险。因此，它建议不要这样大规模地采取通货膨胀的措施。

除了这些经济纲领外，各派别还有政治纲领和宪法纲要。在这个方面，则存在着很大的分歧。大资产阶级力图改变现行的选举法，把最低选举年龄提高到25岁，同战前一样，实行多数选举制，成立上议院，其成员由国家总统指定，并且进行改革，使省议会和市政管理机关直接受中央政府的领导。

要求武装平等、取消凡尔赛体系在武装方面规定的限制是又一套新措施。巴本政府威胁说，如不满足此项要求，就退出国际联盟。要求恢复常规军队，实行所有男子服役2—3年的兵役制。国社党突击队"钢盔团"和德国旗帜党应当直接归国防军指挥。上面这些已经部分地实现了。

在分析各个纲领中写明的整个发展时，我们看到社会民主党如何不顾自己玩弄的"左"的花招，而越来越追随巴本政府的政策。用德国民族主义分子的话说，这是"民族自由的纲领"。国社党分子在自己的纲领中谈到"第三帝国"，而社会民主党则把自己拯救资本主义的纲领叫做"社会主义的实现"。大概谁也没有像社会民主党主席韦尔斯那样明确地表达了这一点。在8月27日的《前进报》中，他发挥了这样的意思，说全德工会联合会的纲领，即我刚才谈到的那个经济纲领，是"通向社会主义的大路"。韦尔斯在这篇文章中说："资本主义垮台了，资本主义企业家，辛迪加和托拉斯不能再组织劳动了，应当由国家来组织。既然由国家来组织劳动，那就是社会主义了。"

这样，我们看到，德国资产阶级所追求的是什么，巴本的法西斯政府正在做什么，国社党分子通过自己的道路正在做什么——这就是社会民主党人最后所要达到的目的。这也说明了以下的事实，即国社党的主要领袖之一格雷戈尔·施特拉塞尔在国会中声称，全德工会联合会的经济纲领对于国社党人来说，在许多方面是可以接受的，关于这个纲领，"可以同德国社会党谈一谈"。全德工会联合会的社会民主党领袖莱帕特和全德工会联合会的一个书记已经同国社党的"社会政治家"格雷戈尔·施特拉塞尔就经济纲领问题进行了谈判。在使青年军国主义化路线的整个发展过程中，在强制实行军国主义化，强制实行劳役制（它最终导致兵役制）方面，可以看出德国资产阶级为了达到实行帝国主义武装和准备战争的目的，采取了哪些决定性的步骤。在这里，我们也看到，提交第十二次全会的提纲（其中谈到了我们正面临着新的一次战争和革命）是多么正确。

这就是我关于法西斯主义和社会法西斯主义在德国的发展所要说的

话。不言而喻，在这里我不能对所有的，特别是在德国出现的非常广泛和复杂的问题面面俱到，也不能对所有灾难性的现象加以详细论述，我只能把各方面发展中的一些最关键的要点在这里谈一下。

我们除了看到在"拯救"资本主义摆脱危机和免于灭亡这个基本政策上有共同一致的观点外，还应当看到各派别、团体和政党在方法、手段和言辞方面存在着矛盾、分歧和差别。这些方法、手段和言辞上的不同，是与各政党在执行政策时依靠的阶级不同相联系的。在这里正是可以看出社会民主党作为资产阶级主要社会支柱所起的作用，尤其在目前，在阶级斗争尖锐化的条件下，这种作用对于资产阶级有着非常大的意义。在现阶段，由于危机日益尖锐化，我们应当特别注意这一点。随着资产阶级经济状况的恶化，在同资产阶级有联系的各个集团、派别和政党之间也进行着激烈的争吵。它们之间的矛盾和对抗不断地扩大和加深。

现在法西斯主义和社会法西斯主义的发展向共产党提出了任务。我们看一下在这次全会上由于对德国党的活动进行批评所提出的问题。在分析德国党的弱点和缺点时，应当从德国的客观情况出发。我们在这里看到了什么呢？在德国，发展过程就是一步一步发展着的法西斯化。这个发展的实现是由许多客观和主观因素决定的。第一，作为一个被打败、被压迫民族的资产阶级，德国资产阶级所处的危机状态，使它没有各战胜国资产阶级为所欲为的各种条件。另一方面——也是最重要的一点——在这个工业最发达的欧洲国家中，那些反对资产阶级进攻，并越来越紧密团结和组织起来的被剥削群众给予资产阶级的压力，比其他任何国家都要大。所以说，德国法西斯主义的发展是并不顺利的；法西斯主义的自由发展受到了来自下层的阻挠。因此，法西斯主义的发展只能曲折地和阶段性地进行。而且这种矛盾的发展也使无产阶级及其革命力量有可能做好准备，有可能及时地认真研究它，同时把自身的力量提到一个更高的阶段上来。这是对无产阶级的有利因素。

在这里，我们应当谈一谈在我们党活动中所暴露出来的那些弱点和缺点，谈一谈我们的这些弱点和缺点所借以暴露出来的那些事件。我们应当把这一点在这里向全会公开说明。这些缺点和弱点具有各种不同的性质。关于这一点，在会上大家已经不止一次地谈到过，我只是提一下库西宁、曼努伊尔斯基、皮亚特尼茨基、克诺林几个同志的意见。共产国际的所有领导同志都已经指出了我们的错误和弱点。在我们党工作中暴露出来的这些现象到底是什么呢？在这里，在党的正确政治路线下，贯彻执行这条路线的过程中往往出现很大的缺点和弱点；在法西斯主义发展不同阶段的关键时刻，及时动员党和群众的力量方面出现很大的缺点；在这个发展过程中，认真做好系统的准备工作方面也存在着很大的缺点。这些缺点带来了一种危险，使得资产阶级有可能在无产阶级实行动员和做好反击的准备以前，就先对无产阶级进行打击。在这里，大家指出了许多组织上的错误，对此我还想再说一说。不过，我想首先指出，就是我完全同意尤其是在当前时期，必须对犯过的错误进行最严肃的自我批评。并不是任何一个党都能同德国共产党相比。德国共产党经历了革命战斗的时期，革命动荡的时期。它在从1918年到1923年期间所积累起来的全部经验，应当成为当前的指路明灯，成为当前在更高阶段上进行斗争所借以依靠的基础。这是第一点。

第二点，就是德国共产党不仅经历了最严峻的革命战斗时期，经历了深刻的革命动荡时期，当时我们曾直接站在无产阶级专政的边缘上，当时我们已经有了工人和士兵苏维埃。党经历了作为每一个布尔什维克党的发展所必要的战斗。消除党内存在的社会民主主义传统的残余，在党内进行反对布兰德勒主义，反对极左分子路特·费舍和马斯洛夫，反对最近时期各种更加狡猾的机会主义表现形式，例如反对埃韦特调和主义集团和反对麦克洛夫派——所有这些战斗应当锻炼并且锻炼了久经考验的共产党。根据以上所说,虽然我们有各种缺点和弱点,它们在这里受到了批评,但是应当指出,我们党还有一批经受了很好的锻炼、能够完成德国共产党所面临的伟大任务的革命干部。有广大的工人阶层加入了德国共产党,他们是在德国无产阶级与战前条件不同的情况下在政治上成熟起来的。这是出身贫困的一代人,他们的阶级地位必然推动他们站到革命斗争的方面来。所以,通过最尖锐的自我批评来承认自己的弱点和缺点,自己的落后和延误,揭示出它们产生的原因,认真地对它们进行研究,把它们公诸于全党,并表明今后应当把它们全部消除的决心,对于德国共产党来说是尤其重要了。

列宁在谈到自我批评时强调指出,一个政党对自己的错误所抱的态度,就是衡量这个党是否严肃认真,是否真正履行它对自己的阶级和劳动群众所负的义务的一个最重要最可靠的尺度。公开承认错误,揭露错误的原因,分析产生错误的环境,仔细讨论改正错误的方法——列宁说这就是一个严肃认真的政党的标志,这就是党履行自己的义务,这就是教育和训练阶级,以至于教育和训练群众。

同志们,这就是共产党现在面临的一项重要的任务,这一项任务需要迅速完成,因为我们没有很多时间去等待,因为发展的速度是如此之快,不用很久,像7月20日我们所经历的那样的事件就会重新发生,而且无疑地正在发生着,那时资产阶级除了采取暴力措施以外是没有别的出路。所以,我们应当更快地进行准备,我们应当更快地消除我们的缺点和弱点。

如果我们为7月20日事件和其他事件找出一系列辩解的理由,那我们就太没有自我批评的精神了。我们正处在选举斗争的高潮,党的全部力量都投入了各省的工作,距离很远,在需要的时刻不能集中起来采取决定性的行动。所有这些理由并不是事情的本质。在这里有决定意义的是,在德国当前的形势下,要始终采取预防的措施,除去执行刻不容缓的任务外，要保证我们在阶级敌人实行政治攻击时不失时机地给予反击。我还要指出，例如党对于这种形势并不是全然无知的，还在7月8日，《红旗》就在关于选举前宣布紧急状态的标题中发出了这样的警报。这篇文章是7月8日在党面临被禁止的威胁和遭到镇压，以及那些日子在群众中传布着专政计划的情况下写成的。在7月20日以后，人们才知道，普鲁士政府、柏林警察总监和许多所谓的魏玛官员的更迭都是早有准备的，还在7月1日以前巴本同希特勒的协议中便决定了。

正如我们已经提到的，7月20日的这些机会或事件早有传闻。我们不止一次地有机会确定自己对这种事件的态度，就像《红旗》7月8日所表明的那样。

除了这样的事实，像没有充分准备群众去迎接这些事件以外，还有一些属于引起党在7月20日没有充分发挥积极性的原因的事实。我认为应当考虑连斯基同志的话。他的看法是，没有小规模的斗争，没有争取工人切身利益的斗争，没有反对降低工资、反对恶化劳动条件的斗争等，就不能立即进行大规模的群众性战斗。不把无产阶级引上这样的阶段，就很难立即开展群众性的政治罢工和总罢工。在这里应当指出，皮亚特尼茨基同志特别强调的正是我们在企业中，在工会内没有进行充分的、令人满意的细微的工作。

当然，我们认识到这些问题早已被提到了我们的面前，共产国际和红色工会国际正是在这一点上多次对我们进行帮助，指出党在这里应当有一个更快的发展。毫无疑问，这些缺点的存在，使得我们在关键时刻同企业之间缺少一个可靠的纽带。企业不能从外部来发动，而应当植根于企业内部。到7月20日的时候，情况就是这样。不言而喻，非常重要的是，在这个问题上要把全部缺点和弱点彻底地、明确地向党公开出来，说明过去忽略了什么，以便消除这些缺点。如果现在我们做不到这一点，那我们在未来的斗争中不仅会遇到很大的困难，而且还可能在政治上跌跤。正因为如此，就必须尽一切力量来纠正过去的缺点。

有些同志已经指出过，这些缺点的产生有客观的原因，在工厂关闭或同盟歇业时，企业首先要赶走的是共产党的支部。这是不言而喻的。在改良主义工会中，情况也是这样，反对派的工人正面临着被开除的威胁。我们发现在形成了这种形势的一切地方，党都不能立即在企业中建立起新的联系和找到新的特派员，以便及时压倒资产阶级的进攻。这是必须估计到的第二点。区委会和分区委员会应当有系统地领导反对资产阶级和改良主义分子进攻的斗争，而中央机关应当经常注视斗争的进行情况。要使每一个企业每小时、每分钟都受到我们的影响，我们可以在那里提出反对改良主义分子和企业主的口号。另一个客观事实是：党员的人数翻了一番，在某些区甚至增加了两倍，可是，在业工人党员的数量同失业者党员数量之间的比例与以前有了很大的不同，前者大大减少了。这也是我们党的全部机构都应当加以改进的一件事。

从以上所说的情况中可以看出，由于局部斗争的发展很不够，在工人阶级的一定阶层中出现了一种特殊的情况，就是再不能根据需要把群众发动起来的危险。我们就有这样的事实，即无产阶级的一些阶层宁愿采取一条最少抵抗的路线。这特别对党来说是很危险的，因为党每天都应当采取直接的行动。在工人居住区，反对国社党分子的工作做得很好，同时在失业者中间则看到采取最少抵抗的路线的现象，其表现就是广大的失业者和工厂工人毫无反抗地腾出住房。工人们往往由于房租提高或工资降低而搬出自己的住房，因为他们付不起房租，宁愿住到临时的宿舍里去，对于强制的迁移不进行任何抵抗。

现在我说一下引起热烈争论的另一个问题——即关于反法西斯运动的问题，关于下层统一战线的问题。我想统一战线问题涉及所有的国家，不单单是一个工人之间友好的相互关系问题。尽管这种相互关系是必要的，而且是可贵的。建立统一战线的基本手段是每个国家中无产阶级所进行的战斗。有一点是具有决定性意义的，应当被看做是统一战线策略的基础，是统一战线运动的基础。在德国的广大工人阶层中存在着幻想。在几十年的时间内，不仅是1918年，而且在资本主义稳定的整个时期内，他们都幻想着经过民主制的道路就可以长入社会主义。我们只要回忆一下战后工业工人得到的"好处"就足够了。我们清楚地知道，资产阶级之所以这样做并不是发自善心，资产阶级不是出于人道主义的考虑才"赠给"工人所谓社会保险的。为了使无产阶级从属于自己，使自己免受革命浪潮的冲击，它需要拿出钱来。社会改革是一种赎买，资产阶级要拿出钱来维持资本主义的专政。结果是所谓的十一月成果使广大的德国工人产生了幻想，似乎通过民主的道路就可以走到社会主义。我们只要举出几项这样的成果，就足以说明问题了：八小时工作日、失业补助金、工厂工人委员会，它引起这样的幻想，即似乎工人在企业中有了发言权，还有使工人免于解雇和罚款，修建工人住宅区，保护房屋的租户，选举权和妇女的选举权——所有这些都是工人们从前所不知道的"成果"。这激起了工人们很多不切实际的幻想，似乎这样就可以长入社会主义了。而现在，多数工人通过自己亲身的教训越来越认识到，人们正在剥夺对他们的这些"让步"，在他们看来，他们那些正在接近实现的愿望也正在被消灭着。现在工人们看到，这个民主制导致的不是社会主义，而是法西斯主义。况且法西斯恐怖活动和法西斯主义的发展现在也像反对共产党工人一样地在反对着社会民主党的工人。对工会办公处、合作社、德国旗帜党工人、社会民主党工人住房的袭击，是同袭击共产党工人一样的。这样就激起了社会民主党工人和共产党工人一起进行反对法西斯主义的强烈愿望。这种愿望促使社会法西斯主义在德国采取对策，成立了所谓的"钢铁阵线"，这个"钢铁阵线"被他们想象为一种阻止社会民主党工人和德国旗帜党中的工人参加反法西斯行动的障碍物。

在法西斯主义真正走上了舞台和反对工人的地方,社会民主党领袖和社会民主党的报刊在做什么呢?社会民主党领袖的口号,社会民主党报刊的口号是:"工人们,当国社党分子游行的时候,你们要留在家里;不要上街去。"当国社党分子举行游行的时候,社会民主党领袖还提出了这样的口号:"工人们,早点到城外去,以免发生冲突。"

与此相反,反法西斯运动的组织在国社党分子举行游行的地方,却提出了组织反游行的任务,并发动群众上街去进行斗争。我们可以说,"钢铁阵线"的成员在很多情况下并不是按照社会民主党领袖们的叛徒口号去行动的,而是按照反法西斯组织的口号去行动的。

应当清楚地看到这些现象、这些事件和社会民主党内的这些动荡,以便弄明白统一战线在德国是在怎样的基础上形成的。

由此可见,友好的辩论和相互关系不是主要的,当然,对于这些也应当加以支持,但必须认识到在社会民主党阵营中发生了什么,以便采取正确的措施,把社会民主党工人争取到我们的方面来。正是为了顺利地实行统一战线的策略,就应当针锋相对地同在这个问题上的形形色色的机会主义倾向作斗争。我们在德国有不注意革命统一战线原则的各种各样的经验教训。我只指出一个事实就足够了。例如在哈雷区,我们的地方组织声称同意和社会民主党人一起召开会议,条件是在这些会议上不谈社会民主党的政策问题。结果怎样了呢?在社会民主党以前没有得到一张选票的许多地方,在最近的一些选举中,他们却得到了很多票。还有一个事实。在柏林附近的贝尔瑙,我们也看到了这样的现象,即我们的一个地方小组同意不讨论社会民主党领袖的错误和背叛行为。这种不惜代价并且按照社会民主党人想强加给我们的条件来建立统一战线,不是我们的任务。我们的任务是组织共同的战斗。可是如果我们保持沉默,如果我们接受了对德国社会党背叛行为避而不谈的条件,那我们是不能达到这个目的的。这样一来,我们就不能进行战斗,这才是最重要的。

因此，采取统一战线的策略同时要求我们必须进行坚持不懈的斗争，并且在社会民主党工人中间详尽地解释社会法西斯主义的本质。前几年，我们在采取统一战线策略方面所得到的教训和1923年10月我们的失败，都向我们表明了错误的机会主义的统一战线策略具有怎样的危险性。德国的工人很清楚，绝不能不惜任何代价地来建立统一战线。我们在德国所取得的经验现在已经深入到经过长期顽强斗争被吸引到我们方面来的群众的意识中了。我们从过去的社会民主党工人（他们在1919年还有1500万社会民主党的选民）中，已经吸引了很多人到我们的方面来，这样，最近至少在票数上我们是可以和社会民主党不相上下了。我们在长期斗争过程中所获得的采取统一战线策略的有益的经验，是不能加以抹杀的。

在我们的反法西斯活动方面，可以说在运用统一战线的工作中取得了重要的成绩。当然也存在一些缺点、错误和落后。主要的缺点是在完成以下决定性任务方面的落后，这个任务就是在统一战线中实现坚决的转变，并把这一转变应用到企业中和改良主义工会中去，以便消除导致在7月20日产生了缺点的那些因素。

归纳起来，我得出了以下的结论：在德国（我想不仅是在德国）目前的主要危险是右倾机会主义。目前所犯的错误和存在的缺点大都根源于右的机会主义倾向。右倾机会主义因素在德国（看来也在很多其他国家）首先表现为拖延时日，落后于革命的客观发展。

第二种危险是由于对群众参加大规模斗争的准备估计不足，而表现得措手不及。我们应当认识到，资产阶级的任何行动都不是出自善良的愿望而是被迫的，是出于一定的经济和政治的需要。认识到这一点，预见到资产阶级在可能范围内将采取的步骤——这就是共产党员在战略洞察力方面的一项任务——以便相应地准备好斗争的方法、斗争的手段和及时地发动群众。

第三种危险是机会主义合法性的危险。埃尔科利同志曾经指出，我也这么想，我们应当着重指出，正是对于那些没有长期处于地下状态的党，在向地下状态过渡时，有可能作为对自己的一种报复，出现犯这样或那样大错误的危险性。埃尔科利同志指出，正是这些党应当向那些已经经历了地下状态时期的党学习，我认为这一点是很正确的，很重要的。我们已经在我们党内看到了机会主义合法性的类似表现是如何暴露出来的。在《共产国际》第13期上刊登了一篇关于在德国禁止共产党领导的自由思想者的无产阶级运动的文章。这篇文章谈到机会主义的合法性在遭到禁止的情况下表现得最为明显，它对阶级敌人的各种措施，对于资产阶级的暴力手段不进行抵抗就表示服从，它警告运动的参加者们，在警察到来之前，在禁令发布以前就自行解散。这是一个很大的危险，它正好出现在那些受到禁止和镇压威胁的党的过渡时刻。

还有一种右倾机会主义的表现是把革命的迅速高涨和某些议会选举中票数的增加看成是等值的革命力量（这种右倾机会主义对选举中的成绩也估价不足，不善于看到革命高潮的增长是议会克汀病①的一个反面）。在这里应当指出，把群众引到革命的先锋队方面来，正如第十一次全会所指出的，是具有最大意义的一步。主要的战略目标就是争取工人阶级的大多数。把无产阶级的主要阶层吸引到先锋队方面来，这是第一步，正是在当前时期，我们应当把这一步继续走下去。没有第二步，我们就可能采取错误的方针，把数量（票数等）的增长看做是目的本身，使我们沉溺于机会主义的自我满足之中。我们的任务是把群众引到先锋队方面来，推动他们去采取阶级斗争的各种形式，开展议会外的阶级斗争，增强他们的认识，即在当前时期，议会中和自治市政府中的代

---

① 克汀病，指机体或智能发育障碍症。——编者注

表并不能带来很大的利益。无产阶级只有依靠本身的力量，只有依靠本身的斗争，才能阻止法西斯主义的前进，才能同资产阶级相对抗。这里也有一种危险，那就是我们不能认识到，不仅必须争取群众，而且还要引导被争取的群众参加斗争，现在是我们的一项最重要的任务。

最后，我想指出机会主义实践的一个危险性，这就是我们一些党的机关不加区别地照搬过去采用过的方法和措施，这些方法和措施在相对稳定的年代都已经不够完备，现在则更成了一种阻力。我指的是只抓应当做和绝对必须做的各种小事，忽视当前已经提上了日程的大的任务、大的发展过程和大的斗争目标。

在谈到右倾机会主义的所有这些表现时，绝不能低估左倾宗派主义的危险性，对这种宗派主义也应当进行不可调和的斗争。右倾机会主义往往是同左倾宗派主义交织在一起的。

这里首先说一下宗派主义的宿命论，它对当前的德国是一个不小的危险。它表现在什么地方呢？首先表现为这样的一些情绪，即争取工资的斗争，局部的斗争和个别罢工都是毫无意义的，应当等待整个无产阶级奋起挣脱资本主义桎梏的那个伟大日子的到来。这种情绪散布得很广。它是怎样产生的呢？这种情绪之所以产生，正是由于没有局部性的罢工，由于我们不善于发动群众去进行局部罢工，所以在革命的无产阶级内部便产生了期待伟大日子到来的情绪。

这种宗派主义宿命论的另一种错误表现是，似乎目前不能再举行非武装的示威游行，只要工人得不到枪支，他们就不应当上街游行。这种情绪阻碍着发动工人阶级举行群众性的示威游行。

我们看到的第三种表现是采取暴乱式的个人恐怖行动。一些人认为，可以用单独的英雄业绩来代替群众性的斗争。这种表现在德国也很普遍，中央委员会不得不再三通过报刊公开地反对这种思想。

宗派主义宿命论还有一种表现——在某种程度上也是一种十分普遍

的现象——就是希望敌人阵营的自动瓦解；因此，一些同志对党机关提出在改良主义工会中工作的口号和指示拒不执行。有一些革命工人认为，改良主义工会会自行瓦解，所以到这些工会中去开展工作是没有任何意义的。不愿意去小资产阶级和农民群众中做解释工作也属于这种表现，这里还包括拒绝去"钢盔团"的突击队和德国旗帜党中做瓦解工作。最主要的事实就是这样。我们指出德国存在的这些现象，把它们看做是缺点、错误和偏离正确总路线的倾向，现在应当特别尖锐地、坚决地把它们在德国工人的面前揭露出来。不克服这些缺点和错误，我们就不能作为领导的先锋队去完成革命迅速发展给我们提出的任务。德国已为我们党开拓了广泛的可能性，可以得出结论说，从近期发展的前景来看，我们正面临着伟大的群众性的革命战斗。

作为唯一革命力量的无产阶级的发动，作为革命唯一领导的党，具有决定性的意义。我们有一条真正的布尔什维克的路线，有一个由德国一些久经考验的革命家组成的党和党的领导，我们有着明确的前途。在资本的权力与积累了极丰富经验的革命无产阶级之间的这场斗争中，谁是胜利者的问题是不太难解决的。让我们来完成自己所担负的任务，让我们做好准备迎接当前即将来临的伟大战斗，让我们组织德国无产阶级去争取胜利。我们要向全世界无产阶级表明，我们一定能够履行自己的义务。

库恩·贝拉（匈牙利）：

在谈到直接关系共产国际各支部的某些政策问题以前，我想简略地谈一下我们匈牙利共产党工作的一些情况。

匈牙利资产阶级以它所特有的方式，表明了相对稳定时期的结束。它下令建造绞刑架，作为由稳定向新的一次帝国主义战争和革命过渡的界碑，以镇压劳动群众日益高涨的革命运动和匈牙利共产党的新发展。

匈牙利总理卡罗伊伯爵就杀害我们党的优秀的、忠贞不渝的绍洛伊同志和菲尔斯特同志一事声称，处决这两位大无畏战士的目的是要阻止在匈牙利建立"少数人专政"，即无产阶级专政。现在，资产阶级的全部下流报刊都认定，在这两个人被杀害之后，共产党人的影响是更加增长了。

作为被杀害者之一，绍洛伊同志是我们党的创立人之一，还在战争时期，他就参加领导了反对军国主义的工作；另一位菲尔斯特同志则属于革命遭受失败后成长起来并在我国高举起新的革命旗帜的那一代党员。

由于我们党的力量薄弱，匈牙利的革命高涨在很大程度上带有自发的特点。这些弱点是同地下工作和组织遇到深刻危机联系在一起的，这一危机已经持续了两年，由于混入党内的人在匈共"二大"所选出的部分领导人的支持下进行挑拨活动，革命的群众政策得不到彻底贯彻。虽然对广大劳动群众阶层在思想上有着很大的影响；可是党远远没有把因匈牙利法西斯遭到深刻危机而出现的各种客观条件利用起来。党首先是作为革命战斗的鼓动者；而不是作为组织者而进行活动的。不仅由于土地危机，而且由于匈牙利全部农业关系的总危机而愈益大规模开展起来的农民运动，要比工人阶级队伍中的革命高涨发展快得多（虽然对这一高涨也不能低估）。由于党组织多次遭到挫折，我们不止一次地失去了党在农村中的组织阵地，到目前为止，农民运动还没有相应的革命领导。

工人阶级革命的日益高涨，迫使匈牙利社会民主党玩弄大量的"左"的花招，4月7日布达佩斯的总罢工就是一个最明显的例子。

城乡革命的高涨也表现为工人和贫农同样地在寻找共产党的领导，他们不顾一切迫害，不断地加强自己的斗争，在共产党领导下，在改良主义工会内部加强革命的反对派。这个高涨和由此造成的法西斯主义政府的群众基础的削弱,引起了匈牙利法西斯主义的新的恐怖浪潮的高涨。在这里起了特别作用的是最近出现了许多反对派的工会报纸,它们的出现预示着对工人阶级革命影响的加强。

现在,我们党的主要问题就是要通过克服秘密活动和组织工作方面的危机,为从政治上和组织上利用逐日加深的匈牙利法西斯主义的崩溃建立前提,特别是通过在企业、工会,以及在农村中进行坚持不懈的革命工作,为打破地下工作的限制建立前提。为了通过坚持不懈的工作来巩固我们在工业和农业工人的主要阶层中的影响,使工人和农民的自发运动接受我们的领导,是绝对必要的。匈牙利的资产阶级力图扩大法西斯主义的群众基础,但同时却把自己的权力集中在缩小了的群众基础上,这就要求我们比以往任何时候都更加集中我们的全部力量,在群众工作方面来一个真正的转折。在这里,我们正处于有利的地位。尽管法西斯专政进行各种迫害,尽管我们过去和现在犯过各种错误,尽管警察甚至在我们的队伍内部建立了破坏我们传统的据点,匈牙利无产阶级和贫农的革命传统,无产阶级专政的传统在新的革命高涨时期要比以前任何时候都更具有积极的作用。无产阶级和贫农的革命经验,是我们党在第二次革命时期能够加以依靠的坚实的基础。

现在我来谈一下有关社会民主党的作用的问题。

共产国际执行委员会第十二次全会指出了资本主义相对稳定的结束。这种相对稳定的结束意味着我们正在向一次新的帝国主义战争和无产阶级民族革命的过渡。

从解决我们的主要任务——争取工人阶级的大多数和准备夺取政权的决定性战斗的观点来看,社会民主党和改良主义工会在资本主义稳定的结束的新形势下所起的作用和实行的策略有着非常的意义。

弄清这个问题具有很大的现实意义,因为特别是从法西斯主义在德国出现和社会民主党成了所谓的反对党以后,在估价社会民主党和改良主义工会的作用方面，即使在一些共产党的队伍中也出现了某些动摇。经验表明，社会民主党和改良主义工会这座大厦的任何震动，都会引起我们的队伍中，首先是那些不完全了解社会民主党法西斯化的原则意义，以及那些把社会民主党同法西斯主义相提并论的人的某种动摇。从共产国际制定今后对社会民主党的策略这一角度来看，弄清这些错误也是绝对必要的。

确定我们今后对社会民主党和工会运动队伍中的改良主义策略的最重要原则问题是什么呢？

首先是以下的问题：

1. 今后社会民主党是否还是资产阶级专政的主要社会支柱。

2. 社会民主党的法西斯化过程是否由于法西斯主义的出现而停止或被消除？

3. 社会民主党是否能成为一股真正的反法西斯的力量，它的所谓"反法西斯主义"是什么货色？

4. 社会民主党的"左"的花招是工人阶级统一战线的杠杆，还是工人阶级统一战线的制动器？

并非所有的同志都存在着这些问题，但提出这些问题的同志是应当得到回答的。

当然，社会民主党对资本主义相对稳定终结的问题并没有一个成形的观点。虽然如此，稳定的结束仍然给它带来了很多苦恼和忧虑。当社会民主党不得不放弃"没有危机的资本主义"的理论之后，它所面临的问题是："现在怎么办？"

对我们来说，资本主义相对稳定的结束，无非就是恢复到战后资本主义的"正常状态"，即资产阶级在社会民主党的切实帮助下建立起来的相对均势的结束。从战后资本主义的相对稳定向新的一次战争和革命过渡，是帝国主义、帝国主义战争、无产阶级革命和民族革命时代在更高发展阶段上的必然的规律。在社会民主党看来,稳定的结束就是资本主义沿着上升线发展重新遭到破坏。而且他们已经在谈论,世界经济危机不仅对资本主义制度的存在,而且对社会民主党自身的存在,都是一个沉重的打击。

正因为如此,社会民主党惶恐不安地期待着世界经济危机的进一步发展。在它的队伍中,只有极少数人沉浸于美国资产阶级及其经济占卜家们为了给胡佛先生笼络选民而准备好的"乐观主义的浴盆"之中。德国社会民主党分子,首先是那位顽固不化的老朽——卡尔·考茨基当然就属于这些"本性难改的乐观派"之列。

社会民主党全部繁荣论的鼻祖奥托·鲍威尔不属于乐观派之列。他忧心忡忡地告诫所有的资本家和资本主义的社会民主党走狗不要盲目地乐观。他根据美国交易所中暂时涨价的趋势提醒说,一年以前,货币的清偿力和低的贴现率使人们有理由做出结论说,"形势就要好转"。可是代替"好转"(按照奥托·鲍威尔的说法,它应当意味着资本主义稳定的恢复)的却是财政危机的爆发,然后是银行破产,货币制度的动摇,结果现在没有放弃金本位的资本主义国家只剩下六个了。

这样,社会民主党经济占卜家的占星图现在并不预测晴朗的天气了。奥托·鲍威尔怀着沉重的心情写道:

"对它来说,即使在最好的情况下,资本主义在最近的十年内也只能像在1873—1875年那样,是持续的沉重危机同短暂的、不能令人满足的缓和时期的交替出现。"

从文章中看不出奥托·鲍威尔为他写的这些话感到丝毫的害羞,尽管他有一切理由要这样写,因为正是他曾在第二国际布鲁塞尔代表大会上说过:"谁也不能争辩,由于世界大战而经历了巨大动荡的资本主义,使世界比战前时期更加受它的支配了。"

社会民主党的理论，不是第一次，也不是最后一次被事实所驳倒。不过，我们感兴趣的不是这些理论，而是社会民主党甚至在奥托·鲍威尔所描绘的前景下，仍在寻找的资本主义治病的药方。奥托·鲍威尔祈求医治资本主义的最后一个良方，就是关于外债问题的国际协定，降低债务总额及其利息，取消所谓"保护关税主义的过火行为"。当然，在经过了这一切以后，无产阶级所能期望的就不是"没有危机的资本主义"，而是一个仍由工人阶级来承受其重担的持续的、沉重的危机了。

根据社会民主党对战后资本主义进一步发展前景的这一原则立场，我们就能够对社会民主党和改良主义工会官僚的行动及其策略手腕之间的相互联系作出更明确的评价了。

这样，我们首先就来回答社会民主党还是不是资产阶级专政的主要社会支柱的问题。正如我已经谈到的，这样提出问题是由于法西斯主义在德国的抬头，以巴本－施莱歇政府为代表的法西斯专政的建立，社会民主党的被排挤，然后它转向了所谓的"反对派"，因为社会民主党的部分国家官员（绝不是全部）被解除了职务。

应当明确地和肯定地说，我们指的"资产阶级的主要社会支柱"这个概念，不能把它简单地同"执政党"混为一谈，正如现在有的人想根据德国发生的事件，来发现社会民主党的作用起了某种变化那样。我们在列宁的著作中找到了对这个问题的答案。列宁在1921年共产国际第三次代表大会刚一结束给德国共产党的信中写道：没有在无产阶级内部（通过第二国际和第二半国际的资产阶级代理人）的支柱，西欧和美国的资产阶级是不能保持政权的。

从这一明白的和准确的指示中可以看出，社会民主党——不管它是不是执政党——不仅是一个支柱，而且正是资产阶级专政的一个主要支柱。自从推翻资本主义制度被提上日程以后，社会民主党就起着这样的历史作用了。社会民主党阻挠工人阶级去实现这一任务，他们或者采取诺斯克的方法，或者采取左翼社会民主党的方法。对于这一点，社会民主党人也早就承认了。

匈牙利社会民主党过去的领袖昆菲·希格蒙德在谈到社会民主党同意无产阶级专政时曾指出，在1919年，面对着可怕的无产阶级革命，匈牙利社会民主党要作为一个社会民主党继续存在下去，只有"扮演斯克的角色"。昆菲说道，为了不充当这一角色，匈牙利社会民主党建议共产党同他们联合起来，共同夺取政权。匈牙利共产党的历史性错误也正在于它没有认识到，社会民主党就是在同共产党合并以后，在苏维埃机关中和工会中继续起着资产阶级主要支柱的作用，组织民主的反革命来反对无产阶级专政，并为法西斯主义扫清道路。在匈牙利社会党的所有文件中，都恬不知耻地谈到了匈牙利社会民主党的这种作用。

在德国社会民主党的理论刊物《社会》上，有个叫伊塔洛·泰代斯科的人写了一篇表示悔过的文章，他在这里说道，意大利社会民主党之所以要为法西斯主义扫清地盘，是由于在工人群众的压力下，它不能像德国社会民主党同它的诺斯克那样地为资产阶级的利益效劳。按照这个社会民主党分子的意见，因为它没有这样做，它自己就放弃了作为社会民主党而存在的权利。

对此可以做这样的回答：是的，当资产阶级利用资产阶级民主制的手段进行统治和压迫，利用这些手段实现自己对工人阶级的专政时，社会民主党就是起着这样的作用。然而现在的时期不同了。在大多数国家中所有反革命分子登台表演的现在已经不是以社会民主党为主要代表的所谓纯粹的民主制，而是法西斯主义了。社会民主党几乎在所有国家中都站在法西斯主义的"反对派"的立场，而在一些最主要的国家中，资产阶级首先是利用法西斯主义来实现自己的专政。可能有的同志会问，在这种情况下，社会民主党怎么能够还是主要的支柱呢？

按照这些同志的意见，社会民主党在实现资产阶级专政和维护资本主义制度方面就成为次要的因素了。在法西斯主义执政的德国、波兰、意大利和匈牙利，社会民主党是"反对党"，甚至是"遭受迫害"的党。人们不久前还是这样说的。甚至在英国，工党摆出一副政府反对党的样子。另外，在所有这些国家里，现在社会民主党都失去了自己的影响，而有利于加强纯粹资产阶级的或公开法西斯主义的政党。

然而，社会民主党的所谓反对派立场，根本改变不了社会民主党是资产阶级及其专政的主要社会支柱的这一事实。如果对这个论点产生怀疑，那也就会怀疑无产阶级是唯一彻底革命的阶级，帝国主义是无产阶级革命的时代的论点了。作为资产阶级专政主要支柱，社会民主党的作用正在于，在无产阶级革命的时代，社会民主党束缚了这个唯一彻底革命阶级的力量，破坏它们，分裂工人阶级的队伍；并借助于装模作样的斗争，来鼓励和掩盖法西斯主义的进攻和建立法西斯主义的专政。如果社会民主党在这个革命阶级的队伍中没有支持者，也就是说其根子不是扎在工人阶级，而是扎在小资产阶级中，如果跟着它走的小资产阶级的广大群众比那些现在跟着它走的无产阶级群众还多出一倍，那时，也只有到那时，它就不是资产阶级专政的主要社会支柱，而只是支柱之一了。

如果法西斯主义在工人阶级队伍中处于社会民主党所占的地位，如果它从内部来瓦解和束缚无产阶级的力量，像社会民主党所做的那种，法西斯主义就可以成为资产阶级及其专政的主要支柱。

然而，在意大利，情况也并非如此。在意大利，社会民主党作为一个政党，在组织方面处于可怜的非法状态中。对意大利无产阶级反法西斯活动的阻力来自两个方面：从外部来说，是通过法西斯主义的暴力系统和恐怖手段；从内部来说，是通过意大利一部分无产阶级中还存在的社会民主主义思想，其表现就是意大利无产阶级队伍中的民主的幻想。

由于人们常常以意大利为例来证明，在法西斯国家里，不是社会民主党从内部来束缚工人阶级的革命力量,因此我们应当举出一些数字来进行反证。社会民主党作家格勒教授对1925年意大利进行的工厂工会委员会的选举情况写道:

"选举使社会党人占了大多数,使共产党人在某种程度上也占了多数。在昆多弗的鲍克耶洛企业的900名工人中有786人参加选举,其中745人投了社会党人的票,41人投了法西斯分子的票。在萨维利亚诺企业中,637人有投票权,其中571人投给社会党人526票,8票无效,27票弃权,投给法西斯分子的有1票。在斯帕汽车厂里,有374人投社会党人的票,137人投(非法西斯的)战争参加者的票。在菲亚特工厂,4740票投给共产党人,4463票投给社会党人,760票投给法西斯分子,390票投给教权派。在菲亚特工厂,社会党人获得了多数的选票。"①

那时,在法西斯的统治下,意大利社会党是"反对党",甚至是非法的党。不是墨索里尼的法西斯党,而是社会民主党,从内部来束缚和瓦解了意大利无产阶级的革命力量,阻挠了共产党人的革命活动。社会民主党即使处于受迫害的党的地位,仍然起着意大利资产阶级专政主要支柱的作用。

第二个问题,主要也是德国事件提出来的,这就是社会民主党法西斯化的过程是否由于法西斯主义的进攻而停止,或者甚至被消除了的问题。

社会民主党的群众以及跟着这个党的领袖走的工人,都没有被法西斯化,也没有跟社会民主党一起法西斯化,这是很清楚的。所以他们当中的一部分人现在已经脱离了社会民主党,今后还会有更多的人离开社会民主党的队伍。正因为如此,在社会民主党和改良主义工会的队伍中

---

① 赫列尔《欧洲和法西斯主义》柏林1929年版。

(也在德国）都发生了危机，而且这个危机正在越来越加剧。

在这方面意大利的例子说明了什么呢？公开支持法西斯主义的达拉贡纳、里戈利及其他工会领袖的例子证明了什么呢？墨索里尼同意大利社会民主党及其旅居国外的领袖最近举行的会谈说明了什么呢？它表明社会民主党的法西斯化过程即使在法西斯主义的正统国家里也没有停止。难道保加利亚和匈牙利的社会民主党没有参加法西斯主义的政府吗？参加了。社会民主党的法西斯化过程并没有因为法西斯主义的胜利而停止。

的确，要根据社会民主党的言辞，而不是根据它的行动来判断社会民主党，那就会得出结论说，似乎法西斯主义的进攻或法西斯政权的建立，正在延缓或者完全停止社会民主党的法西斯化过程。

让我们举出德国的例子来看看。

德国法西斯主义是通过巨大的和高度的利益矛盾发展起来的。由于看到这些矛盾，有些同志甚至认为不能把巴本政府看做是法西斯专政。另一些同志认为，只有以希特勒为首的专政，才是资产阶级的公开专政。在德国，法西斯化过程的矛盾部分地是大、小资产阶级之间利益矛盾的结果。大资产阶级中各阶层的利害关系并不像人们常常依据各个党派的纲领所作出的不正确的描述那样，是相一致的。托拉斯资本和容克地主并不倾向于在国家社会主义运动放弃所谓"社会主义"的特点和要求以前，把国家的管理交到希特勒的手里，正如墨索里尼及其共和主义所做的那样，当时以国王为首的资产阶级为他的向罗马进军的暴徒铺平了道路。从这个矛盾的过程中（这里的问题不是关于资产阶级的公开的或隐蔽的专政，而是资产阶级借助于哪些阶层和怎样的口号来实现自己的专政），从这个矛盾的过程中出现了这样一些怪现象，即国家社会党人可以起到他们想在明天就废除和正在废除的那个魏玛宪法和那个议会制的"维护者"的作用。由此还出现了一个怪现象，即国会主席戈林拒绝了关于收起帝国黑、红、黄国旗的建议,尽管带有德国纳粹党党徽的新旗帜早已准备好了。

巴本政府是资产阶级直接专政的政府。这个政府尽管还不具有完备的形式,但它包括了资产阶级公开的法西斯专政的全部决定性因素,并且已经在实现着这种公开的专政。

有这样一种意见,似乎德国社会民主党的法西斯化已经被法西斯主义的进攻所阻止或完全被消除。这个意见是同对德国形势的估计紧密相联系的。根据这种估计,巴本政府不是公开的直接的法西斯专政,根据这种估计只能把德国的法西斯主义看做是以希特勒为总理或者甚至为总统的政府。

这种估计使得社会民主党有可能把自己的法西斯化和投靠法西斯主义很好地掩盖起来。在德国社会民主党的机关报《自由言论报》上,普鲁士地方自治代表会的社会民主党党团主席海尔曼不久前写道:"现在谁还要因为我们把他(即兴登堡)作为宪法的维护者同希特勒先生对立起来,因为我们使他去反对希特勒而批评我们呢?"

海尔曼就是这样写的,他还在战争时期就提出了一个口号:"我们(社会民主党人)应当到兴登堡那里去。"只要能够证明巴本政府绝对不是直接的、公开的资产阶级法西斯专政,他甚至准备牺牲自己同行的名声。因为他写道:

"由于人民自己的决定,普鲁士的指挥阵地是在4月24日失去的,根本不是在7月20日。

任何人都不认为已经辞职的内阁中大臣的职位是指挥阵地,在内阁中任职的同志们尤其是如此。

泽韦林和格里姆同志不止一次地请求党团和党同意他们退职,就像奥托·布劳恩(普鲁士前首相)已经做过的那样。"

这不仅仅是对巴本政府的维护，同时也是为同社会民主党人的可能的合作进行搭桥的尝试，当然这是从"维护魏玛宪法和议会制"开始的。

海尔曼暂时想要的就是这样的法西斯专政。这个专政以社会民主党对它的容忍为抵偿，在自己这一方面也容许社会民主党的官僚们进入国家机构。他十分露骨地说出了他的同伙们正在想的和没有说出的话：

"或许总统先生也打算保留巴本政府行使职权吧？任何一个真正的超党派的官员政府，只要大公无私和独立于一切党派（因而也独立议会）之外，不拒成见，不怀仇恨，它就一心想提高国家的威望和改善经济的状况；可以起到这样的总统内阁的作用。"

总统内阁——这是对资产阶级废除议会制实行直接公开法西斯专政的一个不好的德文译名。毫无疑问，德国社会党——海尔曼不是一般的社会民主党党员，而是一个最有影响的党员，将全力支持这样一个总统内阁。比利时社会民主党机关报《人民报》在巴本政府成立后立即就此发表了意见。然而这也是在法西斯专政建立后，社会民主党进一步法西斯化道路上的一个步骤，正如巴本政府是揭露在那以前隐蔽着的资产阶级专政的一个决定性步骤一样。

德国社会民主党法西斯化的过程，在以巴本-施莱歇政府为形式的法西斯专政建立之后仍然继续着，并且超出了它在布吕宁政府时期所达到的程度，那时只是为实行毫无掩饰的、露骨的资产阶级做了准备。

过去社会民主党对取消了议会的布吕宁非常法令政府的说法是："为了民主的专政。"这就是韦尔斯提出用以支持布吕宁政府的那个臭名昭著的论据！

在德国建立了公开的资产阶级法西斯专政之后，对于建立资产阶级专政来说，民主已经没有吸引力了。正如海尔曼所写的，现在，专政已经不是为了民主,"而只是为了国家的威望和改善经济状况",反对工人阶级。意大利和波兰社会民主党的多数党员指责自己的法西斯政府也正是不能"维护国家的威望",改善资本主义的状况。

这样,对于法西斯专政的建立是否阻止或甚至消灭了社会民主党的法西斯化过程这一问题的回答,现在根据最新的经验(已经不说过去的了)只能是:

社会民主党对于资本主义国家所实行的保护国家的政策,是反对无产阶级革命的,是没有限度的。正因为它是对于资本主义国家实行的保护国家的政策,最终也就是维护法西斯主义的统治方式和方法的政策,是反对无产阶级专政,反对无产阶级革命的政策。当无产阶级革命直接威胁到资本主义的存在和资产阶级统治的时候,当资产阶级在自己专政的两种形式之间,在民主专政和法西斯专政之间不再作选择,而应当无条件地推行法西斯统治方法的时候,这时"小害"问题的提法就不是资产阶级民主或者法西斯主义,而是法西斯主义或无产阶级专政了。这时社会民主党就会选择与无产阶级革命相比是"小害"的法西斯专政了。

根据列宁的经典提法,社会民主党是资产阶级的工人党,工人贵族是它的社会基础。作为工人阶级队伍中的特权阶层,工人贵族的存在是同资本主义的存在紧密相连的。作为资产阶级的工人党,作为工人贵族的党,社会民主党是同资本主义和资产阶级的统治共存亡的。这个党应当走资产阶级为使自己的统治在无产阶级革命中免于灭亡而选定的道路。因此,它不仅要走法西斯主义的道路,而且要沿着这条道路一直走到底。

人们从经验中知道,社会民主党的这个发展过程通过了非常矛盾的形式。法西斯化过程的这些矛盾产生的原因在于,工人贵族只是社会民主党的社会基础,而它的群众基础在很大程度上仍然是那些绝不属于工人贵族的熟练工人和非熟练工人。因此,社会民主党所关心的是把自己装扮成一支"反法西斯的力量"。

在无产阶级革命取得胜利之前的整个时期内,主要的战略打击应对准社会民主党这个资产阶级专政的主要支柱。但这里也应当强调指出,在策略上必须把反对社会民主党的斗争和反对法西斯主义的斗争加以区别对待。

在社会民主党法西斯化矛盾过程的基础上,在一些共产党的队伍中,对于法西斯主义和社会民主党的相互关系,也出现了既是对立又是相互补充的两种看法。第一种看法是把社会民主党和法西斯主义等同起来。按照第二种看法,社会民主党是一种反法西斯的力量,或者可能成为一种反法西斯的力量。自从德国社会民主党成为巴本政府的"反对党"时起,这种看法便在一些同志的头脑中产生了。在那些以隐蔽的或公开的形式散布第二种看法的人当中,有不少人在不久前犯了第一个错误,把社会民主党同法西斯主义混为一谈。

把社会民主党同法西斯主义混为一谈,不仅为——例如在德国——争取社会民主党工人和改良主义工会成员增加困难,而且在许多情况下导致了策略上的错误,其表现就是忽视反对法西斯主义的斗争。

没有社会民主党对工人阶级的影响,资产阶级的公开、直接专政,即法西斯专政就无法建立起来,这一点是没有任何疑义的。在意大利同在德国一样,这种可能性不大,尽管两国在社会经济结构的构成方面差别很大。在对待无产阶级革命方面,社会民主党和法西斯主义结成了统一的阵营。正如德国或俄国的自由主义同害怕反动派相比更加害怕民主一样,社会民主党同害怕法西斯主义消灭民主和议会相比,更加害怕无产阶级革命。这就是社会民主党政策的阶级本质所在。那么是不是由此便可得出结论说,社会民主党和法西斯主义之间没有区别了呢?是不是说,反法西斯主义的斗争就不需要采用特殊的手段和方法了呢?绝对不是!

法西斯主义和社会民主党之间的差别首先是群众基础的不同。社会民主党的群众基础，特别是它的有组织的群众基础——尽管它的小资产阶级人数有了增长，首先仍然是工人，尤其是改良主义工会的成员。法西斯主义的群众基础首先是城市小资产阶级，农民中的小资产阶级阶层，只有相当少数的工人，而且其中大多是流氓无产者。

社会民主党依赖于跟着它走的无产阶级各阶层所拥有的议会制和民主制的偏见。法西斯主义则依赖于自己拥护者的绝望情绪，这种情绪是由于资产阶级民主制和议会制无力解决这些阶层生活问题而产生的。

由此可以得出结论说，社会民主党宁愿用资产阶级民主的手段，首先是借助于议会制的欺骗性，来进行反对无产阶级革命的斗争。当然这绝不排除，而且首先要以采用资产阶级国家的暴力手段为前提。社会民主党宁愿反对无产阶级革命，而不公开表示造成资产阶级专政，因为如果追随他们的群众（无论他们是多么落后）被迫在资产阶级的公开法西斯专政和无产阶级专政之间作出选择的话，他们最终是会选择无产阶级专政的。所以，社会民主党的领袖们才避免公开地表示赞成专政。公开赞成伯恩斯坦以下说法的社会民主党领袖是很少见的："如果要我在法西斯主义和无产阶级专政之间进行选择的话，我宁愿选择法西斯主义。"

社会民主党和法西斯主义之间斗争的情况是怎样的呢？

从社会民主党政策的阶级内容——从无产阶级革命中来拯救资本主义——中可以清楚地看出，在社会民主党和法西斯主义之间不可能存在阶级斗争。但是，这并不排除在这两个维护资本主义生存的政党之间存在着竞争。

社会民主党正是同法西斯主义进行着争取工人阶级和小资产阶级群众的某种竞争，以便保证自己有一个更广泛的群众基础，在以后使资产阶级在维护资本主义生存的斗争中能够更多地利用社会民主党的效劳，而不是法西斯主义的效劳。至少不过多地认为法西斯主义要比社会民主党更好，像资产阶级的某些阶层那样。

当然，全德工会联合会的领袖们否认在希特勒的代表格雷戈尔·施特拉塞尔和他们的代表富特文勒之间进行谈判的事实。但是，在改良主义领袖和希特勒法西斯主义之间缔结协定，并没有遇到全德工会联合会领袖们的反对，这也是无可怀疑的。

战后的历史千百次地证明，社会民主党到目前为止没有在一次关键性时刻作为反法西斯的力量而出现。我们可以回想一下意大利社会民主党在意大利社会民主党现在的领袖彼得罗·南尼的参加下，同墨索里尼缔结的协定。我们还想起霍尔蒂的前总理拜特伦伯爵同匈牙利社会民主党所达成的协议。根据这个协议，匈牙利社会民主党放弃了在铁路工人和农业工人中进行的组织工作。在南斯拉夫，政府甚至不能容许资产阶级反对党的存在，而社会民主党则是大塞尔维亚军事法西斯专政为之提供合法工作条件的唯一的政党。

社会民主党无论何时何地都不是反法西斯的力量，它的"反法西斯主义"不是来自阶级斗争，而是来自争取群众基础，争取同资产阶级的良好关系，争取充当资本主义反对无产阶级革命利益的代表的竞争。

虽然如此，在反对社会民主党和反对法西斯主义的斗争中，在许多情况下都要从策略的考虑出发，对它们加以区别对待，把反法西斯主义的斗争提到首位。目前，德国的情况就是这样，德国共产党是在反法西斯阵线的标志下，不顾社会民主党和全德工会联合会的阻挠，为了建立工人阶级反对资本主义的统一战线而斗争着。

那些想除掉我们斗争的"反社会民主党"内容的人，那些谈论"反社会民主党斗争扩大化"的人所表现出来的动摇，无非是社会民主党在革命阵营中的影响的反映。要把社会民主党工人和改良主义工人队伍中的反法西斯情绪变成明确的、自觉的无产阶级革命斗争的意志，共产党做的还不及所需要做的十分之一呢。共产党在反对法西斯主义的激烈斗争中现在和将来都是有原则性的反社会民主党的政党，它时刻不会忘记，工人阶级在反对法西斯主义，以及在反对社会民主党的斗争中有着特殊的任务。由此可见，绝对不能受社会民主党的"反法西斯主义"的欺骗。

在第二国际维也纳代表大会上，有一位代表简短地、巧妙地、恰当地但又恬不知耻地用下面一段话来形容社会民主党的这个"反法西斯主义"和"反资本主义"："资本主义必须把对它的解救交给社会民主党，不这样，它就要大吃苦头。"

社会民主党的"社会主义"也有像这个"大吃苦头"同样的意义。这是社会民主党"左"的花招的一个涵义。第二国际和阿姆斯特丹国际及其各支部的"左"的花招的另一个涵义，是企图挽救社会民主党和改良主义的群众基础。

社会民主党和改良主义工会的"左"的花招虽然在资本主义相对稳定动摇的同时没有开始使用，但是现在，在社会民主党和改良主义工会领袖们承认了这种动摇的存在时，已成为他们的主要手法了。目前，在资本主义相对稳定结束时，社会民主党将更加使自己的策略和宣传方法去适应形势的要求。迫使社会民主党的策略和宣传方法去适应形势的是以下的事实：

第一，在世界经济危机、革命高涨和革命危机先决条件成熟的过程中，工人阶级内部出现了政治的以及在某种程度上是社会的变动。

这些变动的征兆是：由于工会会员中大量失业的存在和他们因失业而脱离工会组织，以及由于工资的降低（这一点从德国金属工业工人联合会和印刷工人联合会的统计资料中可以看出），很大一部分工人贵族的生活水平下降了。这种情况缩小了社会民主党和改良主义的社会基础和群众基础。

同时，政治事件导致了共产党在许多国家（首先是在波兰、德国、保加利亚）中的群众影响的加强，也导致了工人阶级反对社会民主党政策的自发抗议活动，在这里抗议的群众还没有找到接近共产党的途径（如法国、奥地利、匈牙利等国）。

我们只利用一些社会民主党的材料，来说明这种情况。

全德工会联合会机关报《工会报》在德国国会选举后立即写道：

"我们关于国家社会党组织发展的限度的意见，当然以一种假定为依据，这就是左翼和中央保持着他们已经表现出来的稳定性。这一假定可以认为是有根据的。至于左翼，甚至可以认为在我们所预期的政治方针的条件下，它的吸引力还要增大。共产党人所取得的胜利就是这一点的证明。"

俄国孟什维克的领袖费·唐恩在奥地利杂志《战斗》上关于《国会选举的教训》一文中写道：

"共产党人票数的增加在各个地方几乎都超过了社会民主党。它（指社会民主党）显然未能把首先由于社会民主党的宣传鼓动而脱离了国家社会党的那些无产者，吸引到自己的队伍中来，这些人现在则通过社会民主党的头头倒向了共产党人……显然，在普鲁士没有经过战斗就交出了阵地，这在工人阶级的广大阶层中间引起了对社会民主党过去斗争方法的有效性的怀疑，而最近的非常法令又激起了这些人的义愤，产生了工人们认为是最好表达方式的革命情绪，他们把自己的票投给了被反革命推举为似乎是唯一革命的那个党。"

波兰社会党机关报《劳动者》对波兰共产党影响的增长是这样讲的：

"政府的反共力量不够强大。我们的政府越来越'强大'，而共产主义也越来越强大。甚至可以说，'健全'的政府越'强大'，共产主义也越强大。

这也是社会民主党反对法西斯主义'斗争'的一种形式。社会民主党建议资产阶级代替那些带引号的'强有力的'法西斯政府，成立一个真正强有力的政府，来反对共产主义。"

王德威尔得对工人阶级队伍中这种迫使社会民主党采取"左"的花招的情绪，说得最清楚不过了。他在关于比利时罢工的教训一文中写道：

"谁要是以为比利时工人党没有尽一切努力从这一事件中得出自己的结论，那他就不了解比利时工人党了：首先，社会党内的群众正越来越少地追随同资产阶级政党妥协和实行改良主义合作的政策。"

第二，许多资本主义国家统治方法和形式的强行法西斯化，使得改良主义工会的领袖和社会民主党领袖在经济斗争问题上背弃了自己的策略。

最近，改良主义工会领导经济战斗的事越来越多了。社会民主党领袖和改良主义的祭司们为自己参加资产阶级政府找出理由说，工资在战后时期成了"政治的工资"，正如在德国社会党基尔代表大会上希法亭在自己的臭名昭著的理论中所说的那样。换句话说，这就意味着工资的数额不是工人反对资本的斗争所决定的，而是由政党和工会领袖们在议会内外进行的交易所决定的。这个理论已成为社会民主党工会的工贼实践的原则依据，而且也是巴本-施莱歇政府工资政策的另一种表现形式的依据。布吕宁政府所有的非常法令也都是以希法亭的这个理论为依据的。但是，这个理论已被工人们，还有那些改良主义工会的工人们通过实践推翻了。这种情况就迫使工会比以前更加为工会领袖的工贼作用涂脂抹粉，比以前更多地去领导罢工运动。这也是社会民主党想以此向资产阶级证明它不能离开社会民主党的手法之一。

最后，已经开始的帝国主义战争以及这一战争向武装干涉苏联和世界帝国主义大战的转变，是迫使社会民主党不得不采取"左"的花招的第三大政治因素。第二国际执行委员会最近一次的苏黎世会议关于远东战争的决议最明显地证明了这一点。在共产国际宣传的影响下奋起反对帝国主义战争的广大阶层的群众，越来越明确地表明自己采取同情苏联的立场，他们的压力迫使第二国际不得不在武装干涉的场合下对苏联采取形式上中立的立场，甚至大谈特谈保卫苏联。在通过决议前进行的辩论表明，为了掩盖社会民主党参加战争和武装干涉的准备而玩弄这种花招，不是没有困难的。希法亭并不能隐瞒自己的观点，那就是社会主义苏联在同帝国主义日本的战争中的胜利，是对社会民主党的一个打击。列诺得尔反对这个决议；据他说，在决议中没有用社会民主党的观点去看待国际联盟这个和平工具。只有指出社会民主党工人群众的心情，指出劳动人民的广大阶层争取和平的愿望和他们对于苏联的同情，才迫使第二国际的领袖们通过决议，其明显的目的就是用指出"如果一旦"战争爆发，社会民主党将准备反对帝国主义战争来消除这些群众在战争危险面前的怒气。我们懂得这种声明的价值，但是这并不意味着群众也很清楚地了解它。

社会民主党"左"的花招迄今达到的最高点，就是社会民主党和改良主义工会领袖们成了"反对派"，直至宣布社会主义这个"当前的口号"。

社会民主党的这个"社会主义"，是去年第二国际维也纳大会前夕，在已故的奥地利马克思主义领袖之一弗里德里希·奥斯特利茨的纲领性文章中提出来的。他像裁缝一样地对伯恩施坦那句臭名昭著的话"目的是没有的，运动就是一切"进行翻新：

"社会主义已经成为可以实现的，因为它从一个伟大的幻想正在变成一个直接实现的形式……我们热烈地接受这个由伟大的思想,世界上最伟大的思想所点燃的思想:社会主义就在门外,我们的任务就是向它敞开大门。目的——就是一切!"

如果撇开社会民主党借助这个"社会主义"在某种意义上去讹诈资产阶级,用社会主义恐吓资产阶级不谈,那它的"社会主义"的真正含义就在于通过变换社会民主党在战后最初几年所采取的那些方法,来对工人阶级进行新的欺骗。当时社会民主党宣布了"社会主义的进攻",把争取社会主义的成千上万名战士置于死地。

社会民主党的这个"社会主义"首先是防止工人阶级为反对资本的进攻而发动局部斗争的一种企图。阶级斗争的尖锐化也表现在罢工和失业者运动越来越多地带有国内战争的性质。在这种条件下,社会民主党宁愿作出一些关于总罢工的不明确的许诺,甚至规定出宣布在社会民主党的领导下举行总罢工的日期,也不愿意由共产党来领导群众性的革命的局部斗争。波兰和匈牙利今年春天发生的总罢工就证明了这一点。

宣传抽象的社会主义,同时在实际上支持各种反对无产阶级革命的活动,这也是反对苏联具体的社会主义对劳动人民最广大阶层的影响日益增长的一种斗争手法。

最后,这种所谓社会主义的宣传,也是在工人阶级心目中恢复已经破产了的或被消灭了的资产阶级民主制威信的手法。

社会民主党和改良主义的工会官僚总是同意建立专政来维护资产阶级的民主制,他们硬把这个资产阶级的民主制说成是建立社会主义的唯一手段。

是否可以把社会民主党的这些"左"的花招看做是建立工人阶级统一战线的杠杆呢?恰恰相反。这些花招只能被用来组织成功的行动,来揭露这些社会民主党分子。当然,可以而且也应当揭露那些在字句上玩弄花招的社会民主党领袖。可以在工会和工会的群众集会上，要求他们去实现他们向工人阶级所提出的各项任务，以此来揭露他们。

然而，如果认为社会民主党的"左"的花招可以被当做进行真正群众发动的杠杆，那就是对社会民主党的言论和行动的一个危险的混淆。在战后的革命危机期间，社会民主党曾一度在口头上承认了无产阶级专政，其目的是分裂和瓦解工人阶级争取无产阶级专政的统一战线。

在当前向帝国主义战争和无产阶级革命新时期的过渡阶段，"左"的花招暂时还是一种基本的鼓动手法，其目的是阻挠工人阶级统一战线的建立。这些手法的任务是给革命工人造成一种错觉，似乎社会民主党正处在由资产阶级的工人党转变为无产阶级的阶级党的道路上，它们只是在个别策略问题上同共产党有分歧。"左"的花招并没有像一些人所想的那样，在加速工人群众的革命化，恰恰相反，它正在削弱着仍然处在社会民主党和改良主义影响下的已经觉醒了的工人们的阶级觉悟，从而首先阻挠工人阶级反对资本进攻、反对法西斯主义和帝国主义战争的统一战线的建立。这些手法的任务是使工人群众对统一战斗行动的愈益增强的要求，变成庸俗的空谈，从而麻痹工人建立统一战线的意志。这一点现在在德国表现得最明显不过了。德国社会党和全德工会联合会所散布的"社会化"的各种纲领，在解除为反对法西斯主义进攻而实现统一斗争的德国工人阶级的武装方面，起着非同小可的作用。尽管在德国无产阶级的队伍中，很多民主议会制的幻想已经被消除，但这些社会化的纲领仍然阻挠着许多工人为反对资产阶级而进行直接的、统一的议会外的斗争。纲领在许多工人中间激起了幻想，似乎改良主义工会作为最广泛的工人组织实质上仍然是工人阶级统一战线的真正机构，因此就应当等待由全德工会联合会通过群众性的政治罢工来及时地停止所有一切行动。奥地利社会民主党不止一次地表明了，应当如何通过"左"的和"极左"的群众发动，来阻止工人阶级的革命发动向更高阶段的发展，并且把它们引上"比较平和的轨道"。

甚至社会民主党那些大吹大擂的"左"的言辞也丝毫没有改变以下的事实，即工人阶级统一战线的建立，把无产阶级的多数争取到革命发动方面来，动员他们参加群众性的政治罢工，引导他们参加争取无产阶级专政的决定性战斗，所有这一切都不能通过削弱，而只能通过更大地加强反对社会民主党和改良主义工会官僚的斗争来达到。以上所说的是对社会民主党在新形势下的作用及其"左"的花招的错误估计为基础的，削弱反对社会民主党和改良主义工会官僚斗争的某些倾向，值得引起最严重的注意，因为这些倾向可能是特别危险的。现在这些倾向除个别情况，例如除瑞士和波兰共产党的某些同志外，更多地表现为在反对法西斯主义的斗争中忘记了社会民主党的情绪，正像在德国曾经一度出现的那样。但是我们应当明确地、坚决地反对这些右倾机会主义的情绪，明确地、坚决地同它们进行斗争。

各种各样的理论和理论家大多是工会工作方面的——在当前也给社会民主党帮了大忙，它们往往披着"左"的外衣，来阻挠把改良主义工会会员动员和争取到统一战线的斗争中来。改良主义工会是社会民主党主要的有组织的群众基础。社会民主党通过改良主义工会这个自己的群众基础，把许多至今还不属于工人贵族的无产者吸引到自己的方面来。对于这些理论，我们已经听得太多了，例如"我们对改良主义工会没有什么好做的"，因为它们只是一个联合工人贵族的中心的理论；把技术工人同工人贵族加以简单等同的理论；关于必须把工会当做资本主义学校加以打破的理论。革命的工人运动为了这些理论已经付出了昂贵的代价，而社会民主党却从中得到了很多好处。

在反对社会民主党的斗争中，我们的工作方法也存在着不少的缺点。例子很多，这里只能举出几个来。

首先是对社会民主党的赤裸裸的谩骂，很多共产党员往往用这种谩骂来代替对社会民主党工人的说服。当然，应当指出，我们某些同社会民主党工人和改良主义工会会员群众有直接接触的同志，在反对社会民主党的思想斗争方面修养太差。

然后，这是"一目了然的"！……对于我们报刊的编辑部来说，有关社会民主党的一切都是非常简单和完全一目了然的。社会民主党和工会官僚们的工贼行为，对社会主义的公开否定——所有这些都是同改良主义工会领导罢工斗争或利用"社会主义"来玩弄花招一样，同社会民主党参加准备世界帝国主义战争和对苏联的武装干涉一样的简单，一样的一目了然，也同最近苏黎世会议所通过的决议及其为了欺骗群众而玩弄巧妙花招一样的清楚。因此在很多场合下只用谩骂来代替讲道理，就毫不奇怪了。

拿我们的杂志，我们的报纸看一看！一个普通党员或一个党的工作人员在那里能够找到足够的武器，来进行反对社会民主党的思想斗争吗？不能，这样的武器在那里是太少了，尽管在我们布尔什维克的武库里有着最好的工具，利用社会民主党的行动来锻造这样的武器。再拿我们的大众读物看一看。我们很少在那里看到什么能够使社会民主党工人和改良主义工会会员通过他们通俗易懂的语言直接了解我们的目的和策略，了解我们的工作方法。

尽管在我们的布尔什维克文献中，我们能够找到怎样简明地向落后工人阐述我们的目的和途径的典型的事例。这样一些好的例子只能证明，我们的党的读物没有揭露社会民主党的欺骗性花招，没有驳倒它的诡辩。不仅如此，在大多数场合下，它甚至不能同它们进行辩论。原则性的、通俗的、有说服力的，而且使用我们提纲和决议中的语言反对社会民主党的宣传——这才是为把社会民主党党员和改良主义工会会员的自发抗议提高到自觉反对他们领袖的斗争水平所需要的。

现在，当社会民主党正在用自己的"左"的花招，特别是通过自己的"社会主义"走上一条不可避免地在社会民主党工人面前同共产党人发生原则性冲突的时候,这一点就尤其需要了。

带有原则性的大问题是:通过怎样的道路走向社会主义——民主还是专政——现时正成为在反对资本残酷进攻的紧张时刻,最广大群众所关心的问题。为了同社会民主党工人和改良主义工会会员进行这一切辩论,我们应当用整个列宁主义的思想武库,来武装我们的党员和同情我们的工人。

从来没有像现在这样需要把局部战斗中的部分要求同我们的伟大纲领性要求,和反对社会民主党和工会官僚的原则性斗争结合在一起。局部性战斗是工人阶级可借以取得有关社会民主党和改良主义正确经验的最好的学校。同时我们应当仔细地注意社会民主党领袖们在阶级斗争中的表现,对它们作出正确的估价,并以他们的这些表现为基础,向工人阶级的广大阶层说明社会民主党及其"左"的花招的真实意义。阶级斗争的所有三个方面——经济的、政治的和理论的——都应当成为我们反对社会民主党和通过有事实根据的说服工作,来争取工人阶级大多数这一原则斗争的阵地。

这是一项艰巨的任务。谩骂容易,可是谩骂说服不了任何一个社会民主党工人和任何一个改良主义工会的会员。首先,每一个共产党员都知道,决不能认为一切都是想当然的,否则我们就不可能去接近那些工人阶级的阶层,对于他们来说,这些真理——无论它们是多么简单明了——还并非是不言自明的。

资本主义相对稳定结束所造成的新形势,责成我们把我们的群众工作提到一个进行未来巨大战斗的水平,如果我们不想使资本主义稳定的结束成为一句空话。我们需要认真进行彻底转变的群众工作的实质,在很大程度上就是争取还在跟着社会民主党和改良主义工会领袖们走的那些群众。

总之，反对社会民主党和改良主义工会官僚的任务，应当在我们的策略和我们的全部工作中，比以往任何时候都占有更为重要的地位。不消除社会民主党和改良主义工会官僚对广大群众的影响，就不可能顺利地进行争取无产阶级专政的斗争。这在今天已经是一项更为现实的任务，因为当前的形势、向新的一次战争和革命的过渡都责成我们不仅要进行斗争，而且要在争取无产阶级专政的斗争中取得胜利。

（休会）

图书在版编目(CIP)数据

共产国际执行委员会第十二次全会文献(1)/姚颖,戴隆斌主编.
—北京:中央编译出版社,2012.12(2019.5 重印)
(国际共产主义运动历史文献/王学东主编;53)
ISBN 978-7-5117-1544-9

Ⅰ.①共…
Ⅱ.①姚… ②戴…
Ⅲ.①共产国际-扩大会议-会议文献
Ⅳ.①D165

中国版本图书馆 CIP 数据核字(2012)第 292657 号

共产国际执行委员会第十二次全会文献(1)

出 版 人	刘明清
出版统筹	薛晓源
责任编辑	郑　锦
责任印制	尹　珺
出版发行	中央编译出版社
地　　址	北京西城区车公庄大街乙 5 号鸿儒大厦 B 座(100044)
电　　话	(010)52612345(总编室)　　(010)52612335(编辑室) (010)52612316(发行部)　　(010)52612346(馆配部)
传　　真	(010)66515838
经　　销	全国新华书店
印　　刷	北京环球画中画印刷有限公司
开　　本	710 毫米×1000 毫米　1/16
字　　数	598 千字
印　　张	46.5
版　　次	2012 年 12 月第 1 版
印　　次	2019 年 5 月第 2 次印刷
定　　价	260.00 元
网　　址	www.cctphome.com　　邮　　箱　cctp@cctphome.com
新浪微博	@中央编译出版社　　微　　信　中央编译出版社(ID:cctphome)
淘宝店铺	中央编译出版社直销店(http://shop108367160.taobao.com)　(010)55626985

本社常年法律顾问:北京市吴栾赵阎律师事务所律师　闫军　梁勤
凡有印装质量问题,本社负责调换。电话:(010)55626985